이한우의

태종실록

재위 14년

새로운 해석, 예리한 통찰

이한우의 **태종실록**

재위 14년

이한우 옮김

삶과 세계에 대한 뿌리 깊은 지혜, 그 치밀한 기록

2001년부터 2007년까지 7년 동안 『조선왕조실록』을 완독했으니 완독을 끝마친 지 10년이 지났다. 그동안 관심은 사서삼경을 거쳐 진덕수(眞德秀)의 『대학연의(大學衍義)』, 『심경부주(心經附註)』에 이어 지금은 『문장정종(文章正宗)』 그리고 반고(班固)의 『한서(漢書)』 번역으로 확장돼왔다.

원점인 2001년으로 돌아가보자. 나는 왜 『조선왕조실록』을 다 읽기로 결심한 것일까? 그것은 다름 아닌 선조들의 정신세계를 탐구해 우리의 정신적 뿌리를 확인해보려는 것이었다. 그런데 정작 7년간의 실록 읽기가 끝났을 때는 이룬 것보다 앞으로 해야 할 일이 많음을 깨달았다. 우리 선조들의 뛰어난 능력과 치열했던 삶의 태도를 확인했지만 그 뿌리를 제대로 알지 못했던 것이다. 그래서 완독을 끝내자마자 시작한 것이 한문(漢文) 공부다. 위에서 언급한 책들은 한문 공부를 마치고서 우리나라에 번역되지 않은 탁월한 한문책들을 엄선해 우리말로 옮긴 것이다. 이때 중요한 것은 '우리말'이다.

우리말이란 대한민국에서 일정한 교육을 받은 사람들이 편안하게 쓰는 말을 뜻한다. 과도한 한자 사용을 극복하고 지나친 순우리말 또한 일정하게 거리를 뒀다. 그리고 쉬운 말로 풀어 쓸 수 있는 한자어는 가능한 다 풀어냈다. 그래서 나는 '덕(德)'이라는 말은 '은덕(恩

4

德)’이라고 할 때 외에는 쓰지 않는다. ‘다움’이 우리말이다. 부덕(不德)도 그래서 ‘부덕의 소치’라고 하지 않고 ‘임금답지 못한 때문’이라고 옮긴다.

특히 정치를 다룬 역사서에서 중요한 용어가 ‘의(議)’와 ‘논(論)’이다. 그런데 실록 원문에서는 분명히 이 둘을 엄밀하게 구분해 ‘의지(議之)’, ‘논지(論之)’라고 표현했는데, 번역 과정에서 의(議)도 의논이라고 번역하고 논(論)도 의논이라 번역하면 이는 원문의 뜻을 크게 왜곡하는 것이다. 의(議)란 책임 있는 의견을 내는 것을 말한다. 의정부(議政府)를 논정부(論政府)라고 해서는 안 되는 것과 같다. 논(論)은 일반적으로 책임을 떠나 어떤 사안에 대한 논리적 진단을 하는 것이다. 오늘날 ‘논객(論客)’이 그런 경우다. 그러나 ‘의객(議客)’이란 말은 애당초 성립할 수가 없다. 다만 법률과 관련해서는 의(議)보다 논(論)이 중요하다. 그래서 ‘논죄(論罪)’나 ‘논핵(論劾)’이라는 말은 현실적 구속력을 갖는다. 재판은 의견을 내는 것이 아니라 기존 법률에 입각해 죄의 경중을 논리적으로 가려내는 일이라는 점에서 논(論)이지 의(議)가 아닌 것이다. 이처럼 기존의 실록 번역은 예나 지금이나 정치에서 대단히 중요한 역할을 할 수밖에 없는 의(議)와 논(論)을 전혀 구분하지 않아 의미를 제대로 전달하지 못한다. 사실 이런 예는 일일이 거론하기 힘들 만큼 많다.

　이런 우리말화(化)에 대한 생각을 직접 번역으로 구현해내면서 다시 실록을 읽어보았다. 기존의 공식 번역은 한자어가 너무 많고 문투도 1970년대 식이다. 이래가지고는 번역이 됐다고 할 수가 없다. 게다가 너무 불친절해서 역주가 거의 없다. 전문가도 주(註)가 없으면 정확히 읽을 수 없는 것이 실록이다. 진덕수의 『문장정종』 번역을 통해 한문 문장의 문체에 어느 정도 눈을 뜨게 된 것도 실록을 다시 번역해야겠다는 결심을 부추겼다. 특히 실록의 뛰어난 문체가 기존의 번역 과정에서 제대로 드러나지 못했다는 인식이 있었기 때문에 이 점을 개선하는 데 많은 노력을 쏟았다. 그리고 사소한 오역은 그냥 두더라도 심한 오역은 주를 통해 바로잡았다. 누구를 비판하려는 것이 아니라 미래를 향한 개선의 기대를 담은 것이다.

　물론 이런 언어상의 문제 때문에 실록 번역에 뛰어든 것은 아니다. 실은 삶에 대한, 그리고 세계에 대한 깊은 지혜를 얻고 싶어서다. 이런 기준 때문에 여러 왕의 실록 중에 『태종실록(太宗實錄)』을 번역하기로 결심했다. 일기를 포함한 모든 실록 중에서 『태종실록』이야말로 어쩌면 오늘날 우리에게 반드시 필요한 지혜를 담고 있는지 모른다고 생각했기 때문이다.

지난 10년간 사서삼경과 진덕수의 책들을 공부하고 옮기는 과정에서 공자의 주장에 대해 새롭게 눈뜰 수 있었다. 그것은 다름 아닌 '일[事]'의 중요성이다. 성리학이 아닌, 공자의 주장으로서의 유학은 리더가 일하는 태도를 가르치는 이론이다. 기존의 학계는 성리학의 부정적 영향 때문인지 유학을 철학의 하나로만 국한해서 가르치는 경향이 있다. 그러나 내가 공부한 바에 따르면 공자는 리더의 바람직한 모습 그리고 그런 리더가 되기 위한 수양 과정을 지독할 정도로 치밀하게 이야기하고 가르쳤던 인물이다.

　이런 깨우침에 기반을 두고서 이번에는 공자가 제시했던 지도자상을 태종이 얼마나 체화하고 구현했는지를 확인하고 싶었다. 이런 부분들을 주를 통해 드러낼 것이다. 그렇게 할 때 경학과 역사가 통합된 경사(經史) 통합적인 공부가 될 수 있다.

　그렇다면 '왜 세종이 아니고 태종인가?'라는 질문을 던질 수 있겠다. 물론 세종의 리더십을 탐구하는 것도 대단히 중요하다. 그러나 그의 아버지 태종의 리더십을 충분히 탐구하지 않으면 세종에 대한 탐구는 피상적인 데 그칠 우려가 있다. 따라서 이 작업은 추후 세종의 리더십을 제대로 탐구하기 위한 기초 작업이기도 하다는 점을 밝혀둔다.

이 책에는 새로운 시도가 담겨 있다. '실록으로 한문 읽기'라는 큰 틀에서 번역을 진행했다. 월 단위로 원문과 연결 독음을 붙인 것도 그 때문이다. 번역문 중에도 어떤 말을 번역했는지를 대부분 알 수 있게 표시했고 번역 단위도 원문 단위와 거의 일치하기 때문에 어떤 문장을 어떻게, 심지어 어떤 단어를 어떻게 옮겼는지를 남김없이 알 수 있도록 했다. 물론 '착할 선(善)', '그 기(其)', '오를 등(登)' 수준의 뜻풀이는 생략했다. 아무런 의미가 없기 때문이다. 이러한 장치를 통해 조금이라도 살아 있는 한문을 익히고 우리 역사와 조상들의 사고방식을 가까이하는 데 도움이 되기를 바란다.

역주는 워낙 방대한 작업이기 때문에 앞에서 언급했다고 해서 다시 언급하지 않는 것이 아니라 그때그때 필요하면 중복되더라도 다시 달았다. 편집의 아름다운 완결성을 다소 희생하더라도 독자들의 읽는 재미와 속도를 감안했기 때문이다.

재위 1년 단위로 한 권씩 묶어 태종의 재위 기간 18년-18권을 기본으로 하고, 태조와 정종 때의 실록에 있는 기록과 세종 때의 실록에 담긴 상왕으로서의 기록을 묶은 2권을 별권으로 삼아 모두 20권으로 구성했다. 이를 통해 우리 사회에 태종의 리더십에 대한 제대로 된 탐구가 시작되기를 기대한다.

21세기북스 김영곤 대표의 결단이 없었다면 이 책은 세상에 나오지 못했을 것이다. 이 자리를 빌려 깊이 감사드린다. 더불어 계획 초기부터 함께 방향을 고민했던 정지은 이사와 편집 실무자들에게도 고맙다는 말을 전한다. 그리고 함께 공부하는 즐거움을 누리고 있는 우리 논어등반학교 대원들께 진심으로 고맙다는 말을 전하고 싶다. 마지막으로 내 글쓰기 작업의 원동력인 가족들에게도 깊은 감사를 올린다.

서울 상도동 보심서실(普心書室)에서

탄주(灘舟) 이한우

| **일러두기** |

1. 실록은 무엇보다 인물과 역사적 배경이 중요하기 때문에 문맥에서 필요한 범위 내에서 충실하게 주(註)를 달았다.

2. 기존의 번역 중 미세한 오역이나 번역이 누락된 경우는 번역의 어려움을 감안해 지적하지 않았지만 중대한 오역이거나 향후 한문 번역에서 같은 잘못이 반복될 수 있다고 판단되는 경우에는 주를 통해 지적했다.

3. 간혹 역사적 흐름에 대한 설명이 필요한 경우 간략한 내용을 주로 달았다. 그러나 독자들의 해석과 평가에 영향을 미치지 않도록 최소한의 범위에서만 언급했다.

4. 『논어(論語)』를 비롯해 동양의 고전들을 인용한 경우가 많은데 기존의 번역에서는 출전을 거의 밝히지 않았다. 그러나 당시 우리 선조들이 실제 정치를 행사하는 데 고전의 도움을 얼마나 받았는지를 알려면 그들의 말과 글 속에 동양 고전들이 얼마나 자연스럽게 녹아 있는지를 살피는 것이 중요하다. 하여 확인 가능한 고전 인용의 경우 주를 통해 그 전거를 밝혔다.

5. 분량이 워낙 방대하기 때문에 설사 앞서 주를 통해 언급한 바 있더라도 다시 찾아보는 번거로움을 덜기 위해 중복이 되더라도 다시 주를 단 경우가 있음을 밝혀둔다.

6. '원문 읽기를 위한 도움말'의 경우 단조로운 문장은 그대로 두고 한문 문장의 독특한 구조를 보여주는 구문에 초점을 맞췄다.

7. 한자는 대부분 우리말로 풀어쓰고 대괄호([ ]) 안에 독음과 함께 한자를 표기했다. 그래서 '천명(天命)'이라고 표기한 경우도 있지만 대부분 '하늘의 명[天命]'이라는 방식으로 표기했다. 또한 한자 단어의 경우 독음을 붙여쓰기로 표기하여 한문 문장을 이해하는 데 도움이 되고자 했다.

8. 문단 맨 앞의 '○' 표시는 같은 날 다른 기사임을 구분한 것이다.

태종 14년 갑오년
1월

一月

병자일(丙子日-1일) 초하루에 상이 시복(時服) 차림으로 백관(百官)을 거느리고 제정(帝正)을 하례하고, 본조(本朝-조선)의 하례를 정지했다.

상이 인덕궁(仁德宮)에 나아가 신정(新正)을 하례하고, 드디어 상왕(上王)을 받들어 맞이해[奉迎] 광연루(廣延樓) 아래에서 헌수(獻壽)하고 지극히 즐겼다. 구마(廐馬-대궐에서 기르는 말) 1필을 바치고 여러 신하에게 잔치를 내려주었다. 애초에 상이 대언(代言) 등에게 일러 말했다.

"면류관(冕旒冠)을 겹들여 착용하면 머리가 아프다. 하례(賀禮)하는 모든 백관(百官)은 조복(朝服) 차림인데, 나 홀로 시복(時服) 차림으로 행례(行禮)하는 것이 가(可)하겠느냐?"

지신사(知申事) 김여지(金汝知)가 대답했다.

"안 될 것이 없습니다."

대언(代言) 한상덕(韓尚德)이 대답했다.

"향궐례(向闕禮)에서 하배(賀拜)하는 것은 예(禮) 중에도 큰 것이니, 시복 차림은 불가합니다."

상은 여지(汝知)의 대답을 따랐다.

정축일(丁丑日-2일)에 의정부에 명해 직무에 나아오도록 했다.

사간원이 정부 사인(政府舍人) 이적(李迹)에게 원일(元日-설날)에 임금이 상왕(上王)을 돈화문(敦化門)에서 친히 전송(餞送)할 때 정부(政府)가 당상(堂上)에 걸터앉아서[踞坐] 풍악을 울린 사유를 핵문(劾問)하니 적(迹)이 대답했다.

"그때 당상에서는 바야흐로 선온(宣醞-임금이 하사한 술)을 마시는 중이라 모두 걸터앉지 않았고, 또 상께서 행차하심을 알지 못했는데 어찌 능히 나아갈 수까지 있었겠습니까?"

사간(司諫) 신개(申槩) 등이 소를 올렸다.

'임금과 신하의 위아래[上下](분별)는 예(禮)로써 서로 유지되는데[相維], 만약에 혹시라도 예를 폐기한다면 무엇으로 나라를 운영하겠습니까? 상왕(上王)이 어가(御駕)를 돌이키니[旋駕] 상께서 전송하시어 외문(外門)에 이르렀는데, 정부에서 당상(堂上)에 걸터앉아 풍악을 울리고 음악을 즐기다가 상께서 안으로 들어오시자 음악 소리가 그제야 그쳤습니다. 크게 남의 신하 된 자[人臣]의 예(禮)를 잃었고, 임금을 공경하는 마음이 조금도 없었습니다. 빌건대 유사(攸司-해당 부서)에 내려 율문을 헤아려서[按律] (처벌을) 시행해야 할 것입니다.'

상이 이를 읽어보고 화가 나서 말했다.

"어제 사연(賜宴)에서는 대신들이 모두 취해 나의 들고나는 것을 알지 못했기 때문에 풍악을 울리고 태연자약했던 것이지, 불경(不敬)해서 그러한 것이 아니었다. 지금 대제(大祭)의 때를 앞두고 대신을 탄핵하는 것이 옳겠느냐? 또 대언(代言)과 사인(舍人)의 말을 가지고

16

보면 걸터앉지 않았던 것이 분명하다. 어찌하여 대신의 죄를 갑자기 논하는가?"

장무(掌務) 정언(正言) 송을개(宋乙開, ?~?)[1]가 대답했다.

"상께서 출입하시는데도 정부(政府)에서 풍악을 울리고 거두지 않았으니, 신 등은 반드시 그들이 걸터앉았을 것이라 여깁니다."

상이 순금사 나장(巡禁司螺匠)에게 명해 을개(乙開)를 압송(押送)해 도보로 그 집에 돌려보냈다. 간원(諫院)에서 모두 청가(請暇)[2]했는데, 정부에 명해 피혐(避嫌)하지 말고서 제사(祭祀) 의식(儀式)대로 근신(謹身)토록 했다. 좌정승 하륜(河崙)과 참찬(參贊) 이숙번(李叔蕃)이 크게 화가 나서 기필코 간관(諫官)에게 죄를 주고자 해, 륜(崙)이 글의 초(草)를 잡아서 소를 올려 말했다.

'빌건대 이제부터 대간(臺諫)에서 대신의 과실(過失)을 함부로 말하지 말도록 하는 법을 후세에 내려주소서.'

영의정부사(領議政府事-영의정) 성석린(成石璘)과 우정승 남재(南在)가 (거기에) 기꺼이 서명(署名)하지 않으며 말했다.

"대신으로 실례(失禮)하고서 도리어 이러한 청을 한다는 것이 되겠는가? 또 이로써 법을 세우면 후세 사람들 가운데 반드시 이를 문제 삼는 자가 있을 것이다."

숙번(叔蕃)이 상의 총애(寵愛)를 믿고 친히 석린(石璘)과 재(在)의

---

1 세종 즉위년(1418년)에 병조 좌랑(佐郎)으로 있었는데, 병조참판 강상인(姜尙仁)이 병권을 지닌 상왕(上王-태종)을 건너뛰고 군사 업무를 세종에게만 보고해서 문제가 됐을 때 강상인을 도운 죄목으로 속장(贖杖)에 처해지고 경상도 함안군으로 귀양을 갔다.

2 관리가 죄를 지었을 때 물러가기 위해 휴가(休暇)를 청하는 일을 말한다.

집에 가서 강제로 서명하게 하니, 석린은 어쩔 수 없이 서명했다. 그러나 끝내 상에게 올리지는 못했다. 숙번이 또 헌부(憲府)를 사주(使嗾)해 간관(諫官)의 죄를 탄핵할 것을 청했다.

○ 세자가 밤에 창기(倡妓)를 들였다[納]. 몰래 내노(內奴)[3]를 시켜 (장인) 김한로(金漢老)의 집에서 말을 가져와 창기를 태우고자 했다.

무인일(戊寅日-3일)에 병조(兵曹)의 축수재(祝壽齋)[4]를 폐지하라고 명했다.

병조에서 중방(重房)[5]의 구례(舊例)에 따라 서보통 도감(西普通都監)의 이식(利息-이자) 돈을 써서 해마다 축수재를 열었다. 상이 말했다.

"목숨이 길고 짧은 것[脩短-壽夭]은 (저마다) 운수(運數)가 있는데 기도(祈禱)가 무슨 소용이냐? 이에[其-於是] 그것을 없애도록 하라."

---

3 궁중 안에서 일하는 노복(奴僕)를 말한다.
4 임금이 오래 살라고 빌기 위해 마련하는 재(齋)를 말한다.
5 고려 시대 최고위 무신합좌 기구다. 무신정권 성립기에는 무신들 간의 정권 다툼이 치열해 서로 견제하기에 이르렀는데, 바로 이 때문에 중방이 정치적 핵심 기구로 부상한 것이다. 일종의 집단 지도 체제를 형성한 것인데, 이때 중방의 기능은 군사는 물론 경찰·형옥·백관의 임면(任免) 등 모든 정무에 간여하고 있었으며, 한편으로는 무신집정의 지위가 확고하지 못해 집권 무신들의 전횡을 억제하는 자기 조절의 기능도 수행했다. 그러나 무신정권이 최충헌의 단독 집권으로 안정화된 이후에는 교정도감(敎定都監)이라는 새로운 집권 기구가 탄생하면서 중방의 권력이 크게 약화됐다.

기묘일(己卯日-4일)에 비첩(婢妾)이 낳은 아이는 한품(限品)[6]해 속신 (贖身)[7]하게 하는 법을 정했다.

사재감(司宰監)에서 의정부(議政府)에 보고했다.

"신량수군(身良水軍)의 여손(女孫)을 정역(定役)하는 것이 어떻겠습 니까?"

정부에서 토의해 아뢰어 말했다.

"중국(中國)[8]은 예와 마땅함[禮義]이 나온 나라인데, 혼인의 예는 바로[正] 음(陰)이 양(陽)을 따르므로 여자가 남자 집에 시집가서 아 들손자를 낳아 내가(內家-아버지의 집)에서 자라니, 사람들은 본종(本 宗)의 중함을 알아서 아비가 양인(良人)이라면 모두 양인입니다. 우 리 동방(東方)의 전장(典章-제도)과 문물(文物)은 모두 중국(中國)을 본받으면서도 오로지 혼인(婚姻)의 예(禮)는 아직도 옛 풍속을 따라 양(陽)이 음(陰)을 따르므로 남자가 여자 집에 장가가서 아들손자를 낳아 외가(外家)에서 자라니, 사람들은 본종의 중함을 알지 못해 어 미가 천인(賤人)이라면 모두 천인입니다. (그 결과) 조부(祖父)의 골육 (骨肉)을 가지고 비첩의 소산이라 칭해 모두 사역(使役)하기에 이르 니, 그 경중(輕重)을 알지 못함이 심합니다.

우리 국조(國朝)에 이르러 태조(太祖)께서 여러 사람의 비첩들이

---

6 고려·조선 시대에 신분과 직종에 따라 품계를 제한해 벼슬아치를 서용(敍用)하는 것을 말한다.
7 노비의 신분을 풀어 양민이 되게 하는 것을 말한다.
8 원문에 중국(中國)으로 돼 있다.

낳은 아이들을 신량역천(身良役賤)[9]으로 삼아 사재감 수군(司宰監水軍)에 소속시켰으나, 그 딸을 아울러 소속시키는 것은 허락하지 않았습니다. (그런데) 지금 사재감에서 여손을 사역시키고자 합니다. 전조(前朝-고려)의 제도에는 신량역천인 자는 모두 그 여손(女孫)을 사역시키지 않았기에 정리(丁吏)·역리(驛吏)의 딸이 양부(良夫)에게 시집가면 즉시 양인(良人)이 되었고 동류(同類)에게 시집가면 이내 그 역(役)을 세웠습니다. 염간(鹽干-소금 굽는 인부)·진척(津尺-나루터지기)의 딸도 같았으며, 수군 여손도 의당 간척(干尺)[10]의 딸과 같았습니다. 이로 인해 간절히 생각건대, 각사(各司) 노예(奴隸)는 부모(父母)가 함께 천인(賤人)인 경우에도 오히려 한품(限品)의 관직을 받는데, 요행으로 훈구지신(勳舊之臣)의 비첩(婢妾)이 낳은 자식으로서 상의원(尙衣院) 상림원(上林園)에 예속된 자들 가운데 식자(識字-문자)에 개통(開通)한 자들이라면 골라서 한품(限品)의 관직에 충당하도록 하는 것이 어떻겠습니까?"

상이 명했다.

"2품 이상 자기비첩(自己婢妾)[11]의 아들은 영구히 양인(良人)으로 삼고 (관직은) 5품까지 한정토록 하라. 금후로 공사 천첩은 자기 비자(婢子)로써 속신(贖身)하도록 허락하고, 그 소생(所生)의 아들은 위 조항의 예에 의하도록 하라. 정축년 이후에 양인인지 천인인지 문계(文

---

9 몸은 양인이나 하는 일은 천한 경우다.

10 신분은 양인(良人)이면서 하는 일은 천역(賤役)이었던 사람을 총칭하는 말로 칭간칭척(稱干稱尺)의 줄임말이다.

11 자기 소유의 계집종을 첩으로 삼는 것을 말한다.

契-서류)가 분명하지 않아 수군에 충당된 여손 외에 자기비첩 소생을 사재감에 붙인 자의 여손은 길이 수군에 충당하게 하라."

신사일(辛巳日-6일)에 이무창(李茂昌)과 여간(呂幹)[12]이 경사(京師-명나라 수도)에서 돌아왔다. 무창(茂昌)이 복제(服制)를 끝마치고[服闋] 간(幹)과 함께 경사에 가니, 제(帝)가 무창에게 아비의 작위(爵位)를 이어받도록 명하고 이어서 백금(白金)·채증(綵繒-비단의 일종)·안마(鞍馬)를 두 사람에게 내려주었다.

○ 무창(茂昌)과 간(幹)이 각각 황제가 내려준 호마(胡馬) 1필과 양(羊) 2마리를 바쳤다. 무창에게 구마(廐馬) 1필과 저화(楮貨) 300장을, 간에게 말 1필과 저화 200장을 내려주고서 뜻을 전해 말했다.

"권영균(權永均)·정윤후(鄭允厚)의 집에도 내가 물건을 내려주고자 하니 결코 잊지 말라."

(이들에게) 구마(廐馬)와 저화를 무창과 같은 숫자로 내려주었다.

○ 제주 도안무사(濟州都安撫使) 윤림(尹臨)에게 명해 말을 골라서 [刷](육지로) 내보내도록 했다. 림(臨)의 보고를 따른 것이다. 암수 말을 아울러 1,800필을 골라서 15운(運-순차)으로 나눠 보냈는데, 장차 (전라도) 진도(珍島)에 방목(放牧)하기 위함이었다.

임오일(壬午日-7일)에 유성(流星)이 북극(北極)에서 나와 남쪽으로 똑바로 떨어졌는데[直下], 그 모양이 술잔[杯]과 같았다.

---

12 두 사람 다 명나라 황제의 후궁으로 간 여인들의 족친이다.

○ 평안도 도순문사(平安道都巡問使)와 도절제사(都節制使)에게 명해 매[鷹]를 바치도록 했다.
응

계미일(癸未日-8일)에 총제(摠制) 유은지(柳殷之)와 대호군(大護軍) 조치(趙菑)를 강원도에 보내 사냥할 장소[獵所]를 살피게 했다. 또 횡천 현감(橫川縣監)에게 뜻을 전해 말했다.
엽소

"내가 장차 강무(講武-사냥)할 것이니, 너는 이에[其-於是] 해동(解凍)할 때에 기후와 짐승의 많고 적음을 살피고 평지(平地)의 넓고 좁음을 헤아리며 또 올해 곡식을 파종(播種)할 때의 기후를 늙은 농부에게 상세히 물어서 가급적이면 2월 보름 전에 와서 보고하도록 하라."
기 어시

을유일(乙酉日-10일)에 (상이) 친히 종묘(宗廟)에 강신(降神)하고[祼] 궁(宮)으로 돌아왔다. 세자와 종친들을 불러 광연루(廣延樓) 아래에서 연회(宴會)하고, 이어서 의정부와 종향 집사(從享執事)들에게 연회를 내려주었다. 특별히 우정승 남재(南在)를 불러 연회에 나아오게 했다. (왜냐하면) 이때 병조좌랑(兵曹佐郞) 배윤(裵閏)이 김숭(金崇)을 잘못 쓴 일에 연루돼 탄핵을 받은 일로 재(在)가 피혐(避嫌)해 집에 있었기 때문이다.
관

○ 앞으로 종묘(宗廟)에 친향(親享)하는 날에 향관(享官)과 제집사(諸執事)를 공궤(供饋-음식 접대)하는 것은 예빈시(禮賓寺)로 하여금 공판(供辦-준비)하는 것을 길이 법식으로 삼도록 명했다.

○ 사간(司諫) 신개(申槩) 등과 예조좌랑 정조(鄭慥)를 파직했다.

사헌부에서 소를 올려 말했다.

'이달 초하루에 상왕(上王)께 헌수(獻壽)하고 이어 여러 신하에게 잔치를 내려 함께 이신(履新)¹³의 경사를 누렸을 때 상께서 상왕을 외문(外門)까지 봉송(奉送)하는데, 예무좌랑(禮務佐郞) 정조가 상의 행동거지를 알지 못해 정부(政府)에서 실례(失禮)하기에 이르렀습니다. 이제 간원(諫院)에서 청죄(請罪)한 말에 이르기를 "당상(堂上)에 거좌(踞坐)해 풍악을 울려 음악을 즐겼으니 크게 인신(人臣-남의 신하)의 예를 잃었다"라고 했습니다. 이처럼 살피지 못해 예(禮)를 잃은 이유는 예무(禮務)에 있으며, 그로 인해 정부를 불미(不美)스러운 처지에 빠뜨린 것입니다. 간원의 말이 광망(狂妄)한 점이 있으며 예무(禮務)의 죄는 정성스럽지 못한 데 있으니, 엎드려 상의 재결(裁決)을 바랍니다.'

이에 개(槪)와 지사간(知司諫) 권훈(權壎), 헌납(獻納) 이지(李稚), 정언(正言) 양질(楊秩)·송을개(宋乙開)와 조(慥)를 파직했다.

무자일(戊子日-13일)에 효령대군(孝寧大君)의 이름을 고쳐서 호(祜)를 보(補)로 하고, 제4자(第四子) 종(種)을 성녕대군(誠寧大君)으로 삼았다. 궁인(宮人)의 아들 비(裶)와 인(裀)을 정윤(正尹)으로 삼았다. 인(裀)의 어미 신씨(辛氏)를 신녕옹주(信寧翁主)로 삼았는데, 중궁(中宮)의 비(婢)였다. 홍씨(洪氏)를 혜선옹주(惠善翁主)로 삼았으니 보천

---

13 신년을 맞이하는 것을 가리킨다.

(甫川)의 기생 가희아(可喜兒)[14]인데, 애초에 가무(歌舞)를 잘해 총애
를 얻었다.

○ 이천우(李天祐)를 완산부원군(完山府院君), 이숙번(李叔蕃)을 의
정부 찬성사, 유정현(柳廷顯)을 의정부 참찬사, 이응(李膺)을 병조판
서, 심온(沈溫)을 우군 총제(右軍摠制), 안등(安騰)을 대사헌, 김여지
(金汝知, 1370~1425년)[15]를 예문관 제학(藝文館提學), 김정준(金廷儁)을
전라도 도관찰사, 정간(鄭幹)을 전라도 수군도절제사(全羅道水軍都節

---

14 1412년(태종 12년) 태종은 15~16세의 기생 6명을 선발해 명빈전(名嬪殿)의 시녀로 두고,
    삼월(三月)·가희아·옥동선(玉洞仙)으로 하여금 거문고·향비파(鄕琵琶)·가무(歌舞)를 가
    르치도록 했다. 이로써 늙은 기생 삼월·가희아·옥동선은 어린 기생 6명을 삼월의 집에
    모아놓고 거문고·향비파·가야금 등의 악기를 타는 법과 가무를 가르쳐주었다.

15 1389년(창왕 1년) 문과에 장원으로 급제하고 사헌규정(司憲糾正)에 제수됐으나, 곧 언사
    (言事-간언과 관련된 일)로 전라도에 유배됐다. 1390년(공양왕 2년)에 풀려나 우정언(右正
    言)이 되어 정도전(鄭道傳)을 탄핵하다가 파면되었으며, 뒤에 예조좌랑이 되었다. 1392년
    (태조 1년) 계림부판관(鷄林府判官)으로 재직할 때, 함창군으로 유배 온 좌주(座主) 이종
    학(李種學)을 정도전의 사주를 받은 손흥종(孫興宗)이 해치려고 하자 이를 막았다. 곧
    소환되어 간관(諫官)으로 근무하던 중 정도전이 "공양왕 2년에 나를 탄핵한 성랑(省郞)
    은 모두 파직되었는데 오직 김여지만이 관직에 있다"라고 한 말을 듣고 사직했다. 정도
    전이 실각한 뒤에 복직, 1402년(태종 2년) 우헌납(右獻納)으로 재직 중 언사로 원평(原平)
    에 안치됐다. 다시 소환되어 병조·이조의 정랑(正郞)을 역임했다. 1403년 장령(掌令)으
    로 승진했으나, 언사로 순금사(巡禁司)에 수금되었다가 풀려나면서 지봉주사(知鳳州事)로
    쫓겨났다. 이듬해 예문관직제학(禮文館直提學), 집의(執義)로 옮겼다가 병으로 사직했다.
    1408년 판내섬시사(判內贍寺事), 우대언(右代言)·좌대언을 거쳐 1410년 지신사(知申事)
    가 됐다. 1413년 지신사로 있을 때 고려 종실의 후손인 왕거을오미(王巨乙吾未)의 동정을
    알고도 보고하지 않은 죄로 파면됐다. 이듬해 예문관제학으로 복직되어 남재(南在) 등과
    문과 회시(文科會試)를 주관했고, 충청도관찰사로 파견되었다. 1416년 대사헌이 됐고, 양
    녕대군(讓寧大君)이 세자에서 폐위되기까지 세자좌빈객을 겸임했다. 1417년 어머니의 간
    병을 위해 사직했으나 허락을 받지 못하고 예문관제학이 되었다. 이어 공조판서·예조판
    서·판한성부사 등을 역임했다. 1418년(세종 즉위년) 형조판서로서 하정사(賀正使)의 임무
    를 띠고 명나라에 다녀왔다. 그 뒤 병으로 일시 사직, 1422년 예조판서로 복직됐다. 이듬
    해 의정부참찬으로 발탁됐으나 병으로 다시 사직했다. 성품이 충직하고 도량이 넓었으며,
    태종·세종 성세의 일익이 됐다.

制使)로 삼았다. 상이 여지(汝知)를 중하게 여겼기 때문에 갑자기 이 직위를 제수했다.

○ 이에 앞서 조원(趙源)을 전라도 도관찰사로 삼고 홍유룡(洪有龍)을 전라도 도안무사(全羅道都安撫使)로 삼았는데, 유룡(有龍)이 황음(荒淫)하고 포학(暴虐)했으며 또 계모(繼母)의 상(喪)에 분상(奔喪)하지 않았으므로 원(源)이 사람을 시켜 구문(究問)하고 소를 올려 죄를 청했다. 이에 유룡이 불복(不服)하고 도리어[反] 없는 말을 퍼뜨려 원을 중상하고[中=中傷] 소를 올려 억울함을 호소하니, 상이 아울러 한곳에 모아 끝까지 힐문(詰問)하고자 하다가 둘 다 파직(罷職)했다.

경인일(庚寅日-15일)에 대호군(大護軍) 박윤충(朴允忠)을 영길도 채방사(永吉道採訪使)로 삼아 금(金)을 캐도록 했다.

신묘일(辛卯日-16일)에 광연루(廣延樓)에 나아가 참찬(參贊) 유정현(柳廷顯)에게 연회(宴會)를 베풀어주었는데, 성절(聖節)을 하례하러 가는 것을 전별(餞別)한 것이다.

○ 의정부에서 소를 올렸다. 소는 이러했다.

'가만히 듣건대, 주공(周公)이 문왕(文王)의 다움[德]을 기술(記述)하기를 "문왕(文王)의 자손(子孫)은 본지(本支-적통과 방계)가 백세(百世)토록 이어지리라"[16]라고 했으니, 이는 그 본종(本宗-적통)의 자손과 지서(支庶-방통)의 자손이 된 자가 함께 백세(百世)까지 영원토록 복

---

16 『시경(詩經)』「대아(大雅)·문왕(文王)」에 나오는 구절이다.

록(福祿)을 누릴 것이라는 뜻입니다. 공손하게 생각건대[恭惟], 우리

태조대왕(太祖大王)께서 천운(天運)에 호응해[應運] 개국(開國)하셨고
_{공유}
_{응운}

지금은 우리 주상전하께서 큰 대통(大統-丕緒)을 이어받으셨으니, 종
_{비서}

사(螽斯-메뚜기)[17]의 성대함과 인지(麟趾)[18]의 경사(慶事)가 마땅히 주

(周)나라 왕실(王室)과 더불어 나란히 빛날 것입니다. (다만) 그 적서

(嫡庶)의 품질(品秩)은 마땅히 정해진 분수(分數)가 있는 것인데, 본

부(本府)에서 일찍이 받은 교지(敎旨)에는 실로 미비(未備)한 점이 있

습니다. 빌건대 즉위한 군주(君主)의 적비(嫡妃)의 여러 아들은 대군

(大君)으로 봉(封)하고, 빈잉(嬪媵-후궁)의 아들은 군(君)으로 봉하며,

궁인(宮人)의 아들은 원윤(元尹)으로 봉하소서. 친아들과 친형제 등

적실(嫡室)의 여러 아들을 군(君)으로 봉하고, 양첩(良妾)의 장자(長

子)를 원윤(元尹)으로, 여러 아들을 부원윤(副元尹)으로 삼으며, 천첩

(賤妾)의 장자(長子)를 정윤(正尹)으로, 여러 아들을 부정윤(副正尹)으

로 삼되, 원윤(元尹) 이상은 옛날 그대로 하고[仍舊] 정윤(正尹)은 정
_{잉구}

4품으로, 부정윤(副正尹)은 종4품으로 하며 천첩(賤妾)의 여손(女孫)

또한 4품의 직을 주는 것을 정식(定式)으로 삼아야 할 것입니다.'

　그것을 따랐다.

　○ 골간올적합(骨看兀狄哈) 지휘(指揮) 두칭개(豆稱介)·시응개(時應

介) 등 9인이 와서 토산물을 바쳤다.

---

17 『시경(詩經)』「주남(周南)」의 편명(篇名)으로, 자손이 메뚜기같이 번창하라고 축수하는 글
　이다.
18 『시경(詩經)』「주남(周南)」의 편명이다. 주(周)나라 문왕(文王)이 후비(后妃)의 덕(德)을 칭
　송한 글이다.

○ 영길도(永吉道-함경도)의 기근을 진제(賑濟)했는데, 도순문사(都巡問使)의 보고를 따른 것이다.

계사일(癸巳日-18일)에 관제(官制)를 고쳤다.[19] 전사시(典祀寺)·종부시(宗簿寺)·사복시(司僕寺)·전농시(典農寺)·내자시(內資寺)·내섬시(內贍寺)·예빈시(禮賓寺)의 종3품 영(令)과 정(正)을 고쳐 모두 윤(尹)이라 칭하고, 4품 부령(副令)과 부정(副正)을 모두 소윤(少尹)이라 칭했다. 선공감(繕工監)·사재감(司宰監)·군자감(軍資監)·제용감(濟用監)·군기감(軍器監)·전의감(典醫監)의 종3품 감(監)을 정(正)이라 칭하고, 4품 소감(少監)을 부정(副正)이라 칭하고, 5품 감승(監丞)을 판관(判官)이라 칭했다. 통례문(通禮門)의 인진사(引進使)를 첨지사(僉知事)라 칭하고, 부사(副使)를 판관(判官)이라 칭하고, 통찬 사인(通贊舍人)을 통찬(通贊)이라 칭했다. 사역원(司譯院)의 부사(副使)를 첨지사(僉知事)라 칭하고, 사인(舍人)을 주부(注簿)라 칭했다. 서운관(書雲觀)의 정(正)을 관정(觀正)이라 칭하고, 사선서(司膳署)·사온서(司醞署)·사섬서(司贍署)·경시서(京市署)의 6품 서승(署丞)을 주부(注簿)라 칭하고, 전옥서(典獄署)·혜민국(惠民局)·제생원(濟生院)·도염서(都染署)의 영(令)과 공정고(供正庫)의 주부(注簿)를 모두 승(丞)이라 칭했다. 종묘서(宗廟署)·공안부(恭安府)·경승부(敬承府)·풍저창(豊儲倉)·광흥창(廣興倉)·가각고(架閣庫)의 주부(注簿)와 전옥서(典獄署)·혜민국(惠民局)·제생원(濟生院)·도염서(都染署)의 승(丞)을 모두 부승(副丞)

---

19 이하 부서 명칭에서 전(典), 사(司), 도(都) 등은 모두 주관한다는 뜻이다.

이라 칭했다. 전구서(典廐署)의 주부(注簿)를 지금 9품으로 내려 또한 부승(副丞)이라 칭하고, 의영고(義盈庫)·장흥고(長興庫)·사선서(司膳署)의 주부(注簿)를 모두 부직장(副直長)이라 칭하고, 공신도감(功臣都監)의 녹사(錄事)를 승(丞)이라 칭했다. 경시서(京市署) 주부(注簿), 공신도감(功臣都監) 부녹사(副錄事), 혜민국(惠民局) 주부(注簿), 가각고(架閣庫) 직장(直長), 제생원(濟生院) 주부(注簿), 양현고(養賢庫) 판관(判官), 대비원(大悲院) 부사(副使)를 모두 녹사(錄事)라 칭하고, 혜민국(惠民局)·제생원(濟生院)·대비원(大悲院)의 녹사(錄事)를 모두 부녹사(副錄事)라 칭했다. 전사시(典祀寺) 녹사(錄事)를 올려서 8품으로 하고, 경복궁(景福宮)·경덕궁(敬德宮)의 사직(司直)을 부제공(副提控)[20]이라 칭했다. 경기 좌우도(京畿左右道)를 고쳐 그냥 경기(京畿)라고 칭했다.

○ 이조에서 아뢰었다[啓].
계

"제수 계본(除授啓本)과 이문(移文) 중에서 대내(大內-임금을 가리킴)로부터 나와 제수(除授)한 경우에는 '특지(特旨)'[21]라 칭하고, 단자(單子)로써 계문(啓聞)해 제수(除授)한 경우에는 '모인 천(某人薦)'이라

---

20 본래 원나라에서 서(署)·국(局) 등 말단 행정 기관에 두었던 하급 관직으로, 고려에 이 관직이 설치된 것은 원나라 관제의 영향으로 보인다. 1300년(충렬왕 26년)부터 1307년 사이에 순마소(巡馬所)가 순군만호부로 개편됨과 동시에 그 최하위 관직으로 처음 설치되었으며, 품계와 정원은 확인되지 않는다. 그 뒤 1369년(공민왕 18년)에 순군만호부가 폐지되고 대신 사평순위부(司平巡衛府)가 설치되면서 두어지지 않았으며, 우왕 때 다시 순군만호부가 복치되었지만, 그 직제로 부활되었는지는 분명하지 않다. 한편, 1313년(충선왕 5년)에는 신설된 연경궁제거사의 관직으로 두어졌는데, 이때 품계는 정7품으로 정원은 2인이었다.

21 임금이 삼망(三望)을 거치지 않고 특별히 사람을 임명하던 일을 가리킨다.

칭하고, 공신(功臣)과 2품 이상 자서(子壻-자식과 사위)는 '모 자서(某子壻)'라 칭하고, 전함 관안(前衝官案)에 붙인 경우에는 '전함 관안(前衝官案)'이라 칭하는 것이 어떻겠습니까?"

그것을 따랐다. 또 보거(保擧)[22]의 법(法)을 한결같이 『육전(六典)』에 기재된 바에 의하도록 명했다.

○ 충청도 도관찰사 허지(許遲)가 이사(里社)[23]의 법을 시행할 것을 청했다. 글은 이러했다.

'조정에서 내려준[頒降] 예제(禮制)에 따르면, 주부군현(州府郡縣)에
반강
는 모두 사(社-사당)를 세우도록 했고 향촌(鄕村)에는 이사(里社)를 두게 했습니다. 이제 각 도의 주군(州郡)에 모두 사(社)를 세워서 수령이 계절에 맞춰[以時] 제사를 지내고 있는데, 오직 이사(里社)의 법
이시
만은 시행하지 않고 있습니다. 삼가 이사(里社)의 제도를 살펴보건대 "무릇 각처 향촌(鄕村)의 인민(人民)은 이(里)마다 100호(戶) 안에 단(壇) 1소(所)를 세워서 오토(五土)와 오곡(五穀)의 신(神)에게 제사를 지내 비가 오고 볕이 들기[雨暘]를 기도한다. 시절이 만약 오곡
우양
(五穀)이 풍등(豊登-풍년)하면 해마다 한 사람씩 번갈아 회수(會首)가 돼 항상 단장(壇場)을 정결하게 해서, 춘추(春秋) 두 사일(社日)[24]을 맞

---

22 관리를 임명할 때 재주가 있거나 공로가 많은 사람을 자기가 책임지고 임금에게 천거하던 일을 가리킨다.

23 옛날 각 동리(洞里)마다 있던, 토지신(土地神)을 모신 사당(祠堂)을 가리킨다.

24 춘추분(春秋分)에서 가장 가까운 앞뒤의 무일(戊日)로, 춘분을 전후해서 가장 가까운 무일을 춘사일(春社日)이라 하고 추분을 전후해서 가장 가까운 무일을 추사일(秋社日)이라 한다. 혹은 입춘(立春) 후 다섯 번째의 무일(戊日)을 춘사일(春社日)이라 하고 입추(立秋) 후 다섯 번째의 무일(戊日)을 추사일(秋社日)이라 하기도 한다. 춘사일에는 곡식의 성육을 빌고, 추사일에는 그 수확을 감사한다.

으면 기일보다 앞서 제물(祭物)을 헤아려 공판(供辦-준비)했다가 사일(社日)에 이르러 약속대로 모여서 제사 지낸다. 그 제사에는 양(羊) 1마리, 돼지[豕] 1마리와 주과(酒果)·향촉(香燭)·종이를 사용한다. 제사가 끝나면 곧 회음(會飮)을 행하는데, 회중(會中)에서 먼저 한 사람을 시켜 서사(誓詞)를 읽게 한다. 그 서사(誓詞)는 이러하다. '무릇 우리 동리(同里)의 사람은 각각 예법(禮法)을 존중하고, 힘을 믿고 남을 능욕(凌辱)하지 않는다. 위반하는 자는 먼저 함께 다스린 뒤에 관(官)에 넘긴다[經官]. 혹 가난해 도와주는 이가 없으면 그 집을 두루 도와주되, 3년에 자립하지 않으면 모임에 참여하지 못하도록 한다. 그 혼인(婚姻)이나 상장(喪葬)에 궁핍(窮乏)함이 있으면 능력에 따라 서로 돕는다. 만약 중의(衆意)에 따르지 않거나 범간(犯奸)·사위(詐僞)하는 등 일체 비위(非僞)하는 사람은 아울러 모임에 들어오는 것을 허락하지 아니한다.' 서사(誓詞) 읽기를 끝마치면 장유(長幼)의 차례대로 자리에 나아가서 극진히 즐거워하다가 물러간다"라고 했습니다. 신명(神明)을 공경(恭敬)하고 향리(鄕里)를 화목(和睦)하게 하는 데 힘써서 풍속(風俗)을 두텁게 하고 인심(人心)을 권장하는 좋은 법입니다. 청컨대 이 법에 따라 각각 향촌(鄕村)에서 민호(民戶)의 많고 적음을 헤아리고 지경(地境)의 멀고 가까움을 헤아려서 혹은 40호(戶) 혹은 50호에 각각 1사(社)를 세워서 제사 지내게 하소서. 이제부터 무릇 향리의 백성이 규정된 법령을 존중하지 않고 오히려[尙-猶] 음사(淫祀)[25]를 행해 신당(神堂)이라 칭하며 따로 이중(里中)에 세

---

25 내력이 바르지 않는 신(神)에게 제사 지내던 일을 가리킨다.

운 것은 일체 모두 불태워 없애고 엄격히 다스려야 할 것입니다.'

의정부(議政府)에 내려서 토의해 아뢰고 시행하게 했다.

갑오일(甲午日-19일)에 이언(李彦)이 숨겼던[藏匿] 사람 34명을 용서
했다. 일찍이 각 도 변두리 지역에다 부처(付處)했었는데, 이때에 이르
러 모두 외방종편(外方從便-서울 밖 어디든 편하게 살게 함)하게 했다.

○ 병조좌랑 배윤(裵閏)을 파직했다. 헌부에서 탄핵하기를 "윤(閏)
이 종묘제(宗廟祭)의 대축(大祝)이 됐을 때, 희생(犧牲)을 이끌고 주방
(廚房)으로 나아가지 않았고 또 낄낄거리며 웃고 불경(不敬)했습니다.
청컨대 고신(告身)을 거두고 그 까닭을 국문(鞫問)해야 할 것입니다"
라고 했기 때문이다.

○ 전 낭장(郎將) 김윤하(金允河)를 강원도 채방별감(江原道採訪別
監)으로 삼았다.

을미일(乙未日-20일)에 비로소 생원(生員) 한성시(漢城試)·향시(鄕試)
의 법(法)을 시행했는데, 전주 교수관(全州敎授官) 정곤(鄭坤, ?~?)[26]의
말을 따른 것이다. 이에 앞서 권우(權遇)가 대사성(大司成)이 돼 일찍
이 이러한 의견을 세우자[建] 하륜(河崙)이 깊이 옳게 여겼다가 이때

---

26 이색(李穡)의 문하에서 학문을 배웠고, 1386년(우왕 12년)에 과거에 급제했다. 이때인
　1414년(태종 14년)에는 전주교수관(全州敎授官)으로 있으면서 생원(生員) 한성시(漢城試)·
　향시(鄕試)의 법을 시행하도록 건의해 채택됐다. 직제학(直堤學), 성균관대사성 지제교(成
　均館大司成知製敎)를 지냈고, 『고려사(高麗史)』 편찬에 공이 있다. 은퇴 후 벽골(碧骨)의 시
　골집에 낙향해 후진을 양성했다.

에 이르러 마침내 시행했으니, 과거(科擧)의 액수(額數-인원수)에 의거해 두 배로 했다.

○ 좌군 동지총제(左軍同知摠制) 김귀보(金貴寶)를 경성 절제사(鏡城節制使)로 삼았다.

병신일(丙申日-21일)에 의정부에서 각사(各司) 관리가 피혐(避嫌)해야 하는 사의(事宜-일의 마땅함)를 아뢰었다. 아뢰어 말했다.

"각사의 원리(員吏)가 많이 피혐(避嫌)해 좌기(坐起-근무)하지 않아서 공사(公事)가 지연(遲延)되기[稽遲]에 이릅니다. 이제부터 비록 대간(臺諫)과 형조(刑曹)에서 설사[値] 착오(錯誤)가 있어서 고장(告狀)한 자라고 하더라도, 허실(虛實)이 분간되어 계문(啓聞)해 취지(取旨)[27]하기 전에는 피혐(避嫌)하지 말고 일을 옛날 그대로 보게 하소서."

그것을 따랐다.

무술일(戊戌日-23일)에 올적합(兀狄哈) 천호(千戶) 백호(百戶) 7인이 와서 토산물을 바쳤다.

○ 사헌부에서 서리(書吏)를 보내 완원부원군(完原府院君) 이양우(李良祐, 1346~1417년)[28]와 그 아들 이흥제(興濟)·흥로(興露)의 집을

---

27 임금의 윤허를 받는 일을 말한다.

28 아버지는 태조의 백형(伯兄)인 이원계(李元桂)이며, 완산부원군(完山府院君) 이천우(李天祐)의 형이다. 1398년(태조 7년)에 세자 이방석(李芳碩)의 보필을 맡고 있던 정도전(鄭道傳)·남은(南誾) 등이 난을 꾸민다는 정보에 따라 아우 이천우와 함께 이방원(李芳遠)·이

32

수직(守直)[29]했다. 찬성사(贊成事) 이숙번(李叔蕃)이 정부(政府)에 밀지(密旨)를 전했다.

"양우(良祐)가 방간(芳幹)과 똑같은 마음을 먹고 경진(庚辰)의 난(亂)[30]에 중립을 지키며 변고를 지켜봤고[觀變], 방간이 부처(付處-유배)된 뒤에도 사사로이 서로 통교했다. 지난해에는 동지(冬至)에 병이라 칭탁하고서 조회(朝會)하지 않았고, 날짜를 미루면서 기회를 엿보다가 뒤에 연회(宴會)에 나아왔다. 금년 봄에 친히 강신(降神)할 때에도 모두 병이라 칭탁하고 조회하지 않은 채 그 아들 홍제를 시켜 아뢰기를 '아들 홍발(興發)이 지금 장연진(長淵鎭)으로 가니 진실로 생전에 서로 만나보기를 원합니다'라고 했다. 내가 양홍달(楊弘達)을 시켜 병을 살펴보게 하니 별다른 병의 증세가 없었다. 그의 불충(不忠)·불경(不敬)한 죄를 어찌 가히 용납할 수 있겠느냐?"

이리하여 정부(政府)에서 헌부(憲府)에 이문(移文)하니 헌부에서

방간(李芳幹)을 도와 난을 평정했고, 그 공으로 정사공신(定社功臣) 2등에 녹훈되고 영안군(寧安君)에 봉해졌다. 1400년(정종 2년) 이방간의 난 때 중립적인 처신을 했으며, 그 뒤에도 병을 핑계 삼아 조정에 잘 나가지 않아서 태종의 미움을 받아 양주에 안치됐다가 풀려났다. 그런데 이양우가 병을 핑계 삼아 조정에 나가지 않은 것은 당시 왕실 족보가 객관적으로 만들어지지 않았다고 개작(改作)하는 것에 대한 불만 때문이었다고 한다. 1408년(태종 8년) 사은사로 명나라에 갔다가 돌아오는 길에 요동에서 왜적들에게 잡혀갔던 백성을 구해 왔다. 1412년 5월에 태조의 직계가 아니면서 재내제군(在內諸君)의 호를 받은 자를 혁파할 때 공신인 까닭에 완원부원군(完原府院君)으로 개봉(改封)됐다. 이때인 1414년에 전주에 유배 중인 이방간으로부터 선물을 받은 일이 탄로가 나서 이방간과의 사통죄(私通罪)로 다시 대간(臺諫)의 격렬한 탄핵을 받았으나, 오히려 대간이 외방에 부처(付處)되는 소동이 벌어졌다.

29 사헌부에서 서리(書吏)를 보내 죄를 지은 사람이 도망하지 못하도록 그 집을 지키고 파수하던 일을 가리킨다.

30 1400년 이방간의 난을 말한다.

소를 올렸다.

'양우가 항상 병을 칭탁하고 조회하지 않았는데, 그 아들 홍제·홍로 또한 아비의 뜻을 돕고 일찍이 구제해 바로잡지 않았습니다. 청컨대 고신(告身)을 거두고 그 까닭을 국문(鞫問)하소서.'

소(疏)를 궁중에 머물러 두었다[留中].

○ 정윤(正尹) 비(裶)·인(祵)의 녹(祿)을 주라고 명했다. 의정부에서 아뢰어 말했다.

"지금 광흥창(廣興倉)에서 정윤(正尹) 비(裶)와 인(祵)의 녹을 주지 않고 있으므로 이미 형조로 하여금 그 까닭을 국문하게 했습니다. 신 등이 생각건대[以爲] 관직(官職)이 있는 자가 그 녹을 받지 못하는 것은 잘못이니, 빌건대 반록(頒祿)을 허락하소서."

상이 말했다.

"이 두 아이의 직(職)은 비록 정윤(正尹)이나 나이는 모두 어린아이들이니 식록(食祿)은 마땅치 않다. 내가 이 때문에 허락하지 않았으나, 정부에서 청하니 따르지 않을 수 없다."

기해일(己亥日-24일)에 이양우(李良祐)에게 명해 영흥부(永興府)로 돌아가게 했다.

상이 사헌부(司憲府)에 유시(諭示)해 양우 부자의 집에 수직(守直)하는 것을 풀게 했다. 대언(代言) 서선(徐選)을 보내 양우의 집에 가서 뜻을 전해 말했다.

"세 아들을 데리고 영흥(永興) 본가(本家)로 돌아가라."

사헌부 대사헌 안등(安騰) 등이 소(疏)를 올려 청했다.

'다른 사람의 신하 된 자[人臣]의 죄 중에 불충(不忠)보다 큰 것이 없으며, 불충한 사람은 구차스럽게 죄를 면할 수[苟免] 없습니다. 가만히 보건대 양우(良祐)가 동짓날 하례에도 병을 칭탁하고 조회하지 않다가 전하께서 상왕(上王)을 맞이해 내전(內殿)으로 들어가자 그 틈을 엿보아 예궐(詣闕)했는데, 이것이 이신(履新-새해맞이)의 경사(慶事)를 위해 조회(朝會)한 것이었겠습니까, 아니면 상왕이 왔기 때문에 일시에 알현(謁見)한 것이었겠습니까? 그 사사로이 알현함으로 인해 예를 잃고 불공(不恭)한 뜻을 나타낸 것을 대개 볼 수 있으니 그 불충(不忠)의 첫째입니다.

우러러[瞻仰] 면류관(冕旒冠)을 바라보고 걸어서 왕정(王庭)을 밟는 것이 진실로 다른 사람의 신하 된 자의 지극한 바람이건만, 양우는 그렇지 아니하고 비록 대조(大朝)를 당하더라도 매번 몸의 병을 칭탁했으니 그 죄가 둘째입니다.

대실(大室)[31]에 친사(親祀-임금이 친히 제사를 올리는 것)하는 것은 국가의 성대한 일이니, 남의 신하 된 자[人臣]라면 누가 서로 경축하지 않겠습니까? (그런데) 양우는 태연히[居然] 집에 있으면서 경축하지 아니했으니 그 죄가 셋째입니다.

별다른 큰 공로[膚功]가 없으면서도 종실(宗室)의 후예(後裔)인 것을 인연해[夤緣] 정사(定社)의 훈책(薰冊)에 이름을 올려[載名] 지위가 높고 녹(祿)이 두터우므로, 마땅히 밤낮으로 성상의 은혜에 보답

---

31 종묘를 가리킨다.

할 것을 도모하기에 겨를이 없어야 할 것입니다. (그런데) 도리어 몸이 아프다고 거짓말하고 궁궐(宮闕)로 달려가서 고(告)해 흥발(興發)을 부르도록 청함으로써 상께서 마음을 움직여[動慮] 의원(醫員)에게 명해 병세를 진단하게 했으니 그 죄가 넷째입니다.

신 등이 일일이 갖춰[開具] 죄를 청했지만, 전하께서 윤허(允許)하시지 않을 뿐 아니라 도리어 고향(故鄕)으로 돌아가도록 했습니다. 부자형제(父子兄弟)가 여리(閭里)에서 완취(完聚)한다면 혹 흔단(釁端)이 일어날는지도 알 수 없습니다. 엎드려 상의 재결(裁決)을 바랍니다.'

상이 지신사(知申事) 이관(李灌)에게 명해 일깨워 말했다.

"지난번에 의원(醫員) 양홍달(楊弘達)의 말을 듣고 이러한 일이 있었음을 알았다. 경 등이 말한 바는 지극히 당연하다. (그러나) 노형(老兄)이 어리석어 사리와 법도[禮法]를 알지 못하니 차마 법(法)대로 처치할 수가 없다. 이미 가족을 데리고 그 고향에 안치(安置)하도록 해그가 뉘우치기를 기다렸다가 장차 소환(召還)하려 한다. 경 등은 이에[其] 나의 뜻을 몸받고 용렬하게 고집하지 말라."

등(騰) 등이 굳게 청해 말했다.

"지금 조정(朝廷)에 있는데도 오히려 또 이와 같은데, 만약 향곡(鄕曲)에 돌아간다면 반드시 토호(土豪)가 돼 다시 누구를 꺼리겠습니까? 또 어제 흥제(興濟)를 핵문(劾問)했으나 해가 지도록 답(答)하지 아니하다가 저녁이 되자 말을 달려 아비의 집에 갔으니, 이 또한 아비의 행동을 익숙하게 보는 것[習見]이요 나라의 법을 두려워하지 않는다는 증거입니다. 청컨대 신 등의 말에 의거해 여러 사람의 소망

[僉望]을 따르소서."
<small>첨망</small>

　헌부(憲府)에서 다시 소(疏)를 올려 말했다.

　'상벌(賞罰)은 인주(人主)의 큰 권력[大柄]입니다. 한 사람을 상(賞)
<small>대병</small>
주면 천만 사람이 권장되고 한 사람을 벌주면 천만 사람이 두려워하
니, 국가(國家)로서는 하루라도 상벌(賞罰)이 없을 수 없습니다. 신 등
이 삼가 양우의 불충(不忠)한 죄상(罪狀)을 갖춰 두세 번 죄를 청했으
나 전하께서는 살리기를 좋아하시는 다움[好生之德]으로 즉시 유윤
<small>호생지덕</small>
(諭允)하지 않았습니다. 그러나 대순(大舜-순임금)이 사흉(四凶)을 주
멸(誅滅)하자 천하(天下)가 복속됐고 주공(周公)이 삼숙(三叔)을 정벌
하자 왕실(王室)이 안정됐으니, 공(功)이 죄(罪)를 덮어주지 못하고 사
(私)가 공(公)을 멸하지 못하는 것은 천하고금의 통의(通義)입니다. 하
물며 양우처럼 실제로 정사(定社)의 모책(謀策)이 없었고 또한 종친
(宗親)의 정적(正嫡)이 아닌 자이겠습니까? 대개 반역(叛逆)의 무리는
비록 부월(鈇鉞)이나 가쇄(枷鎖)의 함정(陷穽)이 앞에 있더라도 꺼리
지 않는데, 도리어 향곡(鄕曲)에 돌아가 살게 한다면 그 마음을 고치
고 생각을 바꾸는 처지가 되겠습니까? 일찍이 불궤(不軌-반역)한 마
음을 가졌으나 전하께서 매번 관전(寬典-너그러운 법령)을 따라서 목
숨을 보전하도록 했습니다. 이리하여 간흉(奸兇)한 무리가 구차스레
(형륙을) 면(免)하기를 바라는 것을 스스로 계책으로 삼습니다. 비록
실행하지 않아서 환(患)이 없다고 하나 대개 양우의 죄악은 실제로
전(前)에 나타났는데, 이제 죄가 이뤄졌습니다. 이제 또 놓아준다면
양우 같은 자가 다시 이를 본받고 뒤에 일어날까 두렵습니다. 엎드려
바라건대 전하께서는 사사로운 은혜에 끌리지 말고 대의(大義)로써

결단하시어 양우 부자를 율(律)에 비춰 과죄(科罪)함으로써 신민(臣民)의 소망을 위로하소서.'

소(疏)가 올라갔으나 살펴보지 않으니, 헌사(憲司)에서 또 청해 말했다.

"양우가 특별히 주상의 은혜를 입어 향곡(鄕曲)에 돌아가게 됐으니 진실로 두려워하고 감사하여 말을 채찍질해 길을 떠나가는 것이 마땅한데 오히려 병이라고 거짓으로 칭탁해 견여(肩輿)를 타고 가니, 이것이 바로 완악하고 어리석고 수치를 모르며 죽음에 이르더라도 마음을 뉘우치지 않는 것입니다. 빌건대 뒤쫓아 정지시켜서 그 죄를 바로잡으소서. 사람을 보내 길에서 구류(拘留)해야 합니다."

사간원(司諫院)에서도 소(疏)를 올려 양우의 죄를 청했다. 소는 대략 이러했다.

'양우는 종실(宗室)의 친척으로 훈신(勳臣)의 열(列)에 들어 특별히 사랑을 받아서 그 부귀(富貴)가 지극한데, 경애(敬愛)하는 마음은 도리어 상인(常人-일반인)에 미치지 못해 성은(聖恩)을 잊은 채 마음대로 교만하고 방종했습니다. 정조(正朝)하는 날에 병을 핑계하고 알현하지 않았으며, 친향(親享)할 때 시종(侍從)하는 데 참여하지 않았습니다. 헌사(憲司)에서 여러 번 그 죄를 청했으나 전하께서는 이에 훈친(勳親)이라는 이유로 특별히 말감(末減-낮은 형벌)을 좇으시어 다만 외방(外方)에 내보내도록 하시니, 흠휼(欽恤)하는 뜻이 지극합니다. 그러나 『서경(書經)』에 고요(皋陶)의 말을 기록하기를 "고의로 저지른 죄를 형벌하는 데에는 작은 것이 없다"라고 했으니, 옛날의 성현(聖賢)도 고의로 저지른 범죄를 알았을 때는 비록 작은 죄라고 하더라도 용서하지 아니했는데 하물며 그 죄가 큰 자이겠습니까? 양우의 죄는 마땅히 큰 형벌을 받아야 하는데도 오히려 공신(功臣)의 호(號)와 부원군(府院君)의 직함을 띠고서 그 여러 아들을 거느리고 자기의 전장(田庄)에 편안히 거주하니, 그 죄를 다스리는 도리가 아닙니다. 이제 나가서 거주할 땅이 곧 양우의 고향이니, 그 마음으로 원망을 품고 반측(反側)해 변(變)을 일으킬지 알 수 없습니다. 엎드려 바라건대, 전하의 대의(大義)로 결단해 한결같이 헌사(憲司)의 청(請)에 의거해 그 녹권(錄券)과 직첩(職牒)을 거둬서 그 죄를 바로잡으소서. 그 여러 아들로 하여금 완취(完聚)하지 못하도록 다른 도에 나눠 안치(安置)해서 신자(臣子)들의 소망을 터주셔야[快] 할 것입니다.'

사헌부에서 다시 소를 올렸는데 대략 이러했다.

'양우가 이미 불충(不忠)을 범하고도 그대로 공신(功臣)의 호(號)를 띠고 1품의 높은 자리에 앉아서 그 여러 아들을 거느리고 향곡(鄕曲)으로 돌아가니, 금의환향(錦衣還鄕)과 다름이 없습니다. 청컨대 전일에 아뢴 바에 의거해 양우 부자를 법대로 처치하소서.'

대간(臺諫)에서 함께 대궐에 나아와 다시 양우의 죄를 청했으나 따르지 않자 대원(臺員)이 물러가 사직(辭職)했다. 간원(諫院)에서 소를 올려 또 양우의 죄를 청했으나 따르지 않자 역시 물러가 사직했다.

○ (강원도) 횡천(橫川-횡성) 등지의 사렵(私獵)을 금지하라고 명했다.

경자일(庚子日-25일)에 상이 인덕궁(仁德宮)에 나아가 (상왕을 위해) 작은 술자리[小酌-小宴]를 베풀었다.

○ 골간 올적합(骨看兀狄哈) 5인과 올적합(兀狄哈) 지휘(指揮) 천호 (千戶) 등 4인이 와서 토산물을 바쳤다.

계묘일(癸卯日-28일)에 돈녕부(敦寧府)[32]를 처음 설치했는데, 예속(隸

32 조선 시대 종친부에 속하지 않은 종친과 외척을 위해 설치되었던 관서다. 설치 목적은 원래 종성(宗姓)과 이성(異姓)의 친근자를 대우해 친척 간의 의로움을 도모하기 위해서 였다. 조선 초기에는 봉군제(封君制)를 채택해 외척을 정치에 참여시켰다가, 1409년(태종 9년)에 이 제도가 폐지됨에 따라 외척들은 정치에 참여할 기회를 잃게 되었다. 이를 기회로 종친으로서 태조의 계통도 아니고 봉군도 할 수 없는 자들과, 정계에 나갈 수 없는 외척들의 예우를 위한 기관이 필요했다. 그래서 1414년 실제의 직사(職事)가 없는 돈녕부를 설치한 것이다. 이때의 관원은 영사(領事-정1품) 1인, 판사(判事-종1품) 1인, 지사(知事-정 2품) 2인, 동지사(同知事-정2품) 2인, 첨지사(僉知事-정3품) 2인, 동첨지사(同僉知事-종3품) 2인, 부지사(副知事-정4품) 2인, 동부지사(同副知事-종4품) 2인, 판관(判官-정5품) 2인, 주부(注簿-정6품) 2인, 승(丞-정7품) 2인, 부승(副丞-정8품) 2인, 녹사(錄事-정9품) 2인으로 구성되어 있었다. 1430년(세종 12년) 태종 때에 동반에 있던 것을 서반으로 옮겼으나 입직(入直)과 성기(省記)는 이조에서 그대로 관장하도록 했다. 또한 영돈녕(領敦寧)은 폐지하고, 동첨지사·부지사·동부지사·판관·주부도 각각 1인씩을 줄였다.
1437년에는 소속 인원이 많아지는 것을 막기 위해 구체적으로 친척의 범위를 촌수로 제한해 관직을 제수했다. 종성은 단문(袒免-상례 때 입는 시마복) 이상의 친족과 6촌 자매 이상의 지아비까지 관직을 제수했다. 왕비는 6촌 이상 친척과 4촌 자매 이상의 지아비까지, 이성은 4촌의 친척과 3촌 질녀 이상의 지아비까지, 왕세자빈의 친아버지까지를 관직 제수 대상으로 했다. 1457년(세조 3년)에는 직사가 없는데도 정원이 많아지자 당상낭관을 모두 혁파시켰다.
그 뒤 『경국대전』에 규정된 내용을 보면 영사 1인, 판사 1인, 지사 1인, 동지사 1인, 도정(都正, 정3품 당상) 1인, 정(正, 종3품) 1인, 첨정(僉正) 2인, 판관 2인, 주부 2인, 직장(直長) 2인, 봉사(奉事) 2인, 참봉 2인으로 구성되어 있다. 이때 입사 범위는 세종 때보다 제한되어 왕과 동성이면 9촌 이내, 이성은 6촌 이내, 왕비의 동성은 8촌 이내, 이성은 5촌 이내, 세자빈의 동성은 6촌 이내, 이성은 3촌 이내의 친척으로 했다. 위의 촌수 안에서 고모와 자매·질녀·손녀부(孫女 夫)에 제수되었으며, 선왕이나 선후의 친척도 마찬가지였다. 대군의 사위와 공주의 아들에게는 종7품을 처음 제수하고, 공주·왕자군의 사위와 옹주의 아들에게는 종8품을 처음 제수했다. 반면 대군·왕자군의 양첩(良妾)의 사위는 각각 한 등급을 낮추고, 천첩(賤妾)의 사위는 한 등급을 더 낮추도록 했다. 1506년(연산군 12년)에 관원 가운데 첨정·판관·주부·직장·봉사·참봉 각 1인을 혁파했다. 그 뒤 1894년(고종 31년) 종정부(宗正府)에 병합됐다.

屬)도 없고 직사(職事)도 없이 종친(宗親) 중에서 태조(太祖)의 후예가 아니라는 이유로 봉군(封君)을 얻지 못한 자와 외척(外戚)·인아(姻婭-인척), 왕실(王室)의 외손(外孫)을 (그 아래에) 두게 했다. 삼군(三軍)의 도총제(都摠制)·총제(摠制)·동지총제(同知摠制)·첨총제(僉摠制)를 각각 1인씩 없애고, 영공안부사(領恭安府事)·판인녕부사(判仁寧府事)·판경승부사(判敬承府事)를 각각 1인씩 없앴다. 영부사(領府事) 정1품 1인, 판부사(判府事) 종1품 1인, 지부사(知府事) 정2품 2인, 동지부사(同知府事) 종2품 2인, 첨지부사(僉知府事) 정3품 2인, 동첨지부사(同僉知府事) 종3품 2인, 부지부사(副知府事) 정4품 2인, 동부지부사(同副知府事) 종4품 2인, 판관(判官) 정5품 2인, 주부(注簿) 정6품 2인, 승(丞) 정7품 2인, 부승(副丞) 정8품 2인, 녹사(錄事) 정9품 2인을 두었다. (정사에 대해) 의견을 내는 자[議者_{의자}] 가운데 어떤 이가 말했다.

"직사(職事)도 없는데 사람을 두고 관직을 설치하는 것은 고례가 아닙니다."

상이 말했다.

"왕의 친척이 진실로 모두 뛰어나다[賢_현]면 동서반(東西班)에다 임명하는 것이 가하지만, 진실로 뛰어나지도 못한데도 임용한다면 혹은 죄의 구렁텅이에 빠지게 된다. 이를 용서한다면 법을 폐하게 되고 이를 논죄한다면 은의를 상하게 되니, 내가 이 관직을 설치한 것은 친척을 내 몸과 같이 여기는 도리[親親之道_{친친 지 도}]를 다하면서도 법을 폐하고 은의를 상하게 하는 실수가 없도록 하고자 함이다."

의견을 내는 자가 또 말했다.

"정부(政府)는 정1품 아문(衙問)으로서 백관(百官)을 통솔하는데, 돈녕부(敦寧府)도 정1품의 직질(職秩)로 하는 것은 불가합니다."

상이 말했다.

"왕의 친척 중에 노덕(老德)한 자가 있으면 정부에 두는 것이 가하다. 그러나 어찌 노덕(老德)이 있겠느냐? 내가 이를 설치한 것은 장차 종친의 연로자를 대접하려는 것이니 실정상 어쩔 수 없는 것이다."

의견을 내는 자가 그제야 중지했다. 정부에서 아뢰었다.

"돈녕부(敦寧府) 지인(知印)·영사(令司)·조례(皂隷)는 공안부(恭安府)·인녕부(仁寧府)·경승부(敬承府)의 남아도는 수의 사람으로 충당하소서. 또 각사의 누락된 노비 300구(口)를 거기에 정속(定屬)하소서."

그것을 따랐다.

○ 비(裶)와 인(裀)을 원윤(元尹)으로 삼고 석(碩)과 승(昇)을 부정윤(副正尹)으로 삼았다. 석(碩)은 (진안대군 이방우의 아들인) 봉녕군(奉寧君) 복근(福根)의 기첩(妓妾)의 아들이고, 승(昇)은 익안 대군(益安大君) 이방의(李芳毅)의 비첩(婢妾)의 아들이었다.

○ 이지(李枝, 1349~1427년)[33]를 영돈녕부사(領敦寧府事-돈녕부 영

---

33 할아버지는 도조(度祖)이며, 태조의 종제(從弟)다. 8세 때 부모를 여의고 이왕기(李王琦) 집에서 양육됐다. 뒤에 태조에 의지해 잠저(潛邸)에서 생활하면서 항상 태조의 측근에 있었다. 1388년 이성계가 위화도에서 회군할 당시에는 중랑장(中郎將)이 돼 정기(精騎)를 인솔하고 앞장서서 큰 공을 인정받았다. 1392년 조선이 건국되면서 원종공신(原從功臣)이 돼 상호군(上護軍)에 오른 뒤 이조·호조·예조의 전서(典書)를 거쳤으며, 순녕군(順寧君)에 봉해졌고 좌상군사(左廂軍士)를 겸했다. 1398년(태조 7년) 이방원(李芳遠)에 의해 정

사), 한검(韓劍)[34]을 판돈녕부사(判敦寧府事-돈녕부 판사), 이지숭(李之崇)·민무휼(閔無恤)을 지돈녕부사(知敦寧府事-돈녕부 지사), 윤향(尹向)을 개성 유후사 유후(開城留後司留後), 박자청(朴子靑)을 공조판서(工曹判書), 박은(朴訔)을 참찬의정부사(參贊議政府事-의정부 참찬사), 이응(李膺)을 병조판서(兵曹判書), 이은(李殷)을 경기 도관찰사로 삼았다.

○사헌 감찰(司憲監察) 이대(李岱)·신회(辛回)·박인(朴裀)·정재(鄭載) 등을 파직했다. 전조의 말쯤에 감찰방(監察房)에서 새로 임명된 자를 부르기를 '신귀(新鬼-신진)'[35]라고 해 억지로 잡희(雜戱)를 시켰는데, 하지 않는 바가 없었다. 국조(國祖)에서 엄하게 금령(禁令)을 세웠으나 남은 풍속이 없어지지 않아서, 전하여 서로 모방해서 신귀(新鬼)의 집을 어지럽게 침범했다. 하륜(河崙)이 이를 매우 싫어했는데, 대(岱) 등이 금령을 범했기 때문에 그들을 파직한 것이다.

도전(鄭道傳)·남은(南誾) 등이 척살되는 1차 왕자의 난이 일어났을 때 이 일에 연루돼 귀양을 갔다가, 1400년 방원이 왕위(태종)에 오르자 유배에서 풀려나 다시 순녕군에 봉해졌다. 이때인 1414년(태종 14년) 영공안돈녕부사(領恭安敦寧府事)에서 우의정에 오른 뒤 좌의정을 거쳐 1418년 영의정으로 치사했다가 다시 영돈녕부사가 됐다.

34 태종의 외삼촌이다.

35 신래(新來)라고도 한다. 고려·조선 시대에 과거에 새로 급제해 처음 관직에 나온 사람을 선배가 가리켜 이르는 말이다. 특히 조선 시대에는 성균관·교서관·승문원·예문관 등에서 신래에게 면신례(免新禮) 또는 허참례(許參禮)라는 통과의례를 부여해 많은 폐단이 되기도 했다. 그래서 이를 신래침학(新來侵虐)이라 불렀다.

丙子朔 上以時服 率百官賀帝正 停本朝賀禮. 上詣仁德宮賀正
병자 삭 상 이 시복 솔 백관 하 제정 정 본조 하례 상 예 인덕궁 하정

遂奉迎上王 獻壽于廣延樓下極歡. 獻廐馬一匹 賜群臣宴. 初 上
수 봉영 상왕 헌수 우 광연루 하 극환 헌 구마 일필 사 군신 연 초 상

謂代言等曰: "冕旒重着則頭痛. 凡賀禮百官朝服 予獨以時服行禮
위 대언 등 왈 면류 중착 즉 두통 범 하례 백관 조복 여 독 이 시복 행례

可乎?" 知申事金汝知對曰: "無所不可." 代言韓尙德對曰: "向闕
가호 지신사 김여지 대왈 무 소불가 대언 한상덕 대왈 향궐

賀拜 禮之大者 時服不可." 上從汝知之對.
하배 예 지 대자 시복 불가 상 종 여지 지 대

丁丑 命議政府就職. 司諫院劾問 議政府舍人李迹以元日 上親送
정축 명 의정부 취직 사간원 핵문 의정부 사인 이적 이 원일 상 친송

上王于敦化門 政府堂上踞坐動樂之由 迹答曰: "其時堂上方飮
상왕 우 돈화문 정부당상 거좌 동악 지유 적 답왈 기시 당상 방음

宣醞 皆不踞坐 且未知上之擧動 焉能及出?" 司諫申槪等上疏曰:
선온 개 불 거좌 차 미지 상지 거동 언능 급 출 사간 신개 등 상소 왈

'君臣上下 以禮相維 苟或廢禮 何以爲國? 上王旋駕 上送至外門
군신 상하 이례 상유 구혹 폐례 하이 위국 상왕 선가 상 송지 외문

政府踞坐堂上 作樂耽樂. 及上入內 樂聲乃止 大失人臣之禮 殊無
정부 거좌 당상 작악 탐악 급 상 입내 악성 내지 대실 인신 지례 수무

敬上之心. 乞下攸司 按律施行.'
경상 지심 걸하 유사 안율 시행

上覽之怒曰: "昨日賜宴 大臣皆醉 不知予之出入 故動樂自如 非
상 람지 노왈 작일 사연 대신 개취 부지 여지 출입 고 동악 자여 비

以不敬而然也. 今當大祭之時 劾大臣可乎! 且以代言舍人之言
이 불경 이연야 금 당 대제 지시 핵 대신 가호 차 이 대언 사인 지언

觀之 則非踞坐明矣 何遽論大臣之罪乎?" 掌務正言宋乙開對曰:
관지 즉 비 거좌 명의 하거 논 대신 지죄 호 장무 정언 송을개 대왈

"上之出入 政府動樂不輟 故臣等謂必踞坐也." 命巡禁司螺匠押
상지 출입 정부 동악 불철 고 신등 위 필 거좌 야 명 순금사 나장 압

乙開 徒步歸第. 諫院皆請暇 命政府毋避嫌以謹祭儀. 左政丞河崙
을개 도보 귀제 간원 개 청가 명 정부 무 피혐 이근 제의 좌정승 하륜

及參贊李叔蕃怒甚 必欲致諫官之罪. 崙草疏曰: '乞自今 臺諫毋得

妄言大臣過失 垂法後世.' 領議政府事成石璘 右政丞南在不肯署名

曰: "以大臣失禮 而反有此請可乎? 且以此立法 後人必有議之者."

叔蕃恃寵 親至石璘與在之第 强其署名 石璘不得已署之 然不果上.

叔蕃又嗾憲府 劾請諫官之罪.

世子夜納倡妓. 潛使內奴取馬于金漢老第 欲騎倡妓也.

戊寅 命罷兵曹祝壽齋. 兵曹循重房舊例 用西普通都監息錢 每歲

設祝壽齋. 上曰: "脩短有數 何用祈禱? 其罷之."

己卯 定婢妾所産限品贖身之法. 司宰監報議政府曰: "身良水軍

女孫定役何如?" 政府議聞曰: "中國 禮義所自出 婚姻之禮正 以陰

從陽 女歸男家 生子及孫 長於內家 人知本宗之重 父良者皆良. 吾

東方典章文物 皆法中國 唯婚姻之禮 尙循舊俗 以陽從陰 男歸女家

生子及孫 長於外家 人不知本宗之重 母賤者皆賤. 至以祖父骨肉

稱 爲婢妾所産皆役使 其不知輕重甚矣. 至我國朝 太祖以諸人自己

婢妾所産爲身良役賤 屬司宰監水軍 不許幷屬其女 今司宰監欲役

女孫. 前朝之制 身良役賤者 皆不役其女孫 丁吏驛吏之女 嫁良夫

卽爲良人 嫁同類乃立其役. 鹽干津尺之女亦同 水軍女孫 宜與干尺

之女同. 因竊惟念 各司奴隷 父母俱賤者 尙蒙限品之職. 幸以勳舊

之臣婢妾所出 隷於尙衣院 上林園 擇其識字開通者 俾充限品之職

何如?"

命曰: "二品以上自己婢妾之子 永許爲良 限五品. 今後公私賤妾
許令以自己婢子贖身 其所生之子 依上項例. 丁丑年已後 於良於
賤 文契不明 充水軍女孫外 自己婢妾所生 屬司宰監者女孫 永免
水軍."

辛巳 李茂昌 呂幹回自京師. 茂昌服闋 與幹赴京 帝勅茂昌襲父爵
仍賜白金 綵繒 鞍馬于二人.

茂昌及幹各進勅賜胡馬一匹及羊二羫. 賜茂昌廏馬一匹 楮貨
三百張 幹馬一匹 楮貨二百張 仍傳旨曰: "權永均 鄭允厚處 予欲
賜物 特忘之耳." 賜廏馬 楮貨如茂昌數.

命濟州都安撫使尹臨 刷馬出送. 從臨之報 刷馬雌雄幷千八百匹
分作十五運出送 將放珍島也.

壬午 流星出自北極 直下 其狀如杯.

命平安道都巡問使及都節制使進鷹.

癸未 遣摠制柳殷之 大護軍趙苗于江原道 視獵所也. 且傳旨
橫川縣監曰: "予將講武 汝其察解凍時候 禽獸多少 尺量平地廣狹
又以早穀播種時候 詳問老農 可及二月望前來告."

乙酉 親祼宗廟 還宮. 召世子及宗親 宴廣延樓下 仍賜宴議政府
及從享執事 特召右政丞南在赴宴. 時 兵曹佐郎裵閏坐誤用金崇事
被劾 在避嫌在家也.

命今後親享宗廟日 餉享官 諸執事 令禮賓寺供辦 永以爲式.

罷司諫申槩等及禮曹佐郎鄭慥職. 司憲府上疏曰: ‘今月初一日
파 사간 신개 등 급 예조좌랑 정조 직 사헌부 상소 왈 금월 초일일

獻壽上王 仍賜群臣宴 共享履新之慶 上奉送上王于外門 佐郎鄭慥
헌수 상왕 잉사 군신 연 공향 이신 지경 상 봉송 상왕 우 외문 좌랑 정조

不識上之擧止 以致政府失禮. 今諫院請罪之言曰: "踞坐堂上 動樂
불식 상 지 거지 이치 정부 실례 금 간원 청죄 지언 왈 거좌 당상 동악

耽樂 大失人臣之禮." 是不察失禮之由 在於禮務 而陷政府於不美
탐락 대실 인신 지례 시 불찰 실례 지유 재어 예무 이함 정부 어 불미

之地. 諫院之言 失於狂妄; 禮務之罪 不恪 伏惟上裁.’
지지 간원 지언 실어 광망 예무 지죄 불각 복유 상재

乃罷槩及知司諫 獻納李稦 正言楊秩 宋乙開及慥稷.
내 파 개 급 지사간 헌납 이치 정언 양질 송을개 급 조직

戊子 改孝寧大君名祜爲補 第四子爲誠寧大君 宮人子裶 及裖爲
무자 개 효령대군 명호 위보 제사자 위 성녕대군 궁인 자비 급 인위

正尹. 以裖母辛氏爲信寧翁主 中宮之婢也. 洪氏爲惠善翁主 甫川
정윤 이 인모 신씨 위 신녕옹주 중궁 지비 야 홍씨 위 혜선옹주 보천

妓可喜兒也. 初以善歌舞得幸.
기 가희아 야 초 이선 가무 득행

以李天祐爲完山府院君 李叔蕃議政府贊成事 柳廷顯
이 이천우 위 완산부원군 이숙번 의정부찬성사 유정현

參贊議政府事 李膺兵曹判書 沈溫右軍摠制 安騰大司憲 金汝知
참찬의정부사 이응 병조판서 심온 우군 총제 안등 대사헌 김여지

藝文館提學 金廷儁全羅道都觀察使 鄭幹全羅道水軍都節制使. 上
예문관제학 김정준 전라도 도관찰사 정간 전라도 수군도절제사 상

重汝知 故遽授此職.
중 여지 고 거수 차직

先是 趙源爲全羅道都觀察使 洪有龍爲都安撫使. 有龍荒淫暴虐
선시 조원 위 전라도 도관찰사 홍유룡 위 도안무사 유룡 황음 포학

又不奔繼母之喪. 源差人究問 且上疏請罪 有龍不服 反以飛語中源
우 불분 계모 지상 원 차인 구문 차 상소 청죄 유룡 불복 반 이 비어 중원

亦上疏訴屈 上欲竝置一處窮詰 俱罷其職.
역 상소 소굴 상 욕 병치 일처 궁힐 구 파 기직

庚寅 以大護軍朴允忠爲永吉道採訪使 爲採金也.
경인 이 대호군 박윤충 위 영길도 채방사 위 채금 야

辛卯 御廣延樓 宴參贊柳廷顯 餞賀聖節之行也.
신묘 어 광연루 연 참찬 유정현 전 하 성절 지행 야

議政府上疏. 疏曰:
의정부 상소 소왈

‘竊聞 周公述文王之德曰: "文王子孫 本支百世." 爲其本宗之
절문 주공 술 문왕 지덕 왈 문왕 자손 본지 백세 위 기 본종 지

子孫與支庶之子孫 共享福祿於百世之永者也. 恭惟我太祖大王
자손 여 지서 지 자손 공향 복록 어 백세 지영자야 공유 아 태조대왕

應運開國 今我主上殿下纘承丕緒 蠡斯之 麟趾之慶 當與周室而
응운 개국 금아 주상전하 찬승 비서 종사 지 인지 지경 당여 주실 이

竝美矣. 其嫡庶品秩 宜有定分 本府曾受敎旨 亦有未備者. 乞以
병미 의 기 적서 품질 의유 정분 본부 증수 교지 역유 미비 자 걸이

卽位之主嫡妃諸子封 嬪媵子封君 宮人子爲元尹 親子及親兄弟
즉위 지주 적비 제자 봉 빈잉 자 봉군 궁인 자 위 원윤 친자 급 친형제

嫡室諸子封君 良妾長子爲元尹 爲副元尹 賤妾長子爲正尹 衆子爲
적실 제자 봉군 양첩 장자 위 원윤 위 부원윤 천첩 장자 위 정윤 중자 위

副正尹. 元尹以上仍舊 正尹正四品 副正尹從四品 賤妾女孫亦許爲
부정윤 원윤 이상 잉구 정윤 정사품 부정윤 종사품 천첩 여손 역 허위

四品職 以爲定式.
사품 직 이위 정식

從之.
종지

骨看兀狄哈指揮豆稱介時應介等九人 來獻土物.
골간올적합 지휘 두칭개 시응개 등 구인 내헌 토물

賑飢 從都巡問使之報也.
진기 종 도순문사 지 보야

癸巳 改. 改典祀 宗簿 司僕 典農 內資 禮賓諸寺從三品令正皆
계사 개 개 전사 종부 사복 전농 내자 예빈 제시 종삼품 영정 개

稱尹 四品副令副正皆稱少尹. 繕工 司宰 軍資 濟用 軍器 典醫諸監
칭윤 사품 부령 부정 개칭 소윤 선공 사재 군자 제용 군기 전의 제감

從三品監稱正 四品少監稱副正 五品監丞稱判官. 通禮門引進使稱
종삼품 감 칭정 사품 소감 칭 부정 오품 감승 칭 판관 통례문 인진사 칭

僉知事 副使稱判官 通贊舍人稱通贊. 司譯院副使稱僉知事 舍人
첨지사 부사 칭 판관 통찬사인 칭 통찬 사역원 부사 칭 첨지사 사인

稱注簿 書雲正稱觀正. 司膳 司醞 司贍 京市諸署六品署丞稱注簿
칭 주부 서운정 칭 관정 사선 사온 사섬 경시 제서 육품 서승 칭 주부

典獄署 惠民局 濟生院 都染署令 供正庫注簿皆稱丞. 宗廟署 恭安
전옥서 혜민국 제생원 도염서 영 공정고 주부 개칭 승 종묘서 공안

敬承府 豐儲 廣興倉 架閣庫注簿及典獄 惠民 濟生 都染丞皆稱
경승부 풍저 광흥창 가각고 주부 급 전옥 혜민 제생 도염 승 개칭

副丞. 典廐注簿今降九品 亦稱副丞. 義盈 長興庫 司膳署注簿皆稱
부승 전구 주부 금강 구품 역칭 부승 의영 장흥고 사선서 주부 개칭

副直長 功臣都監錄事稱丞. 京市注簿 功臣都監副錄事 惠民局注簿
부직장 공신도감 녹사 칭 승 경시 주부 공신도감 부녹사 혜민국 주부

架閣庫直長 濟生院注簿 養賢庫判官 大悲院副使皆稱錄事. 惠民局
가각고 직장 제생원 주부 양현고 판관 대비원 부사 개칭 녹사 혜민국

濟生院 大悲院錄事皆稱副錄事. 陞典祀錄事爲八品 景福 敬德宮

司直稱副提控. 改京畿左右道 只稱京畿.

吏曹啓: "除授啓本及移文內出除授者稱特旨; 以單子啓聞除授

者 稱某人薦; 功臣及二品以上子壻稱某子壻; 前銜官案付者 稱

前銜官案何如?" 從之. 又命保擧之法 一依六典所載.

忠淸道都觀察使許遲請行里社之法. 書曰:

'朝廷頒降禮制 州府郡縣皆立社 又於鄕村有里社 今各道州郡

皆立社 而守令以時致祭 獨里社之法廢矣. 謹稽里社之制 凡各處

鄕村人民 每里一百戶內立壇一所 祀五土五穀之神 祈禱雨暘. 時若

五穀豐登 每年一人輪番會首 常潔淨壇場 遇春秋二社 預期率辦

祭物 至日約聚祭祀. 其祭用一羊一豕 酒果香燭紙. 祭畢 就行

會飮 會中先令一人讀誓. 其詞曰: "凡我同里之人 各遵禮法 毋恃力

凌辱. 違者先共制之 然後經官. 或貧無可贍 周給其家 三年不立

不使與會. 其婚姻喪葬有乏 隨力相助 如不從衆及犯奸詐僞 一切

非僞之人 竝不許入會." 讀誓畢 長幼以次就坐 盡歡而退 務在恭敬

神明 和睦鄕里 厚風俗 勸人心之良法. 請依此法 各於鄕村 計民戶

之多寡 量境地之阻近 或四十戶 或五十戶各立一社而祭之. 自今

凡鄕里之民不遵著令 尙行淫祀 稱爲神堂 別立里中者 一皆燒毀

痛理.'

下議政府 議聞施行.

甲午 宥李彦藏匿人三十四名. 曾於各道邊地付處 至是 皆令外方
갑오 유 이언 장닉 인 삼십 사명 증어 각도 변지 부처 지시 개 령 외방

從便.
종편

罷兵曹佐郎裵閏職. 憲府劾: "閏爲宗廟祭大祝 不牽牲詣廚 且
파 병조좌랑 배윤 직 헌부 핵 윤위 종묘 제 대축 불 견생 예주 차

戲笑不敬. 請收告身 鞫問其由"故也.
희소 불경 청수 고신 국문 기유 고야

以前郎將金允河爲江原道探訪別監.
이전 낭장 김윤하 위 강원도 채방 별감

乙未 始行生員漢城試 鄕試之法 用全州敎授官鄭坤之言也. 先是
을미 시행 생원 한성시 향시 지 법 용 전주 교수관 정곤 지 언야 선시

權遇爲大司成 嘗建此議 河崙深以爲然. 至是乃行之 依科擧額數加
권우 위 대사성 상건 차의 하륜 심 이위 연 지시 내 행지 의 과거 액수 가

二倍.
이배

以左軍同知摠制金貴寶爲鏡城節制使.
이 좌군 동지총제 김귀보 위 경성 절제사

丙申 議政府啓各司官吏避嫌事宜. 啓曰: "各司員吏 多因避嫌
병신 의정부 계 각사 관리 피혐 사의 계왈 각사 원리 다인 피혐

不坐 以致公事稽遲. 自今雖臺諫刑曹 値有錯誤告狀者 虛實分揀
부좌 이치 공사 계지 자금 수 대간 형조 치유 착오 고장 자 허실 분간

啓聞取旨前 毋得避嫌 視事如舊." 從之.
계문 취지 전 무득 피혐 시사 여구 종지

戊戌 兀狄哈千戶 百戶七人來獻土物.
무술 올적합 천호 백호 칠인 내헌 토물

司憲府遣吏 守直完原府院君李良祐及其子興濟 興露家. 贊成事
사헌부 견리 수직 완원부원군 이양우 급 기자 흥제 흥로 가 찬성사

李叔蕃傳密旨於政府曰: "良祐與芳幹同心 庚辰之亂中立觀變
이숙번 전 밀지 어 정부 왈 양우 여 방간 동심 경진 지란 중립 관변

芳幹付處後 私自相通. 前年冬至 稱疾不朝 遷延窺候 後乃赴宴
방간 부처 후 사자 상통 전년 동지 칭질 부조 천연 규후 후 내 부연

今春親祼 亦皆稱疾不朝 使其子興濟啓曰: '子興發今赴長淵鎭 誠
금춘 친관 역개 칭질 부조 사 기자 흥제 계왈 자 흥발 금 부 장연진 성

願生前相見.' 予使楊弘達視疾 別無病證 其不忠不敬之罪 豈可容
원 생전 상견 여사 양홍달 시질 별무 병증 기 불충 불경 지 죄 기가 용

哉?" 於是 政府移文憲府 憲府上疏曰: '良祐恒托疾不朝 其子興濟
재 어시 정부 이문 헌부 헌부 상소 왈 양우 항 탁질 부조 기자 흥제

興露亦助父志 不曾匡救. 請收告身 鞫問其由.' 疏留中.
흥로 역조 부지 부증 광구 청수 고신 국문 기유 소 유중

命頒正尹裶䄄之祿. 議政府啓曰: "今廣興倉不頒正尹 裶䄄 之祿
명반 정윤 비인지록　의정부 계왈　금 광흥창 불반 정윤 비인 지록

已令刑曹問其由. 臣等以爲有官職者不受其祿未便 乞許頒祿." 上
이 령 형조 문 기유　신등 이위 유 관직 자 불수 기록 미편　걸허 반록　상

曰: "此兩兒 職雖正尹 年皆童稚 不宜食祿. 予以此不許 然政府之
왈　차 양아 직수 정윤 연개 동치 불의 식록　여 이차 불허 연 정부 지

請 不可不從."
청 불가 부종

　己亥 命李良祐歸永興府. 上諭司憲府 釋良祐父子家守直 遣代言
기해 명 이양우 귀 영흥부　상유 사헌부 석 양우 부자 가 수직 견 대언

徐選 往良祐家傳旨曰: "率三子 歸永興本家." 司憲府大司憲安騰等
서선 왕 양우 가 전지 왈　솔 삼자 귀 영흥 본가　사헌부 대사헌 안등 등

上疏請曰:
상소 청왈

　'人臣之罪 莫大於不忠 不忠之人 不可以苟免. 竊見李良祐於至日
인신 지죄 막대 어 불충 불충 지인 불가이 구면　절견 이양우 어 지일

之賀 托疾不朝 及殿下迎上王入殿 視其間隙而詣闕 是爲履新之慶
지하 탁질 부조 급 전하 영 상왕 입전 시 기 간극 이 예궐 시위 이신 지경

而朝乎? 抑爲上王之來而一時謁見乎? 其因私覿而闕禮 以肆不恭
이조호 억위 상왕 지래 이 일시 알현 호 기 인 사적 이 궐례　이사 불공

之意 蓋可見矣 其不忠一也.
지의 개 가견 의 기 불충 일야

　瞻仰冕旒 步履王庭 固人臣之至願 良祐則不然 雖當大朝 每稱
첨앙 면류 보이 왕정 고 인신 지 지원 양우 즉 불연 수 당 대조 매칭

身疾 其罪二也.
신질 기죄 이야

　親祀大室 國家盛事 爲人臣者 孰不相慶? 良祐則居然在家 不
친사 대실 국가 성사 위인신자 숙 불 상경　양우 즉 거연 재가 불

以爲慶 其罪三也.
이위 경 기죄 삼야

　別無膚功 夤緣宗室之裔 載名定社之策 位高祿厚 宜日夕圖報
별무 부공 인연 종실 지예 재명 정사 지책 위고 녹후 의 일석 도보

上恩之不暇. 顧乃誣以身疾 馳告於闕 請召興發 致上動慮 命醫
상은 지 불가　고 내 무이 신질 치고 어궐 청소 흥발 치상 동려 명의

診候 其罪四也.
진후 기죄 사야

　臣等開具請罪 殿下不惟不允 反使歸鄕. 父子兄弟完聚閭里 或生
신등 개구 청죄 전하 불유 불윤 반사 귀향　부자 형제 완취 여리 혹생

釁端 未可知也. 伏惟上裁.'
흔단 미 가지 야　복유 상재

上命知申事李灌諭之曰: "向聞醫員楊弘達之言 審有是事 卿等
상 명 지신사 이관 유지 왈 향문 의원 양홍달 지언 심유 시사 경등

所言極當然. 老兄愚蠢 不識禮法 不忍置之於法 已令挈家 安置
소언 극당연 노형 우준 불식 예법 불인 치지 어법 이령 설가 안치

其鄉 冀其悔悟 將以召還. 卿等其體予意 毋庸固執." 騰等固請曰:
기향 기기 회오 장이 소환 경등 기체 여의 무용 고집 등등 고청 왈

"今在朝廷 猶且如此 若歸鄉曲 必爲土豪 復誰憚哉? 且昨日劾問
금재 조정 유차 여차 약귀 향곡 필위 토호 부수 탄재 차 작일 핵문

興濟 竟日 及暮馳至父家 此亦習見父行 不畏邦憲之證也. 請依
흥제 경일 급모 치지 부가 차역 습견 부행 불외 방헌 지증야 청의

臣等之言 以副僉望." 憲府復上疏曰:
신등 지언 이부 첨망 헌부 부 상소 왈

'賞罰 人主之大柄 賞一人而千萬人勸; 罰一人而千萬人懼 爲國家
상벌 인주 지대병 상 일인 이 천만인 권 벌 일인 이 천만인 구 위 국가

者 不可一日而無賞罰也. 臣等謹具良祐不忠之狀 再三請罪 殿下以
자 불가 일일 이무 상벌 야 신등 근구 양우 불충 지상 재삼 청죄 전하 이

好生之德 不卽兪允. 然大舜誅四凶而天下服; 周公伐三叔而王室
호생지덕 부즉 유윤 연 대순 주 사흉 이 천하 복 주공 벌 삼숙 이 왕실

安. 功不掩罪 私不滅公 天下古今之通義也. 況良祐實無定社之策
안 공불 엄죄 사불 멸공 천하 고금 지통의 야 황 양우 실무 정사 지책

亦非宗親之正者乎? 夫叛逆之徒 雖鈇鉞加頸 陷穽在前 不以爲忌.
역비 종친 지정자 호 부 반역 지도 수 부월 가경 함정 재전 불 이위 기

顧以歸養鄉曲 爲改心易慮之地乎? 嘗有不軌 殿下每從寬典 俾全
고 이 귀양 향곡 위 개심 역려 지지 호 상유 불궤 전하 매종 관전 비전

首領. 於是 奸凶幸其苟免 自以爲計 雖不行而無患也. 蓋良祐之惡
수령 어시 간흉 행기 구면 자 이위 계 수 불행 이무환 야 개 양우 지악

實效於前而成於今也. 今又縱釋 則恐有如良祐者 亦效此而起於後
실효 어전 이성 어금 야 금우 종석 즉공 유여 양우 자 역 효차 이 기어 후

也. 伏望殿下 勿牽私惠 斷以大義 將良祐父子 按律科罪 以慰臣民
야 복망 전하 물견 사혜 단이 대의 장 양우 부자 안율 과죄 이위 신민

之望.'
지 망

疏上不省. 憲司又請曰: "良祐特蒙上恩 得歸鄉曲 誠宜恐懼感祝
소상 불성 헌사 우 청왈 양우 특몽 상은 득귀 향곡 성의 공구 감축

策馬就道. 猶托詐疾 肩輿以行 是乃頑嚚無恥 至死不悔之心也.
책마 취도 유탁 사질 견여 이행 시내 완은 무치 지사 불회 지심 야

乞令追止 以正其罪. 仍遣人拘留於道." 司諫院亦上疏請良祐之罪.
걸령 추지 이정 기죄 잉 견인 구류 어도 사간원 역 상소 청 양우 지죄

疏略曰:
소 약왈

'良祐以宗室之親 與勳臣之列 特蒙眷遇 極其富貴 而愛敬之心
반불급어상인 망기성은 종기교일 조정지일 사질불근 친향지

反不及於常人 忘其聖恩 縱其驕逸 朝正之日 辭疾不覲; 親享之
시 불참 시종 헌사 누청 기죄 이 전하 내이 훈친 특종 말감 지령 출외

時 不參侍從. 憲司屢請其罪 而殿下乃以勳親 特從末減 止令出外
흠휼 지의 지의 연이 서기 고요 지언왈 형고 무소 즉고지 성현 어지이

欽恤之意至矣. 然而書記皐陶之言曰刑故無小 則古之聖賢 於知而
고범 자 수 소죄 이 불유 황 기죄 지 대자호 양우 지죄 당복 상형 이유

故犯者 雖小罪而不宥 況其罪之大者乎? 良祐之罪 當服上刑 而猶
대 공신 지호 부원군 지함 솔기 수자 안좌 사장 비 소이 치 기죄 야 금

帶功臣之號 府院君之銜 率其數子 安坐私庄 非所以治其罪也. 今
출거 지지지 내 양우 지 고군 야 기심 분원 이 반측 생변 미 가지 야 복망

出居之地 乃良祐之故郡也. 其心憤怨而反側生變 未可知也. 伏望
전하 단이 대의 일의 헌사 지청 수기 녹권 직첩 이정 기죄 영기 제자

殿下 斷以大義 一依憲司之請 收其錄券職牒 以正其罪; 令其諸子
무득 완취 분치 타도 이쾌 신자 지망

毋得完聚 分置他道 以快臣子之望.'
사헌부 부 상소 약왈

司憲府復上疏 略曰:
양우 기위 불충 잉 대 공신 지호 석 일품 지총 솔기 중자 귀어 향곡

'良祐旣爲不忠 仍帶功臣之號 席一品之寵 率其衆子 歸於鄉曲
무이 의금 지행 청의 전일 소신 장 양우 부자 치지 어법

無異衣錦之行. 請依前日所申 將良祐父子 置之於法.'
대간 구 예궐 부청 양우 지죄 부종 대원 퇴 이 사직 간원 상소 우청

臺諫俱詣闕 復請良祐之罪 不從 臺員退而辭職. 諫院上疏 又請
양우 지죄 부종 역퇴 이 사직

良祐之罪 不從 亦退而辭職.
명금 횡천 등처 사렵

命禁橫川等處私獵.
경자 상 예 인덕궁 설 소작

庚子 上詣仁德宮設小酌.
골간을적합 오인 올적합 지휘 천호 등 사인 내헌 토물

骨看兀狄哈五人 兀狄哈指揮 千戶等四人來獻土物.
계묘 초치 돈녕부 무 예속 무 직사 이처 종친 지비 태조 후 이 부득

癸卯 初置敦寧府 無隸屬 無職事 以處宗親之非太祖後 而不得
봉군 자급 외척 인아 여 왕실 지 외손 혁 삼군 도총제 총제 동지총제

封君者及外戚姻婭與王室之外孫. 革三軍都摠制 摠制 同知摠制
첨총제 각 일인 영공안부사 판인녕부사 판경승부사 각 일인 치

僉摠制各一人; 領恭安府事 判仁寧府事 判敬承府事各一人. 置

領府事一正一品 判府事一從一品 知府事二正二品 同知府事二
영부사 일 정일품　판부사 일 종일품　지부사 이 정이품　동지부사 이

從二品 僉知府事二正三品 同僉知府事二從三品 副知府事二
종이품　첨지부사 이 정삼품　동첨지부사 이 종삼품　부지부사 이

正四品 同副知府事二從四品 判官二正五品 注簿二正六品 丞二
정사품　동부지부사 이 종사품　판관 이 정오품　주부 이 정육품　승 이

正七品 副丞二正八品 錄事二正九品.
정칠품　부승 이 정팔품　녹사 이 정구품

議者或曰: "無職事而爲人設官 非古也." 上曰: "王親苟皆賢耶 於
의자 혹왈　무 직사 이 위인설관　비고 야　상왈　왕친 구 개 현 야 어

東西班任用可也. 苟不賢也而任用之 或陷於罪罟 赦之則廢法 論之
동서반 임용 가야　구 불현 야 이 임용 지 혹 함어 죄고 사지 즉 폐법 논지

則傷恩. 予之置此官 欲盡親親之道 而無 廢法 傷恩之失也." 議者
즉 상은　여 지 치 차관 욕진 친친 지도 이무 폐법 상은 지 실야　의자

又曰: "政府以正一品衙門 統百官 敦寧府亦秩正一品 不可." 上曰:
우왈　정부 이 정일품 아문 통백관 돈녕부 역 질 정일품 불가　상왈

"王親有老德而宜於政府 則可也 豈皆有老德乎? 予之設此者 將
왕친 유 노덕 이 의어 정부 즉 가야 기 개유 노덕 호　여 지 설 차자 장

以待宗親之老而情有所不得已也." 議者乃止. 政府啓: "敦寧府知印
이대 종친 지로 이정유 소부득이 야　의자 내지　정부 계　돈녕부 지인

令史 皂隷以恭安 仁寧 敬承府剩數者充之. 又以各司漏落奴婢三百
영사 조례 이 공안 인녕 경승부 잉수 자 충지　우 이 각사 누락 노비 삼백

口定屬." 從之.
구 정속　종지

以裴褐爲元尹 碩 昇爲副正尹. 碩 奉寧君 福根之妓妾子; 昇
이 비인 위 원윤 석 승 위 부정윤　석 봉녕군 복근 지 기첩 자　승

益安大君芳毅之婢妾子也.
익안대군 방의 지 비첩 자 야

以李枝領敦寧府事 韓釰判敦寧府事 李之崇 閔無恤知敦寧府事
이 이지 영돈녕부사 한검 판돈녕부사 이지숭 민무휼 지돈녕부사

尹向開城留後司留後 朴子靑工曹判書 朴訔參贊議政府事 李膺
윤향 개성유후사 유후 박자청 공조판서 박은 참찬의정부사 이응

兵曹判書 李殷京畿都觀察使.
병조판서 이은 경기 도관찰사

罷司憲監察李岱 辛回 朴禋 鄭載等職. 前朝之季 監察房呼新拜
파 사헌 감찰 이대 신회 박인 정재 등 직　전조 지계 감찰방 호 신배

者爲新鬼 勒令雜戱 無所不至. 國朝嚴立禁令 餘風未殄 轉相倣傚
자 위 신귀 늑령 잡희 무 소부지　국조 엄립 금령 여풍 미진 전상 방효

亂侵新鬼之家. 河崙深惡之 岱等犯禁 故罷之.
난침 신귀 지가　하륜 심 오지 대 등 범금 고 파지

태종 14년 갑오년
2월

二月

을사일(乙巳日·1일) 초하루에 대간(臺諫)에 명해 일을 보게 했다. 상이 정부의 청을 따른 것으로, 대간(臺諫)을 불러 사직장(辭職狀)을 돌려주고 그로 인해 일깨워 말했다.

"양우(良祐)가 비록 사리를 모른다[不禮]고 하나 아직 심한 데 이르지 않아 나의 처분[區處] 또한 알맞은 것이었다[得中]. 경들은 어찌 혐의(嫌疑)해 갑자기 사직(辭職)하기에까지 이르는가?"

○ 일본(日本) 대마도(對馬島) 종정무(宗貞茂)가 사람을 시켜 와서 토산물을 바쳤다.

○ 사헌 장령(司憲掌令) 정신도(鄭伸道)를 순금사(巡禁司)에 가두었다가 곧 풀어주었다. 이에 앞서 신도(伸道)에게 뜻을 전해 말했다.

"장연 병마사(長淵兵馬使) 이흥발(李興發)을 잡아 오지 말라."

신도가 이를 잊어버리고 흥발(興發)을 잡아서 서울에 왔기 때문이다.

○ 재상(宰相)의 장례(葬禮)에는 관(官)에서 군인(軍人)을 주어 분묘(墳墓)를 만들도록 명하고, 조사(朝士)로서 물고(物故·사고로 사망)한 자가 있으면 또한 소를 내어줘 본향(本鄕)으로 실어 보내는 것을 항식(恒式)으로 삼게 했다.

○ 제주(濟州) 점마관(點馬官) 호군(護軍) 고준(高俊)에게 옷 1벌을

내려주었다.

○ 일본(日本) 통신사(通信使)[1] 박분(朴賁)의 행차를 정지하라고 명했다. 애초에 하륜(河崙)의 건의[建白]로 분(賁)을 통신사로 삼아서 국서(國書)와 예물(禮物)을 가지고 가도록 명해 경상도에 이르렀는데, 이때에 이르러 정부에서 아뢰었다.

"분이 이미 병을 핑계 대고서 가지 않고 있습니다. 이제 의견을 내는 자가 말하기를 '그 예물을 종사관(從事官)으로 하여금 가지고 가게 하는 것이 마땅하다'라고 했고, 의견을 내기를 '나아가서 대호군(大護軍) 평도전(平道全)에게 맡기면 일본(日本)의 왕이 있는 곳[王所]에 도달할 수 있다'라고 했으나, 모두 잘못된 것입니다. 빌건대 다른 사람으로 바꾸어 임명해 가지고 가게 하소서."

성석린(成石璘)이 말했다.

---

1 조선이 1403년(태종 3년)에 명나라로부터 책봉을 받고 그 이듬해 일본의 아시카가 요시미쓰[足利義滿] 장군도 책봉을 받자, 중국·조선·일본 간에는 사대·교린의 외교 관계가 성립됐다. 조선과 일본 두 나라는 대등한 처지의 교린국이 되었고, 조선 국왕과 막부 장군은 양국의 최고 권력자로서 상호 간에 사절을 파견했다. 이때 조선 국왕이 막부 장군(일본 국왕으로 칭함)에게 보내는 사절을 통신사, 막부 장군이 조선 국왕에게 보내는 사절을 일본국왕사(日本國王使)라고 불렀다. 일반적으로 통신사란 용어는 적례(敵禮)적인 입장의 대등(對等)한 국가 간에 신의(信義)를 통(通)하는 사절이라는 의미를 지닌다. 조선 전기에는 일본과의 사절 왕래가 잦아 조선 사절의 일본 파견이 18회에 달했고, 일본국왕사의 조선 파견은 71회에 달한다. 그러나 조선 국왕이 파견한 사절이 모두 통신사의 호칭을 갖지는 않았으며, 이 중 장군에게 간 것은 8회뿐이다. 명칭도 회례사(回禮使)·회례관(回禮官)·보빙사(報聘使)·경차관(敬差官)·통신사·통신관(通信官) 등으로 일정치 않았고, 목적과 편성도 다양했다. 조선 시대에 들어와 통신사의 명칭이 처음 나타난 것은 1413년(태종 13년)이었으나, 이 사행도 정사 박분(朴賁)이 중도에서 병이 났기 때문에 중지되었다. 그 뒤 통신사의 명칭을 가지고 일본에 파견된 사행은 1428년(세종 10년) 정사 박서생(朴瑞生) 이하의 사절단으로, 이들의 파견 목적은 장군습직의 축하와 전장군에 대한 치제(致祭)였다. 이후 통신사는 조·일 양국 간에 우호교린의 상징으로 정례화되어 조선 시대 전 기간에 걸쳐 총 20회(조선 전기 8회, 조선 후기 12회)에 걸쳐 파견되었다.

"일본의 적선(賊船-해적)이 해마다 중국을 침입하므로 황제가 노해서 크게 거병(擧兵)해 치욕(恥辱)을 씻으려 한다는 것을 본국의 사신(使臣)도 일찍이 들은 바이니, 죄를 성토하도록 청하는 것이 마땅합니다. 설령 지금 적으로 대해서 분개할 수는 없다 하더라도, 어찌 사신을 보내 서로 교통(交通)하는 것이 마땅하겠습니까? 더군다나 지난번에 양수(梁需)가 그 지경에 이르렀다가 서계(書契)와 예물(禮物)을 모두 약탈당하고 하마터면 죽을 뻔했는데도 그 왕이 일찍이 죄를 다스리지 아니했으니, 그 정치를 알 수 있습니다. 비록 서로 교통하지 않더라도 무슨 해가 있겠습니까?"

상이 말했다.

"영의정의 의견이 심히 옳다[甚是]."
　　　　　　　　　　　　심시

드디어 분이 가는 것을 정지시켰다.

○ 권농(勸農)의 명령을 거듭 엄격히 했다[申].
　　　　　　　　　　　　　　　　신

의정부에서 아뢰었다.

"소민(小民)은 마땅히 농사에 힘쓰는 것을 급무(急務)로 해야 하고, 수령(守令)은 오로지 농상(農桑)을 권과(勸課)하는 것을 임무로 삼아야 합니다. 여러 도(道)의 주(州)·현(縣)이 풍토(風土)가 같지 않으므로, 심는 곡식도 본래 스스로 그에 맞는 땅[宜土]이 다르며 갈고 심는 절후(節侯)도 빠르고 늦음이 있습니다. 바라건대 의토(宜土)의 곡식과 파종(播種)하는 절후를 갖춰 써서 포고(布告)함으로써 수령(守令)으로 하여금 권과(勸課)하는 방도를 알도록 해 때를 알려주면 거의 백성이 때를 잃지 않을 것입니다."

상이 말했다.

"내가 일찍이 어느 들의 전지를 보았는데 일반 곡식은 그 성숙(成熟)하는 데 선후가 있었으니, 어찌 땅과 곡식 종자의 죄이겠는가? 이것은 인력(人力)이 부지런하고 부지런하지 않는 것에 달려 있다. 그러므로 일찍이 정부에 명령해 '수령(守令)으로 하여금 권과(勸課)에 힘쓰도록 하라'고 했다. 그 서리가 내리기 전에 익지 않는 벼가 없는데, 정부에서 어찌하여 과인의 뜻을 모르는가? 곡식의 이름과 파종의 절후는 노농(老農)이 아는 것이니 포고(布告)할 필요가 없다."

마침내 뜻을 내려[下旨] 말했다.
하지

"권농(勸農)은 정치의 근본이 되는데도 각 고을의 수령(守令)은 밭 갈고 김매고 곡식 거두는 따위의 일에 즐겨 마음을 쓰지 아니하여, 일반 곡식으로 하여금 혹 서리 때가 지나도록 여물지 않도록 하거나 혹 수확(收穫)을 일찍이 하지 아니하여 바람과 비에 모손(耗損)하게 하고 있다. 금후로는 수령(守令)이 때에 따라 감독하여 백성으로 하여금 가지런히 파종(播種)해 그 성숙을 제때에 하고 즉시 베어서 수확하게 하라[刈穫]."
예확

○ 채방사(採訪使) 장유신(張有信)이 복명(復命)해 아뢰어 말했다.

"신(臣)이 경상도·전라도에 이르러 영(令)하기를 '만약 금(金)·은(銀)이 나는 곳을 고(告)하는 자는 상(賞)을 크게 주겠다'라고 하니 고하는 자가 5~6인 있었습니다. 취련(吹鍊)할 때를 맞아, 약(藥)이 없이 취련한 것은 연(鉛)이 3근이고 은(銀)을 얻은 것이 커다란 삼씨[麻子] 한 알[丸]과 같았는데 약(藥)을 써서 얻으면 커다란 좁쌀
마자   환

[粟] 한 알과 같았습니다. 여러 주(州)에서 나는 것이 대개 이와 같습
니다."
_속

상이 말했다.

"(백성에게) 신뢰를 잃는 것은 옳지 않으니, 모름지기 고(告)한 자에
게는 쌀을 상으로 주라."

병오일(丙午日-2일)에 오도리(吾都里) 천호(千戶)와 골간올적합(骨
看兀狄哈)·건주위(建州衛) 백호(百戶) 각각 1인이 와서 토산물을 바
쳤다.

정미일(丁未日-3일)에 의정부 참찬사(議政府參贊事) 유정현(柳廷顯)
이 경사(京師-명나라 서울)로 떠났는데, 성절(聖節)을 하례하기 위함이
었다.

무신일(戊申日-4일)에 경기 경차관(京畿敬差官) 이양명(李陽明)이 복
명(復命)해 아뢰어 말했다.

"신(臣)이 막중한 명령을 받들고 능히 감당하지 못할까 두려워해
분주히 경기(京畿) 일대에 말을 달려서 널리 묻고 두루 찾아봐 서민
(庶民)의 생활에까지 미쳤는데, 생민(生民-백성)의 병고는 진실로 많
지 않았습니다. 그러나 사전(私田)에서 수조(收租)하는 폐단과, 공초
(貢鈔)[2]하고 수속(收贖)하는 법과, 풀을 베고 장빙(藏氷)하는 일과,

---

2 저화(楮貨)를 공납(貢納) 받는 일을 말한다.

와요(瓦窯) 선공(繕工)의 소목(燒木)이 모두 백성이 심히 괴롭게 여기는 것이었습니다. 가만히 보건대 근년 이래 국가에서 사자(使者)를 외방에 보낸 것이 한두 사람이 아니요 민막(民瘼-백성이 힘들어하는 일)을 찾아서 구제한 것이 한두 사건이 아닌데, 마침내 그 실효가 없었던 것은 신이 볼 때 아마 유사(攸司)에서 기꺼이 거행하지 않고 한갓 문구(文具)만으로 여긴 때문일까 합니다. 엎드려 바라건대 명찰(明察)을 내리시어 신충(宸衷-임금의 마음)에서 결단해 유사(攸司)에게 명하여 거행하게 하소서."

상이 가납(嘉納)했다. 병조판서 이응(李膺)도 장빙(藏氷)의 폐단을 극력 진달하니 상이 말했다.

"진실로 옳도다. 내가 일찍이 듣지 못한 것이다. 이제부터 각영(各領)의 대장(隊長) 대부(隊副)와 각사(各司)의 노예로 하여금 장빙(藏氷)하게 하라."

이어서 공초하고 수속하는 폐단을 토의하니 상이 말했다.

"공초(貢鈔)의 법은 대개 민간(民間)에게 초(鈔-저화)의 귀중함을 알게 하고자 함인데, 법령을 반드시 행하면 그 폐단이 많지는 않을 것이다. 그러나 민막(民瘼)을 의논하는 자가 누누이 이를 말하는데, 이는 그 하나를 알고 그 둘을 모르는 것이다."

풀을 베는 폐단을 토의하니 이응이 말했다.

"옛날에는 백성과 더불어 이익을 같이했으나 지금은 모두 권세(權勢)가 있는 집으로 돌아가고 백성은 조그마한 이익[錙銖之利]도 얻지
치수 지 리
못하니, 백성에게 병폐가 되는 것입니다."

상이 머리를 끄덕이고[頷之] 대답하지 않았다. 별요(別窯)를 혁파
함지

할 것을 토의하니 호조판서 박신(朴信)이 말했다.

"경성(京城)의 와옥(瓦屋)은 모두 다 이것에 의지해 판비(辦備-공급)했는데, 이제 만약 이를 혁파한다면 사서(士庶)의 집에서는 기와를 얻을 길이 없을 것입니다."

상이 말했다.

"태조(太祖)께서 도읍을 세웠고 내가 새로 행랑(行廊)을 지어 경읍(京邑)의 체모가 대개 겉으로나마 완성됐는데, 다만[第-但] 남대문(南大門) 안의 행랑을 아직 세우지 못한 것이 한스러울 뿐이다."

양명(陽明)이 또 아뢰었다.

"도내의 환과고독(鰥寡孤獨) 중에 가난해서 능히 스스로 살아갈 수 없는 자가 남녀 아울러 159명입니다."

(이 사안을) 정부(政府)에 내렸다.

경술일(庚戌日-6일)에 편전(便殿)에서 일을 보다가 좌우(左右)에 일러 말했다.

"근래에 수한(水旱)과 풍재(風災)가 해마다 없는 적이 없어 화곡(禾穀)을 손상(損傷)하니 민생(民生)이 가히 염려스럽다. 천재(天災)는 비록 인력(人力)으로 능히 면할 바가 아니지만, 그 씨 뿌리고 곡식 거두는 때를 잃어서 농사의 공(功)을 허물어뜨리는 것은 수령(守令)의 책임이다. 이제부터 정부에서 정밀하게 고찰(考察)해서 출척(黜陟-인사조치)을 행하라."

○ 이관(李灌)에게 명해 뜻을 전해 말했다.

"관음굴(觀音窟)·진관사(津寬寺)와 대산(臺山-오대산) 상원사(上元

寺), 거제(巨濟) 견암사(見庵寺)에서 매년 2월 15일에 수륙재(水陸齋)[3]를 거행했는데, 지금부터는 정월 15일에 행하는 것을 항식(恒式)으로 삼으라."

○ 사헌 집의(司憲執義) 홍여방(洪汝方)이 대간(臺諫)에서 (임금이 가는) 강무(講武)에 호종(扈從)할 것을 계청(啓請)하니 상이 말했다.

"강무는 본래 사졸(士卒)을 사열(查閱)하는 것이니, 비록 동대문(東大門) 밖에서라도 얼마든지 병사를 진열할 수 있다. 평강(平康) 등지는 동쪽 변방(邊方)[東陲]에 가까우므로 비용과 양향(糧餉-식량)이
_{동수}
필요할 것이다. 또 산골짜기 사이를 가는 것은 불가(不可)하니, 잠정적으로[姑] 후일을 기다려 장소를 정해서 뒤에 토의하겠다."
_고

○ 하륜(河崙)이 아뢰어 말했다.

"지금 말값[馬價]이 너무 비싸니, 마땅히 태조(太祖) 때 정한 조격(條格)에 준해 저화(楮貨) 400장을 넘지 않게 해야 할 것입니다."
_{마가}

그것을 따랐다. 또 청했다.

"이전 출신자(吏典出身者)는 4조(四祖)를 상고해서 일찍이 6품의

---

3 본래 명칭은 '천지명양수륙무차평등대재(天地冥陽水陸無遮平等大齋)'다. 줄여서 수륙회(水陸會), 무차대회(無遮大會)라고도 한다. 온 천지와 수륙에 존재하는 모든 고혼(孤魂)의 천도를 위해 지내는 의례로, 개인 천도의 성격을 띤 영산재에 비해 공익성이 두드러지는 불교 의식이다. 조선 초기부터 국행 수륙재로서 대규모로 설행돼온 사실이 『조선왕조실록』을 비롯한 문헌에 나타나 역사성이 인정됐다. 우리나라에서 수륙재가 처음 봉행된 것은 고려 태조 23년(940년) 12월이다. 조선 시대에 들어 태조 이성계는 조선 건국 과정에서 자신에 의해 억울하게 희생된 고려 공양왕 부부와 왕실 왕족들을 위해 태조 4년(1395년)에 관음굴, 견암사, 삼화사에서 매년 봄가을에 수륙재를 설행하도록 했고, 이듬해에는 삼각산 진관사에 59칸의 수륙사(水陸社)를 건립하고 직접 수륙재를 거행하며 민심을 수습하기도 했다. 이것은 고려 시대에는 별로 올리지 않던 수륙재를 조선 왕조에 와서 국행으로 설행하게 된 계기를 마련했다.

직(職)이 없었으면 동반(東班-문신)에 서용(敍用)하는 것을 허락하지 마소서."

상이 말했다.

"사천(私賤)에 관계되는 것이 아니다. 또 재행(才行)이 있는 자는 그 세계(世系)가 비록 한미(寒微)하더라도 가히 경(卿)·대부(大夫)에 이를 수 있다. 하물며[矧] 이 이전(吏典)은 공의(公議)에 따라서 수직(受職)한 것이니 구별할 수 없다."

륜(崙)이 다시 아뢰어 말했다.

"이러한 무리를 만약 동반에 서용하도록 허락한다면, 장차 옛날 사원(司員)[4]의 위에 반대로 자리하게 될 것입니다."

상이 말했다.

"비첩(婢妾)의 소산(所産)도 오히려 5품의 직(職)을 허락하는데 어찌 이전(吏典)에만 오로지 그 직을 제한하겠느냐?"

륜이 제대로 대답하지 못했다. 륜이 또 진언(進言)해 말했다.

"이제 비첩(婢妾)의 출신을 한품(限品)해 관직을 제수해서 길이 양인(良人)으로 하도록 허락하니, 그 고조(高祖)·증조(曾祖) 이상 비첩(婢妾)의 출신이라 핑계해[援引] 양인(良人)의 신분을 얻고자 하는 자가 어지러울 정도로 많습니다. 모두가 비첩의 출신인데도 혹은 양인(良人)이니 혹은 천인(賤人)이니 한다면 의리에 어찌 되겠습니까? 또 그 고조·증조 이상의 파계(派系)를 찾아내서 모두 통(通)하려면 한만(汗漫)하여 어렵습니다. 또 이미 모두 아비가 양인이고 어미가 천인

---

4 담당 관원, 즉 상관을 가리킨다.

인데도 자기비첩의 출신은 홀로 양인(良人)이 되고 타인비첩(他人婢妾)[5]의 출신은 양인(의 자격)을 얻을 수 없으니, 고르지 못한 것 같습니다. 또 아비는 양인이고 어미는 천인이거나 어미가 양인이고 아비가 천인인 자는 모두 양인(의 자격)을 얻도록 한다면, 양인이 많고 천인이 적은 이치에 거의 합할 것 같습니다. 또 태조(太祖)가 자기비첩 소생(所生)을 영원히 방면해 양인을 만드는 법을 세울 때 전후(前後)의 기한을 정하는 나눔이 없었으니, 태조가 입법하기 전의 비첩 출신도 아울러 양인이 되도록 허락하는 것이 어떠하겠습니까?"

상은 일이 지극히 중대하다[鄭重]고 여겨 결단하지 못했다[未斷].
　　　　　　　　정중　　　　　　　　　　　　　　　미단

　○ 올량합(兀良哈) 천호(千戶) 6인이 와서 토산물을 바쳤다. 영길도 도안무사(永吉道都安撫使) 이종무(李從茂)가 보고했다.

'경성(鏡城)에서 25일 정(程)에 있는 나모라(羅毛羅)에 거주하는 올량합 지휘(指揮) 아로(阿老)의 관하 천호 모하야(毛下也)가 진언(進言)하기를 "여진(女眞) 도사(都事) 야라개(也羅介)가 중원(中原)의 수많은 군인(軍人)을 거느리고 전년 정월에 운둔은(云屯隱)으로 나와서, 정월에서 4월까지 대선(大船)과 급수 소선(汲水小船)을 각각 230척 만들어 군인(軍人)을 태우고 배를 띄워서 송갈강(松渴江)에서 수하강(愁下江)을 거쳐 수빈강(愁濱江)으로 향했는데, 장차 거양성(巨陽城)·경원(慶源) 훈춘성(薰春城)을 쌓고 오도리(吾都里)와 올량합(兀良哈)을 채워 넣는다"라고 했습니다.'

상이 말했다.

5　타인 소유의 계집종을 첩으로 삼는 것을 말한다.

"이 사람들이 매번 이 같은 일을 가지고 와서 고한다. 중국의 군사가 비록 온다 하더라도 어찌 배를 가지고 철령(鐵嶺)을 넘겠느냐? 이는 반드시 헛말[虛語-虛言]이거나, 아니면[抑] 중원(中原)의 변장(邊將)이 이 지역에서 배를 만들고 있는 것일 뿐이다."

○ 의정부가 노비(奴婢)의 일을 가지고 (상으로부터) 수교(受教)했다.

'하나, 문서(文書)를 찾아내지 못한 경우에 노비(奴婢)를 모두 당시 사역(使役)하는 대로 움직이지 않는다면 진위(眞僞)와 득실을 실중(失中)⁶함이 없지 않을 것이니, 그 가져다 바친 각사로 하여금 그 바친 장부(帳簿)를 고찰해 날짜를 정해 찾아내게 해서, 전결(前決)이 있는 경우에는 움직이지 말도록 하고, 찾아내지 못했더라도 전결(前決)해 바친 장부가 명백한 경우에는 또한 전결이 있는 것으로써 논하며, 전결이 없는 경우에는 문서(文書)를 비록 찾아내지 못하더라도 바친 장부가 명백한 것은 또한 모두 중분(中分)하게 하고, 정한 달 안에 현신(現身)하지 않는 자는 이 경우에 두지 않는다.

하나, 기한한 달에 결절(決絶)하고 나서 망령스럽게 오결(誤決)이라고 고(告)하는 자는 전에 내린 교지(教旨)에 의해 결죄(決罪)하고, 그 역사(役使)하던 노비도 모두 속공(屬公)해서 엄하게 뒷사람을 경계하며, 오결한 관리 또한 전의 교지에 의하여 논죄한다.

하나, 기한한 달에 결절(決絶)하고 나서 오결(誤決)이라고 정장(呈狀-고소)하는 것은, 경중(京中)에서는 사헌부(司憲府)에서 2개월로 한정하고 외방(外方)에서는 도관찰사(都觀察使)가 3개월로 한정한다.'

---

6 일부러 사실과 다르게 기록하던 일을 말한다.

○ 의정부에서 철원 부사(鐵原府使) 남금(南琴)과 양주 부사(楊州府使) 이지(李漬), 광주 목사(廣州牧使) 황록(黃祿)의 죄를 청했다. 이는 금(琴)과 지(漬)가 둔전(屯田)을 함부로 설치했고 록(祿)이 정액(定額) 이외에 곡초(穀草)와 탄소목(炭燒木)을 지나치게 거두었다고[贏收] 죄 줄 것을 청한 경기 경차관(京畿敬差官)의 정계(呈啓-위로 아룀) 때문이다. (상이) 명해 모두 논하지 말라고 했다.

○ 조원(趙源)·홍유룡(洪有龍)을 순금사(巡禁司)에 가두라고 명했다.

신해일(辛亥日-7일)에 사헌부(司憲府)에서 소를 올려 평성군(平城君) 조견(趙狷)과 연성군(蓮城君) 김정경(金定卿)의 죄를 청했다. 소는 이러했다.

'오늘날 공신(功臣)이란 분주하게 복역(服役)하는 노고도 있지 않고 여러 달을 지내면서 겨우[僅] 한두 번 제사를 행하는 일뿐이니, 마땅히 봉행(奉行)하기를 오로지 삼가야 합니다. (그런데) 지금 견(狷)과 정경(定卿)이 일찍이 산천제(山川祭)에 행향(行香)[7]하라는 명을 받자, 다투어 범염(犯染)[8]했다고 평계 대고 서로 미루고 행하지 않다가 정제(整齊)하지 못하도록 하기에 이르렀으니 신하가 되어 임금을 받드는 의리를 잃은 것입니다. 불경(不敬)하기가 이보다 클 수 없으므로 안율(按律)해 시행하는 것이 마땅합니다.'

---

7 제사에 쓰일 향(香)을 전(傳)하거나 직접 분향(焚香)하는 일을 가리킨다.
8 초상집에 다녀오는 것을 말한다.

상이 그들이 공신이라는 이유로 (그들의 죄를) 논하지 않았다. 이에 정부에서 아뢰었다.

'수점(受點-지목을 받음)한 뒤에 사연을 청탁해 서로 미루는 것은, 이제부터 제군(諸君)은 본소(本所) 서제(書題)가, 총제(摠制)는 삼군녹사(三軍錄事)가 각각 당상(堂上)에게 차례대로 고과(告課)해 단자(單子)를 본부(本府)에 올리고, 녹사(錄事)가 다시 나아와서 고과(告課)해 입초(入抄) 수점(受點)하는 것을 항식(恒式)으로 삼아야 할 것입니다.'

그것을 따랐다.

○ 종부시(宗簿寺)를 재내 제군소(在內諸君所)에 예속시키고, 대군(大君)을 도제조(都提調)로, 원윤(元尹) 이상을 제조(提調)로, 정윤(正尹) 이하를 제거(提擧)로 삼고, 그 지응(支應-접대) 판비(辦備-물자 공급)는 종부시에서 맡게 했다.

임자일(壬子日-8일)에 호조판서 박신(朴信)이 군자감(軍資監)의 창고를 짓자고 청했지만 윤허하지 않았다. 토목(土木)의 역사(役事)가 번요(煩擾)했기 때문이다.

○ 걸식(乞食)하는 늙은 할미 양덕(梁德)에게 쌀 2석을 내려주었다.

대언(代言) 탁신(卓愼, 1367~1426년)[9]이 아뢰어 말했다.

---

9   본관은 광주(光州), 자는 자기(子幾)·겸부(謙夫)·계위(係危), 호는 죽정(竹亭)이다. 조선 태종 때 지신사(知申事)·이조참판(吏曹參判) 등을 지내고 예문관제학(藝文館提學)을 거쳐 세종 때 예조참판, 의정부참찬(議政府參贊)에 올랐다. 시호는 문정(文貞)이다.

"신(臣)이 광통교(廣通橋) 위에서 할미를 보고 물으니 말하기를 '나는 자손(子孫)이 없어서 시장에서 걸식으로 생계를 이어가고 있을 뿐입니다'라고 했습니다."

상이 불쌍히 여겨 이러한 하사(下賜)가 있었다.

○ 대간(臺諫)에서 이양우(李良祐)의 죄를 청했다. 아뢰어 말했다.

"지난번에 양우(良祐)의 죄를 청했으나 향곡(鄉曲-고향)에 돌아가라고 명하시니, 신 등은 답답함[鬱悒]을 이기지 못했습니다."
울읍

상이 말했다.

"죄란 무겁고 가벼움이 있는데 어찌 한 덩어리로 논할 수 있겠느냐? 만약 무거우면 비록 같은 피붙이[同胞]라 하더라도 오히려 감히
동포
용서하지[貸-宥] 못한다. 이 노형(老兄)은 배우지 못하고 완고하며 어
대 유
리석어, 다만 조금 징계함으로써 그 뒷날을 경계하고자 했을 뿐이다. 내가 들으니 (향곡으로) 나갈 때 눈물을 닦으며[抆淚] 사과했다고 하
문루
므로 깊이 측은(惻隱)하게 여겼다. 이제 소환(召還)하는 때를 맞아 부질없이 다시 논하지 말라."

○ 의정부에서 각사(各司) 노비를 추쇄(推刷)[10]하는 일을 아뢰었다. 아뢰어 말했다.

"경중(京中) 각사의 노비는 관원이 제대로 마음을 쓰지 않아 추쇄(推刷-추적)하는 데 빠지는 것이 자못 많습니다. 금년부터 시작해 상세히 추쇄해서 문적(文籍)을 만들고, 매양 계월(季月-매 계절 마지막달)에 생산(生産-출생)과 물고(物故-사망)를 앙조(仰曹-노비가 소속된

---

10 도망한 노비(奴婢)를 수색해 잡아서 본 주인에게 되돌려주는 일을 가리킨다.

조)에 보고해, 3년에 한 차례씩 문적을 고치는 것을 항식(恒式)으로 삼아야 할 것입니다. 만약 봉행(奉行)하지 않는 관리가 있으면 교지(敎旨)를 따르지 않는 죄로써 논하소서.”

그것을 따랐다.

○ 경주(慶州)의 태조 진전(太祖眞殿-태조 어진)에 시위(侍衛)를 두었다.

의정부에서 아뢰어 말했다.

“청컨대 경주부의 태조 진전에 마땅히 유명일(有名日)에 별제(別祭)를 행하고, 품관(品官) 10인을 2번(番)으로 나눠 번갈아서[更迭] 시위하고 당간(堂干)[11] 10명을 하전(下典-말단 아전)으로 정하소서.”

그것을 따랐다.

계축일(癸丑日-9일)에 군사(軍士)들의 사알(私謁)[12]을 거듭 금지했다[申-重言].

병조에서 아뢰어 말했다.

“전조(前朝-고려)의 성시(盛時)에는 시위(侍衛)하는 병사가 다만 번(番)을 갈아[更番] 입직(入直)할 때 감히 그 장수(將帥)에게 사알(私謁)하지 못했으며, 길거리에서 서로 만나도 또한 감히 사사로이 말하

---

11 진전(眞殿)을 지키는 일을 맡아보던 신량역천(身良役賤)을 가리킨다.
12 사사로운 인사나 청탁을 말한다.

지 못했으니 그 생각이 깊었습니다. 성조(聖朝-조선)에서도 부병(府兵)이 관군 총제(管軍摠制)의 집에 사알(私謁)하는 것을 금지하는 규정된 법령이 이미 드러나 있습니다. (그런데) 이제 갑사(甲士) 배을성(裵乙成) 등이 찬성 이숙번(李叔蕃), 총제(摠制) 한규(韓珪)의 집에 사알해 사사로이 서로 아첨하고 기뻐해 군정(軍政)을 어기었으니, 마땅히 유사(攸司)에 내려 고신(告身)을 거두고 과죄(科罪)해 수군(水軍)에 충당함으로써 후래(後來-뒤에 오는 사람)를 징계시켜야 할 것입니다. 그 사알을 받은 집도 유사(攸司)에 내려 치죄(治罪)하소서."

상이 말했다.

"일찍이 사알(私謁)을 받는 것[受謁]을 금하지는 않았으니, 다만 을성(乙成) 등의 직(職)을 파면시키라."
<small>수알</small>

정부에 명해 첨총제(僉摠制) 이상 관군(管軍)의 집에서 부병(府兵)의 사알(私謁)을 받는 죄를 참작해서 정해[參定] 명문화된 금령(禁令)으로 만들게 했다. 정부에서 아뢰었다.
<small>참정</small>

"금후 호군(護軍)과 갑사(甲士)를 혹은 반당(伴儻)이라 칭하며 비부(比附)해 서로 따르다가 법령을 범(犯)하는 자는 전에 규정한 법령에 의해 논죄하고, 그 주인(主人)으로서 마지못해 대좌(對坐)해 만나서 이야기한 자는 다만 연좌만 할 뿐이요, 사알한 사람이 족친(族親) 6촌 이상이면 이 범위에 두지 않게 하소서."

○ 이양우(李良祐)를 불러서 (한양으로) 돌아오게 했다. 정부에 뜻을 전해 말했다.

"이제 강무(講武)로 인해 (강원도) 순제(蓴堤)를 살펴보고자 한다 [相-相地]. 영길도 도순문사(永吉道都巡問使)로 하여금 양우(良祐)와
<small>상　상지</small>

반당(伴儻) 2인에게 역마(驛馬)를 주어 행재소(行在所-임금의 임시 거처)에 나오게 하라."

사간원에서 소를 올려 말했다.

'신 등이 지난번에 양우의 죄를 청했으나 단지 고향으로 돌아가게 하셨는데, 이제 열흘[旬日]이 지나지 않아 다시 부르셨습니다. 비록 법대로 처치하지는 않더라도 길이 외방(外方)에 내쳐야 마땅합니다.'

상이 말했다.

"양우의 죄는 이것에 그칠 뿐이다. 이보다 무거운 자도 간혹 용서함이 있는데 어찌 반드시 강청(强請)하는가? 더군다나 고향에 돌아가라는 명령이 거의 20일이나 됐으니 생각건대[想] 이미 도착했을 것이다. 산을 넘고 물을 건너서 그 길을 가는 노고로써도 실로 족히 징계됐으니 다시 굳게 청하지 말라."

사헌부에서도 소를 올려 말했다.

'양우의 죄는 용서할 수 없는 것인데, 전하께서 특별히 어진 은혜[仁恩]를 내려 향곡(鄕曲)으로 돌아가도록 해서 그 마음을 고치고 생각을 바꾸게 하셨습니다. (그렇다면) 양우로서는 이미 불충(不忠)의 죄를 짓고도 목숨을 보전할 수 있었으니, 마땅히 명령이 내리던 날을 맞아 즉시 마필(馬匹)로 분주히 달려 정도(程道)에 올라야 하는데 도리어 견여(肩輿)로써 마치 병든 자처럼 갔습니다. 또 그 복례(僕隸)가 뒤를 옹위(擁衛)하고 두 아들이 따랐으니 진실로 평상시와 다름이 없었고 그 중로(中路)에 이르러 말을 타고 돌아오니, 이것이 이른바 "남이 자기를 보기를 그 폐간(肺肝)을 다 들여다보듯이 한다"라는 것입니다. 이제 그 고향에 이르지도 않아서 소환(召還)한다면 어디에서 마음을 고치고 생각을 바꾸겠으며, 무슨 일로 마음을 고치고 생각을 바꾸겠습니까? 신 등이 가만히 생각건대 전하의 어진 은혜가 용서하지 못할 죄인에게 잘못 베풀어졌습니다. 엎드려 바라건대, 전하께서는 소환(召還)하지 말고 종신토록 서용(敍用)하지 말아서 한 나라 신민(臣民)들의 소망을 위로해야 할 것입니다.'

상이 이를 읽어보고 말했다.

"양우는 배우지 못해 심히 우매하므로 이런 죄를 범했을 뿐, 다른 마음이 있었던 것은 아니다. 그러므로 소환(召還)한다고 해서 반드시 강언(強言)할 필요가 없다."

갑인일(甲寅日-10일)에 생원시(生員試)를 방방(放榜)[13]했다. 예조(禮曹)와 성균관(成均館)에서 조서강(趙瑞康, 1394~1444년)[14] 등 100인을 뽑았다[取].
취

○ 이문화(李文和)를 의정부참찬사, 박은(朴訔)을 금천군(錦川君) 겸 의용순금사판사(兼義勇巡禁司判事)로 삼았다.

○ 의정부(議政府)에서 아뢰었다.

"금교(金郊)에서 경천(敬天)까지 9참(站)을, 빌건대 평안도의 예에

---

13 과거에 급제한 사람에게 증서를 주던 일을 가리킨다. 문무과(文武科)는 붉은 종이로, 생원(生員)·진사(進士)는 흰 종이로 주었으므로 홍패(紅牌)·백패(白牌)라고 했다.
14 아버지는 개국공신 참찬문하부사 조반(趙胖)이다. 이때 생원시에 합격하고 이어 식년문과에 을과 3등으로 급제한 뒤 감찰에 등용됐으나, 1417년 감찰들 간에 불화가 생겨 파직됐다. 세종대에 장령을 역임하고, 1431년(세종 13년) 의정부사인으로서 춘추관기주관이 되어 『태종실록』 편찬에 참여했다. 1436년 좌사간에 임명됐고, 이후 첨지중추원사·경상도관찰사·형조참의·도승지 등을 거쳐 1443년 이조참판에 이르렀다.

의거해 관승(館丞)이라 부르소서."

그것을 따랐다.

○ 사헌부에서 소를 올렸다. 소는 대략 이러했다.

'노비(奴婢)를 쟁송(爭訟)해서 골육(骨肉)이 상잔(相殘)하고 풍속이 아름답지 못한 것이 이보다 더 심할 수 없습니다. 중분(中分)의 법과 한삭(限朔-달수를 제한함)의 기한은 사송(詞訟)을 중단시키고 억울함을 풀어주는 좋은 법입니다. 이제 각사에서 결절(決絶)을 끝마치고 나서 간사하고 탐오한 무리가 온갖 욕심이 가슴에 가득 차[塡胸] 시비(是非)를 분변(分辨)하지 않은 채 본부(本府)에 오결(誤決)을 정장(呈狀)하는 자가 하루아침 사이에 거의 수백 명에 이르니, 쟁송(爭訟)이 그전과 같고 그 사연도 모두 "칙령(勅令-황제의 명령)이 아니라는 것을 알 뿐이다"라고 말하는 데 지나지 않으며 다른 설명은 없었습니다. 엎드려 바라건대, 오결(誤決)을 정장(呈狀)하는 자는 구서 관리(具書官吏)가 뇌물을 받은 경우를 제외하고는 수리(受理)를 허락하지 말아서 사송(詞訟)을 중단시켜야 할 것입니다.'

정부에 내렸다. 토의해 안을 얻어 아뢰었다.

"장물(贓物-뇌물)을 받고 오결한 것은 진실로 명확하게 알아보기가 어려우며, 사정(私情)에 따라서[徇私] 오결한 것 또한 마땅히 고찰해 다스려야 합니다. 청컨대 그 법령을 더욱 엄하게 해서 이제부터는 이미 수리한 오결(誤決)의 정장(呈狀)은 모두 되돌려주고 다시 정장(呈狀)하는 것을 물리쳐 잘못을 깨닫도록 하며, 그 무고(誣告)하는 자와 오결한 관리는 같이 법대로 처치하소서."

상이 말했다.

"한결같이 정부에서 구획(區劃-처리)한 대로 따르겠다. 무릇 오결한 관리는 진실로 미우며 그것이 오결이라고 무고하는 자 또한 미우니, 이제부터 오결한 자와 무고하는 자도 아울러 입법(立法)에 의거해 죄를 주라. 오로지 공신(功臣)과 그들의 자서(子壻-자식과 사위) 이외에는, 임금에게 간청(干請)하는 것에 인연(夤緣)해 범법자(犯法者)들로 하여금 요행히 죄를 면하고 아조(我朝)의 법(法)을 어지럽히도록 하지 말라."

을묘일(乙卯日-11일)에 동교(東郊)에 행차해 매사냥을 구경했다.

병진일(丙辰日-12일)에 마패법(馬牌法)을 세워 아뢰었다. 병조판서 이응(李膺)이 아뢰어 말했다.

"애초에 마패(馬牌)를 상서사(尙瑞司)[15]에 속하게 해 이를 중하게 여겼습니다. (그런데) 지금은 정부에서 포마(鋪馬)를 동원하는데, 대언사(代言司)에서 아뢰지도 않고 패(牌)를 주니 잘못입니다."

상이 말했다.

"지금부터는 대소인원(大小人員)부터 기마역자(騎馬驛子)[16]까지 모두 계문(啓聞)한 뒤에 패(牌)를 주는 것을 항식(恒式)으로 삼도록 하라."

---

15 조선조 초에 부인(符印)과 제배(除拜)의 일을 맡아보던 관아다. 태종 5년(1405년)에 전주(銓注-인사 선발권)를 이조와 병조에 돌림에 따라 보새(寶璽)와 부인(符印)만 맡아보는 관아가 됐다.

16 말을 타고 공문서를 전하거나, 전령(傳令)을 수행하는 역자(驛子)를 가리킨다.

○ 각 도에 경차관(敬差官)[17]을 나눠 보내기로 했다가 길을 떠나기 전에 없던 일로 했다.

병조에서 아뢰어 말했다.

"각 도의 군관(軍官)의 기계(器械-무기류)는 이름만 있고 실상은 없으며, 병선(兵船)은 노후(老朽)해 썩었으며, 군사는 정제(整齊)하지도 정강(精强)하지도 못합니다. 청컨대 진무(鎭撫)를 나눠 보내 경차관으로 삼아서 일정 시기마다[以時] 점고(點考-점검)하소서."
이시

상이 그대로 따랐다. (그러나) 이윽고 이를 후회해 말했다.

"여러 도(道)의 땅은 넓고 길은 험조(險阻)한데 농사일[春事]을 장차 일으키려 하니 백성에게 폐를 끼칠게 될까 두렵다. 비록 이미 출
춘사

---

17 조선 시대 중앙 정부의 필요에 따라 특수 임무를 띠고 지방에 파견된 관직이다. 경차관이 파견된 것은 1396년(태조 8년) 8월에 신유정(辛有定)을 전라·경상·충청 지방의 왜구 소탕을 목적으로 파견한 것이 처음이다. 그 뒤 오용권(吳用權)을 하삼도(下三道)에, 홍유룡(洪有龍)·구성량(具成亮)을 강원도와 충청도에 파견했는데, 이들의 임무는 왜구와의 전투 상황을 점검하고 병선의 허실을 조사하는 것이었다. 경차관은 태종 때부터 그 임무가 대폭 늘어났다. 국방·외교상의 업무, 재정·산업상의 업무, 진제(賑濟)·구황의 업무, 옥사·추쇄(推刷-불법으로 도망한 노비를 찾아내 원주인 또는 본고장으로 돌려보내는 것)의 업무 등이었다.

국방·외교 업무를 띤 경차관으로는 군기점고경차관(軍器點考敬差官)·군용경차관(軍容敬差官)·염초경차관(焰硝敬差官)·대마도경차관·여진경차관 등이 있었다. 이들은 비방왜(備防倭)·군기 점검·제장선위(諸將宣慰)·군진순행(軍鎭巡行), 연변연대축조(沿邊烟臺築造)의 검핵(檢覈) 등을 주 임무로 했다.

재정·산업의 업무는 가장 중요시됐다. 그중에서도 손실(損實)과 재상(災傷)이 더욱 중시되어 거의 매년 파견됐다. 이들의 임무는 화곡손실심검(禾穀損實審檢)과 지방관의 검핵, 전토의 재해 상황 검사, 도이인추쇄(逃移人推刷) 등이었다. 그 밖에 토지 측량을 주 임무로 하는 양전경차관(量田敬差官)과 조전경차관(漕轉敬差官)·채은채금경차관(採銀採金敬差官) 등이 있었다. 진제·구황에 관한 업무로 파견된 진제경차관의 임무는 기민진제(飢民賑濟)와 수령의 검핵이었으며, 때로는 손실과 문민질고(問民疾苦)의 임무도 겸했다.

발해 길을 떠난 자까지도 모두 소환(召還)하도록 하라."

○ 직예문관(直藝文館) 허성(許誠)을 순금사(巡禁司)에 내렸다.

전사시(典祀寺)에서 아뢰었다.

"구종지(具宗之)와 허성이 일찍이 도관(都官)의 원리(員吏-관리)가
됐을 때 본시(本寺)의 노비를 빼앗아 심공습(沈公襲)의 자손에게 주
었습니다."

상이 노해서 하옥(下獄)해 다스리게 했다. 순금사에서 아뢰기를 "오
결(誤決)한 실상이 명백하지 못합니다[未白]"라고 하니, 성(誠)이 갇힌
것을 잠정적으로 풀어주라고 명하고 도관(都官)으로 하여금 그 실상
과 거짓 여부[情僞]를 가려내도록 했다.

○ 사헌부에서 소를 올려 장령(掌令) 정신도(鄭伸道)의 죄를 청했다.
소는 대략 이러했다.

'지난번에[曩-曩者] 상께서 신도(伸道)를 불러 흥발(興發-이흥발)이
오는 것을 중지시키라고 명하셨습니다. (그런데) 신도가 이 뜻을 전하
지 않았으니 그 불경(不敬)함이 막대합니다.'

또 (사헌부) 지평(持平) 진준(陳遵)의 죄를 청했다.

'무릇 관리로서 지위가 낮은 자가 먼저 이르는데, 비록 상원(常員)
일지라도 모두 그러합니다. 더군다나 헌사(憲司)의 법도(法度)는 더욱
엄격해서 (마음대로) 진퇴(進退)할 수가 없습니다. (그런데) 이번에 준
(遵)이 거관(居官)에 태만해 사진(仕進)할 때 항상 남의 뒤에 있으니,
청컨대 죄를 주소서.'

소를 궁중(宮中)에 머물러 두었다.

정사일(丁巳日-13일)에 올량합(兀良哈) 천호 마대수(馬大愁) 등 4인이 와서 토산물을 바쳤다.

○ 예조판서 황희(黃喜)가 병으로 사직했다.

○ 성균 생원(成均生員) 임징(任徵)이 글을 올렸는데, 내용은 이러했다.

'신(臣)의 형 빙(聘)이 역당(逆黨)에 관계돼[干犯] 이미 그 죄를 받았습니다. 그러나 장인 조곤(趙昆)이 자수(自首)했기 때문에 그 처자와 신은 특별히 어진 용서[仁宥]를 입었습니다. 신이 과거(科擧)에 나아가고자 했으나, 삼관(三館)[18]에서 형의 연고로 인해 신묘·무자 두 해의 과거를 정지시켰습니다. 이제 과거의 날이 가까워졌는데, 또 삼관의 의견에 얽매어 유사(有司)에서 시험을 보지 못할까 두렵습니다. 엎드려 바라건대 성자(聖慈-임금)께서 신의 부시(赴試)를 허락해주소서.'

의정부에 내리니 토의해 의견을 올렸다.

"징의 형 빙이 비록 역모(逆謀)에 참여했다 하더라도 장인 곤(昆)이 먼저 고(告)한 까닭에 처자·형제가 연좌(連坐)를 면했습니다. 이제부터 부형(父兄)이 범죄한 자라도 연좌의 율(律)을 범한 경우를 제외하고는 자제(子弟)가 부시(赴試)하고 서용(敍用)하는 것을 허락하소서."

그것을 따랐다.

○ 사헌부에서 소(疏)를 올려 좌정승 하륜(河崙)의 죄를 청했다. 애

---

18 성균관(成均館)·예문관(藝文館)·교서관(校書館)의 세 기관을 말한다.

초에 헌부에서 전 공안부 윤(恭安府尹) 김미(金彌)가 죄인 김숭(金崇)을 잘못 천거(薦擧)한 일을 탄핵해 아뢰자 전 병조 좌랑(兵曹佐郎) 배윤(裵閏)이 미(彌)에게 아부해, 그 자취를 숭(崇)의 이름 아래에서 없애고자 특지(特旨)라고 표시해 미가 천거한 자가 아닌 것처럼 했다. 상이 미에게 명해 자원부처(自願付處)하게 하니 대언(代言)이 아뢰어 말했다.

"미가 마침 병이 위독합니다."

상이 말했다.

"병이 낫기를 기다려 다시 아뢰어라."

윤(閏)의 죄를 풀어주고 (상이) 말했다.

"무릇 신료(臣僚)가 천거한 사람을 이미 계문(啓聞)하면 특지(特旨)라고 표시하는 것은 윤에게서부터 시작된 것이 아니니, 윤은 실로 죄가 없다."

헌부에서 또 륜(崙)이 숭(崇)을 제수해 만호(萬戶)로 삼고자 미의 보거단자(保擧單子)[19]를 병조에 보낸 죄를 탄핵해 아뢰니 상이 말했다.

"동맹공신(同盟功臣)을 헌부에서 작은 일을 가지고 탄핵하니, 그 경중(輕重)이 어찌 되겠느냐?"

이관(李灌)이 대답했다.

"신의 뜻도 불가(不可)하다고 생각합니다."

상이 말했다.

---

19 관리를 천거할 때 보증해 추천하는 종이쪽지를 말한다.

"그렇다."

륜에게 명해 직사(職事)에 나오게 했다.

무오일(戊午日-14일)에 하륜(河崙)이 사직(辭職)하기를 청했으나 [乞辭] 허락하지 않았다. 상이 이관(李灌)을 그 집에 보내어 위로해 일깨워주고, 이어서 사직장(辭職狀)을 돌려주었다. 륜(崙)이 또 사직 했는데, 그 뜻은 대략 이러했다.

'헌부(憲府)에서 이미 김미(金彌)를 탄핵하고 또 노신(老臣)을 탄핵 했으니, (신이) 잘못된 것입니다.'

상이 또 윤허하지 않았다. 사헌부 장무 장령(掌務掌令-당직 장령) 유박(柳博)을 불러서 말했다.

"미(彌)를 죄주는 것은 마땅하나 죄가 좌상(左相)에게까지 미치는 것[延及]은 무엇 때문인가?"

박(博)이 대답해 말했다.

"미가 김숭(金崇)을 천거하는 글을 륜이 받아서 병조에 보냈으니, 이 때문에 죄가 있는 것입니다."

상이 말했다.

"미가 숭(崇)을 천거했는데, 륜이 어찌 숭의 불선(不善)함을 알고서 이를 막았겠느냐? 또 만호(萬戶)가 병조의 직임을 제수받았는데, 오로지 좌상(左相)의 죄만 청하는 것은 어째서인가?"

박이 말했다.

"병조에서 처음에는 비록 알지 못했으나, 알고서 즉시 고신(告身)을 거두고 계문(啓聞)했던 까닭으로 청하지 않았을 뿐입니다."

상이 륜에게 명해 정사를 보게 했다. 또 말했다.

"미가 바야흐로 병이 위독하니, 그 자원(自願)을 들어주어 가까운 경기(京畿) 땅에 두라[置-安置]."
치 안치

드디어 과천현(果川縣)에 안치했다.

○ 공사 연음(公私宴飲)을 금지했다.

○ 사헌부에서 소를 올려 홍유룡(洪有龍)의 죄를 청했다. 애초에 전라도 경차관(全羅道敬差官) 유승(柳升)이 돌아와 홍유룡이 법을 어긴 수십 가지 일을 조목별로 올렸는데[條上], 이때에 이르러 헌부(憲府)에서 아뢰었다.
조상

"유룡(有龍)은 계모의 상사(喪事)에 분상(奔喪)하지 않았고, 기생 두 사람을 거느리고 사냥개[田犬] 20마리를 기르면서 그 비용을 다 영전(營田)[20]에서 내게 했습니다. 또 지난겨울에 상께서 순성(蓴城)에 행차하려 하다가 서주(瑞州-서산)에서 그대로[仍] 사냥하셨는데, (이 때) 사사로이 스스로 말하기를 '임금이 나와서 사냥하니 백성이 심히 괴로워한다'라고 했으니 그의 불충(不忠)이 이와 같았습니다. 청컨 대 고신(告身)을 거둬 그 사유를 국문(鞠問)해야 할 것입니다."
전견 잉

상이 말했다.

"이는 일이 대체(大體)에 관계되는 것도 아니고 징험(徵驗)할 것도 없다. 단지 유승의 계달(啓達)만으로 갑자기 불충(不忠)하다고 지목하

---

20 조선 시대 토지 제도의 하나로, 군사 관련 기관의 경비 충당을 위해 설치한 둔전(屯田) 이다. 각 지방의 영(營)·진(鎭)·포(浦)를 중심으로 설치했는데, 태종 때는 충청·전라·경 상도의 해안 지방에 주로 설치했고, 세종 때는 북방 개척으로 인해 양계(兩界) 지역을 중 심으로 많이 설치했다.

는 것은 안 될 일이다. 또 백성이 심히 이를 괴로워한다고 말했다고 해도 나에게 아부(阿附)한 것이 아니라 아래로 민정(民情)에 따른 것이니, 불충하다고 더욱 말할 수 없다. 애초에 내가 장차 서주(瑞州)로 가려고 할 때 유룡이 고(告)하기를 '이 땅은 금수(禽獸)가 번성하므로 사냥하기에 심히 좋습니다'라고 했으니, '그 백성이 심히 괴로워할 것입니다'라는 말은 사실이 아님을 살펴봐야 할 것이다. 그 사실을 조사해보지도 않고 갑자기 불충(不忠)하다고 이르고 그 고신(告身)을 거두게 하는 것이 가(可)하겠느냐?"

상이 명해 유승을 순금사(巡禁司)의 옥(獄)에 내리고 유룡과 대질변명(對質辨明)해서 사실을 알아내 아뢰도록 했다. 사헌부 장무(掌務)를 불러서 말했다.

"전에 좌상(左相)의 죄를 청했으나 이미 적실(的實)한 것이 아니었다. 또 유룡의 죄를 청했으나 그 실상을 먼저 가려내지 아니하고 갑자기 그 고신(告身)을 거두고자 하니, 이는 단지 일의 마땅함[事宜]을 잃었을 뿐이다. 청가(請暇)하는 것이 마땅하다."

사간원에서 소를 올려 대원(臺員)의 청가(請暇)를 없앨 것을 청했으나 회답하지 않았다.

기미일(己未日-15일)에 풍해도 도관찰사(豊海道都觀察使) 이은(李垠)이 편호영전(編戶營田)을 혁파할 것을 청했다. 글은 이러했다.

'밭에서 수조(收租)하고 호(戶)에서 공부(貢賦)를 내는 것은 오래됐습니다[尙矣]. 국가에서 전적(田籍)과 호(戶)와 경계(經界)를 헤아려 인보(隣保)를 바로잡고 조세(租稅)를 정(定)해서 정렴(征斂)²¹이 모두 그 마땅함을 얻으면 창름(倉廩-창고)이 가득 찰 것입니다. 지난해 이래로 편호 영전(編戶營田)의 상호(上戶)에 종자 3두(斗)를, 중호(中戶)에 2두(斗)를, 소호(小戶)에 1두(斗)씩 준 뒤 가을에 이르러 1두에 5두씩을 거둬 군수(軍須)에 보충하는데, 이는 환(患)을 방비하는 한때의 방책(方策)일 뿐입니다. 신(臣)이 부서(部署-맡은 직무)를 시행할 [行部] 때를 맞아 널리 백성의 폐단을 물어보았더니, 모두 말하기를 "조세(租稅)와 공부(貢簿) 외에 또 이러한 법이 있습니다"라고 했습니다. 이것은 작은 폐단이 아니니, 빌건대 이를 혁파하소서.'

정부에 내려 토의한 다음에 보고하도록 했다[議聞].

신유일(辛酉日-17일)에 상이 상왕(上王)을 받들고 동교(東郊)에서 매사냥을 구경했다. 낮에 광나루[廣津]에 이르러 술자리를 마련하고 여악(女樂)을 연주하도록 해 지극히 즐겼다. 경기 도관찰사 이은(李殷), 광주 목사(廣州牧使) 황록(黃祿), 양주 부사(楊州府使) 이지(李漬)가 와서 주과(酒果-술과 안주)를 바쳤다. 이에 앞서 이은과 황록에게 뜻을 전해 광나루에 이르도록 했고, 이때에 이르러 전해 말했다.

"올봄 강무(講武)에는 마땅히 광주(廣州)·양근(楊根-지금의 양평)·포천(抱川) 등지에 가겠다."

임술일(壬戌日-18일)에 유성(流星)이 귀남(鬼南)에서 나와 천사(天社)

---

21 세금을 매기고 거둬들이는 것을 말한다.

로 들어갔는데, 모양이 병(瓶)과 같았고 청적(靑赤)의 색깔이었다.

○ 관곽색(棺槨色)²²을 고쳐 시혜소(施惠所)라고 했다.

○ 조원(趙源)과 홍유룡(洪有龍)을 석방하라고 명했다.

순금사(巡禁司)에서 아뢰었다.

"유룡(有龍)이 전라도 수군 도절제사(全羅道水軍都節制使)가 됐을 때 녹비 100장과 녹포(鹿脯) 1만 속(束)을 둔 것과 계모(繼母)의 상(喪)에 분상(奔喪)하지 않은 것을 본 증인 20여 인을 잡아 와서 빙문(憑問)하는 것이 어떻겠습니까?"

명해 말했다.

"이 일은 대체(大體)에 관계된 것이 아니고 농사 때가 이미 가까워졌으니, 유룡과 조원을 석방하고 그 증인도 잡아 오지[拿來] 말도록 하라."
_{나래}

○ 사간원(司諫院)에 명해 장주(張住)의 고신(告身)에 한품(限品)이라는 글자를 없애도록 했다. 주(住)는 바로 장사길(張思吉, ?~1418년)²³

---

22 귀후서(歸厚署)라고도 한다. 관곽(棺槨)의 제조와 판매, 예장(禮葬)에 필요한 여러 물건을 공급하는 일을 맡았다. 1406년(태종 6년)에 하륜(河崙)의 건의로 설치해 1777년(정조 1년)에 폐지됐는데, 그 소관 업무는 선공감(繕工監)의 예장관(禮葬官)이 겸했다.

23 개국공신 장사정(張思靖)의 형이다. 아버지는 본래 안동에서 살았으나 북방으로 이주해 의주의 참리(站吏)가 되었으며, 사어(射御)에 능했다 한다. 그 뒤 권귀(權貴)에게 뇌물을 바치고 만호가 돼 의주 지방의 토호(土豪)로 자리 잡았으며, 고려 조정에 복종하지 않고 독립적인 세력을 형성했다. 그는 아버지의 직을 세습해 만호가 됐다. 이성계(李成桂)에게 무예를 인정받아 위화도에서 함께 회군한 뒤 회군공신(回軍功臣)에 서훈되고, 1390년(공양왕 2년) 밀직부사를 거쳐 동지밀직사사(同知密直司事)가 됐다. 1392년(태조 1년) 아우 사정과 함께 이성계를 추대해 개국공신 1등에 봉해지고, 지중추원사(知中樞院事)로서 의흥친군위동지절제사(義興親軍衛同知節制使)를 겸해 이성계의 친병(親兵)을 통솔했다. 이듬

의 기첩(妓妾) 복덕(福德)의 아들이었다.

계해일(癸亥日·19일)에 올량합(兀良哈) 3인이 와서 토산물을 바쳤다.

○ 통진현감(通津縣監) 한처령(韓處寧)과 전 현감 이주(李珠) 등을 순금사(巡禁司)에 가두고, 수속(收贖)하지 말고 태(笞)를 때려서 후래(後來)를 경계하라고 명했다. (이들은) 국마(國馬)를 기르면서 삼가지 않아 야위게 만들었기[致瘦] 때문이다. 이어서 감양인리(監養人吏)를 경기(京畿)의 주현(州縣)에 돌게 해 유시(諭示)한 뒤에 결죄(決罪)하도록 했다.

○ 전의 부정(典醫副正) 민환(閔煥)을 순금사(巡禁司)에 가두라고 명했다. 이에 앞서 연경사(衍慶寺) 주지(住持) 회우(恢佑)가 병에 걸리자 환(煥)에게 명해 진맥(胗脈)하게 했는데, 사실대로[以實] 아뢰지 않았다가 회우(恢佑)가 얼마 후에[尋·俄而] 죽었기 때문이다.

갑자일(甲子日·20일)에 달이 방성(房星) 남쪽의 한 별을 범(犯)했다.

해 황해도의 문화·영녕(永寧)에 침입한 왜구를 격퇴했으며, 1398년 왕자의 난 때 이방원(李芳遠)을 도와 정사공신(定社功臣) 2등으로 영가군(永嘉君)으로 개봉(改封)된 뒤 참찬문하부사(參贊門下府事)·판공조사(判工曹事)·의흥삼군부우군절제사(義興三軍府右軍節制使)를 지내고, 이어 화산군(花山君)으로 개봉됐다. 1400년(정종 2년) 사헌부로부터 2차 왕자의 난 때 사정과 함께 반역을 모의했다는 탄핵을 받았으나 왕의 비호로 무사했다. 태종 때 우군총제(右軍摠制)·참찬의정부사(參贊議政府事) 등을 지낸 뒤 화산부원군(花山府院君)에 진봉돼 공직을 물러났다. 용맹이 뛰어나고 병략(兵略)에 익숙했으며, 수염이 배까지 닿았다 한다. 첩기(妾妓)를 아내로 삼아 좋은 평을 얻지 못했다. 의주토호의 반란이 멈추고 의주에서 여연(閭延)에 이르는 압록강 연안 1,000리를 조선 영토로 편입하는 데 공헌했다.

○「월령(月令)」을 거듭 밝혔다[申].

상이 (『예기(禮記)』) 「월령(月令)」의 '뇌우(雷雨)가 있기 사흘 전에 목탁(木鐸)을 두들겨 조민(兆民-많은 백성)에게 명령했다. "뇌우(雷雨)가 장차 소리를 낼 것이다. 그 몸가짐을 경계하지 않는 자가 아기를 낳는데, 준비하지 않으면 반드시 흉재(凶災)가 있을 것이다"라는 글을 보고서 좌대언(左代言) 조말생(趙末生)에게 일러 말했다.

"지금 춘분(春分)이 이미 가까워졌는데, 전에 부탁한 「월령」의 일을 거행했는가, 하지 않았는가?"

말생(末生)이 부복(俯伏)한 채 제대로 대답하지 못하니 상이 말했다.

"임금이 명령하고 신하가 실행하는 것[君令臣行]은 고금(古今)의 상경(常經)이다. 내가 백성을 위해 염려하는 것은 흉(凶)한 것을 피하고 길(吉)한 데로 나아가게 하려는 때문이다. (그런데) 이같이 맡은 일을 내팽개쳐두는 것[廢閣]은 어째서인가?"

이관(李灌)에게 명해 말했다.

"이는 예조(禮曹)의 임무이니, 형조(刑曹)로 하여금 그것을 물어보게 하라."

형조에서 계제사(稽制司) 좌랑(佐郎) 김재(金滓)를 탄핵했다. 이윽고[俄而] 상이 정부(政府)에서도 참여한 것을 알고 즉시 재(滓)를 석방하라고 명했다.

"이제부터 한성부(漢城府)에서 오부 원리(五部員吏)로 하여금 「월령(月令)」에 의거해 시행하는 것을 항식(恒式)으로 삼도록 하라."

기사일(己巳日-25일)에 지진이 있었다.

○ (함경도) 홍원 현감(洪原縣監)을 혁파해 다시 함주(咸州)에 예속시켰다. 함주(咸州) 사람으로 서울에 있는 자들의 고장(告狀)에 따른 것이다.

○ 유관(柳觀)을 사헌부 대사헌, 설미수(偰眉壽)를 예조판서, 윤회종(尹會宗)을 사간원 우사간 대부(司諫院右司諫大夫)로 삼고, 집의(執義)·장령(掌令)·지평(持平)·정언(正言)을 모두 고쳐서 제수했다. 애초에 하륜(河崙)과 남재(南在) 등이 아뢰어 말했다.

"사헌부에서 신 등의 연고 때문에 출사(出仕)하지 않아 관(官)을 비우는 것은 미편(未便)합니다. 그러나 그 신구(新舊)의 예(禮)를 감찰(監察)하는 것을 고찰하지도 않고 그 정상을 자세히 살피지도 않은 채 갑자기 홍유룡(洪有龍)의 죄를 청해서 작은 일을 가지고 대신(大臣)을 탄핵한 따위의 일이 한두 가지가 아닙니다. 그중에 범한 것이 많은 자는 그만일 뿐입니다. 다만 적은 자는 오히려 복직(復職)시키는 것이 좋겠습니다."

상이 말했다.

"헌사(憲司)의 직임은 백관(百官)을 규찰(糾察)하는 것이니, 이미 관계가 있었다면 어찌 제대로 남을 바로잡겠는가? 헌사에서 죄를 범하고도 그 직책에 복귀한 경우가 옛날에도 이러한 법이 있었는가?"

대답해 말했다.

"그렇다면 속히 고쳐 임명하는 것이 마땅합니다."

상이 말했다.

"다만 말[言語] 때문에 소사(所司)의 직임을 가벼이 없애는 것은
언어

안 될 일이다."

정부에서 글을 올려 "그 죄를 밝히는 것이 좋겠습니다"라고 했다. 이때에 이르러 모두 파면하고 헌사(憲司)에 뜻을 전해 말했다.

"금후(今後)로는 제좌일(齊坐日)에 장무(掌務)를 부르면 각기 흩어지지 말고 반드시 장무가 돌아갈 때까지 기다리도록 하라."

○ 병조에서 강무(講務)의 사의(事宜-일의 마땅함)를 아뢰었다. 아뢰어 말했다.

"도졸(徒卒)로 하여금 서로 섞이지[相雜] 못하게 하고 가전(駕前)의 금수(禽獸)는 요사(要射)할 수 없으며 대소인(大小人)이 위내(圍內)에서는 먼저 갈 수 없으니, 명령을 위반하는 자는 태(笞) 50대를 때리는데 중(重)한 자는 장(杖) 80대를 때리고, 2품 이상은 근수(根隨-심부름꾼)를 죄주는 것은 이미 나타난 법령이 있습니다. 그러나 강무(講務)를 할 때는 말을 달려서 가전(駕前)에 들어가는 자가 있기에 이르니, 조금도 상을 공경하는 뜻이 없습니다. 이것은 법령을 엄하게 세우지 아니하고 다만 근수만 죄주기 때문입니다. 이제부터 법령을 위반하는 자는 2품 이상은 계문(啓聞)해 과죄(科罪)하고, 3품 이하는 그 죄를 직단(直斷)해서 군법(軍法)을 엄하게 하소서."

그것을 따랐다.

또 소(疏)를 올려 말했다.

'옛날부터 제왕(帝王)의 사냥[蒐狩]하던 땅은 기내(畿內)의 한가하고 빈 땅으로 잡았습니다. 이제 사냥하는 장소가 아직 정한 곳이 없으므로 혹은 멀리 전라도·풍해도(豊海道)까지 나아가니 그 폐단이 작지 않고, 오랫동안 도읍(都邑)을 비운다면 헤아리지 못할 환(患)이 있을 것입니다. 바라건대 기내(畿內)에다 그 일정한 곳을 정하소서. 또 대간(臺諫)·형조로 하여금 종신(從臣)의 반열(班列)에 참여하게 하소서.'

상이 말했다.

"이제 기내(畿內) 백성의 거주지가 조밀(稠密)해 한가롭고 빈 땅이 없는데, 백성이 경작하는 땅을 빼앗아 금수(禽獸)에게 주는 것은 차마 할 수 없는 일이다. 지금 일정한 곳을 정하도록 청함은 진실로 가상(嘉尙)한데, 해주(海州)가 비록 기내(畿內)는 아니지만, 심히 멀지도 않고 땅도 한가롭고 빈 곳이 많다. 이제부터 해주를 일정한 장소로 삼겠다. 삼성(三省)의 호종(扈從)은 이미 폐지한 지 오래다. 만약 금령(禁令)을 범하는 자가 있거든 내가 환궁할 때까지 기다려서 그 본말(本末)을 갖춰서 아뢰면 내가 마땅히 따르겠다."

○ 애초에 강무소(講務所)가 강원도 순제(尊堤)였는데 의견이 오랫동안 결정되지 못했다. 이날 지진이 일어나니, 하륜(河崙) 등이 아뢰어 말했다.

"때가 농사철[東作]을 당했으니, 멀리 나갈 수 없습니다."
동작
드디어 철원(鐵原) 등지의 10여 일 거리로 정했다.

경오일(庚午日·26일)에 춘추관 감사(春秋館監事) 남재(南在), 춘추관 동지사(春秋館同知事) 변계량(卞季良), 예문관 제학(藝文館提學) 김여지(金汝知)에게 명해 회시(會試)를 맡게 해서 신생원(新生員)·조서강(趙瑞康) 등 33인을 뽑았다.

상이 말했다.

"권도(權蹈, 1387~1445년)²⁴·성개(成槪, ?~1440년)²⁵·이하(李賀)·이수(李隨)²⁶는 모두 조사(朝士)인데도 아무도 시험에 합격한[中試] 자중시가 없으니, 시험을 관장한 사람들의 공정함을 알 수 있겠다."

○ 올량합(兀良哈) 3인이 와서 토산물을 바쳤다.

○ 해진군 지사(海珍郡知事)에게 명해 군민(軍民)을 거느리고 다시 진도(珍島) 구치(舊治)에 들어가게 했다. 진도군(珍島郡)은 본래 남해(南海) 가운데 있었는데, 일찍이 왜구(倭寇)로 인해 내지(內地)로 옮겼다가 이제 해변(海邊)이 평안해졌기[寧謐] 때문에 이러한 명이 있영밀었다. 이어서 전라도 당번 선군(當番船軍)으로 하여금 섬 가운데 목

---

24 아버지는 찬성 권근(權近)이며, 어머니는 고려 말 우정언 이존오(李存吾)의 딸이다. 뒤에 이름을 제(踶)로 고쳤다. 처음에 음보(蔭補)로 경승부주부(敬承府注簿)에 기용됐으나, 감찰 때 대사헌의 비위에 거슬려 파면됐다. 1414년(태종 14년) 친시 문과에 장원으로 급제해 우헌납(右獻納)이 된 뒤 병조정랑과 예문관응교(藝文館應敎)를 거쳐 1416년 사예(司藝), 1418년에 사인(舍人)을 지냈다. 1419년(세종 1년) 집의(執義)가 됐으며, 사은사 경녕군(敬寧君) 이비(李裶-태종의 제1서자)의 서장관으로 명나라에 다녀온 뒤 승정원동부대언(承政院同副代言)과 좌대언(左代言)을 차례로 지냈다. 1423년 집현전 부제학이 된 뒤 예조판서·대사헌·함길도도관찰사를 지냈고, 이듬해에 평안도도관찰사가 됐다. 1430년 경창부윤(慶昌府尹), 1432년 경기도관찰사, 이듬해 예조참판에 임명됐으며, 1435년 이조판서, 1437년 예조판서가 됐다. 계품사(計稟使) 혜령군(惠寧君)의 부사로서 명나라에 다녀온 뒤 예문관대제학이 됐고, 그해 동지중추원사(同知中樞院事)에 임명됐다. 1439년 지중추원사(知中樞院事)가 됐으며, 1442년 지춘추관사(知春秋館事)를 겸해 감춘추관사(監春秋館事)인 신개(申槩)와 함께 『고려사』를 찬진(撰進)했다. 1443년 좌참찬으로 전라도도관찰사가 됐고, 1444년 의금부제조(義禁府提調)가 됐다. 이듬해에는 우찬성이 돼 정인지(鄭麟趾)·안지(安止) 등과 함께 「용비어천가」를 지어 바쳤다.

25 부친은 성석용(成石瑢)이다. 1416년(태종 16년) 병신(丙申) 친시(親試)에 급제했다. 1418년(세종 1년) 예문관직제학(藝文館直提學)으로 경연의 시강관이 돼 『대학연의』를 진강했다. 이어서 예조참의, 호조참의, 이조참의, 황해감사(黃海監司), 병조참판을 역임했다. 1428년(세종 10년) 좌군동지총제(左軍同知摠制)가 돼 표전사은사(表箋謝恩使)로 연경(燕京-북경)에 다녀왔다. 이후 공조우참판(工曹右參判), 경기도관찰출척사(京畿道觀察黜陟使)로 임명됐다.

26 세종의 스승이다.

책(木柵)을 세우게 해서 장차 목장(牧場)을 만들려고 했다. 전라도 도관찰사가 보고해 말했다.

'먼저 추자도(楸子島)에 거주하던 사람 중에서 제주(濟州)로 옮겨간 자가 있으니 반(半)을 추쇄(推刷)해 진도(珍島)에 옮겨두고, 각 고을의 시위군(侍衛軍)으로 하여금 윤차(輪次)로 수호(守護)하게 하고 지군사(知郡事)로 하여금 고찰(考察)하게 하소서. 또 불긴(不緊)한 여러 포구(浦口)의 병선(兵船)을 추쇄(推刷)해 요해처(要害處)를 지키게 하는 것이 어떠하겠습니까?'

수군 도절제사(水軍都節制使)가 보고해 말했다.

'각 고을의 유이(流移)하는 사람들을 추쇄(推刷)해 진도(珍島)에 채우고, 10년에 한(限)해 조세(租稅)와 공부(貢賦)를 면제하는 것이 어떠하겠습니까?'

정부에서 아뢰니 그것을 따르고, 다만 조세와 공부를 면제하는 일은 『육전(六典)』에 의거해 시행하게 했다.

신미일(辛未日·27일)에 상이 상왕(上王)을 받들고 강원도에서 강무(講武)했다. 낮에 녹양평(綠楊坪)에 머물러 술자리를 마련하고 여악(女樂)을 베풀었다. 저녁에 포천현(抱川縣) 매장원(每場院)에 머물렀다[次].

임신일(壬申日·28일)에 해룡산(海龍山)과 왕방산(王方山)에서 (사냥감을) 몰았다. 상이 사슴 3마리와 노루 1마리를 쏘았다.

○ 내시별감(內侍別監)을 보내 감악산(紺岳山)과 해룡산(海龍山)의

신(神)에게 제사 지냈다.

　계유일(癸酉日-29일)에 화성(火星)이 태미(太微)의 서번(西番) 상상성(上相星)을 범했다.

　○ 어가(御駕)가 영평현(永平縣) 굴동(窟洞)에 머물렀는데, 내시별감을 보내 백운산(白雲山)의 신(神)에게 제사 지냈다.

乙巳朔 命臺諫視事. 上從政府之請 召臺諫 賜還辭狀 因諭之曰:
을사 삭 명 대간 시사 상종 정부 지청 소 대간 사환 사장 인 유지 왈

"良祐 雖云不禮 未至於甚 予之區處 亦爲得中. 卿等何嫌 遽至辭職
양우 수운 불례 미 지어 심 여지 구처 역위 득중 경 등 하혐 거 지 사직

乎?"
호

日本對馬島宗貞茂使人來獻土物.
일본 대마도 종정무 사인 내헌 토물

囚司憲掌令鄭伸道于巡禁司 尋釋之. 先是 傳旨伸道曰: "長淵
수 사헌장령 정신도 우 순금사 심 석지 선시 전지 신도 왈 장연

兵馬使李興發毋得拿來." 伸道忘之 拿興發到京故也.
병마사 이흥발 무득 나래 신도 망지 나 흥발 도경 고야

命宰相之葬 官給軍人營墳; 朝士有物故者 亦令給牛從 轉送本鄉
명 재상 지장 관급 군인 영분 조사 유 물고 자 역령 급우 종 전송 본향

以爲恒式.
이위 항식

賜濟州點馬官護軍高俊衣一襲.
사 제주 점마 관 호군 고준 의 일습

命停日本通信使朴賁之行. 初以河崙建白 命賁爲通信使 齎國書
명정 일본 통신사 박분 지행 초 이 하륜 건백 명분 위 통신사 재 국서

禮物 行至慶尙道. 至是 政府啓曰: "賁旣稱疾不行. 今議者曰: '其
예물 행지 경상도 지시 정부 계왈 분 기 칭질 불행 금 의자 왈 기

禮物令從事官齎去爲宜.' 又有議曰: '就付大護軍平道全 可達日本
예물 영 종사관 재거 위의 우 유의 왈 취부 대호군 평도전 가달 일본

王所.' 然皆未便 乞改命他人齎去." 成石璘曰: "日本賊船 歲寇上國
왕소 연 개 미편 걸 개명 타인 재거 성석린 왈 일본 적선 세구 상국

帝怒欲大擧雪恥 本國使臣所曾聞也. 宜請聲罪 以敵所愾. 今縱
제 노 욕 대거 설치 본국 사신 소증문 야 의청 성죄 이적 소개 금종

未能 豈宜遣使以相交乎? 況曩者梁需至其境 書契禮物皆爲所掠
미능 기의 견사 이 상교 호 황 낭자 양수 지 기경 서계 예물 개위 소략

幾至於死 其王曾不治罪 其政可知. 雖不相交 亦何傷乎?" 上曰:
기지 어사 기왕 증 불 치죄 기정 가지 수 불 상교 역 하상 호 상왈

94

"領議政之論甚是." 遂停貢行.

申勸農之令. 議政府啓曰: "小民當以務農爲急; 守令專以勸課
爲任. 諸道州縣風土不同 所種之穀 本自異宜; 耕種之候 亦有早晚.
願以宜土之穀 播種之節 備書布告 令守令知勸課之方 授之以時
庶乎民不失時矣." 上曰: "予嘗觀一野之田 一般之穀 其成熟有先後
豈地與穀種之罪耶? 是人力勤不勤如何耳. 故曾命政府曰: '令守令
勸於勸課 及其未霜 無不熟之禾.' 政府何不知寡人之意乎? 穀名
及播種時候 老農所知 不必布告." 乃下旨曰: "勸農 爲政之本 各官
守令耕耘收穫等事 不肯用心 致使一般之穀 有經霜不實 或不早
收穫 以致風雨損耗. 今後守令以時監督 令民齊作播種 比其成熟
隨卽刈穫."

採訪使張有信復命啓曰: "臣至慶尙全羅令曰: '若告金銀産處者
重賞.' 告者有五六人. 當吹鍊時 無藥而鍊者 鉛三斤得銀如麻子
大者一丸 用藥則得如粟大者一丸. 諸州所出槪如此." 上曰: "不可
失信 須賞告者以米."

丙午 吾都里千戶 骨看兀狄哈 建州衛百戶各一人 來獻土物.

丁未 遣參贊議政府事柳廷顯如京師 賀聖節.

戊申 京畿敬差官李陽明復命啓曰:

"臣承重命 恐不能堪 奔馳圻甸 廣咨博訪 及于庶民 生民之病 固
不多矣. 然而私田收租之弊 貢鈔收贖之法 刈楚藏氷之事 瓦窰繕工

之木 皆民之所甚病者也. 竊觀 比年以來 國家遣使于外者非一人

訪求民瘼者非一事 而竟無其效者 臣恐攸司莫肯擧行 而徒爲文具

耳. 伏望垂察 斷自宸衷 命攸司擧行."

上嘉納之. 兵曹判書李膺亦力陳藏氷之弊 上曰: "誠是也 予未曾

聞耳. 自今令各領隊長 隊副及各司奴隷藏氷." 因議貢鈔收贖之弊

上曰: "貢鈔之法 蓋欲民間知鈔之貴 而法令之必行 其弊不多 而

訪民瘼者屢言之 此知其一 未知其二也." 議刈草之弊 李膺言: "昔

與民共之 而今盡歸權勢之家 民不得錙銖之利 以致民病." 上頷之

不答. 議罷別窯 戶曹判書朴信以爲: "京城瓦屋 率皆倚辦於此. 今

若罷之 士庶之家無由得瓦." 上曰: "太祖建都 予新作行廊 京邑之

體 蓋已粗完 第恨南大門內行廊未建耳." 陽明又啓: "道內鰥寡孤獨

貧乏不能自存者 男女共一百五十九名." 下政府.

庚戌 視事於便殿 謂左右曰: "近來水旱風災 無歲無之 損傷禾穀

民生可慮. 天災雖非人力所能免 其失耕穫之時 以虧農功 責在

守令. 自今政府精加考察 以行黜陟."

命李灌傳旨曰: "觀音窟津寬寺 臺山上元寺 巨濟見庵寺 行每年

二月十五日水陸齋 今後行於正月十五日以爲式."

司憲執義洪汝方啓請臺諫扈從講武 上曰: "講武本閱士卒 雖

東大門外 亦足陳兵也. 平康等處近於東陲 糜費糧餉必矣. 且不可

行山谷之間 姑待後日定所而後議之.

河崙啓曰: "今馬價太重 宜準太祖時所定條格 不過楮貨四百張."
하륜 계왈 금 마가 태중 의준 태조 시 소정 조격 불과 저화 사백 장

從之. 又請: "吏典 出身者考四祖 曾無六品之職者 不許東班敍用."
종지 우청 이전 출신자 고 사조 증무 육품 지직자 불허 동반 서용

上曰: "不干私賤 且有才行者 其世系雖微 可至卿大夫 矧此吏典
상왈 불간 사천 차유 재행자 기 세계 수미 가지 경대부 신차 이전

從公受職 不可以區別也." 崙復啓曰: "此輩若許東班敍用 將有反
종공 수직 불가이 구별 야 륜 부계왈 차배 약허 동반 서용 장유 반

居舊日司員之上." 上曰: "婢妾所産 尙許五品之職 豈於吏典 獨限
거 구일 사원 지상 상왈 비첩 소산 상허 오품 지직 기어 이전 독한

其職乎?" 崙不能對. 崙又進言曰: "今婢妾之出 限品授官 許令永良
기직 호 륜 불능 대 륜 우진언왈 금 비첩 지출 한품 수관 허령 영량

援引其高曾以上婢妾之出 欲得良者紛紜. 均是婢妾之出 而或良或
원인 기 고증 이상 비첩 지출 욕 득량 자분운 균시 비첩 지출 이혹량 혹

賤 於義何如? 又尋究其高曾以上之派系 而皆通之 則汗漫難旣. 又
천 어의 하여 우 심구 기 고증 이상 지 파계 이개 통지 즉 한만 난기 우

均爲父良母賤 而自己婢妾之出 獨得爲良 而他人婢妾之出 不得良
균위 부량 모천 이 자기 비첩 지출 독득 위량 이 타인 비첩 지출 부득량

近於不均. 又父良母賤 母良父賤者 令得良 則似合於良多賤少之
근어 불균 우 부량 모천 모량 부천 자 령득량 즉사 합어 양다 천소 지

義. 又太祖立自己婢妾所生 永放爲良之法 無前後定限之分. 太祖
의 우 태조 입 자기 비첩 소생 영방 위량 지법 무 전후 정한 지분 태조

立法之前婢妾之出 竝許爲良何如?" 上以事至鄭重而未斷.
입법 지전 비첩 지출 병허 위량 하여 상 이사 지 정중 이 미단

兀良哈千戶六人 來獻土物. 永吉道都安撫使李從茂報: '自鏡城
올량합 천호 육인 내헌 토물 영길도 도안무사 이종무 보 자 경성

二十五日程 羅毛羅住兀良哈指揮阿老管下千戶毛下也進言曰:
이십오 일정 나모라 주 올량합 지휘 아로 관하 천호 모하야 진언 왈

"女眞都事也羅介率中原數多軍人 於前年正月 云屯隱出來 自正月
여진 도사 야라개 솔 중원 수다 군인 어 전년 정월 운 둔은 출래 자 정월

至四月造大船及汲水小船 各二百三十艘 載軍人泛自松渴江 歷
지 사월 조 대선 급 급수 소선 각 이백 삼십 소 재 군인 범자 송갈강 역

愁下江 向愁濱江 將築巨陽城 慶源 薰春城 實之以吾都里兀良哈.'"
수하강 향 수빈강 장축 거양성 경원 훈춘성 실지 이 오도리 올량합

上曰: "此人等每以如此事來告. 上國之兵雖來 豈以船過鐵嶺乎?
상왈 차인 등매 이 여차 사 내고 상국 지병 수래 기 이선 과 철령 호

此必虛語也. 抑或中原邊將造船於此地耳."
차 필 허어 야 억혹 중원 변장 조선 어 차지 이

議政府以奴婢事受教:
의정부 이 노비 사 수교

‘一 文書未覓者 奴婢皆時役不動 則眞僞得失 不無失中. 令所納
일 문서 미멱 자 노비 개시 역 부동 즉 진위 득실 불무 실중 영 소납

各司考其納簿 刻日覓出 有前決者不動; 雖未覓出 前決納簿明白者
각사 고 기 납부 각일 멱출 유 전결 자 부동 수 미 멱출 전결 납부 명백 자

亦以有前決論; 無前決者 文書雖未覓出 納簿明白 亦皆中分. 定朔
역 이유 전결 론 무 전결 자 문서 수미 멱출 납부 명백 역개 중분 정삭

內不現身者 不在此限.
내 불 현신 자 부재 차한

一 限朔決絶後 妄告誤決者 依前降敎旨決罪 其役使奴婢 竝皆
일 한삭 결절 후 망고 오결 자 의 전강 교지 결죄 기 역사 노비 병개

屬公 以嚴後戒. 誤決官吏 亦依前敎論罪.
속공 이엄 후계 오결 관리 역 의 전교 논죄

一 限朔決絶後 誤決呈者 京中司憲府限二月 外方都觀察使限
일 한삭 결절 후 오결 정자 경중 사헌부 한 이월 외방 도관찰사 한

三月.’
삼월

議政府請鐵原府使南琴 楊州府使李漬 廣州牧使黃祿罪 因京畿
의정부 청 철원부사 남금 양주부사 이지 광주목사 황록 죄 인 경기

敬差官呈啓琴 漬濫置屯田; 祿定額之外 嬴收穀草炭燒木之罪也.
경차관 정계 금 지 남치 둔전 록 정액 지외 영수 곡초 탄 소목 지죄 야

命皆勿論.
명개 물론

命囚趙源 洪有龍于巡禁司.
명수 조원 홍유룡 우 순금사

辛亥 司憲府上疏 請平城君趙狷 蓮城君金定卿罪 疏曰:
신해 사헌부 상소 청 평성군 조견 연성군 김정경 죄 소왈

‘今功臣未有奔走服役之勞 閱數月而僅有一二行祭之事 是宜奉行
금 공신 미유 분주 복역 지로 열 수월 이근 유 일이 행제 지사 시 의 봉행

惟謹. 今狷與定卿早奉山川祭行香之命 互稱犯染 相推不行 致使
유근 금 견여 정경 조봉 산천제 행향 지명 호칭 범염 상추 불행 치사

不齊者代行 失爲臣奉上之義 不敬莫大焉 宜按律施行.’
부제 자 대행 실 위신 봉상 지의 불경 막대 언 의 안율 시행

上以不論. 於是 政府: “受點後托辭相推 自今諸君則本所書題;
상이 불론 어시 정부 수점 후 탁사 상추 자금 제군 즉 본소 서제

摠制則三軍錄事 各於堂上以次告課 呈單子于本府 錄事更進告課
총제 즉 삼군녹사 각어 당상 이차 고과 정 단자 우 본부 녹사 갱진 고과

入抄受點以爲式.” 從之.
입초 수점 이위 식 종지

以宗簿寺隷在內諸君所 大君爲都提調 元尹以上爲提調 正尹
이 종부시 예 재내제군 소 대군 위 도제조 원윤 이상 위 제조 정윤

以上爲提擧 其支辦宗簿掌之.

壬子 戶曹判書朴信請作軍資監庫 不允. 以土木之役煩擾也.

賜乞食老嫗梁德米二石. 代言卓愼啓曰: “臣見嫗于廣通橋上

問之 曰: ‘我無子孫 行乞於市 以資生耳.’” 上憐之 有是賜.

臺諫請李良祐之罪 啓曰: “頃者請良祐之罪 命歸鄕曲 臣等不勝

鬱悒.” 上曰: “罪有重輕 何可槪論? 若重則①雖同胞 猶不敢貸. 此

老兄不學頑愚 第欲小懲 以警其後. 予聞出去時抆淚謝過 深用

惻然. 今當召還 毋庸更論.”

議政府啓推刷各司奴婢事 啓曰: “京中各司奴婢 官員不爲用心

推刷 遺漏頗多. 今年爲始 詳推成籍 每於季月 生産物故報于仰曹

三年一次改籍以爲式. 若有不奉行官吏 以敎旨不從論.”

從之.

置慶州太祖眞殿侍衛. 議政府啓曰: “請於慶州府太祖眞殿 當

有名日行別祭. 且以品官十人分爲二番 更迭侍衛 以堂干十名定爲

下典.” 從之.

癸丑 申軍士私謁之禁. 兵曹啓曰: “前朝盛時 侍衛之兵止於

更番入直 不敢私謁於其將 道途相遇 亦不敢私語 其慮深矣. 聖朝

禁府兵私謁於管軍摠制之門 已有著令. 今甲士裵乙成等謁贊成

李叔蕃 摠制韓珪之第 私相媚悅 違惧軍政 宜下攸司 收告身科罪

充水軍以戒後來 其受謁之家 亦下攸司治罪.” 上曰: “曾無受謁之

禁 只罷乙成等職." 命政府參定僉摠制以上管軍之家 受府兵私謁之
금 지 파 을성 등직　명 정부 참정 첨총제 이상 관군 지가 수 부병 사알 지

罪 以爲著禁. 政府啓曰: "今後護軍及甲士或稱伴黨比附 相隨犯令
죄 이위 저금　정부 계왈　금후 호군 급 갑사 혹 칭 반당 비부　상수 범령

者 依前著令論罪 其主人不肯對坐接談者 只坐私謁之人. 族親六寸
자 의전 저령 논죄 기 주인 불긍 대좌 접담 자 지좌 사알 지인　족친 육촌

以上 不在此限."
이상　부재 차한

召李良祐還. 傳旨于政府曰: "今因講武 欲相蓴堤. 令永吉道
소 이양우 환　전지 우 정부 왈　금 인 강무 욕상 순제　영 영길도

都巡問使給良祐與伴僧二人驛馬來赴行在." 司諫院上疏曰:
도순문사 급 양우 여 반당 이인 역마 내부 행재　사간원 상소 왈

'臣等曩者請良祐之罪 只令還鄉 今不數旬而復召之. 雖不置之
신등 낭자 청 양우 지죄 지령 환향 금 불수 순 이부 소지　수 불치 지

於法 宜永放于外.'
어법 의 영방 우외

上曰: "良祐之罪 止於此耳. 重於此者 容或有之 何必强請? 況
상왈　양우 지죄 지어 차이　중어 차자 용혹 유지 하필 강청　황

還鄉之命 幾於二十日 想已到矣. 其道途跋涉之勞 亦足懲矣. 毋更
환향 지명 기어 이십 일 상 이 도의　기 도도 발섭 지로 역 족징 의　무경

固請."
고청

司憲府亦上疏曰:
사헌부 역 상소 왈

'良祐之罪 在所不赦 殿下特垂仁恩 俾歸鄉曲 庶其改心易慮也.
양우 지죄 재 소불사 전하 특수 인은 비귀 향곡 서기 개심 역려 야

爲良祐者 旣以不忠之罪 得保首領 宜當命下之日 卽以匹馬 奔馳
위 양우 자 기이 불충 지죄 득보 수령 의당 명하 지일 즉이 필마 분치

赴程. 顧以肩輿行 若有疾然 且其僕隷擁後 二子從焉 固與平時
부정　고 이 견여 행 약유 질연 차 기 복례 옹후 이자 종언 고여 평시

無異. 及其中路 騎馬以歸 此所謂人之視己 如見其肺肝然者也. 今
무이　급 기 중로 기마 이귀 차 소위 인지 시기 여견 기 폐간 연자 야　금

乃未及其鄉而召還 何處爲改心易慮之所; 何事爲改心易慮之之迹?
내 미급 기향 이 소환 하처 위 개심 역려 지소　하사 위 개심 역려 지지적

臣等竊謂 殿下之仁恩 過施於不赦之恩之罪. 伏望殿下 勿令召還
신등 절위 전하 지 인은 과시 어 불사 지은 지죄　복망 전하 물령 소환

終身不敍 以慰一國臣民之望.'
종신 불서 이위 일국 신민 지망

上覽之曰: "良祐不學甚愚 犯此罪耳 非有異心也. 故召還 不必
상 람지 왈　양우 불학 심우 범 차죄 이 비유 이심 야　고 소환 불필

强言."
<small>강언</small>

甲寅 放生員試榜. 禮曹 成均館取趙瑞康等一百人.
<small>갑인 방 생원시 방 예조 성균관 취 조서강 등 일백 인</small>

以李文和爲參贊議政府事 朴誾錦川君兼判義勇巡禁司事.
<small>이 이문화 위 참찬 의정부사 박은 금천군 겸 판의용순금사사</small>

議政府啓: "自金郊至敬天九站 乞依平安道例 稱館丞." 從之.
<small>의정부 계 자 금교 지 경천 구참 걸의 평안도 예 칭 관승 종지</small>

司憲府上疏. 疏略曰:
<small>사헌부 상소 소 약왈</small>

'奴婢爭訟 骨肉相殘 風俗不美 莫甚於此. 中分之法 限朔之期 斷
<small>노비쟁송 골육상잔 풍속 불미 막심 어차 중분 지 법 한삭 지 기 단</small>

詞訟 伸冤抑之令典也. 今各司畢決之後 奸貪之輩 衆欲塡胸 未辨
<small>사송 신 원억 지 영전 야 금 각사 필결 지 후 간탐 지 배 중욕 전흉 미변</small>

是非 呈誤決於本府者 一朝之間 幾至數百. 爭訟如舊 其辭皆不過
<small>시비 정 오결 어 본부 자 일조 지간 기지 수백 쟁송 여구 기사 개 불과</small>

曰知非勒令而已 他無所說. 伏望誤決呈狀者 除具書官吏受贈外
<small>왈 지비 늑령 이이 타 무소설 복망 오결 정장 자 제 구서 관리 수증 외</small>

勿許受理 以斷詞訟.'
<small>물허 수리 이단 사송</small>

下政府. 議得以聞曰: "受贓誤決 固難灼知 徇私誤決 亦宜考理.
<small>하 정부 의득 이문 왈 수장 오결 고난 작지 순사 오결 역 의 고리</small>

請申嚴其令 今已受誤決之狀 皆令還退更呈 使得省悟 其有誣告者
<small>청 신엄 기령 금 이수 오결 지장 개령 환퇴 갱정 사득 성오 기유 무고 자</small>

與誤決官吏 同置於法." 上曰: "一從政府區畫. 凡誤決官吏固可惡
<small>여 오결 관리 동치 어법 상왈 일종 정부 구획 범 오결 관리 고 가오</small>

其誣告誤決者亦可惡. 自今誤決者與誣告者 竝依立法罪之. 唯功臣
<small>기 무고 오결 자 역 가오 자금 오결 자 여 무고자 병 의 입법 죄지 유 공신</small>

子壻外 毋得夤緣干請 俾犯法者幸免 以撓我法."
<small>자서 외 무득 인연 간청 비 범법자 행면 이요 아법</small>

乙卯 幸東郊觀放鷹.
<small>을묘 행 동교 관 방응</small>

丙辰 立啓馬牌法. 兵曹判書李膺: "初 馬牌屬於尙瑞司 重之也.
<small>병진 입계 마패법 병조판서 이응 초 마패 속 상서사 중지 야</small>

今政府發鋪馬 代言司不啓而給牌 未便." 上曰: "今後大小人員至於
<small>금 정부 발포마 대언사 불계 이 급패 미편 상왈 금후 대소인원 지어</small>

騎馬驛子 皆啓聞後給牌以爲式."
<small>기마역자 개 계문 후 급패 이위 식</small>

分遣各道敬差官 未行而罷. 兵曹啓曰: "各道軍官器械 名存實
<small>분견 각도 경차관 미행 이파 병조 계왈 각도 군관 기계 명존 실</small>

亡 兵船朽敗 軍不整精. 請分遣鎭撫爲敬差官 以時點考." 上從之.

旣而悔之曰: "諸道地廣道阻 春事將興 恐貽民弊. 雖已發行者 竝皆召還."

下直藝文館許誠于巡禁司. 典祀寺啓: "具宗之 許誠嘗爲都官員吏 奪本寺奴婢 以與沈公襲子孫." 上怒下獄治之. 巡禁司啓誤決之情未白 命姑釋誠囚 令都官辨其情僞.

司憲府疏請掌令鄭伸道之罪 疏略曰:

'曩上召伸道 命止興發之來. 伸道不傳此旨 其不敬莫大焉.'

又請持平陳遵之罪曰: '凡官吏位卑者 雖常員皆然 況憲司法度尤嚴 不可. 今遵怠於居官 仕進常在人後 請皆罪之.' 疏留中.

丁巳 兀良哈千戶馬大愁等四人 來獻土物.

禮曹判書黃喜以疾辭.

成均生員任徵上書 書曰:

'臣兄任聘干於逆黨 旣伏其辜 然以舅趙昆自首 其妻子及臣特蒙仁宥. 臣欲赴科擧 三館以兄之故 停辛卯 戊子兩年之擧. 今科擧之日已近 又恐拘於三館之議 不得見試於有司 伏望聖慈許臣赴試.'

下議政府議得: "徵之兄 聘雖與逆謀 以舅趙昆自首 妻子兄弟得免連坐. 自今父兄犯罪者 除犯連坐之律外 子弟許赴試敍用." 從之.

司憲府上疏 請左政丞河崙之罪. 初 憲府劾啓前恭安府尹金彌

102

謬擧罪人金崇 前兵曹佐郞裵閏阿私金彌 欲滅其跡 於崇名下 以
特旨標之 似若不爲彌所擧者. 上命彌自願付處代言啓彌方疾篤. 上
曰: "待疾愈更啓." 釋閏罪曰: "凡臣僚所薦之人旣啓 則以特旨標之
非自閏始 閏實無罪." 憲府又劾啓河崙欲除金崇爲萬戶 將金彌
保擧單子 送于兵曹之罪 上曰: "同盟功臣 憲府以小事劾之 其於
輕重何?" 李灌對曰: "臣意亦以爲不可." 上曰: "然." 命崙出就職.

戊午 河崙乞辭 不許. 上遣李灌于其第 慰諭之 仍還辭狀. 崙又
辭 其意略曰: '憲府旣劾金彌 又劾老臣 非也.' 上又不允. 召司憲府
掌務掌令柳博曰: "罪彌則宜矣 延及左相何也?" 博對曰: "彌薦金崇
之書 崙受而送于兵曹 以此爲有罪也." 上曰: "彌薦崇 崙焉知崇之
不善而拒之乎? 且萬戶除授 兵曹之職也 而獨請左相之罪何也?"
博曰: "兵曹始雖不知 知而卽收告身以聞 故不請耳." 上命崙視事.
又曰: "彌方疾篤 聽其自願 置于近圻." 遂置于果川縣.

禁公私宴飮.

司憲府疏請洪有龍之罪. 初 全羅道敬差官柳升還 條上洪有龍
犯法數十事. 至是憲府啓: "有龍不奔繼母之喪 率妓二人 畜田犬
二十 其供費盡出營田. 又去冬 上將幸蓴城 仍獵瑞州 私自語曰:
'上之出畋 民甚疾之.' 其不忠如此. 請收告身 鞠問其由." 上曰: "此
非事關大體 又無徵驗 徒以柳升之啓 不可遽指爲不忠也. 且民甚
疾之之言 非阿附於我 而下順民情 尤不可謂不忠. 初 予之將往

瑞州 有龍告曰: '此地禽獸蕃盛 畋獵甚佳.' 其民甚疾之之言 非實也
서주 유룡 고왈 차지 금수 번성 전렵 심가 기민 심 질지 지언 비 실야

審矣. 不究其實 遽謂不忠 收其告身可乎?" 命下柳升于巡禁司獄 許
심의 불구 기실 거위 불충 수기 고신 가호 명하 유승 우 순금사 옥 허

有龍對辨取實以聞. 召司憲府掌務曰: "前請左相之罪 已非的實 又
유룡 대변 취실 이문 소 사헌부 장무 왈 전청 좌상 지죄 이비 적실 우

請有龍之罪 不先劾其情 遽欲收其告身 殊失事宜 宜請暇." 司諫院
청 유룡 지죄 불 선핵 기정 거욕 수기 고신 수실 사의 의 청가 사간원

上疏 請除臺員請暇 不報.
상소 청제 대원 청가 불보

己未 豐海道都觀察使李垠請罷編戶營田. 書曰:
기미 풍해도 도관찰사 이은 청파 편호 영전 서왈

'田以收租 戶以出賦尙矣. 國家度田籍戶 經界正 隣保定 租稅
전 이 수조 호 이 출부 상의 국가 탁 전적호 경계 정 인보 정 조세

征斂 竝得其宜 倉廩盈溢. 頃年以來 編戶營田 上戶給種三斗 中戶
정렴 병득 기의 창름 영일 경년 이래 편호 영전 상호 급종 삼두 중호

二斗 小戶一斗 至秋斗收五斗 以補軍須 此一時備患之策也. 臣當
이두 소호 일두 지추 두수 오두 이보 군수 차 일시 비환 지책야 신당

行部 廣詢民瘼 皆曰: "租賦之外 又有此法." 是非小弊 乞罷之.'
행부 광순 민막 개왈 조부 지외 우유 차법 시비 소폐 걸 파지

下政府議聞.
하 정부 의문

辛酉 上奉上王 觀放鷹于東郊. 晝至廣津設酌 令奏女樂極懽.
신유 상봉 상왕 관 방응 우 동교 주지 광진 설작 영주 여악 극환

京畿都觀察使李殷 廣州牧使黃祿 楊州府使李漬來獻酒果. 先是
경기 도관찰사 이은 광주목사 황록 양주부사 이지 내헌 주과 선시

傳旨李殷黃祿來詣廣津 至是傳曰: "今春講武 當往廣州 楊根 抱川
전지 이은 황록 내예 광진 지시 전왈 금춘 강무 당왕 광주 양근 포천

等處."
등처

壬戌 流星出鬼男入天社 狀如瓶 靑赤色.
임술 유성 출 귀남 입 천사 상여병 청적색

改棺槨色爲施惠所.
개 관곽색 위 시혜소

命釋趙源 洪有龍. 巡禁司啓: "有龍爲全羅水軍都節制使時 鹿皮
명석 조원 홍유룡 순금사 계 유룡 위 전라 수군도절제사 시 녹피

一百張 鹿脯一萬束置處及不奔繼母之喪 證見二十餘人 拿來憑問
일백 장 녹포 일만 속 치처 급 불분 계모 지상 증견 이십 여인 나래 빙문

何如?" 命曰: "此事非關大體 且農時已逼 釋有龍 趙源等 其證見人
하여 명왈 차 사비관 대체 차 농시 이핍 석 유룡 조원 등 기 증견 인

104

亦毋得拿來."
역 무득 나래

命司諫院 於張住告身除限品. 住乃思吉妓妾福德之子也.
명 사간원 어 장주 고신 제한품 주내 사길 기첩 복덕 지자야

癸亥 兀良哈三人 來獻土物.
계해 올량합 삼인 내헌 토물

囚通津縣監韓處寧 前縣監李珠等于巡禁司 且命勿收贖決笞
수 통진현감 한처령 전현감 이주 등우 순금사 차명물 수속 결태

以戒後來. 以養國馬不謹致瘦也. 仍令回示監養人吏於京畿州縣
이계 후래 이양 국마 불근 치수 야 잉영 회시 감양 인리 어경기 주현

然後決罪.
연후 결죄

命囚典醫副正閔煥于巡禁司. 先是 衍慶寺住持恢佑患病 命煥
명수 전의부정 민환 우 순금사 선시 연경사 주지 회우 환병 명환

診候 不以實啓 恢佑尋死故也.
진후 불 이실 계 회우 심사 고야

甲子 月犯房南一星.
갑자 월범 방남 일성

申月令. 上見月令有: '先雷三日 奮木鐸 以令兆民曰: "雷將發聲
신 월령 상견 월령유 선뢰삼일 분 목탁 이령 조민 왈 뇌장 발성

有不戒其容止者 生子不備 必有凶災." 之文 謂左代言趙末生曰:
유 불계 기용 지자 생자 불비 필유 흉재 지문 위 좌대언 조말생 왈

"今春分已逼 前囑月令之事 擧行乎否?" 末生俯伏不能對 上曰:
금 춘분 이핍 전촉 월령 지사 거행 호부 말생 부복 불능 대 상왈

"君令臣行 古今常經. 吾爲民慮 所以避凶趨吉也. 如此廢閣何哉?"
군령 신행 고금 상경 오 위민 려 소이 피흉 추길 야 여차 폐각 하재

命李灌曰: "此乃禮曹之任 令刑曹問之." 刑曹劾稽制司佐郎金滓.
명 이관 왈 차내 예조 지임 영 형조 문지 형조 핵 계제사 좌랑 김재

俄而 上知政府亦與焉 卽釋滓 命曰: "自今漢城府令五部員吏 依
아이 상 지 정부 역 여언 즉석재 명왈 자금 한성부 영 오부 원리 의

月令施行以爲恒式."
월령 시행 이위 항식

己巳 地震.
기사 지진

革洪原縣監 復隷咸州 從咸州人京在者告狀也.
혁 홍원현감 부 예 함주 종 함주 인 경재 자 고장 야

以柳觀爲司憲府大司憲 偰眉壽禮曹判書 尹會宗司諫院
이 유관 위 사헌부대사헌 설미수 예조판서 윤회종 사간원

右司諫大夫. 執義 掌令 持平 正言 皆改除. 初 河崙 南在等啓曰:
우사간대부 집의 장령 지평 정언 개 개제 초 하륜 남재 등 계왈

"司憲府以臣等之故 不仕曠官未便. 然其不考監察新舊之禮 不詳覈
其情 而遽請有龍之罪 以細事彈劾大臣等事 固非一二也. 其中所犯
多者已矣 少者猶可復職." 上曰: "憲司之職 糾察百官. 已若有關
焉能正人? 以憲司犯罪而復其職者 古有是法耶?" 對曰: "然則當
速改除." 上曰: "不可徒以言語 輕罰所司之職. 政府上書 以名其罪
可也." 至是皆罷. 傳旨憲司: "今後齊坐日 召掌務則毋各散 必待
掌務之還."

兵曹啓講武事宜. 啓曰: "令徒卒不得相雜 駕前禽獸不得要射
大小人於圍內 不得先行. 違令者笞五十 重者杖八十 二品已上罪
根隨 已有著令. 然當講武 至有馳入駕前者 殊無敬上之意. 是立法
不嚴 而只罪根隨故也. 自今違令者 二品以上啓聞科罪; 三品以下
直斷其罪 以嚴軍法." 從之. 又上疏曰:

'自古帝王蒐狩之地 度圻內閑曠之地. 今蒐狩之場 未有定所 或
遠出全羅 豐海 其弊不小. 且久曠都邑 患在不測. 願於圻內定其
常所 又令臺諫 刑曹備於從臣之列.'

上曰:

"今圻內民居稠密 無閑曠之地 奪民耕種之田 以與禽獸 所不忍
也. 今請定爲常所 誠可嘉尙. 海州雖非圻內 亦不甚遠 地多閑曠
自今以海州爲常所. 三省扈從 廢已久矣. 若有犯禁者 其待予還 具
本末以聞 予當從之."

初 講武所江原 蓴堤 議久未決. 是日地震 河崙等啓曰: "時當
초 강무소 강원 순제 의 구 미결 시일 지진 하륜 등 계왈 시 당
東作 不可遠出." 遂定鐵原等處十日之行.
동작 불가 원출 수 정 철원 등처 십일 지 행

庚午 命監春秋館事南在 同知春秋館事卞季良 藝文館提學
경오 명 감춘추관사 남재 동지춘추관사 변계량 예문관제학
金汝知掌會試 取新生員趙瑞康等三十三人. 上曰: "權蹈 成概 李賀
김여지 장 회시 취 신생원 조서강 등 삼십삼인 상 왈 권도 성개 이하
李隨 皆朝士也 而無中試者 可見掌試之公也."
이수 개 조사 야 이 무 중시 자 가견 장시 지 공 야

兀良哈三人 來獻土物.
올량합 삼인 내헌 토물

命知海珍郡事 率軍民復入 珍島舊治. 珍島郡本在南海中 曾因
명 지 해진군 사 솔 군민 부입 진도 구치 진도군 본 재 남해 중 증 인
倭寇內徙 今邊海寧謐 故有是命. 因使全羅道當番船軍立木柵于
왜구 내사 금 변해 영밀 고 유 시명 인 사 전라도 당번선군 입 목책 우
島中 將以爲牧場也. 全羅道都觀察使報曰: '在先楸子島居人之
도중 장 이위 목장 야 전라도 도관찰사 보왈 재 선 추자도 거인 지
移入濟州者 爲半推刷 移置珍島. 且令各官侍衛軍輪次守護 令
이입 제주 자 위반 추쇄 이치 진도 차 영 각관 시위군 윤차 수호 영
知郡事考察. 又刷不緊諸浦兵船 守要害處何如?' 水軍都節制使
지군사 고찰 우 쇄 불긴 제포 병선 수 요해처 하여 수군 도절제사
報曰: '推各官流移人物 以實珍島 限十年免租賦何如?' 政府以聞
보왈 추 각관 유이 인물 이실 진도 한 십년 면 조부 하여 정부 이문
從之 唯免租賦事 依六典施行.
종지 유 면 조부 사 의 육전 시행

辛未 上奉上王 講武于江原道. 晝停于綠楊坪 置酒陳女樂. 夕次
신미 상 봉 상왕 강무 우 강원도 주 정 우 녹양평 치주 진 여악 석 차
抱川縣每場院.
포천현 매장원

壬申 驅海龍山及王方山 上射鹿三獐一.
임신 구 해룡산 급 왕방산 상 사 녹 삼 장 일

遣內侍別監 祭紺岳及海龍山神.
견 내시별감 제 감악 급 해룡산 신

癸酉 火星犯太微西番上相星.
계유 화성 범 태미 서번 상상성

駕次永平縣窟洞 遣內侍別監 祭白雲山神.
가 차 영평현 굴동 견 내시별감 제 백운산 신

| 원문 읽기를 위한 도움말 |

① 若重則: 若~則은 대체적으로 '~의 경우에는'이라는 뜻이다.
　약 중 즉　약　즉

태종 14년 갑오년
3월

三月

갑술일(甲戌日-1일) 초하루에 화성(火星)이 태미(太微)의 동번(東蕃) 상상성(上相星)을 범했는데, 간격이 2촌이었다.

○ 저녁에 김화현(金化縣) 동창역(東昌驛) 들에 머물렀다.

○ 내시별감(內侍別監)을 보내 철원(鐵原)의 보개산(寶蓋山)·금악산(金岳山)·소을눌탄(所乙訥灘) 등의 신(神)에게 제사 지냈다.

을해일(乙亥日-2일)에 어가(御駕)가 평강현(平康縣) 분수령(分水嶺)에 이르러 적산(積山) 등지에서 (사냥감을) 몰았다.

병자일(丙子日-3일)에 웅망(熊望) 들에서 몰이하고 돌아와 갑이천(甲伊川)에 머물렀다.

무인일(戊寅日-5일)에 어가(御駕)가 연천(漣川)의 대탄(大灘-지금의 한탄강)에 머물렀다. 행궁 찰방(行宮察訪) 대호군(大護軍) 이도(李韜)와 전시귀(田時貴)를 가두라고 명했다. 반감(飯監) 조불정(趙佛丁)이 금령(禁令)을 범하고 풍천역(楓川驛)으로 들어가서 점심을 먹었는데, 도(韜) 등이 품지(禀旨-임금에게 아뢰어 뜻을 받음)하지 아니하고 불정

(佛丁)에게 항쇄(項鎖)[1]했기 때문이다.

기묘일(己卯日-6일)에 환궁(還宮)했다. 낮에 냉정원(冷井院)에 머물러 술자리를 마련하고 여악(女樂)을 베풀었는데. 두 임금이 지극히 즐기다가 해가 저물었다[移日]. 신시(申時)에 이르러 아울러 동가(動駕)했는데, 가전(駕前)에 여악(女樂)을 베풀고 밤이 되어서야 돌아왔다.

○ 이도(李韜)와 전시귀(田時貴)를 풀어주었다. 뜻을 전해 말했다.

"반감(飯監) 조불정(趙佛丁)은 진실로[信] 죄가 있다. (그렇지만) 너희들이[爾輩] 어저께 항쇄(項鎖)해 끌어다 내주(內廚)에 두었다가 뒤에 마침내 풀어주었으나. 전혀[全] 나에게는 고(告)하지 않았다. 인신(人臣-남의 신하 된 자)의 예(禮)가 과연 이와 같을 수 있느냐? 또 불정(佛丁)의 죄는 함부로 역관(驛館)에 들어간 것뿐이고, 다른 범죄는 없었다. 너희가 죄의 경중(輕重)을 알지 못하고 감히 무례(無禮)한 일을 행했으니 그 죄를 묻는 것이 마땅하다. 다만 너희들이 이를 알지 못했던 까닭으로 일단은[姑] 용서하니, 후일에 이와 같은 일이 없도록 하라."

두 사람이 낯빛을 잃었다[失色].

○ 검교 한성윤(檢校漢城尹) 양홍달(楊弘達)과 전의감 판사(典醫監判事) 조청(曹廳)에게 저화(楮貨) 각각 100장을 내려주었으니, 그들이 황희(黃喜)의 병을 능히 치료했기 때문이다. 이어서 뜻을 전해 말

---

1   목에 쇠사슬이나 칼을 채우는 것을 말한다.

했다.

"예전에[日者] 이 두 사람은 질병 치료에 부지런하지 못했기에 죄
를 주었는데, 지금은 능히 구료했으니 그래서 상을 주는 것이다."

일자

신사일(辛巳日-8일)에 오도리(吾都里) 지휘(指揮)·천호(千戶)·백호(百
戶)를 아울러 4인이 와서 토산물을 바쳤다.

○ 과천(果川)에 부처(付處-유배)했던 김미(金彌)를 용서했으니, 미
(彌)의 병이 위독했기 때문이다.

○ 평구역 승(平丘驛丞)을 다시 두었는데, 이는 경기 관찰사의 보고
를 따른 것이었다.

갑신일(甲申日-11일)에 임헌(臨軒)해² 문과 급제(文科及第)를 방방(放
牓)했는데 정인지(鄭麟趾, 1396~1478년)³를 제1(第一)로 뽑았다.

─────────

2 정전(正殿)이 아니라 편전(便殿)에 나아갔다는 말이다. 경복궁으로 말하자면 근정전이 아
   니라 사정전에서 일을 보았다는 뜻이다.

3 1411년(태종 11년) 생원시에 합격했고, 이때인 1414년 식년문과에 장원으로 급제해 예빈
   시주부(禮賓寺注簿)에 제수됐다. 1415년 예문관 부교리에 개수(改授)되고, 이어 감찰·예
   조좌랑을 역임했다. 1418년(세종 즉위년) 8월 병조좌랑을 거쳐 1421년(세종 3년)에는 상왕
   (上王-태종)의 "대임을 맡길 만한 인물이니 중용하라"라는 요청과 함께 병조정랑에 승직
   됐다. 이후 세종의 신임을 받으면서 이조·예조의 정랑을 역임했다. 1424년 집현전관(集賢
   殿官)에 뽑히면서 응교에 제수되고, 직전(直殿)에 승진됐다. 1427년 문과중시에 장원으로
   급제하고 다시 직제학에 승진, 곧 세자시강원 좌필선을 겸대한 뒤, 다음해 통정대부(通政
   大夫)에 오르면서 또다시 부제학에 승진됐다.
   1430년 10월 가선대부(嘉善大夫)에 오르면서 우군동지총제(右軍同知摠制)를 지냈고, 다
   음해에는 정초(鄭招)와 함께 대통력(大統曆)을 개정하고 『칠정산내편(七政算內篇)』을 저
   술하는 등 역법을 정비했다. 1432년 예문관제학 겸동지춘추관사(藝文館提學兼同知春秋館
   事), 1433년 2월 인수부윤(仁壽府尹), 같은 해 6월 예문관제학이 됐다. 1434년 4월 이조
   좌참판에 발탁되고, 같은 해 10월 다시 예문관제학이 됐다. 1435년 6월 충청도관찰사로

나갔으나 다음해 9월 부상(父喪)으로 사직했다.

1437년 세종의 문운 육성에 관한 관심과 함께 기복(起復)돼 예문관제학에 서용됐다. 1439년에는 집현전 제학이 된 뒤 곧 형조참판으로 옮겼다가 1440년 5월 정연(鄭淵)의 천거를 받아 형조판서에 발탁됐다. 같은 해 11월 지중추원사(知中樞院事)를 거쳐 사은사로 명나라에 다녀왔다. 1442년 예문관대제학으로 『사륜요집(絲綸要集)』을 편찬했다. 이듬해 지중추원사로 당시에 찬반 논의가 격렬하던 공법(貢法)을 극력 주장, 그 실시를 확정하는 데 공헌했다. 이후 전제상정소(田制詳定所)의 제조(提調), 삼도도순찰사(三道都巡察使)로 파견돼 경상도·전라도·충청도의 전품(田品)을 분정(分定)하는 등 내외의 전제사를 주관했다. 1445년 1월 우참찬이 되고, 『치평요람(治平要覽)』을 찬진했다. 1446년 집현전 대제학으로서 세종의 뜻을 받들어 다른 집현전 학자들과 훈민정음 창제에 협찬했고, 훈민정음 서문을 찬진했다. 같은 해 예조판서를 거쳐 1447년에는 이조판서 겸지춘추관사가 돼 『태조실록』을 증수(增修)하는 데 참여했다. 한편으로는 전라도에 파견돼 전품을 다시 상정했다. 1449년 공조판서를 거쳐 1450년(문종 즉위년) 좌참찬이 되고, 1451년 김종서(金宗瑞) 등과 함께 『고려사』를 개찬(改撰)했다. 이듬해 김종서 등과 함께 다시 『고려사절요』를 편찬했다. 1452년(단종 즉위년) 병조판서가 돼 병정(兵政)을 관장하면서 단종을 보필했으나, 그의 강직함을 꺼려 한 황보인(皇甫仁)·김종서의 배척을 받아 품계는 숭정대부(崇政大夫)에 올랐으나 관직은 한직인 판중추원사로 체직됐다. 1453년 수양대군(首陽大君-뒤의 세조)이 주도한 계유정변의 성공과 함께 정변에 협찬한 공로와 수양대군의 신임과 그의 인망으로 특별히 좌의정에 발탁되고, 정난공신(靖難功臣) 2등에 책록되면서 하동부원군(河東府院君)에 봉군됐다. 1452년부터 1454년에 걸쳐 편찬된 『세종실록』을 총감수(總監修)했다. 1455년(세조 1년) 세조의 즉위와 함께 영의정부사에 승진되었다. 세자사(世子師)를 예겸(例兼)한 뒤 세조 즉위에 끼친 공로로 다시 좌익공신(佐翼功臣) 3등에 책록됐다.

1458년 공신연(功臣宴)을 베풀 때, 세조의 불교 관련 서적 간행을 반대한 일로 세조의 노여움을 사서 논죄되면서 고신(告身)이 몰수됐으나, 곧 고신을 환급받고 하동부원군에 제수됐다. 1459년 취중에 직간한 일이 국왕에게 무례를 범했다고 논죄되면서 다시 고신을 몰수당하고 외방에 종편(從便)됐다. 그러나 그해에 다시 소환되어 고신을 환급받고, 그 이듬해 하동부원군에 복직됐다. 1465년 나이 70을 이유로 치사(致仕)를 청했으나 허락받지 못하고 궤장(几杖)을 하사받았다. 다음해 관제 개혁으로 인한 부원군호의 개칭과 함께 하동군(河東君)에 개봉(改封)됐다. 1468년(예종 즉위년) 남이(南怡)의 옥사에 끼친 공로로 다시 익대공신(翊戴功臣) 3등에 책록됐으며, 1470년(성종 1년) 부원군호의 복구와 함께 하동부원군에 개봉되고 경연영사(經筵領事)를 겸대했다. 같은 해 1467년(세조 13년)에 설치된 원상제에 따라 원상에 임명된 후 국왕의 측근에서 국정의 논의와 처결의 실권을 장악했다. 1471년 성종 즉위에 끼친 공로로 또다시 좌리공신(佐理功臣) 2등에 책록됐다.

1478년 성종의 호학과 당시의 문운 융성과 함께, 연덕(年德)을 구비하고 명망이 높은 유학자를 삼로오갱(三老五更-王師)으로 봉해 문풍을 더한층 진작시키자는 논의에 힘입어 삼로에 선정됐다. 그러나 진봉식 거행 직전에 대간의 "한미한 가문에서 몸을 일으켰으나 식화(殖貨)에 전념해 치부했으니 불가하다"라는 반대가 있었다. 비록 한명회(韓明澮) 등의 대신이 "정인지의 식화는 장리(長利)에 불과했으니 큰 흠이 될 수 없다"라고 하면서 그 조서강(趙瑞康) 등을 복시(覆試-2차 시험)했는데, 춘추관 영사(春秋館領事) 하륜(河崙), 춘추관 지사(春秋館知事) 정탁(鄭擢), 예조판서 설미수(偰眉壽)에게 명해 독권(讀卷-시권을 읽음)하게 했다. 륜(崙) 등이 대책(對策) 3통[道]을 골라서 대언(代言) 탁신(卓愼)에게 주어 바치면서 말했다.

"장원(壯元)은 신 등이 정할 수 있는 바[所可定]가 아닙니다."

상이 말했다.

"세 시권(試券)의 잘 되고 못 된 등급은 어떠한가?"

신(愼)이 대답했다.

"두 시권은 서로 비슷하고 하나의 시권은 조금 아래입니다."

상이 말했다.

"내가 집는 것이 장원이다."

두 시권을 바치도록 해 능숙한 솜씨[信手]로 그중 하나를 집으니, 바로 인지(麟趾)였다. 륜이 헌의(獻議)해 비로소 고치기를 을과(乙科) 3인을 을과(乙科) 제1등 급제(第一等及第)로, 병과(兵科) 7인을 을과(乙科) 제2등 진사(第二等進士)로, 동진사(同進士)를 을과(乙科) 제3등 동진사(第三等同進士)로, 은사(恩賜)를 은사 을과(恩賜乙科) 제3등 동진사(第三等同進士)로 했으니, 이는 대개 원조(元朝-원나라)의 과거(科擧) 예를 본뜬 것이다. 인지를 예빈 주부(禮賓注簿)로 삼았다.

○ 경기 도관찰사(京畿都觀察使) 이은(李殷)을 인녕부 윤(仁寧府尹)으로 삼고 오승(吳陞)으로 (도관찰사를) 대신하게 했는데, 은(殷)이 노

———

실시를 주장했지만 결국은 진봉되지 못했다.

쇠(老衰)했기 때문이다.

○ 대마도(對馬島) 종정무(宗貞茂)의 사인(使人)이 와서 토산물을 바쳤다.

을유일(乙酉日-12일)에 상이 광주(廣州)에서 사냥하려다가 결국 하지 못했다[不果]. 전날 저녁에 간원(諫院)에서 장차 어가를 움직여 행차한다[動駕]는 말을 듣고 궐에 나아와 정지할 것을 청했다. (대언) 이관(李灌)이 (간관들에게) 말했다.

"신(臣)은 듣지 못한 바이므로 계달(啓達)하기 어렵습니다."

간관(諫官)들이 이에 물러갔다. 이날 밤에[比夜] 큰비가 새벽까지[徹曉] 내리니, 상이 마침내 정지시키고 이관에게 명해 말했다.

"어제 간원에서 사냥 나가는 것[出獵]을 정지시키고자 했으니 그 일은 비록 옳다. 그런데 장무(掌務) 1원(員)이 소(疏)를 싸가지고[齎疏] 와서 고(告)했다면 내가 마땅히 따랐을 것이나, (여러 명이) 마침내 합사(合司)해 궐에 나아온 것을 돌아보면 마치 권신(權臣)의 죄를 청하는 것처럼[然] 했다. (그렇다면) 이 무리는 분명 이름을 낚고자[釣名] 한 것이지 나의 다움을 보필하는 것[輔德]이 아닌데, 너희들은 어찌하여 꾸짖어서 보내지[責遣] 않았느냐?"

○ 풍해도(豊海道)의 가난한 백성 180인에게 쌀을 각각 3섬씩 내려주었는데, 그 도(道) 관찰사의 보고를 따른 것이었다.

정해일(丁亥日-14일)에 근친 급가(覲親給暇)의 법을 세웠다. 상이 말했다.

"조사(朝士)가 사직서를 올리고 어버이의 병환을 돌보러 환향(還鄉)하면 그 사장(辭狀)을 돌려주도록 명해서 본직(本職)에 나아오게 하는 것이 근년 이래 항식(恒式)처럼 됐는데, 이는 정치하는 법도가 아니다. 이제부터는 동반(東班-문관)의 높고 낮은[大小] 조사(朝士)가 먼저 정부(政府)에 고하면 정부에서 신문(申聞)하고 날짜를 계산해 말미를 주되[給暇], 사직서를 올리지 말게 하고 병조에서 갑사(甲士)를 맡아 말미를 주는 예와 같이 하라."

○ 사헌부(司憲府)에서 소(疏)를 올려 양우(良祐-이양우)의 죄를 청했으나 답하지 않았다.

무자일(戊子日-15일)에 상이 양근(楊根-지금의 양평)으로 가는 길에 용진(龍津-양수리 인근)에서 머물렀는데, 수가(隨駕)하는 각 품(品)을 줄였다. 애초에 상이 광주(廣州)·양근(楊根) 등지에 행차하고자 했으나 사헌부에서 소를 올려 정지시켰다. 상이 대간 장무(臺諫掌務)를 불러서 이관(李灌)에게 명해 그를 꾸짖어 말했다.

"내가 항상 명하기를 '무릇 나에게 고(告)할 일이 있으면 조계(朝啓)에서 이를 말하고, 들어주지 않은 뒤에야 소청(疏請)하는 것이 좋겠다'라고 했다. (그런데) 지금 헌사(憲司)에서 갑자기 소를 올렸으니, 이제부터 조계에 참여하지 말라. 또 내가 사냥 가려고 하는 것을 너희들은 어디로부터[何從-何由] 알아냈느냐?"

대답해 말했다.

"어제 방방(放榜) 때에 전정(殿庭)에 입시(入侍)해, 전정 가운데에서 행진(行陳)의 그림을 볼 수 있었습니다."

상이 병조에 명해 행진(行陳)을 펴놓았던 자를 조사하게 했다. 의정부에서 사인(舍人) 허규(許揆)를 시켜서 아뢰었다.

"오랫동안 비가 와서 진흙탕이 되고[泥淖] 봄 농사가 바야흐로 한창이니, 청컨대 사냥하러 나가지 마소서."

상이 "정부는 어떻게 이를 알았느냐"고 물으니 규(揆)가 찬성(贊成) 이숙번(李叔蕃)에게서 나왔다고 대답했다. 상이 말했다.

"숙번(叔蕃)은 내가 이미 구군(驅軍-사냥감 몰이꾼)을 놓아 보낸 것을 알지 못했기 때문에 이러한 말을 한 것일 뿐이다."

이어서 규에게 명해 정부에 일깨워 말했다.

"이번 행차는 불과 나흘인데 백성에게 무슨 폐가 되겠느냐."

상이 헌사(憲司)의 소에 '노력과 비용이 적지 않아 백성에게 해가 있다'라는 말이 있음을 읽어보고서 말했다.

"지금 나의 행행(行幸-행차)이 이와 같지는 않으나 헌사(憲司)의 말이 이와 같으니, 내가 마땅히 공정고(供正庫)[4]로 하여금 반미(飯米)를 가져오게 하고 매번 주정소(晝停所)나 숙소(宿所)에는 감사(監司)와 수령(守令)이 나아오지 못하도록 하겠다. 만약 혹시 이같이 하는 경우가 있으면 지신사(知申事)가 마땅히 그 견책을 받을 것이다."

대간(臺諫)에서 궐(闕)에 나아와 청했다.

"강무(講武-사냥)는 마땅히 일정한 장소를 정해야 하며, 삼가서 먼곳으로 행행(行幸)하지 마소서."

4　조선조 때 대궐 안의 쌀·간장 등의 공급을 맡아보던 관아다. 나중에 사도시(司饔寺)로 바꿨다.

상이 말했다.

"옛날 임금이 (사냥할 때는) 세 곳을 정했으니, 만약 일정한 장소를 정한다면 충청도·풍해도·강원도를 그 장소로 정하겠다."

이날 승여(乘輿)가 이미 출발했으나 비가 내려서 길이 진흙탕이 되어[泥濘-泥淖] 사람이 넘어지고 쓰러지니 이응(李膺)·이관(李灌) 등에게 명했다.

"내일 환궁(還宮)해서, 날이 맑기를 기다려 사냥할지의 여부를 토의해 아뢰어라."

응(膺) 등이 대답했다.

"이번에는 (그냥) 머물렀다가 날이 맑기를 기다려 양근(楊根)에서 사냥하는 것이 매우 편하겠습니다[甚便]."

그것을 따랐다.

○ 내시별감(內侍別監)을 보내 양근(楊根)의 성황(城隍)과 용문산(龍門山)·용진(龍津)의 신(神)에게 제사 지냈다.

기축일(己丑日-16일)에 세자가 행궁(行宮)에 나아가 호가(扈駕)했다.

경인일(庚寅日-17일)에 어가(御駕)가 양근(楊根)에 이르러 북산(北山)에서 사냥을 구경했는데, (상도) 친히 사슴 4마리를 쏘았다.

○ 양근군 지사(楊根郡知事) 노상인(盧尙仁)을 파직했다.

산에서 평지로 내려오니, 새로 지은 집이 세 채 있었는데 집집마다 우물을 팠다. 상이 상인(尙仁)이 시킨 것으로 여겨[意謂] 좌우(左

右)를 돌아보며 말했다.

"상인의 아비⁵는 심히 곧은데[甚直] 이 사람은 그렇지 않다. 세 집
심직
이 아울러 하나의 우물이면 실로 충분하다. 집마다 각각 우물이 있
으니, 이는 나로 하여금 말을 타고 내달리지[馳騁] 못하게 하려는 것
치빙
이다."

드디어 파직시켰다.

○중 희청(希淸)·창순(昌淳)·희전(希田) 등을 요동(遼東)에 돌려보
냈다.

평안도 도순문사(平安道都巡問使)가 보고했다.

'요동(遼東)의 중 희청·창순·희전 등이 지금 의주(義州)에 이르러
말하기를 "우리는 원래 조선인(朝鮮人)인데, 일찍이 중국인에게 붙잡
혀서 끌려 들어갔다가 부모(父母)가 모두 죽었으므로 나온 것이다"라
고 했습니다.'

정부에서 토의해 의견을 모아 아뢰었다.

---

5 노숭(盧崇, 1337~1414년)을 말한다. 1357년(공민왕 6년)에 진사가 되고 1365년 문과에 급
제해 정언(正言)·지신사(知申事)·대사헌·지밀직(知密直) 등의 요직을 두루 역임했다. 우
왕 때는 왕에게 놀기 좋아하는 것을 여러 차례 간언하다가 미움을 사기도 했다. 1389년
(공양왕 1년) 전라도관찰사가 돼 용안(龍安-지금의 익산)과 영산(榮山-지금의 나주)에 각각
득성창(得成倉)과 영산창(榮山倉)을 세웠다. 그리고 성을 쌓아 조운을 편리하게 하고, 왜
구로부터의 피해를 막았다. 조세를 3년 동안 면제시켜주도록 조정에 건의했으며, 의창(義
倉)이 없는 주군(州郡)에 이를 설치하도록 했다. 1395년(태조 4년) 개성유후(開城留後)를
거쳐 1397년에는 경기좌도도관찰사(京畿左道都觀察使)가 됐다. 이때 경기 땅에 고관들의
별장이 많았는데, 차역(差役)을 고르게 하고 청탁을 하지 않는 청렴함을 보였다. 태종이
즉위하자 삼사좌사(三司左使) 및 지의정부사(知議政府事)로 발탁됐으나 노모의 상을 당
해 사직했다. 1414년 검교우의정(檢校右議政)에 이르렀다.

"이 중들을 도로 들여보내는 것이 의리상 어긋나지 않겠습니다."

상이 그렇게 여겨 드디어 이자(移咨)하고 압송(押送)했다.

신묘일(辛卯日-18일)에 납산(納山)에서 사냥을 구경했다. 내시별감을 보내 광주(廣州)의 성황(城隍)과 검단산(儉丹山)의 신(神)에게 제사 지냈다.

임진일(壬辰日-19일)에 달이 심성(心星)을 가렸다.

○ 검단산(儉丹山)에서 사냥을 구경했다. (상도) 친히 사슴 8마리를 쏘았다.

○ 내시별감을 보내 광진(廣津-광나루)의 신(神)에게 제사 지냈다.

계사일(癸巳日-20일)에 궁으로 돌아왔다.

갑오일(甲午日-21일)에 경차관(敬差官) 조치(曹致)가 복명(復命)해 아뢰어 말했다.

"평산군지사(平山郡知事) 이숙봉(李叔捧)이 백성에게 가렴(苛斂)해 폐를 끼쳤으니 죄주기를 청합니다."

상이 그 직을 파면하고 거두어들인 물건을 백성에게 돌려주라고 명했다.

○ 경상도·전라도 도관찰사가 각각 죽석(竹席) 15장을 바쳤는데, 길이와 너비가 모두 15척(尺)이었다.

병신일(丙申日-23일)에 대간(臺諫)에서 조계(朝啓)에 참여하기를 청했으나 들어주지 않았다. 애초에 상이 대간 장무(臺諫掌務)를 불러서 (뜻을) 전해 말했다.

"내가 지난번에 대간(臺諫)으로 하여금 조계에 들어오지 못하도록 했는데, 너희들은 마음속으로 반드시 (그것이) 일시적인 말이라고 생각했을 것이기 때문에 지금 다시 소명(召命)하겠다. 이제부터 일이 크고 작은 것 없이 모두 소장(疏狀)을 올리고, 조계에는 들어오지 말라."

장무(掌務) 이유희(李有喜)가 대답해 말했다.

"일찍이 대간으로 하여금 조계에 들어와 참여케 한 것은 신충(宸衷-임금의 마음)에서 나왔으니 진실로 후세에 남길 양법(良法)입니다. (그런데) 이제 신 등이 부재(不才)하다고 해 조계에 참여하지 못하게 한다면, 아름다운 법이 도중에 폐지돼 장차 만세(萬世)의 비웃음을 남길까 적이 두렵습니다."

상이 말했다.

"이는 너희들이 자취(自取)한 것이니 더는 감히 말하지 말라."

정유일(丁酉日-24일)에 상이 상왕(上王)을 광연루(廣延樓)에 맞이해 [邀-迎] 연회를 베풀고 지극히 즐겼다.
요 영
○ 무과(武科)에서도 문과(文科)의 예에 의거해 삼장(三場)에서 통고(通考)하는 법을 썼다.[6]

---

6 초장(初場)·중장(中場)·종장(終場)에 고강(考講)을 하는 법을 말한다.

○ 상호군(上護軍) 이숙묘(李叔畝)에게 쌀과 콩 20석과 종이 150권을 내려주었으니, 그 어미의 상에 부의(賻儀)한 것이다. 또 관곽(棺槨)을 내려주었다. 숙묘(叔畝)가 진안군(鎭安君) 방우(芳雨-이성계의 장남 이방우)의 사위였기 때문이다.

○ 사몽고로(沙蒙古老)와 통사(通事) 최곰룡[崔古音龍], 서평관 녹사(西平館錄事) 하지(河沚)를 순금사(巡禁司)에 가두라고 명했다.

최고음룡

훈련관(訓鍊觀)에서 비가 오기 때문에 동평관(東平館)에 들어가서 『무경(武經)』을 강시(講試)했다. 그때 종정무(宗貞茂)의 사왜(使倭) 등이 서평관에 우거(寓居)했다. 사몽고로가 술에 취해[被酒] 강청(講廳)에 들어가려고 하자 문을 지키는 자가 제지하니, 차고 있던 칼을 뽑아 찌르고 금란관(禁亂官) 순금사 사직(巡禁司司直) 현중인(玄仲仁)의 등을 찔러 유혈(流血)이 낭자했으나 가까스로[僅] 죽음을 면했던 까닭에 이를 가두었다. 이윽고 모두 풀어주었다.

피주

근

○ 왜인(倭人) 32인을 대마도(對馬島)에 돌려보냈다. 경인년에 투항(投降)한 왜인을 전라도 태인(泰仁)·장성(長城) 등지에 나눠 두었는데, 종정무가 돌려달라고 청했으므로 정부에서 토의해 돌려보내자고 아뢰었던 것이다.

경자일(庚子日-27일)에 처음 세자 시사관(世子侍射官)을 설치해 나눠 3번(番)으로 했다. 전 총제(摠制) 이교(李皎), 예조참의 홍섭(洪涉), 통례문 첨지사(通禮門僉知事) 조흥(趙興), 돈녕부 첨지사(敦寧府僉知事) 이회(李淮)·이점(李漸), 첨총제(僉摠制) 심정(沈泟), 종부 판관(宗

簿判官) 조모(趙慕), 대호군(大護軍) 김유량(金有良), 종부 직장(宗簿直長) 조최(趙潅) 등에게 명해 세자를 모시고 습사(習射)하게 했는데, 모두 공신(功臣)의 아들과 사위였다. 세자가 3번(番)을 모은[聚] 뒤 활 1장(張)을 내어 능히 잘 쏘는 자로 하여금 내기를 하게 했는데, 오시(午時)에서 술시(戌時)까지 했으며 다음날도 이와 같이 했다. 하루는 세자가 병을 칭탁해 강(講)을 정지시키니, 우빈객(右賓客) 이래(李來)가 말했다.

"금일 강(講)을 정지하는 것은 전날 습사(習射)한 피로 때문이 아닙니까? 이제 이미 '몸이 아프다'라고 했으니, 만약 오후에 습사하신다면 이것은 활 쏘는 데만 마음을 기울이고 강습(講習)하는 일에는 게을리하는 것입니다."

세자가 어쩔 수 없이 강(講)을 들었다.

신축일(辛丑日·28일)에 우박이 떨어졌다.

○ 유성(流星)이 하고성(河鼓星) 남쪽에서 나왔는데, 모양이 병(瓶)과 같았다.

○ 상이 상왕(上王)을 받들고 동교(東郊)에 행차해 매사냥을 구경하고, 이어서 저자도(楮子島)에서 물고기 잡는 것을 구경하다가[觀魚] 술자리를 마련하고 여악(女樂)을 베풀어 극진히 즐겼다.

임인일(壬寅日·29일)에 해가 푸르고 빛이 없었다. 오시(午時)에 큰바람이 불고 우박(雨雹)이 내렸다.

○ 새 급제자[新及第]들의 은영연(恩榮宴)[7]을 의정부에 내려주었다. 성산부원군(星山府院君) 이직(李稷)을 압연관(押宴官)으로 삼고 대제학 김한로(金漢老)를 부연관(赴宴官)으로 삼았다.

계묘일(癸卯日·30일)에 상이 인덕궁(仁德宮)에 나아갔는데, 상왕(上王)이 상을 맞이해 연회를 베풀었기 때문이다.

○ 전 병마사(兵馬使) 이흥발(李興發), 전 부윤(府尹) 이흥제(李興濟), 전 첨총제(僉摠制) 이흥로(李興露) 등에게 명해 자원안치(自願安置)[8]케 하고, 흥발(興發)의 가족[家小]에게 명해 모두 (함께) 내려가게 했다.

○ 채방사(採訪使) 박윤충(朴允忠)이 금(金) 138냥을 바쳤는데, (함경도) 단천(端川)·안변(安邊)·영흥(永興) 등지에서 제련(製鍊)한 것이었다.

원문

甲戌朔 火星犯太微東番上相星 隔二寸.
갑술 삭 화성 범 태미 동번 상상성 격 이촌

夕次金化縣東昌驛坪.
석 차 김화현 동창역 평

遣內侍別監 祭鐵原寶蓋山 金岳山 所乙訥灘等神.
견 내시별감 제 철원 보개산 금악산 소을눌탄 등 신

乙亥 駕至平康縣分水嶺 驅積山等處.
을해 가 지 평강현 분수령 구 적산 등처

丙子 驅熊望坪 還次甲伊川.
병자 구 웅망 평 환차 갑이천

戊寅 駕次漣川大灘 命囚行宮察訪大護軍李韜 田時貴. 飯監
무인 가 차 연천 대탄 명수 행궁 찰방 대호군 이도 전시귀. 반감

趙佛丁犯禁 入楓川驛晝食 韜等不稟旨 項鎖佛丁故也.
조불정 범금 입 풍천역 주식 도 등 불품지 항쇄 불정 고야

己卯 還宮. 晝停于冷井院 置酒陳女樂 兩上極歡移日. 至申時竝
기묘 환궁 주정 우 냉정원 치주 진 여악 양상 극환 이일 지 신시 병

駕 駕前陳女樂 入夜乃還.
가 가전 진 여악 입야 내환

釋李韜 田時貴. 傳旨曰: "飯監趙佛丁信有罪矣. 爾輩昨日項鎖
석 이도 전시귀 전지 왈 반감 조불정 신 유죄 의 이배 작일 항쇄

牽至內廚 而後乃放 全不告予. 人臣之禮 果如是耶? 且佛丁之罪 濫
견 지 내주 이후 내방 전 불고 여 인신 지례 과 여시 야 차 불정 지죄 남

入驛館耳 無他所犯. 汝乃不知輕重 敢行無禮之事 宜問其罪. 但以
입 역관 이 무타 소범 여 내 부지 경중 감행 무례 지사 의문 기죄 단 이

汝等無知之故 姑宥之 後日不當如此." 二人失色.
여등 무지 지고 고유 지 후일 부당 여차 이인 실색

賜檢校漢城尹楊弘達 判典醫監事曹聽楮貨各百張 以其能療黃喜
사 검교 한성윤 양홍달 판전의감사 조청 저화 각 백장 이 기 능료 황희

之疾也. 仍傳旨曰: "日者 此二人不勤療疾 故罪之 今也能救 故
지 질 야 잉 전지 왈 일자 차 이인 불근 요질 고 죄지 금야 능구 고

賞之."
상지

126

辛巳 吾都里指揮 千戶 百戶幷四人 來獻土物.

宥果川付處金彌 以彌疾篤也.

復置平丘驛丞 從京畿觀察使之報也.

甲申 臨軒放文科及第牓 以鄭麟趾爲第一. 覆試趙瑞康 命

領春秋館事河崙 知春秋館事鄭擢 禮曹判書鄭眉壽讀卷. 崙等選

對策三道 授代言卓愼以進曰: "壯元非臣等所可定也." 上曰: "三卷

工拙等乎?" 愼對曰: "二卷相等 一拳差下." 上曰: "予所執者 壯元

也." 令進二卷 信手執其一 卽麟趾也. 崙獻議 始改乙科三人爲乙科

第一等及第 丙科七人爲乙科第二等進士 同進士爲乙科第三等

同進士 恩賜爲恩賜乙科第三等同進士 蓋倣元朝科擧例也. 以麟趾

爲禮賓注簿.

以京畿都觀察使李殷爲仁寧府尹 以吳陞代之 以殷老衰也.

對馬島宗貞茂使人來獻土物.

乙酉 上欲畋于廣州 不果. 前夕 諫院聞將動駕 詣闕請止. 李灌

曰: "臣所未聞 難以啓達." 諫官乃退. 比夜大雨徹曉 上乃止 命李灌

曰: "昨諫院欲止出獵 其事雖是 然掌務一員齎疏來告 則我當從之.

顧乃合司詣闕 若請罪權臣然. 此輩必欲釣名 非輔德於我者也 汝等

何不責遣?"

賜豐海道貧民百八十人米各三石 因其道觀察使之報也.

丁亥 立覲親給暇之法. 上曰: "朝士呈辭 覲親病而還 命還其狀

令就本職 比年而來 以爲恒式 此非爲政之體也. 自今東班大小朝士
영취 본직 비년 이래 이위 항식 차비위정 지체야 자금 동반 대소 조사

先告政府 府申聞計日給暇 毋得呈辭 如兵曹掌甲士給暇之例."
선고 정부 부신문 계일 급가 무득 정사 여병조 장갑사 급가 지례

司憲府疏請良祐之罪 不報.
사헌부 소청 양우 지죄 불보

戊子 上如楊根 次于龍津 減省隨駕各品. 初 上欲幸廣州 楊根
무자 상여 양근 차우 용진 감생 수가 각품 초 상욕행 광주 양근

等處 司憲府上疏止之. 上召臺諫掌務 命李灌責之曰: "予常命曰:
등처 사헌부 상소 지지 상소 대간 장무 명이관 책지왈 여 상명 왈

'凡有告我之事 於朝啓言之 不聽然後 疏請可也.' 今憲司遽然上疏
범유 고아 지사 어조계 언지 불청 연후 소청 가야 금헌사 거연 상소

自今於朝啓 毋得參焉. 且予之出畋 爾等何從而知?" 對曰: "昨於
자금 어조계 무득 참언 차여지 출전 이등 하종 이지 대왈 작어

放榜 入侍殿庭 得見庭中行陣之圖." 上命兵曹推布行陣者. 議政府
방방 입시 전정 득견 정중 행진 지도 상명 병조 추포 행진자 의정부

使使人許揆啓曰: "久雨泥淖 且春事方興 請勿出畋." 上問: "政府
사사인 허규 계왈 구우 이뇨 차춘사 방흥 청물 출전 상문 정부

何以知之?" 揆對以出自贊成李叔蕃. 上曰: "叔蕃不知我已放驅軍
하이 지지 규대 이출자 찬성 이숙번 상왈 숙번 부지 아 이방 구군

故有是言耳." 仍命揆諭政府曰: "此行不過四日 何弊於民?" 上見
고유 시언 이 잉명 규유 정부왈 차행 불과 사일 하폐 어민 상견

憲司疏有勞費不貲 有害於民之語曰: "今我之行 不如此 而憲司
헌사 소유 노비 부자 유 해어 민지어왈 금 아지행 불여 차 이 헌사

之言如此. 予當令供正庫齋飯米 每於晝停 宿所 監司 守令毋得
지언 여차 여 당령 공정고 재 반미 매어 주정 숙소 감사 수령 무득

進詣. 如或有之 知申事當受其責." 臺諫詣闕請曰: "講武宜定常所
진예 여혹 유지 지신사 당수 기책 대간 예궐 청왈 강무 의정 상소

愼勿行幸遠處." 上曰: "古之人君定三所. 若定常所 則以忠淸 豐海
신물 행행 원처 상왈 고지 인군 정삼소 약정 상소 즉이 충청 풍해

江原道爲所矣." 是日乘輿旣出而雨 道途泥濘顚躓. 命李膺 李灌等
강원도 위소 의 시일 승여 기출 이우 도도 이녕 전지 명이응 이관 등

曰: "明日還宮與待晴以獵便否 議聞." 膺等對曰: "留此待晴 獵于
왈 명일 환궁 여 대청 이렵 편부 의문 응 등 대왈 유차 대청 엽우

楊根甚便." 從之.
양근 심편 종지

遣內侍別監 祭楊根城隍及龍門山龍津之神.
견 내시별감 제 양근 성황 급 용문산 용진 지신

己丑 世子詣行宮扈駕.
기축 세자 예 행궁 호가

庚寅 駕至楊根 觀獵于北山 親射鹿四.

罷知楊根郡事盧尙仁職. 山下平地有三新家 家各鑿井. 上意謂

尙仁所使 顧左右曰: "尙仁之父甚直 斯人不然. 三家共一井亦足 家

各有井 是欲使予不得馳騁也." 遂罷之.

遣還僧希淸 昌淳 希田等于遼東. 平安道都巡問使報: '遼東僧

希淸 昌淳 希田等 今到義州曰: "我等係朝鮮人 曾被唐人所擄入歸

父母俱沒 故出來." 政府議得啓: "此僧等還入送 於義不悖." 上

然之 遂移咨押送.

辛卯 觀獵于納山. 遣內侍別監 祭廣州城隍及儉丹山之神.

壬辰 月掩心星.

觀獵于儉丹山 親射鹿八.

遣內侍別監 祭廣津之神.

癸巳 還宮.

甲午 敬差官曹致復命啓曰: "知平山郡事李叔捧斂民 請罪之." 上

命罷其職 所斂之物 還給於民.

慶尙 全羅道都觀察使各進竹席十五張 長廣皆十五尺.

丙申 臺諫請與朝啓 不聽. 初 上召臺諫掌務 傳曰: "予向者令

臺諫不入朝啓 汝等之心 必以爲一時之言 故今復召命之. 自今事無

大小 皆上疏狀 毋得入朝啓." 掌務李有喜對曰: "令臺諫入參朝啓

出自宸衷 誠貽後世之良法也. 今以臣等之不才 不參朝啓 則竊恐

美法中廢 將貽萬世之譏." 上曰: "汝等之自取也 勿復敢言."
미법 중폐 장이만세 지기　상왈　여등 지 자취 야　물부 감언

丁酉 上邀上王于廣延樓 設宴極歡.
정유 상 요 상왕 우 광연루　설연 극환

武科依文科 三場通考之法.
무과 의 문과　삼장 통고 지법

賜上護軍李叔畝米豆二十石 紙百五十卷 賻母喪也. 且賜棺槨.
사 상호군　이숙묘 미두 이십 석 지백 오십 권 부 모상 야　차사 관곽

叔畝 鎭安君芳雨之壻也.
숙묘　진안군 방우 지서 야

命囚沙蒙古老與通事崔古音龍 西平館錄事河沚于巡禁司.
명수 사몽고로　여 통사 최고음룡　서평관 녹사 하지 우 순금사

訓鍊院因雨入東平館 講試武經. 時 宗貞茂使倭等寓西平館
훈련원 인우 입 동평관　강시 무경　시 종정무 사왜 등 우 서평관

沙蒙古老被酒 欲入講廳 門者止之 拔所佩刀刺之 又刺禁亂官
사몽고로 피주　욕입 강청 문자 지지 발 소패 도 자지　우 자 금란관

巡禁司司直玄仲仁之背 流血僅免死 故囚之. 旣而 皆釋之.
순금사 사직 현중인 지배　유혈 근 면사 고 수지　기이　개 석지

遣還倭人三十二于對馬島. 庚寅年投降倭人 分置全羅道泰仁
견환 왜인 삼십 이 우 대마도　경인년 투항 왜인　분치 전라도 태인

長城等處 宗貞茂請還 政府議啟還送.
장성 등처 종정무 청환　정부 의계 환송

庚子 初置世子侍射官 分爲三番. 命前摠制李皎 禮曹參議洪涉
경자　초치 세자 시사관　분위 삼번　명 전 총제 이교 예조참의 홍섭

僉知通禮門事趙興 僉知敦寧府事李洡 李漸 僉摠制沈汀 宗簿判官
첨지통례문사 조흥　첨지돈녕부사 이회 이점　첨총제 심정 종부 판관

趙慕 大護軍金有良 宗簿直長趙漼等侍世子習射 皆功臣子壻也.
조모　대호군 김유량　종부 직장 조최 등 시 세자 습사　개 공신 자서 야

世子聚三番 出弓一張 使能射者賭之 自午至戌. 翼日亦如之. 一日
세자 취 삼번　출궁 일장　사 능 사자 도지　자오 지술　익일 역 여지　일일

世子托疾停講 右賓客李來曰: "今日停講 無乃以前日習射之勞乎?
세자 탁질 정강　우빈객 이래 왈: 금일 정강　무내 이 전일　습사 지로 호

今旣日身疾 若午後習射 則是馳心射 而怠於講習之事也." 世子
금 기일 신질 약 오후 습사　즉시 치심 사 이 태어 강습 지사 야　세자

不得已而聽講.
부득이 이 청강

辛丑 雨雹.
신축　우박

流星出河鼓南 狀如甁.
유성 출 하고 남 상여 병

上奉上王幸東郊 觀放鷹 仍觀魚于楮子島 設宴陳女樂盡歡.
상 봉 상왕 행 동교 관 방응 잉 관어 우 저자도 설연 진 여악 진환

壬寅 日靑無光. 午 大風雨雹.
임인 일 청 무광 오 대풍 우박

賜新及第恩榮宴于議政府. 以星山府院君李稷爲押宴官 大提學
사 신급제 은영연 우 의정부 이 성산부원군 이직 위 압연관 대제학

金漢老赴宴官.
김한로 부연관

癸卯 上仁德宮 上王邀上設宴也.
계묘 상 인덕궁 상왕 요상 설연 야

命前兵馬使李興發 前府尹興濟 前僉摠制興露等 自願安置 又命
명 전 병마사 이흥발 전 부윤 흥제 전 첨총제 흥로 등 자원안치 우 명

興發等家小皆下送.
흥발 등 가소 개 하송

採訪使朴允忠進金一百三十八兩 端川 安邊 永興等處所錬也.
채방사 박윤충 진 금 일백 삼십 팔 량 단천 안변 영흥 등처 소련 야

태종 14년 갑오년
4월

四月

갑진일(甲津日-1일) 초하루에 경상도 함양(咸陽)·산음(山陰)·진성(珍城)·감음(感陰)·거창(居昌)·거제(巨濟)·삼기(三岐) 등지에 서리가 내려 곡식을 손상시켰는데, 모두 3일 동안이었다.

○ 오도리(吾都里) 지휘(指揮) 동어허주(童於虛周) 등과 올량합(兀良哈) 천호(千戶) 어부로(於夫老) 등이 돌아갔다.

을사일(乙巳日-2일)에 동교(東郊)에 행차해 매사냥[放鷹]을 구경했다.

○ 의정부에서 노비(奴婢)와 호구(戶口)의 법을 아뢰었다.

"하나, 국조(國朝-조선)에서 공사 노비(公私奴婢)를 역사(役使)하는 법은 모두 전조(前朝-고려)의 구적(舊籍)을 그대로 쓰는데, 세월이 이미 오래돼 진위(眞僞)가 뒤섞여 쟁송(爭訟)이 날로 번잡해졌기에 지금은 교지(敎旨-임금의 명)를 받아[蒙-受] 중외(中外)의 상송(相訟)은 날짜를 정해놓고[刻日] 결절(決絶)하고 있습니다. 빌건대 주장관(主掌官)으로 하여금 금년 10월 초1일부터 시작해 공사 천적(公私賤籍)과 각각 그 거주(居住)하는 경중(京中)의 각 부와 외방(外方)의 각 고을에 있는 화명(花名-노비 명단)을 정보(呈報-위로 보고함)하게 해 모두 관(官)에 바쳐서 추고(推考)·핵실(覈實)한 뒤에, 고쳐서 성적(成籍)해 나눠주고 구적(舊籍)은 하나같이 모두 불태워야 할 것입니다. 공처노비

(公處奴婢)·타인노비(他人奴婢)와 양인자녀(良人子女) 같은 예를 아울러 기록해 관(官)에 바치게 하고, 함부로 성적(成籍)을 받는 자나 구적(舊籍)을 숨기는 자는 사람들에게 진고(陳告)하도록 허락함으로써 제서유위율(制書有違律)[1]에 의거해 조율(照律)해서 논죄(論罪)하고, 역사노비(役事奴婢)를 아울러 추고(推考)해 그중 절반[一半]을 진고한 자에게 상(賞)으로 충당하고 나머지 절반을 속공(屬公)시키는 것이 어떠하겠습니까?

하나, 지난번에 뜻을 내리시어[下旨] 양천(良賤)이 상송(相訟)해 문서(文書)가 발견되지 않은[未覓] 경우에는 아울러 분변(分辨)해 결절(決絶)하도록 한 일을 신 등이 토의한 결과, 양천(良賤)이 상송(相訟)해 문서가 비록 발견되지 않았더라도 장부(帳簿)를 바친 것이 명백하고 3~4촌(寸)의 양인(良人) 족속(族屬)이 현존해 천적(賤籍)이 불명한 경우는 종량(從良)해 결절(決絶)하고, 비록 장부를 바쳤더라도 양인 족속이 나타나지 않고 천적(賤籍)이 불명한 경우는 사재감(司宰監)에 붙이도록 했습니다. 천적(賤籍)이 명백하고 역사(役使)한 지 오래인 경우는 종천(從賤)해 결절(決絶)함이 어떠하겠습니까?

하나, 가르침을 받들어[奉敎] 행이(行移)해 각사에서 양 피고(被告)가 갖춰진 경우는 나눠 결절(決絶)하도록 했는데, 각사의 관원 가운데 기한된 달을 네 번이나 넘겨서 금일에 이르도록 오히려 결절(決絶)을 끝마치지 못한 자가 있으니 그 교지(敎旨)를 따르지 아니한 죄

---

1 임금의 교지(敎旨)와 세자(世子)의 영지(令旨)를 위반한 자를 다스리는 율을 말한다. 조선에서 형법으로 대신 사용한 『대명률(大明律)』「이율(吏律)」 '제서유위조(制書有違條)'에 의하면 위반한 사람은 장 100에 처한다고 규정돼 있다.

는 진실로 엄격히 징계해야 마땅합니다. 헌사(憲司)로 하여금 그 각 사의 결절(決絶)을 끝내지 못한 사유(辭由)를 고찰하도록 허락해서, 방장(房掌)과 행수(行首)를 제서유위율(制書有違律)로써 논죄해야 할 것입니다.

하나, 결절(決絶)한 뒤에도 노비(奴婢)를 잉집(仍執-그대로 붙들어두는 것)하는 자는 형조로 하여금 추고(推考)하게 해, 3품 이상은 그 아들과 사위를 가두고 4품 이하는 바로 당사자를 가둬 교지(敎旨)를 따르지 아니한 것으로써 논죄해야 할 것입니다. 또 기한된 달 뒤에 일을 새로 신정(申呈)할 자가 있으면 이달 15일부터 시작해 주장관(主掌官)으로 하여금 들어서 다스리도록 하는 것[聽理]이 어떠하겠습니까?"

또 아뢰었다.

"삼가 『경제(經濟)』「호전(戶典)」을 살펴보건대, 근년 이래로 호구(戶口)의 법이 밝지 못해 차역(差役)이 고르지 못하고 양천(良賤)이 뒤섞여 그 폐단이 작지 아니합니다. 금후로는 경외(京外)의 관(官)에서 추고(推考)·성적(成籍)해, 호수인 부처(戶首人夫妻)[2] 내외(內外)의 4조(四祖)와 솔거 자손(率居子孫)·제질(弟姪)에서 노비(奴婢)까지 해마다 갖춰 기록하소서. 빌건대 각 도의 각 고을에서는 금년 7월 15일부터 시작해 양반(兩班)·인리(人吏)·백성(百姓) 등 각색인(各色人)의 세계(世系)를 자세히 추고(推考)해 분간(分揀) 성적(成籍)해서 한 벌은 호조(戶曹)에, 한 벌은 감사(監司)의 영고(營庫)에, 한 벌은 그 고을에 비치

---

2 호적(戶籍)의 첫머리에 적는 호주(戶主)와 그 부인(婦人)을 가리킨다.

(備置)하며, 경중(京中) 한성부(漢城府)에서는 명년 7월 15일부터 시작해 그 본관(本貫)을 고찰해서 정보(呈報)하는 것 또한 상항(上項)의 예대로 핵실(覈實)·성적(成籍)하소서. 만약 8조(八祖)를 갖춰 신고자 자원(自願)하는 자는 들어주고, 다만[止-只] 혹 할아비나 혹 아비를 기록하고자 하는 자도 들어주소서."

모두 그것을 따랐다.

○ 이조(吏曹)에서 초입사(初入仕)[3]의 법을 올렸다. 아뢰어 말했다.

"전에는[在前] 초입사(初入仕) 1등에게 도염서 령 동정(都染署令同正)을 허락하고, 2등에게 도염서 승 동정(都染署丞同正)을 허락하고, 3등에게 혜제고 직장 동정(惠濟庫直長同正)을 허락했습니다. (그런데) 지금은 혜제고(惠濟庫)를 이미 혁파했고, 도염서 령(都染署令)을 승(丞)으로 고치고, 승(丞)은 부승(副丞)으로 고쳤습니다. (그러니) 이제부터는 마땅히 1등을 가지고 도염서 승 동정(都染署丞同正)으로 삼고, 2등을 부승 동정(副丞同正)으로 삼고, 3등을 가각고 녹사 동정(架閣庫錄事同正)으로 삼아야 할 것입니다."

그것을 따랐다.

병오일(丙午日·3일)에 서리가 내렸다.

○ 김구덕(金九德, ?~1428년)[4]을 한성부 윤(漢城府尹), 김겸(金謙,

---

3 음사(陰仕)로 처음 벼슬에 임명되는 일을 가리킨다. 공신(功臣)의 자손으로서 벼슬길에 종사하기를 자원하는 자는 그 조상 계보(祖上系譜) 및 재능과 인품을 상고해 도염서(都染署)·혜제고(惠濟庫)와 성중 애마(成衆愛馬)에 임명했다.

4 19세에 진사시·생원시에 합격하고, 음보(蔭補)로 산원(散員)이 됐다. 이어서 사헌부규정

1375~1425년)[5]을 의정부 참지사(議政府參知事)로 삼았다.

정미일(丁未日-4일)에 서리와 우박이 내렸다. 또 강원도 금성현(金城

(司憲府糾正) 사헌부잡단(司憲府雜端)을 지냈고, 1396년(태조 5년) 형조의랑(刑曹議郎)에 올랐다. 이때 형옥을 잘못 처리했다고 해 순군옥(巡軍獄)에 투옥되기도 했다. 그 뒤 외직으로 나가 단양·청풍(淸風-지금의 제천)·한주(韓州-지금의 한산) 등 3개 고을의 군수가 돼 선정을 폈고, 정종 때는 사헌부중승(司憲府中丞)이 돼 당시 판삼군부사(判三軍府事)로서 권력을 부리던 최운해(崔雲海)를 탄핵, 음죽(陰竹)으로 유배를 보냈다. 이어서 지사간원사(知司諫院事)에 올랐고, 다시 외직으로 나가 해주·광주·청주 목사를 지냈다. 이어서 판통례문사(判通禮門事)가 되었는데, 그때 딸이 태종전(太宗殿)에 간택돼 명빈(明嬪)이 되자 벼슬이 올라 우군동지총제(右軍同知摠制)가 됐다. 1412년(태종 12년) 한성부윤(漢城府尹)을 지내고, 이어서 강원도관찰사를 거쳐 이듬해 참지의정부사(參知議政府事)가 됐다. 이때인 1414년에 다시 한성부윤을 역임했으며, 천추사(千秋使)로 명나라에 다녀왔다. 이윽고 지돈녕부사(知敦寧府事)를 거쳐, 판돈녕부사(判敦寧府事)에 이르렀고, 1427년(세종 9년)에는 손녀가 세자빈에 간택됐다. 김구덕이 죽자 나라에서는 3일 동안 철조(輟朝-왕이 조정의 업무를 정지시킴)했고, 조문을 내려 치제했다. 성품이 온화해 남과 다투지 않았고 사람을 대함에 예로써 했다.

5 정종비 정안왕후(定安王后) 김씨의 종질이다. 1396년(태조 5년) 생원시를 거쳐 진사시에 합격하고 군기시직장에 제수됐다. 1398년 8월 1차 왕자의 난이 일어났을 때, 군기시직장으로서 정안군(靖安君-이방원)의 군사에게 무기를 공급하는 공을 세워 교서감승(校書監丞)에 초천(超遷-특진)됐다. 1401년(태종 1년)에는 우사간대부(右司諫大夫)로서 경연시독관(經筵侍讀官)을 겸했고, 이듬해 형조전서(刑曹典書)에 승진했으며, 그해 12월에 병조전서로 옮겼다. 1405년 개성유후사부유후(開城留後司副留後)에 승진, 곧 한성부윤으로 옮겼다. 이듬해 우군동지총제(右軍同知摠制)를 거쳐 풍해도감사(豊海道監司)로 나갔다가 1407년 공안부윤(恭安府尹)으로 들어왔다. 1408년 4월부터 7월에 걸쳐 중군총제(中軍摠制)로서 사은부사가 돼 명나라에 다녀와서 다시 한성부윤이 됐다. 1413년 10월부터 이듬해 3월에 걸쳐 하정부사(賀正副使)로서 재차 명나라에 다녀오고, 1414년 4월 참지의정부사(參知議政府事)에 발탁됐다. 1418년(세종 즉위년) 11월 전주부윤으로 파견되고, 이듬해 10월 전주부윤 재직 중에 정종이 죽자 임지를 무단으로 떠나 분상(奔喪)했으나 용서를 받고 국장도감제조(國葬都監提調)가 돼 치상(治喪)에 참여했다. 1420년 1월 좌군총제(左軍摠制), 그해 3월 정헌대부(正憲大夫)에 오르면서 개성유후사유후로 나갔고, 이듬해 12월에 내직으로 돌아와 우군도총제가 됐다. 1422년 경상도관찰사로 나갔다가 이듬해 소환돼 지돈녕부사(知敦寧府事)에 제수됐으며, 곧 경기감사로 고쳐 임명됐다. 1425년 명나라 인종이 죽자 진향사(進香使)로 다시 중국에 다녀온 뒤, 유후(留後)가 돼 개성에서 사망했다. 성품이 관순근후(寬醇謹厚)하고 직무에 충실했으며 명성과 공적이 있었다.

縣)에 비와 눈이 내려 밀·보리[兩麥]와 올곡식[早穀]을 상하게 했다.

○ 연안부(延安府) 사람 이실(李實)이 은(銀) 1정(錠)과 금(金) 3냥을 바치니, 정부에 명해 그 값을 넉넉히 쳐주게 했다[優給].

○ 사헌부에서 소를 올려 광주 목사(廣州牧使) 황록(黃祿)의 죄를 청했다. 록(祿)이 농삿달에 어육(魚肉)을 준비해 하륜(河崙)에게 주어, 조금도 수령(守令)의 체모가 없었기 때문이다.

무신일(戊申日-5일)에 의정부에서 뜻을 받들어[奉旨] 의견을 모은 세 조문을 바쳤다.

"하나, 저화(楮貨)를 위조(僞造)한 사람을 진고(陳告)하는 일.

예전의 교지(敎旨)에 의거해, 공사 천구(公私賤口-공사노비)는 천역(賤役)을 면해 양인(良人)이 되도록 허락하고, 관직이 있는 자는 차례에 의해 관직으로 상을 주고 양인(良人)은 돈으로 상을 주는 것이 어떠하겠습니까?

하나, 이조(吏曹)·병조(兵曹)의 서원(書員)이 거관(去官)하는 일.

근년의 예에 의거해 혁거(革去)하는 것이 어떠하겠습니까?

하나, 노비를 진고해 상을 받은 자가 죽은 뒤에 관(官)에 고(告)하는 일.

양인(良人)인 자는 담제(禫祭) 뒤에, 천인(賤人)인 자는 기년(期年) 뒤에 본인(本人)의 자손(子孫) 또는 무후(無後-후사가 없음)한 사람의 승중자(承重者-제사를 이어받는 사람)에게 관(官)에 고(告)하는 것을 허락하며, 그 상을 받은 노비(奴婢)는 공가(公家)에 도로 바치게 하되 위반하는 자는 모두 교지부종론(敎旨不從論)으로 논죄함이 어떠하겠습니까?"

아뢴 바와 같이 하라고 명했으나, 다만 상으로 받은 노비는 모두 100일 뒤에 관(官)에 고(告)해 바치게 했다.

기유일(己酉日-6일)에 동소문(東小門) 밖에서 무과(武科)를 복시(覆試)해서 전 사정(司正) 유승연(柳承淵)을 제1(第一)로 삼았다. 상이 친열(親閱)하고자 했으나 끝내 실행하지 못하고, 좌대언(左代言) 유사눌(柳思訥)에게 명해 감독하게 했다. 승연(承淵)을 부사직(副司直)으로 삼았다.

경술일(庚戌日-7일)에 서리가 내렸다.

○ 선군(船軍)에게 해령(海領)[6]의 직(職)을 제수했다.

조치(曹致)가 평양 안주도 수군 첨철제사(安州道水軍僉節制使)·의

---

6 조선 초기 수군(水軍-선군(船軍))에게 복무의 대가로 주던 관직이다. 조선 시대 수군은 1년에 6개월씩 근무해야 했고, 둔전(屯田), 해산물 채취, 병선 수리, 조운, 축성, 경외 대소 공역(京外大小工役) 등의 잡역에 동원되는 등 그 역이 매우 과중했으며, 역이 자손들에게 세습됐다. 이에 따라 고역인 수군의 역에서 도피하는 자들이 많아지자, 정부에서는 수군들에게 복무 대가로 해령의 관직을 주어 역의 부담을 덜어주고자 했다. 해령직은 처음에는 선군으로 40개월을 채운 자에게 주었으며, 다시 40개월이 지나면 1계급씩 올려주되 종2품인 가선대부(嘉善大夫)에 이르면 더 올려줄 수 없도록 규정했다.

주도 수군 만호(義州道水軍萬戶)의 보고한 바에 의거해 아뢰었다.

"선군 중에 배 타기에 익숙하고 (근무) 연월(年月)이 가장 오래된 자에 대해서는 빌건대 자급(資級)에 따라 해령(海領)의 직을 제수함으로써 군사들을 격려하소서."

그것을 따랐다.

○ 별와요(別瓦窯)를 혁파하라고 명했다.

○ 사헌부에서 소를 올려 완원부원군(完原府院君) 이양우(李良祐)의 죄를 청했다. 소는 대략 이러했다.

'금법(禁法)을 범한 자는 용서할 수가 없고 간악한 마음을 품은 자는 반드시 베임을 받는 것[受誅], 이는 고금의 변함없는 법도[常典]입니다. 신 등이 듣건대, 지난해 추등 강무(秋等講武)에 방장(防墻)[7]하고 전주(全州) 성내(城內)에 숙차(宿次-머물러 자는 것)할 때 몰래 출입(出入)한 자가 있어 잡아보니 바로 양우(良祐)의 근수(根隨-시종)하는 사람으로서 내자시(內資寺) 종 타내(他乃)였는데 이름을 홍의(洪義)라고 고친 자였습니다. 그 사유를 국문(鞫問)하니, 말의 실마리를 번복해 혹은 참말 같기도 하고 혹은 거짓말 같기도 했습니다. 장차 잡아서 가두고 다시 국문을 더해 따지고자 전날에 소를 올려 청했으나 하지(下旨)하시기를, "홍의가 범(犯)한 바를 신문(訊問)하기를 우선 정지하고 즉시 방면(放免)하는 것이 마땅하다"라고 하셨습니다. 신 등이 가만히 생각건대 이와 같이 간악(奸惡)한 자는 법으로 그 시말(始

---

7 강무(講武)를 하다가 잠시 정지할 경우 위내(圍內)의 짐승이 달아나지 않도록 담장을 쳐서 막는 일을 가리킨다.

末)을 끝까지 추국(推鞫)해야 마땅한데, 어찌 그대로 두고 묻지 않을 수 있겠습니까? 근일에 또 방간(芳幹)의 사환(使喚)하는 종 석구지(石仇知)라는 자를 잡아서 그 출입한 사람을 국문하니 홍의를 지적해 말했습니다. 청컨대 끝까지 추국하도록 허락해 엄격히 징계함으로써 후인(後人)에게 보여야 할 것입니다. 또 전주부 윤(全州府尹) 신극공(辛克恭)과 판관(判官) 이종실(李從實) 등이 엄하게 다스리고 살피지 못해 홍의로 하여금 몰래 출입(出入)하기를 엿보도록 한 것이니, 그 죄는 종간(縱奸)의 예(例)에 두는 것이 마땅합니다. 빌건대 아울러 신문(訊問)하게 하소서.'

상이 말했다.

"만약 마음을 먹고[挾心] 형문(刑問)하면 추초(箠楚-채찍질) 아래에서 무슨 일이든 승복(承服)하지 않겠는가? 경들이 잘 알 것이다."

○사헌부에서 또 아뢰었다.

"방간(芳幹)의 종 석구지(石仇知)가 이르기를 '지난해에 남행(南幸)했을 때 양우(良祐)의 종인(從人) 홍의(洪義)가 단자(單子)를 가지고 와서 나에게 부탁해 대군(大君)에게 전달하게 했으나, 내가 황공(惶恐)해 말하기를 "이게 무슨 말이냐?" 하고 즉시 단자를 되돌려주었습니다. 그 속의 사연(辭緣)을 소인(小人)이 어찌 알겠습니까?'라고 했습니다. 이 말이 홍의의 말과 다르니, 청컨대 서리(書吏)를 전주(全州)에 보내 그 단자의 사연을 방간에게 물어보고 오게 해야 할 것입니다."

그것을 따랐다.

신해일(辛亥日-8일)에 동교(東郊)에 행차해 매사냥을 구경했다.

○ 참의 황자후(黃子厚)에게 명해 창포주(菖蒲酒)를 만들게 했다.

○ 사헌부에서 경승부 윤(敬承府尹) 김점(金漸)의 죄를 청했으나 용서해주었다[原-赦]. 애초에 점(漸)의 아들 의손(義孫)이 문과 회시(文科會試)의 초장(初場)에 나아왔는데, 점이 몰래 사람을 봉미관(封彌官)[8] 사역원 판관(司譯院判官) 임종의(任種義)에게 보내 경의(經義)의 소강(小講)[9] 이상을 고쳐 쓰게 하고 자표(字標)[10]를 알아내려고 했기 때문이다.

임자일(壬子日-9일)에 종친(宗親)과 부마(駙馬)를 불러 광연루(廣延樓)에서 술자리를 마련했다.

계축일(癸丑日-10일)에 오도리(吾都里) 이호심파(李好心波) 등 3인이 돌아갔다.

○ 상이 상왕(上王)을 받들고 동교(東郊)에 행차해 매사냥을 구경하고 겸해서 제주(濟州)에서 바친 마필(馬匹)을 본 다음, 연(輦-수레)을 저자도(楮子島) 강변에 머물게 해서 술자리를 마련하고 여악(女樂)을 베풀어 지극히 즐겼다.

---

8 과거를 볼 때 답안지의 오른편 끝에 성명·생년월일·주소·사조(四祖)를 쓰고 봉(封)해 붙였는데, 이를 떼는 시관(試官)을 가리킨다.

9 예를 들어 『주역(周易)』의 경우 역의(易義)에 대해 묻게 되는데, 맨 처음 제목에 대해 대략적인 설명을 하는 파제(破題), 큰 줄거리를 제시해 설명하는 대강(大講), 구체적으로 자세히 설명하는 소강(小講)으로 구별된다.

10 시권(試券)을 봉미(封彌)하고 천(天)·지(地)·현(玄)·황(黃)으로 표식하는 일을 말한다.

을묘일(乙卯日-12일)에 이달 초하루부터 이날까지 해의 빛깔이 핏빛과 같았고, 아침저녁으로 쌀쌀한 기운이 가을과 같았다.

○ 상이 상왕(上王)을 받들고 광연루(廣延樓)에 나아가 격구(擊毬)를 하고 술자리를 마련해 지극히 즐겼다.

병진일(丙辰日-13일)에 (경상도) 상주(尙州) 사람 1인과 소 1마리가 벼락에 맞았다.

○ 각 도의 번상 시위군(番上侍衛軍)을 놓아서 돌려보냈으니 농삿달이기 때문이다.

○ 사헌부에서 양우(良祐)의 집을 수직(守直)하니 풀어줄 것을 명했다.

○ 사간원에서 소를 올렸는데, 소는 이러했다.

'가만히 생각건대, 예로부터 하늘이 재이(災異)를 내어 임금에게 보여주는 것은 임금으로 하여금 공구수성(恐懼修省)[11]하게 하려는 것입니다. 지난겨울에 음양(陰陽)이 절기(節期)를 잃고 벼락과 번개의 재이가 있자 전하께서는 깊이 공구(恐懼)하는 마음을 품고 경차관(敬差官)을 나눠 보내 백성의 폐단을 널리 구했습니다. 그것은 천재(天災)를 두려워하고 백성의 괴로움을 긍휼히 여기는 소이(所以)가 지극했다고 하겠습니다. 그러나 전하께서 춘등 강무(春等講武) 뒤에 바로 양근(楊根)으로의 행차가 있었고 또 경가(輕駕) 승여(乘輿)로 사대문

---

11 나라에 재앙(災殃)이 들 때 임금이 자책(自責)해 하늘을 두려워하고 자기 몸을 닦는 일을 말한다. 이는 천인감응(天人感應)의 설에 입각한 것이다.

(四大門) 밖에 자주 행차하시니, 그 천재(天災)를 두려워하는 뜻에 혐의스러운 바가 있습니다. 이제 정양(正陽)의 달을 맞아 또 서리가 내리는 재이가 있었으니, 진실로 공구수성(恐懼修省)하여 상천(上天)이 전하를 인애(仁愛)하는 마음에 보답해야 마땅할 것입니다. 엎드려 바라건대, 전하께서는 이제부터 사대문 밖의 행차를 그치고 소심(小心-조심)해서 임금다움을 닦아[修德] 재이를 없애야 할 것입니다.'
수덕

상이 읽어보고 화가 나서 말했다.

"나의 동교(東郊) 행차 때에 곡식을 손상한 것이 있지 않았는데 어찌 이런 까닭으로 서리가 내리는 것이 절기를 잃는 데 이르겠는가? 또 대간(臺諫)에서 말[言語]로써 진달(陳達)하도록 하고 소장(疏狀)을 언어 쓰지 말라는 것은 내 오랜 명[宿命]이다. (그런데도) 지금 너희가 나의 숙명 허물을 드러낸 것은, 그렇게 해서 이름이나 낚으려는 것[釣名]이다." 조명

좌헌납(左獻納) 유미(柳湄)가 대답해 말했다.

"근래에 조계(朝啓)에 참여하지 못하기 때문에 소를 갖춰 아뢴 것일 뿐입니다."

상이 더욱 노해 말했다.

"동교(東郊)의 행차가 이처럼 서리가 내리는 일을 초래했다 하니, 내가 깊이 그 말에 화가 치미는 것이다[深服]." 심복

정사일(丁巳日-14일)에 경상도 함양(咸陽) 등지에 서리가 내리고, 강원도 금성(金城)·회양(淮陽) 등지에 비와 눈이 내렸다.

○사헌부에서 각 고을 수령 가운데 말 기르기[養馬]에 삼가지 않는 자의 죄를 청했다. 애초에 충청도와 경기의 점마관(點馬官)이 아

뢰어 말했다.

"각 고을에서 나눠 기르는 마필(馬匹) 중에 야위어 죽은[瘦死] 놈
이 많습니다."

상이 그것을 읽어보고 말했다.

"마정(馬政)은 군국(軍國)의 중대한 일이어서 미리 기르지[預養] 않
을 수 없으므로 일찍이 주(州)·군(郡)으로 하여금 기르게 했다. (그런
데) 근년 이래로 야위어 죽게 되는 수가 많다니, 관리하기를 삼가지
않아서[不謹] 그리되는 것이다."

상이 집의(執義) 홍여방(洪汝方)을 돌아보며 말했다.

"헌사(憲司-사헌부)에서 국문(鞫問)해 징계하는 것이 마땅하다."

헌부(憲府-사헌부)에서 이에 수령(守令)을 추핵(推覈)해 아뢰었는데,
모두 80여 인이었다. 정부에 내리고 이조로 하여금 부과(付過)[12]하게
했다.

○ 의정부에서 전사시(典祀寺) 재랑(齋郎)[13]의 천전법(遷轉法-인사이
동 법령)을 아뢰었다.

"재랑(齋郎) 등이 호소하기를 '좌우방(左右房)을 아울러 200인이라
칭(稱)하지만 1년에 거관(去官)하는 사람은 오직 2인입니다. 바라건대

---

12 관리가 허물을 저질렀을 때 그 과오(過誤)를 별지(別紙)에 써서 정안(政案)에 붙여두는
일을 말한다. 후일 도목정사(都目政事-인사 고과)에 자료로 삼기 위한 것이다. 표부과명(標
付過名)의 줄임말이다.

13 건국 초기 봉상시(奉常寺)와 관습도감(慣習都監)이 관장하는 종묘(宗廟)의 노래와 일무(佾
舞)를 맡았다. 이들의 임무는 1457년(세조 3년) 악제개혁(樂制改革) 때 장악서(掌樂署)의
좌방(左坊) 소속 악생(樂生)에게 넘어갔다. 봉상시의 우방(右房)에 속한 재랑은 문무(文舞)
를 추었고, 좌방의 재랑은 등가(登歌)의 노래를 불렀다. 재랑은 이조에서 연소자(年少者)
를 뽑아서 차충(差充)했다.

4인으로 하여금 거관하게 하소서'라고 했습니다. 본부(本府)에서 토의해 결론을 내렸는데, 50인 가운데 1인씩[式] 거관시키는 것이 어떠하겠습니까?"

그것을 따랐다.

○ 예조에서 중농(仲農)[14]과 후농(後農)[15]의 제사를 혁파할 것을 아뢰었다. 아뢰어 말했다.

"고전(古典)을 삼가 상고하건대[謹稽], 역대에는 다만 선농(先農)에게만 제사 지냈고 중농(仲農)과 후농(後農)의 제사는 없었습니다. 청컨대 이를 혁파해 사전(祀典)을 바로잡아야 할 것입니다."

그것을 따랐다.

○ 사헌부에서 아뢰었다.

"망고(妄告-함부로 신고함)로 판결한 부인(婦人)과 천구(賤口-노비)를 결벌(決罰)하는 예는, 망고(妄告)한 자는 결죄(決罪)하고 그 역사(役使)하는 노비는 아울러 속공(屬公)시킨다는 것이 이미 나타난 법령이 있습니다. 대소인원(大小人員-높고 낮은 관리)은 (임금의) 가르침[敎-敎旨]에 의거해 시행하고, 부인과 천구는 충군(充軍-수군에 채워 넣음)하기가 어려우니 3년을 시한으로 해 도형(徒刑)을 속(贖) 받는 예에 따라서 수속(收贖)하는 것이 어떠하겠습니까?"

---

14 중국 주나라 때 농사를 관장한 후직(后稷)으로, 농사를 처음 가르친 신농(神農)에 버금간다는 말로 사용되었다. 신라 때부터 입하(立夏) 뒤의 해일(亥日)에 신농씨와 후직에게 제사하는 중농제(仲農祭)가 실행됐다.

15 취모(炊母)의 신(神)인 선취(先炊)의 별칭(別稱)이다. 연료취사가 의식주와 더불어 인간 생활에 필요한 것임을 생각하면 선농(先農)인 잠신(蠶神)에 다음가는 신(神)이라 할 수 있다.

그것을 따랐다.

○ 노비변정도감(奴婢辨正都監)¹⁶을 두고 이조판서 한상경(韓尙敬), 금천군(錦川君) 박은(朴訔), 호조판서 박신(朴信)을 제조(提調)로 삼았다. 시산관(時散官-전현직) 가운데 일을 주간해서 잘하는 자[幹敏者]간민를 골라 3품의 사(使)로 삼고 4품의 부사(副使)로 삼으며 5~6품의 판관(判官)으로 삼았으며, 15방(房)으로 나눠 방(房)마다 사(使)·부사(副同)·판관(判官)을 각각 1원씩 두니 모두 45원(員)이었고, 따로 도청(都廳) 12원(員)을 두었다. 옛날의 가선대부(嘉善大夫-종2품), 지금의 통정대부(通政大夫-정3품 당상) 이하는 직단(直斷)으로 시행하게 했다. 애초에 사헌부에서 소를 올려 말했다.

'지금 오결(誤決)이라고 정장(呈狀)한 것이 이미 300여 통[道]도인데, 본부(本府)에서 사무가 번극(繁劇-번잡)해서 한두 달 동안에 청단(聽斷)하기는 어렵습니다. 청컨대 따로 도감(都監-일종의 위원회)을 설치해 강명(剛明)·정직(正直)한 대신을 골라서 제조(提調)로 삼고 공무(公務)에 능하다는 명망이 있는 자를 낭청(郎廳)으로 삼으며 대간(臺諫) 1원(員)으로 하여금 참여하게 해 결절(決絶)하게 해야 할 것입

16 1269년(고려 원종 10년) 전민변정도감(田民辨正都監)이 설치된 이후 충렬왕·공민왕·우왕 때도 설치됐고, 1392년(공양왕 4년) 인물추고도감(人物推考都監)을 설치해 불법으로 빼앗은 노비를 본 주인에게 환원시키거나 노비의 신분·상속 관계가 잘못된 것을 바로 잡아주는 일을 담당했다. 이러한 노비변정사업은 조선 초기에도 계속되어, 1395년(태조 4년)·1400년(정종 2년)·1401년(태종 1년)·1405년·1414년에 노비변정도감을 설치하고 노비의 결송정한법(決訟定限法)·중분결절법(中分決絶法)·오결관리처벌법(誤決官吏處罰法)을 제정하는 한편 오결사(誤決事)를 처리했다. 태종 말년까지 노비변정사업이 어느 정도 마무리되었으며, 이후 형조의 도관(都官)에서 이를 맡았다가 1467년(세조 13년)에 전담 관서인 장례원(掌隷院)이 설치되었다.

니다.'

정부에 내려 토의하게 했다. 정부에서 토의해 다음과 같은 결론을 얻었다.

"지금 천적(賤籍-노비 문서)을 만들어주고 구적(舊籍)을 불태우는 것은 이미 정한 달이 있습니다. 빌건대, 헌부(憲府)가 아뢴 바에 의거해 제조(提調)·낭청(郎廳)을 골라서 정해 속히 변정(辨正)하도록 하고, 만약 이송(移送)하기 전에 잘못을 알고 퇴장(退狀)하기를 비는 자는 논하지 않는 것이 어떠하겠습니까?"

그것을 따랐다.

기미일(己未日-16일)에 좌정승(左政丞) 하륜(河崙), 완산부원군(完山府院君) 이천우(李天祐), 성산부원군(星山府院君) 이직(李稷), 문성부원군(文城府院君) 유량(柳亮), 찬성사(贊成事) 이숙번(李叔蕃) 등을 불러서 만나보았다.

○ 내금위(內禁衛)와 내시위(內侍衛)에서 각각 15인을 뽑아 궁원(宮垣-궁궐 담) 안에서 습사(習射-활쏘기 실습)하도록 했다. 상이 구경하고 내구마(內廐馬) 1필을 내어 활을 잘 쏜[能射-善射] 자에게 주었다.
<small>능사   선사</small>

○ 의정부에서 노비변정 조건(奴婢辨正條件)을 올렸는데 소는 이러했다.

'가만히 듣건대, 요(堯)임금이 순(舜)임금에게 전위(傳位)하면서 말하기를 "진실로 적중된 도리를 잡아라[允執厥中]"라고 했고 순임금도
<small>윤집궐중</small>
같은 말로 우(禹)임금에게 전위했는데, 공자(孔子)가 말하기를 "군자

(君子)가 도리에 적중하여 오래 유지하는 것[中庸]이란, 군자가 때에 맞게 적중하는 것[時中]이다"라고 했고 주자(朱子)는 이를 풀이해 말하기를 "중(中)이란 것은 치우치지 않고 기대지 않고 지나치거나 미치지 못함이 없는 것을 말하는 것이니, 중(中)이라는 한 자(字)는 실로 성인(聖人)이 성인에게 서로 전해준 마음의 법도[心法]다"라고 했습니다. 공손히 생각건대[恭惟], 전하께서는 천성(天性)이 밝고 지혜로우며 성학(聖學-제왕학)이 집희(緝熙)[17]해 무릇 시위(施爲-베풂)하는 바를 중용(中庸)에 맞도록 힘쓰시니, 오로지 이는 요(堯)임금과 순(舜)임금의 마음 쓰심[用心]입니다.

신 등이 용렬(庸劣)하고 우매(愚昧)해서 상(上)의 마음을 우러러 체득해[仰體] 빼어난 다움[聖德]을 도와드리지[贊襄] 못하고, 헌의(獻議)하거나 봉행(奉行)하는 사이에 치우치거나 기대어서 적중된 도리를 잃는[失中] 경우를 면하지 못하고 있습니다. 그것은 벼슬자리를 훔쳐서 녹(祿)을 허비하는 처사이므로, 한때의 원망을 사서 만세에 비웃음을 남기는 일을 어찌 이루 다 말할 수 있겠습니까? 그러나 신들이 일찍이 듣건대, 맹자(孟子)가 제(齊)나라 선왕(宣王)에게 이르기를 "나는 요임금이나 순임금의 도리가 아니면 왕(王) 앞에서 감히 말하지 못하니, 제(齊)나라 사람은 나처럼 왕(王)을 공경하지 못할 것입니다"라고 했습니다. 이윤(伊尹)[18]이 성탕(成湯-탕왕)을 보좌하는 데 있어 일부일부(一夫一婦)라도 요임금과 순임금의 은택(恩澤)을

---

17 밝고 빛나는 모양을 말한다.

18 중국 은(殷)나라의 명신(名臣)으로 탕왕(湯王)을 보좌해 걸(桀)을 치고, 선정(善政)을 했다.

입지 못하는 자가 있으면 그 마음으로 부끄러워하기를 저자에서 매를 맞는 것과 같이했으니, 빼어난 이와 뛰어난 이[聖賢]가 임금을 섬기는 도리는 이와 같았습니다. 신 등이 비록 지극히 우매하나 감히 이로써 전하를 섬기려고 생각하지 않겠습니까? 신 등이 우러러 듣건대 연(燕)나라의 한 신하가 원망하니 6월에 서리가 흩날렸고[19], 동해(東海)의 한 부인이 원망하니 3년 동안 크게 가물었다[20]고 합니다. 하늘과 사람이 서로 감응(感應)하는 이치가 이와 같으니, 신 등이 비록 지극히 용렬하고 우매하다 하더라도 감히 천명(天命)을 두려워하지 않겠습니까? 이제 교지(教旨)를 받고 유사(攸司)로 하여금 공사(公私)의 서로 소송하는 노비 문안(奴婢文案)을 고쳐서 신적(新籍)을 만들고 구적(舊籍)을 불태우도록 허락하니, 그 후세(後世)를 위하는 성려(聖慮)가 지극하다고 하겠습니다. 삼가 시행하기에 합당한 사리(事理)를 갖춰 아룁니다.

하나, 계사년(癸巳年-1413년) 9월 초1일 이후에 오결(誤決)이라고 정장(呈狀)한 것은 이미 분간(分揀)해 결절(決絶)하도록 허락했습니다. 초1일 이전에 오결(誤決)이라고 정장(呈狀)하지 못했다고 해서 결절(決絶)해 변정(辨正)을 받지 못한다면 어찌 이를 공평하다고 이를 수 있겠으며, 어찌 이를 원망이 없다고 이를 수 있겠습니까? 빌건대 모두 납장(納狀)해서 변정(辨正)하도록 허락하소서.

---

19 연(燕)나라 추연(鄒衍)이 혜왕(惠王)을 섬기다가 참소를 당해 감옥에 들어갔는데, 하늘을 보고 통곡하자 여름철 6월에 서리가 내렸다는 고사를 가리킨다.

20 한(漢)나라 때 동해(東海)의 어떤 효부(孝婦)가 시어머니를 섬기다가 도리어 오해를 받아 억울하게 사형을 당하자 3년 동안 그 고을에 비가 오지 않았다는 고사를 가리킨다.

하나, 결절(決絶)한 뒤에 노비를 잉집(仍執)하는 자나, 결절(決絶)을 얻은 자로서 한년(限年)이 되도록 정장(呈狀)하지 않고 타인의 노비를 거집(據執)[21]하는 자가, 도리어 본주(本主)에 대해 한년(限年)이 되도록 정장(呈狀)하지 않았다고 하니 사리에 어긋남이 매우 심합니다. 빌건대 신축년(辛丑年-1361년)을 한정해 모두 변정(辨正)하도록 허락하소서.

하나, 부모나 조부모가 나누지 아니한 노비를 연장 자손(年長子孫)이 합집(合執)[22]해 유약(幼弱)한 조카나 동생이 한년(限年)에 정장(呈狀)하지 아니했다고 평계함으로써 그 어버이의 지하(地下)에 있는 영혼을 생각지 아니하고 그 유체(遺體)로 하여금 기한(飢寒)의 고생에 빠지도록 하고자 해서, 즐겨 나눠주지 않고 홀로 그 이익을 오로지 하니 그 불효(不孝)함이 심합니다. 충신(忠臣)은 효자(孝子)의 가문(家門)에서 나오는데, 이러한 무리가 충신이 될 수 있겠습니까? 신축년으로 한정(限定)해서 분급(分給)하는 것을 허락하소서.

하나, 양인(良人)을 싫어해 천인(賤人)이 된 자들 또한 한년(限年)에 정장(呈狀)하지 않았다고 평계하고 변정(辨定)하기를 기꺼워하지 않습니다. (그런데) 사람의 양(良)·천(賤)이 어찌 한년(限年)의 정장(呈狀)하고 정장하지 않는 데에 얽매이겠습니까? 일반 사람들로서 정장(呈狀)하는 자는 양인(良人)이 되고 정장하지 않는 자는 천인(賤人)이 된다면, 또한 이를 공평하다고 이를 수도 없고 이를 원망이 없다고

---

21 거짓 문서를 빌미로 남의 것을 차지하고 돌려주지 않는 일을 말한다.
22 여러 사람이 나눠 가져야 할 노비(奴婢)를 한 사람이 모조리 차지하는 것을 말한다.

이를 수도 없습니다. 신축년 이전에 이미 결절(決絶)할 수 있었던 것 외에, 신축년 이후 서로 소송해 천적(賤籍)이 불명(不明)하고 양적(良籍)이 명백(明白)한 것은 빌건대 모두 납장(納狀)해 변정(辨定)하게 하소서.

하나, 군신(群臣) 2품 이상 천첩(賤妾)의 소생(所生)은 임금의 은혜를 받아 한품수직(限品受職)하도록 하고, 그 서로 소송 중에 있는 노비(奴婢)가 기한된 연간(年間)에 현신(現身)해서 고(告)한 각 품 천첩의 소생은 모두 사재감(司宰監)에 소속시키도록 했습니다. (그런데) 한년(限年) 이후에 남에게 진고(陳告)당하거나 자수(自首)하는 자로서 서로 소송하는 노비(奴婢)에 대해 한년(限年)에 정장(呈狀)하지 않는 예로써 추고(推考)하지 않고 곧바로 소속시킬 곳을 정해버린다면, 다행히 양인(良人)이 된 자는 장차 한품(限品)에 얽매이지 않게 되나 불행하게 천인(賤人)이 된 자는 또한 억울함을 펼 도리가 없을 것이므로, 이를 공평하다고 이를 수 없습니다. 빌건대 모두 추고(推考)해 변정(辨定)하도록 허락하소서.

하나, 위의 항목에서 초1일 이전에 한쪽이 정장(呈狀)하고 한쪽이 대척(對隻)[23]하지 못한 경우와, 문서(文書)가 발견되지 않았으나 장부(帳簿)를 바친 것이 명백한 경우도 또한 중분(中分)하고, 한년(限年)에 정장(呈狀)하고 양쪽이 대척(對隻)해서 서로 소송해 명문(明文)이 있는 경우에 도리어 친히 착명(着名)해 관문(關文)을 보낸 적이 있고 없는 것을 가지고 오로지 한쪽에 주는데, 이것도 또한 공평하다고 이

---

23 원고와 피고가 한자리에 모여 대질(對質)해 변명(辨明)하는 일을 말한다.

를 수 없습니다. 빌건대 모두 중분(中分)하소서.

하나, 신 등이 일찍이 듣건대 공자(孔子)가 말하기를 "이익을 좇아서 행동하면 원망이 많다"[24]라고 했고 주자(朱子)는 이를 풀이하기를 "자기에게 유리하게 하고자 하면 반드시 남에게 해를 끼치는 까닭으로 원망이 많은 것이다"라고 했습니다. 지금의 서로 소송하는 자들은 반드시 얻기를 탐해 이익을 오로지하고자 하므로 남에게 원망을 많이 사니, 이것이 오로지 반드시 남에게 해를 끼칠 뿐 아니라 원망이 많아져 화기(和氣)를 상(傷)하게 한다면 그 해가 어찌 국가에만 미치겠습니까? 의견을 내는 자는 말하기를 "반드시 하나같이 모두 변정(辨正)하고자 한다면 결송(決訟)하는 자가 신속하게 결절(決絶)할 수 없을 것이다"라고 했지만, 그 부정(不正)하면서 신속하게 결절(決絶)하는 것이 어찌 느리더라도 변정(辨正)을 (제대로) 얻는 것과 같겠습니까? 그 신속하게 결절(決絶)해 원망이 많은 것이 어찌 상세히 결절(決絶)해 원망이 없는 것과 같겠습니까? 그 원망이 많아서 화기(和氣)를 상하게 만드는 것이 어찌 원망이 없어서 화기(和氣)를 이루는 것과 같겠습니까? 의견을 내는 자는 또 말하기를 "득실(得失)이 비록 다르더라도 그 원망이 이르는 소이(所以)는 한 가지다"라고 했지만, 나눠 얻은 자의 원망함이 어찌 전부 잃은 자의 원망함과 같겠습니까? 부정(不正)하게 잃어버린 자의 원망함이 어찌 정당하게 잃어버린 자의 원망함과 같겠습니까? 천도(天道)란 훤히 밝아 진실로 속일 수 없으니, 이는 지자(智者)를 기다린 연후에야 알게 되는 것이 아닙

---

24 『논어(論語)』 「이인(里仁)」에 나오는 말이다.

니다. 신 등이 우러러 듣건대, 음양(陰陽)을 섭리(燮理)하는 것²⁵은 다만 마음을 바로 하는 것이니 그 마음이 이미 바로잡혔으면 모든 일을 베푸는 것이 바르지 않음이 없고, 인심(人心)이 화합하면 천심(天心)도 화합해 순치(馴致)하는 데 이를 것입니다. 모든 일을 베푸는 데 한결같이 그 바른 것을 얻지 못하면, 마음의 바르지 못한 것을 나라 사람들이 모두 보게 됩니다. 신 등이 섭리(燮理)의 직임에 있으니 [忝]²⁶, 감히 이러한 간절한 마음을 가지고 아뢰지 못하겠습니까?'
<small>첨</small>

상이 그것을 따랐다. 다만 제1조목에 '계사년(癸巳年) 9월 초1일 이전에 오결(誤決)을 정장(呈狀)한 것은 다시 납장(納狀)해 분간(分揀)·결절(決絶)하게 하고, 그 망령되게 고(告)한 자는 전의 수교(受敎)에 의하여 논죄한다'는 것과, 제3조목에 '조부모(祖父母)나 부모(父母)가 나눠주지 않은 노비(奴婢)는 무인년(戊寅年) 전에 유약한 아우나 조카로서 정장(呈狀)하지 못한 자에게 모두 납장(納狀)하도록 허락해 분급(分給)한다'는 것과, 제5조목의 '대소인원(大小人員)의 자기비첩 소생은 신축년(辛丑年)을 기한으로 해 모두 추쇄(推刷)해 사재감(司宰監)에 소속시킨다'는 것은, 처음에 하륜(河崙)이 위의 항목의 조건을 기초(起草)해서 사인(舍人)을 시켜 정부(政府)에 고(告)했더니 여러 재상(宰相)이 모두 즐겨 하지 않았으므로 감히 계문(啓聞-보고)하지 못한 지가 몇 달째였는데, 이날 인견(引見)할 때에 친히 아뢰어 취지(取旨)한 뒤에야 계목(啓目)을 써서 아뢰었던 것이다. 그때에 우정승(右政

---

25 예로부터 이것이 바로 재상의 임무다.
26 첨(忝)이란 원래 더럽히다라는 뜻으로 겸양의 표현이다.

丞) 남재(南在)가 병을 칭탁하고 집에 있었다. 륜(崙)이 대사(大事)를 만나면 중의(衆議)에 혹(惑)하지 않고 홀로 주장을 세우고 변하지 않음[獨立不變]이 대개 이와 같았다.

경신일(庚申日-17일)에 예조에서 나아와 사직(社稷)의 둘레 담장[周墻]의 제도에 대해 아뢰어 말했다.

"둘레 담장은 송조(宋朝) 의례국(儀禮局)의 『오례신의(五禮新義)』에 의거해 4문(門)이 동일한 유(壝-토담)로서 25걸음의 제도를 1유(壝)로 삼았고, 소흥(紹興) 13년 양존중(楊存中) 등이 상언(上言)한 것에 의하면 둥근 장유(墻壝) 외에 40보(步)의 제도로서 남쪽·서쪽·북쪽은 산강(山岡-산등성마루)으로 한계를 삼고 동쪽 한계는 140걸음을 수축(修築)해서 대차(大次-임금의 행차 대열)의 의장(儀仗)과 금위(禁衛)의 배열(排列)하는 장소로 삼았습니다."

그것을 따랐다.

○ 검교 판한성부사(檢校判漢城府事) 원상(元庠)의 아내 손씨(孫氏)에게 쌀과 콩 40석과 종이 200권과 정포(正布) 50필과 관곽(棺槨)을 부의(賻儀)로 내려주었다. 손씨(孫氏)는 곧 성비(誠妃)의 어머니다.

○ 정부(政府)의 제반 업무를 나눠 육조(六曹)에 귀속시켰다. 애초에 하륜(河崙)이 알현할 것을 청해 아뢰었다.

"마땅히 정부(政府)를 개혁해[革] 육조(六曹)로 하여금 일을 아뢰게[啓事] 해야 할 것입니다."

얼마 후에[俄而] 상이 예조판서 설미수(偰眉壽)를 불러 말했다.

"얼마 전 정부를 개혁하자는 의견[議]은 나의 마음에서 나온 것이었지만, 지난겨울[去冬]에 대간(臺諫)에서 작은 실수로 인해 정부를 개혁하자고 청했으나 나는 마침내 따르지 않았다. (그런데) 지금 좌정승(左政丞)이 나에게 고(告)하여 이르기를 '아조(我朝-조선)의 제도는 모두 중조(中朝-중조)를 모방했으니, 마땅히 정부의 일을 육조(六曹)에 나눠 붙여 육부(六部)의 예를 본받자고 합니다'라고 했다. 경 등이 참고하고 정하여 아뢰도록 하라."

이에 예조에서 계목(啓目)을 올리며 말했다.

"『문헌통고(文獻通考)』를 삼가 상고해보건대, 우(虞-순임금 시절)·하(夏)·상(商)에서는 삼공(三公)[27]과 사보(四輔)[28]를 두어 천자(天子)의 정사를 도왔고, 주(周)나라에서는 삼공(三公)과 삼고(三孤)[29]를 세워 도리를 논하고 나라를 경영해[論道經邦] 천지(天地)의 맡은 바를 정성껏 돕고[寅亮] 또 육경(六卿)으로 하여금 직무를 나눠 천관(天官)의 경(卿)인 총재(冢宰)로써 왕(王)을 돕고 나라를 평안하게 했으며, 한(漢)나라에서는 초엽에 승상(丞相)을 두었다가 성제(成帝) 때 삼공(三公)을 두었는데 승상(丞相)과 같았습니다. 당(唐)나라에서는 삼성(三省)의 장관(長官)을 재상(宰相)으로 삼았고, 송(宋)나라에서는 동평장사(同平章事)를 재상으로 삼았습니다. 지금 조정(朝廷-명나라 조정)에서는 중서성(中書省)을 없애고 육부(六部)로 하여금 직사를 나눠 맡게 했는데, 이는 바로 성주(成周-주나라)의 남긴 뜻입니다. 다만

---

27 태사(太師)·태부(太傅)·태보(太保)를 말한다.

28 천자의 4측근을 말하는데, 앞에는 의(疑), 뒤에는 승(丞), 왼쪽에는 보(輔), 오른쪽에는 필(弼)이 있었다.

29 소사(少師)·소부(小傅)·소보(小保)를 말한다.

총재(冢宰)를 두지 않고 육부(六部)에서 각각 직사(職事)를 바로 아뢰며[直奏] 칙지(勅旨)를 받들어 시행하고, 의논할 일[所擬議]이 있으면 육부 장관(六部長官)이 주의부(主議部-일을 주관하는 부서)에 모여 같이 토의해 아룁니다. 청컨대 육조로 하여금 각각 직사(職事)를 바로 아뢰게[直啓]하고, 왕지(王旨)를 받들어 시행하게 하며, 의논할 일이 있으면 육조 장관(六曹長官)이 같이 토의해 아뢰게 하소서. 나이와 덕망(德望)이 아울러 높고 정치의 대체(大體)에 통달한 자를 의정부(議政府)에 두어 군국(軍國)의 중요한 일을 함께 토의해[會議] 아뢰도록 하소서."

상이 성산부원군(星山府院君) 이직(李稷), 호조판서 박신(朴信), 총제(摠制) 이현(李玄, ?~1415년)[30]을 인견(引見)해 그 문제를 토의했다[議之]. 상이 말했다.

"내가 일찍이 송도(松都-개성)에 있을 때 정부(政府)를 없애자는 의

---

30 귀화인의 후손으로 고려 대도로총관(大都路摠官) 이백안(李伯顔)의 증손(曾孫)이다. 한어(漢語)에 능통해 주로 중국 사신으로 파견됐다. 1394년(태조 3년) 사역원 부사(司譯院副使)로 명나라에 다녀왔고, 정종이 즉위하자 통사(通事)의 직함으로 중추원부사(中樞院副使) 김륙(金陸)과 명나라 서울[京師]에 이르러 승습(承襲)을 허락받은 외교술로 내구마(內廐馬) 1필을 하사받았다. 판전중시사(判殿中寺事)로 재임 중 태종이 즉위하자 사은사(謝恩使) 서장관(書狀官) 안윤시(安允時)와 함께 태종의 왕위 계승을 인정받고 온 공으로 안마(鞍馬)와 밭 50결, 노비 4구를 하사받았다. 1403년(태종 3년)에는 전 호조전서의 신분으로 대명 외교에서 수고한 공로로 내구마(內廐馬) 1필을 하사받았고, 이듬해 호조참의에 올랐다가, 1406년 주문사(奏聞使)의 임무를 성공리에 마친 뒤 태종으로부터 임주(林州)를 사향(賜鄕)받았다. 1407년 세자와 황녀의 결혼을 의논한 죄로 구금됐으나, 곧 동지총제(同知摠制)에 올라 정조(正朝)를 하례(賀禮)하기 위해 파견된 세자의 시종관(侍從官)으로 입조(入朝)해 쌀 60석과 상포(常布) 100필을 하사받았다. 그 뒤 중군총제(中軍摠制), 검교판한성부사(檢校判漢城府事)를 거쳐 1415년(태종 15년) 경승부윤(敬承府尹) 재임 중 세상을 떠났다.

견을 냈으나[有議] 지금까지는 그럴 겨를이 없었고[未暇-未遑], 지난
　　　　　　유의　　　　　　　　　　　　　　　미가　　미황
겨울에 대간(臺諫)에서 작은 허물을 갖고서 정부를 없앨 것을 청했
던 까닭에 윤허하지 않은 바 있다. (그런데) 얼마 전에 좌정승(左政丞)
이 말하기를 '중조(中朝-명나라 조정)에도 승상부(丞相府)가 없으니 마
땅히 정부(政府)를 혁파해야 한다'고 했다. (그래서) 내가 가만히 생각
해보니[竊念], 모든 일이 내 한 몸에 모이면 진실로 재결(裁決)하기가
　　　　절념
어렵다. 그러나 이미 한 나라의 임금이 되어서 어찌 노고[勞神]를 피
　　　　　　　　　　　　　　　　　　　　　　　　　　　　　노신
하겠느냐?"

직(稷) 등이 말했다.

"진실로 상의 말씀대로입니다."

상이 말했다.

"공신(功臣)이 세월이 오래되고 나이가 많으면[歲久年耆] 마땅히 부
　　　　　　　　　　　　　　　　　　　　　　세구　연기
원군(府院君)³¹이 돼야 한다. 다만 나이와 덕망이 고매(高邁)한 자는
많으나 육조(六曹)의 자리는 적다. 그대로 정부에 두고서 처우하는
것이 마땅하다."

마침내 영의정부사(領議政府事) 성석린(成石璘), 좌정승(左政丞) 하
륜(河崙), 우정승(右政丞) 남재(南在), 찬성사(贊成事) 이숙번(李叔蕃),
예조판서 설미수 등을 불러 의의(擬議)하게 하니, 모두 옳다고 해서
상이 그것을 따랐다.

육조로 하여금 (그동안 의정부에서 담당했던) 서무(庶務)를 나눠 맡
도록 하고[分掌], 의정부(議政府)에는 영부사(領府事) 1인, 판부사(判
　　　　　분장

---

31 임금의 장인과 공신에게 내리는 칭호다.

府事) 2인, 동판부사(同判府事) 2인, 사인(舍人)은 그대로 두었으며 참찬(參贊) 1인, 지부사(知府事) 2인, 참지부사(參知府事) 2인을 없앴다. 검상 조례사(檢詳條例司)[32]를 없애고 예조(禮曹)에 병합시켰다. 영의정부사(領議政府事) 성석린을 파직해 창녕부원군(昌寧府院君)으로 삼고 하륜을 영의정부사로, 남재와 이직을 판의정부사로, 이숙번과 유정현(柳廷顯)을 동판의정부사로 삼았다. 삼군(三軍)에 판부사(判府事-삼군부 판사)를 각각 1인씩 더 두었는데, 직질은 종1품으로서 이지숭(李之崇)·이귀령(李貴齡)·한규(韓珪)로 이를 삼았다. 공안부 윤(恭安府尹)과 인녕부 윤(仁寧府尹)을 각각 1인씩 더 두었다.

이에 앞서[前此] 형조 우참의(刑曹右參議)가 항상 도관(都官)[33]에 나와서 일을 보았는데, 이때에 이르러 육조의 일이 번잡하다고 해서 본조(本曹)에 돌아가 사진(仕進)하도록 하고, 겸지형조사(兼知刑曹事) 1원(員)을 더 두어 타관(他官)의 판사(判事)로써 겸하여 도관을 전담해서 맡게 했다. 예조판서 설미수가 병으로 사임하니 성석인(成石因)으로 하여금 대신하게 했다.

애초에 상이 정부(政府)의 권한이 무거운 것을 염려해 이를 개혁할 생각이 있었으나 정중히 여겨[鄭重] 서둘지 않았는데, 이때에 이르러 단행했다. 정부가 관장하는 것은 단지 사대문서(事大文書)와 무거운 죄수[重囚]를 다시 안핵(按覈)하는 것뿐이었다. 이제 비록 의정부의 권한이 무거운 폐단을 개혁했다고 하나, 권력이 육조(六曹)에

---

32 조선조 때 법률의 제정을 맡아보던 관청이다.
33 법률을 관장하는 형부 소속 관청이다.

분산돼 통일되는 바가 없고 모든 일을 제때에 품승(稟承)[34]하지 못해 일이 많이 막히고 지체됐다[礙滯]고 한다[云].

○ 의정부에서 공사(公事)를 (육조에) 이전(移轉)해 맡게 할 일의 항목을 아뢰었다.

"하나, 부(府-의정부) 중에 행이(行移)하지 않은 문서는 육조의 낭청(郎廳)[35]을 불러와서 교부(交付)하고, 이미 행이한 문서는 가각고(架閣庫)[36]에 옮겨 보관하되 모든 차견(差遣)[37]이나 수점(受點)[38] 따위의 일은 이조와 병조에 보냅니다.

하나, 대소연향(大小宴享)이나 중외청가(中外請暇-휴가 신청) 따위의 일은 예조에 보냅니다.

하나, 공사(公私)에서 서로 소송해 사처(私處)에 결급(決給)한 한당노비(限當奴婢) 가운데 분간(分揀)이 끝나지 않는 사건은 형조에 보냅니다.

하나, 각 년의 조례문서(條例文書) 가운데 등록(謄錄)하지 않는 일은 예조로 보내고, 이미 등록한 일은 가각고에 보관합니다.

---

34 신하가 임금에게 의견을 올리고 왕지(王旨)를 받는 일을 말한다.

35 본래 낭관(郎官)과 같은 의미로 각 관서의 당하관을 가리켰으나, 1555년(명종 10년) 비변사가 상설 기구로 바뀌어 12명의 낭청을 두면서부터 하나의 관직으로 자리 잡게 되고, 뒤에 설치된 선혜청·오군영 등에도 차례로 낭청직이 설치됐다. 정규직 종6품으로 규정·직제화했지만 고정시키지 않은 낭청직이 많이 설치되면서 정3품 당하관부터 종9품까지 폭넓게 겸직 충원됐다.

36 고려 후기부터 조선 초기까지 문서를 보존, 관리하던 관청이다.

37 지방에 일이 있을 때 임시로 관리를 임명해 파견하는 일을 말한다.

38 관리를 임명할 때 세 사람의 후보자 3망(三望)을 내어 임금의 낙점(落點)을 받는 일을 말한다.

하나, 녹사(錄事)는 부중(府中)에 10명을 그대로 두고 그 밖에는 모두 가각고에 보내며, 여러 도감(都監)의 각 소(所)는 이조에서 옛날대로 차정(差定)[39]합니다.

하나, 지인(知印)[40]은 10명을 그대로 둡니다.

하나, 전리(典吏)는 부중(府中)에 15명을 그대로 두고, 그 밖에 21명은 육조에 나눠 보내고 일은 이조에 보냅니다.

하나, 정리(丁吏)[41]는 주장(主掌-관장)하는 각처에 나눠 보내고, 일은 이조에 보냅니다.

하나, 조례(皂隷)[42]는 부중(府中)의 상하번(上下番) 가운데 1번(一番) 25명을 그대로 두고, 그 밖에 225명은 전에 보내기로 정한 각처와 육조 중에서 수가 적은 곳에 나눠 보내고 일은 병조에 보냅니다.

하나, 수공(守公)[43] 1번(一番) 30명은 옛날 그대로 둡니다."

그것을 따랐다.

○ 각 도 관찰사(觀察使)의 직함(職銜)에 동지의정부사(同知議政府事)나 동참지의정부사(同參知議政府事)를 덧붙이던 것을 이때에 이르러 없앴다.

---

39 임명해 사무를 담당시키는 것을 말한다.

40 관아의 사환을 말한다.

41 일명 정례(丁禮)라고도 했으며, 관인(官人)들에게 분급되어 호종(扈從)의 일을 담당하거나 관리의 행차 시 앞에서 안내했다. 장정의 남자들을 뽑아 관인들의 관품(官品)에 따라 분급했으며, 그 수에 차이가 있었다. 국상(國相)은 4인, 3품 이상의 열경(列卿)은 3인, 정랑(正郎)은 2인, 원랑(員郎) 이상은 1인으로서 관노(官奴)의 성격을 띠며 세습됐다.

42 관아(官衙)에서 천역(賤役)에 종사(從事)하는 관노(官奴)를 말한다.

43 조선 초기 도부외(都府外)에 딸렸던 하례(下隷)의 하나다.

임술일(壬戌日-19일)에 일본 구주 절도사(九州節度使)와 (대마도의) 종정무(宗貞茂)가 사신으로 보낸[使送] 객인(客人)이 와서 토산물을 바쳤다.

○ 사헌부에서 소를 올려 청원군(靑原君) 심종(沈淙)의 죄를 청했다. 종(淙)이 지난가을에 어가(御駕)를 따라 남행(南幸)했을 때에 몰래 방간(芳幹)이 보낸 생강을 받고도 상에게 보고하지 않았기 때문이다.

계해일(癸亥日-20일)에 전 완산부 윤(完山府尹) 박경(朴經)이 졸(卒)했다.

경(經)은 영해(寧海) 사람으로 시중(侍中) 함(諴)의 후손이다. 처음에 음직(蔭職)으로 관직에 나와 여러 벼슬을 거쳐 대사헌(大司憲)에 이르렀다. 그때 응방(鷹房)을 두고 행행(行幸-행차)에 여악(女樂)을 앞세우고자 했는데, 소를 올려 극간(極諫)하니 태조(太祖)가 노해 궐정(闕庭)으로 불러들여 말했다.

"과인(寡人)이 경(卿)을 대우하기를 이같이 했건만 어찌하여 나를 극심하게 욕하는가?"

경이 대답했다.

"신(臣)이 간담(肝膽)을 피력(披瀝)하는 것을 만약[脫] 조금이라도 남기는 바[小遺]가 있다면 어찌 전하의 망극(罔極)한 은혜를 갚는 도리이겠습니까?"

말이 심히 간절하고 지극하니 태조가 드디어 노여움을 풀었다

[霽威]. 어느 날 자기 집 노비의 문적(文籍)을 펼쳐보다가 양천(良賤)을 분간하기 어려운 노비 몇 구(口)가 있자 즉시 이를 불태우고 그들의 고향으로 돌아가는 것을 들어주었다. 영락(永樂) 신묘년에 다시 대사헌이 돼 토목(土木)의 역사를 정지하도록 간언했다. 임진년에 완산 윤(完山尹)으로 나갔다가 계사년에 걸해(乞骸)[44]해 사제(私第)에서 졸하니, 나이가 64세였다. 3일 동안 철조(輟朝)하고 중관(中官)을 보내 조제(弔祭)했다. 경은 사람됨이 삼가고 두터우며[謹厚] 맑고 곧아[純直] 물건을 남에게 주는 데 거리낌이 없으니[無忤], 장자(長者-다움이 뛰어난 사람)의 풍모가 있었다. 항상 마음을 보존하고 다른 사람들을 아껴주니[愛物], 상대편 사람이 그 은혜를 받았다. 그는 평상시 거처할 때에 이른 아침부터 밤늦게까지 의관(衣冠)을 갖추었고, 사위나 아우, 조카를 빈객(賓客)처럼 대했다. 시호는 양정(良靖)이다. 아들이 없었다.

갑자일(甲子日-21일)에 판한성부사(判漢城府事-한성부 판사)로 치사(致仕-은퇴)한 정요(鄭曜)가 졸(卒)했다. 요(曜)는 초계(草溪) 사람으로 내시(內侍) 출신이다. 무진년에 회군이등공신(回軍二等功臣)이 돼 숭정대부(崇政大夫)에 이르렀고, 판한성(判漢城)으로서 두 차례에 걸쳐 치사하도록 했는데, 졸할 때 나이가 84세였다. 3일 동안 철조(輟朝)하고 부의(賻儀)로 쌀과 콩 30석과 종이 100권을 내려주었으며 중관

---

44 관리가 나이가 많아 일을 보기 어려울 때 고향에 돌아가서 묻히게 해달라고 임금에게 애걸하는 일을 말한다.

(中官)을 보내 조제(弔祭)했다. 시호는 호희공(胡僖公)이다. 아들은 갱
(賡)이다.

을축일(乙丑日-22일)에 경상도 보천(甫川)에 우박(雨雹)이 내려 삼과
보리를 상하게 했다.

○ 일본 사객(使客)을 위로하기 위해 연회(宴會)하는 법을 정했다.
일본 국왕의 사신은 육조 판서(六曹判書)가, 제도(諸島)의 사객(使客)
은 예조 당상관(禮曹堂上官)이 대접하는 것을 길이 항식(恒式)으로
삼았다.

○ 판무산현사(判撫山縣事-무산현 판사) 임모(林謨)와 판강서현사(判
江西縣事-강서현 판사) 탁사준(卓思俊)을 순금사(巡禁司)에 내렸다[下].
경차관(敬差官) 조치(曹致)의 계본(啓本-보고서)을 따른 것이다. 애초
에 사준(思俊)이 무산 현령(撫山縣令)이 돼 의창(義倉)의 곡식을 거둘
때 큰 말[大斗]을 사용해 남는 곡식[贏餘]이 매우 많았다. 모(謨)가
사준의 뒤를 이어 현사(縣事-현 판사)가 됐는데, 그 곡식의 반을 창
고에 쌓아두었다가 쓸모없게 만들고[費耗] 반은 사사로이 썼다. 일이
발각되자 사실을 핵문(覈問)해, 모에게는 장(杖) 100대에 수속(收贖-
속전을 거둠)하고 사준은 원종공신(元從功臣)이라 하여 면제했다.

○ 인녕부 윤(仁寧府尹) 김녕(金寧), 좌군 총제(左軍摠制) 심온(沈溫)
을 변정도감 제조(辨正都監提調)로 삼아 한상경(韓尙敬)과 박신(朴信)
을 대신하게 했다. 또 전 판충주목사(判忠州牧事) 권진(權軫), 인녕부
윤(仁寧府尹) 안등(安騰), 예문관 제학(藝文館提學) 김여지(金汝知)를
가정제조(加定提調-추가로 투입한 제조)로 삼았다. 대언(代言) 등에게

명해 말했다.

"공무(公務)를 계류(稽留)시키지 말고 그 즉시[隨卽] 계문(啓聞)해
시행하라."

정묘일(丁卯日-24일)에 (경상도) 함양(咸陽) 사람 김원생(金元生)이 끌
고 가던 소가 벼락을 맞았고, 3일이 지나 원생(元生)도 죽었다.

○ 한성부 윤(漢城府尹) 김구덕(金九德)을 보내 경사(京師-명나라 수
도 북경)에 가서 천추절(千秋節)을 하례하게 했다. 상이 일렀다.

"2품 이상이 출사(出使)할 때의 전별연(餞別宴)은 지금부터는 예조
(禮曹)로 하여금 지신사(知申事) 및 예방 대언(禮房代言)과 더불어 하
나같이 함께 시행하게 하고 이를 항식(恒式)으로 삼으라. 지신사가 유
고(有故)일 경우에는 다음 대언(代言)이 이를 행하고, 육조(六曹)로 하
여금 모여서 전별(餞別)하지 말게 하라."

상이 또 말했다.

"명나라 조정에 들어가는[入朝] 사신(使臣)의 반전(盤纏-여비)과 치
부(致賻) 따위의 일은 금후로는 승정원(承政院)에서 마감(磨勘)해 아
뢰어라."

○ 우홍부(禹洪富, ?~1414년)[45]에게 고신(告身)을 주라고 명하고, 이

---

45 1382년(우왕 8년) 장복서 령(掌服署令)으로 예부시(禮部試)에 급제했다. 1392년(공양왕
   4년) 6월 전의감 부령(典醫監副令)으로 재직 중에 이성계(李成桂) 일파의 구신(舊臣) 제거
   와 관련돼 관직을 삭탈당하고 원방에 유배하도록 결정됐다. 1392년(태조 1년) 7월 고려
   구신에 대한 재논죄와 함께 직첩을 몰수당하고 결장(決杖) 후 원방에 유배됐다가 곧 방
   면됐으며, 1398년(태조 7년) 윤5월 직첩(職牒)을 환급받았다. 1400년(정종 2년) 1월 회안
   군(懷安君) 방간의 처질 판교서감사(判校書監事) 이래(李來)가 우홍부의 아버지 우현보

어서 쌀과 콩 20석을 내려주었다. 애초에 홍부(洪富)가 왕거을오미 (王巨乙吾未)를 고(告)하지 않은 죄에 연좌됐는데, 이때에 이르러 대제학(大提學) 김한로(金漢老), 계성군(鷄城君) 이래(李來), 한성부 윤(漢城府尹) 정역(鄭易) 등이 아뢰어 말했다.

"홍부는 병이 위독하니[疾篤], 바라건대 고신(告身)을 되돌려주소서."
질독

상이 그것을 따랐다. 홍부는 (고려 때의) 시중(侍中) 현보(玄寶)의 아들이다. 현보가 계해년(癸亥年-1383년) 과거의 지공거(知貢擧)[46]를 맡았을 때 한로(漢老) 등이 모두 그 문생(門生)[47]이었다. 상이 또한 잠저(潛邸)에 있을 때 그 시험에 합격했다[中].
중

○사헌부에서 소를 올려 이양우(李良祐)의 죄를 청했는데, 소는 대략 이러했다.

'지금 양우(良祐)의 근수(根隨) 홍의(洪義) 등과 방간(芳幹)의 종 석구지(石仇知) 등의 공사(供辭)를 보니 이미 사통(私通)한 흔적이 드러났습니다. (그런데도) 양우는 굳이 숨기고 보고하지 않았으니, 빌건대 고신(告身)을 거두고 그 까닭을 국문(鞠問)해 그 죄를 밝게 바로잡아

에게 회안군이 정안군(靖安君)을 제거하려 한다고 하자, 이를 전해 듣고 정안군에게 고변했다. 이 공로로 이해 11월, 특별히 개성유후사부유후(開城留後司副留後)에 서용됐다. 1412년(태종 12년) 이방간의 난에 대한 공로가 다시 논의되어 원종공신(原從功臣)에 추록되고, 예안군(禮安君)에 봉군됐다. 1413년 왕거을오미(王巨乙吾未) 사건에 관련돼 고신(告身-벼슬아치에게 주는 사령장)을 몰수당했으나, 이때 질병으로 인해 태종의 특은으로 고신을 환급받은 뒤 죽었다.

46 과거를 주관하는 시험관이다.

47 과거에 합격한 사람들이 고시관(考試官)인 은문(恩門)에 대해 자신을 스스로 일컫는 말이다.

서 여러 간사한 싹을 막아야 할 것입니다.'

(상이) 따르지 않고, 인하여 연좌되어 갇힌 자들을 풀어주었다.

○ 정리(丁吏)를 없앴다. 구제(舊制)에 따르면, 양부(兩府)와 간원(諫院)의 행차에 한 사람으로 하여금 붉은 옷을 입고 갈도(喝道-길에서 소리치는 것)하는 것을 정리라고 일컬었다. 이조판서 한상경(韓尙敬)이 아뢰었다.

"이제 조정(朝廷-명나라 조정)의 법을 본떠 이미 조례(皂隷)로 하여금 앞에서 가갈(呵喝-갈도)하게 하니, 정리를 없애는 것이 마땅합니다."

그것을 따랐다.

기사일(己巳日-26일)에 상이 광연루(廣延樓)에서 상왕(上王)을 받들고 술자리를 마련해 지극히 즐겼다.

○ 이양우(李良祐)를 양근(楊根)에 두라고 명했다.

사헌부에서 소를 올려 양우(良祐)의 죄를 청했는데, 대략 이러했다.

'신 등은 양우가 범한 바는 불충(不忠)에 관계됐으므로[涉-關] 글
섭 관
을 올려 죄를 청했으나, 아직 그대로 하라는 윤허[兪允]를 받지 못했
유윤
습니다. 가만히 엎드려 생각건대, 양우가 범한 바는 종묘(宗廟)·사직
(社稷)과 관계되는 바가 있으니[有關] 전하께서도 사사로이 처리하실
유관
수 없습니다. 옛날에 양(梁)나라 무제(武帝)는 석씨(釋氏-불교)를 깊이
믿어 자애(慈愛)에 지나쳐서, 사람이 법(法)을 범해도 모두 용서해 풀

어주었습니다. 심지어 종실(宗室)에 반역자(反逆者)가 있어도 또한 울면서 용서해 바른 덕(德)에 돌아가도록 했으나 후경(侯景)의 난(亂)[48]을 가져왔으니, 이것이 귀감(龜鑑)이 될 수 있을 것입니다. 바라건대 유윤(兪允)을 내려주시어 그 연유를 자세히 문초하고 법대로 밝게 처리해야 할 것입니다.'

또 소(疏)에서 말했다.

'이방간(李芳幹)의 집에 사람의 출입(出入)을 금지한다는 것은 이미 일정한 법이 있습니다. (그런데도) 전주부 윤(全州府尹) 신극공(辛克恭)과 판관(判官) 이종실(李從實) 등이 고찰(考察)을 엄격하게 하지 못했으니, 마땅히 종간(縱姦)의 형(刑)에 따라 처벌해야 할 것입니다. 신 등이 전날 글을 올려 죄를 청했으나 유윤(兪允)을 받지 못했습니다. 가만히 생각건대, 극공(克恭) 등의 죄를 어찌 용서해주는 예(例)[原例-赦例]에 둘 수 있겠습니까? 빌건대 아울러 그 죄를 논해야
원례   사례
할 것입니다.'

사간원(司諫院)에서 소(疏)를 올려 말했다.

'신 등이 듣건대 남의 신하 된 자[人臣-爲人臣者]에게는 "장차
             인신   위인신자
[將]"[49]가 없어야 하니, 장차가 있으면 반드시 베는 것이 『춘추(春秋)』
장
의 법입니다. 회안대군(懷安大君) 방간(芳幹)은 종사(宗社)에 득죄(得

---

48 양(梁)나라 무제(武帝) 때 후경(侯景)이 일으킨 반란이다. 하남왕(河南王) 후경(侯景)이 모반해
   건강(建康)을 포위하고 대성(臺城)을 함락시켜 무제(武帝)가 굶어 죽었다.
49 『춘추공양전(春秋公羊傳)』에 말하기를 "임금의 친척에게는 장(將)이 없으니, 장(將)이 있
   으면 반드시 벤다"라고 했는데, 『한서(漢書)』「숙손통전(叔孫通傳)」에서 "장은 역란(逆亂)
   을 말한다"라고 했다. 한마디로 미래를 도모하는 것을 말한다.

罪)해서 온 나라 신자(臣子)와 불공대천(不共戴天)의 원수가 되었는데도 양우(良祐)가 훈척대신(勳戚大臣)으로서 사사로이 서로 사람을 보내 당여(黨與)를 맺고자 했으니, 금장(今將-장차를 도모함)의 마음이 있지 아니한 자가 어찌 감히 이같이 하겠습니까? 엎드려 바라건대 전하께서는 헌사(憲司)의 청을 따라서 장차 양우를 유사(攸司)에 내려, 그 고신(告身)을 거두고 그 연유를 국문(鞫問)해 그 죄를 바로잡아야 할 것입니다.'

상이 모두 따르지 않고 이렇게 말했다.

"모반한 흔적[反狀-叛狀]이 아직 나타나지 않았는데도 형(刑)을 가(加)하는 것이 의리상으로 어떠하겠는가? 속히 양우의 집에 수직(守直)하는 것을 풀고 아울러 오래 갇힌 자를 면해주라."

헌부(憲府)에서 말씀을 올렸다.

"양우의 경우는 비록 수직(守直)을 면해주더라도 도망쳐 숨을 리가 없으나, 홍의 등은 풀어주면 반드시 도망칠 것입니다."

상이 말했다.

"나는 홍의 등의 말이 광탄(狂誕)하여 믿을 만한 것이 못 된다는 것을 알고 있으니, 즉시 석방하는 것이 마땅하다."

헌부에서 감히 이를 어기지 못해 즉시 글을 올려 말했다.

'신 등이 듣건대, 관(官)을 지키는 자리에 있는 자가 그 직(職)을 다하지 못하면 물러가는 것이요, 언책(言責)에 있는 자가 그 말을 다하지 못하면 물러간다고 했습니다. 신 등이 모두 용렬하고 어리석은 자질로서 상의 알아주심을 잘못 입어 언관(言官)의 자리를 더럽히고 있으니, 일의 이치를 보는 데 밝지 못하고 일을 처리하는 데 합당함을 잃어 능히 성덕(聖德)을 비익(裨益-도움)하지 못하고 실로 관직을 태만히 한다는 비난이 있습니다. 감히 시위소찬(尸位素餐)하고 충언(忠言)의 길을 막으니 실로 걱정과 두려운 생각이 있으므로, 이치상으로 사퇴하는 것이 마땅합니다. 엎드려 바라건대 성자(聖慈)는 신등의 직책을 면하게 하소서.'

사헌부가 드디어 그 집으로 물러갔다. 사간원에서 다시 소를 올려 말했다.

'인신(人臣)의 죄는 두 가지 마음을 품는 것보다 큰 것이 없으며, 두 가지 마음을 품는 신하는 마땅히 법대로 처치해야 합니다. 지금 양우가 훈척(勳戚)의 대신으로서 지위가 1품에 이르렀고, 그 여러 아들의 직질(職秩)이 추요(樞要)의 직(職)에 올라 총애와 영광이 지극합니다. 돌아보건대, 그런데도 역신(逆臣)과 사통(私通)했으니 그 불충하고 간사한 것이 이보다 더할 수 없습니다. 만약 조기(早期)에 이를 다스리지 못한다면 훗날의 변(變)을 가히 알 수 없을 것입니다. 엎드려 바라건대, 전하께서는 대의(大義)로써 결단하여 그 죄를 밝게 바로잡으소서.'

(상이) 대언사(代言司-훗날의 승정원)에 뜻을 전해[傳旨] 말했다.
전지

"대간(臺諫)의 말은 크게 잘못된 것이 없다. 완원군(完原君)의 변명 또한 절실하고 지극해 사정이 실상에 가까우니[涉疑似] 실로 결단하
섭 의사
기 어렵다. 비록 양우가 실제로 하지 않은 바라고 하더라도 또한 억측(臆測)해 생각할 수도 없으니, 잠정적으로[姑] 외방(外方)에 내보내
고
도록 하되 그 거주하는 바를 그의 임의대로 하라."

이어서 사람을 보내 양우에게 일깨워 말했다

172

"헌사(憲司)에서 여러 사람의 말을 가지고 증거로 삼아서 죄를 청하니, 사실이 아닌 것 같으나 그들을 탄망(誕妄)하다고 지적하기도 어렵다. 형(兄)도 하늘을 가리키며 맹세하니, 진실로 죄가 있다고 생각하기가 어렵다. 내가 공의(公議)를 두려워해 잠시 형을 외방에 내보낸다."

양우는 양근(楊根)으로 돌아갈 것을 청했다.

경오일(庚午日·27일)에 무과(武科)의 은영연(恩榮宴)을 옛 승추부(承樞府)에 내려주었다. 한평군(漢平君) 조연(趙涓)과 병조판서 이응(李膺)이 연회를 주관했다[押宴].
압연

○ 영의정부사(領議政府事) 하륜(河崙)이 「도성형승지곡(都城形勝之曲)」과 「도인송도지곡(都人頌禱之曲)」 2편(篇)을 바쳤는데, 편마다 각각 8장(章)이었고 이어(俚語)[50]가 섞여 있었다. 악관(樂官)에 내려 이에 관현(管絃)을 입히라[被之]고 명했다.
피지

○ 전함재추(前銜宰樞)[51]의 고가출입(告暇出入)의 법을 세웠다. 이조(吏曹)에서 아뢰었다.

"지금까지는 전함재추가 여러 날 동안 성문(城門) 밖으로 출입할 일이 있으면 사유(辭由)를 일일이 갖춰 정부에 고(告)했습니다. 금후로는 승정원(承政院)에 단자(單子)를 바치는 것을 법식(法式)으로 삼

---

50 백성이 쓰는 속어를 말한다.
51 2품 이상의 한량(閑良) 기로(耆老)를 말한다. 태종 때 전함재추소(前銜宰樞所)를 두었고, 세종 때 치사기로소(致仕耆老所)로 고쳤다.

아야 할 것입니다."

그것을 따랐다.

○ 판의정부사(判議政府事-의정부 판사) 이직(李稷)이 전(箋-짧은 글)을 올려 사직했으나 윤허하지 않았다. 전(箋)은 이러했다.

'신이 삼가 제왕(帝王)의 정치를 하던 제도[爲治之制]를 고찰해보건
대 관(官)을 설치하고 직사(職事)를 나눈 것이 주(周)나라보다 잘 갖
춰진 적이 없었으니, 삼공(三公)이 도리를 논하고[論道] 육경(六卿)[52]
이 직사를 나눈 것[分職]이 그 큰 벼리[綱]였습니다. 삼가 생각건대,
황명(皇明-명나라)의 태조황제(太祖皇帝)가 빼어난 앎[聖知]의 재질(才
質)로 예(禮)를 제정하고 악(樂)을 짓는 데 손익(損益)[53]이 적중(適中)
함을 얻었고, 다시 관제(官制)를 정하는 데 있어 주(周)의 관제를 높
이고 존중해 삼공(三公)을 두고 육부(六部)를 설치해서 진(秦)과 한
(漢) 이래의 상부(相府)의 제도를 일소(一掃)하니, 일이 엄체(淹滯-지
체)되는 것이 없고 실상이 통하지 않는 바가 없어 가위 정치하는 요
체(要體)를 얻었다고 하겠습니다.

공손히 생각건대, 우리 태조(太祖)께서 천명(天命)을 받아 개국(開
國)해서 전조(前朝)의 풍속 가운데 천박하고 더러운 나머지를 이어받
아 묵은 폐단(弊端)을 개혁하기에 힘쓰셨고, 주상전하(主上殿下)께서
대보(大寶)를 이어받아 잘 계술(繼述)해서 지난날에 다 개혁(改革)하

---

52 주대(周代)의 육관(六官)의 장(長)이다. 천관(天官)의 장인 총재(冢宰), 지관(地官)의 장인
   사도(司徒), 춘관(春官)의 장인 종백(宗伯), 하관(夏官)의 장인 사마(司馬), 추관(秋官)의 장
   인 사구(司寇), 동관(冬官)의 장인 사공(司空)을 말한다.

53 때에 맞게 덜어내고 더하는 바를 말한다.

지 못한 것은 모두 이미 깎아서 없애버렸습니다[劃除]. 법(法)의 경우
크고 작은 것 없이 찬연히 일신(一新)됐고, 정부의 서무(庶務)를 육조
(六曹)에 나눠 붙이고 중요한 일을 논하고 생각하는 것은 정부(政府)
에 맡기니 이는 실로 주관(周官)의 뜻입니다.

  또 신으로 하여금 판부사(判府事)로 삼으니, 신은 처음에 명(命)
을 받고 황공(惶恐)하고 낭패스러워[隕越] 어찌할 바를 알지 못했습
니다. 신이 엎드려 『서경(書經)』을 생각하니 "관(官)은 반드시 갖출
필요가 없으나 사람은 오직 적임자[其人]여야 한다"라고 했으며, 『논
어(論語)』에 이르기를 "힘을 다하여 벼슬자리에 나아가되 재능이 없
으면 물러난다"라고 했으니, 빼어난 이의 말씀은 속일 수가 없습니다.
신은 성질이 본래 우활하고 어리석으며[迂拙] 재능 또한 짧고 얕으
나 요행스레 성명(聖明-임금의 빼어난 눈 밝음)을 만났으니, 신의 어둡
고 어리석음을 양지(諒知)하시고 신의 다른 마음이 없음을 살피시어
매번 신에게 중외(中外)의 직임을 맡기심에 다만 어리석은 충심(衷心)
을 다해 삼가 관직에 나아가 거의 큰 실수는 없었습니다. (그러나) 한
(漢)나라 장자방(張子房)처럼 뛰어난 사람[賢]도 오히려 유후(留侯)에
봉(封)해지기를 바랐으니[54] 신이 어찌 부끄럽지 않겠습니까? 하물며
[矧] 지금 하교(下敎)하시기를 "나이와 덕망이 함께 높고 치체(治體)
에 통달한 자를 의정부(議政府)의 직(職)에 제수(除授)하고, 군국(軍
國)의 중요한 일을 정부로 하여금 토의하게 하라"라고 하셨습니다. 이

---

54 한(漢)나라 3대 공신(功臣)인 장량(張良)이, 공신으로 봉해지면 보전하기 어려울 것을 미
   리 알고 관계에서 은퇴해 유후(留侯)에 봉해지기를 바랐다는 고사를 말한다.

는 옛날 삼공(三公)의 직임입니다. 그 지위가 높고 그 임무가 무거우니, 뭇사람이 경외(敬畏)하는 사표자(師表者)가 아니면 마땅히 그 자리에 있을 수 없습니다. 신이 비록 총애를 탐해 그 자리를 모람되게 지키더라도 물의(物議-여론)에 있어서 어떠하겠습니까? 또 교지(敎旨)와 명실(名實)이 서로 다르며 옛날 "관(官)을 반드시 갖추지 않는다" 운운한 뜻에도 어긋남이 있으니, 이것이 신이 감히 스스로 편안하지 못한 까닭입니다.

또 신이 생각건대, 옛날의 삼공(三公)에는 아문(衙門)이 없었는데 지금의 정부(政府)는 아문이요, 반열(班列)이 백관(百官)의 우두머리에 거(居)하며 더불어 중대한 일을 토의하니[與議] 사람들의 규범(規範)이 되는 것입니다. 비록 상직(常職)이 없다 하더라도 영부사(領府事) 하륜(河崙)과 더불어 같이 정부(政府)에 있는데, 전혀 상피(相避)함이 없으면 혹은 미편(未便)할 것 같습니다. 엎드려 바라건대, 신이 스스로 생각하는 것을 불쌍히 여기시고 신의 어리석은 고집[執迷]을 용서하시어 다시 노성(老成)한 사람을 고르고 신은 봉군(封君)의 반열(班列)에 둔다면 국가에 심히 다행하겠습니다.'

상이 읽어본 뒤 우사간(右司諫) 윤회종(尹會宗)에게 명해 비답(批答)을 짓게 하고 윤허(允許)하지 않았다. 직(稷)은 바로 하륜의 아내 이씨(李氏)의 종제(從弟-사촌 동생)였다.

○사헌 장령(司憲掌令) 복간(卜僩-혹은 복한)이 글을 올려 사직했다. 간(僩)이 양우(良祐)의 죄를 청했으나 윤허하지 않자 이에 글을 올렸는데, 대략 이러했다.

'신은 재주가 아둔하고 배움이 소루(疏漏)해 여러 차례 과거에 급제하지 못해 늙어서 초야(草野)에 돌아갔더니, 나이가 거의 60세 [耳順]가 돼 세상의 이익에 관심이 없었습니다. (그런데) 특별히 성은(聖恩)을 입어 감찰(監察)에 임명되고 여러 번 옮겨 장령(掌令)에 이르렀으니, 이른 아침부터 밤늦게까지 부지런히 하여[孜孜] 상(上)의 은혜에 보답하고자 꾀했습니다. 이제 두 마음[貳心]을 품은 자를 보고 이를 쫓아버리고자 했으나 다만 재주가 용렬하고 말이 고루해 상의 마음에 부응(副應)하지 못했으니, 신이 어찌 감히 구차스러운 녹(祿)의 이익을 바라고 영화를 탐(耽)하겠습니까? 빌건대 신의 직임을 면(免)하여 현철(賢哲)한 사람에게 제수해 면관(免官)의 꾸짖음을 넓히소서.'

신미일(辛未日·28일)에 사간원(司諫院)에서 소(疏)를 올려 양우(良祐)의 죄를 다시 청했다. 소는 대략 이러했다.

'우환은 소홀히 하는 데서 생기고 변란은 예기치 못한 데[不虞]서 일어나는데, 하물며 훈척대신(勳戚大臣)이면서 역신(逆臣)과 사통(私通)한 자를 두려워하지 않을 수 있겠습니까? 지금 양우가 방간(芳幹)과 사통한 행적이 이미 드러났으니, 임금에게 충성을 다하지[輸情]않는 그 음흉(陰譎)하고 불충한 마음을 헤아릴 수 없습니다. 전하께서는 단지 외방으로 내보내도록 하셨으나, 이는 악(惡)을 경계하고 우환을 염려하는 도리가 아닙니다. 엎드려 바라건대 한결같이 헌사(憲司)에서 아뢴 바에 의거해 그 죄를 밝게 바로잡아서 신민(臣民)의 바람에 답해야 할 것입니다.'

상이 말했다.

"헌사의 청(請)을 내가 이미 들어주지 않았다. (그런데) 너희들의 말을 어찌[庸] 홀로 들어주겠는가? 어째서 이렇게 번거롭게 하는가[屑屑]?"

간원(諫院)들이 드디어 모두 사직했다.

○ 첨총제(僉摠制) 이화미(李和美)의 상(喪)에 쌀과 콩 30석과 종이 100권, 관곽(棺槨)을 부의(賻儀)로 내려주었다. 화미(和美)는 청해백(靑海伯) 지란(之蘭)의 아들인데, 그의 무재(武才)는 약간 아비의 풍모가 있었다.

○ 전라도 관찰사에게 뜻을 전해 방간(芳幹)의 수직(守直)을 풀어주도록 했다.

감사는 양우(良祐)가 사람을 시켜 서로 사통했던 까닭으로 군인을 시켜서 방간이 안치(安置)된 곳을 방수(防守)하게 했다. 상이 이를 듣고서 말했다.

"이 일을 회안(懷安-이방간)은 전혀[全] 알지 못했다."

마침내 이러한 명이 있었으니, 이는 방간의 마음을 안심시키려 함이었다.

○ 종묘의 둘레 담장[周垣]을 쌓았다.

○ 이달에 일본 강주 태수(江州太守) 평만가(平滿家)의 사인(使人)이 예물을 바치고 큰 종[洪鍾]을 요청했다.

甲辰朔 慶尙道 咸陽 山陰 珍城 感陰 居昌 巨濟 三歧等地 隕霜
갑진 삭 경상도 함양 산음 진성 감음 거창 거제 삼기 등지 운상

傷穀 凡三日.
상곡 범 삼일

吾都里指揮童於虛周等及兀良哈千戶於夫老等還.
오도리 지휘 동어허주 등 급 올량합 천호 어부로 등 환

乙巳 幸東郊觀放鷹.
을사 행 동교 관 방응

議政府啓奴婢及戶口法:
의정부 계 노비 급 호구법

"一 國朝公私奴婢役使之法 皆仍前朝舊籍 歲月旣久 眞僞相混
일 국조 공사노비 역사 지 법 개 잉 전조 구적 세월 기구 진위 상혼

爭訟日繁. 今蒙敎旨 中外相訟 刻日決絕. 乞令主掌官以今年十月初
쟁송 일번 금몽 교지 중외 상송 각일 결절 걸령 주장관 이 금년 십월 초

一日爲始 公私賤籍及各其所居京中各部 外方各官花名呈報 竝皆
일일 위시 공사 천적 급 각 기 소거 경중 각부 외방 각관 화명 정보 병개

納官 推考覈實 改成分給 舊籍一皆燒毀. 如有公處奴婢 他人奴婢
납관 추고 핵실 개성 분급 구적 일개 소훼 여유 공처 노비 타인 노비

及良人子女 幷錄納官. 冒受成籍者及舊籍隱藏者 許人陳告 照依
급 양인 자녀 병록 납관 모수 성적 자 급 구적 은장 자 허인 진고 조의

制書有違律論罪. 役使奴婢 竝皆推考 一半告者充賞 一半屬公
제서유위율 논죄 역사 노비 병개 추고 일반 고자 충상 일반 속공

何如?
하여

一 前者下旨 良賤相訟文書未覓者 竝令分辨決絕事 臣等議得:
일 전자 하지 양천 상송 문서 미멱 자 병령 분변 결절 사 신등 의득

良賤相訟文書 雖未覓出 納簿明白 三四寸良族現存 賤籍不明者
양천 상송 문서 수 미 멱출 납부 명백 삼 사 촌 양족 현존 천적 불명 자

從良決絕. 雖有納簿 良族不現 賤籍不明者 屬司宰監. 賤籍明白
종량 결절 수유 납부 양족 불현 천적 불명 자 속 사재감 천적 명백

役使已久者 從賤決絕何如?
역사 이구 자 종천 결절 하여

一 奉教行移各司 分決兩隻俱備事 各司員四經限朔 以至今日 尚
일 봉교 행이 각사 분결 양척 구비 사 각사 원 사경 한삭 이지 금일 상

不畢決者有之. 其不從教旨之罪 誠宜痛懲. 許令憲司考其各司未
불 필결 자 유지 기 부종 교지 지죄 성 의 통징 허령 헌사 고 기 각사 미

畢決辭由 房掌行首 以制書有違律論罪.
필결 사유 방장 행수 이 제서유위율 논죄

一 決後奴婢仍執者 令刑曹推考 三品以上囚其子壻; 四品以下
일 결후 노비 잉집 자 영 형조 추고 삼품 이상 수 기 자서 사품 이하

直囚當身 以教旨不從論罪. 又有以限朔後事新呈者 以今月十五日
직수 당신 이 교지 부종 논죄 우유 이 한삭 후사 신정 자 이 금월 십오일

爲始 亦令主掌官聽理何如?"
위시 역 영 주장관 청리 하여

又啓:
우계

"謹按經濟戶典 近年以來 戶口之法不明 差役不均 良賤混淆
근안 경제 호전 근년 이래 호구 지법 불명 차역 불균 양천 혼효

其弊不小. 今後京外官推考成籍 戶首人夫妻內外四祖及率居子孫
기폐 불소 금후 경외관 추고 성적 호수 인 부처 내외 사조 급 솔거 자손

弟姪 以至奴婢年歲備載. 乞令各道各官以今年七月十五日爲始
제질 이지 노비 연세 비재 걸령 각도 각관 이 금년 칠월 십오일 위시

兩班人吏百姓各色人世係 備細推考 分揀成籍 一件納于戶曹 一件
양반 인리 백성 각색 인 세계 비세 추고 분간 성적 일건 납우 호조 일건

置于監司營庫 一件置于其官. 京中 漢城府以明年七月十五日爲始
치우 감사 영고 일건 치우 기관 경중 한성부 이 명년 칠월 십오일 위시

考其本貫呈報 亦以上項例 覈實成籍 如有自願八祖具載者聽; 止錄
고 기 본관 정보 역 이 상항 례 핵실 성적 여유 자원 팔조 구재 자 청 지록

或祖或父者亦聽."
혹조 혹부 자 역청

皆從之.
개 종지

吏曹上初入仕法. 啓曰:
이조 상 초입사 법 계왈

"在前初入仕 一等許都染署令同正 二等許署丞同正 三等許
재전 초입사 일등 허 도염서 령 동정 이등 허 서승 동정 삼등 허

惠濟庫直長同正. 今惠濟庫已革 都染署令改爲丞 丞改爲副丞.
혜제고 직장 동정 금 혜제고 이혁 도염서 령 개위 승 승 개위 부승

今後宜將一等爲都染署丞同正 二等副丞同正 三等架閣庫錄事
금후 의장 일등 위 도염서 승 동정 이등 부승 동정 삼등 가각고 녹사

同正."
동정

從之.
종지

丙午 霜.
병오 상

以金九德爲漢城府尹 金謙參知議政府事.
이 김구덕 위 한성부윤 김겸 참지의정부사

丁未 霜雨雹. 又於江原道錦城縣雨雪 傷兩麥及早穀.
정미 상우박 우 어 강원도 금성현 우설 상 양맥 급 조곡

延安府人李實獻銀一錠 金三兩 命政府優給其價.
연안부 인 이실 헌은 일정 금삼양 명 정부 우급 기가

司憲府疏請廣州牧使黃祿之罪. 祿於農月 備魚肉贈河崙 殊無
사헌부 소청 광주목사 황록 지죄 록어 농월 비 어육 증 하륜 수무

守令之體也.
수령 지체야

戊申 議政府進奉旨議得三條:
무신 의정부 진봉지 의득 삼조

"一 楮貨僞造人陳告事 依前敎旨 公私賤口則許免爲良 有職者
일 저화 위조 인 진고 사 의전 교지 공사천구 즉 허면 위량 유직 자

依次賞職 良人則賞錢何如?
의차 상직 양인 즉 상전 하여

一 吏兵曹書員去官事 依近年例革去何如?
일 이 병조 서원 거관 사 의 근년 예 혁거 하여

一 陳告奴婢受賞者 死後告官事 良者禫祭後 賤者期年後 許本人
일 진고 노비 수상자 사후 고관 사 양자 담제 후 천자 기년 후 허 본인

子孫及無後人承重者告官 其受賞奴婢 還納公家 違者皆以敎旨
자손 급 무후 인 승중자 고관 기 수상 노비 환납 공가 위자 개 이 교지

不從論罪何如?"
부종 논죄 하여

命如所啓 唯受賞奴婢 皆令百日後告官納之.
명 여 소계 유 수상 노비 개령 백일 후 고관 납지

己酉 覆試武科於東小門外 以前司正柳承淵爲第一. 上欲親閱 而
기유 복시 무과 어 동소문 외 이전 사정 유승연 위 제일 상 욕 친열 이

終不果 命左代言柳思訥監之. 以承淵爲副司直.
종 불과 명 좌대언 유사눌 감지 이 승연 위 부사직

庚戌 霜.
경술 상

除船軍海領職. 曹致據平壤安州道水軍僉節制使 義州道水軍
제 선군 해령 직 조치 거 평양 안주도 수군 첨절제사 의주도 수군

萬戶所報啓曰: "船軍中船上慣熟年月最久者 乞循資除海領之職
만호 소보 계왈 선군 중 선상 관숙 연월 최구 자 걸 순자 제 해령 지직

以勵軍士." 從之.

命罷別瓦窯.

司憲府上疏 請完原府院君李良祐罪 疏略曰:

'犯禁者不可宥 懷奸者必受誅 此 古今之常典也. 臣等聞 前年
秋等講武防墻 宿次全州城內 有潛密出入者執之 乃良祐根隨人
內資寺奴他乃改名洪義者也. 鞫問其由 言端反覆 或眞或詐. 將欲
拘囚 更加鞫詰 於前日上疏請之 下敎曰:"洪義所犯 姑停問訊 宜卽
放免." 臣等竊謂 如此奸惡 法當窮推始末 豈宜置而不問? 近日又執
芳幹使喚之奴石仇知者 問其出入之人 指言洪義. 請許窮推 痛懲
示後. 又全州府尹辛克恭 判官李從實等不嚴譏察 至使洪義潛伺
出入 其罪宜在縱奸之例 乞幷訊問.'

上曰:"若挾心刑問 筆楚之下 何事不承? 卿等詳之."

司憲府又啓:"芳幹之奴石仇知云:'年前南幸時 良祐從人洪義持
單子來 屬予以達大君 惶恐曰:"是何言哉?" 卽還單子. 其中辭緣
小人焉得知之?' 此與洪義之言異 請送書吏于全州 其單子辭緣 問
芳幹以來." 從之.

辛亥 幸東郊觀放鷹.

命參議黃子厚 造菖蒲酒.

司憲府請敬承府尹金漸之罪 原之. 初 漸之子義孫赴文科會試
初場 漸潛送人于封彌官司譯院判官任種義 改書經義小講以上 又

欲知字標也.
욕지 자표 야

壬子 召宗親 駙馬 置酒于廣延樓.
임자 소종친 부마 치주 우 광연루

癸丑 吾都里李好心波等三人還.
계축 오도리 이호심파 등 삼인 환

甲寅 奉上王幸東郊 觀放鷹 兼視濟州所貢馬匹 駐輦于楮子島
갑인 봉 상왕 행 동교 관 방응 겸시 제주 소공 마필 주연 우 저자도

江邊 設宴陳女樂極歡.
강변 설연 진 여악 극환

乙卯 自月朔甲辰至是 日色如血 朝暮氣寒如秋.
을묘 자 월삭 갑진 지시 일색 여혈 조모 기한 여추

上奉上王 御廣延樓擊毬 置酒極歡.
상 봉 상왕 어 광연루 격구 치주 극환

丙辰 震尙州人一牛一.
병진 진 상주인 일 우 일

放還各道番上侍衛軍 以農月也.
방환 각도 번상 시위군 이 농월 야

司憲府守直良祐家 命釋之.
사헌부 수직 양우 가 명 석지

司諫院上疏 疏曰:
사간원 상소 소왈

'竊惟 自古天出災異 以示人君 欲其恐懼修省也. 去年冬 陰陽
절유 자고 천 출 재이 이시 인군 욕기 공구수성 야 거년 동 음양

失節而有雷電之災 殿下深懷恐懼 分遣敬差 廣求民瘼. 其所以畏
실절 이유 뇌전 지재 전하 심회 공구 분견 경차 광구 민막 기 소이 외

天災 恤民隱 可謂至矣. 然殿下春等講武之後 乃有楊根之幸 又
천재 휼 민은 가위 지의 연 전하 춘등 강무 지후 내유 양근 지행 우

輕駕乘輿 數幸門外 其於畏天災之意 有所嫌矣. 今當正陽之月 又
경가 승여 수행 문외 기어 외천재 지의 유 소혐 의 금당 정양 지월 우

有霜降之災 誠宜恐懼修省 以答上天仁愛殿下之心也. 伏望殿下
유 상강 지재 성의 공구수성 이답 상천 인애 전하 지심 야 복망 전하

自今停門外之幸 小心修德 以消災異.'
자금 정 문외 지행 소심 수덕 이소 재이

上覽之怒曰: "予之幸東郊 無有損穀 豈以此 故致霜降失節乎?
상 람지 노왈 여 지행 동교 무유 손곡 기 이차 고치 상강 실절 호

且臺諫以來陳 毋用狀疏 予之宿命也. 今汝之爲欲揚予過 以釣名
차 대간 이내진 무용 장소 여지 숙명 야 금 여지 위 욕양 여과 이 조명

也." 左獻納柳渼對曰: "近來未參朝啓 故具疏以聞耳." 上愈怒曰:
야 좌헌납 유미 대왈 근래 미참 조계 고 구소 이문 이 상 유 노왈

"東郊之幸 致此霜降 予深服其言."

丁巳 慶尙道咸陽等處隕霜 江原道金城淮陽等處雨雪.

司憲府請各官守令不謹養馬者之罪. 初 忠淸道 京畿點馬官啓曰:

"各官分養馬匹 多有者." 上覽之曰: "馬政 軍國所重 不可不預養 嘗

令州郡畜養. 比年以來 多瘦死 官吏不謹之使然." 顧謂執義洪汝方

曰: "憲司宜鞫問懲戒." 憲府乃推覈守令以聞 凡八十餘人. 下政府

令吏曹附過.

議政府啓典祀寺齋郎遷轉法. "齋郎等訴稱: '左右房共二百人

一年去官唯二人. 願令四人去官.' 本府議得: 五十人內一人式去官

何如?" 從之.

禮曹啓革仲農後農之祭. 啓曰: "謹稽古典 歷代只祭先農 無仲農

後農之祭. 乞革之 以正祀典." 從之.

司憲府啓: "妄告決婦人及賤口決罰之例 妄告者決罪 其役使奴婢

竝屬公 已有著令. 大小人員則①依敎施行 若①婦人及賤口 難以

充軍 從限三年贖徒例 收贖何如?" 從之.

置奴婢辨正都監 以吏曹判書韓尙敬 錦川君朴訔 戶曹判書朴信

爲提調. 擇時散幹敏者 以三品爲使 四品爲副使 五六品爲判官 分

十五房 房置使 副使 判官各一員 共四十五員 別置都廳十二員. 古

之嘉善 今之通政以下 直斷施行. 初 司憲府上疏曰:

'今誤決呈狀者 已三百餘道. 本府事務繁劇 一二朔間 難以聽斷.

請別立都監 擇剛明正直大臣爲提調 以有公幹之望者爲郎廳 令
청 별립 도감 택 강명 정직 대신 위 제조 이유 공간 지 망자 위 낭청 영

臺諫一員參考決絶.'
대간 일원 참고 결절

下政府議之. 政府議得: "今賤籍成給 舊籍燒毁 已有定朔. 乞依
하 정부 의지 정부 의득 금 천적 성급 구적 소훼 이유 정삭 걸의

憲府所申 擇定提調 郎廳 速令辨正 如有未移送前知非 乞退者勿論
헌부 소신 택정 제조 낭청 속령 변정 여유 미 이송 전 지비 걸 퇴자 물론

何如?" 從之.
하여 종지

己未 引見左政丞河崙 完山府院君李天祐 星山府院君李稷 文城
기미 인견 좌정승 하륜 완산 부원군 이천우 성산 부원군 이직 문성

府院君柳亮 贊成事李叔蕃等.
부원군 유량 찬성사 이숙번 등

選內禁 內侍衛各十五人 令習射于宮垣之內. 上觀之 出廐馬一匹
선 내금 내시위 각 십오 인 영 습사 우 궁원 지내 상 관지 출 구마 일필

給能射者.
급 능사 자

議政府上奴婢辨正條件 疏曰:
의정부 상 노비변정 조건 소왈

'竊聞 堯之授舜曰: "允執厥中." 舜以授禹 孔子曰: "君子之中庸
절문 요지 수 순 왈 윤집궐중 순 이수 우 공자 왈 군자 지 중용

也 君子而時中." 朱子釋之曰: "中者 不偏不倚 無過不及之名. 中
야 군자 이 시중 주자 석지 왈 중자 불편 불의 무과 불급 지명 중

之一字 實爲聖聖相傳之心法矣." 恭惟 殿下天性明睿 聖學緝熙
지 일자 실위 성성 상전 지 심법 의 공유 전하 천성 명예 성학 즙희

凡所施爲 務合乎中 便是堯舜之用心矣. 臣等庸愚 不能仰體上心
범 소시위 무 합호 중 편시 요순 지 용심 의 신등 용우 불능 앙체 상심

贊襄聖德 獻議奉行之間 未免有偏倚而失中者矣. 其爲竊位而苟祿
찬양 성덕 헌의 봉행 지간 미면 유 편의 이 실중 자의 기위 절위 이 구록

取怨於一時 貽譏於萬世者 何可勝言? 然臣嘗聞 孟子謂齊宣王曰:
취원 어 일시 이기 어 만세 자 하가 승언 연 신 상문 맹자 위 제선왕 왈

"我非堯舜之道 不敢陳於王前 齊人莫如我敬王也." 伊尹相成湯
아 비 요순 지도 불감 진어 왕전 제인 막여 아 경왕 야 이윤 상 성탕

一夫一婦不被堯舜之澤者 其心愧恥 若撻于市 聖賢事君之道若此.
일부 일부 불피 요순 지택 자 기심 피치 약 달 우시 성현 사군 지도 약차

臣等雖至愚 敢不以此思事殿下哉? 臣等抑聞之 燕之一臣有怨 而
신등 수 지우 감불 이차 사사 전하 재 신등 억 문지 연지 일신 유원 이

六月飛霜; 東海之一婦有怨 而三年大旱 天人相感之理若此. 雖至
육월 비상 동해 지 일부 유원 이 삼년 대한 천인 상감 지리 약차 수지

庸愚 敢不知畏天命哉? 今蒙敎旨 許令攸司將公私相訟奴婢文案
용우 감 부지 외 천명 재 금몽 교지 허령 유사 장 공사 상송 노비 문안

改成新籍 燒毁舊籍 其爲後世慮至矣. 謹具合行事理以聞.
개성 신적 소훼 구적 기위 후세 려 지의 근구 합행 사리 이문

一 癸巳九月初一日以後誤決呈狀者 已許分揀決絶矣. 初一日
일 계사 구월 초일일 이후 오결 정장 자 이허 분간 결절 의 초일일

以前誤決未呈者 未蒙決正 則豈可不偏 豈可謂之無怨哉? 乞許
이전 오결 미정 자 미몽 결정 즉 기가 불편 기가 위지 무원 재 걸허

一體納狀辨正.
일체 납장 변정

一 決後奴婢仍執者 反以得決者爲限年未呈; 他人奴婢據執者 反
일 결후 노비 잉집 자 반 이 득결 자 위 한년 미정 타인 노비 거집 자 반

以本主爲限年未呈 逆理尤甚. 乞以辛丑年爲限 皆許辨正.
이 본주 위 한년 미정 역리 우심 걸 이 신축년 위한 개 허 변정

一 父母 祖父母未分奴婢 年長子孫合執 以幼弱姪弟限年未呈
일 부모 조부모 미분 노비 연장 자손 합집 이 유약 질제 한년 미정

爲辭 不念其親地下之靈 欲使其遺體 陷於飢寒之苦 而不肯分給
위사 불념 기친 지하 지령 욕사 기 유체 함어 기한 지고 이 불긍 분급

獨專其利 其爲不孝甚矣. 忠臣出於孝子之門 此輩得爲忠臣乎? 許
독전 기리 기위 불효 심의 충신 출어 효자 지문 차배 득위 충신 호 허

以辛丑年爲限分給.
이 신축년 위한 분급

一 壓良爲賤者 亦以限年未呈爲辭 不肯辨正. 人之良賤 豈繫於
일 압량 위천 자 역 이 한년 미정 위사 불긍 변정 인지 양천 기 계어

限年呈未呈哉? 一般之人 呈者爲良人 未呈者爲賤人 則亦不可
한년 정 미정 재 일반 지인 정자 위 양인 미정 자 위 천인 즉 역 불가

謂之不偏 亦不可謂之無怨矣. 辛丑年以前已得決外 辛丑年以後
위지 불편 역 불가 위지 무원 의 신축년 이전 이 득결 외 신축년 이후

相訟賤籍不明 良籍明白者 乞皆納狀辨正.
상송 천적 불명 양적 명백 자 걸 개 납장 변정

一 群臣二品以上賤妾所生 已蒙上恩 許令限品受職. 其在相訟
일 군신 이품 이상 천첩 소생 이몽 상은 허령 한품 수직 기재 상송

奴婢 限年間現告各品賤妾所生 皆屬司宰監 限年以後被人陳告及
노비 한년 간 현고 각품 천첩 소생 개속 사재감 한년 이후 피인 진고 급

自首者 以相訟奴婢 限年未呈例 不肯推考定屬處 則幸而爲良者 將
자수자 이 상송 노비 한년 미정 례 불긍 추고 정속 처 즉 행이 위량 자 장

不拘限品; 不幸而爲賤者 亦無得伸之理. 不可謂之不偏 乞許一體
불구 한품 불행 이 위천 자 역 무득 신지 리 불가 위지 불편 걸허 일체

推考辨正.
추고 변정

一 上項初一日以前一邊呈狀 一邊不對隻者及文書未覓 納簿
일 상항 초일일 이전 일변 정장 일변 부대척 자급 문서 미멱 납부

明白者 亦且中分 限年呈狀 兩邊對隻相訟 有明文者 反以親著移關
명백자 역차 중분 한년 정장 양변 대척 상송 유명문자 반이 친착 이관

有無 專給一邊 此亦謂之不偏 乞皆中分.
유무 전급 일변 차역위지 불편 걸개 중분

一 臣等嘗聞 曰: "放於利而行 多怨." 朱子釋之: "欲利於己 必
일 신등 상문 왈 방어리이행 다원 주자 석지 욕리 어기 필

害於人 故多怨." 今之相訟者 必欲貪得而專利 使人多怨 是不惟必
해어인 고 다원 금지 상송 자 필욕 탐득이 전리 사인 다원 시 불유 필

害 怨已多而感傷和氣 則其害豈不及於國家哉? 議者曰: "必欲一皆
해 원 이다 이감상 화기 즉기해 기불급 어국가 재 의자왈 필욕 일개

辨正 則決訟者不可速決." 與其不正而速決 孰若緩而得正哉: 與其
변정 즉 결송 자불가 속결 여기 부정 이속결 숙약 완이 득정 재 여기

速決而多怨 孰若詳決而無怨哉? 與其多怨而致傷和氣 孰若無怨
속결 이 다원 숙약 상결 이무원 재 여기 다원 이치상 화기 숙약 무원

而以致和氣乎? 議者又曰: "得失雖殊 其所以致怨一也." 分得者之
이 이치 화기 호 의자 우왈 득실 수수 기 소이 치원 일야 분득 자지

有怨 豈能如全失者之有怨; 不正而見失者之有怨 豈能如正而見失
유원 기능 여전실 자지 유원 부정 이 견실 자지 유원 기능 여정 이견실

者之有怨哉? 天道昭然 固不可誣. 此不待智者而後知也. 臣等仰聞
자지 유원 재 천도 소연 고 불가 무 차 부대 지자 이후 지야 신등 앙문

變理陰陽 只是正心. 其心既正 則施諸庶事者無不正 人心以和
섭리 음양 지시 정심 기심 기정 즉 시저 서사 자무 부정 인심 이화

天地之和得以馴致矣. 施諸庶事 一有不得其正 則心之不正 國人皆
천지 지화 득이 순치 의 시저 서사 일유 부득 기정 즉심 지 부정 국인 개

見之矣. 臣等職忝燮理 敢不以此懇懇以聞哉!'
견지 의 신등 직첨 섭리 감불 이차 간간 이문 재

上從之. 唯第一條癸巳九月初一日以前呈誤決者 更令納狀 分揀
상 종지 유 제일 조 계사 구월 초일일 이전 정오결 자 갱령 납장 분간

決絶 其妄告者 依前受教論罪 第三條祖父母父母未分奴婢 戊寅年
결절 기 망고 자 의전 수교 논죄 제삼 조 조부모 부모 미분 노비 무인년

前幼弱弟姪未呈者 皆許納狀分給 第五條大小人員自己婢妾所生
전 유약 제질 미정 자 개허 납장 분급 제오 조 대소인원 자기 비첩 소생

辛丑年爲限 皆推屬司宰監. 初 河崙將上項條件起草 令舍人告諸
신축년 위한 개 추속 사재감 초 하륜 장 상항 조건 기초 영사인 고저

政府 諸相皆不肯 未敢啓聞者數月. 及是日引見之時 親啟取旨然後
정부 제상 개 불긍 미감 계문 자 수월 급시일 인견 지시 친계 취지 연후

書啓目以聞. 于時右政丞南在稱疾在家 崙遇大事 則不惑衆議 獨立
서 계목 이문 우시 우정승 남재 칭질 재가 륜 우대사 즉 불혹 중의 독립

不變 凡此類也.
불변 범 차류 야

庚申 禮曹進社稷周墻之制啓曰: "周墻依宋朝儀禮局五禮新儀
경신 예조 진 사직 주장 지제 계왈 주장 의 송조 의례 국 오례 신의

四門同一壝 二十五步之制 爲一壝 依紹興十三年楊存中等上言
사문 동일 유 이십오 보지제 위 일유 의 소흥 십삼 년 양존중 등 상언

圜墻壝外四十步之制 南西北以山岡爲限 東限一百四十步修築 爲
원장 유 외 사십 보지제 남서북 이 산강 위한 동한 일백 사십 보 수축 위

大次儀仗 禁衛排列之所." 從之.
대차 의장 금위 배열 지소 종지

賜賻檢校判漢城府事元庠妻孫氏 米豆四十石 紙二百卷 正布
사부 검교 판한성부사 원상 처 손씨 미두 사십 석 지 이백 권 정포

五十匹及棺槨. 孫氏卽誠妃母也.
오십 필급 관곽 손씨 즉 성비 모야

分政府庶事 歸于六曹. 初 河崙請見啓曰: "宜革政府 使六曹
분 정부 서사 귀우 육조 초 하륜 청견 계왈 의혁 정부 사 육조

啓事." 俄而 上召禮曹判書偰眉壽曰: "向者革政府之議 出自予心.
계사 아이 상소 예조판서 설미수 왈 향자 혁 정부 지 의 출자 여심

去冬大諫因小失 請革之 予乃不從. 今左政丞告予云: '我朝之制 皆
거동 대간 인 소실 청 혁지 여내 부종 금 좌정승 고 여운 아조 지제 개

倣中朝 宜以政府之事 分付六曹 以効六部之例.' 卿等參定以聞."
방 중조 의이 정부 지사 분부 육조 이효 육부 지례 경등 참정 이문

於是 禮曹上啓目曰: "謹按文獻通考 虞夏商設三公四輔 參職天子.
어시 예조 상 계목 왈 근안 문헌통고 우 하 상 설 삼공 사보 참직 천자

周立三公三孤 論道經邦 寅亮天地之任 使六卿分職 以天官卿爲
주 립 삼공 삼고 논도 경방 인량 천지 지 임 사 육경 분직 이 천관경 위

冢宰 以佐王均邦國. 漢初置丞相 成帝置三公 比丞相 唐以三省
총재 이 좌왕 균 방국 한 초 치 승상 성제 치 삼공 비 승상 당 이 삼성

長官爲宰相 宋以同平章事爲宰相. 今朝廷罷中書省 使六部分職
장관 위 재상 송 이 동평장사 위 재상 금 조정 파 중서성 사 육부 분직

此卽成周之遺意. 然不置冢宰 六部各以職事直奏 奉旨施行. 有
차 즉 성주 지 유의 연 불치 총재 육부 각 이 직사 직주 봉지 시행 유

所擬議 六部長官會於主議部 同議以聞. 乞令六曹各以職事直啓
소의의 육부 장관 회어 주의부 동의 이문 걸령 육조 각 이 직사 직계

奉旨施行 有所擬議 六曹長官同議以聞. 以年德俱高 識達治體者
봉지 시행 유 소의의 육조 장관 동의 이문 이 연덕 구고 식달 치체 자

置議政府 有軍國重事 會議以聞."
치 의정부 유 군국 중사 회의 이문

上引星山府院君李稷 戶曹判書朴信 摠制李玄議之. 上曰: "予
상 인 성산부원군 이직 호조판서 박신 총제 이현 의지 상왈 여

嘗在松都 有議罷政府 而至今未暇也. 去冬臺諫因小過 請去政府

故不允. 頃者左政丞曰: '中朝亦無丞相府 宜革政府.' 予竊念 庶事

萃于一身 誠難裁決. 然旣爲國君 何避勞神?" 稷等曰: "誠如上敎."

上曰: "功臣歲久年耆 則當爲府院君 而年德高邁者多. 六曹位少

宜仍置政府以處之." 乃召領議政府事成石璘 左政丞河崙 右政丞

南在 贊成事李叔蕃 禮曹判書偰眉壽等擬議 皆以爲宜 上從之 令

六曹分掌庶務. 議政府置領府事一 判府事二 同判府事二 舍人

仍舊. 罷參贊一 知府事二 參知府事二. 罷檢詳條例司 倂於禮曹.

領議政府事成石璘罷 爲昌寧府院君 以河崙領議政府事 南在 李稷

判議政府事 李叔蕃柳廷顯同判議政府事. 三軍加置判府事各一 秩

從一品 以李之崇李貴齡 韓珪爲之. 加置恭安 仁寧府尹各一. 前此

刑曹右參議常坐都官署事 至是以六曹事繁 令還仕本曹. 增置兼

知刑曹事一員 以他官判事兼之 專掌都官. 禮曹判書偰眉壽辭以疾

以成石因代之. 初 上慮政府權重 思有以革之 鄭重未遽 至是行之.

政府所掌 唯事大文書及覆按重囚而已. 今雖革議政府權重之弊 然

權分六曹 無所統一 庶事莫適稟承 事多礙滯云.

議政府啓目公事傳掌事:

"一 府中未行文書 六曹郞廳招來交付; 已行文書 移藏架閣庫. 凡

差遣受點等事 送于吏兵曹. 一 大小宴享 中外請暇等事 送于禮曹.

一 公私相訟 私處決給 限當奴婢未畢分揀事 送于刑曹. 一 各年

條例文書 未謄錄事 送禮曹; 已謄錄事 藏架閣庫. 一 錄事府中一十
조례 문서 미등록 사 송 예조 이등록 사 장 가각고 일 녹사 부중 일십

留置外 皆屬架閣庫. 諸都監各所 吏曹依舊差定. 一 知印一十仍舊.
유치 외 개속 가각고 제 도감 각소 이조 의구 차정 일 지인 일십 잉구

一 典吏府中十五名留置外 二十一名六曹分送事 送吏曹. 一 丁吏
일 전리 부중 십오 명 유치 외 이십 일명 육조 분송 사 송 이조 일 정리

主掌各處分送事 送吏曹. 一 皂隸府中上下番一番二十五名留置外
주장 각처 분송 사 송 이조 일 조례 부중 상하번 일번 이십오 명 유치 외

二百二十五名 在前定送各處及六曹數小處分送事 送兵曹. 一 守公
이백 이십오 명 재전 정송 각처 급 육조 수소 처 분송 사 송 병조 일 수공

一番三十名仍舊." 從之.
일번 삼십 명 잉구 종지

各道觀察使衘帶同知議政府事 同參知議政府事 至是去之.
각도 관찰사 함대 동지의정부사 동참지의정부사 지시 거지

壬戌 日本九州節度使及宗貞茂使送客人來獻土物.
임술 일본 구주 절도사 급 종정무 사송 객인 내헌 토물

司憲府疏請靑原君沈淙罪. 淙於去年秋 扈駕南幸時 潛受芳幹
사헌부 소청 청원군 심종 죄 종어 거년 추 호가 남행 시 잠수 방간

所遣之薑 不以上聞故也.
소견 지강 불이 상문 고야

癸亥 前完山府尹朴經卒. 經寧海人 侍中誠之後也. 初以蔭補官
계해 전 완산부 윤 박경 졸 경 영해인 시중 함지 후야 초이 음보 관

歷官至大司憲. 時欲置鷹房 又於行幸 導以女樂 上疏極諫 太祖怒
역관 지 대사헌 시 욕치 응방 우어 행행 도이 여악 상소 극간 태조 노

召致闕庭曰:"寡人待卿者如此 何辱我之劇哉?" 經對曰:"臣之披瀝
소치 궐정 왈 과인 대경 자 여차 하욕 아지 극재 경 대왈 신지 피력

肝膽 脫有小遺 所以報殿下罔極之恩也?" 辭甚切至 太祖遽霽威.
간담 탈유 소유 소이 보 전하 망극 지은 야 사 심절 지 태조 거 제위

一日 展閱自家奴婢之籍 有數口良賤難分者 卽火之 聽其所歸.
일일 전열 자가 노비 지적 유 수구 양천 난분 자 즉 화지 청 기 소귀

永樂辛卯 復爲大司憲 諫止土木之役. 壬辰出尹完山 癸巳 乞骸卒
영락 신묘 부위 대사헌 간지 토목 지역 임진 출윤 완산 계사 걸해 졸

于第 年六十四. 輟朝三日 遣中官弔祭. 經爲人謹厚純直 與物無忤
우제 연 육십사 철조 삼일 견 중관 조제 경 위인 근후 순직 여물 무오

有長者風. 常存心愛物 所歷人受其惠. 其在平居 夙夜具衣冠而處
유 장자 풍 상 존심 애물 소력 인 수 기혜 기 재 평거 숙야 구 의관 이처

待女壻弟姪如賓客. 諡良靖. 無子.
대 여서 제질 여 빈객 시 양정 무자

甲子 判漢城府事致仕鄭曜卒. 曜草溪人 出身內侍. 歲戊辰 爲
갑자 판한성부사 치사 정요 졸 요 초계인 출신 내시 세 무진 위

回軍二等功臣 致崇政 判漢城 仍令致仕 卒年八十四. 輟朝三日

賜賻米豆三十石 紙百卷 遣中官弔祭. 諡胡僖公. 子賡.

乙丑 慶尙道甫川雨雹 傷麻麥.

定宴勞日本使客法. 日本國王使臣則六曹判書 諸島使客則禮曹

堂上待之 永爲恒式.

下判撫山縣事林謨 判江西縣事卓思俊于巡禁司. 從敬差官曹致

啓本也. 初 思俊爲撫山縣令 收義倉之穀 量以大斗 贏餘甚多. 謨繼

思俊爲縣事 以其穀半爲費耗 半則私用. 覈實 謨杖一百 收贖 思俊

以元從功臣免.

以仁寧府尹金寧 左軍摠制沈溫爲辨正都監提調 代韓尙敬及朴信

也. 又以前判忠州牧事權軫 仁寧府尹安騰 藝文館提學金汝知爲

加定提調. 命代言等曰: "毋使公務稽留 隨卽啓聞施行."

丁卯 震咸陽人金元生所牽牛 越三日 元生亦死.

遣漢城府尹金九德如京師 賀千秋也. 上謂: "二品以上出使餞宴

今後令禮曹與知申事 禮房代言一同施行 以爲恒式. 知申事有故 則

以次代言行之 勿令六曹會餞." 上又曰: "入朝使臣盤纏及致賻等事

今後承政院磨勘以聞."

命給禹洪富告身 仍賜米豆二十石. 初 洪富坐不告王巨乙吾未之

罪 至是 大提學金漢老 雞城君李來 漢城府尹鄭易等啓曰: "洪富

疾篤 願賜還告身." 上從之. 洪富 侍中玄寶之子. 玄寶知癸亥貢擧

漢老等皆其門生也. 上在潛邸 亦中其試.
한로 등 개 기 문생 야 상재 잠저 역중 기시

司憲府疏請李良祐之罪 疏略曰:
사헌부 소청 이양우 지죄 소 약왈

'今見良祐根隨洪義等及芳幹之奴石仇知等供辭 則私通之迹
금견 양우 근수 홍의 등 급 방간 지노 석구지 등 공사 즉 사통 지적

已著. 良祐堅匿不報 乞收告身 鞫問其由 明正其罪 以杜群邪之萌.'
이저 양우 견익 불보 걸수 고신 국문 기유 명정 기죄 이두 군사 지맹

不從 因釋連坐見囚者.
부종 인석 연좌 견수 자

罷丁吏. 舊制 兩府及諫院之行 令一人朱衣喝道 謂之丁吏.
파 정리 구제 양부 급 간원 지행 영 일인 주의 갈도 위지 정리

吏曹判書韓尙敬啓曰: "今倣朝廷之法 旣以皁隷前呵 宜罷丁吏."
이조판서 한상경 계왈 금 방 조정 지법 기이 조예 전가 의 파 정리

從之.
종지

己巳 上奉上王于廣延樓 置酒極歡.
기사 상봉 상왕 우 광연루 치주 극환

命置李良祐于楊根. 司憲府疏請良祐之罪 略曰:
명치 이양우 우 양근 사헌부 소청 양우 지죄 약왈

'臣等以良祐所犯 涉於不忠 上書請罪 未蒙兪允. 竊伏思之 良祐
신등 이 양우 소범 섭어 불충 상서 청죄 미몽 유윤 절복 사지 양우

所犯 有關宗社 殿下不得而私之也. 昔梁武帝深信釋氏 過於慈愛
소범 유관 종사 전하 부득이 사지 야 석 양무제 심신 석씨 과어 자애

人有犯法 率皆縱釋. 至於宗室有反逆者 亦且泣而宥之 以致正德之
인유 범법 솔개 종석 지어 종실 유 반역자 역 차 읍이 유지 이치 정덕 지

反 侯景之亂 此可以爲敢. 望賜兪允 究問其由 明置於法.'
반 후경 지난 차가 이위 감 망사 유윤 구문 기유 명 치어 법

又疏曰:
우 소왈

'芳幹家禁人出入 已有常法. 全州府尹辛克恭 判官李從實等不嚴
방간 가 금인 출입 이유 상법 전주부윤 신극공 판관 이종실 등 불엄

考察 宜服縱姦之刑. 臣等前日上書請罪 未蒙兪允. 竊思克恭等罪
고찰 의복 종간 지형 신등 전일 상서 청죄 미몽 유윤 절사 극공 등 죄

豈在原例? 乞竝論其罪.'
기재 원례 걸 병론 기죄

司諫院上疏曰:
사간원 상소 왈

'臣等聞 人臣無將 將而必誅 春秋之法也. 懷安大君芳幹得罪宗社
신등 문 인신 무장 장이 필주 춘추 지법 야 회안대군 방간 득죄 종사

192

舉國臣子不共戴天之讎 而良祐以勳戚大臣 私相遣人 要結黨與
거국 신자 불공대천 지수 이양우 이훈척 대신 사상 견인 요결 당여

非有今將之心者 孰敢如此? 伏望殿下 從憲司之請 將良祐下攸司
비유 금장 지심자 숙감 여차 복망 전하 종헌사 지청 장양우 하 유사

收其告身 鞫問其由 以正其罪.'
수 기 고신 국문 기유 이정 기죄

上皆不從曰: "反狀未著 而加之以刑 於義如何? 速罷良祐家守直
상개 부종 왈 반상 미저 이 가지 이형 어의 여하 속 파 양우 가 수직

幷免滯囚者." 憲府上言曰: "良祐雖免守直 無所逃匿 洪義等放則必
병면 체수 자 헌부 상언 왈 양우 수 면 수직 무 소도익 홍의 등 방즉필

逃." 上曰: "吾知洪義等之言 狂誕不足取信 宜即放之." 憲府不敢違
도 상 왈 오지 홍의 등지언 광탄 부족 취신 의즉 방지 헌부 불감위

即上書曰:
즉 상서 왈

'臣等聞 有官守者不得其職則去 有言責者不得其言則去. 臣等
신등 문 유 관수자 부득 기직 즉거 유 언책 자 부득 기언 즉거 신등

俱以庸愚 誤蒙上知 職忝言官 見理未明 處事失當 不能裨益聖德
구이 용우 오몽 상지 직첨 언관 견리 미명 처사 실당 불능 비익 성덕

實有曠官之譏. 其敢尸位苟祿 以塞忠言之路? 實懷憂畏 理合辭退.
실유 광관 지기 기감 시위 구록 이색 충언 지로 실회 우외 이합 사퇴

伏望聖慈 免臣等之職.'
복망 성자 면 신등 지직

遂退其第. 司諫院復上疏曰:
수 퇴 기제 사간원 부 상소 왈

'人臣之罪 莫大於懷貳 懷貳之臣 當置於法. 今良祐以勳戚之
인신 지죄 막대 어 회이 회이 지신 당치 어법 금 양우 이 훈척 지

臣 位至一品 又其諸子 秩隆樞要 寵榮極矣. 顧乃私通逆臣 其不忠
신 위지 일품 우 기 제자 질승 추요 총영 극의 고내 사통 역신 기 불충

奸詐 莫此若也. 若不辨之於早 後日之變 未可知也. 伏望殿下 斷以
간사 막 차약 야 약 불변 지 어조 후일 지변 미가 지야 복망 전하 단이

大義 明正其罪.'
대의 명정 기죄

傳旨代言司曰: "臺諫之言 不爲大誤 完原之辨 亦且切至 事涉
전지 대언사 왈 대간 지언 불위 대오 완원 지변 역차 절지 사섭

疑似 實爲難斷. 雖良祐實所不爲 亦不可臆料 姑令出外 任其所居."
의사 실위 난단 수 양우 실 소불위 역 불가 억료 고령 출외 임기 소거

仍遣人諭良祐曰: "憲司以諸人之言爲證而請罪 似乎不實 然難於指
잉 견인 유 양우 왈 헌사 이 제인 지언 위증 이 청죄 사호 불실 연 난어 지

以爲妄; 兄亦指天爲誓 亦難以爲眞有罪也. 予畏公議 暫屈兄于外
이위 망 형역 지천 위서 역난 이위 진 유죄 야 여 외 공의 잠굴 형 우외

耳." 良祐乞歸楊根.

庚午 賜武科恩榮宴于古承樞府. 漢平君趙涓 兵曹判書李膺押宴.

領議政府事河崙進都城形勝之曲都人頌禱之曲二篇 篇各八章 雜

以俚語. 命下樂官被之管弦.

立前銜宰樞告暇出入之法. 吏曹啓: "前此前銜宰樞 有累日門外

出入之事 則開具辭由 告于政府. 今後呈單子于承政院 以爲式."

從之.

判議政府事李稷上箋辭 不允. 箋曰:

‘臣謹稽帝王爲治之制 設官分職 莫備於周 三公論道 六卿分職

其綱也. 欽惟皇明太祖皇帝以聖知之才 制禮作樂 損益得中 更定

官制 上遵周官 置三公設六部 一掃秦漢以來相府之制 事無淹滯 情

無不通 可謂得爲治之要矣. 恭惟我太祖受命開國 承前朝風俗薄陋

餘 務革舊弊. 主上殿下嗣臨大寶 善爲繼述 向之未盡革者 皆已

劃除 法無巨細 粲然一新. 亦以政府庶務 分付六曹 論思重事 屬諸

政府 亦周官之意也.

且令臣爲判府事 臣初受命 惶恐隕越 不知所爲. 臣伏念書曰:

"官不必備 惟其人." 語曰: "陳力就列 不能者止." 聖人之言 不可誣

也. 臣性本迂拙 才又短淺 幸遭聖明 諒臣迂拙 察臣無他 每授臣以

中外之任 但竭愚衷 謹就所職 庶無大失. 以漢子房之賢 猶願封留

臣安得不愧? 矧今下敎云: "以年德俱高 識達治體者 授議政府職

軍國重事 令政府議之." 此則古三公之任也. 其位尊其任重 非衆人
군국 중사 영정부 의지　　차즉 고 삼공 지임야　기위 존 기임 중 비 중인

所敬畏師表者 莫宜居之. 臣雖貪寵而冒居 其於物議何? 又與教旨
소경외 사표 자 막의거지　신수 탐총 이 모거　기어 물의 하　우여 교지

名實相違 有乖古者官不必備之義 此臣所以不敢自安也. 且臣思之
명실 상위 유피 고자 관 불필비 지의　차신 소이 불감 자안 야　차신 사지

古之三公則無衙門 今政府衙門也. 班居百官之首 與議大事 人
고지 삼공 즉무 아문 금 정부 아문 야　반거 백관 지수 여의 대사 인

所規範者. 雖無常職 與領府事河崙同在政府 全無相避 似或未便.
소규범 자　수무 상직 여 영부사 하륜 동재 정부 전무 상피 사 혹 미편

伏望憐臣自知 恕臣執迷 更簡老成之人 置臣封君之列 則國家幸甚.'
복망 연신 자지 서신 집미 갱간 노성 지인 치신 봉군 지열 즉 국가 행심

上覽之 命右司諫尹會宗製批 答不允. 崙乃崙妻李氏從弟也.
상 람지 명 우사간 윤회종 제비 답 불윤　직내륜 처 이씨 종제 야

司憲掌令卜僴上書辭. 僴請良祐罪 不允 乃上書 略曰:
사헌 장령 복간 상서사 간청 양우 죄 불윤 내 상서 약왈

'臣才鈍學疏 屢擧不第 歸老草野 年幾耳順 無心世利. 特蒙聖恩
신 재둔 학소 누거 부제 귀로 초야 연기 이순 무심 세리　특몽 성은

召拜監察 累至掌令 夙夜孜孜 圖報上恩. 今見懷貳心者 欲逐去
소배 감찰 누지 장령 숙야 자자 도보 상은　금견 회이심 자 욕 축거

之 徒以才劣言孤 未副上心 臣安敢耽榮 以苟祿利? 乞免臣職 授之
지 도이 재열 언고 미부 상심 신 안감 탐영 이구 녹리　걸면 신직 수지

賢哲 俾免曠官之誚.'
현철 비면 광관 지초

辛未 司諫院上疏 復請良祐之罪 疏略曰:
신미 사간원 상소 부청 양우 지죄 소 약왈

'患生於所忽 變起於不虞 況勳戚大臣 私通逆臣者 可不懼哉? 今
환 생어 소홀 변 기어 불우 황 훈척 대신 사통 역신 자 가불구 재　금

良祐私通芳幹之跡已著 良祐秘不輸情 其陰譎不忠之心 不可測也.
양우 사통 방간 지적 이저 양우 비불 수정 기 음휼 불충 지심 불가 측 야

殿下只令出外 非所以懲惡慮患之道也. 伏望一依憲司所申 明正
전하 지령 출외 비 소이 징악 여환 지도 야　복망 일의 헌사 소신 명정

其罪 以答臣民之望.'
기죄 이답 신민 지망

上曰: "憲司之請 予旣不聽. 汝等之言 庸獨聽乎? 何用屑屑
상왈　헌사 지청 여기 불청　여등 지언 용독 청호　하용 설설

於此?" 諫院遂皆辭職.
어차　간원 수개 사직

賜賻僉摠制李和美之喪 米豆三十石 紙百卷及棺槨. 和美 靑海伯
사부 첨총제 이화미 지상 미두 삼십 석 지 백권 급 관곽　화미 청해백

之蘭之子 其武才略有父風.
지란 지 자 기 무재 약 유 부풍

傳旨全羅道觀察使 釋芳幹守直. 監司以良祐使人相通之故 令
전지 전라도관찰사 석 방간 수직 감사 이 양우 사인 상통 지 고 영

軍人防守芳幹安置處. 上聞之曰: "此事 懷安全不知." 乃有是命
군인 방수 방간 안치 처 상 문 지 왈 차사 회안 전 부지 내 유 시명

所以安芳幹之心也.
소이 안 방간 지 심 야

築宗廟周垣.
축 종묘 주원

是月 日本江州太守平滿家使人獻禮物 求洪鍾.
시월 일본 강주 태수 평만가 사인 헌 예물 구 홍종

| 원문 읽기를 위한 도움말 |

① 大小則依敎施行 若婦人及賤口: 여기서 則이나 若은 모두 '만약 ~이라
   대소 즉 의교 시행 약 부인 급 천구   즉   약
면'이 아니라 '~의 경우에는'이라는 뜻이다.

태종 14년 갑오년
5월

五月

계유일(癸酉日·1일) 초하루에 가벼운 죄수들을 풀어주었는데, 오랫동안 가물었기 때문이다.

○ 일본국 초전(楚殿)의 왜사(倭使)가 와서 토산물을 바쳤다.

○ 처음으로 육조(六曹)에 녹사(錄事)와 지인(知印)을 두었다.

갑술일(甲戌日·2일)에 경상도 보성군(甫城郡)¹ 청부현(靑鳧縣)에 서리가 내렸다[隕霜]. 상이 말했다.
<small>운상</small>

"5월에 서리가 내릴 수 있는가[飛霜]?"
<small>비상</small>

좌대언(左代言) 유사눌(柳思訥)이 대답했다.

"보성(甫城)은 북쪽으로 강원도 대산(大山)들과 이어져 있으므로 5월에 서리가 내린들 족히 괴이할 것이 없습니다."

사눌(思訥)의 말은 대개 이와 같았다.²

○ 상이 인덕궁(仁德宮)에 나아가 잔치를 베풀고 지극히 즐겼다.

○ 2품 이상에게 명해 의정부에 모여 노비(奴婢)의 일을 토의하게 했다[議事]. 애초에 하륜(河崙)이 무인년(戊寅年·1398년)을 정장(呈狀)
<small>의사</small>

---

1 조선 전기에 지금의 경상북도 청송군 진보면과 파천면 일대에 있던 지명이다.
2 5월에 서리가 내린 것은 재변인데 유사눌이 이렇게 대답한 것은 일종의 아첨이라는 비판이다.

하지 않은 한년(限年-제한된 연도)으로 삼던 것을 없애고 신축년(辛丑年-1361년) 이후부터도 아울러 수리(受理)하도록 하자고 건의하자 이를 허락했다. 이때에 이르러 변정도감(辨正都監)에서 다시 "만약 한년이 다 가버리면 쟁송(爭訟)이 다투어 일어날 것이니 더욱 미편(未便)합니다"라며 글을 올려 예(例)를 논(論)했던 까닭에 이러한 의견이 있었다. 정부(政府)의 의견을 따르는 자가 많았다. 상이 그것을 따르며 뜻을 전해 말했다.

"근래에 일어난 가뭄의 기운은, 반드시 결절(決絶-노비 쟁송 판결)이 그 적중(適中)함을 얻지 못한 데도 이유가 없지 않을 것이다. 마땅히 변정도감(辨正都監)이 독촉해 결절한 사건 수를 날마다 승정원(承政院)에 고(告)하게 하라."

○사간원(司諫院) 우정언(右正言) 한권(韓卷, 1386~1448년)[3]이 사직했다. 권(卷)이 소를 올려 말했다.

'엎드려 듣건대, 전날 헌사(憲司-사헌부)에서 본원(本院-사간원)과 더불어 양우(良祐)의 죄를 가지고[將-以] 둘 다 이미 소(疏)를 갖춰 아뢴 것이 두세 번에 이르렀으나 아직 유윤(兪允)을 받지 못했으

---

3 1410년(태종 10년) 승문원이 처음 설치돼 경학에 해박한 인재를 선발할 때 초대 승문원 정자가 됐다. 이때 태종은 한권에게 사대(事大)와 전문(典文)을 맡겼다. 한권의 학문이 해박하고 총명함이 남달라 당대의 고관과 유자(儒者)들이 유선(儒仙)이라 칭송했는데, 이것이 그의 호가 됐다. 1411년(태종 11년) 식년시 문과에 을과로 급제했으며, 학문이 날로 진취해 주위의 선망 대상이 됐고 사간원 우정언이 됐다. 사람됨이 아무 데도 얽매이지 않았고, 무예와 궁술에도 조예가 깊어 문무를 겸비한 진정한 선비였다. 평안도 안무사가 됐으며, 만년에는 소산군사(所山郡事)가 갔다. 조야에 신망을 받았으나 자연을 벗 삼아 시를 짓고 경서 읽기를 좋아했으며, 소산에서 낚시를 즐기면서 유유자적하다가 물에 빠져 죽었다.

니, 신은 지극히 간절한 마음을 이기지 못해 감히 죽음을 무릅쓰고 [昧死] 아룁니다. 신이 가만히 생각건대, 신하가 된 자의 죄 중에 불충(不忠)보다 큰 것이 없고, 불충의 실체(實體)는 두 마음을 품는 데서 발현되며, 두 마음을 품으면 당여(黨與)가 반드시 이뤄지는 것입니다. 이것이 『춘추(春秋)』의 법으로서, 무릇 난신(亂臣)을 베고 반드시 그 당여(黨與)를 다스린 뒤에야 악한 짓을 하는 자가 고립되는 것입니다. (그런데) 지금 양우가 난신(亂臣) 방간(芳幹)과 몰래 통했으니, 그 뜻이 반드시 있을 것입니다. 불충(不忠)한 실적이 드러난 것이니 엎드려 바라건대, 전하께서는 해와 달이 지극히 밝은 것을 돌아보시고[回-顧] 『춘추』의 큰 법을 들어 대간(臺諫)의 청을 굽어 좋아서, 장차 양우를 유사(攸司)에 내려 난신(亂臣)과 몰래 결탁한[私結] 이유를 국문(鞫問)해 그 죄를 밝게 바로잡아 만세의 신하 된 자의 마땅함[義]을 바로잡아야 할 것입니다.'

윤허하지 않자 권은 마침내 사직했다.

을해일(乙亥日-3일)에 검교 한성부 윤(檢校漢城府尹) 공부(孔俯)에게 명해 석척기우(蜥蜴祈雨)[4]를 감독하게 했다.

○ 병조판서 이응(李膺), 예조판서 성석인(成石因), 공조판서 박자청(朴子靑) 등이 양우(良祐)의 죄를 청하며 아뢰어 말했다.

"양우가 회안(懷安)과 몰래 통한[潛通-私通] 흔적이 이미 드러났으

4　도마뱀[蜥蜴]을 병 속에 잡아넣고 지내는 제사를 말한다. 도마뱀이 용(龍)과 비슷하므로 용의 응험(應驗)을 빌리기 위한 것이었다.

므로, 대간(臺諫)에서 그 사실을 핵문(覈問)하고자 여러 차례 말씀을 올렸으나 전하께서 윤허하지 않았기 때문에 모두 그 직을 사임했습니다. 빌건대 대간(臺諫)의 청(請)을 따르소서."

상이 말했다.

"내가 이미 분별했으니 경들은 말하지 말라."

○뜻을 내려[下旨] 말했다.

"이흥발(李興發)·흥제(興濟)·흥로(興露) 등이 자원안치(自願安置)한 일을 영길도 도무순사(永吉道都巡問使)가 어찌 회보(回報)하지 않는가? 마땅히 형조(刑曹)로 하여금 그 까닭을 국문(鞫聞)하게 하라."

○길들인 코끼리[馴象]를 육지(陸地)로 내보내라고 명했다.

전라도 관찰사가 보고했다.

"길들인 코끼리를 순천부(順天府) 장도(獐島)에 방목(放牧)했는데, 수초(水草)를 먹지 않아 날로 수척(瘦瘠)해지고 사람을 보면 눈물을 흘립니다."

상이 듣고서 불쌍히 여겼기에 육지에 내보내 처음과 같이 기르게 했다[豢養].

○병조에 명해 각 도에 안치(安置)한 왜인(倭人)을 존휼(存恤-보살핌)하고, 겸하여 나온 사유(辭由)와 생산(生産-출생)이나 물고(物故-사망)의 수와 그 생리(生理-생활)의 상태를 갖춰 아뢰도록 했다.

병자일(丙子日-4일)에 상이 문소전(文昭殿)에 나아가 단오별제(端午別祭)를 거행했다.

○상왕이 건원릉(健元陵)에 나아가 단오별제를 거행했다.

무인일(戊寅日-6일)에 사헌부에 명해 박문숭(朴文崇)·허형(許衡) 등의 고신(告身)을 돌려주게 했다. 상이 말했다.

"태조(太祖)께서 임오년(壬午年-1402년)에 동북면(東北面)으로 행차하셨을 때 박문숭·허형·최식(崔湜)·이양간(李良幹) 등이 혹은 수령(守令)으로서, 혹은 좌막(佐幕)⁵으로서 적신(賊臣)의 위협에 억눌려서 어쩔 수 없이 따랐던 것이다. 이에[其] 고신을 내가 되돌려주고자 하기니, 정부(政府)에서 의의(擬議-실상을 검토하고 의견을 내는 것)해 아뢰도록 하라."

남재(南在)·이직(李稷) 등이 토의해 말했다.

"위협으로 인해 따른 것을 다스리지 않는 것[脅從罔治]이 옛날의 (바른) 도리입니다."

상이 그것을 따르고 이러한 명이 있었는데, 한재(旱災)로 인한 원통하고 억울한 사정을 펴주고자 함이었다.

기묘일(己卯日-7일)에 철주(輟酒)⁶하고 감선(減膳)⁷하고 중외(中外)에서 술을 쓰는 것을 금지시켰다. 예조에 명해, 무릇 『문헌통고(文獻通

---

5 비장(裨將)을 말한다.
6 나라에서 재앙(災殃)을 당하거나 2품 이상이 죽었을 때 임금이 술을 들지 않고 금주하는 일을 말한다.
7 재앙(災殃)이나 국상(國喪)을 당했을 때 임금이 육선(肉膳)을 들지 않는 일을 말한다.

考)』[8]에 실린 한재(旱災)를 구제(救濟)할 여러 가지 사목(事目) 가운데 거행(擧行)하지 않은 것이 없도록 했다. 상이 가뭄을 걱정해 말했다.

"바야흐로 지금[方今]의 일은 어떤 자가 원망해 화기(和氣)를 상하게 한 때문인가?"

예조판서 성석인(成石因)이 대답했다.

"덕음(德音-임금의 말)을 선포해 직언(直言)을 구하는 것이 마땅합니다."

상이 대언(代言) 등에게 일러 말했다.

"예조판서가 구언(求言)할 것을 청했는데, 내가 볼 때 그 말하는 내용[言者]은 '변정도감(辨正都鑑)을 파(罷)하고 선군(船軍)을 완호(完護)하라'라는 따위의 일에 지나지 않을 것이라고 생각한다. 너희들은 나의 후설(喉舌)[9]이 되니, 만약 말해야 할 일이 있거든 모조리 빠짐없이 진술(陳述)하라."

좌대언(左代言) 유사눌(柳思訥)이 대답했다.

"지난번에 조신(朝臣)을 나눠 보내 민막(民瘼-백성의 병폐)을 찾아 묻게 해서 그 글을 모두 의정부(議政府)에 내렸습니다만, 정부의 공사(公事)를 육조(六曹)에 나눠 맡길 때 이 글을 고각(高閣) 한쪽에 치워두고 아직 거행(擧行)하지 않았습니다. 빌건대 육조에 내려 의의(擬議)해 시행하소서."

---

8 원나라 때 마단림(馬端臨)이 지은 송대(宋代) 제도에 관한 책이다.
9 왕명의 출납(出納)과 정부의 중대한 언론을 맡았다는 뜻으로, 승지(承旨)를 이르는 말이다.

상이 옳게 여겨 즉시 정부 사인(政府舍人)으로 하여금 골라내 이조(吏曹)에 넘기게 했다.

○ 대간(臺諫)에 명해 예전처럼 일을 보게 했다.

○ 공조정랑(工曹正郎) 김유온(金有溫)을 직에서 내쫓았다[罷職].
파직
(상이) 뜻을 전해 말했다.

"지난번에 헌사(憲司)에서 유온(有溫)이 노비를 오결(誤決)한 죄를 청했으나, 나는 그가 공신(功臣)의 아들이라 해 용서해주었다[原之].
원지
(그런데) 지금 또 사소한 일을 가지고 변정도감(辨正都監)의 사령(使令)을 마음대로 가두었으니 실로 죄가 있다. 그러나 그 아비 승주(承霆)가 일찍이 나라에 큰 공(功)이 있고 방면(方面)의 직임(職任)[10]을 받았으니, 단지 그 직(職)에서만 내쫓아라."

공조 정랑 한경수(韓敬守)·남인전(南仁琠)과 좌랑(佐郎) 김효성(金孝誠)·유함(柳涵)·송목(宋霅) 등을 가두었는데, 유온과 의견을 같이해 마음대로 변정도감의 사령을 가두었기 때문이다. 얼마 후에 그들을 풀어주었다. 이조참의(吏曹參議) 구종지(具宗之)와 지신사(知申事) 이관(李灌)에게 명해 말했다.

"공신의 아들이라 하여 현부(賢否)를 묻지 않고 벼슬자리에 포열(布列)하게 해, 그 때문에 관직을 태만하게 하는 것을 나는 심히 싫어한다. 이제부터 그 현부(賢否)를 잘 고찰해 등용하도록 하라."

대개 이번 일은 유온으로 말미암아 일어난 것이었다.

○ 노인들을 진휼했다.

---

10 한 지방을 맡아 다스리는 감사(監司)나 수령(守令)의 직임을 말한다.

호조(戶曹)에서 아뢰었다.

"각 도의 경차관(敬差官)이 추천한 환과고독(鰥寡孤獨)으로서 능히 스스로 살아가기 어려운 자 1,156인 가운데, 101세의 2인에게는 쌀과 콩 각각 7석씩, 90세 이상의 7인에게는 쌀과 콩 각각 5석씩, 80세 이상에게는 쌀과 콩 각각 3석씩을 진휼하는 것이 어떠하겠습니까? 강원도 경차관이 추천한 나이 30세가 지나도록 시집가지 못한 여자 12명에게는 각 고을에 있는 수속(收贖)한 물색(物色-물자)으로 자장(資裝-결혼 밑천)을 보태줘 금년 안에 성혼(成婚)을 끝내게 하는 것이 어떠하겠습니까?"

그것을 따랐다.

○ 충청도 상지포(上之浦) 변두리에서 들쥐가 떼를 이뤄 보리와 볏모를 손상시켰다.

○ 변정도감(辨正都監)에서 노비의 사목(事目)을 올렸다.

'하나, 지금까지 2품 이상은 사문(私門-사사로운 집안)에서 소송을 변명(辨明)하게 한 것은 미편(未便)하니, 만약 부득이 친히 아뢸 일[親白事]이 있으면 제조청(提調廳)에 나오게 하고 어기는 자는 신문(申聞)하여 논죄할 것.

하나, 오결한 관리나 오결이라고 망령되게 고(告)하는 자와 말을 꾸며서 억지로 변명하는 자는 옛 가선대부(嘉善大夫), 지금 통정대부(通政大夫) 이하는 직단(直斷)하고 2품 이상은 신문(申聞)해 과죄(科罪)하며, 소송하는 자가 탐하여 얻기를 희망해서 비록 정결(正決)이라 하더라도 도리어 오결(誤決)이라 일컫고 즉시 정장(呈狀)해 간위(奸僞)가 심히 중(重)한 것은 결송(決訟)하는 사이에 수속(收贖)하는 것을 없애고 논죄할 것.

하나, 대간(臺諫)과 형조(刑曹)에서 각각 1원이 하루씩 번갈아 도감(都監)에 나와 앉아서 결송(決訟)의 득실(得失)과 능히 정밀히 살피지[精察] 못하는 것을 감독하되, 무인년 변정(辨正)의 예(例)에 의거해서 사(使)·부사(副使)·판관(判官)으로 구전(口傳예)[11] 차정(差定)할 것.

하나, 도감(都監)의 상하청(上下廳)의 관원 수가 많으나 매번 상피(相避)로 인해 번번이 바꾸어 차정(差定)해서 결송의 일이 늦어지니, 동생(同生)과 삼촌(三寸) 이외에 상피(相避)하는 것은 결송하는 사이에 무인년 변정도감(辨正都監)의 예에 의거해 모두 같은 관원을 허락하며, 도감(都監)의 관원이 상피하는 공사(公事)는 헌사(憲司)로 이송(移送)해 형조와 도관(都官)에서 결절(決絶)할 것.

하나, 외방(外方)에 사는 피고자(被告者)가 연고가 있으면 아들·사위·동생·조카와 일을 잘 아는[解事] 노자(奴子-노비)로 대신해 소송을 변정하게 하고, 20일 이내에 연고가 없이 대척(對隻)하지 아니하는 자는 당시 소송하는 자에게 결급(決給)하며, 수령(守令)으로서 잡아서 보내는 데 마음을 쓰지 않는 자는 논죄할 것.

하나, 도감(都監)에 이문(移文)한 공사(公事)를 각사에서 마음을 쓰지 않아서 일이 늦어지게 만들면 6품 이상은 신문(申聞)하고 7품 이하는 직단(直斷)할 것,

---

11 3품 이하의 관원을 임명할 때 이조나 병조에서 인물을 천거하면 임금이 구두(口頭)로 승인하는 제도를 말한다. 삼망(三望)을 거치지 않고 한꺼번에 많은 사람을 임명할 때 쓰는 제도다.

위와 같이 하는 것이 어떠하겠습니까?'

그것을 따랐다. 도감에서 또 말씀을 올렸다.

"의정부의 계목(啓目) 가운데 미편한 조건을, 빌건대 다시 토의해 아뢰게 하소서."

상이 따르지 않고 말했다.

"의정부의 계목을 가지고 결절(決絶)하라."

○ 박신(朴信)이 아뢰어 말했다.

"지금 대성(臺省)의 관원을 도감(都監)의 사(使)·부사(副使)·판관 (判官)으로 삼는다면 상원(常員)과 다를 것이 없습니다. 또 도감에서 오결(誤決)한 것은 누가 능히 규탄(糾彈)하겠습니까?"

상이 말했다.

"상원(常員)이면 동료(同僚)를 규탄할 권리가 없으나, 만약 대성(臺 省)이면 제조(提調)의 시비(是非)까지 통틀어 본사(本司)에서 탄핵하 니 또한 인심(人心)을 송연(悚然)하게 움직이기에 족하다. 만약 오결 (誤決)이라면 그 본부(本府)에 있는 자가 결절(決絶)해 변정(辨正)할 것이다."

○ 사간원(司諫院)에서 소(疏)를 올렸는데, 소는 이러했다.

'선왕(先王)의 성헌(成憲)을 보면 오래도록 허물이 없으니[無愆], 맹 자(孟子)가 말하기를 "선왕(先王)의 법을 따르고서 허물을 짓는 자는 없다"[12]라고 했습니다. 오로지 우리 태조 강헌대왕(太祖康獻大王)이

---

12 『맹자(孟子)』 「이루상(離婁上)」에 나오는 말이다. 『시경』에 이르기를 '허물을 짓지 않고 (올바른 길을) 망각하지 않는 것은 옛 법[章]대로 따르기 때문이리라' 했으니, 선왕들의 법 을 따르고서 허물을 짓는 자는 없다.'

창업(創業)해 통서(統緒-대업의 계통)를 전하며 법도를 세우고 기강을 진작시켜[立經陳紀] 연익(燕翼)[13]의 모책(謀策)을 남기심이 지극했다고 하겠습니다. 전하께서는 번성한 국력을 지키고 이룩된 제도를 지켜서[持盈守成] 모든 시행하는 바가 모조리 성헌(成憲)을 따르니, (태조의 정신을) 잘 계술(繼述)하는 뜻이 지극하다고 할 것입니다. 그러나 간혹 다시 고치는 일[更改之事]이 있으니, 신 등이 감히 입을 다물고 있지 못하고 삼가 갖춰 아룁니다.

무릇 노비를 서로 소송하는 자는 시비(是非)를 돌아보지 않고 오로지 탐해 얻기만 힘쓰므로 비록 정결(正決)을 했더라도 도리어 오결(誤決)이라 여겨, 결절(決絶)하는 대로 다시 정장(呈狀)하는 것이 끝이 없습니다. 염치(廉恥)의 도리가 사라졌기 때문에, 골육(骨肉)이 상잔(相殘)해 그 풍속을 파괴함 중에 이와 같은 것이 없습니다. 태조대왕께서 깊이 그 폐단을 염려해 이에 무인년(戊寅年-1398년)을 기한으로 삼아 경외(京外)의 소송하는 자들로 하여금 아울러 모두 납장(納狀)하게 하고 그 한년(限年)에 정장(呈狀)하지 않은 자는 수리(受理)하는 것을 허락하지 않았으므로, 민지(民志)가 정해지고 사송(詞訟)이 간편해진 지가 이미 17년이나 되었습니다. 이제 정부에서 한년(限年)의 법을 파(罷)하도록 청하자 신축년(辛丑年-1361년)을 기한으로 하여 모두 변정(辨正)하기를 허락하니, 이것은 오로지 쟁송(爭訟)의 실마리를 다시 열어주는 것일 뿐 아니라 실로 태조(太祖)의 성헌(成憲)을 고치는 것입니다. 만약 한때의 의견으로 성법(成法)을 가볍게

---

13 조상이 자손을 도와 편안하게 하는 것을 말한다.

고친다면 하민(下民)이 무엇을 믿겠으며 법령(法令)이 어느 때에 정해지겠습니까? 의견을 내는 자[議者]가 비록 "한년(限年)을 파(罷)함으로써 원통하고 억울한 사정을 편다"라고 하나, 그럴 경우 얻는 자는 기뻐할 것이요 잃는 자는 원망할 것이니 전날보다 줄어들 바가 없고 한갓 변법(變法)의 이름만 남길 뿐이어서, 쟁송(爭訟)이 날로 성하고 폐단은 더욱 심할 것입니다. 엎드려 바라건대, 전하께서는 한년(限年)의 법을 고치지 말고 사송(詞訟)을 간편히 해 백성의 뜻을 안정시켜야 할 것입니다.'

들어주지 않았다[不聽-不許].

신사일(辛巳日-9일)에 비가 내렸다. 정부와 육조(六曹)에서 축하를 올리며[進賀] 말했다.

"가뭄을 당해 비가 오니 실로 전하께서 공구수성(恐懼修省)하신 효험입니다."

상이 말했다.

"이것은 곧 경들의 섭리(燮理)[14]의 공(功)이다."

유사눌(柳思訥)이 말했다.

"이것이 바로 가화귀화(嘉禾歸禾)[15]의 뜻입니다."

상은 비가 두루 흡족하게 내리지 않을까 걱정했다.

---

14 음양을 조화시킨다는 말로 주로 재상의 임무를 말하는 것이다.

15 주(周)나라 당숙(唐叔)이 이삭이 많이 달린 가화(嘉禾)를 얻어서 성왕(成王)에게 바치자 성왕이 이를 주공(周公)의 덕(德)으로 돌렸다는 고사(故事)에서 나온 것으로, 임금과 신하가 서로 화동(和同)하는 모양을 말한다.

○ 초전(楚殿)의 왜사(倭使) 등이 돌아갔다. 순금사(巡禁司)에서 아뢰었다.

"근래 왜관(倭官)에서 금물(禁物-금지된 물건)을 가지고[將] 무역하는 자가 자못 많습니다. 판의정(判議政-의정부 판사) 남재(南在), 부원군 유량(柳亮)·정탁(鄭擢), 전 경력(經歷) 허반석(許盤石) 등도 백은(白銀) 인삼(人蔘) 등의 물건을 가지고[將] 사람을 시켜 무역합니다."

상이 말했다.

"이들 거실(巨室-명문 세가)도 법령을 범한다면 심히 방가(邦家-국가)의 영광이 못 된다. 마땅히 묻지 말아서 사람들로 하여금 알지 못하게 하라."

임오일(壬午日-10일)에 영춘추관사(領春秋館事-춘추관 영사) 하륜(河崙)을 불러 『고려사(高麗史)』를 찬정(撰定-편찬)하라고 명했다. 국초(國初)에 정도전(鄭道傳)·정총(鄭摠) 등에게 명해 편찬하게 했으나 위조(僞朝-우왕과 창왕) 이후의 기사가 자못 사실과 다른 것이 많았으므로 이러한 명이 있었는데, 대개 륜(崙)의 청이 있었기 때문이다. 애초에 상이 여러 신하에게 일러 말했다.

"내가 『고려사』 말기(末紀-후반의 기록)를 보니 태조의 일이 자못 실상과 달랐다."

한상경(韓尙敬)이 대답했다.

"태조께서도 일찍이 그러한 말씀이 있었습니다."

이응(李膺)이 말했다.

"실록(實錄)은 마땅히 수세대(數世代) 뒤에 수찬(修撰)해야 하는데,

만약 그렇게 한다면 반드시 공론(公論)이 있을 것입니다. 신이 듣건
대, 태조 때 정도전·정총·윤소종(尹紹宗)이 전조의 실록(前朝實錄-고
려실록)을 수찬할 때 여러 사관(史官)이 모두 사초(史草)를 고쳐 써서
바쳤으나, 오로지 이행(李行, 1352~1432년)[16]만 그렇게 하지 않았기
때문에 수금(囚禁)되는 것을 면치 못했습니다."

임금이,

"만약 이 글과 같다면 전조(前朝)의 말년에 임금에게 직언(直言)한
자는 오직 윤소종(尹紹宗) 한 사람뿐이었고 고을을 잘 다스린 자는
오직 정운경(鄭云敬) 한 사람뿐이었으나, 개국(開國)할 때 기밀(機密)
의 일을 내가 모조리 알고 있다."

한상덕(韓尙德)이 말했다.

"신이 조준(趙浚)에게 들으니, 또한 말하기를 '현릉(玄陵-공민왕) 이
후의 기사는 모두 잘못 썼다'라고 했습니다. 대개 믿을 수 있는 역사
[信史]는 후세에 보이기 위한 것이니, 전하가 아시는 바대로 개정(改
正)하는 것이 어떠하겠습니까?"

상이 말했다.

---

16 1371년(공민왕 20년) 과거에 급제, 한림수찬이 됐다. 1386년(우왕 12년) 탐라(耽羅)가 반
란을 자주 일으키자 전의부정(典醫副正)으로 탐라에 가서 성주(星主-제주목사의 별칭) 고
신걸(高臣傑)의 아들 고봉례(高鳳禮)를 볼모로 데리고 왔다. 1389년(창왕 1년) 좌간의대
부(左諫議大夫)로 사전(私田)의 폐단을 논하는 상소를 올렸고, 이해에 지신사(知申事)가
됐다. 1390년(공양왕 2년) 윤이(尹彝)·이초(李初)의 옥사가 일어나자 이에 연루돼 이색(李
穡)과 함께 청주옥에 갇혔으나 수재로 석방됐다. 그 뒤 경연참찬관(經筵參贊官)·예문관대
제학을 지냈고, 1392년에는 이조판서로 정몽주(鄭夢周)를 살해한 조영규(趙英珪)를 탄핵
했다. 고려가 망하자 예천동(禮泉洞)에 은거했다. 1393년(태조 2년) 고려의 사관(史官)이었
을 때 이성계(李成桂)를 무서(誣書-글로써 무고함)한 죄가 있다 하여 사헌부의 탄핵을 받
아 가산이 적몰되고, 울진에 귀양 갔다가 이듬해에 풀려났다.

"내가 마땅히 영의정과 토의하겠다."

드디어 승문원(承文院)에 명해 정해년(丁亥年-1347년) 이후의 수교(受敎)한 조획(條畫)을 차례대로 편찬하게 했다.

○ 예조판서 성석인(成石因)이 (상의) 탄일(誕日)의 군신동연 의주(君臣同宴儀註)를 상정(詳定)하기를 청하니 상이 말했다.

"탄일의 군신동연은 당(唐)나라 태종(太宗)은 행하지 않았으나 현종(玄宗)은 행했는데, 현종은 족히 본받을 것이 없다. 옛날 성현(聖賢)으로서 행한 자가 누구인지 고전(古典)을 상고하여 아뢰어라. 내가 아랫자리에 있었다면 비록 이것으로써 경절(慶節)을 삼겠다고 청하겠으나, 내가 (윗자리에) 있으니 어찌 감히 경절(慶節)로 생각하고 거만스레[偃然] 조회를 받고[受朝] 동연(同宴)하겠는가?"
언연   수조

계미일(癸未日-11일)에 작은 유성(流星)이 북두(北斗) 바로 아래[直下]에서 나왔는데, 모양이 작은 배[小梨]와 같았다.
직하   소리
○ 각종 장인(匠人)과 행상(行商)의 중하(仲夏-한여름) 노인(路引)[17]의 세(稅)를 면제했다.

박신(朴信)이 아뢰어 말했다.

"근래에 하지(下旨)를 받고 『예기(禮記)』를 보니 '중하(仲夏)의 달에는 관시(關市)에서 색(索)을 하지 못하게 했다[仲夏月令關市毋索]'는
중하 월 영 관시 무색
구절이 있었는데, (그에 대한) 본주(本註)를 삼가 살펴보건대 색(索)이

---

17 관청에서 관원이나 상인에게 발행해주는 여행 증명서를 말한다.

라는 것은 '상려(商旅)의 숨은 세(稅)를 수색(搜索)해 거둔다'라는 뜻이었습니다. 이는 대개 시기(時氣)가 성대한 때를 당해 인군(人君-임금)도 마땅히 이를 몸 받아서 관대한 정치를 행했다는 것입니다. 본조(本朝)의 관시(關市)에는 세금을 부과하는 법이 없어서[無征] 상고(商賈)의 세(稅)가 없으나, 다만 행상(行商)의 노인(路引)과 각종 장인의 세(稅)를 징수하고 있습니다. 청컨대 중하(仲夏)에 두 세(稅)를 견면(蠲免-면제)해 월령(月令)을 따라야 할 것입니다."

그것을 따랐다.

갑신일(甲申日-12일)에 전지(田地) 10결(結)과 쌀 10석을 시혜소(施惠所)[18]에 내려주라고 명했다.

○ 병조판서 이응(李膺)이 갑사(甲士)의 천전(遷轉-인사이동)하는 법(法)을 아뢰었다. 계문(啓聞)은 이러했다.

"이제 갑사의 천전하는 법을 보면 세초도목(歲抄都目)[19]에는 각각 그 위(衛)의 도(到)[20]가 많은 자를 천전시키는 데 6월에는 여러 위(衛) 가운데 도(到)가 많은 자가 천전을 하게 되니, 이 법에는 두 가지 길[二致]이 있는 것입니다. 금후로는 세초(歲抄)의 예에 의하는 것이 어떠하겠습니까?"

---

18 조선 시대에 관곽(棺槨)을 제조하는 일과 장례(葬禮)에 관한 일을 맡아보던 관아다. 관곽색(棺槨色)을 고친 이름인데, 뒤에 다시 귀후소(歸厚所)로 고쳤다.

19 해마다 6월과 12월에 이조와 병조에서 관리의 근무 성적을 평가해 벼슬을 올리거나 내리는 일을 말한다. 도목정사(都目政事)라고도 한다.

20 관리의 근무 연한을 따질 때 근무한 일수(日數)를 말한다. 이 제도는 주로 무관(武官)에게 적용됐다.

상이 말했다.

"법이 이미 오래되었는데 어찌 반드시[何必] 어지러이 고치겠는
가?"
_{하필}

○ 판좌군도총제부사(判左軍都摠制府事-좌군도총제부 판사) 이귀령
(李貴齡)을 변정도감 제조(辨正都監提調)로 삼았다.

을유일(乙酉日-13일)에 예조에서 우사단(雩祀壇)을 쌓을 것을 청
했다. 단(壇)의 제도는 송(宋)나라 황우(皇祐) 연간에 마련된 풍사단
(風師壇)의 제도에 의거해 높이가 3척, 둘레가 33보(步)인데, 영조척
(營造尺)[21]을 사용한다고 하니 그것을 따랐다. 이응(李膺)이 진언(進
言)해 말했다.

"우리 조정(朝廷)의 군신(君臣) 상하의 예는 지극히 갖춰져 있습
니다. 또 하늘[天]에 제사 지내는 것도 오래됐습니다. 이제 우사(雩
_천
祀)를 당하여 하늘에 제사 지내고 비를 비는 것이 마땅합니다."

상이 말했다.

"천자(天子)라야 천지(天地)에 제사를 지내니, 참람한 예(禮)[22]를 행
할 수가 없다."

○ 변정도감(辨正都監)에서 결송(決訟)하는 일의 마땅함[事宜]을 올
_{사의}
렸다. 상이 일찍이 변정도감으로 하여금 결송한 사건 수를 매일 승

---

21 조선 시대에 건축과 목공에 사용된 표준 척도 또는 이를 새긴 자를 영조척(營造尺)이라
고 한다.
22 제후가 천자의 예를 행하는 것을 말한다.

정원(承政院)에 고(告)하게 했는데, 이때에 이르러 도감에서 아뢰어 말했다.

"지금 결송할 사건들은 여러 해 동안 소송이 연달아서 문적(文籍)이 호번(浩繁-번잡)해 쉽게 찾아볼 수 없습니다. 또 원고와 피고[元隻]가 흩어져 있으나 반드시 빙문(憑問)해 조사하는 까닭에 매일 결송한 수를 진고(進告)하기가 더욱 어려우니, 매월 10일·20일·30일로 한 달에 세 번씩 나온 것들[出等]을 아뢰는 것이 어떠하겠습니까? 근일에 의정부(議政府)의 수교(受敎)에 입각해서 노비를 결절(決絶)할 여섯 조문(條文)은 헌사(憲司)에서 이송(移送)한 오결(誤決) 사건인데, 지금 이미 도감에 소송하도록 허락했으니 이달 10일부터 시작해 고장(告狀)을 바치도록 허락하소서. 그렇지만 경외(京外)에서는 정해진 기한이 없은즉, 옛 문적(文籍)을 불태워버리고 새 문적을 고쳐 만들 기간이 이미 가까워졌습니다. 빌건대 경중(京中)에서는 6월 15일까지, 외방(外方)에서는 6월 30일까지를 기한으로 삼아서 납장(納狀)해 결절하는 것이 어떠하겠습니까?"

상이 말했다.

"결절한 사건의 수를 매월 6아일(六衙日)에 계문(啓聞)하라. 원고와 피고가 모두 외방(外方)에 있는 경우에는 각각 그 도의 도회소(都會所)에서, 원고·피고 중 한쪽이 경중(京中)에 있는 경우에는 도감에서 마땅히 정한 날짜 안에 납장해 결절하라."

병술일(丙戌日-14일)에 영길도(永吉道) 갑산(甲山)의 속현(屬縣)인 허천(虛川) 등의 땅에 서리가 내렸다. 이달 초4일부터 초8일까지 서리

가 내렸는데, 이날에도 그러했다. 화곡(禾穀)이 말라 죽으니[枯槁], 모
두 번경(反耕)해²³ 메밀[蕎麥]을 심었다.

○ 우사단(雩祀壇)²⁴을 처음 흥인문(興仁門) 밖에 세웠다. 애초에 상
이 가뭄을 근심해 친히 『주례(周禮)』, 『예기(禮記)』「월령(月令)」 등의
책을 보니 제후(諸侯)의 경우 상공(上公)에 우사(雩祀-기우제)한다는
글이 있었기에, 예조에 명해 상고하여 아뢰게 했다. 예조에서 아뢰
었다.

"삼가 『예기(禮記)』「월령(月令)」을 살펴보니 '중하(仲夏)의 달에 여
러 현(縣)에 명해 우사(雩祀)하는데, 백벽(百辟-온갖 제후)과 경사(卿
士)가 백성에게 도움이 되도록 곡식이 여물라고 비는 것이다'라고 했
습니다. (또) 『주례』에는 '사직(社稷)과 오사(五祀)를 제사 지냈다'라
고 했습니다. 『가어(家語)』에 이르기를 '옛날에 소호(少皞)²⁵의 아들이
네 명이었는데 중(重)이라 하고 해(該)라 하고 수(脩)라 하고 희(熙)

---

23 논이나 밭을 갈아 뒤집거나 논이나 밭을 번갈아 바꿔 경작하는 것을 말한다. 가뭄으로
   논의 물이 부족해지면 논을 번경해 밭작물을 경작하기도 했다.
24 가뭄이 계속될 때 하늘에 비를 빌어 풍년이 들도록 기원하는 제단이다. 서울의 동교에
   있었다고 하나 지금 그 장소는 분명하지 않다. 단에는 동방 목기의 정신인 구망, 남방 화
   기의 신(神)인 축융(祝融), 중앙 토기의 신인 후토(后土), 서방 금기의 신인 욕수(蓐收), 북
   방 수기의 신인 현명(玄冥)과 곡식을 맡은 신인 후직(后稷)을 치제했다.
25 소호(少皓)·소호(少顥)·소호(少昊)라고도 불린다. 역사책에서는 청양씨(青陽氏), 금천씨
   (金天氏), 궁상씨(窮桑氏), 운양씨(雲陽氏) 혹은 주선(朱宣), 현효(玄囂)로 일컬어진다. 황제
   (黃帝)의 장자(長子)다. 상고 시대 화화부족연맹(華夏部落聯盟)의 수령이자, 동시에 동이족
   (東夷族)의 수령이기도 하다. 비록 고대 사람들을 그를 오제(五帝)의 한 사람으로 열거했
   지만 실제로 제왕(帝王)은 아니고, 단지 중국인의 공동 조상(祖上) 중 한 사람이다. 고대
   중국의 신화 중에서는 서방대제(西方大帝)로 존숭된다. 기록에 따르면, 그의 부족은 새를
   토템으로 삼아서 원시 봉문화(鳳文化)를 탄생시켰다고 한다. 그의 자손은 여러 성씨(姓
   氏)로 분화되었는데, 예컨대 영(嬴), 상(桑), 진(秦), 담(譚), 서(徐), 황(黃), 강(江), 이(李), 조
   (趙), 소(蕭)씨 등이다.

라 했으니, 중(重)으로 하여금 구망(句芒)이 되게 하고 해(該)로 하여금 욕수(蓐收)가 되게 하고 수(脩)와 희(熙)로 하여금 현명(玄冥)이 되게 했다. 전욱(顓頊)의 아들 여(黎)를 축융(祝融)으로 삼고, 공공씨(共工氏)의 아들 구룡(句龍)을 후토(后土)로 삼았다. 이 다섯 사람(실은 여섯 사람)이 각각 그 능한 업(業)을 관직(官職)으로 삼았는데, 살아서는 상공(上公)이 되고 죽어서는 귀귀(貴鬼)가 되었으니 따로 오사(五祀)라 일컫는다'라고 했습니다. 『춘추좌씨전(春秋左氏傳)』에 이르기를 '열산씨(烈山氏)의 아들을 주(柱)라 하는데 직(稷)으로 삼아서 하(夏)나라 이전부터 제사 지냈고, 주(周)나라의 기(棄)도 직(稷)으로 삼아서 상(商-은)나라 이후부터 제사 지냈다'라고 했고, 오정(五正)[26]은 『가어』와 같았습니다. 『문헌통고(文獻通考)』에 이르기를 '천자(天子)는 상제(上帝)에 우사(雩祀)하고, 제후(諸侯)는 상공(上公)에 우사한다'라고 했습니다. 위 항목의 오정(五正)에다, 후직(后稷)이 또 백성에게 공덕(功德)이 있었으므로 예로부터 상사(常祀-일정한 제사)가 있었습니다. 빌건대 고전(古典)에 의거해 동교(東郊)에 단(壇)을 설치하되 6위(六位)를 같은 단(壇)으로 해서 매번 중하(仲夏)의 달이 되거든 날짜를 골라 제사를 거행하며, 제품(祭品)은 산천단(山川壇)의 예에 의거해야 할 것입니다."

그것을 따랐는데, 이때에 이르러 이를 쌓으라고 명했다.

---

26 오관(五官)의 장(長)이다. 오관(五官)은 목정(木正)·화정(火正)·금정(金正)·수정(水正)·토정(土正)을 말하는데, 그 장(長)은 구망(句芒)·축융(祝融)·욕수(蓐收)·현명(玄冥)·후토(后土)다.

무자일(戊子日·16일)에 상이 상왕(上王)을 광연루(廣延樓)에서 받들어 맞아[奉迎] 술자리를 베풀고 지극히 즐겼으니, 상의 탄일(誕日)이기 때문이다. 세자와 여러 종친(宗親)이 시연(侍宴)했다. 세자, 종친, 대언(代言), 총제(摠制) 홍부(洪敷), 상호군(上護軍) 황상(黃象), 대호군(大護軍) 홍거안(洪居安), 중관(中官) 최한(崔閑) 등에게 말을 각각 1필씩 내려주었다. 부(敷)·상(象)·거안(居安)은 모두 어전(御前)에서 할육(割肉)[27]한 자들이다. 2품 이상에게는 자문(紫門) 의정부(議政府)에다 연회를 내려주었다.

○ 무과(武科)의 축수재(祝壽齋)[28]를 없애라고 명했다.

기축일(己丑日·17일)에 대간원(臺諫員)에 명해 변정도감(辨正都監)의 사건을 결절(決絶)하는 데 참여하지 말게 했다.

지평(持平) 이맹진(李孟畛), 헌납(獻納) 김이상(金履祥)이 도감의 도청(都廳)과 더불어 예(禮)를 다투다가, 도감의 장무 영사(掌務令史)를 가뒀다. 이에 제조관(提調官) 등이 대궐에 이르러 문밖에서 판관(判官) 서성(徐省)을 시켜 아뢰어 말했다.

"대간에서 장무 영사를 가두었으니, 신 등이 출사(出仕)하기가 미편(未便)합니다."

상이 노해 말했다.

---

27 제사를 지내고 난 다음에 고기를 베어 나누는 것을 말한다.
28 사찰에서 신하들이 임금의 장수를 기원하는 행사를 열었는데, 이를 축수재라고 했다.

"조그마한 일 때문에 일의 기틀[事機]을 늦추게 하는 것은 심히 안 될 일이다."

드디어 이러한 명이 있었다.

경인일(庚寅日-18일)에 각 도 각 고을의 군기(軍器-무기)를 수리하라고 명했다. 정부에서 가르침을 받았다[受敎].

"각 도의 병선(兵船)을 더 만들도록 하고, 여러 해안가에 두고 썩어서 패몰(敗沒)하게 하지 말라. 만약 위급한 일이 있으면 번하(番下-번을 내려감)한 선군(船軍)으로 하여금 모두 다 배를 타게 하라[騎]."

○ 호조판서 박신(朴信)이 강변(江邊)에 창름(倉廩-창고)을 세울 것을 청했으나 윤허하지 않았다.

신(信)이 조운(漕運)이 바야흐로 이르러 오는데 창름이 없다고 하여 강변에다 4~50간을 짓도록 청하니, 상이 농사일이 바야흐로 한창때이므로[方殷] 영선(營繕)하기에 적당치 않다고 하면서 행랑(行廊)에다 저장하라고 명했다.

○ 예조에서 아뢰었다.

"우사(雩祀)의 신주(神主) 제도는 청컨대 『홍무예제(洪武禮制)』의 사직(社稷) 제도에 의거해 높이 2척 2촌, 너비 4촌 5푼, 두께 9푼으로 하고 부방(趺方)[29]은 높이 4촌 5푼, 너비 8촌 5푼으로 해서 만드는데, 영조척(營造尺)을 사용하소서. 제사에 임하면 작은 탁자(卓子)를 단(壇) 위에 설치해 안치(安置)했다가 제사가 끝나면 이를 보관합

---

29 신주(神主) 밑에 까는 네모진 받침을 말한다.

니다. 위차(位次)는 구망(句芒)·축융(祝融)·욕수(蓐收)·현명(玄冥)·후토(后土)·후직(后稷)입니다."

상이 그것을 따르고, 그 참에 사직의 신주를 보관할 곳을 물으니 이응(李膺)이 대답했다.

"중국의 군사(郡社)에는 신주를 보관하는 실(室)이 없으며, 그래서 우리 조정(朝廷) 또한 그러합니다. 선농(先農)과 선잠(先蠶)의 신주는 제사를 끝마친 뒤에 도로 싣고 와서 전사시(典祀寺)의 창고에 보관합니다."

상이 말했다.

"만약 구처(區處)하지 않는다면 변(籩)³⁰·두(豆)³¹와 함께 거중(車中)에 같이 싣게 될까 두려우니, 이것이 어찌 밝은 신(神)을 공경하는 도리이겠는가? 그 전적(典籍)을 상고해 아뢰라."

상이 우사(雩祀)의 신(神)의 명위(名位)와 등급(等級)을 물으니 성석인(成石因)이 대답했다.

"신 등이 상정소(詳定所)와 더불어 이미 여러 신(神)의 위차(位次)를 정했으나, 오직 후직(后稷)의 자리를 정하지 못했습니다."

상이 말했다.

"『서경(書經)』에 이르기를 '수(水)·화(火)·금(金)·목(木)·토(土)·곡(穀)이다'라고 했으니, 곡(穀)은 토(土)의 아래에 있다. 직(稷)은 비로

---

30 제기(祭器)의 일종이다. 대나무로 만드는데, 마른 제물을 담아 신위(神位)의 왼쪽에 놓는다.

31 제기(祭器)의 일종이다. 나무로 만드는데, 궂은 제물을 담아 신위의 오른쪽에 놓는다.

소 온갖 곡식을 뿌렸으므로 후세에서 곡신(穀神)으로 제사 지내니, 직(稷)은 후토(后土)의 아래에 두는 것이 마땅하다. 경 등은 하륜(河崙)·이직(李稷)과 더불어 참작해 시행하라."

○ 인녕부 윤(仁寧府尹) 이은(李殷, ?~?)[32]과 경기 경력(京畿經歷) 이하(李賀)를 파직(罷職)했다. 애초에 김훈(金訓)이 경기 경력으로 있으면서 하륜(河崙)에게 고(告)해 말했다.

"(경기도) 통진(通津)의 땅과 고양포(高陽浦)의 땅이 비옥하니[肥厚],
비후
만약 제언(堤堰)을 쌓아 조수(潮水)를 막는다면 곡식 200여 석은 파종할 수 있을 것입니다."

륜(崙)이 사위인 총제(摠制) 이승간(李承幹)을 보내서 지품(地品)을 조사하고, 드디어 승간(承幹)을 시켜 아들인 도총제(都摠制) 하구(河久), 사위인 참의(參議) 홍섭(洪涉)과 예조판서 설미수(偰眉壽), 전사 부령(典祀副令) 하연(河演), 직예문관(直藝文館) 박희중(朴熙中) 등과 더불어 연명(連名)해 고장(告狀)하고 그 땅을 경작하려고 했다. 은(殷)이 (경기도) 감사가 되고 하(賀)가 경력이 돼서 부근 각 고을의 민정(民丁) 700명을 징발해 제방(堤防)을 쌓았는데, 수령(守令) 중에 혹 따르지 않는 자가 있었다. 상이 이를 듣고서 몰래 중관(中官)을 시켜

---

32 태종(太宗) 때 계림부윤(鷄林府尹), 경기도관찰사(京畿都觀察使), 인녕부윤(仁寧府尹), 경상도관찰사(慶尙道觀察使) 등을 역임했다. 바로 이 무렵 제방을 쌓을 때의 이로운 점을 국왕에게 제안해 경기도관찰사와 경상도관찰사에 임명되었는데, 제방을 쌓아 물을 끌어들일 때 지역 주민들을 무리하게 동원해 주민들의 원성을 사기도 했다. 1416년(태종 16년) 경상도의 도관찰출척사로 있을 때, 주인기(朱仁奇)와 공계손(孔繼孫)이 착호갑사(捉虎甲士)로 속였지만 이를 알고도 병조에 알리지 않고 오히려 군마를 임의로 징발해 상주에 가서 호랑이를 잡은 일로 파직됐다.

살펴보게 했더니 과연 백성에게는 아무런 이익이 없었다. 그래서 은 과 하의 직을 없앴다[罷職]. 이에 헌부(憲府)에서 이를 알고 고장(告 狀)한 사람들을 모두 탄핵했다. 상이 장령(掌令) 이유희(李有喜)를 불 러 추핵(推覈)하지 말라고 명하니, 유희(有喜)가 아뢰어 말했다.

"군정(軍丁)을 마음대로 조발(調發)해 사역(私役)에 동원했으니 [董治] 그 감사와 경력은 진실로 용서할 수 없습니다. 하물며 감사와 교통(交通)해서 백성을 징발해 사사로운 일을 경영한 자는 더욱 용 서할 수 없습니다."

상이 말했다.

"너의 말이 옳다. 그러나 본래 곡식을 심고자 했으니 나라에 무슨 해가 되겠느냐? 다만 감사가 나에게 아뢰지 않았기 때문에 그 직을 이미 면하게 한 것인데 어찌 죄를 더하겠는가? 또 공신(功臣)이 (포함 돼) 있으니, 그런 일을 가지고서는 실로 (죄를) 논할 수가 없다."

훈(訓)이 류(崙)의 집에 드나들며 몰래 그 역사(役事)를 이루었고 이미 그 땅을 많이 점유했으며, 은(殷) 또한 류의 문객(門客)이었다. 류의 문인(門人) 윤자견(尹自堅)이 류에게 고해 말했다.

"고양(高陽)의 방축(防築)에 대해 소민(小民)들이 원망합니다."

류이 웃으면서 말했다.

"원망하는 자는 미혹된 것이다. 만약 제방을 쌓아 물을 막아서 비 옥한 전지를 만든다면 이익이 나라에 미치는데, 무슨 혐의스러움이 있겠는가?"

신묘일(辛卯日-19일)에 대사헌 유관(柳觀)을 박은(朴訔)을 대신해 변정도감 제조(辨正都監提調)로 삼고, 좌사간(左司諫) 윤회종(尹會宗)을 도감의 사(使)로 삼았다.

○ 법석(法席)을 개경사(開慶寺)에 베풀고 『대장경(大藏經)』을 전독(轉讀)했다. 내자시(內資寺)에 명해 공판(供辦)하도록 하고, 정포(正布) 200필과 저화(楮貨) 300장, 저포(苧布)·마포(麻布) 각 3필을 보시(布施)하게 했다.

○ 당인(唐人-중국 사람) 서아단(徐亞端)·대아첨(對亞添)·황기생(黃起生) 등을 (강원도) 원주(原州)에 두었다.

아단(亞端) 등이 일본의 적중(賊中)에서 왔다. 예조에서 아뢰었다.

"빌건대 외방(外方-지방)에 두소서. 또 전에 온 당인(唐人) 섭관생(葉官生)·원지두(元之豆) 등이 모두 예빈시(禮賓寺)의 여종[婢]을 아내로 삼았으니, 마땅히 아내를 데리고 외방에 거주하게 하소서."

상이 허락했다. 유사눌(柳思訥)이 말했다.

"예빈시의 비(婢)는 구실[役]이 있는 사람들이니 반드시 함께 보낼 것이 없습니다."

상이 말했다.

"부부(夫婦)란 사람의 대륜(大倫)이니 어찌 강제로 다른 곳에 있도록 하겠는가?"

○ 도박(賭博)놀이를 금하라고 명했다.

도대평(都大平) 등 16인에게 각각 장(杖) 80대를 때리고 장용봉(張龍鳳)에게는 장(杖) 100대를 때리고, 그 스스로 서로 도박해 얻은 물건은 관(官)에 몰수했다. 대개 도박놀이는 전조(前朝)의 말년에 성행했는데, 비록 만전(萬錢)이라도 하루아침이면 도박으로 얻어 벼락부자가 됐기 때문에 경박한 무리가 요행히 따기를 바라서 이 짓을 하다가 처자(妻子)를 빼앗기고 가산(家産)을 탕진(蕩盡)하는 자가 있기에 이르렀다. 태조(太祖)가 먼저 그 놀이를 금했고, 이때에 이르러 상이 남은 풍속이 없어지지 않은 것을 듣고 유사(攸司)에 명해 체포하고 엄중히 금했다[痛禁-嚴禁].

○ 윤인부(尹仁富) 등에게 장(杖) 100대를 때리고 가산(家産)을 적몰(籍沒)했다. 금법(禁法)을 범하고 금은(金銀) 같은 금물(禁物)을 왜인(倭人)에게 사사로이 팔았기 때문이다.

계사일(癸巳日-21일)에 대신(大臣)들을 나눠 보내 비를 빌었다. 옥천군(玉川君) 유창(劉敞)은 백악(白岳)에, 청성군(淸城君) 정탁(鄭擢)은 목멱(木覓)에, 홍녕군(興寧君) 안경공(安景恭)은 한강(漢江)에, 판한성부사(判漢城府事) 최용소(崔龍蘇)는 양진(楊津)에 갔다.

○ 변정도감(辨正都監)에 명해 공사(公事)를 상피(相避)하는 제조(提調) 외에는 모두 방(房-담당 부서)을 옮겨 결절(決絶)하도록 했다.

도감에 명해 명문(明文)을 위조한 정적(情迹-흔적)이 이미 드러난 것을 제외하고는, 한쪽이 비록 명문이 없더라도 아울러 모두 중분(中分)하게 했다. 그때 도감에는 한 늙은 할미가 망령되게 고(告)했기 때문에 장차 장(杖)을 때리려고 하니, 그 아들 두 사람이 슬피 부르짖으면서 몸을 대신(代身)하고자 했으나 도감에서는 그러한 예(例)가

없다고 해, 드디어 그 할미에게 장을 때려 하루도 안 돼[不日] 죽게
했다. 상이 이를 듣고 이에 명했다.

"도감에서는 양쪽의 시비(是非)를 분간(分揀)해서 망령되게 고(告)
한 자는 헌부(憲府)에 이문(移文)하고, 헌부에서는 공초(供招)를 받고
형조(刑曹)에 보내 결장(決杖)하라. 도감에서는 형(刑)을 쓰지 말라.
만약 원통하고 억울함이 있는 자는 헌부에서 다시 상세히 청리(聽
理)하라."

사헌부에서 변정도감의 관원을 핵문(劾問)했으니, 그 일찍이 내
린 교지(教旨) 안에 '망령되게 오결(誤決)이라고 고하는 자는 장(杖)
80대를 때리고 몸을 수군(水軍)에 충당한다'라고 했는데, 이번에 도
감에서 살피지 않고 부녀자에게 장을 100대에 이르도록 때려 죽게
만들었던 때문이다.

을미일(乙未日-23일)에 영의정부사(領議政府事) 하륜(河崙)이 결송
(決訟)해야 할 일의 마땅함[事宜] 몇 조목을 올렸다.

'하나, 변정도감(辨正都監)의 관원의 수가 많으니, 어찌 사람마다
[人人] 모두 바르고 일마다[事事] 모두 옳겠습니까? 혹은 편견(偏見)
으로 인해, 혹은 사사로운 뜻으로 인해 이치상 중분(中分)해야 마땅
한 것도 즐겨 수리(受理)하지 않으므로, 소송하는 자가 답답해서 말
을 하면 억지 변명(辨明)을 한다고 죄를 떠넘깁니다[歸罪]. 그러나 일
찍이 내린 교지(教旨) 때문에 헌사(憲司)에 고(告)할 수도 없고, 신문
고(申聞鼓)를 쳐서 신문할 수도 없습니다. 신이 가만히 생각건대, 성
현(聖賢)의 정치에는 상경(常經)도 있고 권도(權道)도 있으니[有經

226

有權], 만약 다시 하교(下敎)하기를 "이치상 수리(受理)하는 것이 마땅
유권
한데도 즐겨 수리하지 않는 자나 사정(私情)을 좇아서 오결(誤決)해
정상(情狀)이 현저한 자는, 도감(都監)을 파한 뒤에 헌사(憲司)에서
납장(納狀)하고 계문(啓聞)해 중형에 따라 논죄하라"라고 하면, 사람
마다 두려움을 알고 감히 비행(非行)을 저지르지는 못해 모두 지극
히 공정한 데서 나올 것입니다. 또 도감을 파한 뒤에 망령되게 고하
는 법(에 대한 처벌 방침)을 엄하게 세운다면, 정장(呈狀)하는 자도 반
드시 많지는 않을 것입니다.

하나, 일찍이 교지(敎旨)를 받기를 "계사년 9월 초1일 이전에 정장
(呈狀)한 것은 모두 중분(中分)을 허락한다"라고 했으니 실로 지극히
공정한 정치입니다. (그런데) 지금 도감에서 여러 가지 곡절(曲折) 때
문에 즐겨 수리하지 않아서 사람들로 하여금 지극히 공정한 덕(德)
을 다 입지 못하게 합니다. 빌건대 신축년 이후와 무인년 이후로 중
외(中外)의 고을에 정장(呈狀)해 서로 소송해 명문(明文)이 있는 경우
와 신축년 이전에 양쪽이 대척(對隻-대질)한 적이 없이 한 번 득결(得
決)하기로 정해 명문(明文)이 있는 경우는, 모두 9월 초1일 이전에 정
장(呈狀)한 자의 예에 의거해 교지(敎旨)를 내려 중분(中分)하도록 허
락한다면 여러 가지 곡절(曲折)의 계략이 얼음 녹듯이 사라질 것입
니다.'

상이 그것을 따르고 도감에 교지(敎旨)를 내렸다.

'결절(決絶)한 뒤에 타인의 노비를 잉집(仍執)하거나 소량(訴良)한
자를 거집(據執)하는 따위의 일은, 무인년의 한년(限年)과 계사년
9월 초1일에 정장(呈狀)하고 정장하지 아니한 사실을 논하지 말고 모

두 하나같이 납장(納狀)해 결절(決絶)하라. 조부모나 부모가 나눠주지 아니한 노비는 유약(幼弱)과 연한(年限)에 얽매이지 말고 납장(納狀)을 허락하라. 오결한 관원(官員)과 오결(誤決)이라고 망령되게 고(告)하는 자는 사헌부에 이문(移文)해 헌부에서 공초(供招)한 뒤에 형조(刑曹)로 이송해 결죄(決罪)하라. 만약 다시 원통하고 억울한 사정을 호소하는 자가 있으면 헌부(憲府)에 맡겨서 조사하여 밝히게 하라.'

○ 동판의정부사(同判議政府事-의정부 동판사) 유정현(柳廷顯)이 북경(北京)에서 돌아와 아뢰었다.

"황제(皇帝)가 3월 27일에 병사 100만 명을 이끌고 북정(北征)했는데, 황자(皇子)·황손(皇孫)이 모두 호종(扈從)했습니다. 동궁(東宮-태자)이 남경(南京)에 있고, 호부상서(戶部尙書) 하원길(夏原吉)이 북경을 유수(留守-남아서 지킴)하고 겸하여 육부(六部)의 일을 총괄했습니다. 북방 여러 나라가 모두 사신을 보내 흠문기거(欽問起居-황제의 안부를 물음)했습니다."

정유일(丁酉日-25일)에 예조에서 여러 신하가 축수를 올리는 예[上壽禮]를 아뢰었다. 계문(啓聞)은 이러했다.
　상수 례

'삼가 『문헌통고(文獻通考)』를 살펴보니 송조(宋朝)에서 정조(正朝)·동지(冬至)에 여러 신하가 상수(上壽)했고 또 이르기를 "탄성절(誕聖節)에 여러 신하에게 광덕전(廣德殿)에서 크게 연회를 베풀어주었다"라고 했으며, 지금 조정(朝廷-명나라 조정)에서도 정조(正祖)·동지(冬至)·성절일(聖節日)에 여러 신하에게 크게 잔치를 베풀어주고 있습니다. 빌건대 조정(朝廷)의 예에 의거해 이를 행하되 1품 이상의 신하가 헌수(獻壽)를 주관할 것을 허락하고, 행행(行幸-행차)하는 날을 맞아서도 유도(留都-서울에 남아 지키는 일)하는 1품 이상 신하에게 2품 신하로 하여금 문안(問安)하도록 허락하소서.'

그것을 따랐다.

○ 서연(書筵)의 서리(書吏) 권맹부(權孟敷)를 순금사(巡禁司)에 가뒀다.

중 신부(信孚)가 세자의 휘(諱-이름)를 위조해 찍은 원문(願文)을 가지고 영길도(永吉道)를 헤집고 다녔다. 도순문사(都巡問使) 이원(李原)이 붙잡아 그 가져온 곳[所從]을 물으니 이렇게 말했다.

"맹부(敷)가 나에게 보냈습니다."

그 일을 갖춰 아뢰니 마침내 이러한 영(令)이 있었다.

○ 설미수(偰眉壽)·홍섭(洪涉)·하구(河久)·이승간(李承幹)·박희중(朴熙中)·하연(河演)·김훈(金訓) 등으로 하여금 일을 보게 했다. 사헌부에서 고양(高陽)에 제언(堤堰)을 쌓은 일을 핵문(劾問)해 그 일이 점차 하륜(河崙)에게 미치게 되었던 까닭으로 이러한 명이 있었다.

무술일(戊戌日-26일)에 경상도 선산(善山)과 군위(軍威)에 서리가 내렸다.

○ 일본 우무위(右武衛) 원도효(源道孝)의 사인(使人)이 예물을 바치고 그 아비의 부음(訃音)을 고(告)했다.

○ 예조좌랑 이종규(李宗揆)를 순금사(巡禁司)에 가뒀다가 얼마 후

에 풀어주었다. 섭관생(葉官生) 등을 늦게 출발시켜 보낸 때문이다.

○ 수참(水站)에 명해 와요(瓦窯)의 시목(柴木)을 수송하는 것을 정지하도록 했다. 애초에 상류(上流)에서 나무를 베어 수참(水站)으로 하여금 운반해 와요에 바치도록 했다가, 올봄에 별요(別窯)를 없애라고 명하고 나무를 수송하지 말게 했다. (그런데) 이때에 이르러 별요제조(別窯提調) 박신(朴信)이 잠정적으로 없애지 말고 그대로 나무를 운수하도록 청했고, 박자청(朴子靑)이 운수하라고 독촉하기를 심히 급하게 했다. 수참 별감(水站別監) 최유항(崔有恒)이 듣지 않고 즉시 서울로 와서 대궐에 이르러 아뢰었다.

"강 연안의 주(州)와 현(縣)에서는 여름철의 물 때문에 나무를 잃을까 염려해 다 높은 언덕에 옮겨놓았습니다. 또 신이 관할하는 수참(水站)의 선군(船軍)은 겨우[纔-甫] 조운(漕運)을 끝마치고 비로소 농사일을 보는데, 만약 또 나무를 운수한다면 무슨 겨를에 농사에 힘쓰겠습니까?"

상이 옳게 여겨 말했다.

"당초에는 수참의 사람도 전지(田地)를 경작하는 줄을 알지 못했기 때문에 수송하라고 명한 것일 뿐이다."

마침내 뜻을 내려[下旨] 말했다.

"배에 실은 것을 제외하고는 농한기[農隙]를 기다려 수송해 오라."

○ 조정(朝廷)에 진헌(進獻)할 방물(方物)을 잘 가려서[揀] 마땅히 품질이 좋은 것을 골라 지극히 정결하게 하기에 힘쓰라고 명했다.

기해일(己亥日·27일)에 대신(大臣)을 보내 우사단(雩祀壇)에 비를 빌였으니, 처음으로 구망(句芒)·축융(祝融)·욕수(蓐收)·현명(玄冥)·후토(后土)·후직(后稷)의 신에게 제사 지냈다. 또 무당[巫]을 한강(漢江)에 모아 비를 빌었다.

○ 일본 소이전(少二殿)[33]의 사인(使人)이 와서 토산물을 바쳤다.

경자일(庚子日-28일)에 날씨가 선선해[爽] 가을 같았다. 이날 저녁에 유성(流星)이 천중(天中)에서 나와 동쪽으로 흘러갔다. 소리가 있었고, 처음에는 병(瓶)과 같았는데 나중에는 조금 커지고 청적색(青赤色)이었으며, 화염(火焰)이 사방으로 흩어져서 달빛과 같이 밝았다. 한밤중이 되어도 이와 같았다.

○ 판의정부사(判議政府事) 이직(李稷)에게 명해 북교기우제(北郊祈雨祭)를 행하게 하고, 친히 향축(香祝)을 전했다.

○ 동판의정부사(同判議政府事) 유정현(柳廷顯)을 변정도감 제조(辨正都監提調)로 삼았다. 이에 앞서 정현(廷顯)이 말씀을 올렸다.

"신이 경사(京師-명나라 서울 북경)에서 돌아오다가 비로소 국경에 들어와서, 중외(中外)에 따로 도감(都監)을 세운다는 말을 들었습니다. 외방(外方-지방)에는 각각 계수관(界首官)에 변정도회소(辨正都會所)를 설치하니, 백성이 모두 (그곳으로) 달려가 농사를 폐하기에 이르렀습니다. 또 차사원(差使員)이 도회소에 있는 까닭에 창고의 적미(糴米)[34]를 내주는 자가 없으므로 백성도 굶주리게 되니, 심히 백성

---

33 소이전(小二殿)으로 돼 있기도 하다.
34 꾸어주었다가 받아들이는 쌀을 말한다.

을 아끼고 농사에 힘쓰는 뜻이 아닙니다. 또 3월에 무정(務停)[35]하는 것은 본조(本朝)의 아름다운 법전(法典)이니, 잠정적으로 또 정지시켜서 농사 틈을 기다리소서."

상이 말했다.

"만약 국가의 일 때문에 백성을 동원한다면 경의 말이 옳지만, 만약 변정(辨正)이라면 사람이 스스로 하는 것이니 농사를 폐지하는 것이 아니다. 지금 경을 제조관(提調官)으로 삼도록 명하니, 빨리 가서 일을 다스려 양천(良賤)의 일을 먼저 결절(決絶)해 바로잡도록 하라. 또 금후로는 죄를 범한 부녀(婦女)는 노소(老少)를 논하지 말고 모조리 수속(收贖)하도록 허락하고, 남부(男夫) 60세 이상도 수속하도록 허락하라."

○ 호조참의(戶曹參議) 황자후(黃子厚)를 경상도 고령현(高靈縣)에 보내 의옥(疑獄-의심스러운 옥사)을 살펴 험증(驗證)하게 했다. 애초에 정복수(鄭復修)가 그 도의 관찰사에게 고해 말했다.

"고령 사람 한상량(韓尚良)의 집터 가운데에서 금(金) 10정(錠), 금반(金盤) 8개, 산호(珊瑚) 베개 2개를 얻었고, 그 밖의 보물도 많았습니다."

관찰사가 상량(尚良)을 나오게 해 이를 물었으나 불복(不服)했다. 상량의 아우 상검(尚儉)이 고령에서 서울로 와서 처형(妻兄-손위처남) 변겸(卞謙)에게 일러 말했다.

---

35 춘분(春分)에서 추분(秋分)까지의 농사철에 특별한 사건 이외에 잡다한 소송 처리를 일단 정지하는 제도를 말하는데, 백성을 귀농(歸農)시키기 위한 조치였다.

"형 상량이 말하기를 '네가 서울에 가서 금 1정을 가지고 하 정승(河政丞-하륜)에게 뇌물을 주고자 했으나, 일이 이미 발각됐으니 형세가 실로 어렵다'라고 했습니다."

겸(謙)이 듣고서 하륜(河崙)에게 고하자 륜이 상에게 상달(上達)했던 까닭으로 이러한 명이 있었다. 그러나 자후(子厚)가 도착해 이를 안핵(按覈)하니, 그 일이 실상과 달랐다[不實]. 마침내 상량을 석방하니 륜이 아뢰어 말했다.
불실

"옛날의 하도(河圖)와 낙서(洛書)는 반드시 야인(野人)이 바친 바일 것이니, 지금 상량이 얻은 바 또한 혹은 왕자(王者-임금다운 임금)의 상서(祥瑞)일 것입니다. 청컨대 다시 국문(鞫聞)하소서."

상이 그 청을 힘써 좇아서 관찰사로 하여금 다시 안핵(按覈)하게 했으나, 혐의가 없었으므로 다시 풀어주었다.

신축일(辛丑日-29일)에 선산(善山)에 서리가 내렸으나 곡식이 죽지는 않았다.

○ 이달에 대마도(對馬島) 두지포(豆地浦) 만호(萬戶) 사근다라(沙斤多羅)의 사인(使人)이 예물(禮物)을 바치고, 인구(人口)를 돌려달라고 청했다.

癸酉朔 釋輕囚 以久旱也.
계유 삭 석 경수 이 구한 야

日本國楚殿倭使來獻土物.
일본국 초전 왜사 내헌 토물

初置六曹錄事知印.
초치 육조 녹사 지인

甲戌 慶尙道甫城郡靑鳧縣隕霜. 上曰: "五月飛霜可乎?" 左代言
갑술 경상도 보성군 청부현 운상 상왈 오월 비상 가호 좌대언

柳思訥對曰: "甫城北連江原大山 五月飛霜 不足怪也." 思訥之言
유사눌 대왈 보성 북 련 강원 대산 오월 비상 부족 괴야 사눌 지언

類如此.
유 여차

上詣仁德宮 設宴極歡.
상 예 인덕궁 설연 극환

命二品以上會于議政府 議奴婢事. 初 河崙建議 革戊寅年未呈之
명 이품 이상 회우 의정부 의 노비 사 초 하륜 건의 혁 무인년 미정 지

限 自辛丑年後 竝許受理. 至是 辨正都監又以若盡去限年 則爭訟
한 자 신축년 후 병허 수리 지시 변정도감 우 이약 진거 한년 즉 쟁송

競起 深爲未便 上書論例 故有是議 從政府之議多. 上從之 傳旨曰:
경기 심위 미편 상서 논례 고유 시의 종 정부 지의다 상 종지 전지 왈

"近日旱氣 未必不由決絶不得其中. 宜督辨正都監 決絶道數 日告
근일 한기 미필 불유 결절 부득 기중 의 독 변정도감 결절 도수 일고

承政院.
승정원

司諫院右正言韓卷辭職. 卷上疏曰:
사간원 우정언 한권 사직 권 상소 왈

'伏聞 前日憲司與本院 將良祐之罪 皆已具疏以聞 至於再三 未蒙
복문 전일 헌사 여 본원 장 양우 지죄 개이 구소 이문 지어 재삼 미몽

兪允 臣不勝隕越之至 敢昧死以聞. 臣竊惟 爲臣之罪 莫大於不忠
유윤 신 불승 운월 지지 감매사 이문 신 절유 위신 지죄 막대 어 불충

不忠之實 發見於懷貳 懷貳則黨與必成. 是以 春秋之法凡誅亂臣
불충 지실 발현 어 회이 회이 즉 당여 필성 시이 춘추 지법 범주 난신

234

必治其黨與 然後爲惡者孤矣. 今良祐私通亂臣芳幹 其意必有以也.
필 치 기 당여 연후 위악 자 고의 금 양우 사통 난신 방간 기의 필 유이 야

不忠之實著矣 伏望殿下 回日月之至明 擧春秋之大法 俯從臺諫之
불충 지 실 저의 복망 전하 회 일월 지 지명 거 춘추 지 대법 부종 대간 지

請 將良祐下攸司 鞫問私結亂臣之由 明正其罪 萬世人臣之義.'
청 장 양우 하 유사 국문 사결 난신 지유 명정 기죄 만세 인신 지 의

不允 卷乃辭.
불윤 권내사

乙亥 命檢校漢城府尹孔俯 監蜥蜴祈雨.
을해 명 검교 한성부윤 공부 감 석척기우

兵曹判書李膺 禮曹判書成石因 工曹判書朴子靑等請良祐罪
병조판서 이응 예조판서 성석인 공조판서 박자청 등 청 양우 죄

啓曰: "良祐潛通懷安之迹已著 臺諫欲覈其實 累次 殿下不允 故皆
계왈 양우 잠통 회안 지적 이저 대간 욕핵 기실 누차 전하 불윤 고 개

辭其職. 乞從臺諫之請." 上曰: "予已辨之矣 卿等勿言."
사 기직 걸종 대간 지청 상왈 여이 변지 의 경등 물언

下旨曰: "李興發 興濟 興露等自願安置事 永吉道都巡問使何不
하지 왈 이흥발 흥제 흥로 등 자원안치 사 영길도 도순문사 하불

回報? 宜令刑曹問其故."
회보 의령 형조 문 기고

命出馴象于陸地. 全羅道觀察使報: "馴象放于順天府獐島 不食
명출 순상 우 육지 전라도관찰사 보 순상 방우 순천부 장도 불식

水草 日漸瘦瘠 見人則墮淚." 上聞而憐之 故命出于陸 豢養如初.
수초 일점 수척 견인 즉 타루 상문 이 연지 고 명출 우 륙 환양 여초

命兵曹存恤各道安置倭人兼具出來辭由 生産物故之數及其生理
명 병조 존휼 각도 안치 왜인 겸구 출래 사유 생산 물고 지 수 급 기 생리

之狀以聞.
지 상 이문

丙子 上詣文昭殿 行端午別祭.
병자 상 예 문소전 행 단오 별제

上王詣健元陵 行端午別祭.
상왕 예 건원릉 행 단오 별제

戊寅 命司憲府還給朴文崇許衡等告身. 上曰: "太祖壬午年
무인 명 사헌부 환급 박문숭 허형 등 고신 상왈 태조 임오년

東北面之行 朴文崇 許衡 崔湜 李良幹等 或以守令 或以佐幕 脅於
동북면 지 행 박문숭 허형 최식 이양간 등 혹 이 수령 혹 이 좌막 협어

賊臣之危 不得已而從之. 其告身 予欲還給 政府擬議以聞." 南在
적신 지 위 부득이 이 종지 기 고신 여욕 환급 정부 의의 이문 남재

李稷等議曰: "脅從罔治 古之道也." 上從之 有是命 因旱災欲申
이직 등 의왈 협종 망치 고지도 야 상 종지 유 시명 인 한재 욕신

冤抑也.

己卯 輟酒減膳 且禁中外用酒. 命禮曹 凡文獻通考所載救旱

諸事 靡不擧行. 上憂旱日: "方今之事 何者爲可怨而致傷和氣

乎?" 禮曹判書成石因對曰: "宜布德音 求直言." 上謂代言等曰:

"禮曹判書請求言 予則以謂 言之者 不過曰罷辨正都監船軍完護

等事耳. 爾等爲我喉舌 若有可言之事 悉陳無隱." 左代言柳思訥

對曰: "日者 分遣朝臣 訪問民瘼 其書皆下議政府 政府公事分付

六曹之時 此書束之高閣 未得擧行. 乞下六曹施行." 上然之 卽令

政府舍人擇出 付于吏曹.

命臺諫視事如舊.

罷工曹正郎金有溫職. 傳旨曰: "向者 憲司請有溫奴婢誤決之

罪 予以功臣之子原之. 今又以細事 擅囚辨正都監使令 信有罪矣.

然其父承霍曾有功於國 且受方面之任 故只罷其職." 囚工曹正郎

韓敬守 南仁㻶 佐郎金孝誠 柳洽 宋翠等 與有溫同議 擅囚

辨正都監使令故也. 尋釋之. 命吏曹參議具宗之 知申事李灌曰:

"功臣之子 不問賢否 布列庶位 以致曠官 予甚厭之. 自今考其賢否

而用之." 蓋因有溫而發也.

賑老人. 戶曹啓: "各道敬差官所推 鰥寡孤獨不能自存者

一千一百五十六人內 一百一歲二人 米豆各七石; 九十歲以上七人

米豆各五石; 八十歲以上 米豆各三石式 賑恤何如? 江原道敬差官

所推 年過三十歲未嫁女子十二 以各官所在收贖物色 補給資裝
今年內畢成婚何如?"

從之.

忠淸道上之浦邊 田鼠成群 損來麥及稻苗.

辨正都監上奴婢事目:

'一 前此 二品以上私門辨訟未便 如有不得已 親白事 則提調廳
違者申聞論罪.

一 誤決官吏及妄告誤決者 飾辭强辨者 古嘉善今通政以下直斷;
二品以上申聞科罪. 且訟者以貪得爲要 雖正決 反謂誤決 隨卽呈狀
奸僞甚重 決訟間除收贖論罪.

一 臺諫 刑曹各一員 以日差來坐都監 決訟得失 未能精察. 乞依
戊寅辨正之例 以使副使判官 口傳差定.

一 都監上下廳官員數多 每因相避 數數改差 則決訟事緩. 同生
及三寸外 相避決訟間 依戊寅年辨正都監例 皆許同官. 都監官員等
相避公事 移送憲司 刑曹及都官決絶.

一 外方接被告者有緣故 則以子壻弟姪 解事 奴子代身辨訟; 二十
日內 無緣故不對隻者 時訟者決給 守令不用心捉送者 論罪.

一 都監移文公事 各司不用心 以致事緩. 六品以上申聞; 七品
以下直斷何如?'

從之. 都監又上言: "議政府啓目內 未便條件 乞更議啓聞." 上

不從曰: "以議政府啓目決絶."
부종 왈   이 의정부 계목 결절

朴信啓曰: "今以臺省員爲都監使副使判官 則與常員無異 且都監
박신 계왈   금 이 대성 원 위 도감 사 부사 관관 즉 여 상원 무이 차 도감

誤決 孰能彈糾乎?" 上曰: "常員則同僚無彈糾之權 若臺省則至於
오결 숙능 탄규 호   상왈   상원 즉 동료 무 탄규 지 권 약 대성 즉 지어

提調是非 通於本司以劾之 亦足以悚動人心矣. 若誤決則其在本府
제조 시비 통어 본사 이 핵지 역 족이 송동 인심 의 약 오결 즉 기재 본부

者決正矣."
자 결정 의

司諫院上疏 疏曰:
사간원 상소 소왈

'監于先王成憲 其永無愆. 孟子曰: "遵先王之法而過者 未之
감우 선왕 성헌 기 영 무건 맹자 왈   준 선왕 지법 이 과자 미지

有也." 惟我太祖康獻大王創業垂統 立經陳紀 貽謀燕翼 可謂
유야   유아 태조강헌대왕 창업 수통 입경 진기 이모 연익 가위

至矣. 殿下持盈守成 凡所施爲 悉遵成憲 繼志之善 可謂至矣. 然
지의 전하 지영 수성 범 소시위 실준 성헌 계지 지선 가위 지의 연

間有更改之事 臣等不敢含默 謹具以聞. 夫奴婢相訟者 不顧是非
간유 갱개 지사 신등 불감 함묵 근구 이문 부 노비 상송 자 불고 시비

專務貪得 雖爲正決 反以爲誤 隨決更呈 無有紀極 以致廉恥道喪
전무 탐득 수위 정결 반 이위 오 수결 갱정 무유 기극 이치 염치 도상

骨肉相殘 其敗壞風俗 莫此若也. 太祖大王深慮其弊 乃以戊寅年
골육 상잔 기 패괴 풍속 막 차약 야 태조대왕 심려 기폐 내 이 무인년

爲限 令京外訴訟者竝皆納狀 其限年未呈者 不許受理 民志定而
위한 영 경외 소송 자 병개 납장 기 한년 미정 자 불허 수리 민지 정 이

詞訟簡者 已十有七年矣. 今政府請罷限年之法 以辛丑年爲限 皆許
사송 간자 이 십유 칠년 의 금 정부 청파 한년 지법 이 신축년 위한 개 허

辨正 是不惟復開爭訟之端 實改太祖之成憲也. 若以一時之議 輕變
변정 시 불유 부개 쟁송 지단 실개 태조 지 성헌 야 약 이 일시 지 의 경변

成法 則下民何所取信 法令何時而定乎? 議者雖曰罷限年以伸冤抑
성법 즉 하민 하소 취신 법령 하시 이 정호   의자 수왈 파 한년 이신 원억

然得之者喜 失之者怨 無減於前日 徒有變法之名 而爭訟日繁 弊
연 득지 자 희 실지 자 원 무감 어 전일 도유 변법 지명 이 쟁송 일번 폐

益滋矣. 伏望殿下 勿改限年之法 以簡詞訟 以定民志.'
익자 의 복망 전하 물개 한년 지법 이간 사송 이정 민지

不聽.
불청

辛巳 雨. 政府六曹進賀曰: "當旱而雨 實殿下恐懼修省之效也."
신사 우 정부 육조 진하 왈   당한 이 우 실 전하 공구 수성 지 효 야

238

上曰: "是乃卿燮理之功也." 柳思訥曰: "此乃嘉禾歸禾之義也." 上
以未周洽爲憂.

楚殿倭使等還. 巡禁司啓: "近來於倭館 將禁物貿易者頗多.
判議政南在 府院君柳亮鄭擢 前經歷許盤石等亦將白銀人蔘等物
令人貿易." 上曰: "此等巨室亦犯令 甚非邦家之光. 宜勿問 不令人
知."

壬午 召領春秋館事河崙 命竄定高麗史. 國初 命鄭道傳 鄭摠等
撰之 僞朝以後之事 頗多失眞 故有是命 蓋因崙之請也. 初 上謂
群臣曰: "予觀高麗史末紀 太祖之事 頗有不實." 韓尙敬對曰: "太祖
亦嘗有是言矣." 李膺曰: "實錄宜於數世後修撰 若然則必有公論矣.
臣聞 太祖時命鄭道傳 鄭摠 尹紹宗修撰前朝實錄. 諸史官皆改書
史草而納之 惟李行不然 故未免囚繫." 上曰: "若如此書 前朝之季
直言於君者 唯尹紹宗一人而已 善者 唯鄭云敬一人而已. 開國之時
機密之 予悉知之矣." 韓尙德曰: "臣聞諸趙浚 亦曰: '玄陵以後之事
皆誤書矣.' 夫信史 所以示後也. 以殿下所知 改正何如?" 上曰: "吾
當與領議政議." 遂命承文院 編次丁亥年以後受敎條畫.

禮曹判書成石因請詳定誕日君臣同宴儀註 上曰: "誕日君臣同宴
唐太宗所不爲 而玄宗爲之 玄宗不足法也. 古昔聖賢爲之者誰歟?
稽古典以聞. 予則以爲 在下則雖以是爲慶節而請之 在予則何敢
以爲慶節 而偃然受朝同宴乎?"

癸未 小流星出北斗直下 狀如小梨.

免諸匠及行商仲夏路引之稅. 朴信啓曰: "近蒙下旨 禮記仲夏月

令關市毋索. 臣謹按本註 索者 搜索商旅匿稅之名. 蓋當時 氣盛大

之際 人君亦當體之而行寬大之政也. 本朝關市無征 商賈無稅 但徵

行商路引及諸匠之稅. 請於仲夏 蠲免二稅 以從月令."

從之.

甲申 命賜田五十結 米四十石于施惠所.

兵曹判書李膺啓甲士遷轉之法. 啓曰: "今甲士遷轉之法 歲抄

都目 則各以其衛 到多者遷轉 六月則諸衛中 到多者得遷 是法有

二致也. 今後依歲抄例何如?" 上曰: "法已久矣 何必紛更?"

以判左軍都摠制府事李貴齡爲辨正都監提調.

乙酉 禮曹請築雩祀壇. 壇之制 依宋朝 皇祐風師壇制 高三尺 周

三十三步 用營造尺 從之. 李膺進言曰: "我朝君臣上下之禮極備 且

祭天尙矣. 今當雩祀 祭天禱雨宜矣." 上曰: "天子然後祭天地 不可

僭禮而行也."

辨正都監上決訟事宜. 上嘗令辨正都監決訟道數 每日告于

承政院. 至是 都監啓曰: "今決訟事 積年連訟 文籍浩繁 未易徧覽.

且元隻散在 必須憑問推明 故每日決數 進告尤難. 每月十日 二十日

三十日 一朔三度出等啓聞何如? 近因議政府受敎 奴婢決絶六條

憲司移送誤決事 今已聽訟都監自今月十日始 許納告狀. 然而京外

無定限 則舊文燒毀 新籍改成之期已逼. 乞京中六月十五日 外方

六月三十日爲限 納狀決絶何如?" 上曰: "決絶道數 每月六衙日

啓聞. 元隻俱在外者 各其道都會所元隻中一邊在京中者 都監宜

定日內 納狀決絶."

丙戌 永吉道甲山屬縣虛川等界隕霜. 自是月初四日至初八日隕霜

至是日亦然. 禾穀枯槁 皆反耕 種蕎麥.

始建雩祀壇于興仁門外. 初 上憂旱 親覽周禮 月令等書 有諸侯

雩上公之文 命禮曹稽考以聞. 禮曹啓: "謹按 禮記 月令: '仲夏之

月 命百縣雩祀 百辟卿士有益於民者 以祈穀實.' 周禮 祭社稷五祀.

家語曰: '昔 少皞之子有四 曰重 曰該 曰脩 曰熙 使重爲句芒 該

爲蓐收 脩及熙爲玄冥. 顓頊之子 黎爲祝融 共工氏之子句龍爲

后土. 此五者 各以其所能業爲官職 生爲上公 死爲貴鬼 別稱五祀.'

春秋左氏傳曰: '烈山氏之子 曰柱爲稷 自夏以上祀之; 周棄爲稷

自商以來祀之.' 五正與家語同. 文獻通考曰: '天子雩上帝 諸侯雩

上公.' 上項五正與后稷 且有功德於民 古有常祀 乞依古典 設壇

於東郊 六位同壇 每當仲夏之月 擇日行祭 祭品依山川壇例." 從之

至是命築之.

戊子 上奉迎上王于廣延樓 設宴極懽 上之誕日也. 世子諸宗親

侍宴. 賜世子宗親代言摠制洪敷 上護軍黃象 大護軍洪居安 中官

崔閑等馬各一匹. 敷象居安 皆御前割肉者也. 賜宴二品以上于紫門

議政府.
의정부

命罷武科祝壽齋.
명파 무과 축수재

己丑 命臺諫員 毋參辨正都監決事. 持平李孟畛 獻納金履祥與
기축 명 대간 원 무참 변정도감 결사 지평 이맹진 헌납 김이상 여

都監都廳爭禮 囚都監掌務令史. 於是 提調官等詣闕 門外使判官
도감 도청 쟁례 수 도감 장무 영사 어시 제조관 등 예궐 문외 사 판관

徐省啓曰: "臺諫囚掌務令史 臣等出仕未便." 上怒曰: "以細事致緩
서성 계왈 대간 수 장무 영사 신등 출사 미편 상 노왈 이 세사 치완

事機 甚不可也." 遂有是命.
사기 심 불가 야 수유 시명

庚寅 命修各道各官軍器. 政府受敎: "各道加造兵船 置諸岸上
경인 명수 각도 각관 군기 정부 수교 각도 가조 병선 치 저 안상

毋致朽敗 如有緩急 使番下船軍盡騎.
무치 후패 여유 완급 사 번하 선군 진기

戶曹判書朴信請建倉廩於江邊 不允. 信以漕運方至而無倉廩
호조판서 박신 청건 창름 어 강변 불윤 신 이 조운 방지 이무 창름

請於江邊建四五十間 上以農務方殷 不應營繕 命貯於行廊.
청어 강변 건 사오십간 상이 농무 방은 불응 영선 명 저어 행랑

禮曹啓: "雩祀神主之制 請依洪武禮制社稷之制 高二尺二寸 廣
예조 계 우사 신주 지제 청의 홍무예제 사직 지제 고 이척 이촌 광

四寸五分 厚九分 趺高四寸五分 廣八寸五分 裁用營造尺. 臨祭
사촌 오분 후 구분 부고 사촌 오분 광 팔촌 오분 재용 영조척 임제

設矮卓於壇上以安 祭畢藏之. 位次則句芒 祝融 蓐收 玄冥 后土
설 왜탁 어 단상 이안 제필 장지 위차 즉 구망 축융 욕수 현명 후토

后稷." 上從之 因問社稷神主所藏之處 李膺對曰: "上國郡社 無
후직 상 종지 인문 사직 신주 소장 지처 이응 대왈 상국 군사 무

藏主之室 我朝亦然. 先農先蠶神主 祀畢後 還載藏於典祀寺庫." 上
장주 지실 아조 역연 선농 선잠 신주 사필 후 환재 장어 전사시 고 상

曰: "若不區處 恐倂籩豆同載車中 豈敬恭明神之道乎? 其考典籍
왈 약불 구처 공병 변두 동재 거중 기 경공 명신 지도 호 기고 전적

以聞." 上間雩祀之神名位等級 成石因對曰: "臣等與詳定所已定
이문 상문 우사 지신 명위 등급 성석인 대왈 신등 여 상정소 이정

諸神位次 唯后稷之位未定." 上曰: "書曰: '水火金木土穀.' 則穀
제신 위차 유 후직 지위 미정 상왈 서왈 수화금목토곡 즉곡

在土之下. 稷播百穀 後世以穀神祀之 稷在后土之下宜矣. 卿等與
재 토지하 직 파 백곡 후세 이 곡신 사지 직재 후토 지하 의의 경등 여

河崙李稷參酌施行."
하륜 이직 참작 시행

罷仁寧府尹李殷及京畿經歷李賀職. 初 金訓爲京畿經歷 告于

河崙曰: "通津地 高陽浦地肥厚 若築堤堰 以防潮水 則可播穀二百

餘石." 崙令女壻摠制李承幹往審地品 遂使承幹與子都摠制河久

壻參議洪涉及禮曹判書偰眉壽 典祀副令河演 直藝文館朴熙中等

連名告狀 欲耕其地. 殷爲監司 賀爲經歷 發附近各官民丁七百名

以築堤防 守令或有不從者. 上聞之 密令中官視之 果無益於民也.

故罷殷 賀之職. 於是 憲府知之 悉劾告狀者. 上召掌令李有喜 命

勿推 有喜啓曰: "擅調軍丁 董治私役 其監司 經歷誠不可宥 況交通

監司 發民營私者 尤不可恕." 上曰: "爾言是也. 然本欲種穀 何害於

國? 但監司不聞於我 故已免其職 何以加罪? 又有功臣於其事 亦

不可論." 訓出入崙家 密成其役 已亦多占其田 殷亦崙之門客也. 崙

之門人尹自堅告崙曰: "高陽防築 小民怨咨." 崙笑曰: "咎之者惑也.

若築防止水 以爲沃饒之田 則利及於國 何嫌之有?"

辛卯 以大司憲柳觀 代朴訔爲辨正都監提調 左司諫尹會宗爲

都監使.

設法席于開慶寺 轉大藏經也 命內資寺供辦 又以正布二百匹

楮貨三百張 苧麻布各三匹爲布施.

置唐人徐亞端 對亞添 黃起生等于原州. 亞端等來自日本賊中.

禮曹啓: "乞置外方. 且前來唐人葉官生 元之豆等 皆以禮賓寺婢

爲妻 亦宜率妻居于外方." 上許之. 柳思訥曰: "禮賓寺婢 有役者也

不必幷送." 上曰: "夫婦 人之大倫 豈可强使異處?"

命禁賭博之戲. 杖都大平等十六人各八十 又杖張龍鳳一百 其自

相賭取之物沒官. 蓋賭博戲 前朝之季盛行 雖萬錢 一朝賭取而暴富

故輕薄之徒 冀其僥倖得之而爲之 至有見奪妻子 蕩盡家産者. 太祖

首禁其戲 至是 上聞餘風未殄 乃命攸司捕捉痛禁.

杖尹仁富等一百 籍沒家産. 以犯禁私賣金銀禁物於倭人也.

癸巳 分遣大臣禱雨. 玉川君劉敞於白岳 淸城君鄭擢於木覓

興寧君安景恭於漢江 判漢城府事崔龍蘇於楊津.

命辨正都監 相避公事提調外 竝令移房決絶. 命都監除僞造明文

情迹已著外① 一邊雖無明文 竝皆中分. 時 都監以一老婦妄告 將

杖之 其子二人哀號 欲以身代 都監以無例 遂杖其婦 不日致死.

上聞之 乃命曰: "都監分揀兩邊是非 以妄告者 移文憲府 憲府

受招 送于刑曹決杖 都監則毋得用刑. 如有訴冤者 憲府更詳聽理."

司憲府劾辨正都監官員 以其曾降敎旨內 妄告誤決者杖八十 身充

水軍. 今都監不察 而婦女杖至一百致死故也.

乙未 領議政府事河崙上決訟事宜數條:

'一 辨正都監官員數多 豈得人人皆正 事事皆是哉? 或因偏見 或

因私意 理當中分者 亦有不肯受理 訟者悶鬱有言 則以强辨歸罪.

然以曾降敎旨 不得告於憲司 亦不得擊鼓申聞. 臣竊惟 聖賢之治

有經有權. 若更下敎曰: "理當受理 而不肯受理者 徇私誤決 情狀

顯著者 罷都監後 憲司納狀啓聞 從重論罪.” 則人人知懼 不敢爲非
현저 자 파 도감 후 헌사 납장 계문 종중 논죄 즉 인인 지구 불감 위비

皆出於至正矣. 又及罷都監後 嚴立妄告之法 則呈者亦不必多矣.
개 출어 지정 의 우 급 파 도감 후 엄립 망고 지법 즉 정자 역 불필 다의

一 曾受敎旨: “癸巳九月初一日以前呈狀者 皆許中分.” 實爲至公
일 증 수 교지 계사 구월 초일일 이전 정장 자 개허 중분 실위 지공

之政. 今都監以多般曲折 有不肯受理 使人未得盡蒙至公之德.
지정 금 도감 이 다반 곡절 유 불긍 수리 사인 미득 진몽 지공 지덕

乞將辛丑年以後及戊寅年以後 中外官呈狀相訟 有明文者 辛丑年
걸장 신축년 이후 급 무인년 이후 중외 관 정장 상송 유 명문 자 신축년

以前 無兩邊對隻 一定得決明文者 竝依九月初一日以前呈狀者例
이전 무 양변 대척 일정 득결 명문 자 병의 구월 초일일 이전 정장 자 예

下敎旨 皆許中分 則多般曲折之計氷釋矣.’
하 교지 개허 중분 즉 다반 곡절 지계 빙석 의

上從之. 下敎旨于都監曰: “決後仍執他人奴婢 據執訴良等事
상 종지 하 교지 우 도감 왈 결후 잉집 타인 노비 거집 소량 등사

勿論戊寅年限及癸巳九月初一日呈未呈 一皆納狀決絶: 祖父母
물론 무인년 한 급 계사 구월 초일일 정 미정 일개 납장 결절 조부모

父母未分奴婢 勿拘幼弱年限 亦許納狀. 誤決官員與妄告誤決者
부모 미분 노비 물구 유약 연한 역 허 납장 오결 관원 여 망고 오결 자

移文司憲府 憲府取招後 移送刑曹決罪 如有更訴冤枉者 委憲府
이문 사헌부 헌부 취초 후 이송 형조 결죄 여유 갱소 원왕 자 위 헌부

推明.”
추명

同判議政府事柳廷顯回自北京 啓曰: “皇帝於三月二十七日 領兵
동판의정부사 유정현 회자 북경 계왈 황제 어 삼월 이십 칠일 영병

百萬北征 皇子皇孫皆扈從. 東宮在南京 戶部尙書夏原吉留守北京
백만 북정 황자 황손 개 호종 동궁 재 남경 호부상서 하원길 유수 북경

兼摠六部之事. 北方諸國皆遣使 欽問起居.”
겸총 육부 지사 북방 제국 개 견사 흠문 기거

丁酉 禮曹啓群臣上壽禮. 啓曰: ‘謹按文獻通考 宋朝於正朝 冬至
정유 예조 계 군신 상수 례 계왈 근안 문헌통고 송조 어 정조 동지

群臣上壽. 又云: “誕聖節大宴群臣於廣德殿.” 今朝廷亦於正朝
군신 상수 우운 탄성절 대연 군신 어 광덕전 금 조정 역어 정조

冬至 聖節日大宴群臣. 乞依朝廷例行之 許一品已上臣 又當行幸之
동지 성절일 대연 군신 걸의 조정 예 행지 허 일품 이상 신 우 당 행행 지

日 亦許留都一品以上臣 令二品臣問安.’
일 역 허 유도 일품 이상 신 영 이품 신 문안

從之.
종지

囚書筵書吏權孟敷于巡禁司. 僧信孚僞着世子之諱願文 橫行
永吉道. 都巡問使李原執之 問其所從 曰:"孟敷送于我也." 具其事
以聞 乃有是令.

命偰眉壽 洪涉 河久 李承幹 朴熙中 河演 金訓等視事. 司憲府
劾問築高陽堤堰之事 其漸將及於河崙 故有是命.

戊戌 慶尙道善山軍威隕霜.

日本右武衛源道孝使人獻禮物 告其父訃音.

囚禮曹佐郞李宗揆于巡禁司 尋釋之. 以葉官生等遲緩發送故也.

命水站停輸瓦窯柴木. 初 伐木于上流 令水站搬運納窯 是春
命罷別窯 勿令輸木. 至是 別窯提調朴信請姑勿罷 仍令輸木.
朴子靑督輸甚急 水站別監崔有恒不聽 卽來京詣闕啓曰:"濱江州縣
慮夏水失木 盡移高岸 且臣所管水站船軍 纔畢漕運 始治田畝 若又
輸木 何暇務農?"上然之曰:"當初不知水站之人亦耕田 故命輸耳."
乃下旨曰:"除載船外 待農隙輸來."

命揀朝廷進獻方物 宜選品好 務極精潔.

己亥 遣大臣禱雨于雩祀壇 始祭句芒 祝融 蓐收 玄冥 后土 后稷
之神. 且聚巫于漢江禱雨.

日本少二殿使人來獻土物.

庚子 氣爽如秋. 是昏 流星出天中 東流有聲. 初如瓶 至終差大
靑赤色 火焰四散 明如月光. 至夜半 亦如之.

命判議政府事李稷 行北郊祈雨祭 親傳香祝.

以同判議政府事柳廷顯爲辨正都監提調. 先是 廷顯上言:

"臣回自京師 始入於境 聞中外別立都監 外方則各於界首官 設辨正都會所 民咸奔走 以致廢農. 且差使員在都會所 無發倉糴米者 民亦飢乏 甚非恤民力農之意也. 且三月務停 本朝令典 姑且停之 以待農隙."

上曰: "若以國家之事動民 則卿言是也. 若辨正則人自爲之 非廢農也. 今命卿爲提調官 亟往治事 以良賤事爲先決正. 且今後犯罪婦女 勿論老少 悉許收贖; 男夫六十已上 許收贖."

遣戶曹參議黃子厚于慶尙道高靈縣 按驗疑獄. 初 鄭復修告于其道觀察使云: "高靈人韓尙良於家基中得金十錠 金盤八 珊瑚枕二 其他寶物亦多." 觀察使進尙良問之 不服. 尙良之弟尙儉自高靈至京 謂妻兄卞謙云: "兄尙良言: 汝之赴京 欲以金一錠賂于河政丞 然事已覺 勢實難矣." 謙聞而告于崙 崙達于上 故有是命. 然子厚至按之 事不實 竟釋尙良. 崙啓曰: "古者 河圖洛書 必是野人所獻. 今尙良所得 亦或王者之瑞也 請更鞫問." 上勉從其請 使觀察使覆按 無驗 又釋之.

辛丑 善山隕霜 不殺穀.

是月 對馬島豆知浦萬戶沙斤多羅使人獻禮物 請還人口.

① 命都監除僞造明文情迹已著外: ~를 제외한다고 할 때 이처럼 除~外라
　　명　도감　제　위조　명문　정적　이저　외　　　　　　　　　제　외
고 표현한다.

태종 14년 갑오년
6월

六月

임인일(壬寅日-1일) 초하루에 걸식(乞食)하는 사람 이도마(李都麻)에게 쌀 2석과 포(布) 2필(匹)을 내려주었다. 도마(都麻)는 그때 나이가 82세였다.

○ 첨지사역원사(僉知司譯院事-사역원 첨지사) 배온(裵蘊)을 보내 당인(唐人-중국 사람) 김보노(金保奴) 등 3인을 요동(遼東)에 압송(押送)했다. 일찍이 왜구(倭寇)에게 포로가 됐다가 도망쳐 온 자다.

○ 전 참찬의정부사(參贊議政府事-의정부 참찬사) 이문화(李文和)가 졸(卒)했다. 문화(文和)는 인주(仁州-인천) 사람으로, 전공판서(典工判書) 심(深)의 아들이다. 경신년(庚申年-1380년) 과거에 제1인(第一人)으로 급제해[中] 드디어 우정언(右正言)에 제배되고, 세 번 자리를 옮겨 우헌납(右獻納)·예문응교(藝文應敎)가 됐으며, 이후부터 모두 관(館)의 직임을 띠었다. 국초(國初)에는 좌간의대부(左諫議大夫)에 제배됐고, 여러 화직(華職-요직)을 역임했다. 도승지(都承旨)로서 오랫동안 전선(銓選-인사)을 관장했는데[-掌], 조심하고 신중하며 치밀했다[愼密]. 기묘년(己卯年-1399년) 생원시(生員試)를 관장했으며, 첨서의흥삼군부사(簽書義興三軍府事)에 올랐다. 상이 즉위해 의정부 문학(議政府文學)으로 발탁된 뒤로 정부와 육조(六曹)를 떠나지 않은 것이 10년이다. 두 번 헌부(憲府)의 장(長)이 됐다가 이때 이르러 졸(卒)하니 나이가 57세였다. 3일 동안 철조(輟朝)하고 부의(賻儀)를 두텁

게 내려주었으며, 시호(諡號)를 공도(恭度)라고 했다. 이문화는 정교하고 주도면밀해[精敏] 시사(時事)에 적합한 재능이 있었으니, 일찍이 도평의사사(都評議使司) 수령관(首領官)과 경기좌도(京畿左道)·경상도(慶尙道)·충청도(忠淸道)·서북면(西北面)의 감사(監司)를 지냈는데 서무(庶務)를 잘 처리했다[修擧]. 아들은 효인(孝仁)·효의(孝義)·효례(孝禮)·효지(孝智)·효신(孝信)·효상(孝常)이다.

○ 정숙택주(靜淑宅主) 권씨(權氏)[1]에게 노비(奴婢) 3구(口)를 내려주었다. 애초에 권씨의 가비(家婢) 파독(波獨)이 부원군(府院君) 민제(閔霽)의 집에 인연이 있어서[夤緣] 궁전 안에 들어가 시녀(侍女)가 됐다. 상이 이를 사랑해 다른 노비로 바꿔주려고 하니, 권씨(權氏)의 아들인 이조판서(吏曹判書) 한상경(韓尙敬), 우대언(右代言) 한상덕(韓尙德) 등이 아뢰었다.

"신 등의 집에 노비는 넉넉합니다. 바라건대 파독(波獨)과 형제 3구를 아울러 모두 바치고, 감히 돌려받지 않겠습니다."

상이 말했다.

"경들 모자(母子)의 뜻이 어찌 그렇지 않겠는가? 다만 내가 미안하게 생각해 우리 조종(祖宗)으로부터 전해오는 노비를 주는 것이니, 굳이 사양하지 말라."

계묘일(癸卯日·2일)에 잠깐 비가 내렸다.

○ 전라도 수군 도절제사(全羅道水軍都節制使) 정간(鄭幹)이 조전(漕

---

1 한수(韓脩)의 부인이다.

轉-조운)하는 일의 마땅함[事宜]을 올렸다. 보고(報告)해 말했다.

'이 도(道)의 선군(船軍)은 해마다 조전이 거의 4차례에 이르러서 그 노고가 심하고 실농(失農)합니다. (그러니) 금후로는 매번 조운할 때마다 진포(鎭浦)에 이르면 곧 충청도 선군(船軍)이 전수(傳受)해 경강(京江)에 수송하고, 그 배는 진포로 돌아가서 전라도 사람에게 주도록 해야 할 것입니다.'

병조(兵曹)에 내리니 토의해 결론을 얻었다[議得].

"진포(鎭浦)는 직로(直路)가 아니니, 빌건대 충청도 고만량(高巒梁)에서 양도(兩道)의 선군이 교대해 서로 주고받는 것이 거의 편리하고 이익이 되겠습니다."

그것을 따랐다.

○ 호조참의 이옹(李邕)의 죄를 용서했다.

옹(邕)이 망령되게 오결(誤決)이라고 고(告)하니, 변정도감(辨正都監)에서 그 사유(辭由)를 갖춰 헌부(憲府)에 이문(移文)하고 그를 가두게 했다. 옹이 이에 신문고(申聞鼓)를 쳐서 호소하니 상이 말했다.

"옹은 교지(敎旨)를 맨 먼저 어겼으니[首犯] 실로 죄가 있다. 다만 잠저(潛邸) 때 시종(侍從)한 노고 때문에 특별히 용서하는 것이다[原之]."

○ 전라도 지고부군사(知古阜郡事-고부군 지사) 유유령(柳維寧)이 글을 올렸는데, 글은 이러했다.

'가만히 생각건대, 인재(人材)는 풍속(風俗)을 교화하는 근원이고 인재를 가르치고 기르는 것은 학교에 달려 있습니다. 그래서 본조(本

朝)에서는 주부(州府)에는 교수관(教授官)을 파견하고 군현(郡縣)에는 학장(學長)을 두었습니다. (그런데) 학장이 된 자가 혹은 부임하지 않으니 실로 아무런 효력이 없고, 드디어 군현(郡縣)으로 하여금 한갓 학교(學校)라는 이름만 있고 실효(實効)가 없게 만들었습니다. 그 까닭은 다름이 아니라[無他] 교수(教授)와 학장(學長)의 공(功)은 조금도 다를 바 없으나 학장은 곧 종신(終身)토록 천전(遷轉-진급)하는 길이 없습니다. 옛말에 이르기를 "공(功)이 있는데도 상(賞)을 주지 않으면 비록 당(唐)·우(虞)의 다스림 아래에서도 이찌할 수 없다"[2]라고 했습니다. 교수와 학장의 공이 같은데도 상이 다른 것은 진실로 성대(盛代)의 한 가지 결함입니다. 빌건대 문관(文官) 6품(品) 이상으로 하여금 각각 삼경(三經)에 능통한데도 두 번이나 과거(科擧)에 급제하지 못했으나 남의 스승이 될 만한 자를 천거하게 해서 유학 훈도(儒學訓導)가 되는 자격을 허락하고, 그 개월(箇月)을 정해 감사(監司)는 교수관(教授官)의 예에 의거해 공적(功績)을 살펴서 포폄(褒貶)하소서. 공적이 있고 고만(考滿)인 자는 혹은 천전(遷轉)하거나 가자(加資)하고, 교수관으로 하여금 옛날 내외사(內外史)의 예를 본받게 해 기사(記事)의 임무를 겸하게 하며, 무릇 풍속의 미악(美惡)과 수령의 득실(得失)을 세초(歲抄-해마다의 인사고과)를 당할 때마다 춘추관(春秋官)에 보고해 권계(勸戒)를 보이셔야 할 것입니다.'

이조(吏曹)에 내려 실상에 맞게 토의하게 해 시행하라고 했다. 한

---

2 한나라 선제(宣帝)가 반포한 조령 중에 이런 말이 있다. "공이 있는데도 상을 주지 않고 죄가 있는데도 처벌을 하지 않으면 요순이라 하더라도 오히려 천하를 교화시킬 수 없다."

상경(韓尙敬)이 아뢰었다.

"육조 당상(六曹堂上)들이 모두 이르기를, 학장(學長)을 훈도(訓導)로 임명하면 관작(官爵)을 남발하는 것이라고 합니다. 교수관(敎授官)이 기사(記事)를 겸하는 것은 곧 감사(監司)가 기록할 만한 일을 춘추관(春秋官)에 이문(移文)하는 예(例)이니, 어찌 반드시 겸하게 하겠습니까?"

상이 말했다.

"여러 사람의 의견[僉議]이 이와 같다면 유령(維寧)의 말을 따를 수 없다."

○ 칠원군(漆原君) 윤자당(尹子當)을 보내 경사(京師)에 가서 (황제의) 기거(起居)를 흠문(欽問-삼가 묻다)하게 했다.

○ 동교(東郊)에서 토룡(土龍)에게 제사 지내고 비를 빌었다.

○ 예조판서 성석인(成石因)이 갑자기 졸했다[暴卒]. 석인(石因)이 계사(啓事)에 참여했다가 졸중(卒中-중풍)으로 말을 하지 못해서 부축을 받고 나왔는데, 마침내 목숨이 끊어졌다[絶]. 3일 동안 조회를 정지하고 중관(中官)을 보내 조문(弔問)했으며, 부의로 쌀과 콩 50석과 종이 150권을 내려주었다. 시호(謚號)를 정평(靖平)이라 했다.

【사신(史臣) 유사눌(柳思訥)이 말했다. "석인은 천품이 반듯하고 밝으며[端良] 행동이 온화하고 양순하니[溫良], 청환(淸宦)과 요직(要職)을 역임했으나 일찍이 교만하지 않았다. 그러나 중국 조정(朝廷)에 봉명사신(奉命使臣)으로 갔을 때는 독화(黷貨)[3]의 비난을 면치 못했고

---

3 옳지 못한 방법으로 재물을 얻는다는 뜻으로, 사사로이 무역(貿易)해서 돈을 버는 것을

예조판서(禮曹判書)가 돼서는 또 사리(事理)에 어둡다는 비난을 받았는데, 오히려 누가 허물을 탓하겠는가?"】

갑진일(甲辰日-3일)에 전라도 관찰사에게 뜻을 전하기[傳旨]를 운봉현(雲峯縣) 화척(禾尺)[4]의 흑마(黑馬)를 바치라고 했는데, 그것이 양마(良馬)라고 들었기 때문이다.

○ 소량(訴良)한 자가 종천(從賤)한 뒤에 그 주인이 마음대로 죽이는 것을 금하고, 헌부(憲府)로 하여금 핵실(覈實)해 죄를 결단하게 했다.

○ 각종 제사의 향관(享官)의 법식(法式)을 정하라고 명했다. 대사(大祀)는 1품(品)으로, 중사(中祀)는 2품으로, 소사(小祀)는 3품으로 항식(恒式)을 삼게 했다.

정미일(丁未日-6일)에 유성(流星)이 구진(句陳) 중에서 나와 북방으로 바로 떨어졌는데, 그 모양이 작은 잔[小杯]과 같았다.

○ 궁녀(宮女)에게 명해 3번(番)으로 나눠 입시(入侍)하게 했다.

세자가 상에게 말했다.

"지금 가뭄이 심한데, 이는 궁녀들의 원한의 소치(所致)인가 합

말한다.

4 수척(水尺)·무자리라고도 한다. 신라 말 고려 초 혼란기에 유입되었던 양수척(楊水尺)이 고려 후기에 이르러 화척으로 불렸다가, 조선 초에는 백정(白丁)이라고 바뀌어 불렸다. 법제상으로는 양인(良人)이었지만 직업이 천했기에 천민으로 인식됐다.

니다. 바라건대 궁녀로 하여금 윤번(輪番)으로 입시(入侍)하게 해 남녀의 정(情)을 다하게 하면 거의 화기(和氣)에 이르러서 가뭄의 재해(災害)를 그치게 할 수 있을 것입니다."

상이 그 말을 받아들여 곧바로 명해 번(番)을 나눠 입시(入侍)하게 했다. 세자가 전(殿)으로 돌아가서 그 또한 3번(番)으로 나눠 입시하게 했다.

○ 남교(南郊)에서 토룡(土龍)에게 제사를 지냈다. 육조 판서(六曹判書)가 청해 말했다.

"음양(陰陽)이 고르지 못하므로 오랫동안 약주(藥酒)를 끊으셨습니다. 신 등은 전하(殿下)께서 근심과 피로로 병환이 나실까 두렵습니다."

상이 말했다.

"내가 오직 가뭄만 걱정해서 그런 것이 아니고, 성품이 본래 술을 좋아하지 않을 뿐이다."

여러 맹인(盲人)에게 비 오는 것을 점치게 했다[卜雨].
_{복우}

○ 병조(兵曹)에서 내금위 절제사(內禁衛節制使) 도총제(都摠制) 하구(河久)와 총제(摠制) 이굉(李宏)에게 죄줄 것을 청했다. 구(久) 등이 매번 유고(有故)를 칭탁하고 입직(入直)하지 않았으므로 병조에서 청한 것으로, 상이 파직(罷職)하고자 해 얼마 후에 말했다.

"이제부터 절제사(節制使)를 입직(入直)하게 하지 말고, 품질(品秩)이 낮고 법을 두려워할 줄 아는 자[畏法者]로 하여금 대신하게 하라."
_{외법 자}

이응(李膺) 등이 진언해 말했다.

"재상(宰相)이라도 그 직임(職任)을 다하지 못하면 진실로 마땅히 율(律)에 의거해 과죄(科罪)합니다. 전하께서 너그럽고 어지시어 매번 그 죄를 용서해주시니, 그런 까닭으로 나라의 법(法)을 두려워하고 이에 이른 것일 뿐입니다. 마땅히 이들에게 죄를 주어 그 나머지 무리를 경계시켜야지, 급히 성법(成法-기존의 법)을 고칠 수는 없습니다."

상이 이를 옳게 여겨 하구와 이굉(李宏)을 불러서 꾸짖고[讓-責] 용서했다.
양   책

병조에 명해 말했다.

"앞으로 궐직(闕直)하는 자가 있으면 가노(家奴) 4~5명을 가두었다가 수일이 지나고서[經] 놓아주도록 하라."
경

굉은 천우(天祐-이천우)의 아들이다.

○ 변정도감(辨正都監)에서 송사(訟事)를 듣(고서 결단하)는 것을 정지하라고 명했다.

경상도 관찰사 한옹(韓雍, 1352~1425년)[5]이 보고해 말했다.

'국가에서 변정도감을 설치하고 달을 한정해[限朔] 판결(判決)하므
한삭
로, 송사하는 자가 농사(農事)를 돌아보지 않고 길에 내왕하는 자가

5 1390년(고려 공양왕 2년) 사천감무를 제수받았고, 조선조에 들어 사헌부관찰·사헌부지평 등을 거쳐 2차 왕자의 난을 평정해 좌명공신에 녹훈됐다. 이후 충청도경차관·형조 참의·충청도관찰사 등을 역임하고 1411년 한성부윤, 1414년 의정부참찬을 지냈다. 1419년 (세종 1년) 개성유후사 유후를 마지막으로 관직에서 물러나 향리에서 은거하다가 1425년 (세종 7년) 세상을 떠났다.

끊임이 없습니다[絡繹]. 또 큰 가뭄을 당했으니, 마땅히 송사를 듣지 말고 일단[姑] 가을이 되기를 기다려야 할 것입니다.'

사헌부 대사헌 유관(柳觀) 등이 소를 올렸는데, 소는 대략 이러했다

'날이 가물거나 물이 넘치는 것은 하늘의 운행(運行)입니다. 9년의 큰물이나 7년의 가뭄은 요(堯)임금과 탕왕(湯王)도 면하지 못한 것입니다. 한기(旱氣)가 몹시 심하고 산천(山川)이 씻겨 내려감[滌滌]에 주나라 선왕(宣王)[6]이 공구수성(恐懼修省)하자 가뭄이 재앙이 되지 않고 백성 중에 병들어 죽는 자[捐瘠者]가 없었으니, 이것은 어진 정치[仁政]를 시행함이 본래 민심(民心)에 흡족해 원망함[怨讟]이 없게 된 것입니다. 삼대(三代-하은주) 이후로[以降-以後] 역대(歷代)의 임금들이 모두 재이(災異)를 만나면 공구수성(恐懼修省)하지 않음이 없었으니, 혹은 궁인(宮人)을 골라서 내보내고, 혹은 감선(減膳)하고 철악(徹樂)하고, 혹은 죄수들을 잘 다스리고, 혹은 궁핍한 백성을 진휼(賑恤)함으로써 무릇 천심(天心)에 이르는[格-致] 일을 행하지 않음이 없었습니다.

진실로 먹을 것은 백성의 으뜸[天]이요 백성은 오로지 나라의 근

---

6   성은 희(姬)씨고 이름은 정(靜)이며, 여왕(厲王)의 아들이다. 여왕이 나라 사람들에 의해 쫓겨났을 때 소공(召公)의 호가(虎家)에 숨어 있었다. 여왕이 죽자 귀국해 즉위했다. 군려(軍旅)를 정비하고 윤길보(尹吉甫)를 기용해 험윤(玁狁-흉노)을 격퇴했다. 방숙(方叔)과 소호(召虎) 등에게 명해 형초(荊楚)와 회이(淮夷) 일대에서 군사 작전을 벌여 승리를 거두었다. 그 후 서융(西戎)에서 작전을 벌였지만 얻은 것도 없이 대량의 인력과 물자만 소모했다. 46년 동안 재위했다. 소목공(召穆公)과 방숙(方叔), 윤길보, 중산보(仲山甫) 등에게 안팎의 정치를 맡기자 왕의 교화(敎化)가 크게 일어나 주나라 초기의 성대한 모습을 회복했다고 한다. 그가 죽은 뒤 아들 유왕(幽王) 때 주나라는 이민족의 침입으로 멸망했다.

본(根本)이니, 좌시(坐視)만 하고 구제하지 않는 일은 있을 수 없습니다. 가만히 생각건대 전하께서 대소원인(大小員人)을 불쌍히 생각하시어, (그들이) 노비를 쟁송(爭訟)하고 동기(同氣)를 상해하자 그 폐단을 개혁하기 위해 도감(都監)을 세우고 기한을 정해 결절(決絶)토록 하셨습니다. (그런데) 소송하는 자는 이욕(利慾)에 이끌려 중외(中外)로 왕래하며 소와 말에 짐을 싣고[牛載馬馱] 길에 내왕하는 자가
_{우재 마태}
끊임이 없으니, 그 사이에 어찌 원망하는 자가 없겠습니까? 이 일이 비록 가뭄의 이유가 되지는 않겠지만, 이것이 쌓여서 오래되면 화기(和氣)를 손상하게 될 것입니다. 이제 가뭄의 때를 당해 오로지 쟁송만 일삼는 것은 참으로 염려됩니다. 엎드려 바라건대, 6~7월 사이에 잠시 경외(京外)의 결송(決訟)을 중지했다가 8월 보름 이후를 기다려서 다시 해도 실로 늦지 않을 것입니다.'

전 예문관 대제학(藝文館大提學) 정이오(鄭以吾)도 말씀을 올려 변정도감(辨正都監)을 없앨 것을 청했고, 전 판안변도호부사(判安邊都護府事-안변도호부 판사) 이흥(李興)이 글을 올려 말했다.

'무릇 물건이 모이면 다툼이 있는 것은 형세상 반드시 그러한 것입니다. 옛날부터 쟁송(爭訟)은 끝이 나기 어려우므로 형조 도관(刑曹都官)을 설치해 뛰어나고 재능 있는 사람[賢能]에게 책임을 지웠습니다.
_{현능}
정축·무인년에 태조(太祖)께서 전조(前朝) 말기의 겸병(兼幷)하는 해(害)를 염려해 따로 도감(都監)을 세워서 여러 해 동안의 쟁송을 하나같이 모두 변정(辨定)했으나 아직 다하지 못한 것이 있었는데, 전하께서 즉위한 이래로 교조(敎條)를 닦고 밝혀서 유사(攸司-해당 기관)에게 책임지고 이루게 했습니다. 원통하고 억울함을 펴지 못한 자

는, 기내(畿內)에는 도관(都官)에서, 지방에는 감사(監司)와 수령(守令)이 또한 변정(辨正)을 할 수 있는데 어찌 반드시 다시 도감(都監)을 세워 인심(人心)을 분란(紛亂)하게 하고 번거로움을 꺼리지 않게 하겠습니까? 3월에 무정(務停)한 지가 오래되는데, 하물며 6월에 먼 곳 사람들이 한정된 달수의 명령을 듣고는 비록 농사일이 바쁜 것을 알면서도 국령(國令)으로 정한 시기를 놓칠까 심히 두려워서 빌렸다고 일컫고 곡식을 메고 바삐 돌아다니며 폐농(廢農)하는 자가 많으니, 그 해(害)됨을 말로 다할 수 없습니다. 또한 인심(人心)이 화합한 뒤에 천지(天地)의 마음이 화합하게 되는 것입니다. 바야흐로 이 가문 달에 여러 사람이 머리를 모아서 각각 그 주장을 옳다고 하면서[是其是] 입을 삐죽이며 서로 힐난한다면, 곧 인심이 어찌 화합하다고 이를 수 있겠습니까? 전하께서 만약 도감을 급히 개혁할 수 없다면, 잠정적으로나마 농한기를 기다린다 해도 실로 늦지 않을 것입니다.'

상이 모두 좋다고 여겨 받아들이고 명했다.

"호강(豪强)한 사람이 간사한 꾀로 양인(良人)을 억눌러 천인(賤人)으로 만드는 따위의 일을 변정(辨正)해 원통함이 기필코 없게 하라. 금년 겨울에는 각각 노비 공문서(奴婢公文書)를 만들어줄 것을 이미 입법(立法)했으니 어찌 갑자기 개혁할 수 있겠는가? 다만 중외(中外)에서는 변정(辨正)을 잠정적으로 중지하고, 기필코 7월 그믐[晦時]에 다시 들어서 처리하도록[聽理-聽治] 허락하라."

○ 좌부대언(左副代言)[7] 조말생(趙末生)에게 귀가(歸家)를 명했다.

---

7 병방대언이다.

행수(行首) 강해(姜諧)의 가노(家奴)가 몰래 돈화문(敦化門) 동쪽 수구(水溝)를 따라 들어왔고, 사노(私奴) 미라노(彌羅老)가 호위사(扈衛司)의 유둔(油芚-기름 바른 종이) 1벌을 훔쳤는데, 율(律)에 비추니 모두 사형에 해당했다. 말생(末生)의 뜻은 대추(待秋)[8]에 있지 사유(赦宥-사면)의 예(例)에 있는 것이 아니었으므로 옥사(獄事)가 지체되어 달포가 지났다. 상이 노(怒)해 말했다.

"옥수(獄囚)는 체류(滯留)시킬 수 없다. 매번 형방 대언(刑房代言)[9]에 명해 고찰(考察)하여 속결(速決)하도록 하는데, 어찌 옥에 체류시킴이 이와 같은가?"

말생이 대답했다.

"신(臣)에게 실로 죄가 있습니다."

사제(私第)로 돌아가라고 명하고, 이어서 헌부(憲府)로 하여금 대언사(代言司)의 근만(勤慢)을 규찰(糾察)하게 하되 각사(各司)의 예(例)와 같게 했다. 상이 세자와 더불어 조용히 말했다.

"너는 실로 이것을 깊이 생각해야 할 것이다. 지금 유지(油紙-유둔) 1벌을 훔친 자를 유사(攸司)에서 죄를 논해 죽음에 이르도록 했으니, 정법(情法-실상과 법)이 어찌 이와 같은가?"

무신일(戊申日-7일)에 잠깐 비가 내렸다.

---

8 죄인(罪人)을 사형하는데, 춘분(春分)에서 추분(秋分) 사이에는 죽이지 않고 가을철을 기다리는 제도로 대시(待時)라고도 한다.
9 우부대언을 가리킨다.

○ 동판의정부사(同判議政府事-의정부 동판사) 이숙번(李叔蕃)에게 명해 사직단(社稷壇)에 제사를 지내고 비를 빌게 했다. 상이 육조(六曹)에 일렀다.

"오랫동안 가물어 비가 오지 않으니 내가 심히 걱정된다. 경 등은 이에 대해 할 말이 있는가? 일이 있으면 곧 말하라."

모두 말했다[僉言].
        첨언

"할 말이 있으면 어찌 청문(淸問)하기를 기다리겠습니까?"

한상경(韓尙敬)이 말했다.

"여러 번 전하께서 덕음(德音-임금의 말씀)을 내리어서 환과고독(鰥寡孤獨)을 구휼(救恤)하게 했으나 봉행(奉行)하는 자가 혹은 늦추는 듯합니다. 빌건대 일일이 찾아서 진제(賑濟)하도록 하소서."

그것을 따랐다. 육조 판서 등이 말씀을 올렸다.

"지금 황제(皇帝)가 북정(北征)하고, 해가 크게 가뭅니다. 동북면(東北面)·서북면(西北面) 양계(兩界)의 양향(糧餉-식량)과 성자(城子-성곽)를 마땅히 미리 저축하고 완전히 수리해 예기치 못한 사태[不虞]에 대비하게 하소서."
                                                    불우

○ 각 도에서 별선(別膳)[10]을 바치는 것을 정지하라고 명했다.

기유일(己酉日-8일)에 왕녀(王女)가 졸(卒)했으니 나이가 3세였다. 상이 말했다.

---

10 부정기적으로 지방관이 임의로 진귀한 특산물을 바치거나 국왕이나 왕실의 명령에 따라 상납하는 진상품을 말한다.

"옛날에 그 딸을 지나치게 사랑하다가 가상(嫁殤)[11]하자 사당(祠堂)을 세워서 후세에 비난을 받은 자가 있었다. 이 아이는 하상(下殤)[12]에도 이르지 못했으니, 예(禮)를 이뤄[成禮] 장사를 지낼 것도 없다."

예조정랑(禮曹正郞) 곽존중(郭存中)이 아뢰었다.

"신이 하륜(河崙)에게 예(禮)를 물으니 말하기를 '비록 하상(下殤)에 이르지 못했으나, 마땅히 예(禮)로써 장사를 치러야 한다고 한다'고 했습니다. 또 지난번에 상자(殤子)[13]의 장사(葬事)에도 도감(都監)이 있었으니, 바라건대 그 예(例)에 의거하소서."

상이 그것을 따라 이응(李膺)·박자청(朴子靑)을 제조(提調-도감 책임자)와 사(使)로 삼고 부사(副使)·판관(判官)을 각각 2명으로 해서, 조회(朝會)와 저자[市]를 3일 동안 정지하고 성(城) 동쪽에 있는 사한(沙寒)의 벌판에 장사지냈다.

○ 창녕부원군(昌寧府院君) 성석린(成石璘), 문성부원군(文城府院君) 유량(柳亮), 동판의정부사(同判議政府事) 이숙번(李叔蕃) 등이 대궐에 나아와 위로를 올렸다[陳慰]. 상은 그 참에 더불어 정사(政事)를 논하며 말했다.

"나의 잘못[罪愆]은 국인(國人)[14]이 모두 아는 것이다. 옛날 병술년에 내가 세자(世子)에게 전위(傳位)하고 한가히 살며 즐겁게 지내고

---

11 여자가 결혼을 못 하고 19세 이하에 죽는 것을 말한다.

12 8세에서 13세 사이에 요절하는 것을 말한다.

13 어려서 죽은 사내아이를 말한다.

14 나라 사람이 아니라 나라에서 벼슬하는 사람을 가리키는 말이다.

성악(聲樂)을 오락으로 삼고자 해, 치녀(穉女-어린 처녀)를 골라 들여서 가무(歌舞)를 배우게 했다. (그런데) 지금 큰 가뭄을 당한 것이, 오로지 이러한 사람들이 내전(內殿)에 살아서 원한이 있는 것이 아닌가 싶다. 내가 5~6인을 밖으로 내보내 마음대로 살게 하고자 하는데 어떠하겠는가?"

석린(石璘)이 대답했다.

"가뭄[天旱]이 비록 이런 따위의 연고 때문은 아니나, 전하께서 가뭄을 걱정하는 성의가 지극합니다. 그들을 놓아 보내는 것은 참으로 [眞] 아름다운 뜻입니다."

량(亮)이 말했다.

"한재(旱災)가 어찌 이런 일 때문이겠습니까? 신의 생각으로는 불령(不逞-불온)한 무리를 내치지 않고, 변정도감(辨正都監)을 세워 농삿달에 사람을 모이게 한 소치(所致)인가 생각합니다." 불령한 자란 이양우(李良祐) 부자였다.

숙번(叔蕃)이 말했다.

"신이 듣건대 중국(中國)의 천자(天子)는 궁녀(宮女)가 3,000명이요, 공후(公侯)는 시첩(侍妾)이 적어도 2~30명을 내려가지 않는다고 합니다. 전하(殿下)의 존귀(尊貴)함으로써 궁첩(宮妾)이 수십 명에 지나지 않으니, 어찌 이것을 많다고 하여 내보낼 수 있겠습니까? 비록 밖으로 내보내더라도 다시 가실(家室-가정)을 가질 계책이 없으니, 그 원한은 더욱 깊어질 것입니다."

대언(代言) 등의 대답도 이와 같았다. 상이 말했다.

"내 뜻은 이미 결정됐다."

드디어 궁중(宮中)의 시녀 10여 명을 내보내고, 무수리[水賜]¹⁵ 여자들에게 남편이 있고 없음을 물어 10일씩 바꾸어 입번(立番)하게 했다.

경술일(庚戌日-9일)에 유지(宥旨)¹⁶를 반포해 내렸다[頒降].

상이 대언(代言) 등에게 말했다.

"내가 『문헌통고(文獻通考)』를 보니, 사유(赦宥-사면)가 있어서 비를 얻은 적[得雨]이 있었다."

이어서 이를 꺼내어 보이며 또 말했다.

"옛말에 '죄를 사면하는 것은 (양민을 해치는 것이 심하니) 군자(君子)에게는 불행한 일이고 소인(小人)에게는 다행한 일이다'라고 했다. 그러나 내 뜻은 이미 결정됐으니 어떠한가?"

모두 말했다.

"비를 걱정함이 지극하고 중외(中外)에 혹시 억울한 옥사(獄事)가 있을까 염려해 마침내 이러한 명이 있으니, 누가 안 된다고 하겠습니까?"

지신사(知申事) 이관(李灌)에게 명해 정부에서 토의하게 하자 모두 가(可)하다고 하니, 마침내 하륜(河崙)과 변계량(卞季良)에게 명해 유지(宥旨)를 짓게 했다. 그 글은 다음과 같다.

---

15 나인(內人)에게 세숫물을 드리는 일을 맡아보는 궁궐의 계집종을 가리킨다.
16 임금이 죄인을 용서하기 위해 특별히 내리는 명령을 말한다.

'정치하는 도리 중에 다움을 닦는 것[修德]보다 절실한 것이 없고, 재화(災禍)를 그치게 하는 요결(要訣)로는 백성을 구휼(救恤)하는 것이 더욱 절실하다. 내가 부덕(否德)한 사람으로 왕업(王業)을 이어받아 일국(一國)의 임금이 되었으므로 밤낮으로 삼가고 두려워하느라 평안할 겨를이 없었다. 나라를 평안(平安)하게 하고자 기약한 지가 지금까지 여러 해가 됐다. 지금 날이 가물어 재화(災禍)가 이 같은 지경에 이르렀으니 실로 과인(寡人)에게 연유한 것이다. 다움을 밝히고 벌(罰)을 신중히 해[明德愼罰] 천심(天心)을 누리지 못했기에 백성의 생리(生理-생계)가 심히 염려된다. 무지(無知)한 사람이 형옥(刑獄)에 빠져서 모두 원한을 일으켜 화기(和氣)를 상하게 했는가 염려된다. 말을 함이 이에 미치니, 진실로 걱정되고 두려워서 마땅히 비상(非常)한 전장(典章)을 내림으로써 스스로 새로워지는 길[自新之路]을 열고자 한다. 영락(永樂) 12년(1414년) 6월 초9일 새벽 이전에 모반(謀反)·대역(大逆)·조부모(祖父母)나 부모를 모살(謀殺)한 것, 처첩(妻妾)으로서 남편을 죽인 것, 노비(奴婢)로서 주인을 죽인 것, 고독(蠱毒)[17]·염매(魘魅)[18]한 것, 고의로 살인을 꾀한 것, 다만 강도(强盜)을 범한 것을 제외하고는, 이미 발각됐거나 발각되지 않았거나 이미 결정했거나 결정하지 않았거나 간에 모두 용서해 면제한다. 감히

---

17 뱀·지네·두꺼비 등의 독기(毒氣)가 든 음식을 남에게 몰래 먹여 복통·가슴앓이·토혈(吐血)·하혈(下血) 등의 증세를 일으켜 죽게 하는 것을 말한다.

18 주문(呪文)이나 저술(詛術)로 남을 저주해 죽게 만드는 것이다. 염(魘)은 사람의 형상을 만들어놓고 쇠꼬챙이로 심장을 찌르고 눈을 후벼 파며 손발을 묶는 것이고, 매(魅)는 나무나 돌로 귀신을 만들어놓고 저주를 비는 것이다. 압승술(壓勝術)이라고도 한다.

유지(宥旨) 이전의 일을 가지고 서로 고소하는 자는 그 죄로써 죄를 준다. 아! 인술(仁術)을 행하기에 힘써 환한(渙汗)[19]의 은혜를 널리 베풀어 휴징(休徵-아름다운 징조)에 이르게 하고 마땅히 풍양(豊穰)의 경사에 이르게 한다. 행하기에 합당한 사리(事理)를 뒤에 조목(條目)별로 열거하니, 너희 신민(臣民)들은 나의 지극한 뜻을 본받도록 하라[體].
체

하나, 환과고독(鰥寡孤獨)은 어진 정사[仁政]가 가장 우선시해야
인정
할 바이니, 여러 번 교지(敎旨)를 내려 힘써 존휼(存恤-구휼)을 시행했다. (그러나) 중외(中外)의 유사(攸司-해당 부서)에서는 한갓 문구(文具)로만 여겨 기꺼이 마음을 쓰지 않으니 내가 심히 걱정한다. 안으로는[內而] 한성부(漢城府)가, 밖으로는[外而] 감사(監司-관찰사)가 마
내이   외이
음을 다해 거행해서 백성이 실질적인 은혜를 입도록 하라.

하나, 벌(罰)을 후손에게 미치지 않게 한 것은 위대한 순임금[大舜]
대순
의 다움[德]이요 죄인의 아들을 벌하지 않는 것은 (주나라) 문왕(文
덕
王)의 정사이니, 내가 남몰래 흠모한다[竊慕]. 임신년(壬申年-1392년)
절모
이래로 아내가 남편의 죄 때문에, 아들이 아비의 죄 때문에 공천(公賤)으로 적몰(籍沒)된 자는, 정적(情迹-실상과 증거)이 현저해 율(律)이 정조(正條)에 있는 경우를 제외하고 이러한 유(類)로서 중죄를 논한 것은 아울러 모두 죄를 용서하라.

하나, 『시경(詩經)』에 이르기를 "부자(富者)는 좋지만 외로운 이는

---

19 『주역(周易)』에 나오는 말로 왕명(王命)을 말한다. 땀이 나오면 돌아올 수 없는 것처럼 한 번 명령을 내리면 돌이킬 수 없음을 뜻한다.

불쌍하다"라고 했다. 공사(公私)의 부채(負債)를 상환하지 못한 자는, 을유년(乙酉年-1405년) 이전에 의창(義倉)[20]에서 빌린 환자(還上)[21] 이외에는 하나같이 모두 징수를 면제하라.

하나, 둔전법(屯田法)이란 본래 군사를 변새(邊塞-변방 요새)에 주둔시키기 위한 것인데, 한편으로는[且] 경작(耕作)하고 한편으로는[且] 싸우는 가운데 군량(軍糧)을 보충하는 것이다. (그런데) 지금은 구수(口數)를 헤아려서 종자(種子)를 주어 그 소출을 거두는 것을 '둔전(屯田)'이라 한다. 실로 본의(本意)가 아니다. 전농시(典農寺) 둔전(屯田)과 해도(海道) 영전(營典)을 제외하고는 을미년(乙未年-1415년) 이후부터는 모두 정파(停罷)하라.

하나, 차역(差役)을 골고루 공평하게[均平] 하되 인구와 전량(田糧)의 다소에 차이를 두는 것은 호률(戶律)에 나타나 있다. 이제 듣건대 수령(守令)은 다만 인구(人口)의 다소로 출역(出役)하게 한다니 심히 잘못이다. 금후로는 한결같이 율문(律文)을 준수하고, 어기는 자는 규리(糾理)하라.

하나, 수령(守令)은 국가에서 일찍이 행문이첩(行文移牒)하지도 않은 잡사(雜事)로써 몰래 수렴(收斂)해서 백성의 재물을 손상하고 있다. 감사(監司)는 때를 가리지 말고 고찰(考察)해 엄중하게 규리(糾理)를 행하되, 어기면 아울러 감사도 논죄하라[竝論].'

---

20 흉년에 빈민에게 곡식을 꿔주는 제도다. 풍년에 곡식의 여분을 징수해 창고에 보관했다가 흉년에 환자(還上)로 빌려주는 제도다.
21 조선 시대 각 고을의 사창(社倉)에서 백성에게 꿔준 곡식을 가을에 이자를 붙여 받아들이는 일을 말한다.

○각 도(道)에 부처(付處-유배)한 사람들을 모조리 다 풀어 보내고[放送], 고신(告身)을 거두었던 자들도 환급(還給)했다. 감찰(監察) 정수경(鄭守敬)은 일찍이 동복형(同腹兄) 수성(守誠)의 자식 있는 비첩(婢妾)을 강간했으므로 헌부(憲府)에서 이를 핵실(覈實)해 옥사(獄辭)가 이미 이뤄졌으나, 이에 이르러 죄를 용서받았다.

○서교(西郊)에서 토룡(土龍)에 제사 지내고 저자도(楮子島)에서 화룡(畫龍)했다. 판수[盲人] 등이 비를 빌겠다고 청하자 상이 말했다.

"내가 조신(朝臣)들과 정성을 다해 기도한[精禱] 지가 오래이니, 너희들은 반드시 그럴 필요가 없다."

이에 저화(楮貨) 100장을 내려주었다.

○사형수(死刑囚)를 복고(覆考-두 번 조사)하는 법(法)을 내렸다. 뜻을 내려 말했다.

"앞으로 경외(京外)의 사형수는 형조(刑曹)에서 고핵(考覈)해 정부(政府)에 보고하고, 정부에서 토의해 결정한 후에야 신문(申聞)해 시행하게 하는 것을 항식(恒式)으로 삼으라."

○각사에 명해 하전(下典-아전)으로서 늙은 자를 면역(免役)하게 했다. 상이 말했다.

"이제부터 각사의 하전과 장인(匠人) 등으로서 나이가 66세 이상인 자는 신역(身役)을 면제해 여생을 마치도록 하라."

○성(城)안의 노인들을 진휼(賑恤)했다. 사헌부(司憲府)에서 아뢰어 말했다.

"환과고독(鰥寡孤獨)은 어진 정사[仁政]가 가장 우선시해야 할 바이니, 지난날 경차관(敬差官)을 보내 각 도(道)를 순방(巡訪)해서 노인과 어린이를 존휼(存恤)했습니다. 그러나 오직 성(城)안의 노약자 (老弱者)들은 아직 어진 정사의 은혜를 입지 못했습니다. 삼가 한성 부(漢城府)에 이문(移文)해 나이가 80세 이상으로 가난해 스스로 살아갈 수 없는 자를 찾아 물어서 이름을 갖춰 이미 아뢰었습니다. 이제 가문 때[旱暵]를 당해 존휼을 더하기를 바랍니다."

그것을 따라서 서울 성내(城內)와 성저 10리(城底十里) 이내에 나이가 90세인 노인 3인과 부모가 없는 맹녀(盲女)에게는 쌀을 각각 2석씩 내려주고, 80세 이상인 57인에게는 쌀을 각각 1석씩 내려주도록 명했다.

○ 호조(戶曹)에서 수리(水利)를 일으킬 수 있는 일의 마땅함[事宜]을 아뢰었다. 아뢰어 말했다.

"각 도 안에 수리를 일으켜서, 양전(良田)을 만들 수 있는 땅과, 옛 제언(堤堰)을 수축(修築)해서 경작할 수 있는 곳을 자세히 찾아 물어서 그 결복(結卜)의 숫자를 일일이 갖춰 아뢰고 각 도에 이문(移文)하는 것이 어떠하겠습니까?"

그것을 따랐다.

○ 사헌부에서 소를 올려 다시 홍유룡(洪有龍)의 죄를 청했다. 상이 이 일은 사유(赦宥) 전에 있었다고 해 윤허하지 않았다.

신해일(辛亥日-10일)에 감로(甘露)가 내렸다. (함경도) 정평(定平)의 백운산(白雲山), 함주(咸州)의 월광(月光)과 구미리(仇未里) 등지에 감로가 나뭇잎에 붙었는데 맛이 꿀과 같았다.

○ 좌부대언(左副代言) 조말생(趙末生)에게 복직(復職)을 명했다.

○ 명빈전(明嬪殿)의 시녀(侍女) 3인을 놓아 보내라고 명하고 방자(房子)²² 등으로 하여금 번(番)을 바꾸게 했다.

임자일(壬子日-11일)에 비가 내렸다. 정부와 육조(六曹) 모두에서 진하(進賀)했다.

○ 전 예문관 대제학(藝文館大提學) 정이오(鄭以吾, 1347~1434년)²³ 에게 쌀 20석을 내려주었다.

상이 이오(以吾)에게 비 내리는 것을 점치게 했더니 이오가 실봉(實封)해 아뢰어 말했다.

"10일과 11일에 마침내 비가 옵니다."

이때에 이르러 과연 증험(證驗)됐다.

상이 말했다.

"마음이 바른 사람은 점서(占筮)도 잘한다. 내가 심히 이를 가상

---

22 궁중에서 잔심부름하는 계집종을 말한다. 각사의 비자(婢子)에서 뽑아서 방자로 삼았다.

23 1374년(공민왕 23년) 문과에 급제해 1376년(우왕 2년) 예문관검열이 된 뒤 삼사도사, 공조·예조의 정랑, 전교부령(典校副令) 등을 역임했다. 1394년(태조 3년) 지선주사(知善州事-선주 지사)가 됐고, 1398년 9월 이첨(李詹)·조용(趙庸) 등과 함께 군왕의 정치에 도움이 될 만한 경사(經史)를 간추려 올리고 곧 봉상시소경(奉常寺少卿)이 됐다. 1398년 조준(趙浚)·하륜(河崙) 등과 함께 『사서절요(四書節要)』를 찬진(撰進)했다. 1400년(정종 2년) 성균관악정(成均館樂正)이 됐으며, 병조의랑(兵曹議郎), 예문관의 직제학, 사성을 역임했다. 1403년(태종 3년) 대사성으로 승진했고, 1405년 3월에 김과(金科)와 함께 생원시를 관장했다. 1409년 병서습독제조(兵書習讀提調)를 거쳐 동지춘추관사를 겸임, 『태조실록』 편찬에 참여했다. 1413년 『태조실록』 편찬에 대한 노고로 예문관 대제학이 되면서 지공거(知貢擧)를 겸했다. 1418년(태종 18년) 72세로 치사(致仕)했다. 세종이 즉위하자 태실증고사(胎室證考使)가 돼 진주 각처를 다녔고, 속현인 곤명(昆明)을 태실소로 정하게 했다. 노성(老成)한 덕이 있다 하여 숭정대부(崇政大夫)에 올랐다.

(嘉尚)히 여겨 쌀을 주려고 하는데, 그것이 재상(宰相)에게 불경(不敬)이 될까 두렵다."

대언(代言) 등이 아뢰었다.

"이오의 집에 축적(蓄積)해놓은 것이 없으니, 쌀을 내려주는 것이 어찌 해롭겠습니까?"

그것을 따르고 또 명해 말했다.

"내 뜻을 남김없이 일깨워주라."

○ 이조(吏曹)에서 도제조(都提調)는 그 사(司)에 좌기(坐起)하지 않을 것[不坐]을 아뢰었다. 아뢰어 말했다.

"각사의 제조(提調) 가운데 정1품(正一品)을 '도제조(都提調)'라 하고 종(從)1품 이하는 '제조(提調)'라 합니다. 1품 이상은 승문원(承文院) 순금사(巡禁司)를 제외하고는 각사에 좌기하지 않도록 하소서."

그것을 따랐다.

○ 전 인녕부 윤(仁寧府尹) 이은(李殷)이 글을 올렸다. 글은 이러했다.

'대개 듣건대, 탕왕(湯王) 때 7년간 가물자 이윤(伊尹)이 구전(區田)을 만들고 백성에게 물을 져다가 곡식에 뿌려[澆稼] 가뭄을 대비하는 도리를 가르쳤다고 합니다. 옛날부터 이런 일이 있었으니 염려하지 않을 수 없습니다. 지난번 경신 연간에 큰 가뭄으로 백성이 굶주렸을 때 시중(侍中) 배극렴(裵克廉)이 계림부 윤(雞林府尹)이 돼 진제장(賑濟場)을 설치해 먹였는데, 각 고을에 저축한 것이 없어 끝내는 식량을 공급(供給)하지 못했습니다. 이리하여 백성에게 제언(堤堰)을 쌓아서 가뭄과 장마[旱潦]에 대비하도록 가르치니, 그 후로는 비록 큰 가뭄이 있어도 백성은 실농(失農)하지 않았습니다. 그러나 한 번 쌓고는 다시 수축(修築)하지 않고, 가을과 겨울에 여닫지 않고 봄가을에 절용(節用)하지 않는다면 마침내 가뭄에 대비할 수가 없을 것입니다. 그 수축하는 규모와 방통(防通-막고 통하게 함)하는 절목(節目)은 말로써 형용할 수 없습니다. 엎드려 바라건대, 모화루(慕華樓)의 연못 가운데 구멍이 뚫린 기둥[穴柱]을 세우고 연통(連桶)을 묻어서 혹은 그치게 하고 혹은 흐르게도 하는데, 수령(守令)으로 부임하는 지로 하여금 모두 이것을 본받아서 그 주현(州縣)의 경내(境內)에 혹 새것을 쌓거나 혹 옛것을 수축하게 한다면, 비록 크게 가물더라도 염려할 바가 없을 것입니다. 무릇 먹을 것은 생민(生民-백성)의 목숨이 걸린 바입니다. 금년의 가뭄은 작년보다 심하고, 명년(明年)의 일이 또한 두렵습니다. 옛말에 "준비가 있으면 걱정이 없다"라고 했고, "군자는 우환을 생각해 그것을 예방한다"라고 했습니다. 엎드려 바라건대 재택(裁擇-가려서 선택함)하소서.'

상이 좋게 여겨[善之] 호조(戶曹)로 하여금 그가 말한 대로 그것을 시험하도록 했다.

상이 말했다.

"내가 듣건대 경상도의 백성은 여름철을 당해 모[稻苗]를 옮겨 심는다는데, 만약 가뭄을 만나면 모두 농사를 망칠 것이니 명년부터 모두 금지하라[一禁]."

계축일(癸丑日-12일)에 비가 내렸다.

○ 판의정부사(判議政府事-의정부 판사)를 좌의정(左議政)·우의정(右

議政)으로 고치고, 동판부사(同判府事-의정부 동판사)를 좌참찬(左參贊)·우참찬(右參贊)으로 고쳤다. 남재(南在)를 좌의정, 이직(李稷)을 우의정, 이숙번(李叔蕃)을 좌참찬, 유정현(柳廷顯)을 우참찬, 황희(黃喜)를 예조판서(禮曹判書), 권홍(權弘)을 판한성부사(判漢城府事-한성부 판사), 민무휼(閔無恤)을 지돈녕부사(知敦寧府事-돈녕부 지사), 노숭(盧崇)을 검교 좌의정(檢校左議政)으로 삼았다.

갑인일(甲寅日-13일)에 비가 내렸다.

○ 이조(吏曹)에서 일찍이 수령(守令)을 지낸 양리(良吏-우수한 관리)를 기록해 보고했다.

정부(政府)에서 각 도(道)에 이문(移文)해 30년 이래 수령 중에 1등(等)인 자를 추천하도록 했다. 이때에 이르러 이조에서 이름을 기록해 보고하니 상이 말했다.

"사람들 가운데 수령 노릇 한 자는 혹은 1~2군(郡) 혹은 3~4군 내지는 10군에 이르는데, 또 사람의 근태(勤怠)는 일정하지가 않다. 만약 대개 말한다면 일찍이 3군을 역임(歷任)한 자 가운데 2군에서 1등을 하고 1군에서 하등(下等)을 한 것은 오히려 가(可)하다고 할 수 있으나, 2군에서 하등을 하고 1군에서 상등(上等-1등)한 자는 양리(良吏)라고 할 수 없다. 역임한 주(州)·군(郡)을 다 기록해 1등이 많은 자를 서용(敍用)하는 것이 거의[庶] 공정할 것이다."

○ 풍해도 도관찰사(豊海道都觀察使) 이은(李垠)이 화척(禾尺)과 재인(才人)의 납공(納貢)하는 법을 아뢰었다. 아뢰어 말했다.

'화척 등은 일찍이 농사에 힘쓰지 않고 유수(游手)로서 먹으므로 국가에서 그 폐단을 개혁하고자 하여, 재인은 저화(楮貨) 50장(張)을, 화척은 저화 30장을 세공(稅貢)으로 내자시(內資寺)에 바치게 했습니다. 그런데 지금은 평민(平民)과 더불어 잡거(雜居)하면서 모두 군역(軍役)에 종사하니, 바라건대 세공을 면제해 생활을 두텁게 해줘야 할 것입니다.'

상이 말했다.

"좋다."

이응(李膺)이 반박해[駁之] 말했다.

"이들은 내자시에 납공한 지 오래되었으니 갑자기 혁파하는 것은 옳지 않습니다."

한상덕(韓尙德)이 말했다.

"그중에서 농업에 종사하고 군역(軍役)에 속하게 한 자는 그 세공을 면제하는 것이 어떻겠습니까?"

상이 말했다.

"그 말이 참으로 옳다."

드디어 하교(下敎)해 시행했다. 상덕(尙德)이 또 아뢰었다.

"순금사(巡禁司)는 전조(前朝)의 폐법(弊法)으로 말미암아 겸판사(兼判事)가 상시(常時) 좌기(坐起)하지 않고 낭청(郞廳)으로 하여금 죄를 신문(訊問)해 안율(按律)하고 죄를 정하게 한 뒤에 곧 사제(私第)에 고(告)하므로, 중론(衆論)이 같지 않으면 낭청이 여러 번 다시 왕래해도 오히려 결단을 내리지 못합니다. 이러한 연유로 비록 경죄(輕罪)라 할지라도 열흘[浹旬]까지 걸립니다. 청컨대, 겸판사로 하여금 항상 본사(本司)에 좌기해 한곳에서 판결하도록 하소서."

상이 말했다.

"너의 말이 옳다."

드디어 순금사에 명해 예전의 폐단을 밟지 말라고 했다.

○ 예조(禮曹)에서 각종 제사의 단(壇)과 유(壝-토담)의 제도를 아뢰었다.

"선잠단(先蠶壇)과 영성단(靈星壇)은 높이가 3척(尺), 둘레가 8보(步) 4척이고 사방으로 나가는 계단이 있으며, 선농단(先農壇)은 양유(兩壝)가 같은데 유(壝)는 각각 25보이며, 마사단(馬社壇)·마조단(馬祖壇)·선목단(先牧壇)·마보단(馬步壇)은 각각 너비가 9보, 높이가 3척이고 사방으로 나가는 계단이 있습니다."

○ 세자에게 명해 말[馬] 장식에는 상모(象毛)[24]를 쓰지 말고 의복에는 교기(交綺)[25]를 없애도록 했다. 애초에 이응(李膺)이 아뢰었다.

"신하가 세포(細布)를 입는 것은 옳지 않은 듯합니다. 청컨대 직품(職品)으로 그 승수(升數)를 정하도록 하소서."

상이 말했다.

"모두 금단(禁斷)하는 것이 옳다. 그 승수를 정할 필요는 없다."

마침내 이러한 명이 있었다. 무릇 대소신료(大小臣僚)의 교기의복(交綺衣服)과 기자화(起子靴)를 을미년(乙未年-1415년)부터 시작해 일절 엄격하게 금지하게 했다[痛禁].

---

24 이삭 모양으로 만들어 다는 붉은 털이다.
25 무늬를 넣어 짠 비단을 말한다.

○ 호조판서 박신(朴信)이 유밀(油蜜)의 공액(貢額-공물 분량)을 더할 것을 청했으나 불허(不許)했다.

병진일(丙辰日-15일)에 영길도(永吉道-함경도) 예원(預原) 장정사(長汀社)의 금불상[金人]이 땀을 흘렸다[出汗].

정사일(丁巳日-16일)에 변정도감(辨正都監)을 부활시켜 결송(決訟)했다.

상이 편전(便殿)에서 의정부의 여러 경(卿)을 인견(引見)해 말했다.

"가뭄을 걱정해 비 오기를 비는 것은 말절(末節-말단의 방법)이다. 내가 행하지 않으려고 했으나, 백성이 재해(災害)를 입는 것을 (내가) 돌이켜 생각하는데도 도리어 내가 하늘을 두려워하지 않고 백성에게 뜻이 없다고 하는 까닭으로 뜻을 굽혀서 이를 행했을 뿐이다."

좌의정(左議政) 남재(南在)가 대답해 말했다.

"상림(桑林)[26]의 기도(祈禱)는 전(傳)의 기록에 있고, 신(神)에게 거행하지 않음이 없다는 글이 여러 시아(詩雅-『시경』)에 보입니다. 재해(災害)를 만나서 기도하는 것은 지금부터의 일이 아닙니다."

상이 웃으며 말했다.

"영의정(領議政)은 일찍이 말하기를 '탕왕이 7년 동안 가뭄이 있었을 때 어찌 비를 빌지 않았겠습니까? 다만[直] 천수(天數-천명)일 뿐

---

26 은(殷)나라 탕왕(湯王)이 7년 동안 가물었을 때 비를 빈 곳이다.

입니다'라고 했는데 이 말에는 이치(理致)가 있다. 그러나 임금에게 맡겨진 기수(氣數)는 그렇지 않다."

또 참찬(參贊) 유정현(柳廷顯)에게 일러 말했다.

"변정도감에 소장[所志]을 정장(呈狀)한 것이 얼마쯤[幾許]이나 되는가?"

대답해 말했다.

"1만 2,797장인데, 그중에서[就中] 100장을 보니 물리칠 수 있는 것이 거의 2~30장이었습니다. 이로써 미뤄보면 거의 3,000장에 이를 것이고, 수리(受理)할 것도 1만 장을 내려가지 않을 것입니다. 도감(都監)은 모두 15방(房)인데, 한 달에 방(房)마다 각각 10장씩 판결하니, 이것으로써 계산하면 1년에 끝마칠 수 없습니다."

상이 웃으며 말했다.

"이것을 어찌할 것인가? 내가 근래 한년(限年)에 구애돼 결망(缺望)함이 없지 않았던 까닭으로 특별히 이를 위해 경장(更張)한 것이니, 어찌 그것이 1만여 장(張)에 이를 정도로 많으리라 생각했겠는가? 태조(太祖)께서도 일찍이 이를 염려해서 당시 전득(傳得)한 자에게 한결같이 속하게 하고자 했는데, 나는 이편이 얻고 저편이 잃으면 한편의 탄식[向隅之嘆]이 없을 수 없다고 생각했으므로 중분(中分)하라고 특별히 명해 그 쌓인 폐단을 일소(一掃)하려고 했다. 그사이에 헌책(獻策)을 다시 바꾸어 자기에게 편리함을 구하는 경향이 드디어 널리 만연(蔓延)하기에 이른 것일 뿐이다. 이제 한결같이 전년(前年) 9월의 법령(法令)에 의거해 일체 중분(中分)하는 것이 실로 좋지 않겠는가[不亦可乎]?"

모두 말했다.

"대단히 좋습니다[甚善]."
(심선)

정현(廷顯)이 노비 문적(奴婢文籍)을 판결하는 대로 곧장 불태우기[隨決隨焚]를 청하니, 하륜(河崙)이 안색을 바꾸며[作色] 말했다.
(수결 수분)   (작색)

"만약 이렇게 한다면 곧 도감 원리(都監員吏)들이 즐겨 마음을 다해서 바르게 결절(決絶)하려고 하지 않을 것이니, 사람들 가운데 억울함을 당한 자가 유사(攸司)에 고(告)하고자 해도 길이 없을 것입니다[無由]. 신(臣)은 판결을 끝내고 일을 파한 후에 그것을 불사르는 (무유)
것이 편리하다고 생각합니다."

정현이 난색을 표했는데, 륜(崙)이 눈여겨 자세히 보면서도[熟視] 말없이 있었다. 상이 륜에게 일러 말했다.   (숙시)

"경(卿)이 말한 바와 같이 하면 1만여 인이 다시 오결(誤決)이라고 정장(呈狀)하려고 할 것이 아닌가? 이와 같이 한다면 어찌 끝날 때가 있겠는가? 바로 도관(都官)에 환부(還付)하라."

륜이 말했다.

"그칠 수 없다면 끝내기를 청합니다. 한 가지 일을 결절(決絶)한 후에 양인(兩人)의 공초(供招)를 받고 불사르는 것이 어떠하겠습니까?"

정현이 말했다.

"강자(强者)가 빼앗으면 어찌 즐겨 공초(供招)를 바치겠습니까?"

륜이 말했다.

"마땅히 상지(上旨)대로 해야 합니다."

의논이 드디어 결정됐다. 변정도감으로 하여금 다시 청송(聽訟)하게 하고, 대간(臺諫) 1원(員)이 참결(參決)하도록 명했으며, 5방(房)에 각각 3원(員)을 더 두기로 했다. 마침내 뜻을 내[下旨] 말했다.

"이제 중외(中外)에 정한 날짜에 노비 쟁송의 사건을 접장(接狀)해서 일찍이 내린 교조(教條)로써 전례(前例)에 의거해. 중분(中分)하라. 매번 나오는 결절(決絶) 사연을 계문(啓聞)한 후에 양쪽의 문권(文券)을 곧 불태워버리고, 기타 노비(奴婢)와 병부(幷付)한 문자(文字) 및 화명(花名-노비의 이름)을 기록한 문안(文案)을 각각 별도로 만들어준 후에 아울러 불태워라."

정현이 직접 왕지(王旨)를 전해 내려주었다[稟].

'하나, 오결(誤決)한 관원(官員)은 도감(都監)에서 추고(推考)하지 말고, 모원(某員)이 모관(某官)으로 되었을 때 오결했다는 것을 헌부(憲府)에 이문(移文)할 것.

하나, 중분(中分)할 때 행할 만한 일의 조건을 게시(揭示)해 알리고, 원고와 피고가 모두 경중(京中)에 있는 경우는 금월(今月) 17일에 결절(決絶)을 시작할 것.

하나, 계사년 9월 초1일 이후 각사(各司)에서 중분(中分)한 사건으로 문자(文字)를 위조한 정상(情狀)이 명백해 이미 관문(官文)이 이뤄진 경우, 한년(限年)에 정장(呈狀)하지 못한 것과 한쪽에 중분(中分)한 명문(明文)이 없는 것은 바른 것을 따라 결절(決絶)할 것.

하나, 도감에서 이미 결절(決絶)한 사건으로서 중분(中分)이 한당(限當)[27]한 것은 아울러 중분할 것.

하나, 한년(限年) 및 계사년 9월 초1일 이전에 서로 송사(訟事)를

---

27 중분(中分)하기로 결정한 기한이 당도하는 것을 말한다.

정장(呈狀)하지 못한 것과, 결절(決絶)한 후에 오결(誤決)을 정장(呈狀)하지 못한 것은 논하지 말 것.'

○ 도감(都監)에서 수교(受教-교서를 받음)한 조획(條畫)은 이러했다.

'하나, 계사년 9월 초1일 이전에 오결(誤決)이라고 정장(呈狀)한 것은 다시 정장할 것.

하나, 친착(親着)해 이관(移關-관문을 이첩함)한 유무(有無)로써 한쪽에만 온전히 준 사건은 중분(中分)하도록 허락할 것.

하나, 신축년 이후 결절(決絶)한 후에도 잉집(仍執)하고 타인의 노비를 거집(據執-계속 붙잡아 둠)하는 사건,

하나, 소량(訴良)하는 사건,

하나, 부모와 조부모(祖父母)가 아직 나눠주지 않은 사건,

하나, 대소인원(大小人員)의 자기비첩의 소생(所生)이 현신(現身)해 고하는 사건,

이상의 경우는 모두 수리(受理)할 것.

하나, 이전에 오결이라고 아직 정장(呈狀)하지 못하고, 이제 새로 오결이라고 정장하는 사건,

하나, 도망한 노비를 새로 정장하는 사건,

하나, 증조(曾祖) 이상 합집(合執)한 노비를 새로 정장하는 사건,

하나, 자식(子息)이 없는 사람의 노비를 서로 쟁송(爭訟)해 새로 정장하는 사건,

하나, 공처노비(公處奴婢)를 서로 쟁송해 새로 정장하는 사건,

하나, 비록 잉집(仍執)·거집(據執)·합집(合執)을 칭하더라도 고장(告狀) 안에서는 실제로 상송(相訟)하는 사건,

하나, 수양(收養)·시양(侍養)의 노비를 서로 쟁송해 새로 정장하는 사건,

하나, 종천(從賤)을 새로 정장하는 사건과 노처(奴妻)의 양천(良賤)을 새로 정장하는 사건,

하나, 계사년 9월 초1일 이전에 서로 소송(訴訟)을 정장하지 못한 사건,

하나, 계사년 9월 초1일 이후 서로 소송을 새로 정장하는 사건,

하나, 계사년 9월 이후 결절(決絶)한 사건을 사헌부(司憲府)에 아직 오결(誤決)이라고 정장하지 못한 사건,

하나, 계사년 9월 초1일 이후 잉집(仍執)·거집(據執)한 사건,

하나, 계사년 9월 초1일 이후 부모·조부모가 나눠주지 않은 노비를 합집(合執)하는 사건과 3~4촌(寸) 노비를 분급(分給)하는 사건,

하나, 신축년 이전의 사건,

하나, 신사년에 당시 전득(傳得)한 자가 결급(決給)한 후에 계사년 9월 초1일 이전에 정장하지 않은 사건,

이상은 모두 수리(受理)하지 않을 것.'

도감에서 또 아뢰었다.

"외방(外方)에서 결절(決絶)하고 매번 계문(啓聞)하기가 어렵습니다. 마땅히 매월 말에 대략 적어서 아뢴 후에 감사(監司)가 도회소(都會所)를 순행(巡行)하면서 즉시 구문서(舊文書)를 불태워버리게 하

소서."

도감에서 또 아뢰었다.

"잉집(仍執)과 거집(據執)을 상송(相訟)하는 사건 가운데 접장(接狀)해 한당(限當)한 사건은 한쪽이 비록 문계(文契)가 없더라도 또한 중분(中分)하도록 허락하고, 문자를 위조(僞造)한 것이 명백한 것은 중분(中分)하지 말도록 하소서."

○콩 수십 말[斛]을 원내(苑內)에 심어 장차 노루와 사슴의 먹이로 하라고 명했다.

무오일(戊午日·17일)에 증부(贈賻)의 수(數)를 줄였다.

호조판서 박신(朴信)이 아뢰어 말했다.

"국가(國家)에서 재상(宰相)이 졸(卒)했을 때, 1품 이상은 예장(禮葬)하고 정2품은 부의(賻儀)로 쌀과 콩을 아울러 40석(石)으로 하고 종2품은 30석으로 하는 것이 예(例)입니다. 만약 흉년의 재앙이 있거나 군려(軍旅)의 일이 있으면 걱정하지 않을 수 없습니다. 청컨대 각각 10석을 줄이도록 하소서."

그것을 따랐다.

○해온정(解慍亭)을 고쳐 신독정(愼獨亭)이라고 했다.

상이 하륜(河崙)에게 말했다.

"전조(前朝) 말엽에 궁중(宮中)에 소정(小亭)이 있었는데 해온정(解慍亭)이라고 했다. 지금 정자(亭子)의 이름이 서로 같으므로 '신독정

(愼獨亭)'으로 고치려고 하는데 어떠한가?"

륜(崙)이 말했다.

"이 정자는 궁(宮) 북쪽에 있으니, 여러 신하가 시종(侍從)하는 곳이 아닙니다. 이름을 신독정(愼獨亭)으로 하는 것이 심히 아름답습니다."

○ 이조(吏曹)에서 아뢰었다.

"통정(通政) 이하의 수령(守令)은 조사(朝辭)·복명(復命)한 후에 모두 본조(本曹)의 당참(堂參)[28]에 나아가도록 하소서."

그것을 따랐다.

신유일(辛酉日-20일)에 일본 국왕의 사신(使臣)인 중 규주(圭籌) 등이 토산물을 바치고 『대장경(大藏經)』을 청구했다.

○ 재내제군소(在內諸君所)를 고쳐 재내제군부(在內諸君府)라고 했다.

○ 사약(司鑰)[29] 방연(方演)을 내쫓아 내자시(內資寺) 본역(本役)에 정했다.

상이 광연루(廣延樓)에 설치한 신장(新帳-새로운 장막)을 둘러보고 대언(代言)에게 물었다.

"어째서 고친 것인가?"

---

28 관리가 새로 임명되면 해당 전조(銓曹)에 나가서 사례 드리는 일을 말한다.
29 궁궐 내 여러 문의 열쇠와 자물쇠를 맡아보았다.

이관(李灌)이 대답했다.

"방연(方演)이 신에게 이르기를 '마땅히 신포(新布)로써 고쳐 지어야 한다[改組]'고 했습니다. 신(臣)은 상의 명이 있었는가 생각해[疑] 즉시 그것을 고치게 했습니다."

상이 노해 이런 명이 있었다. 연(演)은 본래 내자시의 종이었다.

○ 병조판서 이응(李膺)이 취각법(吹角法)을 거듭 엄하게 하기를 청했다. 상이 말했다.

"그렇다. 이것은 평안할 때 위험(危險)을 잊지 않는 방도다."

또 응(膺)에게 일러 말했다.

"취각법은 경(卿) 등이 마땅히 밝게 신칙해 약속하고서 기다리라. 내가 비록 한밤중[夜半]에라도 취각할 것이니, 근태(勤怠)를 살피도록 하라."

상이 여러 경(卿)에게 일러 말했다.

"근래에 듣건대[比聞] 황제(皇帝)가 북정(北征)했다고 하는데, 이는 곧 문정(門庭)의 적이라 하지만 일은 부득이한 데서 나온 것일 뿐이다. 지난번 안남(安南)에 출정한 것은 황제의 실책이었다. 스스로 우리 동방(東方)을 생각하면, 땅은 메마르고 백성은 가난하며 국경이 중국(中國)과 연접했으므로 진실로 마음을 다해 사대(事大)해서 한 나라를 보전하는 것이 마땅하지만, 만약 피할 수 없는 경우라면 곡식을 축적하고 병사를 훈련시켜 봉강(封彊-영토)을 고수(固守)함이 마땅하다. 그러나 내가 가만히 생각해보니, 황제가 나를 대우함이 심히 두텁고 남정북벌(南征北伐)해 진실로 편안한 해가 없었다. 다만[第-但] 전쟁에 피폐(疲弊)해진 백성이 우리 강토로 뛰어들어서 신축

286

년의 사(沙)·관(關)³⁰과 같이 될까 두려울 뿐이다."

이직(李稷)이 말했다.

"영길도(永吉道)·평안도(平安道) 2계(界)는 군량이 넉넉하지 못합니다. 일찍이 경상도(慶尙道)의 곡식을 강원도(江原道)로 옮기고 강원도의 곡식을 영길도로 옮기고 풍해도(豊海道)의 곡식을 평양(平壤)으로 옮기라는 전지(傳旨)가 있어서 혹은 시행하기도 하고 혹은 중지하기도 했는데[或作或輟] 실효를 거두지 못했으니, 그리 좋은 계책(計
혹 작 혹 철
策)은 아닙니다. 또 2계(界)의 산성(山城)은 농한기를 기다렸다가 수축하는 것이 마땅합니다."

그것을 따랐다.

○ 전 사정(司正) 이유지(李宥智)가 수정석(水精石)과 묵탄(墨炭)을 바쳤다.

유지(宥智)가 강원도·경상도에서 와서 말했다.

"고성(高城)과 순흥(順興)에 수정석이 있고, 영해(寧海)에 묵탄이 있습니다."

그 참에 소량(小量)을 바쳤는데, 과연 모두가 진품(眞品)이었다. 어느 대신이 묵탄을 캐서 어용(御用)에 이바지할 것을 청하니 상이 말했다.

"목탄(木炭)이 심히 좋으니, 어찌 계속 대기 어려운 물건[難繼之物]
난계 지 물

---

30 고려 공민왕(恭愍王) 10년(1361년)에 사유(沙劉)·관선생(關先生) 등이 홍건적(紅巾賊) 10만 명을 이끌고 쳐들어온 사건을 가리킨다.

을 쓰겠는가?"

○ 상이 편전(便殿)에서 정사(政事)를 보았다. 상이 말했다.

"불씨(佛氏-불교)의 도(道)는 그 내력이 오래됐다. 나는 헐뜯지도 않고 칭찬하지도 않으려 하나, 그 도(道)를 다하는 사람이면 나는 마땅히 존경해 섬기겠다. 지난날에 승(僧) 자초(自超, 1327~1405년)[31]는 사람들이 모두 숭앙(崇仰)했으나, 끝내 그는 득도(得道)한 효험이 없었다. 이 같은 무리를 나는 노상(路上)의 행인(行人)과 같이 본다. 만약 지공(指空, ?~1363년)[32]과 같은 승(僧)이라면 어찌 존경해 섬기지 않을 수 있겠는가?"

여러 신하가 모두 말했다.

"그렇습니다."

○ 파루(罷漏)의 종 치는 법[撞鍾]을 정했다. 이에 앞서 파루의 종을 치는 것은 5경(更) 초점(初點)에 있었는데, 이때에 이르러 3점(點)으로 고쳤다. 이응(李膺)이 아뢰었다.

"궐문(闕門)에서 새벽과 저녁에 종과 북을 일시에 치는 것은 중국과 같지 않으니, 마땅히 북을 친 후에 종을 쳐야 합니다. 종을 치는 수(數)는 64괘(卦)를 따르는 경우가 대개 많은데, 청컨대 28수(二十八

---

31 무학대사를 가리킨다.

32 인도 마갈타국(摩羯陀國) 사람으로, 8살 때 승려가 됐다. 이름은 제납박타(提納薄陀)다. 원나라로 건너가 불법을 전했는데, 이때 고려(高麗)의 나옹화상(懶翁和尙)에게 인가(印可)를 주었다. 충숙왕 15년(1328년) 고려에 들어와서 금강산 법기도량(法起道場)에 예배하고 연복정(延福亭)에서 계를 설했다. 다시 원나라로 가 연경(燕京)에서 법원사(法源寺)를 짓고 머물렀는데, 이때 고려의 혜근(慧勤)에게 선종을 전수하기도 했다. 그의 부도가 양주(楊州) 회암사(檜巖寺)와 개성 화장사(華藏寺)에 남아 있다.

宿)의 수를 따르소서. 또 중국에는 저녁 종[昏鐘]이 없으니 청컨대
마땅히 정파(停罷)해야 할 것입니다."

그것을 따랐다.

○ 후릉지기[厚陵直]³³ 2인을 두었다.

○ 전 공안부 윤(恭安府尹) 김미(金彌)가 졸(卒)했다.

○ 종정무(宗貞茂)의 사인(使人)이 토산물을 바쳤다.

○ 사헌부 대사헌 유관(柳觀) 등이 소(疏)를 올렸는데, 소는 이러
했다.

'부부란 인륜(人倫)의 큰 벼리[大綱]입니다. 전조(前朝) 말엽에 예제
(禮制)가 문란하고 기강이 무너져내려[陵夷], 대소인원(大小人員)이 경
외(京外)에 두 처(妻)를 아무렇지도 않게[任然] 아울러 두었고, 이로
인해 자신이 죽은 후에 두 처의 자식들이 서로 적자(嫡子)를 다퉈
서 드디어는 원수가 됐습니다. 혹은 처(妻)가 있는데도 다시 처를 얻
었다가 선처(先妻)에게로 돌아와 같이 산 자가 죽은 후에는 자식들
이 서로 적자를 다투고, 혹은 먼저 첩(妾)을 얻은 후 처(妻)를 얻은
자가 죽은 후에는 첩의 자식들이 적자를 다투고, 또 혹은 한 번에
아울러 3처(妻)를 얻은 자가 죽은 후에는 자식들이 적자를 다투는
등 쟁송(爭訟)하는 것이 여러 가지입니다. 그러나 세월이 이미 오래돼
혼서(婚書)의 유무(有無)와 성례(成禮)의 여부(與否)를 분간해 결절(決
絶)하기가 곤란합니다. 풍속이 아름답지 못해 무릇 처(妻)가 있는데

---

33 후릉(厚陵)은 조선 정종비 정안왕후(定安王后)의 능으로, 경기도 개풍군 흥교면 흥교리에
   있다.

도 처를 얻는 자를 규찰할 법문(法門-법적인 수단)이 없습니다. 처가 있는 자가 임의로 성례(成禮)하고 다시 후처(後妻)를 얻으면 선처(先妻)와 후처(後妻)의 자식은 서로가 적자(嫡子)인데, 양반의 자식은 한결같이 후취(後娶)를 '첩(妾)'이라 일컬음으로 결절(決絶)을 추론(追論)하는 것이 진실로 미편(未便)합니다.

빌건대 선처와 후처의 은의(恩義)의 심천(深淺), 기별(棄別)[34]의 유무(有無), 동거(同居)의 여부(與否)를 분간할 때, 은의(恩義)는 서로 부부(夫婦)의 도리를 다하는 것이니 선처(先妻)의 은의가 담박(淡薄)한데 비해 후처(後妻)는 종신(終身)토록 동거(同居)해 부도(婦道)에 어그러짐이 없으면 비록 후처라고 하더라도 작첩(爵牒)을 주고 수신전(守信田)과 노비(奴婢)를 분급(分給)하소서. 처첩(妻妾)의 자식이 적자(嫡子)를 다투는 경우에는 선후(先後)를 논하지 말고 조사해 밝혀 결절(決絶)하고, 노비는 일찍이 내린 교지(敎旨) 안의 처첩(妻妾)의 예(例)에 의거해 차등 있게 나누소서. 3처(妻)를 아울러 데리고 산 자는 선후(先後)를 논하지 말고 그중에 종신(終身) 때 동거했던 자에게 작첩(爵牒)과 전지와 노비(奴婢)를 주면 3처(妻)의 자식이 고르게 분급(分給)할 것입니다. 영락(永樂) 11년 3월 11일 이후부터 처(妻)가 있는데 처를 얻은 자는 엄격히 징계해 이이(離異-이혼)시키고, 그중에 드러나지 않았다가 죽은 후에 자손이 (나타나) 적자를 다투는 경우에는 선처(先妻)를 적자로 결절하는 것이 어떠하겠습니까?'

상이 그것을 따르고, 다만 여럿이 다 알고 있는 선처(先妻)와 후처

---

34 버리거나 별거하는 것을 말한다.

(後妻) 중에서 적실(嫡室)의 은의(恩義)의 후박(厚薄)을 분간(分揀)해 결절하게 했다.

○ 힘든 백성[窮民]을 진휼(賑恤)했다.

호조에서 아뢰었다.

"도성 내(都城內)에 환과고독(鰥寡孤獨)이 164명인데, 그중에 80세 이상이 31명이고 맹인(盲人)이 19명입니다."

쌀을 각각 1석씩 주라고 명했다. 호조에서 또 아뢰었다.

"전라도에는 나이가 100세 된 자가 1인, 90세인 자 5인, 80세인 자가 102인입니다. 청컨대 경중(京中)의 예(例)에 의거해 쌀과 콩을 차등(差等)있게 주시고, 나이 30세가 지나도록 결혼하지 못한 여자 5인은 관(官)에서 자장(資裝-결혼 밑천)을 주어 독촉해 시집가게 하소서."

그것을 따랐다.

○ 사간원 좌헌납(司諫院左獻納) 유미(柳渼) 등이 소(疏)를 올렸다. 소는 이러했다.

'한년(限年)을 파하고 도감(都監)을 세운 것은 억울하고 원통한 사정을 펴거나 소송(訴訟)을 근절하려는 까닭입니다. 전에 변정 제조(辨正提調) 유정현(柳廷顯) 등의 말로 인해, 잉집(仍執)·거집(據執)한 것은 정상(情狀)이 명백한 후에 모두 중분(中分)했습니다. 신 등이 가만히 생각건대[竊謂], 이에 앞서 탐람(貪婪)한 무리는 타인의 노비를 잉집·거집해 간악(奸惡)함이 특히 심했으니, 이제 모두 중분하면 (마음이) 굽은 사람[曲者-枉者]에게는 다행한 일이고 (마음이) 곧은 사람

[直者]에게는 불행한 일이어서 진실로 백성으로 하여금 원한(怨恨)을 없애는 길이 아닙니다. 청컨대 잉집·거집하는 자로 하여금 바른 것을 따라 결절(決絶)하게 하고 중분하게 하지 말아서 간악(奸惡)함을 없애소서.'

상이 말했다.

"너희들은 어찌 대체(大體)를 생각지 않고 한쪽으로 편중된 의견만 내는가?"

미(渼)가 대답했다.

"그렇게 하면 원망이 일어날 것입니다."

상이 말했다.

"원망하는 자가 몇 사람인가?"

미가 대답하지 못했다.

갑자일(甲子日·23일)에 강화(江華) 사람 강신(姜信)과 인천(仁川) 사람 두언(豆彦)이 벼락을 맞았다.

○ 세자가 아들을 낳았다[生男]. 중관(中官) 정징(鄭澄)이 그것을 아뢰니 징(澄)에게 구마(廐馬) 1필을 내려주었다. 상이 승정원(承政院)에 전해 말했다.

"개복신초례(開福神醮禮)는 고례(古禮)인가? 내 경험으로서는 무릇 생남(生男)·생녀(生女)해 초례(醮禮)를 행한 자는 모두 불행했다. 다만 속례(俗禮)에 따른 자는 모두 생존했다. 마땅히 고전(古典)을 상고해 아뢰도록 하라. 나는 속례(俗)를 따르는 것이 옳다고 생각한다."

예조(禮曹)에서 아뢰었다.

"초제(草祭)를 없애고[解] 속례(俗禮)를 따르는 것이 편합니다."

그것을 따랐다. 또 아뢰었다.

"왕세자(王世子)가 탄생한 지 3일에 상호봉시(桑弧蓬矢)[35]와 부모(傅母)·자모(慈母)·유모(乳母)의 제도(制度)가 있으니, 고례(古禮)에 의거해 시행하는 것이 어떠하겠습니까?"

상이 말했다.

"이는 손자(孫子)이니, 세자가 출생했을 때의 예(禮)를 따를 필요는 없다."

○ 이양우(李良祐)를 불러 서울로 돌아오게 했다. 상이 육조 당상관(六曹堂上官)·대사헌(大司憲)·지신사(知申事)·지형조대언(知刑曹代言) 등으로 하여금 친히 방간(芳幹)의 종 석구지(石仇知)와 양우(良祐)의 근수(根隨-심부름꾼) 홍의(洪義) 등을 신문(訊問)하게 했다.

의(義)는 처음에 공초(供招)하기를 "본래 서로 왕래한 일이 없습니다"라고 했다가, 다시 신문하니 말하기를 "완원군(完原君-이양우)에게 고하지 않고 몰래 회안군(懷安君)을 뵈옵고 술을 마셨습니다"라고 했다.

석구지가 말했다.

"홍의는 본래 찾아와서 뵈온 일이 없습니다."

다시 신문하니 말했다.

"의가 비록 몰래 왔으나, 회안(懷安)은 알지 못했고 음식을 대접하

---

35 중국에서 남자를 낳으면 뽕나무 활과 쑥대 살을 쏘아서 성공을 기원했다는 고사를 가리킨다.

거나 술을 마신 일이 없습니다."

조말생(趙末生)이 아뢰어 말했다.

"두 사람의 말의 실마리[言端]가 같지 않으니, 청컨대 다시 신문해 귀일(歸一)하도록 하소서."

상이 꾸짖어 말했다.

"나는 이 일이 무고(誣告)임을 잘 알고 있다. 이제 경 등으로 하여금 친히 신문하게 한 것은 대개 그 사실을 알고자 함이었다. 나는 형제간에 사실이 아닌 일 때문에 소원(疏遠)함은 심히 차마 할 수가 없다. 내가 완원군을 대우하기를 마땅히 옛날같이 하려 하니, 의낭 다시 묻지 말라."

모두 말했다.

"정실(情實-실상)이 비록 모반(謀反)한 것은 아니라 하더라도, 사람을 보내 왕래한 것은 사실과 같습니다. 청컨대 증거를 대도록 모조리 신문하소서."

상이 말했다.

"내가 일찍이 전흥(田興)을 보내 회안(懷安)에게 물었고, 대언(代言) 등으로 하여금 이 사람들이 말이 같지 않은 것을 신문하게 했다. 내가 친문(親問)한 것 또한 두세 번에 이르렀는데, 그 사실이 아님을 의심한 적이 없다. 하물며 회안이 일찍이 석구지의 처를 받아들여서 세 아들을 낳았다. 내가 처음 신문할 때부터 석구지는 먼저 숨김없이 고했으니, 이것은 반드시 사(私)를 끼고 해(害)치기를 꾀한 것이다. 이 일을 어리석게 다시 말하지 말라."

그 참에 순금사(巡禁司)에 명해 감등(減等)시키고 홍의는 장(杖)

70대를, 석구지는 80대를 때리도록 했다. 이때 양우가 궐문(闕門) 옆에 이르니, 전정(殿庭)에 불러들여 일깨워주며 말했다.

"지난번에 무고(誣告)에 연좌돼 함주(咸州)에 유배됐다가, 곧 양근(楊根)으로 나오게 해 천사(遷徙)하는 노고를 끼쳐 정상을 깊이 후회했다. 이제부터 더는 의혹(疑惑)하지 말고 옛날처럼 서울에 거주하라."

양우가 배명(拜命)하고 눈물을 흘리다가[抆淚] 물러갔다. 육조판서(六曹判書)와 순금사 겸판사(巡禁司兼判事) 김한로(金漢老) 등이 아뢰어 말했다.

"양우의 죄가 이미 드러났으니 서울에 머물게 할 수 없습니다."

상이 말했다.

"내가 이미 그의 무죄한 것을 알고 불러서 그와 더불어 같이 술을 들었으니, 다시 내칠 수는 없다."

판서 등이 재삼 청했으나 상은 끝내 윤허하지 않았다. 이때에 대사헌 유관(柳觀) 등이 모두 병이라 칭하고 나오지 않으니, 지평(持平) 이맹진(李孟畛, 1374~1456년)[36]이 홀로 대궐에 나아와 글을 올렸다.

---

36 이색(李穡)의 손자이자 이종덕(李種德)의 아들이며, 맹유·맹균(孟畇)·맹준(孟畯)의 형제다. 지군사(知郡事)를 지낸 윤충보(尹忠補)의 딸과 혼인해 연기(衍基)·유기(裕基)·보기(保基)·순기(順基) 등 네 아들을 두었다. 음직(蔭職)으로 벼슬길에 올라 좌랑(佐郎)·지평(持平)을 지낸 뒤 1430년(세종 12년) 호조참판(戶曹參判)이 됐고, 1431년 경창부윤(慶昌府尹), 1432년 한성부윤(漢城府尹)을 거쳐 중추원부사(中樞院副使)·형조참판(刑曹參判)을 지냈다. 1433년 진헌사(進獻使)로 청나라에 다녀온 뒤 동지중추원사(同知中樞院事)·전라도관찰사(全羅道觀察使)·함길도관찰사(咸吉道觀察使)·지중추원사(知中樞院事) 등을 지냈으며, 1455년(세조 1년) 판중추원사(判中樞院事)에 임명됐으나 이듬해 나이가 많음을 이유로 물러났다. 1456년(세조 2년) 차남 이유기가 단종복위운동에 가담해 능지처참을 당하고 일가족이 노비로 전락했으나, 이맹진은 세조의 특명으로 연좌죄에서 풀려나 목숨을

'양우가 방간과 사통(私通)한 흔적이 이미 드러났고, 이제 또 육조에 명해 다시 홍의 등이 말한 실마리를 조사하니 (서로) 같지 않았습니다. 마땅히 끝까지 그 사유를 물어야 하는데, 특명(特命)으로 내버려두고서 묻지 않고 다만 무고(誣告)의 죄에만 연좌시켰다가 그대로 양우를 부르니, 전하의 인애(仁愛)하는 은의(恩誼)는 지극하다고 하겠습니다만 대의(大義)에 있어서 멸친(滅親)³⁷의 도리에 어찌 되겠습니까? 빌건대, 홍의 등을 유사(攸司)에 내려 국문(鞫問)하소서. 만약 양우가 훈친(勳親)이라 하여 차마 형벌을 가할 수 없다면 관직을 삭탈하고 멀리 내쫓아서 종신(終身)토록 조정의 반열(班列)에 서지 못하게 하는 것이 좋을 것입니다. 어찌 궁금(宮禁)에 출입(出入)하며 조정의 반열에 설 수 있겠습니까? 엎드려 바라건대 성감(聖鑑)으로 시행하소서.'

글이 올라가니, 맹진(孟畛)에게 명해 청가(請暇)하게 했다. 명(命)을 받은 자가 이미 나가니, 뒤쫓아 가서 청가(請暇)의 명(命)을 정지시키고 이어서 명해 말했다.

"네가 지난번에 변정도감(辨正都監)에 있을 때 서로 힐난한 일 또한 이치에 마땅하지 않았다[不當理]."
_{부 당리}

맹진이 물러가 출사(出仕)하지 않았다.

○ 마장(馬場)을 흥인문(興仁門) 밖에 수축(修築)했다. 박자청(朴子

부지했다. 그러나 아들과 손자가 죽임을 당하고 며느리와 딸들이 노비로 전락한 데 충격을 받아 그해에 세상을 떠났다.

37 친한 사람에게 사정(私情)을 없애는 것을 말한다.

靑)이 왕명(王命)을 받고 경중(京中)의 잡색인(雜色人) 500명을 징발해[發] 이를 쌓았다.

○ 경상도 의성현(義城縣) 이하(以下)의 여러 주(州)에서는 잠시 비가 오다가 가물었다. 풍해도 연안부(延安府) 이서(以西)에서도 가물었다.

무진일(戊辰日-27일)에 처음으로 공사 비자(公私婢子)가 양부(良夫-양인 남편)에게 시집가서 낳은 소생(所生)은 아비를 따라 양인(良人)으로 삼으라고 명했다.

예조판서 황희(黃喜)가 아뢰었다.

"천첩(賤妾)의 소생(所生)을 방역(放役-역에서 풀어주는 것)하는 법은 따로 다른 의견이 있을 수 없고, 아비가 양인(良人)인 경우에는 아들도 양인(良人)이 되는 것이니 종부법(從夫法)이 가(可)합니다."

상이 말했다.

"경의 말이 심히 옳다. 이같이 한다면 비록 방역(放役)의 법(法)이 없더라도 자연적으로 역(役)이 없어질 것이다. 재상(宰相)의 골육(骨肉)을 종모법(從母法)에 따라 역사(役使)시키는 것은 심히 미편(未便)하다."

뜻을 내려 말했다.

"하늘이 백성을 낼 때는 본래 천구(賤口)가 없었다. 전조(前朝)의 노비(奴婢)의 법은 양천(良賤)이 서로 혼인하면 천인(賤人)을 천시하는 일을 우선으로 해서, 천자(賤者)는 어미를 따랐기 때문에 천구(賤

口)는 날로 증가하고 양민(良民)은 날로 줄어들었다. 영락(永樂) 12년 6월 28일 이후 공사 비자(公私婢子)가 양부에 시집가서 낳은 소생은 아울러 모두 종부법(從父法)에 따라 양인(良人)을 만들고, 전조의 판정백성(判定百姓)의 예에 의거해 속적(屬籍)하여 시행하라."

정부(政府)의 의견을 따른 것이다.

○ 내금위(內禁衛)·내시위(內侍衛)·별시위(別侍衛)를 모두 중군(中軍)에 속(屬)하게 했으니, 병조(兵曹)가 아뢴 바에 따른 것이다. 이전까지는 삼위(三衛)를 삼군(三軍)에 분속(分屬)시켰다.

기사일(己巳日-28일)에 변정도감(辨正都監)에서 서로 소송한 노비문권(奴婢文券)을 처음 불태워버렸다.

○ 취각(吹角)을 잘못 말한[訛言] 자 몇 사람을 순금사에 가두었다.
<small>와언</small>
성중(城中)에서 잘못 말하기를, 취각은 궐문(闕門) 밖으로 달려나가는 것이라고 했기 때문이다.

병조판서 이응(李膺)이 아뢰어 말했다.

"임진년 이래로 도성 사람이 취각을 잘못 말한 것이 세 번이었습니다. 금후로는 각성(角聲)을 상세히 들은 뒤에 추령(趨令)하도록 허락하소서."

상이 말했다.

"만약 사람마다 각성(角聲)을 상세히 들은 뒤에 예궐(詣闕)하게 한다면, 비록 취각(吹角)할 때를 당하더라도 인마(人馬)가 시끄러울 것인데[喧擾] 어찌 상세히 들을 수 있겠는가?"
<small>훤요</small>

○ 축주(筑州) 태재부(太宰府)의 사마소경(司馬少卿) 등원만진(藤源

滿眞)의 사인(使人)이 예물(禮物)을 바치고 범종(梵鍾)을 청구하고 좌위문(左衛門)을 돌려달라고 했다.

○ 본궁(本宮)을 지으라[營-營造]고 명했다.
　　　　　　　　　　영　영조

상이 말했다.

"태조(太祖)께서 처음에 경복궁(景福宮)을 지을 때 하륜(河崙)이 글을 올려 저지하며 말하기를, '산(山)이 갇히고 물이 마르니 왕(王)이 사로잡히고 족속(族屬)이 멸할 것이므로 형세(形勢)가 좋지 않습니다'라고 했다. 그러나 태조께서 짓던 전각(殿閣)과 낭무(廊廡-정전의 부속 건물)가 이미 갖춰졌고 만약 중국의 사신(使臣)을 응접하는 일이 있으면 반드시 이곳에서 해야 하기 때문에, 내가 또 경회루(慶會樓)를 그 옆에 짓고 따로 이곳에다 창덕궁(昌德宮)을 지었다. 근년 이래로 별로 재액(災厄)이 없었으나 만약 피방(避方)해 천사(遷徙)할 일이 있으면 재상(宰相)의 집을 빼앗아 담장을 헐고 근처의 편호(編戶)를 빼앗으니, 소란해 안정(安靜)을 얻을 수가 없어 내 마음이 편안치 못했다. 여경방(餘慶坊-세종로 네거리 남쪽)의 본궁(本宮)을 국용(國用)에 충당해 피방(避方)하는 장소로 삼아서 만세를 위해 이러한 폐단을 없애고자 한다. 또 여경방에다 복지(卜地)해 궁전을 짓는 것은 성녕대군(誠寧大君, 1405~1418년)³⁸을 위한 계책이다."

이관(李灌)에게 명해 풍해·충청·경기 수군절도사에게 뜻을 전해

---

38 처음에는 성녕군(誠寧君)에 봉해졌다가 1414년(태종 14년)에 대군(大君)으로 진봉(進封)됐다. 어려서부터 총명하고 용모가 단정해 부왕의 특별한 총애를 받아서 1417년 대광보국숭록대부(大匡輔國崇祿大夫)의 위계에 올랐으나, 이듬해 14살의 어린 나이에 홍역으로 죽었다.

말했다.

"서까래[椽木] 3,000개를 마련해 본궁(本宮)의 영선(營繕)에 충당하
도록 대비하라."

상이 말했다.

"본궁(本宮)을 짓고자 하나 농사를 방해할까 두렵다. 일찍이 사사
로이 고용(雇傭)해 번(番)하러 내려간 대장(隊長) 60명에게 사람마다
의포(衣布)와 구량(口糧)을 주어서, (강원도 화천군) 낭천(狼川)에 이
르러 나무 1,000여 그루를 베어서 뗏목[桴]으로 묶어 내려보내도록
하라."

壬寅朔 賜乞食人李都麻米二石 布二匹. 都麻時年八十二歲.
임인 삭 사 걸식 인 이도마 미 이석 포 이필 도마 시 년 팔십 이세

遣僉知司譯院事裵蘊 押送唐人金保奴等三人于遼東. 嘗被倭虜
견 첨지사역원사 배온 압송 당인 김보노 등 삼인 우 요동 상 피왜노

逃來者也.
도래 자야

前參贊議政府事李文和卒. 文和仁州人. 典工判書深之子. 中庚申
전 참찬의정부사 이문화 졸 문화 인주 인 전공판서 심 지 자 중 경신

科第一人 遂拜右正言 三遷右獻納藝文應敎 自後皆帶館職. 國初 除
과 제일인 수 배 우정언 삼천 우헌납 예문응교 자후 개 대 관직 국초 제

左諫議大夫 累歷華要. 以都承旨久知銓選 小心愼密 掌己卯生員試
좌간의대부 누력 화요 이 도승지 구지 전선 소심 신밀 장 기묘 생원시

陞簽書義興三軍府事. 上卽位 擢議政府文學 不出六曹者十年. 再
승 첨서의흥삼군부사 상 즉위 탁 의정부 문학 불출 육조 자 십년 재

長憲府 至是卒 年五十七. 輟朝三日 賻以厚 諡恭度. 文和精敏 有
장 헌부 지시 졸 연 오십 칠 철조 삼일 부 이후 시 공도 문화 정민 유

適時才 嘗任都評議使司首領官 京畿左道 慶尙 忠淸道 西北面監司
적시 재 상 임 도평의사사 수령관 경기좌도 경상 충청도 서북면 감사

庶務修擧. 子孝仁孝義孝禮孝智孝信孝常.
서무 수거 자 효인 효의 효례 효지 효신 효상

賜靜淑宅主權氏奴婢三口. 初 權氏家婢波獨夤緣府院君閔霽之
사 정숙택주 권씨 노비 삼구 초 권씨 가비 파독 인연 부원군 민제 지

第 入殿內爲侍女. 上幸之 欲以他奴婢換給 權氏子吏曹判書韓尙敬
제 입 전내 위 시녀 상 행지 욕 이 타 노비 환급 권씨 자 이조판서 한상경

右代言韓尙德等啓曰: "臣等之 奴婢足矣. 願以波獨及兄弟共三口
우대언 한상덕 등 계왈 신등 지 노비 족의 원 이 파독 급 형제 공 삼구

幷進 不敢還受." 上曰: "卿等母子之意 豈不然乎? 但予意未安 以
병진 불감 환수 상왈 경등 모자 지 의 기 불연 호 단 여의 미안 이

我祖宗傳來奴婢賜給 毋固辭."
아 조종 전래 노비 사급 무 고사

癸卯 午雨.
계묘 사우

全羅道水軍都節制使鄭幹上漕轉事宜. 報曰: "此道船軍 每歲
漕轉 幾至四度 其勞甚矣 且失農業. 今後每當漕運至 鎭浦則忠淸
船軍傳受 以輸京江 將其船還至鎭浦 以授全羅之人." 下兵曹議得:
"鎭浦非直路 乞於忠淸高欒梁 兩道船軍交相授受 庶爲便益." 從之.

宥戶曹參議李邕罪. 邕妄告誤決 辨正都監具其辭由 移文憲府 且
令囚之. 邕乃擊鼓以訴 上曰: "邕首犯敎旨 信有罪矣. 但以潛邸
侍從之勞 特原之."

全羅道知古阜郡事柳維寧上書 書曰:

'竊念 人材風化之源 敎養人材 在於學校. 故本朝於州府則遣
敎授官 郡縣則置學長. 爲學長者 或不赴任 亦不效力 遂使郡縣 徒
有學校之名 而無實效. 其故無他 敎授 學長功不差殊 而學長則
終身無遷轉之路也. 古語曰: "有功不賞 雖唐虞之治 不可有爲."
敎授 學長功同賞異 誠盛代之一欠也. 乞令文官六品以上 各擧
所知通三經 再擧不中 可爲人師者 許資階爲儒學訓導 定其箇月
監司依敎授官例 考績褒貶 其有功績考滿者 或遷轉或加資 且使
敎授官體古者內外史之例 兼帶記事之任 凡風俗美惡守令得失
每當歲抄 報于春秋館 以示勸戒.'

下吏曹擬議施行. 韓尙敬啓曰: "六曹堂上皆云 學長拜爲訓導 則
官爵濫矣. 敎授官兼記事則監司將可記事 移文春秋館例也 何必
兼之?" 上曰: "僉議若是則維寧之言 不可從也."

302

遣漆原君尹子當如京師 欽問起居也.
견 칠원군 윤자당 여 경사 흠문 기거 야

祭土龍于東郊 禱雨.
제 토룡 우 동교 도우

禮曹判書成石因暴卒. 石因參啓事 卒中不能語 扶出乃絶. 輟朝
예조판서 성석인 폭졸 석인 참 계사 졸중 불능 어 부출 내절 철조

三日 遣中官弔祭 賜賻米豆五十石 紙百五十卷 諡靖平.
삼일 견 중관 조제 사부 미두 오십 석 지 백 오십 권 시 정평

【史臣柳思訥曰: "石因天資端良 行己溫良 歷揚淸要 曾不驕盈.
사신 유사눌 왈 석인 천자 단량 행기 온량 역양 청요 증 불 교영

然奉使朝廷 未免黷貨之譏 判書禮曹 又被昧事之誚 尙誰咎哉?"】
연 봉사 조정 미면 독화 지기 판서 예조 우피 매사 지초 상 수구 제

甲辰 傳旨全羅道觀察使 進雲峰縣禾尺黑馬 聞其良也.
갑진 전지 전라도관찰사 진 운봉현 화척 흑마 문기량 야

禁訴良者從賤後 其主擅殺 令憲府覈實斷罪.
금 소량 자 종천 후 기주 천살 영 헌부 핵실 단죄

命定諸祀享官之式. 大祀一品 中祀二品 小祀三品以爲恒式.
명정 제사 향관 지식 대사 일품 중사 이품 소사 삼품 이위 항식

丁未 流星出句陳中 直下北方 狀如小杯.
정미 유성 출 구진 중 직하 북방 상여 소배

命宮女分三番. 世子言於上曰: "今旱乾爲甚 恐是女怨之所致.
명 궁녀 분 삼번 세자 언어 상왈 금 한건 위심 공 시 여원 지 소치

願令宮女輪番入侍 以盡男女之情 庶可以致和氣 而弭旱乾之災矣."
원령 궁녀 윤번 입시 이진 남녀 지정 서 가이 치 화기 이미 한건 지재 의

上納其言 卽命分番. 世子還殿 亦分三番.
상 납 기언 즉명 분번 세자 환전 역 분 삼번

祭土龍於南郊. 六曹判書請曰: "陰陽不調 久斷藥酒 臣等恐殿下
제 토룡 어 남교 육조판서 청왈 음양 부조 구단 약주 신등 공 전하

憂勞成疾." 上曰: "予不唯憂旱 性不嗜酒耳." 令群盲卜雨.
우로 성질 상왈 여 불유 우한 성 불 기주 이 영 군맹 복우

兵曹請內禁衛節制使都摠制河久 摠制李宏罪. 久等每托故不
병조 청 내금위 절제사 도총제 하구 총제 이굉 죄 구등 매 탁고 불

入直 兵曹以請 上欲罷其職 旣而曰: "自今毋令節制使入直 代以
입직 병조 이청 상 욕파 기직 기이 왈 자금 무령 절제사 입직 대이

秩卑畏法者." 李膺等進曰: "宰相不勤其職 固宜按律科罪. 殿下
질비 외법 자 이응 등 진왈 재상 불근 기직 고의 안율 과죄 전하

寬仁 每宥其罪 故不畏邦憲 以至此耳. 宜罪此輩 以警其餘 未可
관인 매유 기죄 고 불외 방헌 이 지차 이 의죄 차배 이경 기여 미가

遽改成法." 上然之 召河久李宏 讓而原之. 命兵曹曰: "今後有闕直
거개 성법 상 연지 소 하구 이굉 양이 원지 명 병조 왈 금후 유궐직

者 囚家奴四五名 經數日乃放." 宏 千祐之子也.

命停辨正都監聽訟. 慶尙道觀察使韓雍報曰: '國家設辨正都監

限朔決絕 故訟者不顧農事 絡繹於道. 且當大旱 不宜聽訟 姑待

秋成.'

司憲府大司憲柳觀等上疏 略曰:

'旱乾水溢 天之行也. 九年之水 七年之旱 堯湯之所不免. 旱氣

太甚 滌滌山川 宣王之所恐懼 而旱不爲災 民無捐瘠者 仁政之行素

洽 民心無怨讟也. 三代以降 歷世之君 凡遇災異 莫不恐懼修省 或

簡出宮人 或減膳徹樂 或理囚徒 或賑窮乏 凡可以格天心者 靡不

行之. 誠以食者民天 民惟邦本 不可坐視而不救也①. 竊念 殿下憫

大小員人爭訟奴婢 戕害同氣 欲革其弊 命立都監 定限決絕. 訟者

牽於利慾 中外往來 牛載馬馱 絡繹于塗 其間豈無怨咨者? 此事

雖非致旱之由 積之之久 足以感傷和氣 今當亢陽之候 專事爭訟

誠爲可慮. 伏望六七月間 姑寢京外決訟 竢八月望後復之 亦未晚

也.'

前藝文館大提學鄭以吾亦上言 請罷辨正都監. 前

判安邊都護府事李興上書曰:

'夫物聚則有爭 勢必然也. 自古爭訟 難以紀極 爲設刑曹都官

責任賢能. 歲丁丑戊寅 太祖慮前朝之季兼幷之害 別立都監 積年

爭訟 一皆辨定 然猶有未盡者. 殿下卽位以來 修明敎條 責成攸司

其冤抑未伸者有幾 內而都官 外而監司守令亦可以辨正矣. 何必
기 원억 미신 자 유기 내이 도관 외이 감사 수령 역 가이 변정 의 하필

更立都監 使人心紛擾 而不憚煩也? 三月務停尙矣 況當六月 遠人
갱립 도감 사 인심 분요 이 불탄 번 야 삼월 무정 상의 황당 육월 원인

聞限朔之令 雖知農務之當急 深恐國令之失期 稱貸贏糧 奔走廢農
문 한삭 지령 수지 농무 지 당급 심공 국령 지 실기 칭대 영량 분주 폐농

者多矣 其爲害不可勝言. 且人心和而後天地之心和. 方此旱月
자 다의 기 위해 불가 승언 차 인심 화 이후 천지 지심 화 방차 한월

衆人聚首 各是其是 反脣相詰 則人心豈可謂之和乎? 殿下若以都監
중인 취수 각시 기시 반순 상힐 즉 인심 기가 위지 화호 전하 약이 도감

爲不可遽革 姑待農隙 亦未晚矣.'
위 불가 거혁 고대 농극 역 미만 의

上皆優納之 命曰: "豪强之人 以詭計詐謀 壓良爲賤等事 使之
상 개 우납 지 명왈 호강 지인 이 궤계 사모 압량 위천 등사 사지

辨正 期致無冤. 今年冬月 各人奴婢 公文成給 已立法矣 何可遽革?
변정 기치 무원 금년 동월 각인 노비 공문 성급 이 입법 의 하가 거혁

然中外辨正姑停之 期以七月晦時 復請聽理."
연 중외 변정 고정 지 기이 칠월 회시 부청 청리

命左副代言趙末生歸家. 行首姜諧家奴潛從敦化門東水溝以入
명 좌부대언 조말생 귀가 행수 강해 가노 잠종 돈화문 동 수구 이입

又有私奴彌羅老竊扈衛司油芚一番 比律皆當死. 末生意在待秋 而
우유 사노 미라노 절 호위사 유둔 일번 비율 개 당사 말생 의재 대추 이

不在赦宥之例 滯獄有月. 上怒曰: "獄囚不可留滯 每命刑房代言
부재 사유 지례 체옥 유월 상 노왈 옥수 불가 유체 매명 형방 대언

考察速決 何滯獄有如是耶?" 末生對曰: "臣實有罪." 命歸私第 仍
고찰 속결 하 체옥 유 여시 야 말생 대왈 신 실 유죄 명귀 사제 잉

令憲府糾察代言司勤慢 如各司例. 上與世子從容言曰: "爾亦思之
영 헌부 규찰 대언사 근만 여 각사 예 상 여 세자 종용 언왈 이 역 사지

今有竊一番油紙者 攸司論至於死 情法安有如此乎?"
금 유 절 일번 유지 자 유사 논 지어 사 정법 안유 여차 호

戊申 乍雨.
무신 사우

命同判議政府事李叔蕃祭社稷 禱雨也. 上謂六曹曰: "久旱
명 동판의정부사 이숙번 제 사직 도우 야 상위 육조 왈 구한

不雨 予甚憂之. 卿等有可言之 事則言之." 僉曰: "有則何待淸問?"
불우 여 심우 지 경등 유 가언 지 사 즉 언지 첨왈 유즉 하대 청문

韓尙敬曰: "屢降德音 撫恤鰥寡 奉行者或致遲緩 乞令訪問賑濟."
한상경 왈 누강 덕음 무휼 환과 봉행 자 혹치 지완 걸령 방문 진제

從之. 六曹判書等上言: "今皇帝北征 且歲大旱. 東西北面兩界糧餉
종지 육조판서 등 상언 금 황제 북정 차 세 대한 동 서북면 양계 양향

城子 宜豫畜修完 以備不虞."

성자 의 예축 수완 이비 불우

命停各道進別膳.

명정 각도 진 별선

己酉 王女卒 年三歲矣. 上曰: "古有過愛其女 嫁殤立廟 被譏於

기유 왕녀 졸 연 삼세 의 상왈 고유 과애 기녀 가상 입묘 피기 어

後世者. 此兒未及下殤 不可成禮而葬." 禮曹正郎郭存中啓曰: "臣

후세 자 차아 미급 하상 불가 성례 이장 예조정랑 곽존중 계왈 신

問禮於河崙 曰: '雖未及下殤 亦當禮葬.' 且曩者 殤子之葬有都監

문례 어 하륜 왈 수 미급 하상 역당 예장 차 낭자 상자 지장 유 도감

願依." 上從之 以李膺朴子靑爲提調 使判官各二. 輟朝市三日 葬于

원의 상 종지 이 이응 박자청 위 제조 사 판관 각이 철 조시 삼일 장우

城東 沙寒之原.

성동 사한 지원

昌寧府院君成石璘 文城府院君柳亮 同判議政府事李叔蕃詣闕

창녕부원군 성석린 문성부원군 류량 동판의정부사 이숙번 예궐

陳慰. 上因與論事曰: "予之罪愆 國人所共知也. 昔在丙戌 予欲

진위 상 인여 논사 왈 여지 죄건 국인 소공지 야 석재 병술 여욕

傳位于世子 閑居怡養 以聲樂爲娛 選入稺女 令學歌舞. 今當大旱

전위 우 세자 한거 이양 이 성악 위오 선입 치녀 영학 가무 금당 대한

惟恐此等人居內而有怨也. 予欲令五六人出外 隨意以居何如?"

유공 차등 인 거내 이 유원 야 여욕 령 오륙 인 출외 수의 이거 하여

石璘對曰: "天旱雖非此等之故 殿下憂旱之誠極矣. 放出此輩 眞

석린 대왈 천한 수비 차등 지고 전하 우한 지성 극의 방출 차배 진

美意也." 亮曰: "旱災豈因此事乎? 臣意以謂 不斥不逞之徒 立

미의 야 량왈 한재 기인 차사 호 신의 이위 불척 불령 지도 입

辨正都監 農月聚人之所致也." 不逞者 良祐父子也. 叔蕃曰: "臣聞

변정도감 농월 취인 지 소치 야 불령 자 양우 부자 야 숙번 왈 신문

中國天子宮女三千 公侯侍妾小不下二三十. 以殿下之尊 宮妾不過

중국 천자 궁녀 삼천 공후 시첩 소 불하 이삼십 이 전하 지존 궁첩 불과

數十 豈可以此爲多而放乎? 雖出外 更無家室之計 其怨益深." 代言

수십 기가 이차 위다 이 방호 수 출외 갱무 가실 지계 기원 익심 대언

等對亦如是. 上曰: "吾意已定矣." 遂放宮中侍女十餘人. 又問水賜

등 대 역 여시 상왈 오의 이정 의 수방 궁중 시녀 십여 인 우문 수사

女 夫之有無 以十日相遞立番.

녀 부지 유무 이 십일 상체 입번

庚戌 頒降宥旨. 上謂代言等曰: "予觀文獻通考 有赦而得雨者."

경술 반강 유지 상위 대언 등왈 여관 문헌통고 유사 이 득우 자

因出以示之 且曰: "古云: '赦者 君子之不幸 小人之幸也.' 然予意

인출 이 시지 차왈 고운 사자 군자 지불행 소인 지행 야 연 여의

已定何如?" 僉曰: "悶雨之至 又念中外儻有冤獄 乃有是命 誰曰

不可?" 命知申事李灌議于政府 皆曰可 乃命河崙 卞季良作宥旨.

其文曰:

　'爲治之道 莫切於修德; 弭災之要 尤切於恤民. 予以否德 纘承

丕緒 君臨一國 夙夜祗懼 不敢遑寧 期致乂安 于玆有年. 今者旱乾

爲災 至於如此 實由寡人不能明德愼罰 以享天心 民之生理 深爲

可慮. 念有無知之人 陷於刑獄 率起怨咨 致傷和氣. 興言及玆 良用

惕然 宜降非常之典 以開自新之路. 自永樂十二年六月初九日昧爽

以前 除謀反 大逆 謀殺祖父母 父母 妻妾 殺夫奴婢殺主 蠱毒魘魅

謀故殺人 但犯强盜外 已發覺未發覺 已結正未結正 咸宥除之. 敢

以宥旨前事 相告言者 以其罪罪之. 於戲! 務行仁術 旁施渙汗之恩;

馴致休徵 允底豐穰之慶. 所有合行事理 條列于後. 咨爾臣民 體予

至懷.

　一 鰥寡孤獨 仁政所先 屢降敎旨 務行存恤. 中外攸司視爲文具

莫肯用心 予甚悶焉. 內而漢城府 外而監司 盡心擧行 俾蒙實惠.

　一 罰不及嗣 大舜之德; 罪人 文王之政 予竊慕焉. 其自壬申年

以來 妻以夫罪 子以父罪 沒爲公賤者 除情迹著現 律有正條外

比類重論者 竝皆原免.

　一 詩云: "哿矣富人 哀此煢獨." 公私負債未償者 自乙酉年以前

義倉還上外 一皆免徵.

一 屯田之法 本以屯軍邊塞者 且耕且戰 以補軍食. 今者計口
給種 以收其出 謂之屯田 實非本意. 除典農屯田 海道營田外 自
乙未年以後 悉皆停罷.

一 差役均平 人口田糧多小爲差 著在戶律 今聞守令只以人口
多少出役 甚爲未便. 今後一遵律文 違者糾理.

一 守令以國家不曾行移雜事 暗行收斂 以傷民財. 監司不拘時
考察 痛行糾理 違者竝論監司.'

各道付處人 悉皆放送; 告身收取者 亦皆還給. 監察鄭守敬曾奸
同生兄守誠有子婢妾 憲府覈之 獄辭已成 至是蒙宥.

祭土龍于西郊 畫龍于楮子島. 盲人等請禱雨 上曰: "予與朝臣
精禱久矣 汝等不必爲也." 乃賜楮貨百張.

下死囚覆考之法. 下旨曰: "今後 京外死囚刑曹考覈 報于政府
政府議定 然後申聞施行 以爲恒式."

命各司下典老者免役. 上曰: "自今各司下典匠人等年六十六歲
以上者 免其身役 以養其生."

賑城中老人. 司憲府啓曰: "鰥寡孤獨 仁政所先. 往者遣敬差官
巡訪各道 存恤老幼 獨城中老弱 未蒙仁恩. 謹已移文漢城府 得年
八十歲以上 貧乏不能自存者 具名以聞. 今當旱暵 願加存恤." 從之
命賜京城內及城底十里內 年九十歲三人及無親盲女米各二石 八十
歲以上五十七人米各一石.

戶曹啓可興水利事宜. 啓曰: "各道內可興水利 以作良田之地及
호조 계 가흥 수리 사의 계왈 각도 내 가흥 수리 이작 양전 지지급

古堤堰修築可耕處 備細訪問 開具結卜數以聞 事移文各道何如?"
고 제언 수축 가경처 비세 방문 개구 결복 수 이문 사 이문 각도 하여

從之.
종지

司憲府上疏 復請洪有龍之罪 上以事在宥前 不允.
사헌부 상소 부청 홍유룡 지죄 상이사재 유전 불윤

辛亥 甘露降. 定平白雲山 咸州 月光 仇未里等處 甘露著木葉 味
신해 감로 강 정평 백운산 함주 월광 구미리 등처 감로 저 목엽 미

如蜜.
여 밀

命左副代言趙末生復職.
명 좌부대언 조말생 복직

壬子 雨 政府六曹皆進賀.
임자 우 정부 육조 개 진하

賜前藝文館大提學鄭以吾米二十石. 上令以吾卜雨 以吾實封以聞
사 전 예문관대제학 정이오 미 이십 석 상 영 이오 복우 이오 실봉 이문

曰: "十日十一日乃雨." 至是果驗. 上曰: "心正者善占筮 予甚嘉之.
왈 십일 십일일 내우 지시 과험 상왈 심정자 선점서 여심 가지

欲賜米 其於宰相 恐爲不敬." 代言等啓曰: "以吾家無蓄積 賜之
욕 사미 기어 재상 공위 불경 대언 등 계왈 이오 가 무 축적 사지

何害?" 從之 且命曰: "悉諭予意."
하해 종지 차 명왈 실유 여의

吏曹啓都提調不坐其司. 啓曰: "各司提調內 正一品稱都提調
이조 계 도제조 부좌 기사 계왈 각사 제조 내 정일품 칭 도제조

從一品以下稱提調. 一品以上 除承文院 巡禁司外 不坐其司."
종일품 이하 칭 제조 일품 이상 제 승문원 순금사 외 부좌 기사

從之.
종지

前仁寧府尹李殷上書. 書曰:
전 인녕부윤 이은 상서 서왈

'蓋聞 湯有七年之旱 而伊尹作區田 敎民負水澆稼 備旱之道 自古
개문 탕 유 칠년 지한 이 이윤 작 구전 교민 부수 요가 비한 지도 자고

有之 不可不慮也. 往者庚申年間 每因大旱 人民飢饉. 侍中裵克廉
유지 불가 불려 야 왕자 경신 연간 매인 대한 인민 기근 시중 배극렴

出尹鷄林 設賑濟場而饋之. 然各官無儲 終不能供. 於是 敎民築
출 윤 계림 설 진제장 이 궤지 연 각관 무저 종 불능공 어시 교민 축

堤堰 備旱潦 其後雖有大旱 民不失農. 然一築而不復修 又秋冬
제언 비 한료 기후 수유 대한 민 불 실농 연 일축 이 불부 수 우 추동

不開塞 春秋不節用 則終不能備旱矣. 其修築之規模 防通之節目
불 개색 춘추 불 절용 즉종 불능 비한 의 기 수축 지 규모 방통 지 절목

不可以言語形容也. 伏望慕華樓池中 立穴柱埋連桶 而或止或洩 使
불가 이 언어 형용 야 복망 모화루 지중 입 혈주 매 연통 이혹지혹설 사

守令赴任者皆得見而取法焉. 其州縣境內 或築其新 或修其舊 則
수령 부임 자개 득견 이 취법 언 기 주현 경내 혹 축 기신 혹 수 기구 즉

雖有大旱 不足慮也. 夫食者 生民之司命. 今年之旱 甚於去年 明年
수유 대한 부족 려야 부식 자 생민 지 사명 금년 지한 심어 거년 명년

之事 又可畏也. 古語曰: "有備無患." 又云: "君子思患而預防之."
지사 우 가외 야 고어 왈 유비무환 우운 군자 사환 이 예방 지

伏望裁擇.'
복망 재택

上善之 令戶曹如其所言試之. 上曰: "予聞 慶尙之民當夏月移種
상 선지 영 호조 여기 소언 시지 상왈 여문 경상 지민 당 하월 이종

稻苗 若值旱乾 全失農業 自明年一禁."
도묘 약치 한건 전실 농업 자 명년 일금

癸丑 雨.
계축 우

改判議政府事爲左右議政 同判府事爲左右參贊. 南在爲左議政
개 판의정부사 위 좌 우의정 동판부사 위 좌 우참찬 남재 위 좌의정

李稷右議政 李叔蕃左參贊 柳廷顯右參贊 黃喜禮曹判書 權弘
이직 우의정 이숙번 좌참찬 유정현 우참찬 황희 예조판서 권홍

判漢城府事 閔無恤知敦寧府事 盧崇檢校左議政.
판한성부사 민무휼 지돈녕부사 노숭 검교 좌의정

甲寅 雨.
갑인 우

吏曹錄曾經守令良吏以聞. 政府移文各道 推三十年以來守令
이조 녹 증경 수령 양리 이문 정부 이문 각도 추 삼십 년 이래 수령

一等者. 至是 吏曹錄名以聞 上曰: "人之爲守令者 或一二郡 或
일등 자 지시 이조 녹명 이문 상왈 인지 위 수령 자 혹 일이 군 혹

三四郡 乃至十餘郡 又人之勤怠無常. 若以大槪言之 曾歷三郡者
삼사 군 내지 십여 군 우 인지 근태 무상 약 이 대개 언지 증력 삼군 자

於二郡爲一等 一郡爲下等 猶云可也 二郡爲下等 一郡爲上等者
어 이군 위 일등 일군 위 하등 유운 가야 이군 위 하등 일군 위 상등 자

不可謂之良吏也. 盡錄所歷州郡 考其一等多者敍用 庶爲公也."
불가 위지 양리 야 진록 소력 주군 고기 일등 다자 서용 서 위공 야

豐海道都觀察使李垠啓禾尺才人納貢之法. 啓曰: '禾尺等曾不
풍해도 도관찰사 이은 계 화척 재인 납공 지법 계왈 화척 등 증 불

務農 游手而食. 國家欲革其弊 才人則貢楮貨五十張 禾尺則貢楮貨
무농 유수 이 식 국가 욕혁 기폐 재인 즉 공 저화 오십 장 화척 즉 공 저화

三十張 納于內資寺. 今則與平民雜居 皆從軍役 願除其貢 以厚
삼십 장 남우 내자시 금즉 여평민 잡거 개종 군역 원제 기공 이후

其生.' 上曰: "可." 李膺駁之曰: "此人等貢于內資久矣 不可遽革."
기생 상왈 가 이응 박지왈 차인 등 공우 내자 구의 불가 거혁

韓尙德曰: "其中事農業付軍役者 蠲免其貢何如?" 上曰: "此言誠
한상덕 왈 기중 사농업 부 군역자 견면 기공 하여 상왈 차언 성

是也." 遂下敎施行. 尙德又啓曰: "巡禁司因前朝弊法 兼判事常時
시야 수 하교 시행 상덕 우 계왈 순금사 인 전조 폐법 겸판사 상시

不坐 使郎廳訊罪按律定罪 然後乃告于私第 衆論不同 郎廳累復
부좌 사 낭청 신죄 안율 정죄 연후 내 고우 사제 중론 부동 낭청 누부

往來 尙未能斷. 緣此 雖輕罪逮至浹旬 乞令兼判事常坐本司 一處
왕래 상 미능단 연차 수 경죄 체지 협순 걸령 겸판사 상좌 본사 일처

論決." 上曰: "爾言爲是." 遂命巡禁司 毋蹈前弊.
논결 상왈 이언 위시 수 명 순금사 무도 전폐

禮曹啓諸祀壇壝之制. 先蠶壇 靈星壇高三尺 周八步四尺 四出
예조 계 제사 단유 지제 선잠단 영성단 고 삼척 주 팔보 사척 사 출

陛; 先農壇同兩壇 壝各二十五步; 馬社 馬祖 先牧 馬步壇 各廣
폐 선농단 동 양유 유 각 이십오 보 마사 마조 선목 마보단 각 광

九步 高三尺 四出陛.
구보 고 삼척 사 출폐

命世子馬飾勿用象毛 衣服除交綺. 初 李膺啓曰: "臣而服細布
명 세자 마식 물용 상모 의복 제 교기 초 이응 계왈 신 이복 세포

似乎不可. 請以職品 定其升數." 上曰: "令皆禁斷可矣 不必定其
사호 불가 청이 직품 정기 승수 상왈 영개 금단 가의 불필 정기

升數." 乃有是命. 凡大小臣僚交綺衣服起子靴 乙未年爲始 一皆
승수 내유 시명 범 대소 신료 교기 의복 기자화 을미년 위시 일개

痛禁.
통금

戶曹判書朴信請加油蜜貢額 不許.
호조판서 박신 청가 유밀 공액 불허

丙辰 永吉道預原長汀社金人出汗.
병진 영길도 예원 장정사 금인 출한

丁巳 復辨正都監決訟. 上御便殿 引議政府諸卿曰: "憂旱禱雨
정사 복 변정도감 결송 상 어 편전 인 의정부 제경 왈 우한 도우

是末節也. 予欲不行 顧念斯民之被災者 反謂予不畏天而無志於
시 말절 야 여욕 불행 고념 사민 지 피재 자 반위 여 불외천 이 무지 어

民 故屈意爲之耳." 左議政南在對曰: "桑林之禱 載在傳記; 靡神
민 고 굴의 위지 이 좌의정 남재 대왈 상림 지 도 재재 전기 미신

不擧 見諸詩雅 遇災而禱 非自今也." 上笑曰: "領議政嘗言: '湯有
불거 현저 시아 우재 이도 비자금 야 상 소왈 영의정 상언 탕 유

七年之旱 豈不禱雨? 直天數耳.' 此言有理. 然人君委之氣數 不可

也." 又謂參贊柳廷顯曰: "於辨正 呈所志者幾許?" 對曰: "一萬

二千七百九十七張. 就中見百張 可退者率二三十. 以是類推 則幾至

三千 受理者亦不下一萬. 都監共十五房 月決房各十張. 以此計 亦

非一歲之所能畢也." 上笑曰: "爲之奈何? 予近以拘於限年 不無

缺望者 故特爲之更張 豈料其多至萬餘? 太祖亦嘗慮此 盡欲一付

時得者. 予則以爲 此得彼失 不無向隅之嘆 特命中分 以掃積弊.

其間更迭獻計 求便於己 遂至蔓延耳. 今欲一依前年九月之令 一切

中分 不亦可乎?"

僉曰: "甚善." 廷顯請奴婢文籍隨決隨焚 河崙作色曰: "若此則

都監員吏不肯用心正決 而人之受屈者 欲告攸司 亦無由矣. 臣以爲

畢決罷事 然後焚之 是爲便." 廷顯難之 崙熟視默然. 上謂崙曰: "如

卿所言 又欲萬餘人再呈誤決乎? 若爾則安有畢時? 直還付都官."

崙曰: "無已則請畢決一事之後 取兩人供招而焚之若何?" 廷顯曰:

"强者見奪 豈肯納招乎?" 崙曰: "宜如上旨." 議遂定 令辨正都監

復聽訟 命臺諫一員參決 加置五房各三員. 乃下旨曰: "今中外定日

接狀奴婢爭訟事 以曾降教條 依前例中分. 每出等決絶辭緣啓聞後

兩邊文券 輒燒之; 他奴婢幷付文字花名立案 各別成給後幷燒之."

柳廷顯親稟王旨:

'一 誤決官員 勿令都監推考 以某員爲某官時誤決 移文憲府.

312

一 中分時可行事件 牓示知會. 元隻俱在京中者 始於今月十七日
일 중분 시 가행 사건 방시 지회 원척 구재 경중 자 시어 금월 십칠일

決絶.
결절

一 癸巳九月初一日以後 各司中分事 僞造文字 情狀明白 已成
일 계사 구월 초일일 이후 각사 중분 사 위조 문자 정상 명백 이성

官文者 限年未呈者 一邊無明文中分者 從正決絶.
관문 자 한년 미정 자 일변 무명문 중분 자 종정 결절

一都監已決絶事 中分限當者 竝中分.
일 도감 이 결절 사 중분 한당 자 병중분

一 限年及癸巳九月初一日以前未呈相訟事及決後誤決未呈者
일 한년 급 계사 구월 초일일 이전 미정 상송사 급 결후 오결 미정 자

勿論.'
물론

都監受教條畫:
도감 수교 조획

'一 癸巳九月初一日前呈誤決者 更呈事.
일 계사 구월 초일일 전정 오결 자 갱 정사

一 以親着移關有無 全給一邊事 亦許中分.
일 이 친착 이관 유무 전급 일변 사 역허 중분

一 辛丑年以後決後仍執他人奴婢據執事.
일 신축년 이후 결후 잉집 타인 노비 거집 사

一 訴良事.
일 소량 사

一 父母 祖父母未分事.
일 부모 조부모 미분 사

一 大小員人自己婢妾所生現告事. 以上皆受理.
일 대소 원인 자기 비첩 소생 현고 사 이상 개 수리

一 在前誤決未呈 今新呈誤決事.
일 재전 오결 미정 금 신정 오결 사

一 新呈逃奴婢事.
일 신정 도 노비 사

一 新呈曾祖以上衿合奴婢事.
일 신정 증조 이상 금합 노비 사

一 新呈無子息人奴婢相爭事.
일 신정 무자식 인 노비 상쟁 사

一 新呈公處奴婢相爭事.
일 신정 공처 노비 상쟁 사

一 雖稱仍執據執合執 告狀內實爲相訟事.
일 수칭 잉집 거집 합집 고장 내 실위 상송 사

一 新呈收養 侍養奴婢相爭事.
일 신정 수양 시양 노비 상쟁 사

一 新呈從賤事及奴妻良賤事.
일 신정 종천 사급 노처 양천 사

一 癸巳九月初一日以前未呈相訟事.
일 계사 구월 초일일 이전 미정 상송 사

一 癸巳九月初一日以後新呈相訟事.
일 계사 구월 초일일 이후 신정 상송 사

一 癸巳九月以後決絶事 於司憲府未呈誤決事.
일 계사 구월 이후 결절 사 어 사헌부 미정 오결 사

一 癸巳九月初一日以後仍執 據執事.
일 계사 구월 초일일 이후 잉집 거집 사

一 癸巳九月初一日以後父母 祖父母未分奴婢合執事及三四寸
일 계사 구월 초일일 이후 부모 조부모 미분 노비 합집 사급 삼사 촌

奴婢分給事.
노비 분급 사

一 辛丑年前事.
일 신축년 전사

一 辛巳年時得者決給後 癸巳九月初一日以前未呈事. 以上皆不
일 신사년 시득 자결급 후 계사 구월 초일일 이전 미정 사 이상 개불

受理.'
수리

都監又啓: "外方決絶 每等啓聞爲難. 宜於每月季 略抄以聞後
도감 우계 외방 결절 매등 계문 위난 의어 매월 계 약초 이문 후

監司巡行都會 卽令燒毁舊文." 都監又啓: "仍執 據執相訟事內接狀
감사 순행 도회 즉령 소훼 구문 도감 우계 잉집 거집 상송 사내 접장

限當事 一邊雖無文契 亦許中分; 僞造文字明白者 勿令中分."
한당 사 일변 수무 문계 역허 중분 위조 문자 명백 자 물령 중분

命種豆數斛於苑內 將以餧饗鹿也.
명종 두 수곡 어 원내 장 이위 장록 야

戊午 減贈賻之數. 戶曹判書朴信啓曰: "國家於宰相之卒 一品
무오 감 증부 지수 호조판서 박신 계왈 국가 어 재상 지졸 일품

以上禮葬; 正二品則賻米豆幷四十石; 從二品三十石例也. 如有
이상 예장 정이품 즉부 미두 병 사십 석 종이품 삼십 석 예야 여유

凶荒之災 軍旅之事 則不可不慮 請各減十石." 從之.
흉황 지재 군려 지사 즉 불가 불려 청각 감 십석 종지

改解慍亭爲愼獨亭. 上謂河崙曰: "前朝之季 宮中有小亭曰解慍.
개 해온정 위 신독정 상 위 하륜 왈 전조 지계 궁중 유 소정 왈 해온

今亭名相似 欲改以愼獨如何?" 崙曰: "此亭在宮北 非群臣侍從之
금 정명 상사 욕개 이 신독 여하 륜 왈 차정 재 궁북 비 군신 시종 지

處 名以愼獨甚美.”

吏曹啓: “通政以下守令 朝辭 復命後 皆令詣本曹堂參.” 從之.

辛酉 日本國王使僧圭籌等獻土物 求大藏經.

改在內諸君所爲府.

黜司鑰方演 定內資本役. 上視廣延樓設新帳 問代言曰: “何以

改之?” 李灌對曰: “方演謂臣曰: ‘當以新布改造.’ 臣疑有上命 卽領

改之.” 上怒有是命. 演本內資寺奴也.

兵曹判書李膺請申吹角之法 上曰: “然. 是安不忘危之道也.”

又謂膺曰: “吹角之法 卿等當明勑約束以待之. 吾雖夜半吹之 以察

勤怠.” 上謂諸卿曰: “比聞 皇帝北征 是乃門庭之寇 事出不得已

耳. 如向者 安南一擧 帝之失也. 自念 吾東方土堉民貧 境連上國

誠宜盡心事大 以保一區 如不得免焉 則當積穀練兵 固守封疆. 然

予竊料 帝之遇我甚厚 且南征北伐 固無寧歲. 第恐疲戰之民 逸入

我疆如辛丑之沙關耳.” 李稷曰: “永吉 平安二界 糧餉不贍 曾有旨

移慶尙之粟於江原; 江原之粟於永吉 又移豐海之粟於平壤 而或作

或輟 不見實效 甚非計也. 且二界山城 宜竢農隙修築.” 從之.

前司正李宥智進水精石及墨炭. 宥智來自江原慶尙道曰: “高城

順興有水精石 寧海有墨炭.” 仍進小許 果皆眞也. 有大臣請採墨炭

以供御用者 上曰: “木炭甚善 焉用難繼之物?”

視事于便殿. 上曰: “佛氏之道 其來尙矣. 予欲無毁無譽 然有

盡其道者 則吾當尊事之. 往者有僧自超 人皆仰之 卒無得道之驗.
진 기도 자 즉오 당 존사 지 왕자 유승 자초 인개 앙지 졸무 득도 지험

如此輩 吾視之如路人 若指空則其可不尊事耶?" 群臣皆曰: "然."
여차 배 오 시지 여 노인 약 지공 즉 기가 불 존사 야 군신 개왈 연

定罷漏撞鍾之法. 先是 罷漏撞鍾 在五更初點 至是 改以三點.
정 파루 당종 지법 선시 파루 당종 재 오경 초점 지시 개이 삼점

李膺啓: "闕門晨昏鍾鼓 一時撞擊 與中國不同 宜於擊鼓畢後撞鍾.
이응 계 궐문 신혼 종고 일시 당격 여 중국 부동 의어 격고 필후 당종

撞鍾之數 從六十四卦太多 請從二十八宿之數. 且中國無昏鍾 請宜
당종 지수 종 육십사패 태다 청종 이십팔수 지수 차 중국 무 혼종 청의

停罷." 從之.
정파   종지

置厚陵直二人.
치 후릉 직 이인

前恭安府尹金彌卒.
전 공안부 윤 김미 졸

宗貞茂使人來獻土物.
종정무 사인 내헌 토물

司憲府大司憲柳觀等上疏 疏曰:
사헌부 대사헌 유관 등 상소 소왈

'夫婦人倫之大綱 前朝之季 禮制紊亂 紀綱陵夷 大小人員 京外
부부 인륜 지 대강 전조 지계 예제 문란 기강 능이 대소 인원 경외

兩妻 任然竝畜. 因此 身歿後兩妻子息互相爭嫡 遂成仇怨. 或有妻
양처 임연 병축 인차 신 몰후 양처 자식 호상 쟁적 수성 구원 혹유 처

而更娶妻 還合先妻者 歿後子息等互相爭嫡; 或有先娶妾後娶妻
이 갱 취처 환합 선처 자 몰후 자식 등 호상 쟁적 혹유 선 취첩 후 취처

者 歿後妾子息等爭嫡 又或有一時竝畜三妻者 歿後子息爭嫡 爭訟
자 몰후 첩 자식 등 쟁적 우 혹유 일시 병축 삼처 자 몰후 자식 쟁적 쟁송

多端. 然歲月已久 婚書有無及成禮與否 分揀決絶爲難 風俗不美.
다단 연 세월 이구 혼서 유무 급 성례 여부 분간 결절 위난 풍속 불미

凡有妻娶妻者 糾察無門 有妻者任然成禮 再娶後妻 先後相嫡 兩班
범 유처 취처 자 규찰 무문 유처 자 임연 성례 재취 후처 선후 상적 양반

子息 一於後娶稱妾 追論決絶 誠爲未便. 乞先後妻恩義深淺 棄別
자식 일어 후취 칭첩 추론 결절 성위 미편 걸 선후 처 은의 심천 기별

有無 同居與否分揀 恩義相盡 夫婦之道也. 先妻恩義淡薄 後妻
유무 동거 여부 분간 은의 상진 부부 지 도야 선처 은의 담박 후처

終身同住 婦道無虧 則雖後妻 給爵牒 守信田 奴婢分給. 妻妾子息
종신 동주 부도 무휴 즉 수 후처 급 작첩 수신전 노비 분급 처첩 자식

爭嫡者 勿論先後 推明決絶 奴婢依曾降敎旨內妻妾例差分. 三妻
쟁적 자 물론 선후 추명 결절 노비 의 증강 교지 내 처첩 예 차분 삼처

竝畜者 勿論先後 其中終身同住者 給爵牒及田 奴婢則三妻子息
병축 자 물론 선후 기중 종신 동주 자 급 작첩 급 전 노비 즉 삼처 자식

平均分給. 自永樂十一年三月十一日以後有妻娶妻者 痛懲離異
평균 분급 자 영락 십일 년 삼월 십일 일 이후 유처 취처 자 통징 이이

其中不現者 身沒後子孫爭嫡者 以先爲嫡決絶何如?'
기중 불현 자 신몰 후 자손 쟁적 자 이선 위적 결절 하여

上從之 唯衆所共知先後妻內 嫡室恩義厚薄 分揀決絶.
상 종지 유중 소공지 선후 처내 적실 은의 후박 분간 결절

賑窮民. 戶曹啓: "都城內鰥寡孤獨一百六十四名 其中八十以上
진 궁민 호조 계 도성 내 환과고독 일백 육십 사명 기중 팔십 이상

三十一名; 盲人十九." 命賜米各一石. 戶曹又啓: "全羅道年百歲者
삼십 일명 맹인 십구 명사 미 각 일석 호조 우계 전라도 연 백세 자

一人 九十歲者五人 八十歲者一百二人. 請依京中例 給米豆有差. 年
일인 구십세 자 오인 팔십세 자 일백 이인 청의 경중 례 급 미두 유차 연

過三十未成婚女五人 官給資裝 促令嫁人." 從之.
과 삼십 미 성혼 녀 오인 관급 자장 촉령 가인 종지

司諫院左獻納柳渼等上疏. 疏曰:
사간원 좌헌납 유미 등 상소 소왈

'罷限年立都監 所以伸冤抑絶詞訟也. 前因辨正提調柳廷顯等言
파 한년 입 도감 소이 신 원억 절 사송 야 전인 변정 제조 유정현 등언

仍執據執情狀明白 然後悉皆中分. 臣等竊謂 前此貪婪之徒 他人
잉집 거집 정상 명백 연후 실개 중분 신등 절위 전차 탐람 지도 타인

奴婢仍執據執 其奸惡殊甚 而今皆中分 則曲者之幸 直者不幸 固非
노비 잉집 거집 기 간악 수심 이금 개 중분 즉 곡자 지행 직자 불행 고비

使民無怨之道也. 乞令仍執據執者從正決絶 勿使中分 已絶奸惡.'
사민 무원 지도 야 걸령 잉집 거집 자 종정 결절 물사 중분 이절 간악

上曰: "汝等何不思大體 而爲一偏之議乎?" 渼對曰: "如此則怨讟
상왈 여등 하 불사 대체 이위 일편 지의 호 미 대왈 여차즉 원독

興矣." 上曰: "怨者幾人?" 渼不能對.
흥의 상왈 원자 기인 미 불능 대

甲子 震江華人姜信 仁川人豆彥.
갑자 진 강화 인 강신 인천 인 두언

世子生男. 中官鄭澄以聞 賜澄廐馬一匹. 上傳承政院曰: "開福神
세자 생남 중관 정징 이문 사징 구마 일필 상전 승정원 왈 개복신

醮禮 是古禮乎? 以予經驗 凡生男女行醮者皆不幸 只從俗禮者皆
초례 시 고례 호 이여 경험 범 생남 녀 행초 자개 불행 지종 속례 자개

生存 宜令稽古以聞. 予則以爲 從俗禮爲是也." 禮曹啓曰: "解醮祭
생존 의령 계고 이문 여즉 이위 종 속례 위시 야 예조 계왈 해 초제

從俗禮爲便." 從之. 又啓曰: "王世子生三日 桑弧蓬矢 傅母 慈母
종 속례 위편 종지 우계 왈 왕세자 생 삼일 상호봉시 부모 자모

乳母之制 依古禮施行何如?” 上曰: “此孫也 不必從世子生禮.”

召李良祐還京. 上令六曹堂上官 大司憲 知申事 知刑曹代言等

親問芳幹奴石仇知 良祐根隨洪義等. 義初供曰: “本無相往之事.”

再訊則曰: “不告完原 潛謁懷安飮之酒.” 石仇知曰: “洪義本無來謁

之事.” 再訊則曰: “義雖潛來 懷安不知 且無饋飮之事.” 趙末生

啓曰: “二人言端不同 請更訊歸一.”

上叱之曰: “予熟知此事之誣也. 今使卿等親問者 蓋欲知也. 予於

兄弟之間 以不實之事踈遠之 甚不忍也. 予待完原 當如舊日 宜不

復問.”

僉曰: “情實雖非謀亂 送人往來 則似實也. 請致證左悉問.”

上曰: “予曾遣田興往問懷安 且令代言等問此人等非一. 予之

親問 亦至再三 其不實也無疑矣. 況懷安曾納石仇知妻生三子. 予

之初問也 石仇知先告無隱 是必挾私而謀害也. 此事毋庸再言.” 仍

命巡禁司減等 杖洪義七十 石仇知八十. 時 良祐詣闕門傍 召入庭

諭以: “曩時坐誣妄 流咸州 尋出楊根 遷徙之勞 情深悔恨. 自今

毋復疑惑 依舊居京.” 良祐拜命 抆淚而退.

六曹判書及巡禁司兼判事金漢老等啓曰: “良祐之罪已著 不可

居京也.”

上曰: “予已知其無罪 召而旣與之共飮 不可更黜也.”

判書等請之再三 上終不允. 於是 大司憲柳觀等皆稱疾不出 持平

李孟畛獨詣闕上書曰:

'良祐與芳幹私通之迹已著 今又命六曹更推洪義等 言端不同 宜當窮問其由 特命置而不問 只坐誣言之罪 仍召良祐 殿下仁愛之恩至矣. 然於大義滅親之道何如? 乞將洪義等下攸司鞫問. 若以良祐爲勳親而不忍加刑 則削官竄逐 終身不齒可矣. 豈可出入宮禁 立于朝班乎? 伏望聖鑑施行.'

書上 命孟畛請暇. 將命者已出 追止請暇之命 仍命曰: "汝於曩時在辨正都監相詰之事 亦不當理." 孟畛退而不仕.

修築馬場于興仁門外. 朴子靑承命發京中雜色人五百名以築之.

慶尙道義城縣以下諸州 暫雨而旱; 豐海道延安府以西亦旱.

戊辰 初 命公私婢子嫁良夫所生 從父爲良. 禮曹判書黃喜啓曰: "賤妾所生放役之法 別無他議 父良者子良 從父則可矣." 上曰: "卿言甚然. 如此則雖無放役之法 自然無役矣. 以宰相骨肉 從母役使 甚爲未便." 下旨曰: "天之生民 本無賤口. 前朝奴婢之法 良賤相婚 深賤爲先 賤者隨母 故賤口日增 良民日減. 自永樂十二年六月二十八日以後 公私婢子嫁良夫所生 竝皆從父爲良 依前朝判定百姓例 屬籍施行." 從政府之議也.

以內禁 內侍 別侍衛皆屬中軍 從兵曹之啓也. 先是 三衛分屬於三軍.

己巳 辨正都監始燒相訟奴婢文券.

囚訛言吹角者數人于巡禁司. 城中訛言吹角 奔詣闕門外故也.
　수　와언　취각　자　수인　우　순금사　　성중　와언　취각　　분예　궐문　외　고야

兵曹判書李膺啓曰: "自壬辰年以來 都人訛言吹角者三矣. 今後許
　병조판서　이응　계왈　　자　임진년　이래　도인　와언　취각　자　삼의　　금후　허

詳聞角聲 然後趨令." 上曰: "若人人詳聞角聲 然後詣闕 則雖當
　상문　각성　연후　추령　　상왈　　약　인인　상문　각성　　연후　예궐　즉　수당

吹角之時 人馬喧擾 豈得詳聞乎?"
　취각　지시　인마　훤요　기득　상문　호

筑州太宰府司馬少卿藤源滿眞使人獻禮物 求梵鍾 請還左衛門.
　축주　태재부　사마소경　등원만진　사인　헌　예물　구　범종　청환　좌위문

命營本宮. 上曰: "太祖初營景福宮 河崙上書止之曰: '山囚水渴
　명영　본궁　상왈　　태조　초영　경복궁　하륜　상서　지지　왈　　산수　수갈

慮王滅族 形勢不善.' 然太祖所營殿閣 廊廡已具. 若有上國使臣
　여왕　멸족　형세　불선　　연　태조　소영　전각　낭무　이구　　약유　상국　사신

應接之事 則必於是處 故予又建慶會樓于其側 別建昌德宮於此
　응접　지사　즉　필어　시처　고　여　우　건　경회루　우　기측　　별건　창덕궁　어차

比來別無災厄. 儻有避方遷徙之事 則奪宰相第宅 破毁墻壁 又奪
　비래　별무　재액　　당유　피방　천사　지사　즉　탈　재상　제택　파훼　장벽　우탈

近處編戶 搔然不得安靜 予心未安. 欲以餘慶坊本宮 充於國用 爲
　근처　편호　소연　부득　안정　여심　미안　　욕이　여경방　본궁　충어　국용　위

避方之所 爲萬世蠲此弊也. 又於餘慶坊卜地營宮 爲誠寧大君計
　피방　지소　위만세　견차폐　야　　우어　여경방　복지　영궁　위　성녕대군　계

也." 命李灌傳旨豐海忠淸京畿水軍節制使曰: "備椽木三千對."
　야　　명　이관　전지　풍해　충청　경기　수군절제사　왈　　비　연목　삼천　대

以充本宮營繕也. 上曰: "欲營本宮 慮恐妨農 曾私雇番下隊長六十
　이충　본궁　영선　야　　상왈　　욕영　본궁　여공　방농　증사고　번하　대장　육십

名 人給衣布口糧 至浪川伐木千餘條 結桴以下."
　명　인급　의포　구량　지　낭천　벌목　천여　조　결부　이하

| 원문 읽기를 위한 도움말 |

① 不可坐視而不救也: 부정어 ~而~의 구분에서는 부정어 부분을 맨 마
　불가　좌시　이　불구　야　　　　　　　　　　　이

지막에 해석해야 한다. 즉 ~而~를 먼저 풀이한 다음에 부정어를 풀어야
　　　　　　　　　　　　　　이

한다는 뜻이다.

태종 14년 갑오년
7월

七月

임신일(壬申日-1일) 초하루에 상이 인덕궁(仁德宮)에 나아가 하례(賀禮)를 베풀었는데[展賀-進賀], 상왕(上王)의 탄신일이었기 때문이다. 드디어 상왕을 광연루(廣延樓)에서 받들어 맞이해 헌수(獻壽)하고 지극히 즐겼다. 이양우(李良祐)도 시연(侍宴)했다.

○ 사헌부 대사헌 유관(柳觀) 등에게 명해 직무에 나오게 했다.

○ 비로소 대궐(大闕) 안에서 집역(執役)[1]하는 자들을 모두 남자 정부(丁夫)로 쓰라고 명령했다.

○ 변정도감(辨正都監)에서 결송(決訟)할 계목(啓目)을 올렸다.

'하나, 원고(元告)와 피고(被告)[元隻-原隻]가 함께 경중(京中)에 있는 경우에도 현신(現身-몸을 드러냄)하지 않는 자가 많고, 비록 현신하더라도 문적(文籍)을 또한 가지런히 바치지[齊納] 않습니다. 이로 인해 결송이 늦춰지니 원고가 된 자로 하여금 7월 초1일에서 15일까지 기한을 정해 친히 서명(署名)하게 하며, 원고가 현신한 뒤에 피고인이 10일 내에 현신하지 않을 경우와 원고가 기한 내에 친히 서명하지 못하는 경우는 소송한 노비의 절반[一半]은 현신한 자에게 결급(決給)하고 절반은 속공(屬公)하소서. 원고와 피고 중에 지체해 연기시키고자 꾀해 현신한 뒤에 15일 내에 문권(文券)을 바치지 않는

---

1 백성이 공역(公役)을 치르는 것을 말한다.

자의 소송한 노비도 문권을 가지런히 바친 자에게 절반은 결급하고 절반은 속공하소서.

하나, 정한 기한에 친히 서명하는 차례는 원고가 혹은 출사(出使)하거나 질병인 경우에는 일을 잘 아는[解事] 아들·사위·아우·조카로 하여금 대신하게 하며, 피고가 된 자도 이러한 예에 의해 대척(對隻)²해 결송하는 것이 어떻겠습니까?'

그것을 따랐다.

○ 금천군(錦川君) 박은(朴訔)이 말씀을 올렸다.

"문권(文券)을 위조(僞造)한 것 또한 조사해 밝히지 않고 아울러 모두 중분(中分)하는데, 신은 그것이 옳은지를 알지 못하겠습니다."

상이 말했다.

"한 사람의 문적(文籍)이 분명하면 (다른) 한 사람은 위조(僞造)한 것이 명백하니[端的], 마땅히 문적이 분명한 자에게 주어야 한다. 또한 사람이 위조하고 한 사람이 위조하지 아니했더라도 또한 명백하지 못한 것은 마땅히 속공(屬公)해야 한다."

계유일(癸酉日·2일)에 사헌부 대사헌 유관(柳觀) 등이 소(疏)를 올렸다. 소는 대략 이러했다.

'양우(良祐)가 회안(懷安)과 서로 통교한 것은 그 흔적이 이미 드러났습니다. 그런데도 지난번에[向者] 신 등이 그 사유를 국문(鞫問)할 것을 청했으나 유윤(兪允)을 받지 못했고, 얼마 안 가서[俄而-尋] 외

---

2 원고와 피고가 서로 대질(對質)하는 것을 말한다.

방에 거주하도록 명하시므로 신 등은 양우의 죄가 유폄(流貶-유배)하는 데 그칠 것이 아니라고 말했습니다. (그런데) 근일에 양우를 부르고, 육조에 명해 홍의(洪義) 등을 다시 문초하게 하면서 양우의 죄는 면해주었습니다. 이렇게 한다면 전일에 국문한 시말은 모두 허위가 되는 것입니다. 이것이 신 등이 석고대죄(席藁待罪)[3]하고 감히 출사(出仕)하지 못한 까닭입니다. 이제 전하가 신 등의 죄를 용서해주시어 일을 보기를 전과 같이 하나, 신 등의 좁은 마음에는 남몰래 부끄러움이 있습니다. 금고(禁錮)한 사람을 감히 서로 통하지 못하는 것은 고금의 저령(著令-드러나 있는 법령)인데, 양우가 어찌 이를 알지 못했겠습니까? 그가 사람을 시켜 서로 통한 것은 아무런 생각 없이 한 것이 아닙니다. 전하께서 이에 사건을 모의한 흔적이 나타나지 않았다고 이르시고 양우를 불러 돌아오게 해 궁금(宮禁)에 평일과 다름없이 출입합니다. 전하께서 건곤(乾坤)의 아량으로 굳이 포용하는 것이라고 가만히 생각합니다마는, 그러나 자손에게 교훈을 보이고 장래에 법을 내려주는 뜻에는 좋지 않습니다. 만약 혈친을 내 몸과 같이 여기는 은혜로움[親親之恩]으로써 형벌을 가할 수 없다면, 그 고신(告身)을 거두고 바닷가로 내쫓아 죽을 때까지 소환하지 않는 것이 은의와 의리에 있어서 양쪽으로 온전하다고 이를 만할 것입니다.'

상이 읽어보고 말했다.

"정적(情迹)이 이미 드러난 죄를 내가 용서한 것이 얼마나 되느냐?

---

3 죄를 지은 죄인이 죄를 자책(自責)해 거적을 깔고 엎드려 처벌을 기다리는 것을 말한다.

죄가 의심스러우면 오로지 가볍게 형벌하는 것[罪疑惟輕]⁴은 나에게
서 시작된 것이 아니다. 경들은 용렬하게 고집부리지 말고 나의 다움
[予德]을 보좌하라."

갑술일(甲戌日-3일)에 처음으로 군자감(軍資監)에 권지직장(權知直
長)⁵을 두었다. 호조에서 아뢰었다.

"사재감(司宰監) 예빈시(禮賓寺)의 예를 본떠 문산(文算)에 통하고
밝은 자를 입속(入屬)시키도록 하소서."

그것을 따랐다.

을해일(乙亥日-4일)에 형조판서 성발도(成發道, ?~1418년)⁶ 등이 소
송을 결단할 일의 마땅함[事宜]을 아뢰었다.

"변정도감에서 결절(決折)한 뒤의 오결고장(誤決告狀)은 헌사(憲司)
로 하여금 고장(告狀)을 접수해 추국(推鞫)하여 밝히게 한다면, 마땅
히 삭일(朔日)로 정해 결절(決絶)해야 합니다. 신적(新籍)을 고쳐 만들
때 결송(決訟)이 끝이 없는 것은 즉시 대간으로 하여금 각각 1원(員)
씩 변정도감 제조(提調)와 같이 날마다 도감(都監)의 각방(各房)에 출
사(出仕)하게 해서 결송(決訟)의 잘잘못을 고찰한 뒤에 구적(舊籍)을

4 『서경(書經)』「우서(虞書)·대우모(大禹謨)」에 나오는 말이다. 반면에 공로가 의심스러우면
   오로지 무겁게 상을 내리라[功疑惟重]고 했다.
5 벼슬 이름 앞에 권지(權知)라는 명칭이 붙으면 그 직임을 임시로 맡아보는 것을 말하는
   데, 임시직의 직장(直長)을 뜻한다. 오늘날의 인턴 직원에 해당한다.
6 영의정 성석린의 아들이다.

태워 없애도록 하소서. 이제 간사한 무리가 도리어 정결(正決)을 오결(誤決)이라 하며 바로 신문고(申聞鼓)를 치기에 이르니 심히 부당합니다. 이제부터 각방(各房)의 오결을 소송하도록 허락하는 경우에는 도청(都廳-도감)에 소송해 제조(提調)가 대간과 더불어 분간하되, 오결한 관리와 정결(正決)을 오결(誤決)이라고 강변하는 자의 경우는 교지(教旨)에 의거해[依教] 아울러 죄주며 신문고를 치는 것도 일절 금지하소서. 본조와 도관(都官)에서 오결하는 사건의 경우는 헌부로 하여금 고장(告狀)을 접수해 분간하게 하되, 오결한 관리와 망령되게 오결이라고 고하는 자도 교지에 의거해 논죄하소서.”

그것을 따랐다.

○사헌부 대사헌 유관(柳觀) 등이 소(疏)를 올렸다.

‘하나, 전조(前朝)에서 주(州)·부(府)·군(君)·현(縣)을 설치하고 임내(任內)[7]·향(鄉)·소(所)·부곡(部曲)을 두었는데, 한 주(州)에 임내가 많으면 10여 현(縣)에 이르고 큰 것은 혹 본 고을의 호수(戶數)보다 많으나 한두 호장(戶長)이 주관합니다. (그러니) 그 백성을 시끄럽게 해 폐단을 일으킨 것이 어찌 말로 다할 수 있겠습니까? 근년 이래 주현(州縣)에서 병합할 수 있는 것은 병합하고 원리(員吏)를 둘 수 있는 것은 두었으나, 다 없어지지는 않았습니다. 지난번에 전라도 감사 윤향(尹向)이 아뢰어 말하기를 “무릇 그 도내 임내의 인리(人吏-관리)

---

7 지방의 호장(戶長)이 다스리는 속현(屬縣)을 말하는데, 때에 따라서는 주(州)·부(府)·군(君)·현(縣)에 속한, 지방관이 파견되지 않는 향(鄉)·소(所)·부곡(部曲) 등을 총칭하기도 한다. 어떤 주(州)에는 임내가 10여 현(縣)에 이르는 것도 있었는데, 큰 것은 혹 본 고을의 호수(戶數)보다 많기도 했다.

를 모두 앙관(仰官-소속 고을)에 합치자 간활(奸猾)의 폐단이 그쳤습니다"라고 했습니다. 그때 이로 인해 명령을 내려 각 도에서 모두 이 예에 의거해 시행하게 했습니다. (그러나) 다른 도의 감사가 이를 능히 본받지 않고 마침내 행하지 않아서, 임내의 인리들로 하여금 예전처럼 폐단을 일으키게 합니다. 빌건대 유사(攸司)에 내리고 이 영(令)을 다시 밝혀서, 그중 임내의 인리와 노비가 많은 곳은 부근 현(縣) 고을 가운데 사람과 물자[人物]가 적은 곳에 합치도록 하소서.

하나, 가만히 보건대 석씨(釋氏)의 도(道)에는 선종(禪宗)이 있고 교종(敎宗)이 있습니다. 그 승도(僧徒)가 된 자가 정치하게 배우지 못해 궁구(窮究)하는 것이 하나의 교리(敎理)에 그치므로, 마침내 그 법통(法統)으로 하여금 분열하게 해 종문(宗門)이 많아졌습니다. 국가에서 그 폐단을 깊이 염려해 이에 각 종파(宗派)를 병합하고 사사(寺社-절)도 그 반(半)으로 줄였습니다. 근년에 각 종파에서 초선(抄選)[8]할 때를 맞아 서투르게 배운 무리를 취해 많으면 7~80명에 이르고 적어도 4~50명을 내려가지 않는데, 요행히 초선에 합격해 이름을 이롭게 하기를 꾀하고 사사(寺社)에 주재하기를 구하니 어찌 처음에 법을 세운 뜻이겠습니까? 빌건대 선종(禪宗)과 교종(敎宗)으로 하여금 각각 하나의 종문(宗門)을 만들게 해서 문과 향시(文科鄕試)의 법에 의거해 각 도로 하여금 선종·교종 2학(學)을 두고, 시년(試年)을 맞

---

8 원래는 의정대신(議政大臣)이 전조당상(銓曹堂上)들과 모여서 필요한 인재(人材)를 특별히 뽑는 것을 말하나, 여기에서는 절의 각 종파(宗派)에서 중을 시취(試取)하는 것을 말한다.

아 학술(學術)에 정밀한 자를 뽑아서 승록사(僧錄司)⁹에 올리고, 승록사에서 그 초선을 다시 고찰한 뒤에 이송(移送)하도록 하소서. 선종·교종 2종(宗)이 그 초선하는 수도 30인을 넘지 말게 하고, 입선(入選)¹⁰에서는 3분의 1을 취해 모람(冒濫)된 폐단을 혁거(革去)하소서.'

육조(六曹)에 내려 실상에 맞춰 토의하게 하니, 상소한 대로 시행할 것을 청했으므로 그것을 따랐다. 다만 선종·교종의 각 종문(宗門)에서는 옛 초선법(抄選法)에 의거해 그 입격(入格)하는 자의 수를 정해 시행했다.

병자일(丙子日-5일)에 대간(臺諫)에서 교장(交章-합동 상소)해 다시 양우(良祐)의 죄를 청했다. 상이 읽어보지 않고 말했다.

"내가 이미 결정했건만 어찌하여 번거롭게[屑屑] 군이 청하는가?"
_{설설}

이튿날 대간에서 대궐에 나아와 전날의 소(疏)를 윤허해줄 것을 청했으나 상이 윤허하지 않고, 그 참에 대간을 꾸짖어 말했다.

"내가 이 사건은 실상이 없다[不實]는 것을 알기 때문에 이미 구처(區處-조처)했다. 너희들은 내가 재결할 때는 어찌 입을 다물고 말하지 않다가 이미 결정하기에 이른 뒤에야 여러 번 상소해 극청(極請)

---

9 조선조 초기에 불교에 관한 일을 맡아보던 관아다. 예조(禮曹)에 소속해 절을 관리하고 중의 도첩(度牒)을 지급하며 승적(僧籍)을 성안했다. 세종 6년(1424년)에 선종(禪宗)·교종(敎宗)을 36사(寺)로 통합할 때 승록사를 혁파하고 모든 사무를 선종·교종의 도회소(都會所)로 넘겼다.

10 시취(試取)할 때 최종적으로 입격자(入格者)를 뽑는 일을 말한다.

하는가? 청가(請暇)[11]함이 마땅하다."

대언사(代言司-훗날의 승정원)에 명해 헌사(憲司) 서리(書吏) 3인, 소유(所由)[12] 3인을 뽑아서 홍의(洪義) 등에게 신장(訊杖)하고 압슬(壓膝)[13]한 도수(度數-횟수)를 묻게 했다. 좌헌납(左獻納) 유미(柳湄)가 마침 식가(式暇-정식 휴가) 때문에 교장(交章)의 열(列)에 참여하지 못했다가 마침내 홀로 소를 올려 양우의 죄를 청하니, 그 또한 청가(請暇)하라고 명했다.

○ 예빈시(禮賓寺)[14]에 명해 물레방아[水碾]를 수축(修築)하도록 했는데, 물레방아가 빗물에 파훼(破毁)됐기 때문이다.

정축일(丁丑日-6일)에 (경기도) 용구현(龍駒縣-용인) 사람 상좌(上左)와 소 1마리가 벼락에 맞았다.

무인일(戊寅日-7일)에 햇무리가 나더니[日暈] 해가 귀고리같이 됐다[日珥]. 유성(流星)이 두성(斗星)과 우성(牛星) 사이에서 나와 남방(南方) 하늘 끝으로 들어갔는데, 모양이 됫박[升]과 같았다.

○ 나장(螺匠) 고몽(高蒙)이 금(金) 14냥(兩)을 얻어서 바치니, 다른

---

11 관리가 말미를 청하는 일을 말한다. 원래 두 가지의 뜻이 있으니, 관리가 근친(覲親)이나 상고(喪故) 등으로 말미를 청하는 일이 있었고 임금에게 죄를 지은 관리가 스스로 물러가고자 말미를 청하는 일이 있었는데, 여기에서는 후자다.

12 형관(刑官)의 보조 역이다.

13 죄인을 기둥에 묶어 무릎을 꿇게 하고 꿇린 무릎 아래 사금파리 등을 깔아, 무릎 위에 압슬기를 놓고 누르거나 무거운 돌을 얹어 고통을 주어 죄상을 실토하게 했다.

14 빈객(賓客)의 연향(宴享)과 재신(宰臣)의 음식 공궤(供饋)를 관장한 관청이다.

예에 의거해 값을 쳐주라고 명했다.

기묘일(己卯日-8일)에 소유성(小流星)이 오거성(五車星) 북쪽에서 나와 정성(井星)의 동쪽으로 들어갔는데, 모양이 샛별[金星]과 같았다.
○ 대간(臺諫)의 관리를 외방(外方)에 부처(付處-유배)했다.

상이 대간의 관원을 순금사(巡禁司)에 가두고 그 까닭을 형문(刑問)하고자 대언(代言)으로 하여금 당직 관원(當直官員)을 갑자기 소환하게 하니, 대언이 아뢰었다.

"지금으로서는 대간(臺諫)에서 숨기거나 감춘 것[隱諱]이 없으니, 다시 형문할 사연(辭緣)이 없습니다."

상이 말했다.

"대간에서 불법한 일을 했으면 형(刑)을 가해 신문(訊問)해야 할 것인데, 옛날에도 이러한 법이 없었는가? 나는 장차 이를 엄격히 징계하겠다. 너희들은 다시 서리(書吏)·소유(所由) 등에게 물어서 문안(文案)을 만들어 아뢰도록 하라."

서리 등이 아뢰었다.

"홍의(洪義) 등의 신장(訊杖)은 2~30번에 지나지 않았고 압슬(壓膝)은 2~3번에 지나지 않았습니다. 만약 더하거나 덜함이 있더라도 일이 이미 하루 건너이므로[隔日] 능히 다 기록할 수 없습니다. 그 문안(文案)이 본부(本府)에 갖춰져 있으니, 이를 고찰하는 것이 무엇이 어렵겠습니까?"

상이 말했다.

"이 일은 오래지 않은데, 반드시 입을 다물고 털어놓지 않는 것이다[悶而不白]."
민 이 불백

마침내 왕패(王牌)[15]를 내려주면서 말했다.

"대간의 임무는 옳은 것을 헌의(獻議)하고 나쁜 것을 배척해 공도(公道)를 행하는 것이니, 옥송(獄訟)을 밝게 변정(辨正)하는 데 이르러서는 원통하고 억울함이 없도록 하는 것이 바로 그 직책이다. 지난번에 헌부(憲府)에서 양우(良祐)가 회안(懷安)과 사통(私通)했다고 하여 홍의(洪義)·석구지(石仇知)의 공초를 취해 두세 번 죄를 청했으나 정적(情迹)이 나타나지 않으니, 그런 까닭에 내가 친히 묻기를 재차 했고 근신(近臣)으로 하여금 재차 묻도록 했다. 또 육조의 장관(長官)과 대사헌, 순금사 겸판사(巡禁司兼判事) 등으로 하여금 다시 분변(分辨)을 더하게 했다. (이에) 홍의는 이르기를 '헌부의 고문(栲問)으로 인해 연일 추초(箠楚-매질)하는 것을 견디지 못해 드디어 스스로 실상과 달리 굴복했습니다[誣服]'라고 했고, 석구지는 이르기를 '사무복사로운 원한으로 인해 무고(誣告)해 회안을 해치고자 했습니다'라고 했다. 위의 사람들을 즉시 순금사에 내려 안율(按律)해서 등(等-처벌의 등급)을 낮춰 시행하도록 하라. 이제 헌부에서 강제로 형(刑)을 써서 공초를 받은 죄를 면하려고 꾀해 소청(疏請)하기를 마지않는 것이다. 사간원(司諫院)에서 마땅히 헌부(憲府)를 탄핵해야 하는데, 도

---

15 임금이 특별한 일을 하명(下命)할 때 어압(御押)을 두고 대보(大寶)를 찍어서 내려주는 패(牌)다. 이 패를 소지한 자는 그 일을 수행할 때 특권을 행사할 수 있었다. 또 공(功)이 있는 자에게도 이 패를 주었는데, 이는 자손 대대로 그 특전(特典)을 보장해주는 데 목적이 있었다.

리어 부화(附和)해 교장(交章)하는 것은 심히 부당하다고 하겠다. 이에[其] 아울러 외방에 폄출(貶黜)하도록 해 후래(後來-뒤에 오는 후손)를 경계하도록 하라."

순금사에 명해 대간의 관원을 불러오도록 해 왕패를 내보이고 모두 자원안치(自願安置)시켰다. 집의(執義) 이작(李作)은 부여(扶餘)에, 장령(掌令) 복간(卜侃)은 대흥(大興)에, 이유희(李有喜)는 춘천(春川)에, 지평(持平) 이맹진(李孟畛)은 충주(忠州)에, 이문간(李文幹)은 신은(新恩)에, 사간(司諫) 윤회종(尹會宗)은 진산(珍山)에, 헌납(獻納) 유미(柳湈)는 곡성(谷城)에, 김이상(金履祥)은 보천(甫川)에, 정언(正言) 이심(李審)은 아산(牙山)에, 한권(韓卷)은 황간(黃澗)에 안치시켰고, 다만 대사헌 유관(柳觀)은 태조의 원종공신(元宗功臣)이라 해 면제시켰으며 지사간(知司諫) 김익정(金益精)은 병 때문에 애초에 참여하지 않았다.

○ 경상도 도관찰사 한옹(韓雍)이 진제(賑濟)할 대책을 올렸다. 보고해 말했다.

'경주(慶州)·영천(永川)·영해(寧海) 등의 고을에 한발(旱魃)이 더욱 심합니다. 청컨대 의창(義倉)의 묵은 콩을 내어[發] 백성으로 하여금 장(醬)을 담그게 해 진제에 대비하게 하소서.'

상이 말했다.

"장을 담그는 물건은 밭에서 나는 것이다. 밭의 곡식이 풍년인지 흉년인지[豐歉]를 지금 바야흐로 알지 못하는데, 어찌하여 보고를 이처럼 크게 일찍 하는가[太早]? 이는 단지 도내에서 명망을 낚기[釣名] 위한 것일 뿐이다. 다시 상세히 토의해 아뢰도록 하라."

좌대언 유사눌(柳思訥)이 말했다.

"금년에 밭곡식이 잘된 것은 중외(中外)가 한가지입니다."

신사일(辛巳日·10일)에 햇무리가 졌다[日暈]. 상이 이를 보고 서운관(書雲觀)에 물었다.

"햇무리가 있겠느냐 없겠느냐?"

알지 못한다고 대답했다. 상이 노해 전 서운관 부정(副正) 유당생(柳塘生) 등을 순금사(巡禁司)에 가두고, 또 말했다.

"이제부터 서운관 1원(員)으로 하여금 번갈아 궐내(闕內)에 입직(入直)하게 하라."

○ 변정도감(辨正都監)에서 계목(啓目-보고 항목)을 올렸다.

'하나, 대소인원(大小人員)의 처(妻) 쪽 비자(婢子)를 첩(妾)으로 만들어 낳은 소생(所生)도 자기비첩의 소생의 예에 의거해 사재감(司宰監)에 속하게 하소서.

하나, 노처(奴妻)의 양(良)·천(賤)은 바른 것을 따라[從正] 결절(決絶)하고, 그 소생 노비는 중분(中分)하소서.

하나, 문자 기록을 위조한 정상이 명백한 자는 모조리 좌죄(坐罪)하도록 하고, 소송한 노비를 반(半)은 피고 쪽에 주고 반은 속공(屬公)하게 하소서.'

상이 명했다. "처(妻) 쪽 비자(婢子)의 소생은 계목(啓目)과 같이 시행하고, 노처(奴妻)의 양(良)·천(賤)을 서로 다툰 뒤에 소생한 것은 중분(中分)하지 말고 바른 것을 따라서 결절(決絶)해 나누며, 재주(財主) 쪽이 명문(明文)을 전득(傳得)한 것 외에 부당하게 사환 노비(使喚

奴婢)로 잡아두거나 위조한 문자(文字)를 가지고 서로 다투는 자는 계목한 내에서 시행하라.”

임오일(壬午日·11일)에 소유성(小流星)이 왕량성(王良星)에서 나와 이주성(離珠星) 남쪽으로 들어갔는데, 모양이 작은 배[小梨]와 같았다. <small>소리</small>

○『대장경(大藏經)』을 일본국(日本國)에 보내고 『대반야경(大般若經)』을 규주(圭籌)에게 내려주었다. 애초에 상이 대언(代言) 등에게 일러 말했다.

“일본 국왕이 『대장경』을 구하니 경판(經板)을 보내주는 것이 어떻겠는가?”

대답해 말했다.

“우리나라에 경판(經板)이 적지 않으니 보내준들 무엇이 해롭겠습니까?”

상이 말했다.

“경외(京外)에 있는 경판(經板)의 숫자를 헤아려 아뢰도록 하라.”

상이 또 말했다.

“지금 일본에서 『대장경』을 청하니, 이미 이뤄진 물건을 다 보내도록 하는 것은 미편하다. 만약 경판[板子]을 보낸다면 뒤에 비록 다시 <small>판자</small> 청하더라도 막을 수 있는 말이 있게 된다.”

청성군(淸城君) 정탁(鄭擢)이 말했다.

“일본 사신이 왕래하는 것은 불법(佛法)을 구하기 위한 것일 뿐입니다. 만약 경판을 보낸다면 더는 오지 않을까 두렵습니다.”

상이 말했다.

"다만 우리 지경을 침범하지만 않는다면 반드시 사자(使者)를 교류할 필요는 없다."

예조에서 경(經)을 주지 않고 종(鍾)을 주고자 하니, 상이 말했다.

"무릇 사람들이 경(經)을 인쇄하는 것은 단지 구복(求福)하자는 것이다. 저 일본의 풍속은 불법(佛法)을 숭상하니, 만약 이 경(經)을 가지고 나라로 돌아간다면 그 존신(尊信)이 여기에 있는 것보다 배(倍)나 될 것이므로 경(經)이 비록 있지 않더라도 복(福)은 없어지지 않을 것이다. 종(鍾)이라면 폐사(廢寺)에서 구해주는 것이 좋을 것이다."

이때에 이르러 상이 광연루(廣延樓)에 나아가 규주 등 네 중을 인견(引見)하고 말했다.

"너희 나라 왕이 교린(交隣)에 돈독하여 너희들로 하여금 더위를 무릅쓰고 바다를 건너오게 하니 내가 심히 가상하게 여긴다. 돌아가서 너희 왕에게 (이 말을) 고하라."

규주 등이 고두(叩頭-머리를 조아림)했다. 상이 말했다.

"무더위가 한창 심하니 우선 머물도록 하라."

규주가 말했다.

"노승(老僧)은 귀국(貴國)을 번거롭게 할까 두렵습니다."

상이 말했다.

"이웃 나라 사신이 비록 오래 머물더라도 무엇이 번거로울 게 있겠는가?"

규주가 말했다.

"우리 왕께서 선군(先君)의 뜻을 이어 『대장경』과 『대반야경』을 열람하고자 하십니다. 신은 하사(下賜) 받아서 우리 왕에게 바치기를 원합니다."

이어서 글을 올려 『대반야경』을 사사로이 청하니 상이 말했다.

"이 경(經)은 우리나라에도 희소하다. 널리 구해야 내려줄 수 있을 것이다."

그러고 나서 예조에 명해 여흥(驪興) 신륵사(神勒寺)에 소장된 『대장경』 전부를 일본 국왕에게 보내고, 영산(寧山) 임내(任內) 풍세현(豊歲縣) 광덕사(廣德寺)에 소장된 『대반야경』 전부를 규주에게 내려주게 했다. 규주 등은 『대반야경』을 구해 이미 사여(賜與)받았는데도 오히려 불만스럽게 여겨, 마침내 이에 평도전(平道全)에게 말했다.

"임금이 이미 여러 경(經)을 내려주셨지만 봉행(奉行)하는 자가 기꺼이 마음을 쓰지[用心] 않는다."
용심

도전(道全)이 아뢰니 상이 말했다.

"네가 우리나라에서 벼슬하고 있으니 군신(君臣)의 예를 조금 알 것이다. 내 말을 밝게 들어라. 일본 국왕이 빙문(聘問)의 예(禮)를 닦으니, 내가 그 청을 따라서 여러 경(經)을 갖춰 보내는 것이다[備送-具送]. (그런데) 지금 사명(使命)을 받들고 온 중이 예의를 알지 못하고 노한 기색을 나타내고 있으니, 네가 상세히 말해주라."
비송 / 구송

상이 또 말했다.

"일본 국왕이 위엄을 제도(諸島)에 미쳐 구절(寇竊-도둑 떼)을 중지시키지[戢-止] 못하니, 다만 마땅히 내사(來使-오는 사신)를 우대할 뿐이고 반드시 조관(朝官)을 보내 보빙(報聘)의 예(禮)를 닦을 필요는
집 지

없다."

이때에 전상(殿上)의 여러 신하가 장사하는 왜인[商倭]이 낙역부절(絡繹不絶-연이어 끊임없음)해 소요스러운 폐단과, 조그마한 꼬투리[眦眦]로 말미암아 칼을 뽑아 사람을 찌르는 우환을 극력 말하니 상이 말했다.

"나 또한 이를 걱정한 지 오래다. 예전에 완산군(完山君)의 일[16]은 위태롭지 않았던가? 조그마한 섬오랑캐[蕞爾島夷]를 일거에 섬멸(殲滅)할 수 있다. 단지[特] 백성을 움직이는 것을 무겁게 여겨서 억지로 삭히며 참고 있는 것[隱忍]일 뿐이다."

○ 예조에서 국학을 살펴보는 의례 절차[視學儀]를 올렸다. 애초에 상이 하륜(河崙)에게 물었다.

"내가 국학(國學)에서 강경(講經)하는 것을 보고 선비를 시취(試取)하고자 하는데, 경의 뜻으로는 어떻다고 여기는가?"

륜(崙)이 돈수(頓首)하며 사례해 말했다.

"친히 국학에 나아가는 것은 임금의 성대한 일[盛事]입니다."

마침내 전세(前世)에 친히 나아갔던 임금을 모조리 들어 대답하니, 상의 뜻이 드디어 정해졌다.

○ 상이 하륜(河崙)에게 뜻을 전해[傳旨] 말했다.

"옛날의 제왕(帝王)들을 두루 보니[歷觀], 많은 이가 학궁(學宮-성균관)에 나아가 선성(先聖)이나 선사(先師)를 알현(謁見)하고 경의

---

16 이는 왜구를 격퇴한 완산군 이원계(李元桂)의 일을 말한다. 당시 논란이 되고 있던 이양우는 이원계의 아들이다. 그 밖에 이천우(李天祐)도 이원계의 아들이다.

(經義)를 강론했다. 나는 선성(先聖)을 알현한 뒤에 책문(策問)을 내어 10여 인을 시취(試取)하고자 하는데, 문과(文科)를 보는 예가 어떨까?"

륜(崙)이 명을 듣고 경탄해 말했다.

"이는 실로 국가의 성대한 일입니다. 7월 보름 때[望時]에 학궁에 나아갈 수 있겠습니다."

상이 마침내 예조에 명해 시학의주(視學儀註)를 상정(詳定)해 아뢰도록 하고, 또 말했다.

"지금 국학생(國學生)으로 있는 자가 얼마인가? 농사일이 한창 번극(繁劇)하니, 외방에는 이문(移文)해 통유(通諭-통고)하지 말라."

이때에 이르러 예조에서 의주(儀註)를 올리니 상이 말했다.

"공자(孔子)는 임금이 아닌데 어찌하여 절하는가?"

이조판서 한상경(韓尙敬)이 대답했다.

"공자는 비록 왕위에 있지는 않았으나 실로 만세토록 백왕(百王)의 스승이 되므로, 이 때문에 절하는 것입니다."

상이 말했다.

"문(文)과 무(武)는 어느 한쪽에 치우치거나 폐지할 수 없는 것이다. 국가에서 다만 공자 성현에게만 제사하고 무성왕(武成王-태공망)에게 제사하지 않는 것은 어째서인가?"

형조참의 권우(權遇)가 대답했다.

"선유(先儒)가 이에 대해 의견을 말하기를 '공자는 백세의 스승인데, 똑같이 제사할 경우에 태공(太公)의 신(神)이 있다면 반드시 부끄러워할 것이다'라고 했습니다."

상이 말했다.

"지금 듣건대 국학의 유생(儒生)이 심히 많다니, 그들이 지은 글을 하루 내에 간택(簡擇)하기는 어려울 것 같다."

하륜이 아뢰어 말했다.

"글제를 낸 뒤에 두세 시간 안에 독촉해 시권(試券-답안지)을 바치도록 해서 제때에 바치지 못하는 자들을 모두 쫓아낸다면, 그중에 준걸(俊傑)한 자를 얻을 수 있을 것이고 재주가 없는 자는 미치지 못할 것입니다. 유생이 비록 많더라도 제때에 제술(製述)해 바치는 자가 얼마나 되겠습니까?"

상이 말했다.

"그렇다면 바람이 처마를 스치는 듯한 짧은 시각[風簷寸晷]에 어찌 그 배운 실력을 얻을 수 있겠는가? 마땅히 하룻밤을 묵으면서 시취(試取)하겠다."

대언(代言) 등이 말했다.

"감히 청할 수 없었을 뿐이지 진실로 상교(上敎)와 같습니다."

상이 말했다.

"이제 유생을 강론(講論)시킬까? 제술(製述)시킬까?"

륜이 말했다.

"예로부터 임금이 국학에 나아가 어려운 것을 학관(學官)과 논했으나 유생에게는 미치지 않았습니다. 만약 그렇다면 학관도 강학(講學)에 무심(無心)할 수는 없을 것입니다."

상이 말했다.

"나의 뜻 또한 그와 같다."

유사(有司-해당 부서)에 명해 문묘(文廟)의 전구(奠具)를 정밀하게 갖추도록 하고[精備] 장차 17일에 문묘를 알현하기로 했다.

○ 또 왕세자(王世子)와 유사(有司)가 주현(州縣)에서 석전(釋奠-공자에게 올리는 제사)하는 절차[儀]를 올리니, 드디어 반행(頒行)했다.

계미일(癸未日-12일)에 호조판서 박신(朴信)이 공액(貢額)[17]을 늘일 것을 청했다. 상이 말했다.

"지난번에[向-向者] 경(卿)이 늘일 것을 청했으나, 내가 생각건대 그것이 떨어질 때까지 기다렸다가 별례(別例)로 독촉해 바치게 한다면 쓰기에도 편하고 백성도 원망하지 않을 것이다."

신(信)이 말했다.

"이제 진자(榛子-개암)·밤·밀랍(蜜蠟) 따위의 물건은 다만 축적(蓄積)한 것이 없으니, 미리 수납(收納)하기를 기약해 군박(窘迫)한 데 이르지 않도록 하는 것이 낫습니다."

잠정적으로 액수(額數)를 늘일 것을 명하고, 기다려서[俟-待] 축적이 있게 되면 감면하게 했다[蠲之].

○ 신축년(辛丑年-1361년) 이전 비첩(婢妾)의 아들은 모두 사재감(司宰監) 수군(水軍)에 속하게 하라고 명했다. 대소인원(大小人員)의 자기 비첩의 소생이 비록 신축년 이전 소생임에도 신축년 후에 본주(本主)가 강제로 붙잡아두고 사환(使喚)하는 것은, 한결같이 전에 내린 교지(教旨)에 의거해 아울러 추쇄(推刷)를 행해 사재감에 속하게 했다.

---

17 공물 액수(貢物額數)를 말한다.

갑신일(甲申日-13일)에 유량(柳亮)을 문성부원군(文城府院君), 권충(權衷)을 공조판서, 민무회(閔無悔)를 예문관 제학(藝文館提學), 박가흥(朴可興)을 검교 의정부좌참찬(檢校議政府左參贊), 설미수(偰眉壽)를 검교 우참찬(檢校右參贊), 박수기(朴竪基, ?~?)¹⁸를 사간원 우사간 대부(右司諫大夫), 이당(李堂)을 사헌 집의(司憲執義)로 삼았다. 상이 한상경(韓尙敬)에게 일러 말했다.

"대간(臺諫)의 직무는 바른 도리를 지키고 법(法)을 바로 잡아 줘어 임금이 잘못하는 바가 없도록 하는 것이 좋은데, 지금은 그렇게 하지 않고 구차스레 한 가지 단서를 얻으면 일의 시비를 묻지도 않고 반드시 이를 말해 종간(從諫-간언을 따르게 함)을 보고자 한다[見從]. 근일에 완원군(完原君)의 일은 망령되게 죄를 얽어 맞춰서 나를 불의(不義)의 땅에 반드시 두고자 했으니, 이것은 무슨 마음인가? 이러한 풍토가 고쳐지지 않는다면 후세에 반드시 사정(私情)을 끼고 착한 사람을 모함하며 밖으로 공의(公義)를 칭탁해서 그 욕심을 풀려는 자가 있을 것이다. 마땅히 돈중(敦重)하고 근후(謹厚)한 자를 골라서 그 책임을 맡겨야 한다."

상이 승정원(承政院)에 물었다.

---

18 고려 말 1377년(우왕 3년) 진사시(進士試)에 3등(三等) 6위로 합격했으나, 문과 급제 여부는 명확하지 않다. 조선 건국 직후인 1399년 서무를 총괄하고 간쟁(諫諍)을 맡아보던 관아인 중서문하성(中書門下省)에 속해 기거주(起居注), 낭사(郎舍) 등을 역임했고, 1406년 5월에는 지인주사(知仁州事)로 부임해 동년 윤7월까지 약 3개월 동안 복무하다가 사직했다. 이후 태종(太宗) 연간에 순흥 부사(順興府使), 판예빈시사(判禮賓寺事-예빈시 판사), 사간원 우사간(右司諫)·좌사간(左司諫) 등을 역임했다. 주로 사간원의 언관(言官)으로 활동하며 극간(極諫) 때문에 벼슬이나 직위 따위가 낮아지거나 면직당하는 폄직(貶職)을 당하기도 했다.

"옛날에 간신(諫臣)이 세 번 간언해도 (임금이) 듣지 않으면 떠나간다고 했는데, 이른바 떠나간다[去]는 것은 그 나라를 떠난다는 것인가 그 관직을 떠난다는 것인가?"[19]

대답해 말했다.

"중원(中原-중국)의 경우 여러 나라가 국경을 맞대고 있으므로, 말해도 듣지 않고 계획해도 실행하지 않으면 다른 나라로 갔습니다. 본국(本國-조선)은 갈 만한 땅이 없으니, 다만 그 관직을 떠나는 것일 뿐입니다. 또 옛날에 이른바 떠나간다는 것은 작은 일 때문이 아니었으니, 백리해(百里奚)[20]가 우(虞)를 떠나 진(秦)으로 간 것이 바로 이것입니다."

상이 말했다.

"세 번 간언해도 듣지 않으면 간다는 것은 군신(君臣)의 마땅함[義]이 이미 끊어진 것이다. 이제 신료(臣僚)들 가운데 누가 전사(田舍)가 없어서 평안히[恬然] 있고 떠나가지 않는 것이겠는가? 금후로는 말을 만약 받아들이지 않으면 전사(田舍)로 곧 돌아가 종신토록 돌아오지 않는 것이 마땅할 것이다."

---

19 『예기(禮記)』「곡례(曲禮)」에 이르기를 "신하 된 자가 세 번 간언해도 들어주지 않으면 떠나간다[逃之]"라고 했다.

20 진(秦)나라의 현인(賢人) 정치가다. 제나라의 관중에 비견될 만한 탁월한 책략과 경천위지(經天緯地)의 재능을 지녔으나, 빈한한 가문에서 태어난 데다 불운해 오랫동안 능력을 인정받지 못한 채 걸식하면서 천하를 유람했다. 한때 제나라에서 건숙의 도움을 받았고 우(虞)나라의 우주(愚主)를 섬기기도 했으나, 늘그막에 진목공에게 발탁되면서 본격적으로 천하를 경영하게 됐다. 입신(立身)한 후에는 건숙을 추천하고 서융(西戎)의 책사로 있던 요여(繇余)를 포섭하는 등 여러 현사(賢士), 충신들을 끌어모아서 그들과 함께 진목공을 보필함으로써 진나라를 서융의 패주(霸主)로 부흥시키고 후세에 중원을 경략할 토대를 튼튼히 했다.

○ 전주 판관(全州判官) 김자구(金自龜)를 순금사(巡禁司)에 가뒀다.

어떤 승도(僧徒)가 『대장경(大藏經)』을 인출(印出)하고자 해 제릉(齊陵) 연경사(衍慶寺)에 감춰두고, 상과 상왕(上王)이 친압(親押)한 원문(願文)을 받아서 전라도에 이르러 마치 칙령(勅令)인 양해서 수령(守令)이 수희(隨喜)[21]하기를 강제했다. 전주(全州)에 이르자 자구(自龜)가 고을이 빈한(貧寒)해 물건이 없다고 사절하니, 승도가 이를 원망해[銜] 자구가 불충한 말을 했다고 무고했다. 자구를 가두고 안험(按驗)하라고 명했으나, 결국 그러한 사실이 없었으므로 자구는 처벌을 면했다[免坐].

○ 영의정부사(領議政府事) 하륜(河崙)을 편전(便殿)에서 인견(引見-불러서 만나봄)했다.

륜(崙)과 조용(趙庸)과 변계량(卞季良)을 불러 (그들이) 대궐에 이르니[詣闕], 륜을 이끌고 내전으로 들어가[入內] 성균관(成均館)에서 선비를 시취(試取)할 글제를 하명(下命)할 뜻을 비밀히 토의하고서 명하기를, 4품 이하 조사(朝士) 중에서 부시(赴試)하기를 자원(自願)하는 자는 들어주도록 했다.

무자일(戊子日-17일)에 상이 성균관(成均館)에 나아가 선성(先聖)·선사(先師)에게 작헌(爵獻)을 행하고, 이어서[仍] 명륜당(明倫堂)에 나아

---

21 불법을 따르고 기쁘게 보시하는 것을 말한다.

갔다. 관원(館員)이 제생(諸生) 500여 인을 이끌고 전정(前庭)에 들어오니, 행례(行禮)를 끝마치고 친히 시무(時務)를 책문(策問)했다.

'임금의 직무 중에는 사람을 아는 것[知人]보다 어려운 것이 없고 사람에게 일을 맡기는 것[任人]보다 더 어려운 것이 없다. 이에[其] 사람을 알아보고 사람에게 일을 맡기는 법을 들어볼 수 있겠느냐? 삼공(三公)²²이 다스리는 도리[治道]를 논하고 육경(六卿)²³이 직분(職分)을 나누는 것은 주(周)나라 관제(官制)가 남겨준 뜻이지만, 그러나 지금에도 조정(朝廷)의 성대한 제도[盛制]다. 어떻게 하면 능히 그 다스리는 도리[治道]를 남김없이 다하고 능히 그 직분을 다하겠는가?

대간(臺諫)을 둔 것은 그들이 정론(正論)을 직언(直言)해 (임금과 조정의) 허물을 다스리고 잘못을 규탄하는 것[繩愆糾繆]인데, 종종 편견의 설을 가지고 기필코 종간(從諫)²⁴하고자 한다. 종간의 명분을 따르고자 하면 반드시 마땅함[義]을 해치는 데 이르고, 실언(失言)의 죄책을 가하고자 하면 반드시 거간(拒諫)²⁵이라 여긴다. 그와 같다면 어떻게 해야 편견이 섞이지 않은 정론(定論)을 날마다 들을 수 있겠는가?

학교(學校)는 권장하지 아니할 수 없다. 그러나 사장(詞章)을 기송

---

22 중국 주(周)나라의 태사(太師)·태부(太傅)·태보(太保)를 말한다.
23 중국 주(周)나라의 육관(六官)의 장(長)을 가리킨다. 천관(天官)의 장인 총재(冢宰), 지관(地官)의 장인 사도(司徒), 춘관(春官)의 장인 종백(宗伯), 하관(夏官)의 장인 사마(司馬), 추관(秋官)의 장인 사구(司寇), 동관(冬官)의 장인 사공(司空)을 말한다.
24 임금이 간언을 따르게 한다는 말이다.
25 임금이 간언을 물리치는 것을 말한다.

(記誦)하는 습속이 오히려 있으되 진실로 실천(實踐)을 아는 자는 대개 적으니, 어떻게 하면 교학(敎學)을 갖추고 밝혀 인재(人材)를 배출하도록 하겠는가?

민생(民生)은 두텁게 하지 않을 수 없다. 그러나 수재(水災)와 한재(旱災)가 여러 번 일어나서 여염(閻閻)의 탄식이 서로 잇따르니, 어떻게 하면 우양(雨暘-비가 오고 햇볕이 남)을 제때에 있게 해서 집집마다 넉넉하고 사람마다 풍족하게 할 수 있겠는가?

부디[伊] 사람을 쓰기 전에는 능히 변별(辨別)하고 사람을 쓴 뒤에는 의심하지 말아서 여러 뛰어난 이들이 힘을 다하고 서관(庶官)이 태만하지 아니하여 천심(天心)을 누리고 융평(隆平)한 다스림에 이르고자 하니, 그 방법[術]이 어디에 있는지 빠짐없이 진술하라.'

하륜(河崙)·조용(趙庸)·변계량(卞季良)·탁신(卓愼)에게 명해 시권(試券)을 거두는 것을 감독하게 했는데, 유시(酉時) 초1각(初一刻)으로 한정했다. 진시(辰時)에 환궁(還宮)했는데, 대책(對策)한 자는 540여 인이었다. 거자(擧子) 백일장(白日場)은 이로부터 시작됐다.

○ 애초에 알성의주(謁聖儀註-성현을 알현하는 의례 절차)를 상정(詳定)할 때 하륜(河崙)이 말했다.

"당(唐)나라·송(宋)나라와 고려의 역사를 상고하면 '임금이 화(靴)와 포(袍)를 입는다'라는 글이 있으니, 상께서는 원유관(遠遊冠)에 강사포(絳紗袍)를 입는 것이 마땅하다."

예조 참의(禮曹參議) 허조(許稠)가 말했다.

"비록 선농(先農)의 제사에도 마땅히[應-當] 곤복(袞服)에 면류관

(冕旒冠)을 입었고, 병술년(丙戌年-1406년) 시학(視學)할 때도 곤복에 면류관을 입었습니다."

륜(崙)이 말했다.

"썩어빠진 유자(儒者)[腐儒]가 옛것에 얽매여[泥古] 변통(變通)을 알지 못하는 것이다."

드디어 원유관·강사포의 제도를 썼다. 시학(視學)하는 날이 되자 유사(有司)에서 의주(儀註)에 따라 원유관에 강사포를 바치니, 상이 대언(代言)에게 일러 말했다.

"원유관·강사포는 바로 여러 신하의 조하(朝賀)를 받을 때의 복장이니, 이것을 입는 것은 마땅하지 않다. 선성(先聖)을 알현(謁見)하는 것이므로 마땅히 면복(冕服) 차림으로 행례(行禮)해야 한다. 그러나 면복이 (명나라에서) 이르지 않았으니, 임시로[權-姑] 시복(時服) 차림으로 행사(行事)하는 것이 어떻겠는가? 이에 륜에게 물어보라."

륜이 실로 상의 가르침과 같다고 대답하니 드디어 시복 차림으로 행했다. 헌사(憲司)에서 대언 유사눌(柳思訥), 판통례(判通禮) 윤보로(尹普老), 예조좌랑 김재(金滓) 등이 예(禮)를 잃었다[失禮]는 사유로 탄핵하니 임금이 사눌(思訥)을 불러서 그 사유를 물었고, 의주(儀註)가 바로 그러했기 때문일 뿐이라고 대답하니 상이 말했다.

"후일에 군왕(君王) 가운데 어찌 시학(視學)하는 자가 없겠느냐? 마땅히 그 의주를 다시 정하도록 하라."

마침내 보로(普老)를 좌천시키고 김재는 용서했다[原]. 재(滓)는 (좌명공신) 조연(趙涓)의 사위였기 때문이다.

○ 이튿날 하륜(河崙) 등이 대궐에 나아와 (성균관) 제생(諸生)이 대

책(對策)한 권자(卷子-시권)를 바치니, 광연루(廣延樓) 아래로 들어와 그 고하(高下)를 정하라[第]고 명했다.

○ 겸 성균 사성(兼成均司成) 박분(朴賁)[26] 등이 제생(諸生)을 거느리고 대궐에 나아와 전(箋-짧은 글)을 올려 사례했다.

경인일(庚寅日-19일)에 전 사헌 감찰(司憲監察) 권도(權蹈) 등 25인에게 급제(及第)를 내려주었다. 도(蹈)를 사간원 우헌납(司諫院右獻納)으로 삼고, 권도와 이수(李隨), 고득종(高得宗)에게 궁온(宮醞)을 각각 40병씩 내려주었다. 수(隨)는 (효령과 충녕) 두 대군(大君)의 스승이었고 득종(得宗)은 탐라(耽羅-제주도) 사람이었으므로 이러한 하사(下賜)가 있었다.

신묘일(辛卯日-20일)에 태백성(太白星)이 낮에 보였는데, 하늘을 가로질러 갔다.

○ 정구(鄭矩)를 개성 유후사 유후(開城留後司留後), 이은(李垠)을 사헌부 대사헌으로 삼았다.

임진일(壬辰日-21일)에 도성(都城)의 좌우 행랑(左右行廊)을 지으라고 명했다.

상이 말했다.

---

26 길재에게 『논어』와 『맹자』를 가르친 학자다.

"종루(鐘樓)에서 남대문(南大門)까지, 그리고 종묘(宗廟) 앞 누문 (樓門)에서 동대문(東大門) 좌우까지 행랑(行廊)을 짓고자 한다. 내 가 이미 백성에게 원망을 들었으니[斂怨], 차라리 조성(造成)하기를 끝마쳐서 자손들을 연익(燕翼)²⁷하겠다. 마땅히 충청도·강원도 양도 에서 연례로 작취(斫取-도끼로 벰)하는 재목(材木)을 가지고 짓도록 하라."

박신(朴信)·한상경(韓尙敬)·정탁(鄭擢)·황희(黃喜) 등이 말했다.

"연례의 재목으로는 두루 충분하지 못할까 걱정되니, 마땅히 충청 도·강원도의 물가 각 고을에 적당히 헤아려 분정(分定)해야 합니다."

신(信)이 또 별요(別窯)를 다시 두고 개와(蓋瓦)를 준비하도록 청하 니 상이 모두 허락했다. 박자청(朴子靑)에게 명해 그 역사를 감독하 게 하고, 양계(兩界) 및 각 도(道)의 승군(僧軍) 600명과 경기(京畿)· 풍해도(豊海道)의 선군(船軍) 1,000명을 징발해 그 역사에 나오게 했다.

갑오일(甲午日-23일)에 큰비가 와서 천추절(千秋節) 하례(賀禮)를 정 지했다.

상이 말했다.
"신하가 되어 마음대로 하례(賀禮)를 정지하는 것이 가능한가?"
대언(代言) 등이 대답했다.

---

27 조상이 자손을 도와 평안하게 하는 것을 말한다.

"옷이 젖어 용의(容儀)를 잃게 되면[霑服失容] 비록 천자(天子)라 하더라도 마땅히 수조(受朝)²⁸하지 않습니다."

애초에 상이 가뭄을 염려해 오선(午膳)을 줄였다가 이날 복선(復膳)했다.

○ 외방(外方)에 부처(付處)된 대간(臺諫)의 관원 이작(李作)·이유희(李有喜)·복간(卜僩)·이문간(李文幹)·이맹진(李孟畛)·윤회종(尹會宗)·유미(柳渼)·김이상(金履祥)·이심(李審)·한권(韓卷)을 용서해[宥] 모두 경외종편(京外從便)시켰다. 상이 말했다.

"근일에 유생(儒生)이 대책(對策)한 것이 모두 대간(臺諫)의 말이 비록 혹시 맞지 않더라도[不中] 마땅히 죄를 가할 수 없다고 말했다. 이 때문에 용서하는 것이다."

○ 일기(一岐)의 상만호(上萬戶) 도영(道永)이 사람을 시켜 예물(禮物)을 바치고 범종(梵鍾)을 구했으며, 대내(大內) 다다량도웅(多多良道雄)이 중을 보내 예물을 바치고 『대반야경(大般若經)』과 큰 종[大鐘]을 구했다.

을미일(乙未日-24일)에 병조판서 이응(李膺)이 갑자기 졸(卒)했다[暴卒]. 응(膺)은 영천(永川) 사람인데, 밀직부사(密直副使) 희충(希忠)의 아들이다. 애초에 과거 급제를 통해 출신(出身)해 이사(吏事-관리 업무)에 뛰어났다. 상이 즉위하게 되자 좌명공신(佐命功臣)으로 드디어 귀현(貴顯)에 이르렀다. 성품이 굳세고 사나우며 뜻이 높아 남에

---

28 조회(朝會)를 받는 것을 말한다.

게 굽실거리지 않았고[强悍高抗], 이론(異論)을 세우기[立異]를 좋아
하고 함부로 남을 따르지 않았으므로 상에게 신임을 받았다. 졸(卒)
할 때 나이가 50이었는데, 상이 심히 애도(哀悼)해 3일 동안 철조(輟
朝)하고 정경(貞景)이라 시호(諡號)했다. 명하여 휼전(恤典)을 박석명
(朴錫命)의 예에 준하도록 하고[視-比], 중관(中官)을 보내 치제(致祭)
했다. 응교(應敎) 박서생(朴瑞生)이 교서(敎書)를 찬진(撰進)했는데, 장
량(長良)과 진평(陳平)에 비하니 상이 웃으며 말했다.

"(그러면 앞으로) 이 사람보다 넉넉한 자는 무엇으로 포장(褒獎)하
겠는가?"

그 말은 삭제하라고 명했다. 아들은 순몽(順蒙, 1386~1449년)[29]·계
몽(啓蒙)이다.

병신일(丙申日-25일)에 삼각산(三角山) 신위(神位)를 백악사(白岳祠)
에 옮겨 백악의 신과 짝이 되게 했다[配]. (이렇게 해서) 삼각의 신은
남쪽으로 향하고 백악의 신은 서쪽으로 향했다.

---

29 1405년(태종 5년) 음직(蔭職)으로 벼슬에 올랐다가 1417년 무과에 급제, 1418년 의용위
    절제사(義勇衛節制使)·동지총제가 되었고, 1419년(세종 1년) 우군절제사에 임명됐다. 그
    뒤 경상좌도병마절제사·중군도총제·좌군도총제·충청도병마도절제사·삼군도진무(三軍
    都鎭撫)·영중추원사(領中樞院事) 등을 역임했다. 1419년(세종 원년) 우군절제사로 이종무
    (李從茂)·우박(禹博)·박초(朴礎) 등과 함께 대마도 정벌에 나섰다. 여러 장수는 모두 패
    했으나 이순몽은 김효성(金孝誠)과 함께 대전과를 거둬, 대마도주 도도웅이(都都熊耳)가
    항복하고 수호를 요청했다. 1425년(세종 7년) 진하사(陳賀使)로 중국에 들어가 선종(宣宗)
    의 즉위를 축하했다. 1433년(세종 15년) 중군절제사가 되어 파저강(婆猪江)의 야인 이만
    주(李滿住)를 토벌해 큰 공을 세우고 돌아오자 세종이 노비와 의화(衣靴)를 내려주는 등
    총애가 극진했다.

무술일(戊戌日-27일)에 전주(全州) 사는 백성의 소가 벼락에 맞았다.

○ 일본 풍후주(豊後州)·일향주(日向州)의 객인(客人)이 와서 토산물을 바쳤다.

기해일(己亥日-28일)에 (전라도) 김제군(金堤郡)의 여자 소근가시(小斤加屎)가 벼락에 맞았다.

○ 강원도 조선(漕船) 7척이 풍랑을 만나서 패몰(敗沒)해 쌀·콩 270석이 침수(沈水)됐다.

○ 한산부원군(漢山府院君) 조영무(趙英茂)가 졸(卒)했다. 상이 그 집에 거둥해 문병[視疾]하려고 해 의장(儀仗)과 시위(侍衛)가 이미 준비됐는데, 숨이 끊어졌다는 소문을 듣고 중지했다. 심히 애도(哀悼)해 소선(素膳)하고 3일 동안 철조(輟朝)했으며 쌀·콩 100석과 종이 200권을 부의(賻儀)하고 시호(諡號)를 충무(忠武)라고 했다.

영무(英茂)가 죽자 상이 하륜(河崙)에게 물었다.

"대신(大臣)의 죽음에 3일 동안 정조(停朝)하는 것은 가벼운 것 같다. 내가 생각건대, 한(漢)나라 곽광(霍光), 당(唐)나라 위징(魏徵)의 죽음에 모두 5일 동안 철조(輟朝)했는데 경(卿)은 이를 아는가?"

대답해 말했다.

"신은 잊어버렸습니다. 전하가 대신을 중히 여기는 뜻은 비록 지극하시나, 만약 5일 동안이나 하면 군국(軍國)의 중사(重事)가 장차 엄체(淹滯-지체)되는 폐단이 있을 것입니다."

상이 옳게 여겼다. 우대언(右代言) 한상덕(韓尚德)에게 명해 치제(致

祭)하게 했다. 영무는 질박하고 순수하며[質實] 바른 소리를 좋아하
고 정사에 임해 사정(私情)이 없었으므로 상에게 중함을 받았다.

○ 평안도 도안무사(平安道都安撫使) 김승주(金承霍)가 매 10련(連)
을 바쳤다.

경자일(庚子日-29일)에 (경기도) 원평(原平-파평)의 사비(私婢) 모자
(母子)가 벼락에 맞았다.

壬申朔 上詣仁德宮展賀 上王誕晨也. 遂奉迎上王于廣延樓 獻壽
임신 삭 상예 인덕궁 전하 상왕 탄신 야 수 봉영 상왕 우 광연루 헌수

極歡. 李良祐亦侍宴.
극환 이양우 역 시연

命司憲府大司憲柳觀等就職.
명 사헌부대사헌 유관 등 취직

始令闕內執役者皆用男夫.
시 영 궐내 집역 자 개용 남부

辨正都監上決訟啓目:
변정도감 상 결송 계목

'一 元隻俱在京中者 多不現身 雖現身 文籍亦不齊納. 因此
일 원척 구재 경중 자 다 불현신 수 현신 문적 역 부 제납 인차

決訟緩弛 令元告者自七月初一日至十五日限定親署. 元告現身後
결송 완이 영 원고 자 자 칠월 초일일 지 십오일 한정 친서 원고 현신 후

被告人十日內不現者及元告限內不及親署者 所訟奴婢一半現身者
피고인 십일 내 불현 자 급 원고 한내 불급 친서 자 소송 노비 일반 현신 자

決給 一半屬公. 元隻中規欲淹延 現身後十五日內文劵不納者 所訟
결급 일반 속공 원척 중규 욕 엄연 현신 후 십오일 내 문권 불납 자 소송

奴婢亦於文劵齊納者 一半決給 一半屬公.
노비 역어 문권 제납 자 일반 결급 일반 속공

一 定限親署次 元告或出使 疾病者 令解事子壻弟姪代之 被告者
일 정한 친서 차 원고 혹 출사 질병 자 영 해사 자서 제질 대지 피고 자

亦依此例 對隻決訟何如?'
역 의 차례 대척 결송 하여

從之.
종지

錦川君朴訔上言曰: "文劵僞造者 亦不推明 竝皆中分 臣不知其可
금천군 박은 상언 왈 문권 위조 자 역 불 추명 병개 중분 신 부지 기가

也." 上曰: "一人文籍分明 一人僞造端的 宜給文籍分明者. 又一人
야 상왈 일인 문적 분명 일인 위조 단적 의급 문적 분명 자 우 일인

僞造 而一人雖不僞造 亦不端的者 宜屬公."
위조 이 일인 수 불위조 역 불 단적 자 의 속공

癸酉 司憲府大司憲柳觀等上疏. 疏略曰:

'良祐與懷安相通 其跡已著 而向者臣等請問其由 未蒙兪允 俄而

命居于外 臣等以謂 良祐之罪不止流貶. 近日召良祐 命六曹更問

洪義等 免良祐之罪. 若爾則前日鞫問始末 皆爲虛矣. 此臣等所以

席藁待罪 不敢出仕也. 今蒙殿下宥臣等之罪 視事如舊 臣等小心竊

有愧焉. 禁錮之人 不敢相通 古今著令 良祐豈不知之? 其使人相通

非徒然也. 殿下乃謂謀事迹未著 召還良祐 出入宮禁 無異平日.

竊謂殿下乾坤之量 固所包容 然訓示子孫 垂法將來之意 未爲善也.

若以親親之恩 不可加刑 則收其告身 竄于海濱 沒齒不還 其於恩義

可謂兩全矣.'

上覽之曰: "情迹已著之罪 予所宥者幾何? 罪疑惟輕 非自我也.

卿等毋庸固執 以補予德."

甲戌 始置軍資監權知直長. 戶曹啓: "請倣司宰 禮賓例 令通曉

文算者入屬." 從之.

乙亥 刑曹判書成發道等啓斷訟事宜:

"辨正都監決折後 誤決告狀令憲司接狀推明 則當定朔決絶. 新籍

改成時 決訟無窮 卽令臺諫各一員 同辨正提調日仕都監 各房決訟

是非考察後 燒毀舊籍. 今奸詐之徒 反以正決爲誤 直至擊鼓 甚爲

不當. 自今各房誤決許訟者 訴于都廳 提調與臺諫分揀 若誤決官吏

及以正決爲誤決强辨者 依敎幷罪之 擊鼓者一禁. 若曹與都官誤決

事 令憲府接狀分揀 誤決官吏及妄告誤決者 亦依教論罪."
사 영헌부 접장 분간 오결 관리 급망고 오결 자 역 의교 논죄

從之.
종지

司憲府大司憲柳觀等上疏:
사헌부대사헌 유관 등 상소

'一 前朝設州府郡縣 又置任內鄉所部曲 一州任內 多至十餘縣
일 전조 설 주부 군현 우 치 임내 향소 부곡 일주 임내 다지 십여 현

大者或過於本宮戶數 一二戶長主之. 其擾民作弊 何可勝言? 近年
대자 혹 과어 본궁 호수 일이 호장 주지 기 요민 작폐 하가 승언 근년

以來 州縣可幷者幷之 可置員吏者置之 然未盡革. 往者全羅監司
이래 주현 가병 자 병지 가치 원리 자 치지 연 미진 혁 왕자 전라감사

尹向啓聞 凡其道內任內之吏 皆合於仰官 奸猾之弊息矣. 其時因此
윤향 계문 범 기도 내 임내 지 리 개 합어 앙관 간활 지 폐 식의 기시 인차

下令 各道皆依此例施行. 他道監司不能體此 卒莫之行 使任內之
하령 각도 개 의 차례 시행 타도 감사 불능 체차 졸막지행 사 임내 지

吏作弊如舊 乞下攸司 復申此令 其中任內人吏奴婢多者 合於附近
리 작폐 여구 걸하 유사 부신 차령 기중 임내 인리 노비 다자 합어 부근

縣官之人物少處.
현관 지 인물 소처

一 竊見 釋氏之道 有禪有教. 爲其徒者 不能精學 以究至一之
일 절견 석씨 지도 유선유교 위 기도 자 불능 정학 이구 지일 지

理 卒使其法分裂而多門. 國家深慮其弊 乃倂各宗寺社 亦減其半.
리 졸사 기법 분열 이 다문 국가 심려 기폐 내 병 각종 사사 역감 기반

近年各宗當抄選之時 取粗學之輩 多至七八十 少不下 四五十 僥倖
근년 각종 당 초선 지시 취 조학 지배 다지 칠팔십 소불하 사오십 요행

中選 以謀利名 求住寺社 豈初立法之意乎? 乞令禪教各爲一宗 依
중선 이모 이명 구주 사사 기초 입법 지의 호 걸령 선교 각위 일종 의

文科鄉試之法 令各道置禪教二學 當試年 選其精於學術者 升之
문과 향시 지법 영 각도 치 선교 이학 당 시년 선 기정 어 학술 자 승지

僧錄司. 僧錄司更考其選 然後移送禪教二宗. 其抄選之數 毋過
승록사 승록사 갱고 기선 연후 이송 선교 이종 기 초선 지수 무과

三十人 入選取三分之一 以革冒濫之弊.'
삼십 인 입선 취 삼분지일 이혁 모람 지폐

下六曹擬議 請依疏施行 從之. 唯禪教各宗 依舊抄選 其入格者
하 육조 의의 청 의소 시행 종지 유 선교 각종 의구 초선 기 입격 자

定數施行.
정수 시행

丙子 臺諫交章復請良祐之罪 上不覽曰: "予已決矣 何屑屑
병자 대간 교장 부청 양우 지죄 상 불람 왈 여 이결 의 하 설설

固請?" 翼日 臺諫詣闕請允前疏 上不允 因責臺諫曰:"予旣知此事
不實 故已區處. 爾等當予裁決時 何緘默不言 而至已決之後 累疏
極請乎? 宜請暇." 命代言司 進憲司書吏三 所由三 問洪義等訊杖
及壓膝度數. 左獻納柳浜適以式暇 未參交章之列 乃獨上疏 請
良祐之罪 亦令請暇.

命禮賓寺築水碾 碾爲雨水所毀故也①.

丁丑 震龍駒縣人 上左及牛一.

戊寅 日暈日珥. 流星出斗牛間 入南方天際 狀如升.

螺匠高蒙得金十四兩以進 命依他例給價.

己卯 小流星出五車北 入井東 狀如金星.

付處臺諫官于外方. 上欲囚臺諫員于巡禁司 刑問其由 令代言
趣召當直官員 代言啓曰:"今臺諫未有隱諱 更無刑問之辭." 上曰:
"臺諫有不法之事 則加刑訊問 古無是法耶? 予將痛懲之矣. 爾等
再問書吏 所由等 成文案以聞." 書吏等白:"洪義等訊杖不過二三十
度 壓膝不過二三度. 若有加減 則事已隔日 不能盡記. 其文案俱在
本府 考之何難?" 上曰:"此事不久 必閔而不白也." 乃下王牌曰:
"臺諫之任 獻可替否 以行公道 至於明辨獄訟 俾無冤抑 乃其職也.
頃者 憲府以良祐爲私通懷安 取洪義石仇知之招 再三請罪 然情迹
未著 故予親問至再 且令近臣再問 又令六曹長官 大司憲 巡禁司
兼判事等更加分辨. 洪義云:'因憲府拷問連日 不忍箠楚 遂自誣服.'

石仇知云: '因私恨誣告 欲害懷安.' 右人等卽下巡禁司 按律減等
석구지 운 인 사한 무고 욕해 회안 우인 등 즉 하 순금사 안율 감등
施行. 今憲府規免强刑取招之罪 請之不已. 司諫院當劾憲府 而
시행 금 헌부 규면 강형 취초 지 죄 청지 불이 사간원 당 핵 헌부 이
反和附交章 甚爲不當. 其令竝黜于外 以戒後來." 命巡禁司 召致
반 화부 교장 심위 부당 기 령 병출 우외 이계 후래 명 순금사 소치
臺諫員 宣示王牌 竝令自願安置. 執義李作於扶餘 掌令卜僩大興
대간 원 선시 왕패 병령 자원안치 집의 이작 어 부여 장령 복간 대흥
李有喜春川 持平李孟畛忠州 李文幹新恩 司諫尹會宗珍山 獻納
이유희 춘천 지평 이맹진 충주 이문간 신은 사간 윤회종 진산 헌납
柳渼谷城 金履祥甫川 正言李審牙山 韓卷黃澗 唯大司憲柳觀以
유미 곡성 김이상 보천 정언 이심 아산 한권 황간 유 대사헌 유관 이
太祖元從功臣免 知司諫金益精以病 初不與焉.
태조 원종공신 면 지사간 김익정 이병 초 불여 언

慶尙道都觀察使韓雍上賑濟之策 報曰: '慶州 永川 寧海等諸州
경상도 도관찰사 한옹 상 진제 지 책 보왈 경주 영천 영해 등 제주
旱荒尤甚. 請發義倉陳豆 使民造醬 以備賑濟.' 上曰: "造醬之物
한황 우심 청발 의창 진두 사민 조장 이비 진제 상 왈 조장 지 물
於田 田穀豐歉 時方未知 何報之太早乎? 是特爲道內釣名耳. 令更
어전 전곡 풍겸 시방 미지 하 보지 태조 호 시 특 위 도내 조명 이 영 갱
詳議以聞." 左代言柳思訥曰: "今歲田穀之盛 中外一也."
상의 이문 좌대언 유사눌 왈 금세 전곡 지 성 중외 일야

辛巳 日暈. 上見之 問於書雲觀曰: "有日暈否乎?" 對以不知 上怒
신사 일훈 상 견지 문어 서운관 왈 유 일훈 부호 대이 부지 상 노
囚前書雲副正柳塘生等于巡禁司 且曰: "自今令書雲觀一員 輪番
수 전 서운 부정 유당생 등 우 순금사 차왈 자금 영 서운관 일원 윤번
入直闕內."
입직 궐내

辨正都監上啓目:
변정도감 상 계목

'一 大小人員妻邊婢子作妾所生 亦依自己婢妾所生之例 屬
일 대소인원 처변 비자 작첩 소생 역 의 자기 비첩 소생 지 례 속
司宰監. 一 奴妻良賤 從正決絶 其所生奴婢則中分. 一 僞造文記
사재감 일 노처 양천 종정 결절 기 소생 노비 즉 중분 일 위조 문기
情狀明白者 悉令坐罪 所訟奴婢 一半給彼邊 一半屬公.' 上命:
정상 명백 자 실 령 좌죄 소송 노비 일반 급 피변 일반 속공 상 명
"妻邊婢子所生 如啓目施行; 奴妻良賤相爭後所生 勿令中分 從正
처변 비자 소생 여 계목 시행 노처 양천 상쟁 후 소생 물령 중분 종정
決折; 財主處明文傳得外 不當次使喚奴婢 持僞造文字相爭者 依
결절 재주 처 명문 전득 외 부당 차 사환노비 지 위조 문자 상쟁 자 의

啓目內施行."
계목 내 시행

壬午 小流星出王良星 入離珠星南 狀如小梨.
임오 소유성 출 왕량성 입 이주성 남 상여 소리

送大藏經于日本國 賜大般若經于圭籌. 初 上謂代言等曰:
송 대장경 우 일본국 사 대반야경 우 규주 초 상위 대언 등왈

"日本國王求大藏經 贈送經板何如?" 對曰: "我國經板不少 送之
일본국왕 구 대장경 증송 경판 하여 대왈 아국 경판 불소 송지

何害!" 上曰: "京外經板 計數以聞." 上又曰: "今日本請大藏經 已成
하해 상왈 경외 경판 계수 이문 상우왈 금 일본 청 대장경 이성

之物盡令入送未便. 若送板子 則後雖復請 有言可執." 淸城君鄭擢
지 물 진령 입송 미편 약 송 판자 즉 후 수 부청 유언 가집 청성군 정탁

曰: "日本使往來 爲求佛法耳. 若送板子 則恐不復來也." 上曰: "只
왈 일본 사 왕래 위구 불법 이 약 송 판자 즉공불 부래 야 상왈 지

要不侵我境 不須通使." 禮曹欲不與經與 鍾上曰: "凡人印經 只要
요 불침 아경 불수 통사 예조 욕 불여 경여 종상왈 범인 인경 지요

求福. 彼日本之俗 崇尙佛法 若特此經還國 則其尊信倍於在此 經
구복 피 일본 지속 승상 불법 약 특 차경 환국 즉 기 존신 배어 재차 경

雖不在 福不滅也. 鍾則可求諸寺以與之." 至是 上御廣延樓 引見
수 부재 복 불멸 야 종 즉 가구 제 폐사 이여 지 지시 상 어 광연루 인견

圭籌等四僧曰: "爾國王爲篤交隣 令爾等觸熱渡海而來 予甚喜之
규주 등 사승왈 이 국왕 위독 교린 영 이등 촉열 도해 이래 여심 희지

歸告爾王." 圭籌等叩頭 上曰: "炎暑方酷 姑留." 圭籌曰: "老僧
귀고 이왕 규주 등 고두 상왈 염서 방혹 고류 규주왈 노승

恐煩貴國." 上曰: "隣國使臣雖久留 何擾之有?" 圭籌曰: "吾王承
공번 귀국 상왈 인국 사신 수 구류 하 요지 유 규주왈 오왕 승

先君之志 欲閱大藏 大般若經. 臣願受賜 以進吾王." 仍上書 私請
선군 지지 욕열 대장 대반야경 신원 수사 이진 오왕 잉 상서 사청

大般若經 上曰: "此經於吾國亦少 可旁求以賜." 仍命禮曹以驪興
대반야경 상왈 차경 어 오국 역소 가 방구 이사 잉 명 예조 이 여흥

神勒寺所藏大藏經全部 送于日本國王; 寧山任內 豐歲縣廣德寺
신륵사 소장 대장경 전부 송우 일본국왕 영산 임내 풍세현 광덕사

所藏大般若經全部 賜圭籌. 圭籌等求大般若經 已蒙賜與 猶以爲
소장 대반야경 전부 사 규주 규주 등 구 대반야경 이몽 사여 유 이위

未足 乃與平道全言曰: "上已賜諸經 而奉行者不肯用心." 道全
미족 내여 평도전 언왈 상 이사 제경 이 봉행 자 불긍 용심 도전

以啓 上曰: "爾仕于我國 君臣之禮 略知之矣 明聽予言. 日本國王
이계 상왈 이 사우 아국 군신 지례 약 지지 의 명청 여언 일본국왕

修其聘問之禮 予從其請 備送諸經. 今奉使僧不知禮義 怒形于
수 기 빙문 지례 여종 기청 비송 제경 금 봉사 승 부지 예의 노 형우

色 爾其詳言之." 上又曰:"日本國王不能使威行諸島 以戢寇竊 只
색 이 기 상언 지 상 우왈 일본국왕 불능 사 위행 제도 이집 구절 지

宜優待來使而已 不必遣朝官 以修報禮." 於是 殿上諸臣極言商倭
의 우대 내사 이이 불필 견 조관 이수 보례 어시 전상 제신 극언 상왜

絡繹搔擾之弊及因眄眦拔劍刺人之患 上曰:"予亦患此久矣. 向者
낙역 소요 지 폐급 인 애자 발검 자인 지환 상왈 여역환차구의 향자

完山君之事 不其殆乎? 蕞爾島夷 一擧可殲 特重動民而隱忍耳."
완산군 지사 불기태호 최이 도이 일거 가섬 특중 동민 이 은인 이

　禮曹上視學儀. 初 上問河崙曰:"予欲視國學講經取士 卿意以謂
예조 상 시학 의 초 상문 하륜 왈 여 욕시 국학 강경 취사 경의 이위

何如?"崙頓首謝曰:"親詣國學 人君之盛事." 乃悉擧前世親詣之君
하여 륜 돈수 사왈 친예 국학 인군 지 성사 내 실거 전세 친예 지군

以對 上意遂定.
이대 상의 수정

　上傳旨河崙曰:"歷觀 古昔帝王多詣學宮 謁先聖先師 講論經義.
상 전지 하륜 왈 역관 고석 제왕 다예 학궁 알 선성 선사 강론 경의

予欲謁聖後 發策取十餘人 視文科例何如?"崙聞命驚歎曰:"此
여 욕 알성 후 발책 취 십여인 시 문과 예 하여 륜 문명 경탄 왈 차

實國家盛事. 七月望時 可詣學宮." 上乃命禮曹詳定視學儀註以聞
실 국가 성사 칠월 망시 가예 학궁 상 내명 예조 상정 시학 의주 이문

且曰:"今國學生見在者幾何? 農務方劇 外方則毋移文通諭." 至是
차왈 금 국학생 현재 자 기하 농무 방극 외방 즉 무 이문 통유 지시

禮曹上儀註 上曰:"孔子非君 何拜也?" 吏曹判書韓尙敬對曰:
예조 상 의주 상왈 공자 비군 하 배야 이조판서 한상경 대왈

"孔子雖不得位 實爲萬世百王之師 是以有拜." 上曰:"文武不可
공자 수 부득 위 실위 만세 백왕 지사 시이 유배 상왈 문무 불가

偏廢也. 國家只祀孔聖 不祀武成王 何也?" 刑曹參議權遇對曰:
편폐 야 국가 지사 공성 불사 무성왕 하야 형조참의 권우 대왈

"先儒議之曰:'孔子百世之師也. 等而祀之 則太公如有神 必有愧
선유 의지 왈 공자 백세 지사 야 등 이 사지 즉 태공 여유 신 필 유괴

矣." 上曰:"今聞 國學儒生甚多 其所製之文 一日之內似難簡擇."
의 상왈 금문 국학 유생 심다 기 소제 지문 일일 지내 사난 간택

河崙啓曰:"出題後二三時內 督令納券 不及呈者皆黜 則其中俊傑
하륜 계왈 출제 후 이삼 시내 독령 납권 불급 정자 개출 즉 기중 준걸

者得之 不才者不及矣. 儒生雖多 及時製進者幾何?"上曰:"然則
자 득지 부재 자 불급 의 유생 수다 급시 제진 자 기하 상왈 연즉

風簷寸晷 豈得其所學之實乎? 宜經一宿試取." 代言等曰:"不敢請
풍첨촌구 기득 기 소학 지실 호 의경 일숙 시취 대언 등왈 불감 청

爾 誠如上敎." 上曰:"今儒生講論乎? 製述乎?"崙曰:"自古人君詣
이 성여 상교 상왈 금 유생 강론 호 제술 호 륜왈 자고 인군 예

國學 論難學官 而不及儒生矣. 若然則學官亦不得無心於講學矣."

上曰: "予意亦如此." 命有司精備 文獻奠具 將以十七日謁文廟也.

又上王世子及有司州縣釋奠儀 遂頒行.

癸未 戶曹判書朴信請增貢額. 上曰: "向卿請益 予以謂俟其乏絶

以別例督納 則便於用而民不怨矣." 信曰: "今計榛栗蜜蠟等物 殊無

蓄積 不若預期收納 不至窘迫也." 命姑加額 俟有蓄積蠲之.

命辛丑年前婢妾子 皆屬司宰水軍. 大小人員自己婢妾所生 雖

辛丑年前所生 辛丑年後本主執持使喚者 一依前降敎旨 竝行推刷

屬司宰監.

甲申 以柳亮爲文城府院君 權衷工曹判書 閔無悔藝文館提學

朴可興檢校議政府左參贊 偰眉壽檢校右參贊 朴竪基司諫院

右司諫大夫 李堂司憲執義. 上謂韓尙敬曰: "臺諫之職 守正秉法 致

君無所差謬可也. 今則不然 苟得一端 則莫問事之是非 必欲言之

見從. 近日 完原之事 妄加羅織 必欲置我於不義之地 是何心哉?

此風不改 則後世必有挾私 以陷善人; 外托公義 以逞其欲者矣.

宜選敦重謹厚者 以處其任." 上問承政院曰: "古者 諫臣三諫不聽則

去. 所謂去者 去其國乎? 去其官乎?" 對曰: "中原則列國連境 故言

不聽計不行 則去國之. 若本朝則無可往之地 但去其官耳. 且古者

所謂去 非以小事 若百里奚去虞之秦是也." 上曰: "三諫不聽則去

則君臣之義已絶矣. 今臣僚孰無田舍 而恬然不去乎? 今後言若不入

便歸田舍 終身不還宜矣."

囚全州判官金自龜于巡禁司. 有僧徒欲印大藏經 藏于齊陵

衍慶寺 受上與上王親押願文 到全羅道 强守令隨喜若勅令然. 至

全州 自龜辭以官寒無物 僧徒銜之 誣自龜有不忠之言 命囚自龜

按驗 竟無其實 自龜免坐.

引見領議政府事河崙于便殿. 召崙及趙庸 卞季良詣闕 引崙入內

密議成均試士命題之義 命四品以下朝士 有自願赴試者聽.

戊子 上詣成均館 行酌獻于先聖先師 仍御明倫堂. 館員率諸生

五百餘人 入庭行禮畢 親策時務 若曰:

‘人君之職 莫難於知人 尤莫難於任人. 其所以知人任人之法

可得而聞歟? 三公論道 六卿分職 周官之遺意 而今朝廷之盛制也.

若之何則能盡其道 而能盡其職歟? 臺諫之設 欲直言正論 而繩愆

糾繆也. 往往以偏見之說 期於必從. 欲循從諫之名 則必至於害義

欲加失言之責 則必以爲拒諫. 若之何則偏見者不雜 而正論日聞

歟? 學校非不勸也 而記誦詞章之習猶在 眞知實踐者蓋寡. 何以使

教學俱明而人材輩出歟? 民生非不厚也 而水旱之災屢作 閭閻之

愁嘆相仍 何以使雨暘時若 而家給人足歟? 伊欲能辨於任人之前

勿疑於任人之後 群賢盡力 庶官無曠 以享天心 以底隆平之治 其術

安在? 陳之無隱.’

命河崙 趙庸 卞季良 卓愼監收試券 以酉初一刻爲限 辰時還宮.

對策者五百四十餘人. 擧子白日場 自此始.
대책 자 오백 사십여 인 거자 백일장 자차 시

初 詳定謁聖儀註 河崙以爲: "考唐宋及高麗之史 有上服靴袍
초 상정 알성 의주 하륜 이위 고 당송 급 고려 지사 유 상복 화포

之文 上宜服遠遊冠絳紗袍." 禮曹參議許稠以爲: "雖先農之祀
지문 상 의복 원유관 강사포 예조참의 허조 이위 수 선농 지사

應服袞冕 且於丙戌視學之時 亦服袞冕." 崙曰: "腐儒泥古 不識
응복 곤면 차어 병술 시학 지시 역복 곤면 륜왈 부유 니고 불식

變通." 遂用冠袍之制. 及至視學日 有司從儀註進冠袍 上謂代言曰:
변통 수용 관포 지제 급지 시학일 유사 종 의주 진 관포 상위 대언 왈

"遠遊冠 絳紗袍乃受群臣朝賀之服 不宜服此 以謁先聖. 當以冕服
원유관 강사포 내 수 군신 조하 지복 불의 복차 이알 선성 당이 면복

行禮 然冕服未至 權以時服行事何如? 其問諸崙." 崙對以誠如上敎
행례 연 면복 미지 권이 시복 행사 하여 기문 저륜 륜 대이 성여 상교

遂以時服行之. 憲司劾代言柳思訥 判通禮尹普老 禮曹佐郞金澤等
수 이 시복 행지 헌사 핵 대언 유사눌 판통례 윤보로 예조좌랑 김재 등

失禮之由 上召思訥 問其由 對以儀註乃爾. 上曰: "後日君王 豈無
실례 지유 상소 사눌 문 기유 대이 의주 내이 상왈 후일 군왕 기무

視學者? 宜令更定其儀." 乃左遷普老 原金澤. 澤 趙涓之壻也.
시학 자 의령 갱정 기의 내 좌천 보로 원 김재 재 조연 지서 야

翼日 河崙等詣闕 進諸生對策卷子 命入廣延樓下 第其高下.
익일 하륜 등 예궐 진 제생 대책 권자 명입 광연루 하 제 기 고하

兼成均司成朴賁等率諸生詣闕 上箋以謝.
겸 성균사성 박분 등 솔 제생 예궐 상전 이사

庚寅 賜前司憲監察權蹈等二十五人及第 以蹈爲司諫院右獻納.
경인 사 전 사헌감찰 권도 등 이십오 인 급제 이도 위 사간원 우헌납

賜蹈及李隨 高得宗宮醞各四十瓶. 隨 兩大君之傅也; 得宗耽羅人
사 도 급 이수 고득종 궁온 각 사십 병 수 양 대군 지부 야 득종 탐라 인

故有是賜.
고 유 시사

辛卯 太白晝見經天.
신묘 태백 주견 경천

以鄭矩爲開城留後司留後 李垠司憲府大司憲.
이 정구 위 개성유후사 유후 이은 사헌부 대사헌

壬辰 命搆都城左右行廊. 上曰: "自鍾樓至南大門 自宗廟前樓門
임진 명구 도성 좌우 행랑 상왈 자 종루 지 남대문 자 종묘 전 누문

至東大門 左右欲建行廊. 予旣斂怨於民 寧畢造以燕翼子. 宜以
지 동대문 좌우 욕건 행랑 여 기 염원 어민 녕 필조 이 연익 자 의이

忠淸 江原兩道年例斫取材木 營之." 朴信韓尙敬鄭擢黃喜等曰:
충청 강원 양도 연례 작취 재목 영지 박신 한상경 정탁 황희 등왈

"年例材木 恐未周足 宜於忠淸 江原水邊各郡 量宜分定." 信又請
復置別窯 以備蓋瓦 上皆許之. 命朴子靑督其役 發兩界各道僧軍
六百名 京畿豐海道船軍一千名 以赴其役.

甲午 大雨 停千秋賀禮. 上曰: "爲臣而擅停賀禮可乎?" 代言等
對曰: "黥服失容 則雖天子 不應受朝矣." 初 上憂旱減午膳 是日
復之.

宥外方付處臺諫官李作 李有喜 卜偁 李文幹 李孟畛 尹會宗 柳漢
金履祥 李審 韓卷 皆京外從便. 上曰: "近日儒生對策 皆言臺諫之
言 雖或不中 不宜加罪. 是以宥之."

一岐上萬戶道永使人獻禮物 求梵鍾; 大內多多良道雄遣僧獻
禮物 求大般若經及大鐘.

乙未 兵曹判書李膺暴卒. 膺 永川人 密直副使希忠之子. 初 由
科第出身 以吏事稱. 及上卽位 以佐命功臣 遂至貴顯. 性强悍高抗
好立異 不詭隨 爲上所信任. 卒年五十 上悼甚 輟朝三日 諡貞景.
命恤典 視朴錫命之例 遣中官致祭. 應敎朴瑞生撰進敎書 比諸良平
上笑曰: "優於此人者 何以褒之?" 命刪其語. 子順蒙啓蒙.

丙申 移三角山神位于白岳祠 配以白岳之神. 三角向南 白岳向西.

戊戌 震全州民牛.

日本 豐後州 日向州客人來獻土物.

己亥 震金堤郡女小斤加屎.

江原道漕船七艘遭風敗沒 沈水米豆二百七十石.
강원도 조선 칠소 조풍 패몰 침수 미두 이백 칠십 석

漢山府院君趙英茂卒. 上欲幸其第視疾 仗衛已備 聞氣絶而止.
한산부원군 조영무 졸 상 욕행 기제 시질 장위 이비 문 기절 이지

悼甚素膳 輟朝三日 賻米豆一百石 紙二百卷 賜諡忠武. 英茂之卒
도심 소선 철조 삼일 부 미두 일백 석 지 이백 권 사시 충무 영무 지 졸

也 上問河崙曰: "大臣之卒 停朝三日似輕. 予思之 漢霍光 唐魏徵
야 상 문 하륜 왈 대신 지 졸 정조 삼일 사경 여 사지 한 곽광 당 위징

之卒 皆輟朝五日 卿知之乎?" 對曰: "臣忘之矣. 殿下重大臣之意雖
지 졸 개 철조 오일 경 지지 호 대왈 신 망지 의 전하 중 대신 지 의 수

至 若至五日 則軍國重事 將有淹滯之弊." 上然之 命右代言韓尙德
지 약 지 오일 즉 군국 중사 장유 엄체 지 폐 상 연지 명 우대언 한상덕

致祭. 英茂質實好直言 任政無私 爲上所重.
치제 영무 질실 호 직언 임정 무사 위 상 소중

平安道都安撫使金承霔獻鷹十連.
평안도 도안무사 김승주 헌응 십 련

庚子 震原平私婢母子.
경자 진 원평 사비 모자

| 원문 읽기를 위한 도움말 |

① 碾爲雨水所毁故也: 爲~所…의 구문이다. ~에게 …당하다는 수동형 문
   연 위 우수 소훼 고야 위 소
장을 만드는 구문이다. 그냥 직역하면 '빗물에 훼손당하다'라는 말이다.

태종 14년 갑오년
8월

八月

신축일(辛丑日-1일) 초하루에 사헌부에 명해 형조의 죄수를 고찰하게 했다. 상이 말했다.

"아무 날에 갇힌 자[所囚]는 몇 사람이고 결절(決絶)한 바는 몇 죄인가? 만약 엄체(淹滯)하는 자가 있으면 계문(啓聞)해 면직(免職)시키되, 드러내 법식으로 삼도록 하라. 헌부(憲府)에서 늦추면[遲緩] 이 또한 죄주는 것이 마땅하다."

사헌부에서 아뢰었다.

"경중(京中)의 옥수(獄囚)가 엄체되는지 아니 되는지는 이미 본부(本府)로 하여금 고찰하게 했습니다. 청컨대 외방 감사도 매 계월(季月-각 계절의 마지막 달)이 되면 곧바로[輒] 본부(本府)에 보고해 규찰(糾察)에 빙고(憑考)하게 하소서."

상이 그것을 따랐다. 헌부(憲府)에 명했다.

"각사(各司)의 관리가 착오한 일이 있을 때는 핵문(劾問)해 사실을 조사한 뒤에, 죄가 없는 자는 차지(次知)¹를 가두지 말고 즉시 출사(出仕)하도록 해 영구적인 법식으로 삼도록 하라."

이전까지는 핵문을 당하는 자가 죄가 없어서 출사하려고 하면 차

---

1 주인을 대신해 형벌을 받는 하인 또는 다른 사람을 대신해 대가(代價)를 받고 형벌을 받는 사람을 말한다.

지를 가두었는데, 이는 전조(前朝-고려)의 폐법(弊法)이다.

○ 영의정부사(領議政府事) 하륜(河崙)이 경성(京城)의 동서(東西)로 편월성(片月城)²을 짓자고 청했으나 허락하지 않았다.

(륜이) 아뢰어 말했다.

"금년은 가뭄이 적어 화곡(禾穀)이 익지 않음이 없으니, 신은 진달(陳達)하고자 했으나 머뭇거린 지[囁嚅者] 오래입니다. 이제 행랑(行廊)의 역사를 시작했는데, 정부(丁夫)를 조금 더 징발해 도성(都城)의 동서 양쪽 모퉁이를 (이어) 쌓을 것을 청합니다."

상이 말했다.

"일단은 후년(後年)을 기다리라."

계묘일(癸卯日-3일)에 김한로(金漢老)를 판우군도총제부사(判右軍都撫制府事-우군도총제부 판사), 김승주(金承霍)를 병조판서, 조용(趙庸)을 예문관 대제학(藝文館大提學)으로 삼았다.

○ 문과 급제(文科及弟)에 은영연(恩榮宴)을 내려주었다.

갑진일(甲辰日-4일)에 검교 의정부 우의정(檢校議政府右議政) 노숭(盧嵩)이 졸(卒)했다. 숭(嵩)은 (전라도) 광주(光州) 사람으로 자(字)는 중보(中甫)이고 호(號)는 상촌(桑村)이다. 감찰 지평(監察持平) 노준경

---

2 도성(都城) 가까운 곳에 필요에 따라 임시로 설치하는 작은 성(城)을 말한다. 대개 목책(木柵)으로 반달 모양으로 쌓아 군영(軍營)으로 이용했으며, 변방 지역에 성(城)이나 목책(木柵)이 비좁을 때 편월성을 쌓아 가까이 사는 백성을 입거(入居)시키기도 했다.

(盧俊卿)의 아들로, 을사년(乙巳年-1365년) 과거에 합격해 청요(淸要)[3]를 두루 역임했다. 관직이 지신사(知申事)에 이르자 왕명(王命)을 출납하는 것이 오로지 참으로 마땅했다[惟允-允當]. 그때 위주(僞主-고려 우왕)가 반유(盤遊-유람)하기를 절도 없이 했는데, 어느 날 명해 어가(御駕)가 들판으로 갔다가 마침 큰비가 와서 냇물이 창일(漲溢)하니, 숭이 힘써 화복(禍福)을 진달(陳達)하고 눈물을 흘리면서 간언했으므로 위주가 이에 돌아왔다. 그때 사람들이 그 경직(勁直)한 것을 아름답게 여겼다. 임술년(壬戌年-1382년)에 동지밀직(同知密直) 겸 대사헌(大司憲)이 됐는데, 어느 날 위주가 말을 달려 숭의 정원(庭園)에 들어갔다가 이것이 누구의 집이냐고 물으니 종자(從者)가 사실대로 대답하자, 말을 채찍질해 빨리 달려서 나가버렸다. 숭이 자주 반유하는 것을 간언했기 때문에 위주가 마음으로 이를 꺼렸던 것이다. 기사년(己巳年-1389년)에 전라도 도관찰사(全羅道都觀察使)가 됐을 때 왜구(倭寇)가 끊이지 않아 바닷가의 주군(州郡)이 텅 비게 됐는데, 숭이 허물어진 기강(紀綱)을 진작시켜 위엄(威嚴)과 은혜(恩惠)를 아울러 행하고 조정(朝廷)에 청해 백성의 조세를 3년 동안 면제했다. 이에 앞서 근해(近海)에 성(城)이 없어 조세(租稅)를 수송할 때 조전(漕轉)하기를 기다리는 폐단을 백성이 능히 견디지 못했는데, 숭이 알맞은 데를 상지(相地)해 전주(全州)의 용안(龍安)과 나주(羅州)의 영산(榮山)에 성을 쌓아서 조세를 운수(運輸)해 조전(漕轉)을 편하게 했다. 또 여러 주(州)에는 옛날에 의창(義倉)이 없었는데, 조정에 청해 비

---

3 중요한 직분을 갖는 지위를 말한다.

로소 이를 설치했다. 을해년(乙亥年-1395년)에 개성 유후(開城留後)가 됐을 때 태조(太祖)가 원종(元從)의 공(功)을 기록하고 토전(土田)과 장획(臧獲-노비)을 내려주었다. 정축년(丁丑年-1397년)에 경기좌도 도관찰사(京畿左道都觀察使)가 됐는데, 기내(畿內)의 땅 중에 달관(達官)의 별업(別業-별장)이 많았으나 숭이 그 차역(差役)을 고르게 하고 청탁(請托)을 행하지 않았다. 경진년(庚辰年-1400년)에 우리 전하께서 즉위하자 정헌대부(正憲大夫) 삼사좌사 지의정부사(三司左使知議政府事)로 발탁했으니, 이는 대개 재주와 식량(識量)을 중하게 여긴 때문이다.

숭이 어미를 봉양함에 있어 지극히 효도해 아침저녁으로 봉양하는 데 어김이 없었고, 어미가 나이 93세로 삶을 마치니[終] 펄쩍펄쩍
_종
뛰며 울부짖다가 기운이 꺾여 쓰러졌으나[擗踊摧折] 상장(喪葬)은 예
_{벽용} _{최절}
절을 다했다. 신사년(辛巳年-1401년)에 참판승추부사(參判承樞府事)로 기복(起復)되니, 전(箋)을 올려서 상제(喪制)를 마치도록 빌었으나 윤허받지 못했다. 갑신년(甲申年-1404년)에 참찬의정부사(參贊議政府事)로 천전(遷轉-승진)됐다가 신묘년(辛卯年-1411년)에 검교 의정부 우의정으로서 집에 거처했는데, 창녕부원군(昌寧府院君) 성석린(成石璘) 이하 나이와 덕이 함께 높은 수십여 노인과 더불어 기영회(耆英會)를 결성해 한가롭게 노닐었고, 졸(卒)하던 해인 갑오년(甲午年-1414년)에 검교 우의정(檢校右議政)에 바꾸어 제수됐다가 이때에 이르러 병으로 졸(卒)했다. 3일 동안 철조(輟朝)하고 사제(賜祭)해 치부(致賻)했으며, 시호(諡號)를 경평(敬平)이라 했다.

숭은 품성과 자질[稟資]이 순후(純厚)했는데, 성품을 그대로 길러
_{품자}

겸손하고 공손했다. 관(官)에서 일을 처리하는 데 일찍이 조금도 게으르지 않았고, 어버이에게 효도하고 임금에게 충성하기를 한결같이 지성으로 했으며, 붕우(朋友)와는 공경하고 신의가 있었고, 자손을 가르치는 데는 엄격하면서도 어질었다. 경사(經史)를 보기를 좋아했고[喜觀] 세속에서 서로 상대(相對)하는 문자(文字)를 짓기를 좋아하지 않았다. 집안을 다스리는 데 검약(儉約)하는 것을 따르기에 힘쓰고, 산업(産業)을 경영하는 것은 생각하지 않았다. 희유(嬉遊-놀이)를 좋아하지 않고 신불(神佛)을 섬기지 않아, 졸(卒)함에 임해 여러 아들에게 경계해 말했다.

"내가 일찍이 선유(先儒)의 의논(議論)을 봐서 죽음과 삶의 이치를 조금 안다[粗知]. 내가 죽은 뒤에 불사(佛事)를 쓰지 말라."

졸할 때 나이가 78세였다. 아들이 다섯이니, 상인(尚仁)·상의(尚義)·상례(尚禮)·상지(尚智)·상신(尚信)이다.

○ 밤에 큰바람이 불었다. 전라도 조선(漕船) 66척이 침몰해, 익사한 자가 200여 인이었고 침수(沈水)한 쌀과 콩이 아울러 5,800여 석이었다. 7월 행선(行船)은 옛사람이 꺼리던 바였는데, 이에 앞서 호조(戶曹)에서 이문(移文)하기를 '7월 그믐 때 실어 8월 초에 떠나보내라' 했으니, 수군 도절제사(水軍都節制使) 정간(鄭幹)이 이문을 따르다가 이러한 재앙(災殃)이 이른 것이었다.

상이 노해 말했다.

"호조에서 비록 절기(節氣)의 빠르고 늦은 것을 살피지 않고 기간을 정해 이문(移文)했더라도 금년은 7월의 절후(節候)가 8월 14일에 다하는데, 봉행(奉行)하는 자가 능히 살피지 못하고 처리한 것이 미생(尾生)의 포주(抱柱)⁴와 같았다. 이에 간(幹)으로 하여금 사마(私馬)를 타고 상경(上京)하게⁵ 하라."

상이 말했다.

"7월 행선(行船)은 일찍이 교지(敎旨)로 금지했는데, 정간이 절후를 살피지 않아서 배가 뒤집혀 패몰(敗沒)하는 데 이르렀다. 그 부모처자의 슬퍼하고 원망하는 마음이 어찌 화기(和氣)를 손상시키는 데 이르지 않겠느냐? 이에 정간을 대신할 자로서 모름지기 유능한 자를 가려서 천거(薦擧)하라."

이어서 헌부(憲府)에 명했다.

"이제부터 각 도의 관기(官妓)는 월경(越境)하게 하지 말라. 어기는 자는 본관(本官)의 수령(守令)과 감사(監司)를 모두 교지(敎旨)를 따르지 않은 것으로 논죄(論罪)하라."

배가 침몰할 때 진무(鎭撫)가 데리고 있던 관기(官妓) 두 사람이 물에 빠져 죽었기 때문이다. 또 판선공감사(判繕工監事) 이지(李漬)를 전라도에 보내 배가 뒤집혀 침몰할 때 유실한 군기(軍器)를 검사하고, 물에 빠진 군정(軍丁)을 구문(究問)해 그 집에 휼금(恤金)⁶을 주었다. 순제(蓴堤)⁷를 개착(開鑿)하는 일의 편부(便否)를 승정원(承政

---

4 『장자(莊子)』「도척(盜跖)」에 나오는 말로, 미생(尾生)이 여자(女子)와 더불어 다리 아래에서 만나기로 기약했는데 여자는 오지 않고 물이 흘러넘치자 떠나지 않고 다리의 기둥을 끌어안은 채로[抱柱] 죽었다는 고사(故事)를 말한다.
　　　　　　　　　　　　　　　포주
5 외방에 나가 있는 관리가 죄를 지었을 때 역마(驛馬)를 타지 않고 사마(私馬)를 타고 서울로 올라오는 일을 말한다. 사마상경(私馬上京)이라 한다.
6 손실 보상으로 내려주는 돈을 가리킨다.
7 이곳에 운하를 파면 안행량으로 가지 않아도 됐기에 고려 말부터 여러 차례 운하 건설이

院)에 전(傳)해 물으니, 이관(李灌) 등이 대답했다.

"충청도 조운(漕運)은 모두 면천(沔川)으로 운수하고 안행량(安行梁-안흥량)을 거치지는 않으나, 오로지 전라도 조운은 반드시 이 안행량을 거쳐야 합니다. 그러나 배가 침몰하기에 이르는 것은 항상 군산량(群山梁) 등지에 있습니다. 만약 하륜(河崙)의 의견을 따른다면 한 달에 초하루와 보름에 조수(潮水)가 그치므로, 두 차례를 운수하고 오래도록 해문(海門)에 정박해야 하니 바람의 변(變)이 있을까 두렵습니다. 또 하륜은 일찍이 먼 고을에서 가까운 경기 땅에 이르기까지 차례로 전재(轉載-옮겨 싣는 것)하는 방책을 힘써 주장했으나, 경기의 백성이 가을부터 봄까지 전조(田租)와 부역(賦役)이 거의 빈 날이 없는데, 거기에다 전재(轉載)하는 역사를 더한다면 어느 겨를[奚暇]에 생업(生業)을 다스리겠습니까?"

<small>해가</small>

상이 말했다.

"내가 이미 알고 있다."

○ 이날 풍해도(豊海道) 선군(船軍) 가운데 행랑(行廊)의 역사에 나오는 자들을 실은 배가 강화(江華) 항구(港口)에서 침몰해서, 죽은 자가 17인이었다.

○ 공신(功臣)들이 중월(仲月)에 헌수(獻壽)하기를 청했으나 윤허하지 않았다.

상이 말했다.

"공신 두 사람이 빈소(殯所)에 있으니, 연락(宴樂)할 때가 아니다."

논의됐으나 결국 실현되지 못했다.

을사일(乙巳日-5일)에 큰바람이 불고 비가 내렸다.

○ 환자(宦者)를 여러 시(寺)와 감(監)의 별좌(別坐-5품직)로 삼았으니, 이윤중(李允中)을 내자시(內資寺) 별좌, 김화상(金和尙)을 내섬시(內贍寺) 별좌, 김해(金海)를 사재감(司宰監) 별좌로 삼았다.

○ (강원도) 원주(原州)와 횡천(橫川)의 나무 베는[斫木] 역사를 면
제시켰다.

상이 대언(代言)에게 일러 말했다.

"일 년 중 봄가을 강무(講武) 외에는 오래도록 깊은 궁중(宮中)에 있으니 기운이 펴질 수 없다. 또 지난날에 경기에서 강무할 때는 길이 질퍽거려[沮洳] 말에서 떨어져서 용의(容儀)를 잃었고, 사렵(射獵-사냥)도 뜻대로 잘되지 않았다. 강원도가 비록 먼 길이라 말하지만, 원주·횡천은 서울과의 상거(相距)가 겨우 6~7식(息) 정도이니, 이제 가고자 한다. 그곳에 주어진 행랑(行廊)에 작목(斫木)하는 역사를 면제하고 강무의 행차에 이바지하게 하라."

○ 광록 경(光祿卿) 권영균(權永均), 홍려 경(鴻臚卿) 임첨년(任添年), 소경(小卿) 최득비(崔得霏)·이무창(李茂昌)이 경사(京師)로 갔으니, 황제가 북정(北征)했으므로 기거(起居-안부)를 흠문(欽問)하기 위함이었다. 여간(呂幹)이 따라갔다.

○ 사헌부에서 소(疏)를 올렸다.

소는 이러했다.

'경중(京中) 각사(各司)와 외방(外方)의 관찰사(觀察使)·절제사(節制使)가, 날짜를 정해 공무(公務)를 이문(移文)한 것을 가지고 문구(文

具)[8]로만 봐서 여러 날 계류(稽留)합니다. 비록 왕지(王旨)를 받드는 일임에도 즉시 봉행(奉行)하지 않아서 지완(遲緩)하기에 이르니, 신하가 봉직(奉職)하는 뜻에 어그러짐이 있습니다. 이제부터 왕지를 받들어 이문을 보내는 것[行移]과 육조(六曹)에서 정도(程途)를 분간해 날짜를 정하여 이문(移文)하는 일을 관리가 이전처럼 즉시 봉행(奉行)하지 않는다면 곧바로 신문(申聞)해 과죄(科罪)하고, 경외(京外)의 관(官)에서 날짜를 정해 공사(公事)를 관문(關文)으로 통기(通寄-통보)한 것을 서로 계류(稽留)하는 자도 위의 항목에 의하여 과죄(科罪)하며, 그중에 만약 미치지 못하는 자가 있으면 사유를 갖춰 아뢰는 것을 항식(恒式)으로 삼으소서. 만약 말을 꾸며서 모람(冒濫)되게 속이는 자는 중죄(重罪)에 따라 과단(科斷)하소서.'

그것을 따랐다.

정미일(丁未日-7일)에 영춘추관사(領春秋館事) 하륜(河崙), 감춘추관사(監春秋館事) 남재(南在), 지춘추관사(知春秋館事) 이숙번(李叔蕃)·변계량(卞季良)에게 명해 『고려사(高麗史)』를 개수(改修)하게 했다.

상이 말했다.

"공민왕(恭愍王) 이후의 일은 사실이 아닌 것이 많으니 마땅히 다시 찬정(竄定)[9]하라."

○ 혁거(革去)한 정리(丁吏)와 사재감(司宰監) 신량수군(身良水軍)의

---

8   법문(法文)만 갖춰져 있고 그 내용은 아무것도 없는 것을 말한다.
9   잘못된 것을 바로잡는다는 말이다.

여손(女孫-딸과 손녀)을 악공(樂工)으로 삼았다.

○ 왜인(倭人) 지온(池溫)을 보내, 가서 종정무(宗貞茂)를 일깨우게 했다.

대마도(對馬島) 종정무의 사인(使人) 34명과 소이전(小二殿)의 사인 31명, 일기주(一岐州)의 사인 20명, 일향주(日向州)의 사인 20명 등 총 105명이 함께 울산(蔚山)에 있었는데, 청한 종(鍾)을 늦게 주는 데 화가 나 칼을 뽑아 군(郡) 사람을 찌르고자 하면서 난폭(亂暴)한 짓을 자행했다. 감사가 갖춰 아뢰니 상이 (그들을) 구류(拘留)하고자 정부·육조(六曹)를 불러서 의견을 물었다. 예조판서 황희(黃喜)가 계책을 아뢰었다[獻計].

"평도전(平道全)을 보내 대의(大義)로써 책망하기를 '국가에서 너희를 대우하기를 심히 두텁게 하는 데 너희들이[爾曹] 도리어 덕(德)에 감화하지 않고 작은 일로써 원망을 품고 우리 백성을 해치고자 했으니, 교린(交隣)의 도리가 이와 같은 것이냐? 너희들이 만약 대종(大鍾)을 구한다면 국가에 고(告)하는 것이 가하다. 어찌하여 패만(悖慢)하고 무례(無禮)하기가 이처럼 심한가?'라고 한 다음에, 다른 종(鍾)을 드디어 내려주고 위협해 돌려보내도록 하소서. 또 지온을 보내 종정무에게 일깨워 말하기를 '금후로는 일본 국왕(日本國王)과 대마도(對馬島)·대내전(大內殿)·소이전(小二殿)·구주절도사(九州節度使) 등 10처 왜사(十處倭使) 이외의 각처 왜인은 내보내지 말도록 하라'라고 하소서."

상이 그것을 따랐다. 도전(道全)이 울산에 이르렀을 때 왜선(倭船)

은 이미 출발해버렸다.

희(喜)가 또 말했다.

"왜인들이 귀순하고 속이는 짓을 반복하므로 그 마음을 헤아리기 어려우니, 오늘날 귀순한다고 하여 후일(後日)의 제어(制御)를 조금도 늦출 수 없습니다. 이제 국가에서 승평(昇平)한 날이 오래여서 병선(兵船)의 여러 가지 일이 혹은 능이(陵夷-해이해짐)한 점이 있으니, 청컨대 조관(朝官)을 보내 점고(點考)하소서."

상이 정부·육조(六曹)로 하여금 행할 만한 일의 조건을 같이 토의하게 하니, 우의정 이직(李稷)이 또한 말했다.

"국가에 일이 없어서 변방(邊邦)을 방비하는 일이 이름만 있고 실상은 없으니, 마땅히 경차관(敬差官)을 보내 고찰하소서."

그것을 따랐다.

○ 해도찰방(海道察訪)[10]을 나눠 보냈는데 모두 손실경차관(損實敬差官)의 임무를 겸했다. 한성 소윤(漢城少尹) 송흥(宋興)을 경기에, 상호군(上護軍) 이춘생(李春生)을 충청도에, 대호군 권초(權軺)를 경상도에, 상호군 김상려(金尙旅)를 전라도에, 사직(司直) 이자직(李自直)을 강원도에, 대호군 박돈의(朴敦義)를 풍해도에, 상호군 박동미(朴東美)를 영길도(永吉道)에, 전 부사(府使) 전사리(田思理)를 평안도에 보냈다. 찰방에게 준 조목은 이러했다.

'하나, 군기(軍器)와 마필(馬匹)을 점고(點考)할 것.

---

10 조선 초기에 하삼도(下三道)의 포구(浦口)에 파견돼 해변의 방어(防禦)를 고찰하던 찰방(察訪)이다. 해도(海道)의 만호(萬戶)·천호(千戶)의 군영(軍營)을 검찰하고 선군(船軍)의 입번(立番)과 훈련, 군기(軍器)·의갑(衣甲) 등을 고찰했다.

하나, 시위군(侍衛軍)·기선군(騎船軍)을 점고(點考)할 것.

하나, 병선(兵船)과 육물(陸物)의 여러 연고(緣故)를 상고할 것.

하나, 병선이 정박해 서는 요해처(要害處)와 병선의 수를 상고할 것.

하나, 수령(守令)으로서 선군(船軍)을 세우기를 궐(闕)한 자와 만호(萬戶)·천호(千戶)로서 급유(給由-말미를 주는 것)하는 자를 아울러 고찰할 것.

하나, 각 진(鎭)·각 고을의 월과(月課)를 아울러 고찰할 것.

하나, 전의 월과 군기(月課軍器)[11] 안에 실상과 같지 않은[不實] 물건이 있을 것 같으면 각등 관리를 추핵(推覈)할 것.

하나, 각 고을 수령(守令)으로서 성자(城子)를 수리하지 않는 자는 논죄할 것.

하나, 위의 조항의 조령(條令) 내에서 어기거나 범하는 자는, 통정대부(通政大夫) 이하는 율(律)에 비춰 결단하고 가선대부(嘉善大夫) 이상은 신문(申聞)하고 과죄(科罪)할 것.'

○ 승문원 부교리(承文院副校理) 최흥효(崔興孝), 정자(正字) 구강(具綱)을 가두고 파직(罷職)했다. 애초에 하륜(河崙)이 장무(掌務) 흥효·구강 등을 불러서 말했다.

"이제 (명나라) 예부(禮部)에 정장(呈狀)하는 자문(咨文) 안에, 정윤

---

11 나라에서 각 도의 주(州)·부(府)·군(郡)·현(縣)에 매달 상공(常貢)으로 부과하는 군수용 물자다.

후(鄭允厚, ?~1419년)¹²가 경사(京師)에 가지 못하는 사유를 환병(患病)이라는 두 자를 없애고 다만[止-只] '연로(年老)해 능히 걸어갈 수 없다'라고 쓰는 것이 좋겠다."

홍효 등이 계문(啓聞)하지 않고 그대로 환병(患病)이라는 글자를 썼으므로, 류이 사연을 갖춰 아뢰었기 때문이다.

무신일(戊申日-8일)에 형조에 명해 죄수를 보살피게 했다[慮囚].

○ 예조에서 (상의) 가르침을 받아[受敎] 의정부(議政府)와 육조(六曹)의 녹사(錄事), 지인(知印)의 천전(遷轉-인사이동)하는 법을 상정(詳定)했다.

'의정부 녹사(錄事) 5명, 육조 녹사(錄事)에서 매 조(曹)마다 각각 3명씩을 가각고 녹사(架閣庫錄事)¹³로 바꿔 정하되 77명 중에서 구례에 의거해 으뜸 되는 자[爲頭]를 경직(京職)에 임명하고 그 버금가는 자[之次]를 외임(外任)에 임명한다. 의정부·육조의 녹사 아울러 23명을 합해 한 도목[一都目]으로 만들어, 으뜸 되는 자를 경직(京職)에 임명하고 그 버금가는 자를 외임(外任)에 임명한다. 의정부 녹관 녹사(祿官錄事)를 가각고 부녹사(副錄事)로 바꾸고, 권지 의정부 녹사(權知議政府錄事)를 권지 가각고 녹사(權知架閣庫錄事)로 바꾼다. 의

---

12 딸이 일찍이 명나라 영락제(永樂帝)의 후궁으로 뽑혀 들어가 황제의 총애(寵愛)를 받았고, 광록시소경(光祿寺少卿)이라는 벼슬을 받았다. 조선에서는 황친(皇親)이라고 해 특별히 대우를 받았다.

13 가각고는 고려 후기부터 조선 초기까지 문서를 보존, 관리하던 관청이다. 세조 때 폐지됐다.

정부 녹사 녹관(議政府錄事祿官)은 제용감(濟用監) 7~8품 중의 1명과, 권무(權務) 1명 등 총 2명으로 한다. 가각고 녹사 녹관(架閣庫錄事祿官)은 제용감(濟用監) 7~8품 중의 2명과 가각고 7~8품 중의 2명, 권무(權務) 5명 등 총 9명으로 한다. 육조 녹사 녹관(錄事祿官)은 가각고 7~8품·9품 중의 4명과 권무(權務) 4명 등 총 8명으로 한다. 의정부·육조 지인 녹관(知印祿官)은 제용감(濟用監) 7~8품 중의 1명, 군기감(軍器監) 7~8품 중의 1명, 도염서(都染署) 9품 1명, 가각고 권무(權務) 2명 등 총 5명으로 한다. 의정부 지인(知印) 10명과 육조 지인(知印) 18명 등 총 28명을 합해 한 도목[一都目]으로 만들어서, 으뜸 되는 자를 경직(京職)에 임명하고 그 버금가는 자를 외임(外任)에 임명한다.'

기유일(己酉日-9일)에 평안도 도안무사(平安道都安撫使) 신유정(辛有定)이 배사(拜辭-임지로 가기 전에 인사하는 것)하니, 주포(紬布)·면포(綿布)를 각각 2필씩 내려주었다.

경술일(庚戌日-10일)에 상왕(上王)이 건원릉(健元陵)에 나아가 추석별제(秋夕別祭)를 거행했다.

○ 경기우도 수군 첨절제사(京畿右道水軍僉節制使) 송득사(宋得師)의 고신(告身)을 거두고 수군(水軍)에 채워 넣었다.

경기 관찰사가 보고했다.

'경기·풍해도(豊海道) 수군 중에서 행랑(行廊)의 역사에 나오던 자

29인이 탄 배가 큰바람을 만나 표몰(漂沒-침몰)했는데, 죽은 자가 10인입니다.'

순금사(巡禁司) 호군(護軍) 김중곤(金中坤)을 교동(喬桐)에 보내 해당 관리가 바람과 물을 살피지 않아서 익사(溺死)케 한 죄를 국문(鞫問)했는데, 바로 득사(得師)가 작은 배에 실어 보내다가 뒤집혀 침몰하게 만들었으니 상이 율(律)에 비춰 죄를 논하도록 명했다. 대언(代言) 조말생(趙末生)·서선(徐選) 등이 율학(律學) 박상간(朴尙幹)을 시켜 율에 비추되 가벼운 법전(法典)에 비의(比依)[14]해 아뢰게 했고, 상이 형조에 명해 다시 율에 비추도록 하니 죄가 고신(告身)을 거두고 장(杖) 100대에다 수군(水軍)에 채워 넣는 데 해당했다. 상이 말생(末生) 등을 견책해 각각 그 집에 돌아가 출사(出仕)하지 말게 했다. 명해 말했다.

"득사는 고신을 거두고 장(杖)을 때리는 것은 면제해 경기우도의 수군(水軍)에 채워 넣음으로써 후래(後來)를 경계하게 하고 그 마음을 부끄럽게 하라."

연안부(延安府) 선군(船軍) 또한 교동 항구에서 배가 침몰해 죽은 자가 5인이었고, 그 나머지 40인이 서울에 와서 부역(赴役)했는데 양식이 떨어져 굶주리고 지쳤다[飢困]. 도감(都監)에서 아뢰니 그 집으로 놓아 보내라고 명했다.

기곤

---

14 그 죄에 해당하는 알맞은 정률(正律)이 없을 때 죄에 가장 가까운 법률 조문을 끌어다가 안율(按律)하는 것을 말한다.

임자일(壬子日-12일)에 전 판충주목사(判忠州牧事) 권진(權軫, 1357~ 1435년)[15]의 직첩(職牒)을 거두고 장(杖) 100대를 속(贖) 받고 도역(徒役) 3년은 면제하라고 명했다. 진(軫)이 변정도감 제조(提調)가 돼 부사(副使) 윤처성(尹處誠)과 함께 사사로이 모의해서, 바칠 소장(訴狀)을 그 아들에게 비밀리에 주어 사유(辭由)를 바꿔 써서 정장(呈狀)하도록 했는데 일이 발각된 것이었다. 형조에 내려 죄를 결단하게 하고, 처성(處誠)도 태(笞) 40대를 속(贖) 받았다.

계축일(癸丑日-13일)에 형조 도관(刑曹都官)에서 노비(奴婢) 사의(事宜-일의 마땅함)를 아뢰었다.

"대소인원(大小人員)이 노비의 노비를 역사(役使)시키는데, 그중에는 더러[容] 역사시키는 것이 부당한데도 역사시키는 자가 있습니다. 그러나 그 노비가 본주(本主)를 두려워해 능히 상송(相訟)하지 못함

---

15 1398년(태조 7년) 성석린(成石璘)이 평안도로 나가 민심을 수습할 때 특별히 천거해 경력(經歷)으로 삼았으며, 정종이 즉위하자 문하부 직문하(直門下)를 거쳐 지합주사(知陜州事)가 됐다. 1400년 조박(趙璞)의 옥사에 연루돼 영해 축산도(丑山島)로 귀양 갔다가 얼마 안 돼 돌아왔다. 이듬해 태종이 등극하자 지형조사(知刑曹事)에 이어 우사간대부(右司諫大夫)를 지냈고, 1406년(태종 6년) 강원도관찰사로 부임해 선정을 폈다. 청렴함이 알려져 이듬해 대사헌에 발탁되었으며, 관의 기강을 확립하는 데 힘썼다. 그 뒤 경상도관찰사에 이어 1413년 충주목사를 지내다가 이듬해에 물러났다. 다시 내직으로 돌아와 1417년에 형조판서에 오르고, 그 뒤에 호조·이조 판서 등을 역임했다. 1426년(세종 8년) 찬성(贊成)이 됐으며, 1430년에 이조판서를 거쳐 1431년 우의정에 올랐다. 그러나 형률을 잘못 적용해 백성 10여 명이 강도 누명을 쓰고 억울하게 죽었다는 대간의 탄핵을 받기도 했다. 1433년에는 겸판이조사(兼判吏曹事) 재직 때 사람을 잘못 천거했다는 탄핵을 받고 파직됐다. 세종 때 정인지(鄭麟趾) 등과 함께 목조(穆祖)부터 태종이 세자로 있을 때까지의 사적을 서술했으며, 의례상정소(儀禮詳定所)의 제조(提調)가 되어 악률(樂律)을 만드는 데도 참여했다.

니다. 이 때문에 한년(限年)에 정장(呈狀)하지 못한 자가 종종[比比] 있고, 그 후에 혹 종량(從良)하거나 혹 신량수군(身良水軍)에 속(屬) 했는데도 옛 주인이 상송(相訟)하는 경우가 자못 많습니다. 이는 비록 원통하고 억울한 일이나 한년에 정장하지 않았기 때문에 처결하기가 곤란합니다. 엎드려 바라건대 상재(上裁-임금의 재가)해 시행하소서."

명해 말했다.

"한년(限年)에 정장하고 정장하지 아니한 것을 논하지 말고 하나같이 모두 접장(接狀-서류 접수)하라."

○ 영길도 도순문사(永吉道都巡問使)에게 뜻을 내렸다[下旨].

'하나, 길주(吉州) 이남의 군마(軍馬)가 경성(鏡城)에 나아가 수자리를 사는데, 길이 험조(險阻)해 지쳐서 쓰러지니 장래가 가히 염려된다. 길주 북촌(北村) 우화령(牛禾嶺)을 경계로 경성(鏡城)에 옮겨 붙여서[移隷-移屬] 그 군마(軍馬)로써 방어(防禦)하게 하는 것이 마땅하다. 안변(安邊) 이북의 군마(軍馬)는 마땅히 기계(器械)를 정련(精鍊)해 번상(番上)하여 숙위(宿衛)하도록 하라.

하나, 올량합(兀良哈)·오도리(吾都里)·올적합(兀狄哈) 등이 진상(進上)한다고 거짓 핑계를 대고[假辭] 왕래(往來)가 그치지 않는데, 역마(驛馬)를 주면 문득 빼앗고자 여러 방면으로 겁략(劫掠)하니 말 주인이 죽음을 당할까 봐 의심해 말을 버리고 도망쳐 숨는다. 이것은 여러 해 묵은 큰 폐단이니, 이제부터 때에 맞게 응변(應變)하고 말을 주는 것은 허락하지 말라.'

을묘일(乙卯日-15일)에 상이 문소전(文昭殿)[16]에 나아가 추석제(秋夕祭)를 거행했다. 예조에서 아뢰었다.

"경주(慶州)·전주(全州)·평양(平壤)에서 태조 진전(太祖眞殿)에 드리는 4맹삭(四孟朔)의 대향(大享)과 유명일(有名日)의 별제(別祭)는, 그 도의 사신(使臣)과 수령(守令)으로 하여금 제사를 행하도록 하소서."

그것을 따랐다.

○ 경상도 도관찰사 이귀산(李貴山, ?~1424년)[17]을 파직시켰다. 사헌부에서 소(疏)를 올려 말했다.

'귀산(貴山)이 일찍이 전라도 감사를 역임할 때 모든 공사(公事)와 옥사(獄事)의 결송(決訟)에 재결(裁決)하는 바를 알지 못해 모두 수령관(首領官)에게 결단(決斷)하게 했고, 지지(紙地) 따위의 물건을 가지

---

16 태조(太祖)와 신의왕후(神懿王后)를 모신 혼전(魂殿)이다. 처음에 신의왕후의 혼전으로 인소전(仁昭殿)을 두었다가, 뒤에 태조가 돌아가자 문소전으로 고쳐 두 분의 위패를 같이 모시게 됐다.

17 태조 때 과거에 급제했으며, 1410년(태종 10년) 한성윤(漢城尹)으로 천추절(千秋節)을 축하하기 위해 명나라에 다녀왔다. 1411년(태종 11년) 전라도관찰사로서 다음과 같은 상소를 올렸다. "무릇 상고(商賈-상인)들은 농업을 일삼지 않고 본역(本役)을 도피하고 있으니, 그들 가운데 경외관(京外官)의 노인(路引-장사하는 사람에게 내주는 여행권)이 없는 자는 모두 그 재화를 몰수하고, 고발해 체포하게 한 자는 저화(楮貨) 50장을 상 주게 되면 놀고 먹는 무리가 없어질 것입니다." 이를 계기로 장사꾼 중에 노인이 없는 자의 재화를 몰수하게 하자 그대로 이뤄졌다. 1412년(태종 12년) 의정부에서 조선(漕船)을 침몰케 한 일로 전라도관찰사인 이귀산의 죄를 청했지만, 큰바람으로 인한 일임을 들어 거론하지 못하게 했다. 같은 해 사헌부에서 찬성사(贊成事) 이천우(李天佑)에게 뇌물을 주었다고 탄핵하니 논하지 말라고 명했다. 1413년(태종 13년) 8월 경성수보도감(京城修補都監)을 설치하고 제조(提調)로 삼았지만, 공사를 시작하지는 않았다. 이때인 1414년(태종 14년) 경상도관찰사를 제수했는데, 사헌부에서 합당치 않은 인물이라고 상소해 가지도 않은 채 파직됐다. 1415년(태종 15년) 개성부유후(開城副留侯)에 이어 강원도 도관찰사가 됐다.

고 경중(京中) 각처(各處)에 뇌물을 주었으니, 비단 그 재주가 탁용(擢用)하기에 알맞지 않을 뿐 아니라 마음을 쓰는 것이 아첨스러우므로 감사의 직임에 합당하지 않습니다.'

귀산이 가지 않았는데, 드디어 파직당했다.

○ 평안도(平安道)·영길도(永吉道)에 명해 성자(城子)를 수축(修築)하게 했다. 뜻을 내렸다.

'평안도의 곽산성(郭山城)·능화성(能化城)과 옛 수주(隨州)의 청산성(靑山城)은 앞서 있었던 이문(移文)에 의거해 조축(造築)하라. 영길도의 함주성(咸州城)은 계사년 10월에 도체찰사(都體察使) 이천우(李天祐)가 심정(審定)한 것에 의거해 오읍보(五邑甫) 터에 본 고을의 인력(人力)을 사용해 금년부터 조축(造築)해서 옮겨 입거(入居)하도록 하라.'

또 김승주(金承霆)의 말을 가지고, 평안도 무산(撫山)의 약산성(藥山城)을 쌓도록 명했는데, 부근 주군(州郡)의 군자미두(軍資米豆)를 모조리 운수해 들여 양향(糧餉-군량미)을 준비하려는 것이었다.

정사일(丁巳日-17일)에 이조(吏曹)에 명해 종사(從仕-벼슬살이)하는 자들이 수전(受田)하는 법을 상고해 아뢰도록 했다.

상이 호조판서 박신(朴信)에게 일러 말했다.

"무릇 종사(從仕)하는 자가 구차스레 이름을 사판(仕版-관리 명부)에 올리면 곧장 수전(受田)하고자 하니, 어찌 옛날에 전지를 나누고 녹(祿)을 제정한 도리이겠는가? 만약 공훈(功勳)과 덕망(德望)이 있는 자의 자손(子孫)이라면 진실로 이를 받는 것이 마땅하다. 이에 그 고제(古制)를 널리 상고해 아뢰도록 하라."

대답해 말했다.

"이조에서 그 조상(祖上)의 품계(品階)를 상고해 호조에 이문(移文)한 뒤에야 바야흐로 급전(給田)하기를 허락하소서."

이에 이러한 명이 있었다.

○ 사간원(司諫院)에서 소(疏)를 올렸다.

'하나, 예로부터 제왕(帝王)들이 반드시 경연(經筵)을 두어 성학(聖學-제왕학)을 강(講)하는 것은, 진실로 도리가 배움[學]으로 말미암아 밝아지고 다스림이 배움으로 말미암아 넓어지기 때문입니다. 전하께서 즉위하던 처음에는 날마다 경연에 나아가서 경적(經籍)을 강론해 부지런히 힘쓰고[孜孜] 권태로움을 잊으셨으니[忘倦-無倦-無逸], 치도(治道)가 나오는 근원(根源)이 맑았습니다. 이제 백성과 물건이 부성(富盛)하고 많아져서 중외(中外)가 평안하게 다스려지는 것은 실로 여기에 기초를 둔 것입니다. (그런데) 근년 이래로 비록 경연관(經筵官)을 두었으나 강론을 거두신 지가 오래됩니다. 신 등이 가만히 생각건대, 전하께서는 천성(天性)이 영명(英明)하고 학문이 정밀하고 넓으며[精博], 비록 연한(燕閒-한가로움)에 거(居)하더라도 책을 손에서 놓지 않고 독실(篤實)하게 학문을 좋아함이 이에 더할 나위가 없습니다만, 경연에 나아가 정신을 집중해서 강구(講究)하면 방촌(方寸-마음)의 천심(天心-임금의 공변된 마음)에 의리(義理)가 밝게 나타나 성학(聖學)이 더욱 진전하고 정치의 효과가 더욱 빛날 것입니다. 엎드려 바라건대, 전하께서는 조정의 신하 가운데 학행(學行)이 있는 자를 신중히 가려서 모두 경연(經筵)을 겸(兼)하게 하소서. 또 영경연(領經筵) 이하의 경연관(經筵官)으로 하여금 날마다 돌려가면서 바꿔 진강(進講)하게 해서, 경사(經史)를 토론하고 전고(前古)의 득실(得失)과 흥망(興亡)이나 금세(今世)의 거조(擧措)와 시책(施策)을 논란하지 않음이 없으면 성학(聖學)은 넓어지고 치도(治道)에 도움이 있을 것입니다.

하나, 환시(宦寺-환관)의 화(禍)는 한(漢)나라와 당(唐)나라의 말기를 보면 알 수 있으니, 이는 모두 당시 임금들이 가까이해 믿고서 일을 맡겨 부린 까닭입니다. 전하께서는 정밀하고 넓은 학식을 갖추고 있어 한나라와 당나라의 일을 보게 될 경우 반드시 탄식하고 슬퍼하셨을 것입니다. 전조(前朝)의 말년에 창고(倉庫)와 궁사(宮司)에 환시(宦寺)를 나눠 보내 '별감(別監)'이라 칭했는데, 심지어는 재보(宰輔)의 지위에 이른 자도 있어 정치 기밀(機密)에 참여하니 갑자기 나라가 전복(顚覆)됐습니다. 이제 우리 국가(國家)에서 다시 관제(官制)를 정해서, 이에 이른바 창고(倉庫)·궁사(宮司)를 혁거(革去)해 녹관(祿官)으로 삼아서, 조사(朝士)를 신중히 가려 그 직임에 임명해 맡기고 감찰(監察)을 보내 출납(出納)을 규찰하게 하는 것은 진실로 성제(盛制-좋은 제도)입니다. (그런데) 지금 환시를 보내 내자시(內資寺)·내섬시(內贍寺)·사재감(司宰監) 등의 관(官)을 나눠 감독하라고 명하시니, 신 등이 가만히 생각건대 관(官)을 설치하고 직(職)을 나눠 각각 유사(攸司)가 있으니 만약 불법(不法)한 일이 있으면 마땅히 그 사람을 견책하면 그만입니다. 다시 내시부(內侍府)를 둔 것은 본래 액정(掖庭)이나 규문(閨門)의 직(職)에 대비하려는 것일 뿐인데, 어찌 환관[貂璫]의 무리를 경서(卿署-경대부가 벼슬하는 고급 관서)에 참예(參預)시켜 도리어 전조(前朝)의 폐법(弊法)을 그대로 밟고[踵從] 성헌(成憲)을 가볍게 허물어뜨리겠습니까? 신 등은 또 생각건대, 전하께서 계실 때는 비록 이들에게 맡기더라도 폐단에 이르지는 않겠지만, 만약 후세에 이를 본받는 자가 있어서 이렇게 하면서도 전하의 밝은 예단(睿斷)에 미치지 못해 더욱 믿고 더욱 맡긴다면[愈信愈任] 폐단이 이루 말할 수 없는 지경에 이를까 남몰래 두렵습니다. 엎드려 바라건대, 전하께서는 빨리 환시의 분감(分監)하는 것을 파(罷)해 후세에 감계(鑑戒)를 내리소서.

하나, 대간(臺諫)을 설치한 것은 본래 전하에게 이목(耳目)으로 삼으려는 것이니, 이를 마땅히 좌우(左右)에 항상 두어서 고문(顧問)에 대비해야 합니다. 형세상 능히 그럴 수 없는 것도 있겠으나, 그러므로 매일 계사(啓事)할 때 함께 나아가도록 하는 것은 실로 영규(令規-아름다운 규정)가 되었습니다. 지금은 그렇지 못하고 이미 순월(旬月)이 지났으나 신 등이 들으니, 명령을 나면 오로지 시행할 뿐이요 전혀 반대하지 못한다고 합니다. 이제 전하께서 이미 법을 세우시고는 몸소 스스로 이를 허물어뜨리니, 무엇으로써 후래(後來)에 보이시겠습니까? 엎드려 바라건대, 전하께서는 함께 나아가도록 허락해 온화한 용안(龍顔)을 접해서 일득(一得)의 우충(愚衷)[18]을 다하게 해, 언로

---

18 자기의 의견을 진술할 때 겸양해 하는 말이다. 사마천의 『사기(史記)』 「회음후전(淮陰侯傳)」의, "광무군(廣武君)이 말하기를 '신이 듣건대 지혜로운 자도 천 번 생각하는 가운데 한 번 실수가 반드시 있고, 어리석은 자[愚者]도 천 번 생각하는 가운데 한 번 얻는 바[一得]가 반드시 있다' 했다"라는 말에서 나왔다.

(言路)를 열고 (전하의) 귀 밝음과 눈 밝음[聰明]을 넓히셔야 할 것입니다.'

상이 소를 읽어보고 마침내 환시의 분감(分監)을 없앴다.

무오일(戊午日-18일)에 정부와 육조를 불러 조운(漕運)과 급전(給田)의 사의(事宜)를 토의했다[議]. 상이 말했다.

"근자에 전라도 조선(漕船)이 침몰해 군인(軍人)들이 익사하니, 내가 심히 애통했다. 이러한 조전(漕轉)은 실로 녹봉(祿俸)을 위한 것일 뿐이다. 지난번에 창녕부원군(昌寧府院君)이 글을 올려 말하기를 '경기 안의 전지는 전부 녹과(祿科)에 속해 있는데, 사대부(士大夫)의 과전(科田)을 하도(下道)에 옮겨준다면 전라도 조운(漕運)의 폐단은 없어질 것이다'라고 했다. 그런데 의견을 내는 자가 있어서 말하기를 '그렇게 된다면 쌀이 귀해져 도성(都城)의 백성은 굶주릴 것이다'라고 해 나도 그렇게 여겼다. 이제 창녕부원군의 말을 받아들이지 않았던 것을 한스럽게 여기는데, 이 의견은 어떠한가? 또 병선(兵船)이 정박해 서는데, 바람이 불지 않는 곳을 얻지 못해 풍파(風波)를 만나서 배가 전복(顚覆)되는 우환이 종종[比比] 있었다. 운하[渠]를 뚫어 파서 개통시켜, 일이 없을 때는 들어가 정박하고 일이 있으면 나가서 응변하는 것이 어떻겠느냐? 운하를 파는 일이 비록 작은 폐단이 있더라도 오히려 사람을 상(傷)하게 하는 것보다 낫지 않겠느냐?"

하륜(河崙)이 말했다.

"이 두 가지 조항은 모두 일의 지당한 것입니다."

남재(南在) 이하는 운하를 파는 의견을 정하지 못했다. 륜(崙)이 성난 목소리[厲聲]로 말했다.
_{여성}

"상께서 지극한 의견을 냈으니 신하는 봉행(奉行)하는 것이 마땅한데, 운하를 파는 일에 무슨 곤란함이 있다는 것이오? 그렇다면 마땅히 각각 가부(可否)를 서명합시다."

이에 가(可)하다는 자가 많으니 상이 말했다.

"공신전(功臣田)·별사전(別賜田)·과전(科田)의 반은 기내(畿內)에서 주도록 하고 반은 하도(下道)에 주도록 한다면 전라도 조운의 수가 감할 것이다. 수가 감한다면 4~5월 안에 한두 차례 조운하기를 끝내고 7월에 바람을 만날 걱정이 없을 것이다. 운하를 파는 의견 같은 것은 우선 한두 곳을 시험해보는 것이 좋을 것이다."

즉시 이조참의(吏曹參議) 이지강(李之剛)을 충청도·전라도에 보내고, 호조참의(戶曹參議) 황자후(黃子厚)를 경상도에 보내고, 대호군(大護軍) 이도(李韜)를 강원도·영길도(永吉道)에 보내서 그 도의 도절제사(都節制使)와 같이 그 형세의 어렵고 쉬운 것을 살펴 아뢰게 했다. 호조에 명해 각 품(品)의 과전(科田)을 반으로 나눠 경상도·전라도 양 도에 절급(折給)하게 하니, 호조의 계목(啓目)은 이러했다.

"경기 내의 공신전(功臣田), 별사전(別賜田), 각 품(品) 과전(科田), 시사전(寺社田), 수신전(守信田)의 반을 경상도·전라도로 옮겨 절급(折給)하고, 장차 그 반을 녹전군자(祿轉軍資)[19]로 충당하소서. 그중에 각인이 절급(折給)해 받은 누대(累代)의 농사(農舍)와 경작하던 자정

---

19 관리의 녹봉(祿俸)이나 군량(軍糧)을 마련하기 위해 매년 두 번 쌀과 보리를 거두는 제도다. 경기(京畿)에는 없고 나머지 도(道)에만 있었는데, 조운(漕運)을 통해 서울로 수송했다.

(字丁)²⁰은 기일을 정해 방(牓)으로 고시(告示)하고 단자(單子)를 수납(收納)해서 경기 감사에게 이관(移關-관문을 넘김)시켜 사실을 조사하고 절급(折給)하되, 만약 망령되게 고(告)하는 자가 있으면 헌사(憲司)에 이문(移文)해 죄를 논해야 할 것입니다."

상은 성품이 본래 인애(仁愛)해 사람이 무고(無辜)하게 죽었다는 말을 들으면 늘 스스로 몹시 마음 아파했다. 이때에 이르러 배가 침몰해 죽은 자가 많아 200여 인에 이르니 이러한 토의가 있었다.

○ 형조에서 소(疏)를 올렸다.

'하나, 이제 교지(敎旨)를 받들어 각사(各司)의 노비(奴婢)를 추쇄(推刷)했으나, 형문(刑問)할 수 없기 때문에 아직 나타나지 않는 노비가 오히려 많습니다. 그 아직 나타나지 않는 노비 가운데 형지안(形止案)²¹에 기록됐는데도 도망쳐 역사를 피하는 노비를 진고(陳告-신고)하는 자는 사노비(私奴婢)의 상급(賞給)하는 예에 의거해 (노비) 1구(口)당 저화(楮貨) 50장을 상으로 주고, 형지안에 올라 있지 않고 누락된 노비를 진고하는 자는 저화 100장을 상으로 주며, 알고도 고(告)하지 않는 자는 그 일족(一族)·절린(切隣-가까운 이웃)과 이정장(里正長)을 율(律)에 의거해 죄를 논해야 할 것입니다.

하나, 일찍이 내린 교지(敎旨) 가운데 "호패(號牌)를 받지 않는 자는 남에게 진고하는 것을 허락하고 제서유위율(制書有違律)의 예(例)

---

20 『세종실록(世宗實錄)』 제103권을 보면, "전지(田地)의 방(方) 5척(尺), 적(積) 25척을 1보(步)로 하고, 240보(步)를 1무(畝)로 하고, 100무(畝)를 1경(頃)으로 하고, 5경(頃)으로 1자정(字丁)을 삼는다"라고 했다.
21 노비의 원적부(原籍簿)를 말한다.

에 의거해 죄를 논한다. 만약 차용(借用)하는 자가 있으면 차용을 허락하는 자는 죄 2등을 감하고, 유이(流移)하는 자는 죄 1등을 감하고, 이장(里長)·수령(守令)이 고찰(考察)해 본향(本鄕)으로 돌려보내지 않는 자는 죄 2등을 감하고, 위조(僞造)하는 자는 보초(寶鈔)를 위조(僞造)한 예에 의거해 논하고, 잃어버린 자는 불응위율(不應爲律)에 의거해 태형(笞刑)에 처해 고쳐 지급하되 잊어버리고 방치(放置)하는 자도 불응위율(不應爲律)에 의거해 태형(笞刑)에 처한다"라고 했습니다. 다만 호패를 훔치는 사람과 자획(字畫)을 깎아버리고 고쳐 쓰는 사람과 청종(聽從)해 고쳐 베끼는 사람 등의 죄과(罪科)는 논하지 않았으므로 조율(照律)하기가 어렵습니다. 금후로 호패를 훔치는 사람은 『대명률(大明律)』의 관방인기(關防印記)를 도적질한 것에 의거해 모두 장(杖) 100대에 자자(刺字)하고, 자획(字畫)을 깎아버리고 고쳐 쓰는 사람은 관문서(官文書)를 증감(增減)한 것에 의거해 장(杖) 60대를 때리고, 타인(他人)의 자획(字畫)을 고쳐 베끼고 호패를 깎아버리는 자는 불응위율(不應爲律)에 의거해 태형(笞刑)에 처하는 것이 어떻겠습니까?'

그것을 따랐다. 다만[唯] 호패를 도적질하는 자는 자자(刺字)를 면제하고 장(杖) 100대를 때리며, 타인의 호패를 고쳐 쓰는 자는 불응위율(不應爲律)에 의거하되 사리(事理)가 중(重)한 것은 장(杖) 80대를 시행하게 했다.

경신일(庚申日·20일)에 경상도 진해현(鎭海縣) 마전포(麻田浦) 등지에서 바닷물이 변해 담황색(淡黃色)이 돼 작은 고기가 죽어 물에 떠서 나오는 것이 무릇 5일 동안이었다. 서운 정(書雲正) 장득수(張得壽)를 보내 해괴제(解怪祭)를 지냈다.

신유일(辛酉日·21일)에 경성(鏡城)에 눈이 두 치[寸] 내렸다.
○ 예조에서 산천(山川)의 사전(祀典) 제도를 올렸다.

"삼가 『당서(唐書)』 「예악지(禮樂志)」를 보니, 악(嶽)·진(鎭)·해(海)·독(瀆)은 중사(中祀)로 하고 산(山)·임(林)·천(川)·택(澤)은 소사(小祀)로 했고, 『문헌통고(文獻通考)』의 송(宋)나라 제도에서도 악(嶽)·진(鎭)·해(海)·독(瀆)은 중사(中祀)로 했습니다. 본조(本朝)에서는 전조(前朝)의 제도를 이어받아 산천(山川)의 제사는 등제(等第)를 나누지 않았는데, 경내(境內)의 명산대천(名山大川)과 여러 산천(山川)에 대해서는 청컨대 고제(古制)에 의거해 등제(等第)를 나누소서."

그것을 따라 악(嶽)·해(海)·독(瀆)은 중사(中祀)로 삼고 여러 산천(山川)은 소사(小祀)로 삼았다. 경성(京城) 삼각산(三角山)의 신(神), 한강(漢江)의 신, 경기의 송악산(松嶽山)·덕진(德津), 충청도의 웅진(熊津), 경상도의 가야진(伽耶津), 전라도의 지리산(智異山)·남해(南海), 강원도의 동해(東海), 풍해도의 서해(西海), 영길도(永吉道)의 비백산(鼻白山), 평안도의 압록강(鴨綠江)·평양강(平壤江)은 모두 중사(中祀)였고, 경성(京城)의 목멱(木覓), 경기의 오관산(五冠山)·감악산(紺岳山)·양진(楊津), 충청도의 계룡산(雞龍山)·죽령산(竹嶺山)·양진명소(楊津溟所), 경상도의 우불신(亐弗神)·주흘산(主屹山), 전라도의 전주성황(全州城隍)·금성산(錦城山), 강원도의 치악산(雉嶽山)·의관령(義館嶺)·덕진명소(德津溟所), 풍해도의 우이산(牛耳山)·장산곶(長山串)·

아사진(阿斯津)·송곶(松串), 영길도(永吉道)의 영흥성황(永興城隍)·함흥성황(咸興城隍)·비류수(沸流水), 평안도의 청천강(淸川江)·구진익수(九津溺水)는 모두 소사(小祀)이니, 전에는 소재관(所在官)에서 행하던 것이다. 경기의 용호산(龍虎山)·화악(華嶽), 경상도의 진주성황(晉州城隍), 영길도(永吉道)의 현덕진(顯德鎭)·백두산(白頭山)은 이것은 모두 옛날 그대로 소재관(所在官)에서 스스로 행하게 하고, 영안성(永安城)·정주목감(貞州牧監)·구룡산(九龍山)·인달암(因達巖)은 모두 없앴다. 또 아뢰었다.

"개성(開城)의 대정(大井), 우봉(牛峯)의 박연(朴淵)은 이미 명산대천(名山大川)이 아니니, 청컨대 화악산(華嶽山)·용호산(龍虎山)의 예에 의거해 소재관(所在官)에서 제사를 행하게 하소서."

그것을 따랐다.

○ 호조에서 의정부·육조(六曹)·대간(臺諫)과 의견을 같이해서 [同議] 양향(糧餉)을 비축(備蓄)할 조건(條件)을 올렸다.
<small>동의</small>

'하나, 물고(物故-사망)한 자는 상장(喪葬)이 끝난 뒤에 자손에게 그 과(科)를 나눠주고 나머지 전지(田地)는 임시로 군자(軍資)에 붙이며, 그 가관(加官)²²할 때까지 과(科)에 준(准)해 절급(折給)하고 그 나머지는 군자(軍資)에 붙일 것.

하나, 자식이 있는 처(妻)의 수신전(守信田)은 3분의 2를 지급하고 그 나머지 전지를 임시로 군자(軍資)에 붙이며, 그 자손이 나이가 장성하기를 기다려 과(科)에 의거해 절급(折給)하되 위의 항목(項目)의

---

22 관직이 더 올라가는 것을 말한다.

예와 같이 하고, 부모(父母)가 함께 죽었을 때 유약(幼弱)한 자손(子孫)에게 휼양전(卹養田)²³을 각각 5결(結)을 주고, 자식이 없는 처에게는 3분의 1을 주고 그 나머지는 상장(喪葬)이 끝난 뒤에 다른 사람이 진고(陳告)해 절급(折給)하기를 허락할 것.

하나, 새로 와서 종사(從仕)하는 자 가운데서 사전(私田)을 혁파할 때 문자(文字)를 바치지 않아 수전(受田)하지 못한 자는 진고(陳告)해 절급(折給)하는 것을 허락하지 말 것.

하나, 죄를 범한 사람의 전지는 장죄(杖罪) 이상이면 모두 군자(軍資)에 붙이고, 비록 은유(恩宥)를 받아서 특지(特旨)로 되돌려주더라도 3분의 1을 넘기지 아니할 것.

하나, 금후로는 전에 있었던 과전(科田)을 가지고 진고(陳告)에 의하여 절급(折給)하고, 군자전(軍資田)은 절급(折給)하기를 허락하지 말 것.

하나, 별사전(別賜田)은 죽은 뒤에 군자(軍資)에 붙일 것.

하나, 각 도의 도관찰사(都觀察使)·도절제사(都節制使)와 수령관(首領官)은 반만 녹(祿)을 줄 것.

하나, 검교(檢校)로서 관(官)을 겸임하지 않는 자는 모두 녹(祿)을 주지 말 것.

하나, 외방(外方)의 각 고을로서 1식(息)의 상거(相距)인 것은 모두 합해 하나로 할 것.

---

23 나라에서 부모가 죽은 유약(幼弱)한 자손에게 성년이 될 때까지 지급하는 토지로, 매 1인에게 5결을 주었다.

하나, 평양(平壤)·영흥(永興)의 토관(土官)은 반으로 감해 녹(祿)을 없애고, 과전(科田)은 3분의 2를 감할 것.

하나, 전라도의 미곡(米穀)은 경상도의 예에 의거해 충청도 내의 포구(浦口)로 육수(陸輸)[24]할 것.'

그것을 따랐다.

○ 명하여 각 품(品)의 과전(科田)을 옛날 그대로 하고, 경외(京外)의 용관(冗官-쓸데없는 관직)을 도태(淘汰)시켰다.

상이 의정부(議政府)·육조(六曹)·대간(臺諫) 등을 광연루(廣延樓) 아래에서 인견(引見)하고 말했다.

"내가 조운(漕運)하다가 사람이 상(傷)하는 것을 염려해 각 품(品)의 과전(科田)을 하도(下道)에 옮기고자 했으나, 어젯밤에 생각하니 태조(太祖)의 성헌(成憲)을 다시 고치는 것은 심히 미편(未便)하다. 또 생각하니, 전지(田地)는 한계가 있는데 새로 와서 종사(從仕)하는 자는 끝이 없으므로 진실로 균등하게 지급할 수 없는 것이다."

하륜(河崙)이 대답했다.

"과전을 절급(折給)하는 것을 중지하는 것이 마땅합니다. 주장관(主掌官)이 남의 칭찬과 저주를 싫어해 아뢰지 않는 것일 뿐입니다."

상이 말했다.

"지금은 적국(敵國)의 외환(外患)이 없으니, 갑사(甲士)의 수가 비록 적더라도 괜찮다. 마땅히 감하여 1,000명으로 만들어서 1년마다

---

24 육지로 물건을 옮기는 것을 말한다.

500명씩 녹(祿)을 받고 시위(侍衛)하며 번(番)을 나눠 교대하는 것이 편한데, 어찌 반드시 3,000명을 두겠느냐? 그 하번 갑사(下番甲士)와 직임을 감당할 만한 자를 제외하고 뽑아서 별패(別牌) 3,000명을 만들어 윤번(輪番)으로 시위(侍衛)하도록 하라. 또 고제(古制)를 상고하면, 경(卿)·대부(大夫)의 채전(采田-월급으로 받는 땅)은 모두 기내(畿內)에서 주었고 기외(畿外)에는 없었던 것이 고제(古制)였다. 내가 또 경외(京外)의 용관(冗官)을 도태시켜 늠록(廩祿)을 줄이고자 하니, 경 등이 실상에 비춰 토의해[擬議] 아뢰도록 하라."
의의

이에 자문(紫門)[25]에 모여 정부에서 실상에 비춰 토의해 아뢰었다.

"삼군(三軍) 동지총제(同知摠制) 각각 1명, 공안부 윤(恭安府尹)·인녕부 윤(仁寧府尹)·한성부 윤(漢城府尹) 각각 1명을 없애고, 의용순금사(義勇巡禁司)를 고쳐서 의금부(義禁府)로 하고, 녹관(祿官)을 파(罷)해 구전관(口傳官)[26]을 두되 당상(堂上)을 제조(提調)라 칭하고, 진무(鎭撫) 2명은 정3품으로, 부진무(副鎭撫) 2명은 종3품으로, 지사(知事) 2명은 4품으로, 도사(都事) 4명은 5~6품으로 하고, 충순호위사(忠順扈衛司)를 고쳐서 충호위(忠扈衛)로 하여 녹관(祿官)을 없애고, 구전관(口傳官)을 두어 진무(鎭撫) 2명은 3품으로, 부진무(副鎭

---

25 궁전(宮殿)을 둘러싼 자성(紫城)에 설치된 문(門)이다. 대개 신하들끼리 나라의 일을 의논할 때 이곳에 모였다. 자문 안에는 선공감(繕工監)·군기감(軍器監)이 있었다.

26 『세종실록(世宗實錄)』제1권을 보면, "사람을 등용할 적에, 해당 전조(銓曹)에서 한 번씩 임명할 때마다 쓸 만한 자 3인을 써서 아뢰면 어필(御筆)로써 쓸 만한 사람의 이름 위에 점(點)을 찍는데 이를 수점(受點)이라 하며, 2품 이상을 임명할 때 이 방법을 쓴다. 제거(提擧)·별좌(別坐)·경차관(敬差官)과 같은 유(類)는 비목(批目)을 거치지 않고 임용하는데 이를 구전(口傳)이라 하며, 3품 이하를 차임(差任)할 때 이 방법을 쓴다"라고 했다.

撫) 2명은 4품으로 하고, 5품 이하 녹관(祿官)은 그대로 두고, 십사 (十司)²⁷의 호군(護軍) 각각 1명을 없애고, 갑사(甲士) 2,000명을 없애 별패(別牌)라 칭하며 번상(番上)해 시위(侍衛)하고, 정예(精銳)한 자 1,000명을 뽑아서 갑사(甲士)로 하여 2번(番)으로 하소서.

용구(龍駒)와 처인(處仁)을 병합해 용인(龍仁)으로 하고, 금천(衿 川)·과천(果川)을 병합해 금과(衿果)로 하고, 교하(交河)를 원평(原平) 에 붙이고, 김포(金浦)·양천(陽川)을 병합해 김양(金陽)으로 하고, 연 천(漣川)·마전(麻田)을 병합해 마련(麻漣)으로 하고, 장단(長湍)·임강 (臨江)을 병합해 장림(長臨)으로 하고, 광주(廣州) 임내(任內)인 주계 (朱溪)·고안(高安)을 양지(陽智)에 붙이고, 삭녕(朔寧)·안협(安峽)을 병합해 안삭(安朔)으로 하고, 황간(黃澗)·청산(靑山)을 병합해 황청 (黃靑)으로 하고, 연기(燕岐)·전의(全義)를 병합해 전기(全岐)로 하고, 온수(溫水)·신창(新昌)을 병합해 온창(溫昌)으로 하고, 이산(尼山)·석 성(石城)을 병합해 이성(尼城)으로 하고, 계림(雞林) 임내(任內)인 해 안(解顔)을 대구(大丘)에 붙이고, 합천(陜川) 임내(任內)인 가수(加守) 를 삼기(三岐)에 붙이고, 거제(巨濟)·거창(居昌)을 병합해 제창(濟昌) 으로 하고, 하동(河東)·남해(南海)를 병합해 하남(河南)으로 하고, 부령(扶寧)·보안(保安)을 병합해 부안(扶安)으로 하고, 풍천(豐川)· 은율(殷栗)을 병합해 풍은(豐殷)으로 하고, 장연(長淵)·영강(永康) 을 병합해 연강(淵康)으로 하고, 덕천(德川)·맹산(孟山)을 병합해 덕

---

27 의흥사(義興司)·충좌사(忠佐司)·웅무사(雄武司)·신무사(神武司)와 용양사(龍驤司)·용기 사(龍騎司)·용무사(龍武司)와 호분사(虎賁司)·호익사(虎翼司)·호용사(虎勇司)를 말한다.

맹(德孟)으로 하고, 자산(慈山)·은산(殷山)을 병합해 자은(慈殷)으로 하소서."

그것을 따르고, 명해 검교(檢校)가 녹(祿)을 받는 것은 의정부 좌참찬(議政府左參贊)에서 공조 참의(工曹參議)까지 10명으로 수를 정하고, 환관 검교(宦官檢校) 20명과 상의원(尙衣院) 사직(司直) 2명을 없애고, 각 도(道) 도절제사도(都節制使道)[28]·수군 도절제사도(水軍都節制使道)에 수령관(首領官)을 없애고 삼군 녹사(三軍錄事)로 차임(差任)했다.

계해일(癸亥日-23일)에 변정도감 판관(辨正都監判官) 20명을 더 두어 20방(房)에 나눠 예속시켰다.

○ 변정도감에서 계목(啓目)을 올렸다.

'대소인원(大小人員)의 자기비첩 소생(所生)을 이미 사재감(司宰監)에 소속시켰는데, 그중에 신량역천(身良役賤) 역자(驛子-역리(驛吏))가 자기비첩 소생을 아울러 사재감에 소속시키는 것은 미편하니 이치상으로 속공(屬公)해야 마땅합니다. 공사 천구(公私賤口)가 자기비첩 소생을 공천(公賤)이면 속공하고 사천(私賤)이면 노자(奴子)의 본주(本主)에게 결급(決給)하는 것이 어떻겠습니까?'

그것을 따랐다. 제조(提調) 유정현(柳廷顯)이 아뢰었다.

"원고(元告)가 친히 착명(着名-서명)한 뒤에 15일 안에 현신(現身)하지 않는 것이나, 소송한 자가 까닭 없이 15일이 차도록 현신하지

---

28 각 도의 도절제사(都節制使)가 있는 군영(軍營)을 말한다.

않는 것은, 빌건대 고장(告狀)을 수리(受理)하는 것을 허락하지 마소서."

그것을 따랐다.

○ 형조에 뜻을 내렸다[下旨].
하지

"공처노비(公處奴婢)가 신사년 이전의 형지안(形止案)에 까닭 없이 기록된 것이나, 대소인민(大小人民)이 일찍이 공처(公處-관공서)와 상대해 소송해서 결절(決絶)하지도 않았는데 몰래 숨기고[潛隱] 사용(使用)하는 것은 추문(推問)해 아뢰도록 하라."
                                    잠은

○ 형조에서 소송(訴訟)하는 자가 무고(誣告)하는 율(律)을 올렸다. 아뢰어 말했다.

"노비로서 고소하거나 소송하는 자가 말을 꾸며서 억지로 변명해 법을 어지럽히고 관(官)을 속이면[瞞官] 장(杖) 80대를 때리고 수
                                    만관
군(水軍)에 충당한다는 것이 이미 교지(敎旨)에 의해 시행되고 있습니다. (그런데) 위의 항목의 죄를 무고하는 자는 반좌(反坐)[29]하고 아울러 거론(擧論)하지 않기 때문에 논죄(論罪)하기가 어렵습니다. 삼가 『대명률(大明律)』의 무고조(誣告條)를 보니 이르기를 '무릇 무고하는 사람의 도형(徒刑)·유형(流刑)·장형(杖刑)은 무고(誣告)한 죄의 3등을 더한다'라고 했습니다. 그런즉 본죄(本罪) 장(杖) 80대에 3등을 더하면 장(杖) 60대에 도(徒) 1년인데, 지금은 몸을 수군(水軍)에 채워 넣는 것을 더하니 미편(未便)합니다. 청컨대, 본죄(本罪)로써 연좌시켜

---

29 위증(僞證)이나 무고(誣告)로써 남을 죄에 빠뜨린 경우 피해자가 받은 형벌을 동일하게 가해자에게 부과하는 제도다.

장(杖) 80대에 몸을 수군에 채워 넣는 것이 어떻겠습니까?"

명해 무고하다가 반좌되는 자는 수군에 채워 넣는 것을 면제하고 율(律)에 의거해 시행하게 했다.

갑자일(甲子日-24일)에 김남수(金南秀)를 공조판서(工曹判書), 권충(權衷)을 판공안부사(判恭安府事-공안부 판사), 설미수(偰眉壽)를 참찬의정부사(參贊議政府事-의정부 참찬사)로 삼았다.

을축일(乙丑日-25일)에 사헌부(司憲府)에서 판중군부사(判中軍府事-중군부 판사) 이지숭(李之崇-이화의 아들), 전 총제(摠制) 김귀보(金貴寶), 전 제학(提學) 조서(趙敍-조영무의 아들), 검교 한성윤(檢校漢城尹) 나득경(羅得卿)의 죄를 청했는데, 오결(誤決)이라고 거짓으로 고(告)했기 때문이다. 상이 말했다.

"지숭(之崇)은 종친(宗親)이요, 귀보(貴寶)는 태조(太祖)의 원종공신(元從功臣)이요, 서(敍)는 공신의 아들이니, 모두 죄를 논할 수 없다."

유사눌(柳思訥)이 아뢰어 말했다.

"비록 공신과 관련돼 있다 해도 처음 법을 범한 자들이라 가볍게 면제할 수 없습니다. 일찍이 교지(敎旨)가 있기를 '정결(正決)을 오결(誤決)이라 하는 자는 고신(告身)을 거두고 장(杖) 80대를 때리고 수군(水軍)에 채워 넣으며 사환(使喚)하는 노비는 속공(屬公)한다'라고 했는데, 어찌 공신과의 연고가 있다고 해서 아무렇지 않게[恝然] 걱정 없이 나라의 법을 두려워하지 않을 수 있겠습니까?"

상이 말했다.

"다른 죄는 면제하고, 다만 소송하던 노비는 속공(屬公)하라."

병인일(丙寅日-26일)에 육조 판서(六曹判書), 대간(臺諫), 참찬(參贊) 이숙번(李叔蕃) 등을 불러 강무(講武-사냥)할 장소를 토의했다. 상이 말했다.

"강무하는 데 일정한 장소가 있는 것이 옛날의 제도다. 지난해에 멀리 전라도에서 사냥한 것을 나는 심히 후회한다. 후세의 비웃음을 면하지 못할 것이다. 태안(泰安)·해주(海州)·횡천(橫川)·광주(廣州) 등지에 상소(常所)를 정해 자손(子孫)의 법규(法規)로 삼도록 하는 것이 어떻겠는가?"

모두 말했다[僉曰].
_{첨왈}
"강무하는 장소를 반드시 정할 필요가 없습니다."

상이 말했다.

"경 등은 모두 글을 읽은 사람들인데, 선왕(先王-옛날의 훌륭한 임금들)들이 과연 일정한 장소가 없었던가?"

대답했다.

"선왕들의 원유(苑囿-동산)는 모두 교외의 관문 안에 있었습니다. 지금 만약 그것을 가까운 곳에 정해둔다면 선왕들의 제도에 부합될 것입니다. 가까운 곳에 금수가 너무 적은 것을 어떻게 하겠습니까? 저 태안, 해주 같은 바다에 인접한 곳에는 금수가 많지만 그런 곳을 자손들의 규범으로 삼는다는 것은 아무래도 불가하지 않겠습니까? 그만둘 수 없다면 별례(別例)로서 가서 사냥하는 것[往狩]이 어떻겠
_{왕수}
습니까?"

상이 말했다.

"경 등의 말이 옳다. 내가 마땅히 따르겠다."

명해 대호군(大護軍) 조치(趙菑)를 태안(泰安)에, 이군실(李君實)을 해주(海州)에 보내 이를 살펴보게 했다.

○ 본궁(本宮)의 종 김천(金千)을 제주(濟州)에 내쫓았다. 천(千)이 소량(訴良)한 것이 모두 세 차례였으나 사실이 아니었다. 상이 노해 발뒤꿈치를 끊어버리고[斷足排] 제주로 내쫓았는데, 가다가 전주(全州)에 이르러 죽었다. 뒤에 상이 형조에 명해 말했다.

"내가 듣건대, 김천이 소량(訴良)했으나 종천(從賤)되니, 다른 사람의 노비를 일족(一族)이라고 함부로 칭해 붙잡혀 온 자가 심히 많다고 한다. 마땅히 속히 분간해 각각 그 주인에게 돌려보내라."

○ 사헌부에서 소를 올려 병조판서 김승주(金承霔)의 죄를 청했다. 애초에 승주(承霔)가 평안도에서 돌아와 입궐해 사은(謝恩)하니, 상이 그가 늦게 온 것을 의아하게 여겨[訝] 이관(李灌)에게 일러 말했다.

"너희들이 내 뜻을 전해 승주를 불렀는데, 그 소식의 사연이 어찌 긴급하지 않았는가[不緊]?"

관(灌)이 말했다.

"신 등이 쓰기를 '이달 초3일에 병조판서에 제수됐으니, 그곳의 군무(軍務)는 진무(鎭撫)에게 맡기고 속히 서울로 오라'라고 했습니다."

상이 노해 말했다.

"너희들의 학문이 무슨 소용이 있겠느냐? 왜 병조는 하루라도 비워둘 수 없다고 하지 않았느냐?"

승주가 임금의 노여움을 풀고자 해 아뢰었다.

"물이 불어 건너기가 어려워서 속히 올 수가 없었습니다."

이때에 이르러 헌부(憲府)에서 또 승주의 죄를 청했으나 들어주지 않았다.

정묘일(丁卯日-27일)에 사간원(司諫院)에서 소를 올렸는데, 내용은 이러했다.

'옛날의 빼어난 임금[聖王]은 아침에 정사(政事)를 듣고 낮에 방문 (訪問)했으므로 거의 대부분 아래 백성의 실상[下情]들이 위에까지 전달돼 모든 공적(功績)이 빛났습니다. 우리 전하께서도 전고(前古)를 본받아서 날마다 육조(六曹)를 접해 정사를 의논하고 몸소 스스로 청단(聽斷)하니, 진실로 아름다운 뜻입니다. 그러나 한 달에 6아일 (六衙日)[30]은 혹은 조회(朝會)를 보지 않고 육조 장관(六曹長官)이 능히 몸소 세무(細務)를 익히지 않으므로, 그 번거로운 온갖 정사를 천총(天聰)에 능히 다 상달(上達)하지 못할까 두렵습니다. 엎드려 바라건대, 매양 6아일(六衙日)이 되면 정전(正殿)에 임어하시어 조회를 받고, 육조 장관에게 명해 그 낭관(郞官)으로서 일을 맡은 자와 함께 일의 크고 작은 것이 없이 모조리 다 친히 계달하게 해서 신충(宸衷-임금의 마음)에서 결단한 뒤에 시행하도록 하소서.'

답하지 않았다[不報-不答].

---

30 매달 백관(百官)이 모여 조회(朝會)하고 임금에게 정사(政事)를 아뢰는 여섯 날 이다. 고려 때는 초1일·초5일·11일·15일·21일·25일이었으나, 조선조에는 초1일·초 6일·11일·16일·21일·26일이었다.

○ 지인(知印)[31]의 좌차(坐次)를 정했다. 예조에서 아뢰었다.

"지인(知印) 등이 자기네 패[自中]의 좌차를 모두 차년(差年)의 선후(先後)로써 상하(上下)를 삼는 것은 잘못입니다. 빌건대 다른 성중관(成衆官)의 예에 의거해 직차(職次)로써 좌차를 정하고 그 거관(去官)은 이미 정한 예에 의하며, 감찰(監察)·봉례(奉禮)도 산관(散官)의 고하(高下)를 써서 좌차를 정하고 천전(遷轉)은 비하(批下)[32]한 차례를 써야 할 것입니다."

그것을 따랐다. 이전까지는 비록 선무(宣務-종6품)라 하더라도 비하(批下)한 차례를 썼으므로 승의(承議-정6품)의 위에 자리했기 때문이다.

○ 전라도 도관찰사에게 뜻을 내렸다[下旨]. 상이 말했다.

"지금 이제 듣건대, 진도(珍島)에 국마(國馬)를 보살피고 키우는 자가 제주(濟州)에서 왔는데 생활[生理]이 어렵다고 한다. 양식이 다하면 도망할 것이니, 마땅히 백호(百戶)의 소망을 들어줘 계책을 씀이 견실한 자를 가려서 수를 헤아려 정해 보내고 거소(居所)를 잃도록 하지 말라."

무진일(戊辰日-28일)에 완산부원군(完山府院君) 이천우(李天祐)를 의금부 도제조(義禁府都提調)로 삼고 금천군(錦川君) 박은(朴訔), 우군

---

31 지방의 하급 관리로, 이때는 서울의 육조에도 있었다. 군사 정보의 전달과 진상물 수송 등을 담당했다.
32 임금의 비지(批旨)를 내리는 일을 뜻한다. 여기서는 관리를 임명할 때 임금이 허락하는 것을 말한다.

총제(右軍摠制) 심온(沈溫), 전 도관찰사 안성(安省)을 제조(提調)로 삼았으니, 모두 낙점(落點)한 것이다.

○ (경기도) 광주(廣州) 위유성(尉由城)의 전지를 각 품(品)에 도로 주었다. 호조판서 박신(朴信)이 아뢰었다.

"위유성의 전지가 강무장(講武場)으로 인해 진황(陳荒)한 것이 457결(結)에 이릅니다. 이제부터 경작하고 개간하도록 허락해 일찍이 수전(受田)했던 각 품에 도로 주고, 그 각 품이 대신 받은 전지는 군자(軍資)에 환속(還屬)하게 하소서."

그것을 따랐다.

○ 사헌부에서 상호군(上護軍) 허권(許權)의 죄를 청했다. 아뢰어 말했다.

"권(權)이 전구서 제거(典廐署提擧)가 되어 개초(蓋草-이엉) 3,000여 속(束)을 사사로이 남에게 주었고 사가(私家)의 양(羊) 2마리를 길렀으니, 법으로 치죄(治罪)하는 것이 마땅합니다. 일이 사유(赦宥) 전에 있었으니, 바라건대 그 직(職)과 제거(提擧)의 직임을 파하고 그 물건을 징수해서 사풍(士風)을 권려하소서."

상이 말했다.

"그가 사사로이 쓴 것이 아니고 남에게 주었으니, 다만 제거만을 파하라."

○ 영길도 도순문사(永吉道都巡問使)에게 명해 매를 바치게 하고서 또 말했다.

"마땅히 9월 20일에 미치도록 하라."

기사일(己巳日·29일)에 일본(日本) 대내전(大內殿)이 사자로 보낸 [使送] 사람을 장(杖)을 때려서 돌려보내라고 명했다.

경상도 수군 도절제사(慶尙道水軍都節制使) 김을우(金乙雨)가 아뢰었다.

'일본 대내전(大內殿)의 왜사(倭使) 30여 인이 김해부(金海府)에 다시 도착했는데, 부사(府使) 우균(禹均)이 별관(別館)에서 이를 대접하고자 할 때 왜인 10여 명이 객사(客舍)에 당도해 바로[直] 감사가 앉은 자리 앞에 들어와서 인신(印信)을 짓밟고 또 서안(書案)을 집어 던졌으며 또 우균을 붙잡아 모자를 벗기고 옷을 벗겨 찌르고자 했으니 그 흉포함이 심합니다. 신은 구류(拘留)해 죄를 묻기를 원합니다.'

상이 이를 읽어보고 말했다.

"왜사(倭使)가 횡포를 자주 부리니 마땅히 구류하고, 먼저 난동을 부린 사람은 가쇄(枷鎖)해 수금(囚禁)하라."

이에 사직(司直) 심구수(沈龜壽)를 보내 을우(乙雨)와 함께 더불어 토의해서 장(杖)을 때리고 돌려보냈으니, 하륜(河崙)의 의견을 쓴 것이다. 상이 말했다.

"왜사(倭使)가 왕왕 표독한 짓을 자행하는데, 마땅히 율령(律令)을 정해 경상도에 이문(移文)해서, 작은 죄는 감사가 율에 의거해 장형(杖刑)을 실시하고 사죄(死罪)는 단단히 가두고 계문(啓聞)하게 하라."

○ 전 감무(監務) 박효제(朴孝悌)의 고신(告身)을 거두고 그 죄를 속(贖) 받았다.

효제(孝悌)가 전 군사(郡事) 지을성(池乙成)과 한성부(漢城府)에 노비를 소송했는데, 효제가 말했다.

"교지(教旨)가 너무 번거롭다."

을성(乙成)이 부관(府官)에 고해 헌사(憲司)에 이문(移文)했다. 헌사에서 사실을 읽어보고[閱實] 죄를 청했기 때문이다.

○ 지해진군사(知海珍郡事) 겸 수군 도만호(水軍都萬戶) 최재전(崔在田)을 파직했다. 재전(在田)은 옛 이름이 윤(閏)이었는데, 그 아비가 동불(銅佛)을 도적질해 그릇을 만들다가 죄를 받게 된 까닭에 이름을 재전이라고 고쳤다.

헌사(憲司)에서 말씀을 올렸다.

"재전이 일찍이 죄를 범했으니, 빌건대 직사에 나아오지 말게 해서 후인(後人)을 경계하소서."

그것을 따랐다. 헌사에서 또 이조 문선사(文選司) 정랑(正郎) 최진성(崔進誠)·좌랑(佐郎) 김고(金顧)가 거용(擧用-선발해서 임용함) 때 죄를 범했다고 탄핵하니, 상이 헌사로 하여금 만호(萬戶)의 직임에 보충할 만한 자를 천거하게 했다.

○ 호조에서 경외(京外)의 호구(戶口)를 고쳐 성적(成籍-작성)할 것을 청하니, 그것을 따랐다.

경오일(庚午日-30일)에 사간원에서 소(疏)를 몰려 강무(講武)의 상소(常所)를 정하도록 청하니, 의정부에 내려 실상에 비춰 토의하게 했다. 이숙번(李叔蕃)이 말했다.

"강무(講武)의 거조(擧措)는 본래 군사를 다스리기 위한 것이지만, 그러나 금수(禽獸)를 바치는 예도 폐지하지 못하는 것입니다. 만약 옛 제도[古制]를 본떠 경기의 관방(關防) 안에 정한다면 금수(禽獸)가 적을 것이고, 먼 지방이면 옛 제도가 아닙니다. 신은 생각건대, 상소(常所)를 정하지 말고 해의 흉풍(凶豐)을 살펴서 적절한 곳을 따라 강무하고, 성모(聖謨-임금의 뜻)를 후사(後嗣)에 남겨 말하기를, '나는 어려서부터 말 달리고 사냥하는 데 익숙해 오늘에 이르기까지 또한 스스로 그만두지 못했는데, 이것은 인군(人君)의 아름다운 일이 아니니 마땅히 본받지 않는 것이 좋겠다'라고 하소서. 만약 신 등으로 하여금 반드시 상소(常所)를 정하라고 하신다면 옛 제도를 본떠 경기 안에 정하는 것은 진실로 어렵지 않습니다."

辛丑朔 命司憲府考察刑曹罪囚. 上曰: "某日所囚幾人? 所決
신축 삭 명 사헌부 고찰 형조 죄수 상왈 모일 소수 기인 소결

幾罪? 如有淹滯者 啓聞免職 著以爲式. 憲府遲緩則亦當罪之."
기죄 여유 엄체 자 계문 면직 저 이위 식 헌부 지완 즉역 당 죄지

司憲府啓: "京中獄囚滯否 旣令本府考察. 請外方監司亦當每季月
사헌부 계 경중 옥수 체부 기령 본부 고찰 청 외방 감사 역 당 매 계월

輒報本府 以憑糾察." 從之. 命憲府曰: "各司官吏有違錯事 劾問
첩보 본부 이빙 규찰 종지 명 헌부 왈 각사 관리 유위 착사 핵문

閱實後 無罪者勿囚次知 卽令出仕 永以爲式." 先是 被劾者無罪
열실 후 무죄 자 물수 차지 즉령 출사 영 이위식 선시 피핵 자 무죄

欲令出仕 則囚次知 此前朝之弊法也.
욕령 출사 즉수 차지 차 전조 지 폐법 야

領議政府事河崙請築京城東西片月城 不許. 啓曰: "今歲小旱 禾
영의정부사 하륜 청축 경성 동서 편월성 불허 계왈 금세 소한 화

不大熟(未熟) 臣欲有所陳而囁嚅者久矣. 今始行廊之役 請小加發
불 대숙 미숙 신 욕유 소진 이 섭유 자 구의 금시 행랑 지역 청소 가발

丁夫 築都城東西兩隅." 上曰: "姑待後年."
정부 축 도성 동서 양우 상왈 고대 후년

癸卯 以金漢老判右軍都摠制府事 金承霆兵曹判書 趙庸
계묘 이 김한로 판우군도총제부사 김승주 병조판서 조용

藝文館大提學.
예문관대제학

賜文科及第恩榮宴.
사 문과급제 은영연

甲辰 檢校議政府右議政盧嵩卒. 嵩 光州人 字中甫 號桑村
갑진 검교 의정부 우의정 노숭 졸 숭 광주 인 자 중보 호 상촌

監察持平俊卿之子. 中乙巳科 累歷淸要 官至知申事 出納惟允. 時
감찰 지평 준경 지자 중 을사 과 누력 청요 관지 지신사 출납 유윤 시

僞主盤遊無節 一日命駕適野 會大雨川漲 嵩力陳禍福 涕泣而諫 主
위주 반유 무절 일일 명가 적야 회 대우 천창 숭 역진 화복 체읍 이간 주

乃還 時人嘉其勁直. 壬戌以同知密直 兼大司憲 一日僞主馳馬入嵩
내환 시인 가기 경직 임술 이 동지밀직 겸 대사헌 일일 위주 치마 입숭

412

之園 問此是誰家 從者以實對 策馬疾馳而出. 以嵩數諫盤遊 主心

忌之. 己巳爲全羅道都觀察使 時倭寇絡繹 濱海州郡蕭然 嵩振起

頹綱 威惠竝行. 請于朝 復民租三年. 先是 近海無城 輸租待漕之

弊 民不能堪. 嵩相地之宜 全之龍安 羅之榮山 輸租以便轉漕. 且

諸州舊無義倉 又請于朝 始置之. 乙亥爲開城留後. 時 太祖錄元從

之功 賜土田臧獲. 丁丑爲京畿左道都觀察使 畿內之地 多達官

別業 嵩均其差役 請托不行. 庚辰 我殿下卽位 擢爲正憲三司左使

知議政府事 蓋重才識也.

嵩養母至孝 晨昏奉養無違 母年九十三而終 擗踊摧折 喪葬盡禮.

辛巳起復 參判承樞府事 上箋乞終制 不允. 甲申遷參贊議政府事.

辛卯以檢校議政府右政丞居家 與昌寧府院君成石璘以下 年德俱高

數十餘老 結爲耆英會優游. 卒歲甲午改除檢校右議政 至是以病

卒. 輟朝三日 賜祭致賻 賜諡敬平. 嵩稟資純厚 存養謙恭 當官處事

未嘗小怠 孝親忠君 一以至誠 與朋友敬而信 敎子孫嚴而恕. 喜觀

經史 不喜作世俗對偶文字 治家務從儉約 不以營産爲意 不好嬉游

不佞神佛. 臨卒戒諸子曰: "吾嘗觀先儒議論 粗知死生之理. 吾

死後毋作佛事." 卒年七十八. 男五 尙仁 尙義 尙禮 尙智 尙信.

夜大風. 全羅漕船六十六艘敗沒 溺死者二百餘人 沈水米豆幷

五千八百餘石. 七月行船 古人所忌. 先是 戶曹移文云: '七月晦時

載船 八月初發送.' 水軍都節制使鄭幹從移文 以致此災. 上怒曰:

“戶曹雖不審節氣早晚 刻期移文 今年則七月節候 盡於八月十四日
奉行者不能審處 若尾生之抱柱. 其令幹騎私馬上京.” 上曰: “七月
行船 曾有教禁 鄭幹不審節候 以致覆沒. 其父母妻子悲怨之情
豈不致傷和氣? 其代鄭幹者 須擇能者薦之.” 仍命憲府曰: “自今
各道官妓毋令越境. 違者本官守令及監司 皆以敎旨不從論罪.”
以敗船時 鎭撫所携官妓二人沒死故也. 又遣判繕工監事李漬於
全羅道 檢覆敗船時遺失軍器 究問沒水軍丁 賑卹其家. 傳問尊堤
開鑿便否于承政院 李灌等對曰: “忠淸漕運 皆輸沔川 不由安行梁
獨全羅漕運 必由是梁 然致敗恒在於群山等梁. 若從河崙議 則一月
朔望 潮水止輪二次 久泊海門 恐有風變. 且崙曾力主自遠州至近圻
以次轉載之策 然京畿之民 自秋徂春 田租賦役 殆無虛日 加之以
轉載之役 則奚暇治生哉?” 上曰: “予已知之矣.”

是日 豐海道船軍赴行廊役者之船 敗於江華港口 死者十七人.

功臣請仲月獻壽 不允. 上曰: “二功臣在殯 非宴樂之時也.”

乙巳 大風以雨.

以宦者爲諸寺監別坐 李允中內資寺 金和尙內贍寺 金海司宰監.

免原州 橫川斫木之役. 上謂代言曰: “一年春秋講武外 長在
深宮 氣不得伸. 且於曩日 京畿講武時 行至沮洳墜馬失容 射獵亦
不快意. 江原雖云遠道 原州 橫川距京城纔六七息 今欲往焉 可免
其處行廊斫木之役 以供講武之行.”

光祿卿權永均 鴻臚卿任添年 少卿崔得霏李茂昌赴京師 以帝
北征 欽問起居也. 呂幹從之.

司憲府上疏. 疏曰:

'京中各司及外方觀察使 節制使以定日移文公務 視爲文具 稽留
累日. 雖奉王旨事 亦不卽奉行 以致稽緩 有乖人臣奉職之意. 自今
奉王旨行移事及六曹程途分揀 定日移文事 如前不卽奉行官吏
隨卽申聞科罪. 京外官定日通關公事 互相稽留者 亦依上項科罪
其中若有不及者 則具由以聞 以爲恒式. 若有飾辭冒妄者 從重
科斷.'

從之.

丁未 命領春秋館事河崙 監館事南在 知館事李叔蕃卞季良改修
高麗史. 上曰: "恭愍王以下 事多不實 宜更竄定."

以革去丁吏及司宰監身良水軍女孫 定爲樂工.

遣倭池溫 往諭宗貞茂. 對馬島宗貞茂使人三十四名 小二殿
三十一名 一岐州二十名 日向州二十名 共一百五名 俱在蔚山 怒
請鍾遲緩給付 拔劍欲害郡人 恣行暴亂. 監司具聞 上欲拘留 召
政府六曹議之. 禮曹判書黃喜獻計曰: "遣平道全 以大義責之曰:
'國家待爾甚厚 爾豈反不感德 以小事衙之 欲害我民 交隣之道若是
乎? 爾等若求大鐘 則告于國家可也. 何悖慢無禮如是其甚耶?' 遂
賜他鍾 脅令入送. 且遣池溫 諭宗貞茂曰: '今後日本國王及對馬島

大內殿 小二殿 九州節度使等十處倭使外 各處倭人 毋得出送."上
대내전 소이전 구주 절도사 등 십처 왜사 외 각처 왜인 무득 출송 상

從之. 道全至蔚山 倭船已發矣. 喜又曰: "倭人懷詐反復 其心 未
종지 도전 지울산 왜선 이발 의 희우왈 왜인 회사 반복 기심 미

可以今日歸順 小弛後日之制御. 今國家昇平日久 兵船諸事 或有
가이 금일 귀순 소이 후일 지제어 금 국가 승평일 구 병선 제사 혹유

陵夷 請遣朝官點考."上令政府六曹同議可行事件. 右議政李稷
능이 청견 조관 점고 상영 정부 육조 동의 가행 사건 우의정 이직

亦曰: "國家無事 備邊之事 名存實亡 宜遣敬差官考察." 從之.
역왈 국가 무사 비변 지사 명존 실망 의견 경차관 고찰 종지

分遣海道察訪 皆兼損實敬差官之任. 漢城少尹宋興于京畿
분견 해도찰방 개겸 손실경차관 지임 한성 소윤 송흥 우 경기

上護軍李春生忠淸道 大護軍權輅慶尙道 上護軍金尙旅全羅道
상호군 이춘생 충청도 대호군 권초 경상도 상호군 김상려 전라도

司直李自直江原道 大護軍朴敦義豐海道 上護軍朴東美永吉道 前
사직 이자직 강원도 대호군 박돈의 풍해도 상호군 박동미 영길도 전

府使田思理平安道. 授察訪條畫:
부사 전사리 평안도 수 찰방 조획

'一 點考軍器馬匹. 一 點考侍衛軍騎船軍. 一 考兵船及陸物
일 점고 군기 마필 일 점고 시위군 기선군 일 고 병선 급 육물

諸緣. 一 考兵船泊立要害處及船數. 一 守令闕立船軍者及萬戶
제연 일 고 병선 박립 요해처 급 선수 일 수령 궐립 선군 자 급 만호

千戶給由者竝考. 一 各鎭各官月課竝考. 一 在前月月課軍器內
천호 급유 자 병고 일 각진 각관 월과 병고 일 재 전월 월과군기 내

如有不實之物 推覈各等官吏. 一 各官守令不修城子者論罪. 一
여유 불실 지물 추핵 각등 관리 일 각관 수령 불수 성자 자 논죄 일

上項條令內違犯者 通政以下 照律直斷 嘉善以上申聞科罪.'
상항 조령 내 위범자 통정 이하 조율 직단 가선 이상 신문 과죄

因承文院副校理崔興孝 正字具綱 罷其職. 初 河崙招掌務興孝
수 승문원 부교리 최흥효 정자 구강 파 기직 초 하륜 초 장무 흥효

具綱等曰: "今呈禮部咨內 鄭允厚未赴京辭由 除患病二字 止書
구강 등왈 금정 예부 자내 정윤후 미 부경 사유 제 환병 이자 지서

年老不能動履可矣." 興孝等不啓 仍書患病字 崙具辭以啓故也.
연로 불능 동리 가의 흥효 등 불계 잉서 환병 자 륜 구사 이계 고야

戊申 命刑曹慮囚.
무신 명 형조 여수

禮曹受敎 詳定議政府六曹錄事知印遷轉之法. 議政府錄事五
예조 수교 상정 의정부 육조 녹사 지인 천전 지법 의정부 녹사 오

六曹每曹各三式 更定架閣庫錄事 七十七依舊爲頭拜京職 之次
육조 매조 각 삼식 갱정 가각고 녹사 칠십 칠 의구 위두 배 경직 지차

外任. 議政府六曹錄事幷二十三 合爲一都目 爲頭京職 之次外任.

議政府祿官錄事 改爲架閣庫副錄事; 權知議政府錄事 改爲權知

架閣庫錄事. 議政府錄事祿官 濟用監七八品中一 權務一幷二

架閣庫錄事祿官. 濟用監七八品中二 架閣庫七八九品中二 權務

五幷九. 六曹錄事祿官 架閣庫七八九品中四 權務四幷八. 議政府

六曹知印祿官 濟用監七八品中一 軍器監七八品中一 都染署九品

一 架閣庫權務二幷五. 議政府知印十 六曹知印十八 幷二十八 合爲

一都目 爲頭京職 之次外任.

己酉 平安道都安撫使辛有定拜辭 賜紬綿布各二匹.

庚戌 上王詣健元陵 行秋夕別祭.

收京畿右道水軍僉節制使宋得師告身 充水軍. 京畿觀察使報:

'京畿 豐海道水軍 赴行廊役者二十九人所乘船 値大風漂沒 死者

十人.' 遣巡禁司護軍金中坤于喬桐 鞫問當該官吏 不審風水 致令

溺死之罪 乃得師載於小船 以致覆沒 上命照律論罪. 代言趙末生

徐選等 使律學朴尙幹等照律 比依輕典以聞 上命刑曹改照律 罪當

收告身 杖一百 充水軍 上譴責末生等 各歸其家勿出 命曰: "得師可

收告身 除決杖 充京畿右道水軍 以戒後來 且愧其心." 延安府水軍

亦敗船於喬桐港口 死者五人 餘四十人來京赴役 絶糧飢困. 都監

以聞 命放歸其家.

壬子 命收前判忠州牧事權軫職牒 贖杖一百 除徒役三年. 軫爲

辨正都監提調 與副使尹處誠私議 密授其子所納狀 令改書辭由
변정도감 제조 여 부사 윤처성 사의 밀수 기자 소납 장 영개서 사유

以呈 事覺下刑曹斷罪 處誠亦贖笞四十.
이정 사각 하형조 단죄 처성 역 속태 사십

癸丑 刑曹都官啓奴婢事宜. 啓曰: "大小人員役使奴婢之奴婢
계축 형조 도관 계 노비 사의 계왈 대소인원 역사 노비 지 노비

其中容有不當役使而役使者 然其奴婢畏本主 未能相訟. 緣此
기중 용유 부당 역사 이 역사 자 연 기 노비 외 본주 미능 상송 연차

限年未呈者 比比有之. 厥後或從良 或屬身良水軍 而向舊主相訟
한년 미정 자 비비 유지 궐후 혹 종량 혹 속신 양수군 이 향 구주 상송

者頗多. 此雖冤抑 然以限年未呈 難於處決 伏望上裁施行." 命曰:
자 파다 차 수 원억 연 이 한년 미정 난어 처결 복망 상재 시행 명왈

"限年呈未呈勿論 一皆接狀."
한년 정 미정 물론 일개 접장

下旨于永吉道都巡問使:
하지 우 영길도 도순문사

'一 吉州以南軍馬 因赴鎭鏡城 道阻困踣 將來可慮. 宜以吉州
일 길주 이남 군마 인 부진 경성 도조 곤북 장래 가려 의이 길주

北村牛禾嶺爲界 移隷鏡城 以其軍馬防禦. 安邊以北軍馬則宜令
북촌 우화령 위계 이예 경성 이 기 군마 방어 안변 이북 군마 즉 의령

精鍊器械 番上宿衛.
정련 기계 번상 숙위

一 兀良哈 吾都里 兀狄哈等假辭進上 往來不絶. 給驛馬則便欲
일 올량합 오도리 올적합 등 가사 진상 왕래 부절 급 역마 즉 편욕

攘奪 多方劫之 馬主疑其被殺 棄馬遁避 此積年巨弊也. 自今臨時
양탈 다방 겁지 마주 의기 피살 기마 둔피 차 적년 거폐 야 자금 임시

應變 不許給馬.'
응변 불허 급마

乙卯 上詣文昭殿 行秋夕祭. 禮曹啓: "慶州 全州 平壤太祖眞殿
을묘 상 예 문소전 행 추석제 예조 계 경주 전주 평양 태조 진전

四孟朔大享與有名日別祭 令其道使臣及守令行祭." 從之.
사 맹삭 대향 여 유명일 별제 영 기도 사신 급 수령 행제 종지

罷慶尙道都觀察使李貴山職. 司憲府上疏曰:
파 경상도 도관찰사 이귀산 직 사헌부 상소 왈

'貴山曾任全羅監司 凡公事及決獄 莫知所裁 皆爲首領官所斷.
귀산 증임 전라감사 범 공사 급 결옥 막지 소재 개위 수령관 소단

且以紙地等物 贈遺京中各處 非惟才不適用 設心諂媚 不合監司之
차 이 지지 등물 증유 경중 각처 비유 재 부적용 설심 첨미 불합 감사 지

任.'
임

貴山未行而遂罷.
귀산 미행 이 수 파

命平安 永吉道修築城子. 下旨: '平安道郭山城 能化城 古隨州
명 평안 영길도 수축 성자 하지 평안도 곽산성 능화성 고 수주

靑山城 依在先移文造築; 永吉道咸州城 依癸巳十月都體察使
청산성 의 재선 이문 조축 영길도 함주성 의 계사 십월 도체찰사

李天祐審定 吾邑甫基用本州人力 自今年造築移入.' 又以金承霆
이천우 심정 오읍 보기용 본주 인력 자 금년 조축 이입 우 이 김승주

之言 命築平安道撫山之梁山城 附近州郡軍資米豆 悉皆輸入 以備
지 언 명축 평안도 무산 지 양산성 부근 주군 군자 미두 실개 수입 이비

糧餉.
양향

丁巳 命吏曹考從仕者受田之法以聞. 上謂戶曹判書朴信曰: "凡
정사 명 이조 고 종사자 수전 지 법 이문 상위 호조판서 박신 왈 범

從仕者 苟得登名仕板 便欲受田. 豈古者分田制祿之道乎? 若有
종사자 구득 등명 사판 편욕 수전 기 고자 분전 제록 지 도 호 약유

勳德者之子孫 固宜受之 其廣考古制以聞." 對曰: "吏曹考其祖品
훈덕 자 지 자손 고 의 수지 기 광고 고제 이문 대왈 이조 고기 조품

移文戶曹 方許給田." 乃有是命.
이문 호조 방 허 급전 내 유 시명

司諫院上疏:
사간원 상소

'一 自古帝王必置經筵 以講聖學者 誠以道由學而明; 治由學而廣
일 자고 제왕 필치 경연 이강 성학 자 성이 도 유학 이명 치 유학 이광

也①. 殿下卽位之初 日御經筵 講論經籍 孜孜忘倦 以淸出治之源.
야 전하 즉위 지 초 일어 경연 강론 경적 자자 망권 이청 출치 지 원

今民物富庶 中外乂安者 實基於玆. 比年以來 雖設經筵官 而輟講
금 민물 부서 중외 예안 자 실 기어 자 비년 이래 수설 경연관 이 철강

久矣. 臣等竊念 殿下天性英明 學問精博 雖居燕閒 卷不釋手 好學
구의 신등 절념 전하 천성 영명 학문 정박 수거 연한 권 불석 수 호학

之篤 蔑以加矣. 然而御於經筵 凝神講究 則方寸之天 義理昭著
지 독 멸 이 가의 연이 어어 경연 응신 강구 즉 방촌 지천 의리 소저

聖學益進 治效益彰矣. 伏望殿下 愼簡廷臣之有學行者 皆兼經筵
성학 익진 치효 익창 의 복망 전하 신간 정신 지 유 학행 자 개겸 경연

又令領經筵以下官 輪日更進 討論經史 而前古得失興亡 當今擧措
우 영 영경연 이하 관 윤일 갱진 토론 경사 이 전고 득실 흥망 당금 거조

施爲 無不論難 以廣聖學 以裨治道.
시위 무불 논란 이광 성학 이비 치도

一 宦寺之禍 稽諸漢唐之末 可見也. 是皆由時君親信而任使之
일 환시 지 화 계저 한당 지 말 가견 야 시개 유 시군 친신 이 임사 지

也. 殿下以精博之學 於漢唐之事 必有嘆悼者. 前朝之季 於倉庫
야 전하 이 정박 지학 어 한당 지사 필유 탄도 자 전조 지계 어 창고

宮司 分遣宦寺 稱爲別監 至有致位宰輔 參預政機 卒至顚覆. 今我
궁사 분견 환시 칭위 별감 지유 치위 재보 참예 정기 졸지 전복 금아

國家更定官制 乃革所謂倉庫宮司 以爲祿官 愼簡朝士 列職以掌
국가 갱정 관제 내혁 소위 창고 궁사 이위 녹관 신간 조사 열직 이장

遣監察往糾出納 誠爲盛制. 今者命遣宦寺 分監內資 內贍 司宰等
견 감찰 왕규 출납 성위 성제 금자 명견 환시 분감 내자 내섬 사재 등

官. 臣等竊謂 設官分職 各有攸司 如有不法 當責其人而已. 且置
관 신등 절위 설관 분직 각유 유사 여유 불법 당책 기인 이이 차치

內侍府 本以備掖庭閨門之職耳. 豈可以貂璫之輩 參預卿署 反踵
내시부 본이 액정 규문 지직 이 기가 이 초당 지배 참예 경서 반종

前朝弊法而輕毀成憲乎? 臣等又念 在殿下之時 雖任之不至於弊
전조 폐법 이 경훼 성헌 호 신등 우념 재 전하 지시 수 임지 부지어 폐

儻有後世是效是則 而不及殿下之明睿 愈信愈任 則竊恐弊有不可
당유 후세 시효 시칙 이불급 전하 지명예 유신 유임 즉 절공 폐유 불가

勝言者矣. 伏望殿下 亟罷宦寺之分監者 以垂後戒.
승언 자의 복망 전하 극파 환시 지 분감 자 이수 후계

一 臺諫之設 本爲耳目於殿下 是宜恒處左右 以備顧問也. 然勢
일 대간 지설 본위 이목 어 전하 시 의 항처 좌우 이비 고문 야 연세

有所不能也 故每日啓事 亦令偕進 實爲令規. 今也不然 已累旬月
유 소불능 야 고 매일 계사 역령 해진 실위 영규 금야 불연 이루 순월

臣等聞 令出惟行 不惟反. 今殿下旣立法矣 躬自毁之 何以示後?
신등 문 영출 유행 불유 반 금 전하 기 입법 의 궁자 훼지 하이 시후

伏望殿下 許令偕進 接以溫顏 俾竭一得之愚衷 以開言路 以廣
복망 전하 허령 해진 접이 온안 비갈 일득 지 우충 이개 언로 이광

聰明.'
총명

上覽疏 乃罷宦寺之分監者.
상 람소 내파 환시 지 분감 자

戊午 召政府 六曹 議漕運及給田事宜. 上曰: "近者全羅漕船
무오 소 정부 육조 의 조운 급 급전 사의 상왈 근자 전라 조선

敗沒 軍人溺死 予甚痛惜. 此漕轉 實爲祿俸耳. 向者昌寧府院君
패몰 군인 익사 여심 통석 차 조전 실위 녹봉 이 향자 창녕부원군

上書言: '圻內之田 全屬祿科 士大夫科田 移給下道 則全羅漕運之
상서 언 기내 지전 전속 녹과 사대부 과전 이급 하도 즉 전라 조운 지

弊除矣.' 有議者曰: '若是則米貴 而都城之民飢矣.' 予亦然之. 今
폐제 의 유의자 왈 약시 즉 미귀 이 도성 지민 기의 여역 연지 금

恨不用昌寧之言 此議如何? 又兵船泊立 不得藏風之處 遇風波
한 불용 창녕 지언 차의 여하 우 병선 박립 부득 장풍 지처 우 풍파

則覆舟之患比比有之. 疏鑿開渠 當無事時入泊 有事則出而應變

何如? 開渠之事 雖有小弊 不猶愈於傷人命乎?" 河崙曰: "此二條

皆事之至當者也." 南在以下未定開渠之議 崙厲聲曰: "上出至論

而臣當奉行. 開渠之事 何難之有? 若是則宜各署可否." 於是 可者

多. 上曰: "功臣田 別賜田 科田 爲半給於畿內 爲半給於下道 則

全羅漕運之數減矣. 減則於四五月內 一二度畢運 而無七月遭風之

患. 若開渠之議則姑試一二處可也." 卽遣吏曹參議李至剛于忠淸

全羅道 戶曹參議黃子厚于慶尙道 大護軍李韜于江原 永吉道 同

其道都節制使 審其形勢 難易以聞. 命戶曹各品科田分半 慶尙全羅

兩道移折給. 戶曹啓目:

"京畿內功臣田 別賜田 各品科田 寺社田 守信田爲半 慶尙

全羅道移折給 將其一半 充祿轉軍資. 其中各人折受累代農舍所耕

字丁 定日牓示 單子收納 移關京畿監司 核實折給 如有妄告者

移文憲司論罪."

上性本仁愛 聞人死於無辜 每自痛傷. 至是 船敗死者 多至二百

餘人 有是議.

刑曹上疏:

'一 今奉旨推刷各司奴婢 然不得刑問 故未現奴婢尙多. 其未現

奴婢內 錄于形止案 而逃亡避役奴婢陳告者 依私奴婢賞給例 一口

賞楮貨五十張; 形止案不付 而漏落奴婢陳告者 賞給楮貨一百張;

知而不告者 其一族切隣及里正長 依律論罪.
지 이 불고 자 기 일족 절린 급 이정장 의율 논죄

一 曾降敎旨內 不受號牌者 許人陳告 依制書有違例論罪; 如有
일 증강 교지내 불수 호패 자 허인 진고 의 제서유위 예 논죄 여유

借用者 許借者減二等; 流移者減一等; 里長 守令不考察還本者減
차용 자 허 차자 감 이등 유이 자감 일등 이장 수령 불 고찰 환본 자감

二等; 僞造者依造寶鈔例論; 失者依不應爲 決笞改給; 亡置(忘置)
이등 위조 자 의조 보초 예논 실자 의 불응위 결태 개급 망치 망치

者亦依不應爲 決笞; 但號牌偸取人及字畫削去改書人 聽從改寫人
자역 의 불응위 결태 단 호패 투취 인급 자획 삭거 개서 인 청종 개사 인

等罪科不論 難以照律. 今後號牌偸取人 依大明律盜關防印記者 皆
등 죄과 불논 난이 조율 금후 호패 투취 인 의 대명률 도 관방 인기 자 개

杖一百 刺字; 字畫削去改書人 依增減官文書者 杖六十; 改寫他人
장 일백 자자 자획 삭거 개서 인 의 증감 관문서 자 장 육십 개사 타인

字畫削去號牌者 依不應爲 決笞何如?'
자획 삭거 호패 자 의 불응위 결태 하여

從之. 唯盜牌者 除刺字 杖一百; 改書他人號牌者 依不應爲 事理
종지 유 도패 자 제 자자 장 일백 개서 타인 호패 자 의 불응위 사리

重 杖八十施行.
중 장 팔십 시행

庚申 慶尙道鎭海縣麻田等浦海水 變爲淡黃色 有小魚死而浮出
경신 경상도 진해현 마전 등 포 해수 변위 담황색 유 소어 사이 부출

者凡五日. 遣書雲正張得壽行解怪祭.
자 범 오일 견 서운 정 장득수 행 해괴제

辛酉 鏡城雨雪二寸.
신유 경성 우설 이촌

禮曹上山川祀典之制: "謹按唐禮樂志 嶽鎭海瀆爲中祀 山林
예조 상 산천 사전 지제 근안 당 예악지 악진해독 위 중사 산림

川澤爲小祀 文獻通考宋制 亦以嶽鎭海瀆爲中祀 本朝承前朝之
천택 위 소사 문헌통고 송제 역이 악진해독 위 중사 본조 승 전조 지

制 山川之祀 未分等第 境內名山大川及諸山川 乞依古制 分等第."
제 산천 지사 미분 등제 경내 명산 대천 급제 산천 걸의 고제 분 등제

從之. 嶽海瀆爲中祀 諸山川爲小祀 京城三角山之神 漢江之
종지 악 해독 위 중사 제 산천 위 소사 경성 삼각산 지신 한강 지

神, 京畿松嶽山德津, 忠淸道熊津, 慶尙道伽耶津, 全羅道智異山
신 경기 송악산 덕진 충청도 웅진 경상도 가야진 전라도 지리산

南海, 江原道東海, 豊海道西海, 永吉道鼻白山, 平安道鴨綠江
남해 강원도 동해 풍해도 서해 영길도 비백산 평안도 압록강

平壤江皆中祀. 京城木覔, 京畿五冠山紺岳山楊津, 忠淸道雞龍山
평양강 개 중사 경성 목멱 경기 오관산 감악산 양진 충청도 계룡산

竹嶺山楊津溟所, 慶尙道亏弗神主屹山, 全羅道全州城隍錦城山,
죽령산　　양진명소　　　경상도　우불신　주흘산　　전라도　전주　성황　금성산

江原道雉嶽山義館嶺德津溟所, 豐海道牛耳山長山串阿斯津,
강원도　치악산　의관령　덕진명소　　풍해도　우이산　장산곶　아사진

松串, 永吉道永興城隍咸興城隍沸流水, 平安道淸川江九津溺水皆
송곶　영길도　영흥　성황　함흥　성황　비류수　　평안도　청천강　구진　익수　개

小祀 在前所在官行. 京畿龍虎山華嶽, 慶尙道晉州城隍, 永吉道
소사　재전　소재관　행　경기　용호산　화악　경상도　진주　성황　영길도

顯德鎭白頭山 此皆仍舊所在官自行 永安城貞州牧監九龍山因達巖
현덕진　백두산　차　개　잉구　소재관　자행　영안성　정주목감　구룡산　인달암

皆革去. 又啓: "開城 大井 牛峰 朴淵 旣非名山大川 乞依華嶽山
개　혁거　우계　개성　대정　우봉　박연　기비　명산　대천　걸의　화악산

龍虎山例 令所在官行祭." 從之.
용호산　예　영　소재관　행제　종지

戶曹上議政府六曹臺諫同議備糧餉條件:
호조　상　의정부　육조　대간　동의　비　양향　조건

'一 身故者 喪葬畢後 子孫以其科分給 餘田假屬軍資 追其加官
일　신고　자　상장　필후　자손　이　기과　분급　여전　가속　군자　태기　가관

科準折給 其餘屬軍資.
과　준　절급　기여　속　군자

一 有子息妻守信田 給三分之二 以其餘田 假屬軍資 待其子孫
일　유　자식　처　수신전　급　삼분　지이　이　기여전　가속　군자　대기　자손

年壯 依科折給 如上項例. 父母俱沒 幼弱子孫卹養田 各給五結 無
연장　의과　절급　여　상항　례　부모　구몰　유약　자손　술양전　각급　오결　무

子息妻 給三分之一 其餘喪葬後許人陳告折給.
자식　처　급　삼분지일　기여　상장　후　허인　진고　절급

一 新來從仕內 革私田時 文字未納 不許陳告折給.
일　신래　종사　내　혁　사전　시　문자　미납　불허　진고　절급

一 犯罪人田 杖以上皆屬軍資. 雖蒙恩宥 特旨還給 不過
일　범죄인　전　장　이상　개속　군자　수　몽　은유　특지　환급　불과

三分之一.
삼분지일

一 今後以在前科田 依陳告折給 軍資田勿許折給.
일　금후　이　재전　과전　의　진고　절급　군자전　물허　절급

一 別賜田 身後屬軍資.
일　별사전　신후　속　군자

一 各道都觀察使 都節制使及首領官 爲半給祿.
일　각도　도관찰사　도절제사　급　수령관　위반　급록

一 檢校無兼官者 皆不給祿.
일　검교　무　겸관　자　개　불　급록

一 外方各官一息相距者 皆合爲一.
일 외방 각관 일식 상거 자 개합 위일

一 平壤 永興土官爲半減 除祿 科田三分減二.
일 평양 영흥 토관 위 반감 제록 과전 삼분 감이

一 全羅道米穀 依慶尙道例 陸輸于忠淸道內浦.'
일 전라도 미곡 의 경상도 례 육수 우 충청도 내포

從之.
종지

命各品科田仍舊. 汰京外冗官. 上引見議政府 六曹 臺諫等于
명 각품 과전 잉구 태 경외 용관 상 인견 의정부 육조 대간 등우

廣延樓下曰: "予慮漕運傷人 欲移給各品科田於下道. 昨夜思之
광연루 하왈 여려 조운 상인 욕이급 각품 과전 어하도 작야 사지

更改太祖成憲 深爲未便. 又思田地有限 而新來從仕者無窮 誠不可
갱개 태조 성헌 심위 미편 우사 전지 유한 이 신래 종사자 무궁 성 불가

均給也." 河崙對曰: "科田折給 宜其止矣. 主掌官惡人祝咀 未之
균급 야 하륜 대왈 과전 절급 의 기지 의 주장관 오인 축저 미지

啓耳." 上曰: "今無敵國外患 甲士之數雖少可也. 宜減作一千名 每
계이 상왈 금무 적국 외환 갑사 지수 수소 가야 의 감작 일천 명 매

一年五百名受祿侍衛 分番更代爲便 何必三千? 其除下甲士及可
일년 오백 명 수록 시위 분번 갱대 위편 하필 삼천 기 제하 갑사 급 가

當任者 選作別牌三千名 令輪番侍衛. 又考古制 卿大夫采田 皆
당임 자 선작 별패 삼천 명 영 윤번 시위 우 고 고제 경대부 채전 개

給於畿內 畿外則無古制也. 予又欲汰京外冗官 以減廩祿 卿等擬議
급어 기내 기외 즉무 고제 야 여 우 욕태 경외 용관 이감 늠록 경등 의의

以聞."
이문

乃會于紫門 政府擬議以聞: "除三軍同知摠制各一, 恭安 仁寧
내 회우 자문 정부 의의 이문 제 삼군 동지총제 각일 공안 인녕

漢城府尹各一. 改義勇巡禁司爲義禁府 罷祿官 置口傳官 堂上稱
한성부 윤 각일 개 의용순금사 위 의금부 파 녹관 치 구전관 당상 칭

提調. 鎭撫二正三品 副鎭撫二從三品 知事二四品 都事四五六
제조 진무 이 정삼품 부진무 이 종삼품 지사 이 사품 도사 사 오륙

品. 改忠順扈衛司爲忠扈衛 罷祿官 置口傳官. 鎭撫二三品 副鎭撫
품 개 충순 호위사 위 충호위 파 녹관 치 구전관 진무 이 삼품 부진무

二四品 仍置五品以下祿官. 除十司護軍各一 除甲士二千稱別牌
이 사품 잉치 오품 이하 녹관 제 십사 호군 각일 제 갑사 이천 칭 별패

番上侍衛 選精銳者一千爲甲士 分爲二番.
번상 시위 선 정예 자 일천 위 갑사 분위 이번

龍駒處仁幷爲龍仁, 衿川果川幷爲衿果, 交河屬原平, 金浦陽川
용구 처인 병위 용인 금천 과천 병위 금과 교하 속 원평 김포 양천

幷爲金陽, 漣川麻田幷爲麻漣, 長湍臨江幷爲長臨, 以廣州任內

병위 김양　연천 마전 병위 마련　장단 임강 병위 장림　이 광주 임내

朱溪高安屬陽智 朔寧安峽幷爲安朔 黃澗靑山幷爲黃靑, 燕岐全義

주계 고안 속 양지　삭녕 안협 병위 안삭　황간 청산 병위 황청　연기 전의

幷爲全歧, 溫水新昌幷爲溫昌, 尼山石城幷爲尼城, 以雞林任內

병위 전기　온수 신창 병위 온창　이산 석성 병위 이성　이 계림 임내

解顏屬大丘, 以陜川任內加守屬三歧, 幷巨濟居昌爲濟昌 河東

해안 속 대구　이 합천 임내 가수 속 삼기　병 거제 거창 위 제창　하동

南海爲河南, 扶寧保安爲扶安, 豐川殷栗爲豐殷, 長淵永康爲淵康,

남해 위 하남　부령 보안 위 부안　풍천 은율 위 풍은　장연 영강 위 연강

德川孟山爲德孟, 慈山殷山爲慈殷."

덕천 맹산 위 덕맹　자산 은산 위 자은

從之 且命檢校受祿. 自議政府左參贊至工曹參議一十爲定數 除

종지 차 명 검교 수록　자 의정부 좌참찬 지 공조참의 일십 위 정수 제

宦官檢校二十 尙衣院司直二 各道都節制使 水軍都節制使 道除

환관 검교 이십 상의원 사직 이　각도 도절제사　수군 도절제사 도 제

首領官 差三軍錄事.

수령관 차 삼군녹사

癸亥 加置辨正都監判官二十 分隷二十房.

계해 가치 변정도감 판관 이십 분예 이십 방

辨正都監上啓目: '大小人員自己婢妾所生 已屬司宰監 其中

변정도감 상 계목　대소인원 자기비첩 소생 이속 사재감 기중

身良役賤驛子 自己婢妾所生 幷屬司宰監未便 理宜屬公. 公私賤口

신량역천 역자 자기비첩 소생 병속 사재감 미편 이의 속공　공사 천구

自己婢妾所生 公賤則屬公; 私賤則決給奴子本主何如?' 從之. 提調

자기비첩 소생 공천 즉 속공　사천 즉 결급 노자 본주 하여 종지 제조

柳廷顯啓: "元告親著後十五日不見身者 訟者無故滿十五日不見身

유정현 계　원고 친착 후 십오일 불현신 자 송자 무고 만 십오일 불 현신

者告狀 乞不許受理." 從之.

자 고장 걸 불허 수리 종지

下旨于刑曹曰:

하지 우 형조 왈

"公處奴婢 辛巳年以上形止案 無故載錄者 大小人民不曾與公處

공처노비 신사년 이상 형지안 무고 재록 자 대소 인민 부증 여 공처

對訟得決 而潛隱使用者 其推以聞."

대송 득결 이 잠은 사용 자 기 추 이문

刑曹上訟者誣告律 啓曰: "奴婢告訟者 飾辭强辨 亂法瞞官 則杖

형조 상 송자 무고 율 계왈　노비 고송 자 식사 강변 난법 만관 즉 장

八十 充水軍 已依敎旨施行. 上項罪 誣告者反坐 竝不擧論 故論罪

팔십 충 수군 이 의 교지 시행　상항 죄 무고자 반좌 병 불 거론 고 논죄

爲難. 謹按大明律誣告條云: '凡誣告人徒流杖 加所誣罪三等.' 然則
위난 근안 대명률 무고 조운 범 무고인 도류 장 가 소무 죄 삼등 연즉

於本罪杖八十加三等 杖六十徒一年 今加以身充水軍未便. 請坐以
어 본죄 장 팔십 가 삼등 장 육십 도 일년 금 가이 신 충 수군 미편 청좌 이

本罪 杖八十 身充水軍何如?"
본죄 장 팔십 신 충 수군 하여

命誣告反坐者 免充水軍 依律施行.
명 무고 반좌 자 면 충 수군 의율 시행

甲子 以金南秀爲工曹判書 權衷判恭安府事 偰眉壽參贊
갑자 이 김남수 위 공조판서 권충 판공안부사 설미수 참찬

議政府事.
의정부사

乙丑 司憲府請判中軍府事李之崇 前摠制金貴寶 前提學趙敍
을축 사헌부 청 판중군부사 이지숭 전 총제 김귀보 전 제학 조서

檢校漢城尹羅得卿罪 妄告誤決也. 上曰: "之崇宗親; 貴寶太祖
검교 한성윤 나득경 죄 망고 오결 야 상왈 지숭 종친 귀보 태조

元從功臣; 敍功臣之子 皆不可論罪." 柳思訥啓曰: "雖係功臣 令初
원종공신 서 공신 지자 개 불가 논죄 유사눌 계왈 수계 공신 영초

犯法者 不可輕免. 曾有教旨曰: '以正決爲誤決者 收告身 杖八十 充
범법 자 불가 경면 증유 교지왈 이 정결 위 오결 자 수 고신 장 팔십 충

水軍 使喚奴婢屬公.' 豈可以功臣之故 恝然無憂 不畏邦憲也." 上
수군 사환노비 속공 기가 이 공신 지고 개연 무우 불외 방헌 야 상

曰: "除他罪 只將所訟奴婢屬公."
왈 제 타죄 지 장 소송 노비 속공

丙寅 召六曹判書 臺諫 參贊李叔蕃等 議講武之所. 上曰: "講武
병인 소 육조판서 대간 참찬 이숙번 등 의 강무 지소 상왈 강무

有定所 古之制也. 前年遠獵全羅 予甚悔之 未免後世之譏. 欲以
유 정소 고지제 야 전년 원렵 전라 여심 회지 미면 후세 지기 욕이

泰安 海州 橫川 廣州等處定爲常所 爲子孫之法何如?" 僉曰: "講武
태안 해주 횡천 광주 등처 정위 상소 위 자손 지법 하여 첨왈 강무

之所 不必定也." 上曰: "卿等皆讀書之人 先王果無定所乎?" 對曰:
지소 불필 정야 상왈 경등 개 독서 지인 선왕 과 무 정소 호 대왈

"先王苑囿 皆在郊關之內. 今若定諸近地 則合先王之制矣. 其如
선왕 원유 개재 교관 지내 금약 정지 근지 즉합 선왕지제 의 기여

近地 禽獸鮮少何? 彼泰安海州邊海之地 禽獸雖多 以爲子孫之規
근지 금수 선소 하 피 태안 해주 변해 지지 금수 수다 이위 자손 지규

無乃不可乎? 無已則以別例往狩何如?" 上曰: "卿等之言 是也 予
무내 불가 호 무이 즉 이 별례 왕수 하여 상왈 경등 지언 시야 여

當從之." 命大護軍趙菑於泰安 李君實於海州視之.
당 종지 명 대호군 조지 어 태안 이군실 어 해주 시지

黜本宮奴金千于濟州. 千訴良凡三度而不實 上怒斷足腓 而放之

濟州 行至全州而死. 後 上命刑曹曰: "予聞 金千訴良而從賤 以

他人奴婢 濫稱一族羅致者甚衆. 宜速分揀 各還其主."

司憲府疏請兵曹判書金承霆罪. 初 承霆還自平安道入謝 上訝

其來之遲 謂李灌曰: "爾等傳旨召承霆 其消息之辭 何不緊歟?" 灌

曰: "臣等之書曰: '月初三日 拜兵曹判書 其處軍務 囑諸鎭撫 以速

來京.'" 上怒曰: "爾等學問 有何所用? 何不曰兵曹不可一日闕耶?"

承霆欲解上怒 啓曰: "水溢難涉 未能速來." 至是 憲府又請承霆罪

不聽.

丁卯 司諫院上疏 疏曰:

'古昔聖王 朝以聽政 晝以訪問 庶幾下情上達 而庶績咸熙也. 我

殿下動法前古 日接六曹 議論政事 躬自聽斷 誠爲美意. 然一月

六衙 或不視朝 且六曹長官不能身親細務 其庶事之繁 恐不能盡達

於天聰. 伏望每當六衙日 御正殿受朝 命六曹長官與其郎官掌事者

事無小大 悉皆親啟 斷自宸衷 然後施行.'

不報.

定知印坐次. 禮曹啓曰: "知印等自中坐次 俱以差年先後爲上下

未便. 乞依他成衆官例 以職次序坐 其去官依已定例 監察奉禮亦用

散官高下序坐 遷轉則用批次." 從之. 前此 雖宣務用批次 坐於承議

之上故也.

下旨于全羅道都觀察使. 上曰: "今聞 珍島看養國馬者來自濟州
하지 우 전라도 도관찰사 상왈 금문 진도 간양 국마 자내자 제주

生理艱辛 糧盡則逃. 宜聽百戶之望 擇居計有實者 量數定送 毋令
생리 간신 양진 즉도 의청 백호 지망 택 거계 유실 자 양수 정송 무령

失所."
실소

戊辰 以完山府院君李天祐爲義禁府都提調 錦川君朴訔 右軍
무진 이 완산부원군 이천우 위 의금부 도제조 금천군 박은 우군

摠制沈溫 前都觀察使安省爲提調 皆落點也.
총제 심온 전 도관찰사 안성 위 제조 개 낙점 야

以廣州尉由城田地 還給各品. 戶曹判書朴信啓曰: "尉由城田地
이 광주 위유성 전지 환급 각품 호조판서 박신 계왈 위유성 전지

因講武場 陳荒至四百五十七結. 自今許令耕墾 還給曾受各品 其
인 강무장 진황 지 사백 오십 칠결 자금 허령 경간 환급 증수 각품 기

各品代受之田 還屬軍資." 從之.
각품 대수 지전 환속 군자 종지

司憲府請上護軍許權罪. 啓曰: "權爲典廏署提擧 以蓋草三千餘
사헌부 청 상호군 허권 죄 계왈 권 위 전구서 제거 이 개초 삼천 여

束私與人 又養私羊二口 法當治罪 事在宥前. 願罷其職與提擧之任
속 사여인 우 양 사양 이구 법당 치죄 사재 유전 원파 기직 여 제거 지임

且徵其物 以勵士風." 上曰: "非其私用 乃惠於人也 只罷提擧."
차 징 기물 이려 사풍 상왈 비기 사용 내 혜어 인야 지파 제거

命永吉道都巡問使進鷹 且曰: "宜及九月二十日."
명 영길도 도순문사 진응 차왈 의급 구월 이십일

己巳 命杖日本大內殿使送人還送. 慶尙道水軍都節制使金乙雨
기사 명장 일본 대내전 사송 인 환송 경상도 수군도절제사 김을우

啓曰: "日本大內殿倭使三十餘人 還到金海府 府使禹均欲待之於
계왈 일본 대내전 왜사 삼십 여인 환도 김해부 부사 우균 욕 대지 어

別館 倭人十餘輩到客舍 直入監司坐前 踐踏印信 又舉擲書案 且執
별관 왜인 십여 배 도 객사 직입 감사 좌전 천답 인신 우 거척 서안 차집

禹均 脫帽去衣欲刺之 其凶暴甚矣. 臣願拘留問罪."
우균 탈모 거의 욕 자지 기 흉폭 심의 신원 구류 문죄

上覽之曰: "倭使數爲橫逆 宜拘留首亂之人 枷鎖囚禁." 乃遣司直
상 람지왈 왜사 수 위 횡역 의 구류 수란 지인 가쇄 수금 내 견 사직

沈龜壽 與乙雨同議 杖而還之 用河崙之議也. 上曰: "倭使往往肆毒
심구수 여 을우 동의 장이 환지 용 하륜 지의 야 상왈 왜사 왕왕 사독

宜定律令 移文慶尙道 小罪則監司依律決杖 死罪則堅囚啓聞."
의정 율령 이문 경상도 소죄 즉 감사 의율 결장 사죄 즉 견수 계문

收前監務朴孝悌告身 贖其罪. 孝悌與前郡事池乙成訟奴婢於
수 전 감무 박효제 고신 속 기죄 효제 여 전 군사 지을성 송 노비 어

漢城府 孝悌曰: "敎旨甚煩." 乙成以告府官 移文憲司 憲司閱實
한성부　효제왈　교지심번　을성　이고　부관　이문헌사　헌사열실

請罪故也.
청죄고야

　罷知海珍郡事兼水軍都萬戶崔在田職. 在田古名閏 以其父盜
파　지해진군사　겸수군　도만호　최재전직　재전고명윤　이기부도

銅佛鑄器被罪 故改名在田. 憲司上言: "在田曾犯罪 乞勿令就職
동불　주기피죄　고개명재전　헌사상언　재전증범죄　걸물령취직

以戒後人." 從之. 憲司又劾吏曹文選司正郎崔進誠 佐郎金顧擧用
이계후인　종지　헌사우핵이조　문선사　정랑최진성　좌랑김고거용

之罪 上令憲司薦可補萬戶之任者.
지죄　상령헌사천　가보만호지임자

　戶曹請改籍京外戶口 從之.
호조청개적경외호구　종지

　庚午 司諫院上疏 請定講武常所 下議政府擬議. 李叔蕃曰: "講武
경오　사간원상소　청정강무상소　하의정부의의　이숙번왈　강무

之擧 本爲治軍 而獻禽之禮 亦所不廢. 若倣古制 定於圻關之內 則
지거본위치군　이헌금지례　역소불폐　약방고제　정어기관지내　즉

禽獸鮮少 遠方則非古制也. 臣以爲 不定常所 視歲之豐歉 隨宜
금수선소　원방즉비고제야　신이위　부정상소　시세지풍겸　수의

講武 貽謨後嗣則曰: '予自少習於馳馬射獵 及至今日 亦不自已. 此
강무　이모후사즉왈　여자소습어치마사렵　급지금일　역불자이　차

非人君之美事也 宜勿效則可矣.' 若令臣等必定常所 則倣古制定於
비인군지미사야　의물효칙가의　약령신등필정상소　즉방고제정어

圻內 誠不難矣."
기내성불난의

| 원문 읽기를 위한 도움말 |

① 誠以道由學而明; 治由學而廣也: 이는 以~也의 구문으로, '왜냐하면 ~
　성이도유학이명　치유학이광야　　　　　　이　야
이기 때문이다'라는 뜻이다.

태종 14년 갑오년
9월

九月

신미일(辛未日-1일) 초하루에 대마도(對馬島) 종정무(宗貞茂)의 사인(使人)이 와서 토산물[土物]을 바쳤다.

○ 예조에서 각 조가 공사(公事)를 행이(行移)하는 법을 아뢰었다. 아뢰어 말했다.

"공사(公事)를 행이할 즈음에, 문자(文字)상으로는 사리(事理)를 다할 수 없으면 소속을 논하지 말고 2품 이하 아문(衙門)의 낭청(郎廳)과 이전(吏典)을 진퇴(進退)하도록 허락하고, 또 사헌부(司憲府)·사간원(司諫院)에서 무릇 경외(京外)에 이문(移文)할 때는 반드시 인신(印信)을 사용하게 하소서."

그것을 따랐다.

○ 각 도에 군용 점고 별감(軍容點考別監)[1]을 나눠 보냈다.

○ (전라도) 장흥부(長興府)의 백성이 옛 치소(治所)에 다시 입거(入居)하기를 원하니, 그것을 따랐다. 일찍이 왜구(倭寇)로 인해 내지(內地)로 옮겼던 때문이다.

○ 예조에서 상이 종친(宗親)이나 대신(大臣)의 상(喪)에 친림(親臨)하는 의주(儀注)를 올렸다.

---

1 각 지방에 있는 군대의 사기(士氣)나 병기(兵器) 상태 등을 점검하는 일을 맡은 관리를 말한다.

임신일(壬申日·2일)에 (상이) 한산부원군(漢山府院君) 조영무(趙英茂)의 빈소(殯所)에 친림(親臨)했다. (상이) 악차(幄次)에 나아가서 지신사(知申事) 이관(李灌)에게 명해 빈차(殯次-빈소)에 제사 지내게 했다.

○ 이조판서 한상경(韓尙敬)이 글을 올려 사직(辭職)했으나 윤허하지 않았다.

○ 전 사간(司諫) 현맹인(玄孟仁, ?~?)[2]을 전라도 수군 도만호(全羅道水軍都萬戶)로 삼았으니, 사헌부의 천거(薦擧)에 따른 것이다.

○ 처음으로 광진 노도 별감(廣津露渡別監)을 두었다.

경기 도관찰사가 아뢰었다.

"도내(道內)의 임진(臨津)·낙하(洛河)·한강(漢江)에는 별감(別監)을 두고 인물의 출입(出入)을 점고하나 금천(衿川) 노도(露渡-노량진 나루터), 광주(廣州) 광나루[廣津]·용진(龍津)에는 관방(關防)하는 바가 없으므로 죄를 짓고 망명(亡命)하는 사람들이 출입하기를 태연자약하게 하니[自如] 심히 미편(未便)합니다. 청컨대 좌도 수참 별감(左道水站別監)으로 하여금 광나루·용진(龍津)을 겸하게 하고 조강 별감(阻江別監)을 옮겨 노도(露渡)를 관할해서 그 출입하는 것을 살피게 하소서."

2   1383년(우왕 9년)에 성균 진사시에 합격했다. 1400년(정종 2년) 삼군도사(三軍都事)가 되고, 1402년(태종 2년) 장령(掌令)을 거쳐 경기좌도안렴사(京畿左道按廉使)가 됐다. 1405년(태종 5년) 다시 장령이 되고, 1408년 지사간원사(知司諫院事)가 됐다. 1409년 사헌부집의(司憲府執義)에 이어 1412년 우사간대부, 사간(司諫), 1413년 우사간대부, 사간원 좌사간이 됐다. 이때인 1414년(태종 14년) 사헌부의 천거에 의해 전라도수군도만호(全羅道水軍都萬戶)가 됐고, 1424년(세종 6년) 판안동대도호부사(判安東大都護府事)가 됐다.

그것을 따랐다.

계유일(癸酉日-3일)에 대사헌 이은(李垠)이 조계(朝啓)에 들어가기를 청했으나 윤허하지 않았다.

○ 제용감(濟用監)[3]의 노비(奴婢)를 더 늘리라고 명했다. 상이 말했다.

"제용감은 일이 번극(繁劇-번잡)한데 노비가 대부분 외방(外方)에 있으니, 마땅히 경중(京中)과 기내(畿內)의 부실(富實)한 노비를 갖고서 전에 소속시켰던 수에 달하도록 50구(口)를 정하여 주라."

○ 일본 구주 절도사(九州節度使)가 사자로 보낸 객인(客人)이 와서 토산물[土宜]을 바쳤다.

○ 사헌부에서 대호군(大護軍) 김을신(金乙辛)의 죄를 청했으나 용서했다.

을신(乙辛)이 남성군(南城君) 홍서(洪恕), 도총제(都摠制) 이백온(李伯溫, ?~1419년)[4]과 변정도감(辨正都監)에 상송(相訟)했는데, 백온(伯溫)은 유정현(柳廷顯)의 처제(妻弟-처남)였다. 을신이 정현(廷顯)에게 일러 말했다.

---

3 왕실에 필요한 의복이나 식품 등을 관장하는 관서다.

4 아버지는 태조의 이복형인 이원계(李元桂)이며, 완평군(完平君) 이조(李朝)의 아우다. 왕족으로 원윤(元尹)에 봉해졌고, 도총제(都摠制)·지돈녕부사 등을 지냈다. 1414년(태종 14년)에는 총제(摠制) 유습(柳濕)과 정조사(正朝使)로 명나라에 다녀왔다. 종친으로서 주색을 탐함이 심해 강상(綱常)을 문란하게 한다는 죄목으로 여러 차례 사헌부의 탄핵을 받았다.

"공(公)은 어찌하여 사정(私情)을 끼고 불공평하게 청송(聽訟)하는 것입니까?"

정현이 대궐에 나아와 변별하기를 청했다. 헌사(憲司)에 명해 사실을 조사해 아뢰라고 명했다. 헌사에서 양쪽으로 그 죄를 청하니, 을신을 용서하고 정현을 불러 복직(復職)시켰다.

갑술일(甲戌日-4일)에 사헌부에서 장령(掌令) 하지혼(河之混)을 탄핵했다. 지혼(之混)이 변정도청(辨正都聽-변정도감)에 앉았다가 을신(乙辛)과 정현(廷顯)이 서로 힐난하는 것[相詰]을 보고도 본부(本府)에 보고하지 않았기 때문이다. (대사헌) 이은(李垠) 등이 아뢰었다.

"지혼이 변정도감에 날마다 차견(差遣-파견)되던 때에, 매번 먼저 나와서도 일의 본말(本末)을 알지 못합니다."

상이 장무 지평(掌務持平) 정연(鄭淵)을 불러 지혼과 승정원(承政院)에서 대질(對質)시켰다. 상은 지혼이 본래 죄가 없고 다만 재주가 용렬해 동료들에게 존중받지 못할 뿐이라는 사실을 알고 있었다. 그러나 지혼이 죄가 없음을 밝혀 말하면 은(垠) 등이 반드시 피혐(避嫌)해 사진(仕進-출근)하지 않을 것이라 여겼기 때문에 그 시비(是非)를 더는 묻지 않았다.

○사헌부에서 글을 올려 박자청(朴子靑)과 권희달(權希達)이 전정(殿庭)에 들어와 말로써 다툰[言鬪] 죄를 청했으나 윤허하지 않았다.

을해일(乙亥日-5일)에 형조에서 왜인(倭人)의 범죄(犯罪)를 논결(論決)하는 법을 올렸다. 아뢰어 말했다.

"지난번에 제도(諸島)의 왜인(倭人)이 우리 변경(邊境)을 침구(侵寇)했으므로 그 죄를 다스려야 마땅했습니다. 전하께서는 하늘의 도리를 편안하게 받아들이는 도량[樂天之量]으로 문덕(文德)을 닦으시어 그들을 오게 해서 이미 조빙(朝聘)을 통했고, 무역(貿易)을 허락해 그 요구하는 바에 따라서 주었습니다. 이 때문에 마음으로 기뻐하고 지성으로 복종해와서 그 예물[其琛]을 바치기를 낙역부절(絡繹不絶-끊이지 않음)합니다. 그러나 이익을 탐하는 데 부끄러움이 없기 때문에 배에서 내리자마자[纔] 문득 물건을 요구하고, 지나는 주현(州縣)에 더욱 그 표독한 짓을 자행해 칼로 인민(人民)을 상하게 하고 돈과 재물을 약탈하기에 이르니, 그 부도(不道)함이 심하므로 징계하지 아니할 수 없습니다. 바라건대 감사(監司)로 하여금 왜인이 왔다가 가면서 만약 죄를 범하는 것이 있으면 『대명률(大明律)』에 의거해 죄를 논하여, 살인한 자는 단단히 가두고 계문(啓聞)하여 율(律)에 의거해 청단(聽斷)하고, 칼로써 사람을 상(傷)한 자는 투구율(鬪毆律)에 의거해 장(杖) 80대와 도(徒) 2년에 처하고, 물건으로써 사람을 때려 상(傷)하게 하지 않은 자는 태(笞) 30대에 처하고 상(傷)하게 한 자는 태(笞) 40대에 처하며, 남의 재물(財物)을 빼앗은 자는 백주양탈률(白晝攘奪律)에 의거해 장(杖) 100대와 도(徒) 3년에 처하소서."

그것을 따랐다.

병자일(丙子日-6일)에 시혜소(施惠所)를 고쳐 귀후소(歸厚所)로 하고, 동서대비원(東西大悲院)을 고쳐 동서활인원(東西活人院)으로 했다.

정축일(丁丑日-7일)에 축방(丑方-북동북쪽)에 백기(白氣-흰 기운)가 있었는데 무지개와 같았고, 밤중에 천둥이 쳤다.

○ 사복시(司僕寺)에 명해 세자가 타는 말을 반드시 계문(啓聞)하고서야 마침내 바치게 했다.

상이 내노(內奴)를 보내 세자전(世子殿) 환자(宦者) 신덕해(辛德海)·정징(鄭澄) 등을 잡아 와서 대언사(代言司)에 명해 물었다.

"지난번에 세자가 사람을 보내 남편이 없는 여자 집에서 개새끼[狗兒]를 구했다는데 그러한가?"
_{구아}

두 사람은 알지 못한다고 대답했다. 상이 말했다.

"너희는 돌아가서 그 사유를 세자에게 묻고서 오라."

두 사람이 반명(反命)[5]해 말했다.

"이달 초3일에 세자가 상호군(上護軍) 황상(黃象, ?~?)[6]을 불러 매와 개와 궁시(弓矢)가 있는 곳을 물으니, 상(象)이 말하기를 '대호군(大護軍) 권초(權軺)의 집에 좋은 개가 있습니다'라고 했습니다. 세자

---

5 명을 수행하고서 보고하는 복명(復命)과 같은 뜻이다.

6 아버지는 개국공신 황희석(黃希碩)이다. 1401년(태종 1년) 금주령을 어기고 술을 마시다 영흥부로 유배되기도 했다. 1405년(태종 5년) 무과회시(武科會試)에 급제하고, 다음해 호군방(護軍房)이 다시 설치되면서 방주(房主)가 됐다. 1407년(태종 7년) 축첩 문제로 파직됐으나 개국공신의 후예라 하여 곧 사면됐다. 각 위(衛)에 절제사를 두면서 1411년(태종 11년) 충좌사첨절제사(忠佐司僉節制使)가 됐다. 1419년(세종 1년) 세종이 등극해 왜구의 진원지 대마도(對馬島)를 정벌할 때 삼군도체찰사(三軍都體察使) 이종무(李從茂) 휘하의 중군장에 임명됐다. 1426년(세종 8년) 도총제가 됐는데, 세종이 군을 친열할 때 군법을 문란하게 했다 하여 편(鞭) 50의 벌을 받았다. 또 1428년(세종 10년) 병조판서의 중책을 지닌 자로서 기첩(妓妾)을 만나느라 왕을 호가하지 않았다는 사헌부의 탄핵을 받고 고성으로 유배됐다.

가 즉시 사람을 보내 가져왔는데, 초(軺)는 그때 경차관(敬差官)으로서 외방(外方)에 나가 있었습니다."

상이 노해 말했다.

"요즈음 세자가 대궐에 나아오면 반드시 효령(孝寧)·충녕(忠寧)과 경사(經史)를 강론하니, 나는 그가 배우기를 좋아하는 것을 기뻐했다. (그런데) 지금 마침내 이와 같다면, 이는 겉으로 배우기를 좋아한다는 이름을 꾸미는 것일 뿐 실상은 본심(本心)이 아니다. 예전(禮典)을 이고(夷考-평이하게 고찰함)하면 세자가 강무(講武)에 호종(扈從)한다는 글이 없으니, 세자로 하여금 이를 알게 하라."

마침내 이러한 명이 있었다. 또 승정원(承政院)에 뜻을 전해 말했다.

"상(象)을 불러 꾸짖도록 하라[詬辱-詬罵]."
_{후욕　후매}

또 황상에게 뜻을 전해 말했다.

"너는 개국공신(開國功臣)의 아들이므로 내가 장차 크게 쓰고자 했는데, 지금 이같이 했다면 진실로 소인(小人)이다."

세자가 이를 듣고 말했다.

"전일에 상(象)의 말을 들은 것은 나의 죄다."

서연관(書筵官) 이급(李及) 등이 말했다.

"저하(邸下)께서 상(象)의 광대 같은 말을 듣다가 상(上)의 염려를 사기에 이르렀습니다. 이것은 모등(某等-자신들을 가리키는 말)이 그 직분을 다하지 못한 까닭입니다."

세자가 부끄러워했다[忸怩]. 급(及) 등이 또 말했다.
_{뉴니}

"이제부터 저하께서 방심(放心)을 거두고 덕성(德性)을 기르신다면

조선(朝鮮) 만세의 복(福)이 반드시 여기에 기반을 둘 것입니다.”

세자는 실로 깊이 받아들이지[深納] 않았다.

○ 서연관(書筵官) 빈객(賓客)·요속(僚屬)과 대간(臺諫)에서 세자에게 청강(聽講)하도록 두 번 세 번 청했으나, 병이라 핑계 대며 굳게 거절해 강(講)하는 날이 늘 적었다.

무인일(戊寅日-8일)에 천둥과 번개가 쳤다. 유성(流星)이 규성(奎星)에서 나와 위성(胃星)의 동쪽으로 들어갔는데, 모양이 병(瓶)과 같았다.

○ 예조참의(禮曹參議) 박실(朴實)을 전라도에 보내 명하기를, 진포(鎭浦)에서 고만량(高巒梁)까지의 수로(水路)의 험난하고 평이한 것과, 황곡포(黃谷浦) 등지에 전운소(轉運所)를 두는 것의 편리함 여부와, 전라도 용안(龍安)에서 충청도 내포(內浦)까지 육지로 전운(轉運)하는 것의 어렵고 쉬운 것을 자세히 살펴서 아뢰도록 했다. 이에 앞서 전 총제(摠制) 홍유룡(洪有龍)이 가서 형세를 살폈으나 그 어렵고 쉬운 것이나 편리함의 여부를 변별(辨別)하지 못했다. 상이 말했다.

“내가 유룡(有龍)이 이처럼 혼매(昏昧)한지를 알지 못했다.”

헌사(憲司)에서 유룡이 봉사(奉使)해 직책에 칭당(稱當-어울림)하지 못한 죄를 청했다. 상이 말했다.

“어찌 듣는 것이 (이렇게도) 빠른가? 전함(前銜-전직) 노신(老臣)에게 죄를 가할 수는 없다. 다만[止] 응당 그를 시켜 창고(倉庫) 짓는 일을 감독하게 하여 경계시킬 뿐이로다.”

○ 호조판서 박신(朴信, 1362~1444년)[7]이 과염법(課鹽法-소금에 과세하는 법)을 아뢰었다.

"소금은 백성이 자뢰(資賴-의지)해 살아가는 것이니, 그 중요함이 오곡(五穀)에 다음가는 까닭에 옛날에는 과법(課法)[8]이 있었습니다. 이제 국가의 연해(沿海) 주군(州郡)에 공염간(貢鹽干)[9]을 두고 사염세(私鹽稅)를 거두니, 그 수가 많다고 하지 않을 수 없습니다. 그러

---

7   정몽주의 문인이다. 1385년(우왕 11년) 문과에 급제하고 여러 관직을 옮겨 사헌규정(司憲糾正)이 됐다. 이성계(李成桂)가 제군부(諸君府)를 둘 때 중낭장으로서 군부도사를 겸임했으며, 예조·형조의 정랑에 승진됐다. 1392년(태조 즉위년)에 원종공신(原從功臣)에 책록되고 봉상시소경(奉常寺少卿)이 됐고, 이듬해 사헌시사(司憲侍史)·교주강릉도안렴사(交州江陵道按廉使)·감문위대장군 겸 사헌중승(監門衛大將軍兼司憲中丞) 등을 역임했다. 1395년 형조도관으로서 공사노비(公私奴婢)에 대해 다른 도감을 두고 새로운 노비 문서를 만들어 노비 문제에 대한 쟁송을 없애려고 했다. 1397년 간관(諫官)으로서 변정도감의 속공(屬公)한 노비로 방환(放還)한 노비의 수를 보충하자고 해 관철시켰다. 1399년(정종 1년)에는 형조전서가 됐다가, 1400년 태종이 즉위하자 승추부좌부승지(承樞府左副承旨)로 기용됐다. 1401년(태종 1년) 참찬관승지(參贊官承旨)로서 경연에 참가하기도 했다. 1402년 대언(代言)·사헌부대사헌에 특배(特拜)되고, 각 도에 경차관(敬差官)을 파견해 곡식의 손실을 검사하자고 주청했다. 다음해에는 광주목사로 나아갔다가, 1404년 개성유후(開城留後)·승녕부윤(承寧府尹)이 되고, 11월에는 참지의정부사로서 사은사가 되어 명나라에 다녀왔다. 1405년 노비변정도감(奴婢辨正都監)의 제조(提調)가 되고 다시 대사헌이 됐으나, 대사헌으로서 '전후가 맞지 않는 계문(啓聞)을 올렸다'라는 이유로 사간원의 탄핵을 받아 순군사(巡軍司)에 하옥됐다가 아주(牙州)로 귀양 갔다. 1406년 귀양에서 풀려나 경외종편(京外從便)되었으며, 다시 동북면도순문찰리사(東北面都巡問察理使)로 기용되자 경성·경원에 무역소를 설치하자고 상소했다. 1407년 참지의정부사로 기용돼 세자가 정조사(正朝使)로 명나라에 갈 때 요동까지 호종하고 돌아와 공조판서에 올랐다. 1408년 서북면도순문찰리사 겸 평양부윤이 됐다. 1409년 세자 양녕대군에게 새해 선물로 활과 화살을 바쳤는데, 이 때문에 사헌부로부터 세자가 학문을 그만두는 단서를 열어주었다는 탄핵을 받았다. 1410년 다시 지의정부사(知議政府事)로 기용됐으며, 이듬해 노비변정도감을 두었을 때 호조판서로서 제조가 됐다. 그 뒤 병조판서·의정부찬성·이조판서 등을 차례로 역임했다. 1418년(세종 즉위년) 봉숭도감(封崇都監)의 제조가 됐으며, 이어서 선공감제조가 됐으나 선공감 관리의 부정으로 통진현에 유배됐다가 12년 만에 소환돼 죽었다.

8   소금이나 철(鐵)·술·차 따위의 특정 물건에 조세(租稅)를 부과하는 제도를 말한다.

9   나라에 소금을 공물로 바치는, 소금 굽는 사람을 말한다.

나 그 무역(貿易)하는 것이 대부분 다 긴요하지 않은[不緊] 물건이므
로 흥리(興利)하는 사람에게 많이 돌아갑니다. 또 각 도 감사가 혹
은 마음대로 옳지 않은 곳에 쓰기 때문에 나라에 보탬이 없습니다.
바라건대 이제부터 각 도의 염세(鹽稅)를 공조에 바치는 것과 그 도
의 1년 경비를 제외하고는 평민으로 하여금 잡곡을 논하지 말고 가
격을 감해 역환(易換-교역)하도록 허락해서 군자(軍資)에 보충한다면,
민호(民戶)는 의염(義鹽-나라의 소금)을 즐겨 얻을 것이며 1년에 거두
는 곡식은 1만여 석을 내려가지 않을 것입니다. 각 도의 공염간이 많
고 적은 것이 고르지 않고 거두는 세(稅)의 액수도 다르니, 다시 참
작해 액수를 정해서 그 역(役)을 고르게 해야 할 것입니다."

그것을 따랐다. 신(信)이 부국(富國)을 경영(經營)하는 방술(方術)은
대체로 모두 이와 같았다.

○ 예조에서 제사의(諸祀儀-제사 절차)를 올렸다. 단군(檀君)·기자
(箕子)·고려 시조(高麗始祖)에게 제사하는 의주(儀註)와 영성(靈星)·
마조(馬祖)·사한(司寒)·산천(山川)에 제사하는 의주와 오랫동안 비가
와서 국문(國門)에 영제(禜祭)[10]하는 의주를 상정(詳定)해 아뢰니 그
것을 따랐다.

○ 경기 도관찰사가 도내의 병합(倂合)한 현읍(縣邑)의 사의(事宜)를
보고했다. 보고해 말했다.

"용인현(龍仁縣)은 처인(處仁)의 인리(人吏)와 노비(奴婢)를 용구(龍

---

10 오랫동안 장마가 질 때 비가 개기를 비는 나라의 제사로, 대개 서울의 사대문(四大門)에
서 거행했다. 기청제(祈淸祭)의 일종이다.

駒)에 옮겨 붙이고, 장림(長臨)은 임강(臨江)을 장단(長湍)에 옮겨 붙이고, 마련(麻漣)은 마전(麻田)을 연천(漣川)에 옮겨 붙이고, 안삭(安朔)은 안협(安峽)을 삭녕(朔寧)에 옮겨 붙이는 것이 어떻겠습니까? 금과(衿果)의 경우, 금천(衿川)[11]의 인리와 노비와 토착민(土着民)이 번성한 데 비해 과천(果川)은 비록 땅이 비좁고 인구가 적더라도 길옆에 있으며, 김양(金陽)은 김포(金浦)·양천(陽川)의 인물이 비록 비슷하더라도 경계와 땅의 형세로써 양천을 김포에 붙이는 것이 마땅하나 양천이 경성(京城)에 가깝습니다. 위의 조건의 현읍(縣邑)을 옮겨 배속하는 것을, 청컨대 의정(議定)해주소서."

호조에서 과천을 금천에 옮기고 양천을 김포에 옮기도록 청하니, 그대로 따랐다.

○사헌부 대사헌 이은(李垠) 등이 소를 올려 이양우(李良祐)의 죄를 청했다. 소는 이러했다.

'신 등이 가만히 생각건대[竊以-竊謂] 충성스러움과 삼감[忠與敬]
은 신자(臣子)의 대절(大節)이니, 진실로 충성스러움과 삼감이 없으면 복재(覆載)[12] 사이에 설 수 없는 까닭에 신하로서 이를 범하면 반드시 그 죄를 물어야 합니다. (그런데) 어찌 가볍게 용서함으로써 국가의 큰 법을 허물어트릴 수 있겠습니까? 지금 완원군(完原君) 이양우가 연전에 사람을 시켜 회안대군(懷安大君)과 사통(私通)했는데, 사건의 실상이 불궤(不軌-반역)했으므로 법에 안험(按驗)해 죄를 다스

---

11 원문에는 이곳 또한 과천(果川)으로 적혀 있는데, 오자로 보인다.
12 하늘이 덮어주고 땅이 실어주는 것이니 곧 천지(天地)를 말한다.

리는 것이 마땅합니다. (그런데) 전하께서는 그 정적(情迹)이 명백하지 못하다고 해 그대로 두고 논하지 말게 하시니, 이는 실로 살리기를 좋아하는 지극한 다움[好生之至德-仁]이기는 합니다. 그러나 전(傳)에 이르기를 "신하로서 불신(不臣-신하답지 못함)의 죄가 이미 나타났으면 살펴서 이를 베고, 정상이 분명하지 아니하면 쫓아내 물리친다"[13]라고 했습니다. 이것은 진실로 예나 이제나 변하지 않는 지극한 논(論)입니다. 양우의 일은 전하께서 이미 분변(分辨)하도록 하셨는데, 그러나 그 정적이 의심나는 데 관계되면 비록 그 죄를 다스리지 않더라도 진실로 마땅히 쫓아내 물리쳐야 합니다. 또 전하께서 친히 종묘에 제사 지내던 날에 백관(百官)과 군신(群臣)이 모두 나아와서 조하(朝賀)했으나 양우는 병이라 핑계 대고 조회하지 않았고, 동짓날에도 전과 같이 병이라 핑계 대고 조회하지 않았습니다. 신병(身病)이라 하여 속이고서 들어가 그 아들을 부르도록 계청(啓請)했으니, 그 불충(不忠)하고 불경(不敬)해 군상(君上-임금)을 기망(欺罔)한 것이 이와 같습니다. 그런데도 이미 죄고(罪辜)를 면하고 궁금(宮禁)에 출입하기를 평일과 다름이 없이 하니, 신 등은 불궤(不軌)한 신하를 징계(懲戒)할 바가 없을까 가만히 두렵습니다. 엎드려 바라건대 전하께서는 대의(大義)로써 결단하시어, 양우를 삭직(削職)하고 멀리 유배 보내[遐竄] 종신토록 반열(班列-조정 반열)에 서지 못하게 함[不齒]으로써 큰 법을 바로잡고 불신(不臣)의 죄를 징계하도록 하소서.'

소를 궁중에 머물러 두었다[留中].

---

13 『춘추(春秋)』에 대한 호안국(胡安國)의 풀이에 나오는 말이다.

경진일(庚辰日-10일)에 대호군(大護軍) 이군실(李君實)과 호군(護軍) 지함(池含)을 강원도 횡천(橫川)에 보냈다. 상이 (그곳에서) 강무(講武)하고자 하여 두 사람으로 하여금 그 장소에 풀을 베게[芟]한 것이다.

○ 행랑(行廊)에 부역(赴役)하던 선군(船軍)을 놓아 보냈다.

승정원(承政院)에 뜻을 전해 말했다.

"부역하는 선군을 모두 집으로 돌려보내 화곡(禾穀)을 거두게 하라. 그 개와(蓋瓦)는 품종(品從)[14]과 본궁(本宮)에 부역(赴役)하는 대장(隊長)·대부(隊副)로 하여금 운수(運輸)해 들이도록 하라."

제조(提調) 박신(朴信)과 박자청(朴子靑) 등이 머물러 두고서 역사를 시키자고 거듭 청했으나 상이 말했다.

"경 등은 감히 다시 청하지 말라."

이날 모두 보냈다.

○ 호조에서 아뢰었다.

"행랑을 조성할 때 파괴한 민가(民家)가 모두 1,486간인데, 그중에 와가(瓦家) 126간은 매 1간에 저화(楮貨) 20장을 주는 것이 마땅하므로 아울러 2,520장이며, 초가(草家) 1,360간은 매 1간에 10장을 줘야 하니 아울러 1만 3,600장입니다."

그것을 따랐다.

---

14 『세종실록(世宗實錄)』 제44권을 보면 "모든 공역(公役)에 각 품에 따라 그 복종(僕從)들을 출역(出役)시켜 조력(助力)하는 것을 품종(品從)이라 한다"라고 했다.

신사일(辛巳日-11일)에 사헌부에서 또 소(疏)를 올렸다. 소는 이러했다.

'신 등이 양우(良祐)의 죄를 갖춰[具] 아뢰었으나, 전하께서 뜻을 내리시기를 "양우가 일찍이 외방(外方)에 폄출(貶出-유배)됐다가 이미 사유(赦宥-사면)를 받았으니, 그대로 두고 논하지 말라"고 하셨습니다.

신 등이 가만히 생각건대[竊惟], 불충(不忠)하고 불경(不敬)한 것은 죄 가운데 가장 큰 것이니 어찌 사유의 사례에 두겠습니까? 또 양우가 회안(懷安)과 사통(私通)한 일은 비록 분변(分辨)을 받았지만, 그러나 그 정상이 의심나는 데 관계되는 까닭으로 이전의 상소에서 쫓아내 물리치자고 청했습니다. 신 등은 일단은[姑] 양우가 범한 것 중에서 여러 사람이 함께 아는 것을 일일이 진술하겠습니다.

양우가 비록 봉군(封君)의 후손은 아니더라도 종지(宗支-왕실 사람)의 후예(後裔)에 관계되니[綴-係], 종묘(宗廟)는 바로 그 조종(祖宗)이 계신 곳입니다. 전하께서 몸소 강신(降神)할 때에 실로 솔선해 제사를 도와서 효경(孝敬)을 다해야 합니다. 양우는 그렇게 하지 않고 병(病)이라 칭탁해 집에 있었으니, 이는 조종(祖宗)을 업신여긴 것입니다. 전하께서 친히 제사하는 것은 나라의 큰 경사(慶事)이기 때문에 군신(群臣)이 모두 나아와 조하(朝賀)했으나, 양우는 병이라 칭탁하고 조하(朝賀)하지 않았으니 이것은 군상(君上)을 가벼이 여기는 것입니다. 조종(祖宗)을 업신여기고 군상(君上)을 가벼이 여기는데도 그 죄를 묻지 않을 수 있겠습니까?

동짓날에 또 병이라 칭탁하고 조회하지 않았는데, 신하로서 조회하지 않는 것은 죄 가운데 진실로 큰 것입니다. 또 이병(移病)[15]하고 나오지 않다가 거짓으로 속이고 들어가 그 아들을 소환(召還)하도록 계청(啓請)했으니, 그가 군상(君上)을 기망(欺罔)한 것은 또한 나라 사람들이 함께 아는 바입니다.

신 등은 양우가 어떤 사람이기에 그 불충(不忠)하고 불경(不敬)함이 이같이 심한지를 알지 못하겠습니다. 종친은 국가에 대해 실로 기쁨과 슬픔을 같이하기 때문에 세세(世世)토록 다움을 닦아서[修德] 왕실(王室)을 좌우에서 도와야 마땅합니다. (그런데) 지금 양우는 큰 공덕(功德)이 없는데도 이미 훈맹(勳盟)에 참여해 전하의 망극한 은혜를 받았지만, 은혜에 보답하기를 생각지 않고 마음을 쓰는 것[設心]이 이와 같으니 오히려 그 덕을 닦아 영세(永世)토록 왕실을 좌우에서 도우리라 바라겠습니까? 법으로는 논집(論執)해 그 죄를 징계하는 것이 마땅하지만 전하께서 살리기를 좋아하는 다움[好生之德]으로써 (그 죄를) 논하지 말도록 하시니, 친척을 제 몸과 같이 여기는 은혜[親親之恩]는 지극하시나 그렇다면[其] 나라의 큰 법은 어찌 되겠습니까? 이제 양우가 군상(君上)을 가볍게 업신여긴 사실이 명백하게 드러났으므로 그 죄가 큰 것을 어떻게 하겠습니까? 엎드려 바라건대, 전하께서는 신 등의 말을 살피고 받아들여 전의 상소에 계문(啓聞)한 것에 의거해서 대의(大義)로 결단하시어, 양우를 삭직(削職)해 멀리 유배 보내 여생이 다하도록 소환(召還)하지 말아서 그 죄를 다스리고 나라의 큰 법을 바로잡으셔야 할

───────

15 병이라 핑계하고 관직을 그만두는 것을 말한다.

것입니다.'

따르지 않았다. 은(垠) 등이 다시 청하니 상이 노하여 말했다.

"앞으로는 다시 말하지 말라."

임오일(壬午日-12일)에 종친(宗親)을 불러 광연루(廣延樓) 아래에서 격구(擊毬)하고, 이어서 술자리를 베풀었다.

○ 예조판서 황희(黃喜)가 『월령도(月令圖)』를 개수(改修)할 것을 청했다. 아뢰었다.

"일찍이 바친 『월령도』에 상실(詳悉-상세)하지 못한 곳이 있습니다."

상이 옳게 여겨 대언(代言)들을 돌아보고 일렀다.

"너희들은 『예경(禮經)』을 강구(講究)해 (나의) 고문(顧問)에 대비해야 마땅한데, 전혀 뜻을 두지 않았으니 심히 도리가 아니다[無謂]. 고례(古禮)에 겨울철 강무(講武)에는 잡은 금수(禽獸)를 종묘에 바쳤는데, 지금 강무는 동향(冬享)과 날짜가 서로 같지 않아서 비록 장빙고(藏氷庫)에 두더라도 반드시 맛이 변하게 된다. 이제부터 그 잡는 대로 말을 달려서[馳馹] 바친다면 천신(薦新)의 예와 같으니, 거의 섬기고 살피는 도리[事存之道]에 어긋나지 않을 것이다."

○ 사헌부에서 소(疏)를 올려 상호군(上護軍) 황상(黃象)의 죄를 청했으니, 상(象)이 매와 개를 동궁(東宮)에 몰래 바쳤기 때문이다. 상이 말했다.

"내가 일찍이 그냥 내버려두라고 했으니, (더는) 어리석게 논청(論請)하지 말라."

○ 의정부(議政府)·육조(六曹)·대간(臺諫)에서 의견을 모아[同議] 전라도의 조운(漕運) 방책을 올렸다. 아뢰어 말했다.

"전라도에서 매년 풍저창(豐儲倉)·광흥창(廣興倉)의 미곡(米穀)을 조운하는데, 모두 4만 60석입니다. 만약 모두 충청도 내포(內浦)에서 육지로 운송한다면 인마(人馬)가 지쳐서 쓰러질 것입니다[困斃]. 청컨대 경상도의 예에 의거해 그 정도(程途)의 멀고 가까운 것과 경작하는 땅의 많고 적은 것을 상고해, 전라상도(全羅上道)의 각 고을은 내포(內浦)부터, 중도(中道)·하도(下道)는 용안성(龍安城)이나 진포(鎭浦)부터 정월에서 2월까지 육지로 운송해 창고를 짓고 수납했다가 3~4월에 이르러 모조리 조운하도록 하소서. 그 군자(軍資)는 경기에서 혁거(革去)한 각 고을 잡위전(雜位田)과 죽은 자의 별사전(別賜田), 범죄한 사람의 전지의 소출을 가지고 경창(京倉)에 충당해 수납하게 하소서."

그것을 따랐다.

○ 예조좌랑(禮曹佐郎) 김재(金滓)를 파직했다. 신급제(新及第) 의첩(依牒)[16]을 간원(諫院-사간원)에 이관(移關)할 때 은사급제(恩賜及第)[17] 정상(鄭常)의 이름을 아울러 기록하지 않았기 때문이다.

○ 형조 도관(刑曹都官)에서 공처노비(公處奴婢-공노비)를 몰래 숨겨

---

16 관원을 임명할 때 서경(署經)을 받기 위해 예조(禮曹)에서 대간(臺諫)에 보내는 서류로, 공첩(公牒) 혹은 의첩(依貼)이라고도 한다.

17 과거(科擧)에서 정원(定員) 외에 특별히 급제(及第)를 허락하는 일을 말한다. 대개 나이가 많은 사람이나 여러 번 과거에 낙방(落榜)한 사람에게 특별히 등외(等外)의 급제를 허락했다.

서[容隱] 사용(使用)하는 죄를 아뢰었다. 아뢰어 말했다.

"공처노비를 용은(容隱)하는 자는 죄를 논하는 법이 없다 보니, 원속노비(元屬奴婢)와 난신노비(亂臣奴婢)나 양쪽 모두 부당(不當)하게 속공(屬公)한 노비를 그 본주(本主)와 무식한 무리 중에 용은(容隱)해 사용하는 자가 간혹 있습니다. 이제부터 만약 나타나서 발각되는 자가 있거든 직첩(職牒)을 거둬들이고 장(杖) 80대를 때려 몸을 수군(水軍)에 채워 넣어야 할 것입니다."

그것을 따랐다.

계미일(癸未日-13일)에 동교(東郊)에서 매사냥[放鷹]을 구경했다.

갑신일(甲申日-14일)에 각 도 수군 도절제사(水軍都節制使)에게 명해 월선(月膳)[18]을 바치지 말게 했다. 전라도·경상도 양도 감사와 병마·수군 양절제사가 모두 월선(月善)을 바쳤는데, 역마(驛馬)가 지치기[羸困] 때문에 이러한 명이 있었다. 또 함길도 찰리사(咸吉道察理使)에게 영을 내려 역시 석 달에 한 번씩만 진선(進膳)하게 했다.

병술일(丙戌日-16일)에 오도리(吾都里) 천호(千戶) 1인이 와서 토산물과 매 1련(連)을 바쳤다.

---

18 각 도에서 매달 망전(望前)과 망후(望後)에 진상(進上)하는 소선(素膳)이나 육선(肉膳)이다. 원래 선장(膳狀)을 사옹방(司饔房)에 바쳤으나, 세종(世宗) 원년부터 승정원에 바쳤다.

○ 병조에서 포마법(鋪馬法)[19]을 올렸다. 아뢰었다.

"근년 이래로 경외(京外)의 대소인원(大小人員)이 근친(覲親)으로 말미를 받거나[受由] 벼슬을 제수받아 서울로 오는 등의 사사로운 행차에 모두 역마[驛馹]를 탑니다. 이로 인해 인마(人馬)가 피곤해 그 폐단이 작지 않습니다. 금후로는 정식(定式)에 의거해 공행(公行)하는 외에는 일절 금단(禁斷)하소서."

그것을 따랐다.

○ 종정무(宗貞茂)의 사인(使人) 등이 돌아갔다. 예조판서 황희(黃喜)가 정무(貞茂)에게 유시(諭示)하는 글을 주었다.

'언급한 『법화경(法華經)』 경판(經板)은 본국에도 드문 것이나, 족하(足下)가 요구하는 뜻이 간절해 애써 찾아[搜覓] 보낸다. 또 평대경도전(平大卿道全-평도전)의 처소(處所)에 붙인 서계(書啓)를 가지고 계달(啓達)해 아울러 쌀 약간 석(石)을 보낸다. 겸하여 토의(土宜-토산물)를 보내니, 참조(參照)하여 수령(受領)하라. 족하가 성심(誠心)으로 수호(修好)하고 귀국(貴國) 제진(諸鎭)의 신사(信使)가 낙역부절(絡繹不絕-끊이지 않음)하는데, 요즈음 대내전(大內殿)의 사인(使人)이 전하관(殿下館)에 이르러 대우를 두텁게 하고 회례(回禮)를 보냈다. 뜻하지도 않게 사인(使人) 등이 돌아가다가 김해부(金海府)에 이르러 까닭없이 분(憤)을 내어 감사(監司)와 부관(府官)에게 욕하고 심지어 칼을 뽑아 찌르고자 했으니, 그 예의에 어그러짐이 심했다. 교호(交好)의

---

19 대소관리(大小官吏)가 역마(驛馬)를 타고 다니는 법으로, 공행(公行)이 아닌 사행(私行)은 금지했다.

뜻을 상할까 걱정해 참고 돌려보내니, 족하가 대내전에 전달(轉達)해 공적으로 이러한 무리를 징계해서 후래(後來)를 경계하면 다행이겠다. 이제부터 국왕 전하의 사신과 지난번에 지온(池溫)이 갈 때 통지한 각처 사인(各處使人) 외에 타처 사인(他處使人)은 들여보내는 것을 허락하지 말라.'

○ 전라도 도관찰사 김정준(金廷雋)이 진도(珍島) 목장의 사의(事宜)를 아뢰었으나 윤허하지 않았다.

아뢰어 말했다.

'도내 진도(珍島)는 풀이 무성하지 않아서 마필(馬匹)이 점점 파리해지는데, 만약 눈이 깊을 때를 만나기라도 하면 더욱 목양(牧養)하기가 어려울 것입니다. 빌건대 모두 육지로 내보내 각 고을에서 나눠 기르게 하소서.'

상이 말했다.

"지난날에 아뢰기를 '진도 목장은 수초(水草)가 두루 족(足)하고 풍토(風土)가 제주(濟州)와 다름이 없습니다'라고 했기에, 성자(城子-작은 성)를 쌓도록 명하고 사람들로 하여금 들어가 살면서[入接] 목마(牧馬)하게 했다. 지금의 아뢰는 바가 전일과 다른 것은 어찌해서인가? 파리하고 약한 마필(馬匹)을 골라서 각 고을에 나눠 기르게 하고, 그 나머지 마필은 그대로 방목하고 근교(近郊)의 풀을 많이 거두어서 겨울철에 대비하도록 하라."

○ 형조에서 사복시(司僕寺)의 마초(馬草)를 훔친 자를 자자(刺字-문신을 새기는 형벌)하도록 청하니 상이 말했다.

"지금 반감(飯監)²⁰ 등이 혹시 주선(廚膳-주방의 음식)을 훔치면 다만 외방에 내쫓도록 하는데, 마초(馬草) 40속(束)을 훔친 자에 이르러서는 도리어 자자(刺字)를 가하니 내 마음이 편안치 못하다. 그러나 율(律)은 어길 수 없으니, (법을) 굽혀서[枉-曲] 용서하겠다."

○ 강화(江華)에 둔전(屯田)을 경영하라고 명했다. 상이 호조판서 박신(朴信)에게 일러 말했다.

"금년에 강화에 제언(堤堰-둑방)을 쌓는다면 경작할 만한 땅은 얼마인가? 1,000결에 이른다면 명년(明年)부터 시작해 선군(船軍)으로 하여금 경종(耕種)하게 해 둔전(屯田)으로 삼으라. 통진(通津) 땅이나 고양(高陽) 방축(防築)과 같이 경작할 만한 땅이 많지 않거든 마땅히 예전부터 스스로 점거해서[自占] 사는 여러 사람으로 하여금 경작하게 하라."

○ 평양부(平壤府) 토관(土官-지방관) 중에서 용원(冗員-쓸데없는 관리)을 도태(淘汰)시켰다. 평양부 토관의 원수(原數-정원)는 250명이었는데, 동반(東班)·서반(西班) 아울러 120명을 태거(汰去-혁파)하고 다만 동반 94명과 서반 36명을 남겨두었으니, 도순문 찰리사(都巡問察理使) 최이(崔迤)의 계청(啓請)을 따른 것이었다.

무자일(戊子日-18일)에 유성(流星)이 대릉(大陵)에서 나와 각 도(道)에 들어갔는데, 모양이 큰 됫박[大升] 같았다.

○ 동교(東郊)에서 매사냥[放鷹]을 구경했다.

―――――

20 궁중(宮中)에서 음식물과 물품의 진상(進上)을 맡아보는 벼슬아치다.

○사헌부에서 이양우(李良祐)의 죄를 다시 청했다[復請]. 소는 이러했다.

'임금과 신하의 나뉨[分]은 하늘이 높고 땅이 낮은 것 같아서 범(犯)할 수 없는 것입니다. 신하로서 분수를 범하면 마땅히 법(法)에 두어 그 죄를 다스려야 하는 것이니, 어찌 용서해주어[縱釋] 고금 불변의 상전(常典)을 폐기하겠습니까? 신 등이 전에 양우(良祐)의 불충(不忠)하고 불경(不敬)한 일을 갖고서 갖춰 아뢰고 죄를 청했으나 유윤(俞允)을 받지 못해 황공(惶恐)하고 운월(殞越)²¹한데, 그 일이 대체(大體)에 관계되기 때문에 능히 스스로 그만둘 수가 없어 죽음을 무릅쓰고[冒死-昧死] 말씀드리는 것입니다. 옛날에 순(舜)임금이 상(象)²²에 대해, 상(象)이 근심하면 자신도 근심했으니 (혈족 간의) 은의(恩誼)가 (군신 간의) 의리(義理)를 덮는 것[掩義]이 형제(兄弟)의 정(情)이기 때문이요, 관리를 시켜 봉국을 다스리고 (상으로 하여금) 그 나라에 직무를 가지지 못하게 했으니 의리가 은의를 앞서는 것[勝恩]이 군신(君臣)의 마땅함[義]이기 때문입니다. 그러므로 천하(天下)를 가진 자는 자기 집안[家]을 돌아보지 않는 것입니다. 그렇다면 임금이 형제(兄弟)에 대해서도 의리가 은의보다 진실로 무거운 것인데 하물며 종친(宗親)이겠습니까? 제(齊)나라 희공(僖公)이 그 아우 연(年)에 대해 공자(公子)의 도(道)로써 대우하지 않다가 시정(施政)이 그 아들에게 미치자 마침내 화란(禍亂)을 이루었으니, 『춘추(春秋)』에서

---

21 간절하다는 말이다.

22 순(舜)임금의 이복동생으로, 순임금을 죽이려고 했다.

비웃었습니다[譏-譏弄]. 이는 실로 은의가 의리에 앞서서 생겨난 폐단이었습니다.

지금 양우가 범한 일이야말로 실로 신 등이 말한, 분수를 범한 것[犯分-犯上]입니다. 옛날부터 신하로서 난역(亂逆)하는 자는 그 시초가 불경(不敬)에서 비롯해 그 종국은 불궤(不軌-반역)에 이르게 되니, 그 유래(由來)하는 바가 점점[漸] 그러한 것입니다. 『역경(易經)』에 이르기를 "서리를 밟으면 단단한 얼음이 이른다[履霜堅氷至]"라고 했고, 성인(聖人-주공)이 이를 드러내 후세(後世)에게 보였습니다. 인주(人主-임금)가 신하를 제어해[馭-制御] 난(亂)을 방지하는 법은 가히 심절하고 훤히 밝다고 하겠습니다. 이제 양우가 회안(懷安)과 사통(私通)한 일은 이미 분변(分辨)을 받았으나 『춘추(春秋)』의 근엄한 법에 비추면 또한 의심되고 우려되는 바가 있습니다. 그리고 종묘(宗廟)에 친히 제사하던 날과 동지(冬至)에 연향(燕享)할 때에 병이라 핑계하고 조회하지 않았으며 또 두문불출(杜門不出)하면서 병이 위독하다고 속여 그 아들을 부르도록 청했으니, 교만하고 참람하고 음흉하고 간사할 뿐 아니라 불신(不臣)의 마음이 어찌 이 지경에 이르렀습니까?

지금에 이르러 종친제군(宗親諸君)이 안에서 서로 두텁게 화목하고 대소신료(大小臣僚)가 밖에서 왕실(王室)을 좌우로 도와 한마음으로 봉직(奉職)하며 상의 임금다움[上德]을 보필(輔弼)해 천만세(千萬歲)의 무강(無彊)한 경복(慶福)을 열려고 생각하는 마당에, 양우는 종친(宗親)의 후예(後裔)로서 먼저 스스로 교만하고 참람해 감히 방헌(邦憲)을 간범(干犯)했으니, 그 불충(不忠)하고 불경(不敬)한 죄는 법에 의해 다스려야 마땅하며 가볍게 논할 수 없습니다. 옛날 노(魯)나라 공자(公子) 휘(翬)가 정(鄭)나라를 정벌하는 역(役-전투)을 당해 군이 청하여 갔는데, 『춘추』에서는 그것을 기록해 그의 무군(無君-임금을 없다고 여김)하는 마음을 드러냈습니다. 이제 양우가 교만하고 참람하고 불경(不敬)한 사실은 나라 사람들이 모두 함께 아는 바입니다. (그런데) 이미 그 죄를 면제하고 궁금(宮禁)을 출입하는 것이 이연(怡然)히 평일(平日)과 같으니, 그 국가의 큰 법에 어찌 되겠으며 군신(君臣)의 근엄한 뜻에 어찌 되겠습니까? 엎드려 바라건대 전하께서는 한결같이 전의 상소에 의해 특별히 밝은 결단을 내리시고 힘써 대의(大義)에 따르시어, 양우를 삭작(削爵)해 멀리 귀양 보낸 뒤 사환(賜環)[23]하지 말고 남은 생애[餘齒-餘生]를 마치도록 해 군신(君臣)의 대의(大義)를 밝히고 국가의 대법(大法)을 바로잡으소서. 이미 상언(上言)했으니, 부복(俯伏)해 대죄(待罪)합니다.'

기축일(己丑日-19일)에 여씨(呂氏)의 어미와 친족(親族)을 의금부(義禁府)에 가두라고 명했다.

윤자당(尹子當)의 통사(通事-통역관) 원민생(元閔生)이 경사(京師)에서 (먼저) 돌아와 아뢰었다.

"6월 초4일에 황제가 친정(親征)해 북방(北方)을 평정하고, 8월 초

---

23 죄를 용서해 소환(召還)하는 것이다. 옛날에 죄를 지은 신하(臣下)가 귀양 가 있을 때 임금이 다시 소환하고 싶으면 환(環)을 내려주었고, 영원히 결별(訣別)하고 싶으면 결(玦)을 내려주었다는 고사(故事)에서 나온 말이다.

1일에 이르러 북경(北京)에 도착해[下輦] 천하에 포고(布告)했습니다."
이어서 전사(傳寫)한 조서(詔書)를 바쳤다. 그 글은 이러했다.

'봉천승운(奉天承運) 황제는 조칙(詔勅)한다. 짐(朕)이 천명(天命)을
삼가 받들어[祗奉] 중국과 오랑캐[華夷]를 어루만지고 제어해[撫馭-
撫御] 오로지 평안하게 다스려서[乂安] 모두 그 마땅한 곳을 얻도
록 하고자 했으나[咸得其所], 와라(瓦剌)²⁴의 간사한 오랑캐[黠虜]가
궁벽하고 거친 땅에 치우쳐 있으면서 그 더러운 무리와 더불어 해
마다 서로 공격하고 살육한 결과 패망(敗亡)하고 실몰(失沒)해서 남
은 자가 거의 없는 형편이었다. 짐(朕)이 즉위하던 처음에 무마(撫摩)
하고 존휼(存恤)하여 봉작(封爵)을 주었으므로 수년 이래로 조정(朝
廷)에 의지해 비로소 휴식(休息)을 얻었으나, 오합(烏合)이 무리를 이
뤄 곧 다시 교만하고 방자해 은덕(恩德)을 저버리고 신의(信義)를 어
겨서, 마음대로 임금을 죽이거나 세우고 사신(使臣)을 붙잡아 죽이고
변경(邊境)을 침요(侵擾)하니, 개·돼지나 승냥이·이리처럼 탐욕하기
가 끝이 없고 스스로 세력이 커지기를 주제넘게 넘보았다[覬覦自大].
짐(朕)이 부득이 몸소 육군(六軍)²⁵을 거느리고 이를 토벌해 살리겁
아(撒里怯兒)의 땅에 이르니, 적병(賊兵)이 내습하므로 싸워서 일격
에 이를 패주(敗走)시켰다. 추격해 토라하(土剌河)에 이르니 적수(賊

---

24 몽고(蒙古)의 오이라트(Oilat)부다.
25 천자(天子)가 거느리는 7만 5,000명의 군대를 말하는데, 1군(軍)은 1만 2,500명이다. 『주
례(周禮)』에 "무릇 군사를 거느리는 법은 1만 2,500인을 1군(軍)으로 하여, 국왕(國王)은
6군(軍)을, 대국(大國)은 3군(軍)을, 차국(次國)은 2군(軍)을, 소국(小國)은 1군(軍)을 다스
린다"라고 했다.

首) 답리파마합(答里巴馬哈)·목대평(木大平)·파독발라(把禿孛羅)가 그 지혜와 능력을 헤아리지 못하고 지경을 휩쓸고 왔는데, 병인(兵刃)을 겨우[才-纔] 맞대자마자 마치 마른나무가 꺾어지고 썩은 나무가 쓰러지듯이 했다. 추격해 가서 북변(北邊)으로 쫓아내고 그 명왕(名王) 이하 수천 인을 살육해 헤아릴 수 없을 만큼 목을 베고 귀를 자르니[斬馘-斬馘], 나머지 오랑캐는 밤에 도망쳤다[宵遁]. 드디어 군사를 돌이켜 돌아왔는데, 오다가 음마하(飮馬河)에 이르니 화령왕(和寧王) 아로태(阿魯台)가 그 추장(酋長)을 보내서 그 무리를 이끌고 군문(軍門)에 나아와 정성을 다하고 충성을 바치므로, 반측(反側)하던 무리를 안정시킨 다음에 위로해 권면하고 위무해서 안집(安輯-안정)시켜 부락(部落)으로 돌아가게 했다. 아아! 천위(天威)를 봉행(奉行)해 멀리 떨어진 북변(北邊)에서 비린내 나는 더러운 오랑캐들[腥膻]을 쓸어버리고 편안하게 진정시켜 귀순하고 귀부하게 했다. 은혜(恩惠)를 먼 지방의 사람에게까지 베풀어[覃-及], 중국(中國)으로 하여금 전수(轉輸)의 노고를 없애고 변경에 봉화(烽火)의 경보(警報)를 없애게 했다. 그러므로 이에 조칙해 보여서[詔示] 모두 들어서 알도록 하는 것이다.'

민생(閔生)이 (황제가) 선포해 일깨운[宣諭] 성지(聖旨)를 받들어 전했다.

'황후(皇后)가 죽은 뒤에 권비(權妃)【즉 현인비(顯仁妃)다.】에게 명해 육궁(六宮)의 일을 맡아보게 했었다. 마침 저 여가(呂家)【즉 여미인(呂美人)이다.】가 권씨(權氏)에게 대면(對面)해 말하기를 '자손(子孫)이 있는 황후가 죽었으니, 네가 맡아보는 것이 몇 개월이나 가겠느냐'

고 하면서 이처럼 무례했다. 이곳의 우리 내관(內官) 두 놈이 고려(高麗)의 내관(內官) 김득(金得)·김량(金良) 등 저들 네 놈과 실형제(實兄弟)와 같았는데, 한 놈이 은장(銀匠)의 집에서 비상(砒礵)을 빌려다가 저 여가(呂家)에게 주었다. 영락(永樂) 8년 사이에 남경(南京)으로 돌아갈 때 양향(良鄕)에 이르러, 그 비상을 갈아 가루로 만들어서 호도차(胡桃茶) 안에 집어넣어 권씨(權氏)에게 주어서 먹여 죽였다. 당초에는 내가 이러한 연고를 알지 못했는데, 지난해 양가(兩家)의 노비가 욕하고 싸울 때 권비(權妃)의 노비가 저 여가(呂家)의 노비에게 근저(根底-까닭)를 말하기를 '너희의 사장(使長-사역시키는 주인어른)이 약을 먹여 우리의 비자(妃子)를 죽였다'라고 했으므로 그제야 겨우 알았다. 사건의 경위를 묻고 꾸짖으니, 과연 그러했다. 저 몇 놈의 내관(內官)과 은장(銀匠)을 모두 죽였고, 여가(呂家)는 곧 낙형(烙刑)에 처했는데 낙형한 지 1개월 만에 죽었다.[26] 네가 가리(家里-고국)에 돌아가거든 이러한 연고를 자세히 말하라. 권영균(權永均)에게 근저(根底)를 알리고, 저 여가(呂家)의 어버이에게 말하고서 다시 뒷날 쉬었다가 오도록 하라.'

상이 즉시 의정부와 육조(六曹)를 불러서 토의하고 마침내 이런 명이 있었다.

---

26 중국 명(明)나라 영락(永樂) 12년(1414년)에 중국 상인(商人)의 딸 여씨(呂氏)가 궁중에 들어가서 조선 출신의 여씨(呂氏)와 동성(同姓)임을 내세워 동성(同姓) 연애를 하고자 했으나 들어주지 않으니, 상인의 딸 여씨가 감정을 품고 권비(權妃)가 졸(卒)한 것은 여씨가 독약을 차에 탄 까닭이라고 무고한 사건이다. 이 사건을 어여(魚呂)의 난(亂)이라고도 한다.

○ 민생(閔生)이 또 아뢰어 말했다.

"황제가 경사(京師)에 돌아와 북정(北征)하러 갈 때 도망친 군사와, 정벌에 따라간 군사의 처첩(妻妾) 가운데 다른 남자와 간통한 자를 매일 친히 판결해 궐문(闕門) 밖에 참수(斬首)했는데, 그 숫자가 100여 명에 이르렀습니다. 또 요동(遼東) 사람들이 모두 이르기를 '왕사(王師-황제의 군사)가 북인(北人-오랑캐)과 더불어 교병(交兵-교전)할 때 북인이 복병(伏兵)을 숨겨두고 거짓으로 패(敗)한 척[佯敗] 달아나니, 왕사가 복병한 데 깊이 들어갔다가 뒤가 끊겨 여러 겹으로 포위당했는데, 황제가 화약(火藥)으로써 포위를 뚫고[突圍] 나와 밤낮으로 달려서[倍日] 돌아왔다'라고 했습니다."

신묘일(辛卯日-21일)에 흠문기거사(欽問起居使) 윤자당(尹子當, ?~1422년)[27]이 경사(京師)에서 돌아왔다. 상이 편전(便殿)에 나아가 하륜(河崙)·남재(南在)·이직(李稷) 및 육조 판서(六曹判書)와 자당(子當) 등을 오게 했다[引-引見]. 상이 말했다.

"근래에 원민생(元閔生)의 말에 입각해 여씨(呂氏)의 친당(親黨)을 가두었다. 그러나 권씨(權氏)가 비(妃)가 되고 여씨(呂氏)가 미인(美人)이 됐으니, 비록 존비(尊卑)의 차이는 있으나 적첩(嫡妾)의 구분은 없

---

27 고려 후기 벼슬길에 나아가 조선 건국 후 병조전서(兵曹典書)를 역임하던 중 1400년(정종 2년) 발생한 2차 왕자의 난을 진압하는 데 공을 세워 좌명공신 4등에 봉해졌다. 태종대에는 경상도 병마도절제사 등 외직을 역임하면서 왜구 토벌에 공을 세웠고, 세종 초에는 하성절사(賀聖節使) 등을 맡아 외교 사절로 활동했다. 어머니는 판서를 역임한 남휘주(南輝珠)의 딸 영양남씨(英陽南氏)인데, 일찍 과부가 되어 안성이씨 이경(李坰)에게 개가해 이숙번(李叔蕃), 이중번(李仲蕃) 형제를 낳았다. 즉 윤자당과 이숙번은 이부동모 형제다.

는 것이다. 또 그 짐독(酖毒)으로 독살했다는 것도 애매한데, 우리가 멀리서 황제가 노한 것을 듣고서 갑자기[遽然] 친족을 베는 짓을 나는 차마 할 수 없는 바다."

거연

재(在)와 직(稷)이 말했다.

"일단은 가둬두고, 권영균(權永均)이 돌아오기를 기다려서 황제의 생각을 알고 결정해도 실로 늦지 않을 것입니다."

상이 옳게 여겨서 여러 재상에게 두루 물었다. 우대언(右代言) 한상덕(韓尙德)이 말했다.

"권씨(權氏)가 아직 황후(皇后)가 되지 못했는데 어찌 시해(弒害)라고 논해서 삼족(三族)을 멸할 수 있겠습니까? 모고살인율(謀故殺人律)은 가벼우니, 모반대역(謀反大逆)으로 논해 그 친족을 노비로 삼는 것[孥]이 어떻겠습니까?"

노

상이 말했다.

"황제가 원민생에게 이르기를 '내가 권씨(權氏)에게 육궁(六宮)의 일을 맡아보게 했다'라고 했으니 존귀(尊貴)하다면 존귀한 것이다."

륜(崙)이 말했다.

"율문(律文)을 상고해보면 무릇 궁중(宮中)에서 다투거나 싸운 자도 죽이는데, 하물며 이 같은 음모를 자행한 자이겠습니까? 위로 천자(天子)의 노여움을 사고 아래로 본국(本國)에 수치를 끼쳤는데, 그 친척이 비록 음모에 참여하지 않았다 하더라도 이러한 허물 있는 자들을 살려두면 이로부터 왕가(王家)에 화(禍)가 될 것입니다. 신(臣)은 생각건대 이러한 변(變)을 들으면 죄를 늦출 수 없으니, 속히 왕주(王誅-왕의 이름으로 주살하는 것)를 올바로 시행해 천의(天意-천자의 뜻)에 답하는 것이 마땅합니다."

상의 뜻이 드디어 정해져 이렇게 말했다.

"비록 왕주(王誅)가 한 사람에만 그치더라도 괜찮다."

상이 말했다.

"여씨(呂氏)의 죄는 율(律)에 상고하면 대역(大逆)이다. 대역의 죄는 왕주(王誅)가 그 어미에게 미치는 것은 불가하다. 여씨의 어미를 관천(官賤)으로 정하고, 그 나머지는 모두 석방하라."

의금부 진무(義禁府鎭撫) 노상(盧湘)에게 명해 하륜·남재·이숙번(李叔蕃)에게 고하게 하니 륜이 말했다.

"전하의 지극한 어지심[至仁]은 심히 좋으나, 여씨의 죄는 시역(弑逆) 중에서도 가장 큰 것입니다. 시역의 죄는 반드시 그 부모에게 미칩니다. 아비가 이미 죽었으니 마땅히 그 어미를 죽여서 뒷사람을 징계해야 하고, 또 이로써 황제에게 주달(奏達)하면 반드시 '짐(朕)의 마음을 몸 받아서 죄를 주었다'라고 할 것입니다. 그렇게 하지 않는다면 그 천의(天意)의 의향(意向)하는 바에 어찌 되겠습니까?"

재와 숙번(叔蕃) 등이 말했다.

"단지 민생의 말을 가지고 죽이는 것은 미편(未便)합니다. 영균(永均)이 돌아오기를 기다렸다가 황제의 뜻을 안 뒤에 처리하는 것이 어떻겠습니까?"

상(湘)이 갖춰 아뢰니, 상이 차마 율(律) 이외의 형벌을 더할 수가 없어서 여씨의 친족들을 풀어주고 다만 그 어미 장씨(張氏)만 머물러 두었다.

○ 제주 안무사(濟州按撫使) 윤림(尹臨)이 복명(復命)하고 양마(良

馬) 6필을 바쳤다.

○ 다시 이양우(李良祐)를 완원부원군(完原府院君)으로 삼고, 여산군(麗山君) 김승주(金承霔)를 고쳐 평양군(平陽君)으로 삼고, 이은(李垠)을 예문관 제학(藝文館提學), 민무휼(閔無恤)을 지돈녕부사(知敦寧府事), 민무회(閔無悔)를 한성부 윤(漢城府尹)으로 삼았다.

○ 승정원(承政院)에 명해 왜객인(倭客人)이 바친 토산물을 고찰해 핵실하게 했다[考覈]. 박신(朴信)이 아뢰어 말했다.

"왜객(倭客)이 바친 약재(藥材)가 대부분 사용하기에 알맞지 않습니다. 값을 쳐서 주면 비용을 헛되이 하는 것이요, 주지 않으면 원망을 사게 됩니다."

상이 말했다.

"처음부터 변별(辨別)해 그 진위(眞僞)를 알아내는 것이 마땅하지, 어찌 외인(外人)의 업신여김을 받을 수 있겠느냐? 지난번에 왜인(倭人) 하나가 흑소환(黑小丸) 1개를 바쳤는데, 이름은 우중주(牛中珠)라고 했으나 너무 가볍고 광(光)이 없었다. 사람을 시켜 쪼개보니 작은 박[小瓢]이어서, 즉시 명해 돌려보냈다. 근래에 자주 대언(代言)에게 명해 바치는 물건을 감독하게 했으니, 아직도 속고 있는 것은 대언(代言)의 잘못이다. 이제부터 마땅히 조정(朝廷-명나라 조정) 예부(禮部)에서 공헌(貢獻)하는 물건을 고찰하듯이 해야 한다. 이때 이미 받은 것이면 일단은 그 값을 주도록 하라."

○ 영길도(永吉道)에서 금을 캐는 역사(役事)를 정지하라고 명했으니, 그 도의 인민(人民)이 성자(城子)를 수축(修築)하는 데 지쳤기 때문이다.

임진일(壬辰日·22일)에 전사시(典祀寺)에 명해 사냥한 짐승을 가지고 교외(郊外)에서 제사를 지내게 했다.

예조에서 아뢰었다.

"삼가 『예기(禮記)』 「월령(月令)」을 보니 '천자(天子)가 군복(軍服)을 입고 궁시(弓矢)를 잡고 사냥해서, 주사(主祀)에게 명해 짐승을 사방(四方)의 신(神)에게 제사 지낸다'라고 했고, 『문헌통고(文獻通考)』에 이르기를 '제후(諸侯)의 나라는 비록 일방(一方)에 있으나 국내(國內)에서도 동서남북이 있으므로, 또한 사방(四方)을 따라서 그 방위에 망제(望祭)한다. 사방에 망제하면 오방(五方)의 신(神), 오행(五行)의 신(神) 및 산림천택(山林川澤)의 신(神)이 모두 그 가운데 있으니, 진실로 또 나눠서 넷으로 할 수가 없다'라고 했습니다. 빌건대 이 제도에 의거해 춘추 강무(春秋講武)에는 전사관(典祀官)에 명해 사냥하는 땅에서 잡은 짐승을 가지고 교외에서 제사를 지내 사방의 신(神)에게 보답하소서."

그래서 이러한 명이 있었다.

갑오일(甲午日·24일)에 소낙비가 내리고[驟雨] 천둥이 쳤다. 유성(流星)이 은하수 북동쪽[河北東]에서 나와 상태(上台)로 들어갔는데, 모양이 됫박[升]과 같았고 붉은색이었다.
○ 우의정 이직(李稷) 등에게 의정부에서 연회를 내려주었다[賜宴].

상이 연회(宴會)를 마련해 진하 평정 북방사(進賀平定北方使) 우의정 이직과 부사(副使) 제학(提學) 이은(李垠) 및 칠원군(漆原君) 윤자당(尹子當), 병조판서 김승주(金承霔), 전 전라도 도절제사(全羅道都節制使) 마천목(馬天牧)을 위로하고자 했는데, 마침 종친(宗親) 천우(天祐)의 아들 헌(憲)이 죽었다는 말을 듣고 뜻을 전해 말했다.

"비록 복제(服制)가 없으나 아무렇지도 않게[安然] 연음(宴飮)하는 것은 친척을 제 몸과 같이 여기는 뜻[親親之意]에 부끄러움이 있다."

대언(代言) 등에게 명해 사연(賜宴)하게 했다.

을미일(乙未日-25일)에 대호군(大護軍) 평도전(平道全)에게 유의(襦衣) 1벌을 내려주고, 경상도에 집을 지어 그에게 주었다.

○ 형조에서 전 청주부사(靑州府使) 박희무(朴希茂)의 죄를 청했으나 용서했다. 희무(希茂)가 행랑 도감사(行廊都監使)가 되어서 사사로이 재목(材木)을 전 사직(司直) 이승무(李承茂)에게 주었는데, 명해 승무(承茂)에게 장(杖) 60대를 때리고 희무는 태조(太祖)의 원종공신(元從功臣)이라 해서 (죄를) 면해주었다.

병신일(丙申日-26일)에 여씨(呂氏)의 어미 장씨(張氏)를 풀어주었다.

○ 의정부에 명해 사노비(私奴婢)의 수를 토의해 정하게 했다[議定].

○ 형조 도관 좌랑(刑曹都官佐郎) 김지형(金知逈)을 파면했다. 지형(知逈)이 잘못해 판상주목사(判尙州牧事) 이유(李愉)가 형조참의가 됐을 때 노비를 오결(誤決)했다고 헌부(憲府)에 보고해 헌부에서 탄핵했는데, 실은 강화부사(江華府使) 양수(梁需)가 형조참의로 있을

때 오결한 것이었다. 헌사에서 탄핵하니 파면했다.

무술일(戊戌日-28일)에 상이 상왕(上王)을 모시고 동교(東郊)에서 매사냥하고, 저자도(楮子島)에서 잔치를 베풀었다.

기해일(己亥日-29일)에 우의정 이직(李稷)과 예문관 제학(藝文館提學) 이은(李垠)을 보내, 경사(京師)에 가서 북방(北方)을 평정(平定)한 것을 진하(進賀)하게 했다.

○ 종정무(宗貞茂)가 사람을 시켜 예물(禮物)을 바치고 인구(人口)를 돌려주기를 청하며 범종(梵鍾)을 구했다. 비전 태수(肥前太守) 원창청(源昌淸)도 토산물을 바쳐서 범종을 내려준 것을 사례했다.

○ 사헌부에서 소(疏)를 올렸다. 소는 이러했다.

'예로부터 제왕(帝王)은 비록 평안하게 다스려지는 세상에 있다 하더라도 무비(武備)를 잊지 않았습니다. 이런 까닭으로 봄과 여름에는 진려(振旅)²⁸와 발사(茇舍)²⁹라는 이름이 있었고 가을과 겨울에는 치병(治兵)·대열(大閱)하는 법이 있었던 것은, 편안할 때 위태로운 것을 잊지 않고 다스려질 때 어지러운 것을 잊지 않은 까닭이었으니 그 사려함이 깊습니다. 춘추(春秋)의 강무(講武)는 진실로 아름다운 법이지만 길의 멀고 가까운 것과 땅의 험하고 평탄한 것을 가리지 않고 지존(至尊)의 옥지(玉趾-임금의 발꿈치)를 가벼이 움직여서 짐

---

28 군사를 거두는 것을 말한다.
29 초사(草舍)에서 노영(露營)하는 것을 말한다.

승의 굴혈(窟穴)을 찾아 높은 산을 넘고 깊은 내를 건넌다면, 앞에는 짐승을 쫓아가는 즐거움만 있고 마음에는 변고를 살피는[存變] 뜻이 없을 것입니다. 신 등은 위험을 경계하는 마음[垂堂之戒]이 혹시라도 경각지간(頃刻之間)에 이지러질까 진실로 두렵습니다. 더군다나 금년은 가물어서[旱澗] 화곡(禾穀)이 익지 않았으니, 가을갈이[秋耕]와 밤 줍기[拾栗] 따위의 일을 모름지기 제때에 해서 명년(明年)의 구황(救荒)에 대비해야 마땅합니다. 길을 닦고 말을 끌고 일을 맡고 물건을 준비하는 자는 또한 모두 병사(兵士)들인데, 병사를 기르는 법은 백성을 기르는 것과 같은 것이 없습니다. 신 등이 엎드려 바라건대, 금년 가을의 강무(講武)는 잠정적으로 중지하고, 이제부터 강무는 교외(郊外)의 경기(京畿)에 그치고 열흘을 넘지 않는 것으로써 길이 만세(萬世)의 법을 삼도록 하소서.'

상이 노해 집의(執義) 이당(李堂)과 지평(持平) 정연(鄭淵)을 불러서 물었다.

"강원도의 백성 중에 굶어 죽은 자가 몇 사람이냐? 옛날에는 사시(四時)에 사냥하던[田-田獵] 법이 있었지만 나는 다만 봄가을의 강무만 시행할 뿐이며, 하물며 일 년 내내 근심 걱정만 하다가 단지 며칠의 유렵(游獵)을 하는 것도 아니 된다는 것이냐? 친히 사냥해 조종(祖宗)에 제사 지내는 것은 옛 법이다. 너희가 이름을 낚으려 할 뿐이니, 나는 너희를 따르지 않겠다."

이튿날 당(堂) 등이 다시 강무일(講武日)의 기한을 줄이도록 청하고 횡성(橫城) 지역의 산이 높고 길이 험한 폐단을 말하니, 상이 중관(中官)을 시켜 재삼 힐책하고 풍해도 도관찰사에게 뜻을 전해 해

주(海州)로 향(向)하고자 했다. 기마(騎馬)와 역자(驛子)가 장차 출발하려 하는데, 병조판서 김승주(金承霔)가 간언해 만류하며 말했다.

"횡성(横城)은 조도(調度)[30]가 이미 갖춰져서 화가(禾稼-곡식)를 수확하고 교량과 도로를 모두 수리했습니다. 만약 해주(海州)로 향한다면 양도(兩道)의 백성이 다 같이[均] 그 폐단을 받게 될 것이니 진실로 불가합니다."

언사(言辭)가 간절하고 정성스러웠으나[懇款] 상이 따르지 않았다. 이당과 정연을 행궁 찰방(行宮察訪)으로 삼고 명했다.

"너희들이 횡성(横城)의 길이 험하다고 하기 때문에 광주(廣州) 천녕(川寧)으로 향하고자 하는 것이니, 너희는 이에[其] 속히 가서 영판(營辦)[31]하고 공억(供億-음식물 준비)하는 일을 늦지 않도록 하라. 만약 전지(田地) 하나라도 수확하지 않는 것이 있으면 죄를 면하지[逭免] 못할 것이다. 또 이복(吏僕)을 거느리고 가지 말라. 이렇게 못하면[不爾] 내가 마땅히 깊이 죄를 다스리겠다."

이어서 진무(鎮撫) 등에게 명해 광주(廣州) 천녕(川寧)에 숙소를 정하게 하니, 김승주가 또 말씀을 올려 힘써 중지시키고자 했으나 중관(中官)이 불가(不可)하다고 해서 승주 등이 아뢰지 못했다. 상은 다만 헌사(憲司)를 겁준 것일 뿐이고, 실제 다른 도(道)로 향하고자 한 것은 아니었다. 한참 뒤에[俄而] 노여움이 풀리자[怒霽] 당(堂) 등을 찰방(察訪)에 임명한 것을 중지했다[寢].

---

30 일의 준비 상태를 말한다.

31 숙소(宿所)와 기물(器物)을 준비하는 것을 말한다.

원문

辛未朔 對馬島宗貞茂使人來獻土物.
신미 삭 대마도 종정무 사인 내헌 토물

禮曹啓各曹公事行移之法. 啓曰: "公事行移之際 文字上不盡
예조 계 각조 공사 행이 지법 계왈 공사 행이 지제 문자 상부진

事理 勿論所屬二品以下衙門郞廳及吏典 許令進退 且司憲府
사리 물론 소속 이품 이하 아문 낭청 급 이전 허령 진퇴 차 사헌부

司諫院凡京外移文 須用印信." 從之.
사간원 범 경외 이문 수용 인신 종지

分遣各道軍容點考別監.
분견 각도 군용점고 별감

長興府民願復入古治 從之. 曾因倭寇內徙也.
장흥부 민 원 부입 고치 종지 증인 왜구 내사 야

禮曹上親臨宗親 大臣喪儀注.
예조 상 친림 종친 대신 상 의주

壬申 親臨漢山府院君趙英茂之殯. 御幄次 命知申事李灌 祭于
임신 친림 한산부원군 조영무 지 빈 어 악차 명 지신사 이관 제우

殯次.
빈차

吏曹判書韓尙敬上書辭職 不允.
이조판서 한상경 상서 사직 불윤

以前司諫玄孟仁爲全羅道水軍都萬戶 從司憲之擧也.
이 전 사간 현맹인 위 전라도 수군 도만호 종 사헌 지 거 야

初置廣津露渡別監. 京畿都觀察使啓曰: "道內 臨津 洛河 漢江則
초치 광진 노도 별감 경기 도관찰사 계왈 도내 임진 낙하 한강 즉

置別監 考人物出入 衿川 露渡 廣州 廣津 龍津 無所關防 犯罪亡命
치 별감 고 인물 출입 금천 노도 광주 광진 용진 무소 관방 범죄 망명

之人 出入自如 深爲未便. 請以左道水站別監 兼管廣津 龍津; 移
지인 출입 자여 심위 미편 청 이 좌도 수참 별감 겸관 광진 용진 이

阻江別監 管露渡 察其出入." 從之.
조강 별감 관 노도 찰기 출입 종지

癸酉 大司憲李垠請入朝啓 不允.
계유 대사헌 이은 청입 조계 불윤

命加屬濟用監奴婢. 上曰:"濟用監務劇而奴婢多在外方 宜以

京中及圻內有實奴婢 通前屬之數 定給五十口.

日本九州節度使使送客人 來獻土宜.

司憲府請大護軍金乙辛罪 原之. 乙辛與南城君洪恕 都摠制

李伯溫相訟於辨正都監. 伯溫 柳廷顯之妻弟也. 乙辛謂廷顯曰:"公

乃何挾私偏聽?" 廷顯詣闕請辨 命憲司劾實以聞. 憲司兩請其罪 宥

乙辛 召廷顯復職.

甲戌 司憲府劾掌令河之混. 以之混坐辨正都廳 見乙辛與廷顯

相詰 不以告於本府故也. 李垠等啓曰:"之混於辨正都監日差之時

每先出 不知事之本末." 上召掌務持平鄭淵 與之混對論于承政院.

上知之混本無罪 但以才劣不見重於同僚耳. 然明言之混之無罪 則

意垠等必避嫌不仕 故不復問其是非.

司憲府上書 請朴子靑權希達入殿庭言鬪之罪 不允.

乙亥 刑曹上倭人犯罪論決之法. 啓曰:"曩者諸島之倭 寇我邊境

其罪當討. 殿下以樂天之量 修文德以來之 旣通朝聘 亦許貿易 隨

其所求以與之. 由是 心悅誠服 來獻其琛 絡繹不絶. 然以嗜利無恥

纔及下船 便有徵求① 所過州縣 益肆其毒 以至刃傷人民 攘奪錢財

其爲不道甚矣 不可不懲. 願令監司 倭人往返 如有所犯 依大明律

論罪 殺人者堅囚啓聞 依律聽斷; 以刃傷人者 依鬪歐律 杖八十 徒

二年; 以物歐人 不成傷者 笞三十; 成傷者四十; 奪人財物者 依

白晝攘奪律 杖一百 徒三年." 從之.
백주 양탈 율 장일백 도 삼년 종지

丙子 改施惠所爲歸厚所 東西大悲院爲東西活人院.
병자 개 시혜소 위 귀후소 동서대비원 위 동서활인원

丁丑 丑方有白氣如虹 夜半雷.
정축 축방 유 백기 여홍 야반 뇌

命司僕寺世子所乘馬 必啓聞乃進. 上遣內奴 執世子殿宦者
명 사복시 세자 소승 마 필 계문 내진 상견 내노 집 세자전 환자

辛德海 鄭澄等來 命代言司問曰: "向者世子遣人 求狗兒于無夫女
신덕해 정징 등 래 명 대언사 문왈 향자 세자 견인 구 구아 우 무부 녀

家 然乎?" 二人對以不知. 上曰: "汝歸問其由於世子以來." 二人
가 연호 이인 대이 부지 상왈 여귀문 기유 어 세자 이래 이인

反命曰: "月初三日 世子召上護軍黃象 問鷹犬 弓矢所在之處 象
반명 왈 월 초삼일 세자 소 상호군 황상 문 응견 궁시 소재 지처 상

曰: '大護軍權軺家有良犬.' 世子卽遣人取來. 軺時以敬差官出外."
왈 대호군 권초 가 유 양견 세자 즉 견인 취래 초시 이 경차관 출외

上怒曰: "近 世子詣闕則必與孝寧忠寧講論經史 予喜其好學. 今乃
상 노왈 근 세자 예궐 즉 필 여 효령 충녕 강론 경사 여 희기 호학 금내

如此 是外飾好學之名 而實非本心也. 夷考禮典 則無世子扈從講武
여차 시 외식 호학 지명 이실 비 본심 야 이고 예전 즉 무 세자 호종 강무

之文 令世子知之." 乃有是命. 又傳旨承政院曰: "召黃象詬辱之."
지문 영 세자 지지 내유 시명 우 전지 승정원 왈 소 황상 후욕 지

又傳旨黃象曰: "汝乃開國功臣之子 予將欲大用 今乃如此 眞小人
우 전지 황상 왈 여내 개국공신 지자 여장 욕 대용 금내 여차 진 소인

也." 世子聞之曰: "前日聽象之言 是予之罪也." 書筵官李及等曰:
야 세자 문지 왈 전일 청 상지언 시 여지죄 야 서연관 이급 등 왈

"邸下聽象俳優之言 至動上慮 此某等所以未盡其職也." 世子忸怩.
저하 청 상 배우 지언 지동 상려 차 모등 소이 미진 기직 야 세자 뉴니

及等又曰: "自今邸下收放心 養德性 則朝鮮萬世之福 必基於是矣."
급 등 우왈 자금 저하 수 방심 양 덕성 즉 조선 만세 지복 필 기어 시의

世子亦不深納.
세자 역 불 심납

書筵賓客 僚屬 臺諫 請世子聽講至再至三 托疾固拒 講日常少.
서연 빈객 요속 대간 청 세자 청강 지재지삼 탁질 고거 강일 상소

戊寅 雷電. 流星出奎入胃東 狀如瓶.
무인 뇌전 유성 출규 입위 동 상여 병

遣禮曹參議朴實于全羅道 命自鎭浦至高巒梁水路險夷 黃谷浦
견 예조참의 박실 우 전라도 명 자 진포 지 고만량 수로 험이 황곡포

等處置轉運所便否 自全羅道龍安至忠淸道內浦陸轉難易 精察
등처 치 전운소 편부 자 전라도 용안 지 충청도 내포 육전 난이 정찰

以聞. 先是 前摠制洪有龍往察形勢不辨難易便否 上曰:"予不識

有龍之昏暗如此." 憲司請有龍奉使不稱職之罪 上曰:"何聞之速

耶? 前銜老臣 不必加罪 止應使之監督造倉以警之耳."

戶曹判書朴信啓課鹽法. 啓曰:"鹽乃民之所資以生者 其重次於

五穀 故古有課法. 今國家沿海州郡 置貢鹽干 又收私鹽稅 其數

不爲不多. 然其貿易 率皆不緊之物 多歸興利之 又各道監司或擅用

於非處 故無補於國. 願自今將各道鹽稅 除工曹所納與其道一年

經費外 許令平民勿論雜穀 減價易換 以補軍資 則民戶樂得義鹽 而

一年所收之穀 不下萬餘石矣. 其各道貢鹽干多少不均 所收稅數亦

異 更令參酌定額 以均其役."

從之. 信之經營富國之術 類皆如此.

禮曹上諸祀儀. 詳定祀檀君 箕子 高麗始祖儀 祀靈星 馬祖 司寒

山川儀 久雨禜祭國門儀以啓 從之.

京畿都觀察使報道內併合縣邑事宜. 報曰:"龍仁縣以處仁人吏

奴婢移隸龍駒 長臨則以臨江移隸長湍 麻漣則以麻田移隸漣川

安朔則以安峽移隸朔寧何如? 衿果則果川(衿川)人吏 奴婢土著繁夥

果川雖地窄人少 在於路旁. 金陽則金浦陽川人物雖等 以境壤之勢

陽川宜隸於金浦 然陽川近於京城. 右件縣邑移排之處 請賜議定."

戶曹啓請移果川於陽川, 陽川於金浦 從之.

司憲府大司憲李垠等疏請李良祐之罪. 疏曰:

472

'臣等竊以 惟忠與敬 臣子之大節 苟無忠敬 無以立於覆載之間
신등 절이 유충 여경 신자 지대절 구무 충경 무이 립어 복재 지간

故臣而犯此 必問其罪. 豈可輕宥 以虧國家之大法哉? 今完原君
고신 이 범차 필문 기죄 기가 경유 이휴 국가 지 대법 재 금 완원군

李良祐於年前 使人私通懷安大君 事涉不軌 按法當治. 殿下以
이양우 어 연전 사인 사통 회안대군 사섭 불궤 안법 당치 전하 이

其情迹未白 置之勿論 此實好生之至德也. 然傳曰: "臣而不臣之
기 정적 미백 치지 물론 차실 호생 지지덕 야 연전왈 신이 불신 지

罪已著 按而誅之; 情狀未明 黜而退之." 此誠古今不易之至論也.
죄 이저 안이 주지 정상 미명 출이 퇴지 차성 고금 불역 지지론 야

良祐之事 殿下已令分辨 然其情迹 涉於疑慮 雖不治罪 固宜黜而
양우 지사 전하 이령 분변 연기 정적 섭어 의려 수불 치죄 고의 출이

退之也. 且當殿下親祀宗廟之日 百官群臣皆詣朝賀 而良祐則托疾
퇴지 야 차당 전하 친사 종묘 지일 백관 군신 개예 조하 이 양우 즉 탁질

不朝 又於冬至日 如前稱疾不朝 又以身病誣詐入啓 請召其子. 其
부조 우어 동지일 여전 칭질 부조 우이 신병 무사 입계 청소 기자 기

不忠不敬 欺罔君上如此 而旣免罪辜 出入宮禁 無異平日 臣等竊恐
불충 불경 기망 군상 여차 이기 면죄고 출입 궁금 무이 평일 신등 절공

不軌之臣無所懲戒也. 伏望殿下 斷以大義 將良祐削職遐竄 終身
불궤 지신무 소징계 야 복망 전하 단이 대의 장 양우 삭직 하찬 종신

不齒 以正大法 以懲不臣之罪.'
불치 이정 대법 이징 불신 지죄

疏留中.
소 유중

庚辰 遣大護軍李君實 護軍池含于江原道橫川. 上欲講武 令二人
경진 견 대호군 이군실 호군 지함 우 강원도 횡천 상욕 강무 영 이인

芟其場也.
삼 기장 야

放行廊赴役船軍. 傳旨承政院曰: "赴役船軍 皆遣還家 使收禾穀.
방 행랑 부역 선군 전지 승정원 왈 부역 선군 개견 환가 사수 화곡

其蓋瓦以品從及本宮赴役隊長隊副輸入." 提調朴信 朴子靑等復請
기 개와 이 품종 급 본궁 부역 대장 대부 수입 제조 박신 박자청 등 부청

留役 上曰: "卿等母敢再請." 是日皆遣之.
유역 상왈 경등 무감 재청 시일 개 견지

戶曹啓曰: "行廊造成時 破取民家 凡一千四百八十六間. 其瓦家
호조 계왈 행랑 조성 시 파취 민가 범 일천 사백 팔십 육간 기 와가

一百二十六間 每一間宜給楮貨二十張 共二千五百二十張; 草家
일백 이십 육간 매 일간 의급 저화 이십 장 공 이천 오백 이십 장 초가

一千三百六十間 每一間給十張 共一萬三千六百張." 從之.
일천 삼백 육십 간 매 일간 급 십장 공 일만 삼천 육백 장 종지

辛巳 司憲府又上疏. 疏曰:

'臣等具良祐之罪以聞 殿下下旨曰: "良祐曾貶于外已蒙赦宥置之勿論." 臣等竊惟 不忠不敬 罪之大者 豈在赦宥之例? 且良祐私通懷安之事 雖蒙分辨 然其情狀 涉於疑慮 故於前疏 請加黜退. 臣等姑以良祐所犯 衆所共知者 一一陳之.

良祐雖非封君之後 亦綴宗支之裔 則宗廟乃其祖宗之所在也. 當殿下躬祼之時 固宜率先助祭 以盡孝敬. 良祐不然 托疾在家 是慢祖宗也.

殿下親祀 國之大慶也. 故群臣皆詣朝賀 而良祐托疾不朝 是輕君上也. 慢祖宗輕君上 而可以不問其罪乎?

冬至之日 又稱疾不朝 臣而不朝 罪固大矣. 且移病不出 誣詐入啓 請召其子 其欺罔君上 亦國人之所共知也. 臣等未知良祐是何人 其不忠不敬若是其至乎?

宗親之於國家 實同休戚 故當世世修德 夾輔王室. 今良祐無大功德 而旣與勳盟 受殿下罔極之恩 不圖報效 而設心若此 尙望其修德夾輔於永世乎? 法當論執 以懲其罪. 殿下以好生之德 使之勿論 親親之恩則至矣 其國家之大法何? 今良祐輕慢君上之實瞭然現著 其罪之大 爲如何哉? 伏望殿下 察納臣等之言 依前疏所聞 斷以大義 將良祐削職遐竄 沒齒不還 以治其罪 以正國家之大法.'

不從. 垠等復請之 上怒曰: "今後勿復有言."
부종 은등부청지 상노왈 금후 물부 유언

壬午 召宗親擊毬於廣延樓下 仍設酌.
임오 소종친 격구 어 광연루 하 잉설작

禮曹判書黃喜請改修月令圖. 啓: "曾進圖有未詳悉處." 上然之
예조판서 황희청개수 월령도 계 증진도유미 상실처 상연지

顧謂代言曰: "爾等當講究禮經 以備顧問 而殊不致意 甚無謂也.
고위 대언 왈 이등 당강구 예경 이비 고문 이수불치의 심무위 야

古禮 冬月講武 以所獲禽獸獻于宗廟. 今講武與冬享不相値 雖
고례 동월 강무 이 소획 금수 헌우 종묘 금 강무 여 동향 불 상치 수

藏氷庫 必致變味. 自今隨其所獲 馳馹以進 如薦新之禮 庶不違於
장빙고 필치 변미 자금 수기 소획 치일 이진 여 천신 지례 서 불위 어

事存之道矣.
사존 지도 의

司憲府上疏 請上護軍黃象罪 以象潛進鷹犬于東宮也. 上曰: "予
사헌부 상소 청 상호군 황상 죄 이상 잠진 응견 우 동궁 야 상왈 여

嘗使遺之 毋庸論請."
상사 유지 무용 논청

議政府 六曹 臺諫同議上全羅道漕運之策. 啓曰: "全羅道每年
의정부 육조 대간 동의 상 전라도 조운 지책 계왈 전라도 매년

漕運 豐儲 廣興倉米 共四萬六十石 若皆陸輸于忠淸道內浦 則
조운 풍저 광흥창 미 공 사만 육십 석 약개 육수 우 충청도 내포 즉

人馬困斃. 請依慶尙道例 考其程途遠近 所耕多小 全羅上道各官
인마 곤폐 청의 경상도 예 고기 정도 원근 소경 다소 전라 상도 각관

則內浦: 中道下道則龍安城或鎭浦 自正月至二月 陸轉作庫納之 至
즉 내포 중도 하도 즉 용안성 혹 진포 자 정월 지 이월 육전 작고 납지 지

三四月 悉令漕運. 其軍資則以京畿革去各官雜位田及身後別賜田
삼사월 실령 조운 기 군자 즉 이 경기 혁거 각관 잡위전 급 신후 별사전

犯罪人田所出 充納京倉." 從之.
범죄인 전 소출 충납 경창 종지

罷禮曹佐郎金滓職. 以新及第依牒 移關諫院 不幷錄恩賜及第
파 예조좌랑 김재 직 이신 급제 의첩 이관 간원 불 병록 은사급제

鄭常之名故也.
정상 지 명 고야

刑曹都官啓公處奴婢容隱使用之罪. 啓曰: "公處奴婢容隱者 無
형조 도관 계 공처노비 용은 사용 지죄 계왈 공처 노비 용은 자 무

論罪之法 故元屬奴婢及亂臣奴婢 兩邊不當屬公奴婢 其本主及
논죄 지법 고 원속 노비 급 난신 노비 양변 부당 속공 노비 기 본주 급

無識之徒 容隱使用者或有之. 自今如有現露者 職牒收取 杖八十
무식 지도 용은 사용자 혹 유지 자금 여유 현로 자 직첩 수취 장 팔십

身充水軍." 從之.
신 충 수군 종지

癸未 觀放鷹于東郊.
계미 관 방응 우 동교

甲申 命各道水軍都節制使勿進月膳. 全羅 慶尙兩道監司 兵馬
갑신 명 각도 수군도절제사 물진 월선 전라 경상 양도 감사 병마

水軍兩節制使 皆進月膳 驛馬羸困 故有是命. 且令咸吉道察理使亦
수군 양 절제사 개진 월선 역마 이곤 고유 시명 차령 함길도 찰리사 역

於三朔一進膳.
어 삼삭 일 진선

丙戌 吾都里千戶一人 來獻土物及鷹一連.
병술 오도리 천호 일인 내헌 토물 급응 일련

兵曹上鋪馬法. 啓: "近年以來 京外大小人員覲親受由 除拜赴京
병조 상 포마 법 계 근년 이래 경외 대소인원 근친 수유 제배 부경

等私行 皆乘驛馹. 因此人馬疲困 其弊不小. 今後一依定式 公行外
등 사행 개 승 역일 인차 인마 피곤 기폐 불소 금후 일의 정식 공행 외

皆禁斷." 從之.
개 금단 종지

宗貞茂使人等還. 禮曹判書黃喜諭貞茂書曰:
종정무 사인 등환 예조판서 황희 유 정무 서왈

'諭及法華經板本 國亦罕有 顧承足下需索意切 搜覓以送. 且以
유급 법화경 판본 국역 한유 고승 족하 수색 의절 수멱 이송 차 이

平大卿道全處所附書契啓達 幷送米若干石 兼致土宜 惟照領. 足下
평 대경 도전 처소 부 서계 계달 병송 미 약간 석 겸치 토의 유 조령 족하

誠心修好 貴國信使絡繹 今者大內使人至 殿下館待優厚 且致報禮
성심 수호 귀국 신사 낙역 금자 대내 사인 지 전하 관대 우후 차치 보례

不意使人等還至金海府 無故發憤 以辱監司及府官 至欲拔劍刺之
불의 사인 등 환지 김해부 무고 발분 이욕 감사 급 부관 지욕 발검 자지

其悖禮甚矣. 恐傷交好之意 忍令發還. 幸足下轉達大內公 究治
기 패례 심의 공상 교호 지의 인령 발환 행 족하 전달 대내 공 구치

此輩 以戒後來. 自今國王殿下使臣及前者池溫去時 所通各處使人
차배 이계 후래 자금 국왕 전하 사신 급 전자 지온 거시 소통 각처 사인

外 他處使人 勿許入送.'
외 타처 사인 물허 입송

全羅道都觀察使金廷雋啓珍島牧場事宜 不允. 啓曰: '道內 珍島
전라도 도관찰사 김정준 계 진도 목장 사의 불윤 계왈 도내 진도

草不茂盛 馬匹漸瘦 若値雪深 則尤難牧養. 乞皆出陸 分養各官.' 上
초 불 무성 마필 점수 약치 설심 즉 우난 목양 걸개 출륙 분양 각관 상

曰: "往日啓 珍島牧場水草周足 風土無異濟州. 以故命築城子 令人
왈 왕일 계 진도 목장 수초 주족 풍토 무이 제주 이고 명축 성자 영인

入接牧馬. 今之所啓 異於前日何也? 擇瘦弱馬匹 分養各官 其餘
馬匹仍放 多收郊草 以爲冬月之備."

刑曹謂竊司僕馬草者刺字 上曰: "今者飯監等或竊廚膳 止令 至
竊草四十束者 反加刺字 予心未安. 然不可違律而枉宥也."

命營江華屯田. 上謂戶曹判書朴信曰: "今年築江華堤堰 可耕之
地幾 至千結 明年爲始 令船軍耕種 以爲屯田. 若通津地 高陽防築
可耕之地不多 宜令前日自占諸人耕治."

汰平壤府土官冗員. 平壤土官原數二百五十 汰去東西班共
一百二十 只留東班九十四 西班三十六 從都巡問察理使崔迤之啓也.

戊子 流星出大陵入閣道 狀如大升.

觀放鷹于東郊.

司憲府復請李良祐之罪. 疏曰:

'君臣之分 如天尊地卑 不可犯也. 臣而犯分 則當置於法 以徵
其罪 豈可縱釋 以廢古今不易之常典哉? 臣等前以良祐不忠不敬之
事 具聞請罪 未蒙兪允 惶恐殞越 以其事關大體 不能自已 冒死而
言之. 昔者舜之於象 象憂亦憂 恩掩義也 弟兄之情也. 使吏治之而
不得有爲於其國 義勝恩也 君臣之義也. 故有天下者不顧家. 然則
君之於兄弟 義固重於恩矣 況宗親乎? 齊僖公之於弟年 不待以
公子之道 施及其子 卒成禍亂 春秋譏之 此實恩勝義之弊也.

今良祐所犯之事 實臣等所謂犯分者也. 自古臣之爲亂者 其始

本於不敬 其終至於不軌 其所由來漸矣. 易曰: "履霜堅氷至." 聖人
본어 불경 기종 지어 불궤 기 소유래 점 의 역왈 이상견빙 지 성인

著之 以示後世. 人主馭臣止亂之法 可謂深切著明矣. 今良祐私通
저지 이시 후세 인주 어신 지란 지법 가위 심절 저명 의 금 양우 사통

懷安之事 旣蒙分辨 然在春秋謹嚴之法 亦所疑慮. 且其當宗廟親祀
회안 지사 기몽 분변 연재 춘추 근엄 지법 역 소의려 차 기당 종묘 친사

之 冬至燕享之時 托疾不朝 又杜門不出 誣以疾篤 請召其子 非有
지 동지 연향 지시 탁질 부조 우 두문불출 무이 질독 청소 기자 비유

驕僭陰詭 不臣之心 何至於此?
교참 음궤 불신 지심 하지 어차

今也宗親諸君敦睦於內 大小臣僚夾輔於外 一心奉職 思輔上德
금야 종친 제군 돈목 어내 대소 신료 협보 어외 일심 봉직 사보 상덕

以開千萬世無疆之休 而良祐以宗親之裔 先自驕僭 敢干邦憲 其
이개 천만세 무강 지휴 이 양우 이 종친 지예 선자 교참 감간 방헌 기

不忠不敬之罪 按法當治 不可輕論也. 昔魯公子翬當伐鄭之役 固請
불충 불경 지죄 안법 당치 불가 경론 야 석 노 공자 휘 당벌 정지역 고청

而行 春秋書之 以著其有無君之心. 今良祐驕僭不敬之實 國人之
이행 춘추 서지 이저 기유 무군 지심 금 양우 교참 불경 지실 국인 지

所共知也. 旣免其罪 出入宮禁 怡然如平時 其於國家之大法何如;
소공지 야 기면 기죄 출입 궁금 이연 여 평시 기어 국가 지 대법 하여

君臣謹嚴之義何如? 伏望殿下 一依前疏 特垂明斷 務從大義 將
군신 근엄 지의 하여 복망 전하 일의 전소 특수 명단 무종 대의 장

良祐削爵退竄 毋得賜環 俾終餘齒 以明君臣之大義 以正國家之
양우 삭작 하찬 무득 사환 비종 여치 이명 군신 지 대의 이정 국가 지

大法 旣已上言 俯伏待罪.'
대법 기이 상언 부복 대죄

己丑 命囚呂氏之母與親族于義禁府. 尹子當通事元閔生回自
기축 명수 여씨 지모 여 친족 우 의금부 윤자당 통사 원민생 회자

京師啓曰: "六月初四日 皇帝親征 平定北方 至八月初一日 下輦于
경사 계왈 육월 초사일 황제 친정 평정 북방 지 팔월 초일일 하련 우

北京 布告天下." 仍進傳寫詔書. 其文曰:
북경 포고 천하 잉진 전사 조서 기문 왈

'奉天承運皇帝詔曰: 朕祇奉(祗奉)天命 撫馭華夷 惟欲乂安 咸
봉천 승운 황제 조왈 짐 기봉 지봉 천명 무어 화이 유욕 예안 함

得其所. 瓦剌黠虜 僻在窮荒 與其醜類歲相攻殺 敗亡喪沒 存者
득 기소 와랄 힐로 벽재 궁황 여기 추류 세상 공살 패망 상몰 존자

無幾. 朕卽位之初 撫摩存恤 授以封爵. 數年以來 憑仗朝廷 始得
무기 짐 즉위 지초 무마 존휼 수이 봉작 수년 이래 빙장 조정 시득

休息 烏合爲群 卽復驕恣 辜德負恩 背違信義 擅自弑立 執殺使臣
휴식 오합 위군 즉부 교자 고덕 부은 배위 신의 천자 시립 집살 사신

478

侵擾邊境 犬豕豺狼 貪欲無厭 覤覦自大. 朕不得已躬率六軍以
침요 변경 견시 시랑 탐욕 무염 기유 자대 짐 부득이 궁솔 육군 이

討之 至撒里怯兒之地 賊兵來迎 戰一鼓而敗之 追至土剌河 賊首
토지 지 살리겁아 지지 적병 내영 전 일고 이 패지 추지 토라하 적수

答里巴馬哈 木大平 把禿孛羅 不度智能 掃境而來 兵刃才交 如摧枯
답리파마합 목대평 파독발라 부도 지능 소경 이래 병인 재교 여 최고

振朽 追奔逐北 其名王以下數千人 斬馘無算 餘虜宵遁. 遂班師而
진후 추분 축북 기 명왕 이하 수천인 참괵 무산 여로 소둔 수 반사 이

還 歸至飮馬河 和寧王 阿魯台遣其酋長 率衆詣軍門來 推誠待納
환 귀지 음마하 화령왕 아로태 견 기 추장 솔중 예 군문 래 추성 대납

以安反側 勞來撫輯 令回部落. 嗚呼! 奉行天威 掃腥膻於絶塞;
이안 반측 노래 무집 영회 부락 오호 봉행 천위 소 성전 어 절새

綏寧順附 覃恩惠於遠人 俾中國靡轉輸之勞 邊境無烽火之警. 故玆
수녕 순부 담 은혜 어 원인 비 중국 미 전수 지로 변경 무 봉화 지경 고 자

詔示 咸使聞知.'
조시 함 사 문지

閔生奉傳宣諭聖旨:
민생 봉전 선유 성지

'皇后沒了之後 敎權妃【卽顯仁妃】管六宮. 的事來這呂家【卽呂
황후 몰료 지후 교 권비 즉 현인비 관 육궁 적사 내 저 여가 즉 여

美人】和權氏對面說道:"有子孫的皇后也死了 爾管得幾箇月?"
미인 화 권씨 대면 설도 유자손 적 황후 야 사료 이 관득 기개월

這般無禮. 我這里內官二箇和爾高麗內官金得 金良 他這四箇 做
저반 무례 아 저리 내관 이개 화 이 고려 내관 김득 김량 타 저 사개 주

實弟兄 一箇銀匠家裏 借砒礵與這呂家. 永樂八年間 回南京去時
실제형 일개 은장 가리 차 비상 여 저 여가 영락 팔년 간 회 남경 거시

到良鄕把那砒礵 硏造末子 胡桃茶裏頭下了 與權氏喫殺了. 當初
도 양향 파 나 비상 연조 말자 호도 차 이두 하료 여 권씨 끽 살료 당초

我不知這箇緣故 去年兩家努肆罵時節 權妃奴婢和呂家奴婢根底
아 부지 저개 연고 거년 양가 노사 매 시절 권비 노비 화 여가 노비 근저

說道:"爾的使長 藥殺我的妃子." 這般時纔知道了 出來呵果然. 這
설도 이적 사장 약살 아적 비자 저반 시 재 지도료 출래 가 과연 저

幾箇內官銀匠都殺了 呂家便著烙鐵 烙一箇月殺了. 爾回到家里
기개 내관 은장 도 살료 여가 편 저 낙철 낙 일개월 살료 이 회도 가리

這箇緣故備細說的知道. 和權永均根底也 說呂家親的 再後休著
저개 연고 비 세설 적 지도 화 권영균 근저 야 설 여가 친적 재후 휴저

他來.'
타래

上卽召議政府 六曹議之 乃有是命.
상 즉소 의정부 육조 의지 내유 시명

閔生又啓曰: "帝還京赴征時 逃軍及從征軍士之妻妾奸他夫者

每日親決 斬首於闕門外 數至百餘. 又遼東人皆云: '王師與北人

交兵 北人伏奇兵 佯敗而走 王師深入 奇兵絶其後 圍數重. 帝以

火藥突圍而出 倍日而還.'"

辛卯 欽問起居使尹子當回自京師. 上御便殿 引河崙 南在 李稷

六曹判書及子當等 上曰: "近因元閔生之言 囚呂氏親黨 然權氏爲

妃 而呂氏爲美人 雖有尊卑 而非嫡妾之分. 且其酖殺曖昧 而吾等

遠體皇帝之怒 遽然族誅 予所不忍也." 在與稷曰: "姑囚繫 以待

權永均之還 知帝指意決之 亦未晚也." 上然之 徧問諸相 右代言

韓尙德曰: "權氏未爲皇后 豈可以弑論 而夷三族乎? 謀故殺人 律

則輕矣 以謀反大逆論 而孥其族何如?" 上曰: "帝謂元閔生曰: '吾

以權氏管六宮之事.' 尊則尊矣." 崙曰: "考諸律文 凡爭鬪於宮中

者亦死 況肆行如此之貌? 上致天子之怒 下貽本國之羞 其親戚雖

不與謀 然生此尤物 自是家禍. 臣謂 聞如此之變 不可緩也 宜速

正王誅 以答天意." 上意遂定曰: "雖誅止一人可也." 上曰: "呂氏之

罪 考之於律 則大逆也. 大逆之罪 不可誅及其母. 以呂氏之母定爲

官賤 餘皆釋之." 命義禁府鎭撫盧湘 告于河崙 南在 李叔蕃等 崙

曰: "殿下之至仁甚善 然呂氏之罪 弑逆之大者. 弑逆之罪 必及其

父母 父旣死矣 宜殺其母 以懲後人. 且以是達於帝則必曰: '體朕心

而罪之.' 不然則其於天意之所向何如?" 在與叔蕃等曰: "只以閔生

之言 殺之未便 待永均之還 知帝之指意而後 處之何如?" 湘具以啓
지언 살지 미편 대 영균 지환 지제 지지의 이후 처지 하여 상구 이계

上不忍以律外之刑 釋呂氏親族 只留其母張氏.
상 불인 이 율외 지형 석 여씨 친족 지류 기모 장씨

濟州安撫使尹臨復命 進良馬六匹.
제주 안무사 윤림 복명 진 양마 육필

復以李良祐爲完原府院君 改麗山君金承霔爲平陽君 李垠爲
부 이 이양우 위 완원부원군 개 여산군 김승주 위 평양군 이은 위

藝文館提學 閔無恤知敦寧府事 閔無悔漢城府尹.
예문관제학 민무휼 지돈녕부사 민무회 한성부윤

命承政院 考覈倭客人所獻土物. 朴信啓曰: "倭客所獻藥材 多
명 승정원 고핵 왜 객인 소헌 토물 박신 계왈 왜객 소헌 약재 다

不堪用. 酬直則虛費 否則取怨." 上曰: "初當辨知眞僞 豈可受外人
불감 용 수직 즉 허비 부즉 취원 상왈 초 당 변지 진위 기가 수 외인

之侮乎? 向有一倭進一黑小丸 名爲牛中珠 而甚輕無光. 令人碎之
지모 호 향 유 일왜 진 일 흑소환 명위 우중주 이 심경 무광 영인 쇄지

則小瓢也 卽命回付. 近者屢命代言 監所進之物 而爲所誑 是代言
즉 소표 야 즉명 회부 근자 누명 대언 감 소진 지물 이위 소광 시 대언

之過也. 自今宜如朝廷禮部考貢獻之物 此則業已受之 姑與其直.
지 과야 자금 의여 조정 예부 고 공헌 지물 차즉 업이 수지 고여 기직

命停永吉道採金之役 以其道人民困於修築城子也.
명정 영길도 채금 지역 이 기도 인민 곤어 수축 성자 야

壬辰 命典祀寺以獵禽祭於郊. 禮曹啓: "謹按禮記月令 天子厲飾
임진 명 전사시 이 엽금 제어 교 예조 계 근안 예기 월령 천자 여식

執弓矢以獵 命主祀祭禽于四方之神. 文獻通考曰: '諸侯之國雖居
집 궁시 이렵 명 주사 제금 우 사방 지신 문헌통고 왈 제후 지국 수거

一方 然國內亦有東西南北 亦隨四方而望祭於其方也. 望祭四方
일방 연 국내 역 유 동서남북 역 수 사방 이 망제 어 기방 야 망제 사방

則五方之神 五行之神及山林川澤 皆在其中矣 固不可又分而爲四
즉 오방 지신 오행 지신 급 산림 천택 개재 기중 의 고 불가 우 분 이 위사

也. 乞依此制 春秋講武 命典祀官 以獵地所獵之禽 祭於郊以報
야 걸의 차제 춘추 강무 명 전사관 이 엽지 소렵 지금 제어 교 이보

四方之神."
사방 지신

故有是命.
고 유 시명

甲午 驟雨而雷. 流星出河北東 入上台 狀如升 赤色.
갑오 취우 이뇌 유성 출 하북 동 입 상태 상여 승 적색

賜宴右議政李稷等于議政府. 上欲設宴 以慰進賀平定北方使
사연 우의정 이직 등 우 의정부 상 욕 설연 이위 진하 평정 북방사

右議政李稷 副使提學李垠及漆原君尹子當 兵曹判書金承霔 前
全羅道都節制使馬天牧 適聞宗親天祐之子憲死 傳旨曰: “雖無服制
安然宴飲 有愧親親之意.” 命代言等賜宴.

乙未 賜大護軍平道全襦衣一襲 且於慶尙道造家與之.

刑曹請前靑州府使朴希茂 原之. 希茂爲行廊都監使 私與材木於
前司直李承茂 命杖承茂六十 希茂以太祖元從功臣免.

丙申 釋呂氏之母張氏.

命議政府議定私奴婢數.

刑曹都官佐郞金知逈免. 知逈誤以判尙州牧事李愉爲刑曹參議
時 奴婢誤決報于憲司 憲府劾之 乃江華府使梁需爲參議時誤決也.

憲司劾罷之.

戊戌 上奉上王放鷹于東郊 設宴于楮子島.

宗貞茂使人獻禮物 請還人口 求梵鍾; 肥前太守源昌淸亦獻土宜
謝賜梵鍾.

司憲府上疏. 疏曰:

‘自古帝王雖在治平之世 不忘武備. 是故 春夏則有振旅茇舍之名;
秋冬則有治兵大閱之法 所以安不忘危 治不忘亂 其慮深矣. 春秋
講武 誠爲美法 然不擇道之邐邇 地之險夷 輕擧至尊之玉趾 以探
禽獸之窟穴 凌高涉深 前有利獸之樂 而內無存變之意. 臣等誠恐
垂堂之戒 或虧於頃刻之間也. 況今年旱涸 禾穀不登 其秋耕拾栗

等事 須當及時 以爲明年救荒之備. 治道 牽馬 服事 支辦者 亦皆
등사 수당 급시 이위 명년 구황 지비 치도 견마 복사 지판 자 역개

兵也 養兵之要 莫如養民. 臣等伏望 今秋講武姑且寢之 自今講武
병야 양병 지요 막여 양민 신등 복망 금추 강무 고차 침지 자금 강무

止於郊圻 亦不過一旬之內 永爲萬世之法.'
지어 교기 역불과 일순 지내 영위 만세 지법

上怒 召執義李堂 持平鄭淵問之曰: "江原之民飢死者有幾? 古者
상노 소집의 이당 지평 정연 문지왈 강원 지민 기사 자유기 고자

有四時之田 而予只行春秋講武 況終歲憂勤 獨不得數日之游乎?
유 사시 지전 이여지행 춘추 강무 황종세 우근 독부득 수일 지유호

且親田獵 祭祖宗 古法也. 爾欲釣名耳 予不爾從矣." 翌日 堂等
차친 전렵 제조종 고법야 이욕 조명 이 여불 이종 의 익일 당등

復請減講武日期 且言橫城山高路險之弊 上使中官詰之再三. 傳旨
부청감 강무 일기 차언 횡성 산고 노험 지폐 상사 중관 힐지 재삼 전지

于豐海道都觀察使 欲向海州 騎馬驛子將發 兵曹判書金承霑諫止
우 풍해도 도관찰사 욕향 해주 기마 역자 장발 병조판서 김승주 간지

之曰: "橫城調度已備 收穫禾稼 橋梁道路皆已修治. 若向海州
지왈 횡성 조도 이비 수확 화가 교량 도로 개이 수치 약향 해주

兩道之民均其弊 誠爲不可." 言辭懇款 而上不從. 以李堂 鄭淵爲
양도 지민 균기폐 성위 불가 언사 간관 이상 부종 이 이당 정연 위

行宮察訪 命曰: "爾等以橫城爲道險 故欲向廣州 川寧 爾其速往
행궁 찰방 명왈 이등 이 횡성 위 도험 고 욕향 광주 천녕 이기 속왕

營辦供億之事 毋使稽緩. 儻有一田不穫 則罪不可逭. 且毋率吏僕
영판 공억 지사 무사 계완 당유 일전 불확 즉죄 불가 환 차무솔 이복

以行. 不爾 予當深治之." 仍命鎭撫等 定廣州 川寧宿所. 金承霑又
이행 불이 여당 심치 지 잉명 진무 등 정 광주 천녕 숙소 김승주 우

欲上言力止 中官不可 承霑未得啓. 上特以恐動憲司耳 實非欲向
욕 상언 역지 중관 불가 승주 미득 계 상특 이공동 헌사 이 실비 욕향

他道也. 俄而怒霽 寢堂等察訪之命.
타도 야 아이 노제 침 당등 찰방 지명

│ 원문 읽기를 위한 도움말 │

① 纔及下船 便有徵求: 纔~便…는 '~하자마자 곧바로 …하다'라는 구문
재급 하선 편유 징구 재 편
이다.

태종 14년 갑오년
윤9월

閏九月

신축일(辛丑日-1일) 초하루에 판승문원사(判承文院事-승문원 판사) 변처후(邊處厚)를 면직시켰다. 헌부(憲府)에서 노비를 오결(誤決)한 죄를 논청(論請)했기 때문이다. 처후(處厚)는 성질이 경박(輕薄)해 이원계(李元桂)의 딸을 취(娶)했는데, 본래 홍로(洪魯)가 버린 아내였다. 부인의 세력에 의지해 등용되기를 희망하고 그 직임에 부지런하지 않으니 사람들이 모두 그를 비웃었다.

임인일(壬寅日-2일)에 사간원에서 소를 올려 대간(臺諫)의 각 1원이 강무(講武)에 호종할 것을 청했으나, (상이) 따르지 않았다.

○ 형조 도관(刑曹都官)에 명해 계사년(癸巳年-1413년) 9월 이후에 새로 올린[新呈] 상송노비(相訟奴婢) 사건은 바른 원칙에 따라[從正] 결절(決絶)하되, 12월 그믐날까지를 기한으로 하여 결절을 마치라고 했다.

○ 변정도감(辨正都監)에 명해 결송(決訟)하는 것을 이달 그믐날까지 한정하도록 했다. 뜻을 전해 말했다.

"소량(訴良)하는 사건은, 비록 오결(誤決)임을 한일(限日)까지 정장(呈狀)하지 아니한 채로 현신(現身)하지 아니해 친히 착명(着名)하기를 제때에 하지 못한 것도 아울러 수리(受理)하고, 공처노비(公處奴婢)는 마음을 써서 변명(辨明)하는 자가 없으니 이로 인해 오결이 있는데도 정장(呈狀)하지 않은 것도 모두 수리(受理)하라."

계묘일(癸卯日-3일)에 강원도에서 강무(講武)했는데, 오직 지신사(知申事) 이관(李灌), 좌대언(左代言) 유사눌(柳思訥)만이 따라갔고 2품이상도 20명에 지나지 않았으며 시위(侍衛)하고 지응(支應-지원)하는 여러 가지 일도 모두 간약(簡約)함을 따랐다. 상이 말했다.

"폐(弊)가 농민에게 미치지 말도록 하라."

군기감(軍器監)에 소속된 잡색군 정(雜色軍丁), 시위군(侍衛軍) 대장(隊長)·대부(隊副), 경기의 당령 선군(當領船軍)·재인(才人)·화척(禾尺)을 징발해 구군(驅軍-몰이꾼)으로 채워 넣었는데, 모두 5,000명이었다.

○ 예조에서 아뢰었다.

"사냥[蒐狩]에서 잡은 짐승은 날을 가리지[卜日] 말고 즉시 종묘(宗廟)에 천신(薦新)하고, 만약 삭망일(朔望日)을 만나면[值-當] 겸하여 천신하소서."

그것을 따랐다.

○ 상왕(上王)이 고양(高陽) 등지에 가서 매사냥을 했다.

갑진일(甲辰日-4일)에 내시별감(內侍別監)을 보내 (경기도) 이포(梨浦)의 신(神)에게 제사 지냈다.

○ 병조판서 김승주(金承霆)에게 구마(廏馬) 1필, 좌대언(左代言) 유사눌(柳思訥)에게 매 1련을 내려주었다.

○ 말을 달려 종묘(宗廟)에 금수(禽獸)를 천신(薦新)하고, 그 참에

전사관(典祀官)에 명해 사방지신(四方之神)에게 날짐승을 제사 지내게 했다.

을사일(乙巳日-5일)에 전 사헌 감찰(司憲監察) 김사태(金斯汰)의 직첩(職牒)을 거두고 장(杖) 80대를 때려 몸을 수군(水軍)에 채워 넣었다. 변정도감 판관(判官)이 돼 소량(訴良)[1]을 오결(誤決)한 사건에 걸려든 때문이다.

병오일(丙午日-6일)에 내시별감을 보내 양근(楊根)의 성황신(城隍神)과 용문산(龍門山)의 신(神)에게 제사를 지냈다.

정미일(丁未日-7일)에 횡천(橫川) 사기소(砂器所)에 머물러[次], 수종(隨從)한 신하와 군사(軍士)들에게 5일간의 식량을 주라고 명했다. 강원도 도관찰사 이안우(李安愚)가 말 1필과 매 3련을 바쳤고, 판원주목사(判原州牧使-원주목 판사) 이승간(李承幹)이 사냥개[田犬]를 바쳤다.

무신일(戊申日-8일)에 충청도 수군 도만호(忠淸道水軍都萬戶) 현인량(玄仁亮)의 고신(告身)을 거두고 장(杖)을 때렸다. 애초에 철물(鐵物) 흥리인(興利人-상인) 김록(金祿) 등이 충청도 소근량(所斤梁)에서 배

---

1 현재 노비로 있는 사람이 자기가 양민(良民)임을 확인하고 그 신분을 회복해줄 것을 청구하는 소송을 말한다.

를 침몰시켰는데, 인량(仁亮)이 배 안의 나머지 물건을 사사로이 썼기 때문이다.

기유일(己酉日-9일)에 상황이 궁으로 돌아왔다.

○ 어가(御駕)가 횡천(橫川) 화동(禾洞)에 이르렀을 때 전라도 도관찰사 김정준(金廷雋)이 경력(經歷) 이종화(李種華)를 보내 말 1필을 바쳤다.

계축일(癸丑日-13일)에 돌아와 횡천(橫川) 실미원(實美院)에 머물렀다. 상이 말이 엎어지는[蹶] 바람에 떨어졌으나 다치는 데까지 이르지는 않았다.

○ 구군(驅軍-몰이꾼)을 풀어주었으니, 양식(糧食)이 떨어졌기 때문이다.

갑인일(甲寅日-14일)에 원주(原州) 각림사(覺林寺)²에 행차했으니, 옛날 잠저(潛邸) 때에 공부하던 곳이다. 절의 중에게 채단(綵段)·홍초(紅綃)를 각각 3필씩 내려주고 쌀과 콩을 아울러 100석, 전지(田地) 100결(結)과 노비(奴婢) 50구(口)를 더 주었으며, 절의 노비 등에게

---

2 강원도 원주군 치악산(雉岳山) 동쪽에 있었던 절이다. 태종이 총각 때 이곳에서 은사(隱士) 원천석(元天錫)으로부터 학문을 배우고 개경(開京)으로 돌아가 18세 때 과거에 급제했다. 태종이 즉위한 후 은사를 찾기 위해 몸소 올라갔다는 계석(溪石)은, 후에 사람들이 태종대(太宗臺)라 하여 지금도 절터 곁에 남아 있다. 창건 연대 등 사적(寺蹟)이 미상인 이 절은 1416년(태종 16년) 태종의 배려로 중창(重創)됐으나 임진왜란 때 소실돼 없어졌다.

쌀과 콩을 아울러 30석 내려주었다.

○ 내시별감(內侍別監)을 보내 원주(原州) 치악산(雉岳山)의 신(神)에게 제사를 지내고 호종(扈從)한 신하와 군사들에게 3일 치의 양식을 주었다.

을묘일(乙卯日-15일)에 풍해도 도관찰사 윤향(尹向)이 경력(經歷) 이안유(李安柔)를 보내 매 2련을 바치고, 충청도 도관찰사 김여지(金汝知)가 도사(都事) 김자온(金自溫)을 보내 말 2필을 바쳤다.

○ 이안우(李安愚)·이승간(李承幹)에게 표리(表裏-의복의 겉감과 안찝)를 내려주고, 경력(經歷) 심도원(沈道源)에게 겹의(裌衣-솜을 두지 않고 거죽과 안을 맞춰 겹으로 만든 옷) 1벌을 내려주었다.

○ 내시별감(內侍別監)을 보내 여강(驪江)의 신(神)에게 제사를 지냈다.

무오일(戊午日-18일)에 어가(御駕)가 광주(廣州) 동정(東亭)에 머물렀는데, 왕세자가 행궁(行宮)에 나아왔다.

○ 경기 도관찰사 오승(吳陞)에게 표리(表裏)를 내려주고, 경력(經歷) 신이(辛頤)에게 겹의(裌衣) 1벌을 내려주었다.

기미일(己未日-19일)에 궁으로 돌아왔다. 이번 행차에 상이 사슴 11마리와 노루 3마리를 쏘았다.

경신일(庚申日-20일)에 영의정부사(領議政府事) 하륜(河崙) 등이 전

(箋)을 올려 감로(甘露)(가 내린 것)를 하례하고자 했으나 명을 내려 정지시켰다.

감로가 내린 것은 6월의 일이었으나 그 땅의 사람들이 그것이 상서(祥瑞)인지를 알지 못하고 보고하지 않았는데, 이때에 이르러 영길도 도순문사(永吉道都巡問使) 이원(李原)이 사실을 조사해[核實] 보고했다. 상은 백관(百官)이 전(箋)을 올려서 진하(陳賀)하고자 한다는 말을 듣고 예관(禮官)을 불러 뜻을 전해 말했다.

"여름철 가물어 타는[旱熯-旱暵] 때를 당해 분주히 비를 비는 데[禱賽] 겨를이 없는데, 비록 감로(甘露)가 내렸다고 하더라도 족히 상서로울 게 없다. 또 내가 본래 상서를 좋아하지 않으며, 더군다나 성인(聖人)도 아닌데 어찌 감히 이런 일을 당하겠느냐? 또 근년의 일을 가지고 말한다면, 건문(建文) 말엽에 추우(騶虞)³가 나왔고 지금 황제(皇帝)가 백만(百萬)의 무리를 거느리고 깊이 불모(不毛)의 땅에 들어갔을 때 기린(麒麟)이 나타났다. 이제 감로(甘露)가 함주(咸州)·정주(定州) 사이에 내렸으니, 마땅히 한 지방의 안정(安定)을 이룩한다면 어찌 야인(野人)의 변경(邊警)이 있겠는가? 마땅히 속히 중외(中外)로 하여금 하례하지 말게 하라."

륜(崙)이 예관(禮官)을 시켜 다시 아뢰었다.

"이것은 실로 세상에 드문 일이니 예(禮)를 폐할 수 없습니다."

---

3 중국의 전설에 나오는 상서(祥瑞)의 동물이다. 흰 호랑이 모양에 검은 무늬가 있으며, 생초(生草)를 밟지 않고 생물(生物)을 먹지 않는다고 한다.

상이 굳게 사양하고 말했다.

"비가 오고 햇볕이 나는 것이 제때에 맞아서 백곡(百穀)이 모두 풍등(豐登)하면 이것이 상서로움이 되는 것이다. 감로가 내린 것이 옛날에 비록 있었으나, 반드시 정도(正道)의 세상에만 있는 것도 아니었다."

다음날 륜 등이 3품 이상의 문무관(文武官)을 이끌고 전정(殿庭)에 들어가 청해 말했다.

"하늘이 아름다운 상서[嘉貺]를 내리시나 전하(殿下)께서 겸양(謙讓)하여 받지 않으시니, 덕(德-임금다움)이 지극히 성대합니다. 그러나 신 등은 하례하고자 하는 마음을 이기지 못하겠습니다."

상이 따르지 않으니 륜이 찬알(贊謁)을 시켜 칭하(稱賀)하고서 나갔다.

신유일(辛酉日-21일)에 하천추사(賀千秋使) 김구덕(金九德)이 경사(京師)에서 돌아왔다. 통사(通事) 김을현(金乙玄)이 방갈라국(方葛剌國)[4]에서 기린(麒麟)을 바치는 주본(奏本) 1통을 전사(傳寫)해 가지고 와서 바쳤다.

○ 호조참의(戶曹參議) 황자후(黃子厚)가 복명(復命)했다. 상이 자후(子厚)가 보고 온 바대로 배가 정박(碇泊)하는 곳을 개착(開鑿)할 만하다고 하니, 김승주(金承霍)가 말했다[以爲].

"왜구가 때 없이 침입하는 것은 마땅히 봉수(烽燧)를 삼가고 척후

---

4 벵골국으로, 지금의 방글라데시 주변에 있던 나라다.

(斥候)를 엄격히 하면 되지만, 배를 정박하는 해문(海門)은 완급(緩急)에 대응하므로 포(浦) 안에 깊이 들어올 수 없어서 관망(觀望)하는 데 장애가 있을 것입니다."

상이 말했다.

"왜구가 오는 것은 일정한 때가 있다. 오직 바다 가운데 풍랑(風浪)이 없기를 밤낮으로 염려하는 것이다."

유사눌(柳思訥)이 대답했다.

"운하를 파는 것이 바다와 너무 가까우면 조수(潮水)가 침입할 것이요, 육지(陸地)에 파면 공역(功役)이 클 것입니다."

상이 말했다.

"중국에서 운하로 조운하는 것이 건강(建康)에서 북경(北京)에까지 달한다. 만약 뜻을 두고 판다면 어찌 이뤄지지 않을 것을 걱정하겠느냐?"

문성부원군(文城府院君) 유량(柳亮)이 말했다.

"본국의 흙의 성질[土理]은 성기고 푸석해[疏墳] 중국과 비교하기 어렵습니다[難比]."

상이 바야흐로 조선(漕船)이 침몰해 사람이 많이 빠져 죽는 것을 염려했기 때문에 (이런 의견에 대해) 옳다고 생각하지 않았다.

○ 전 호군(護軍) 조륜(趙倫)에게 장(杖) 100대를 때렸다.

륜(倫)이 부상(父喪)을 당해 달포도 넘기지 않아 기첩(妓妾)과 간통하니, 헌사(憲司)에서 죄를 청했다. 상이 말했다.

"공신(功臣)의 아들이 죄를 범해도 용서를 받는 것은 아비의 공

(功) 때문이다. 륜은 비록 공신의 아들이라 하더라도 아비 상(喪)
[父憂]을 당해[丁-當] 방자하게 행동한 것이 이 지경에 이르렀다면,
이것은 스스로 그 아비를 배반한 것이니 어찌 그 아비의 음덕(蔭德)
을 입을 수 있겠느냐?"

속(贖) 받는 것을 없애고 율(律)에 의거해 논하라고 명했다. 륜은
영무(英茂)의 아들이다.

임술일(壬戌日-22일)에 상이 인덕궁(仁德宮)에 나아가 술자리를 베풀
었다[設享].

○ 헌사(憲司)에서 이징(李澄)·이담(李湛)·이교(李皎) 등의 죄를 청
했으나, 윤허하지 않았다. 징(澄) 등이 소량(訴良)한 노비를 마음대로
코를 베고 귀를 베었는데[劓刑], 상이 공신[5]의 아들들이라 하여 용서
했다.

○ 대마도(對馬島) 두지포 만호(豆地浦萬戶) 조전(早田)이 사람을 시
켜서 예물(禮物)을 바쳤고, 병위(兵衛) 삼보라(三甫羅)도 토산물을 바
치고 피로(被擄)되었던 인구(人口)를 풀어서 돌려보냈다[發還].

갑자일(甲子日-24일)에 다시 과천현감(果川縣監)을 두었다.

호조에서 아뢰었다.

"지난번에 과천(果川)을 금천(衿川)에 병합했으나, 경성(京城)에서

5　이화(李和)를 가리킨다.

수원(水原)까지 사객(使客)을 영송(迎送)하는 데 길이 멀고 험하니 [遙阻] 과천(果川)을 다시 둘 것을 청합니다. 금천을 양천(陽川)에 합해 금양현(衿陽縣)으로 하고, 김포(金浦)는 부평(富平)에 붙이소서."

그것을 따랐다. 판우군도총제부사(判右軍都摠制府事) 김한로(金漢老)의 농장(農庄)이 과천에 있었는데, 한로(漢老)가 근신(近臣)에게 부탁해 계달(啓達)하도록 청했으나 이뤄지지 않자 어느 날 들어가 조계(朝啓)에 참여했다가 드디어 스스로 진달(陳達)하니 상이 웃으면서 허락했다.

병인일(丙寅日-26일)에 종정무(宗貞茂)의 사인(使人)이 와서 토산물을 바쳤다.

정묘일(丁卯日-27일)에 편전(便殿)에서 일을 보았다[視事]. 형조에서 의정부(議政府)·육조(六曹)가 토의해 정한 노비(奴婢)의 액수(額數)를 아뢰었다.

"종친(宗親)·부마(駙馬) 1품의 노(奴)는 150구(口)이고 2품은 130구, 3품은 100구, 4품 이하는 90구입니다. 문무관(文武官) 1품은 130구, 2품은 100구, 3품은 90구, 4품은 80구, 5~6품은 60구, 7품 이하는 30구입니다. 직(職)이 있는 사람의 자손(子孫)은 20구이고, 서인(庶人)의 자손(子孫)은 10구이며, 공사 천인(公私賤人)으로서 수직(受職)한 자는 10구입니다. 처(妻)가 남편의 직(職)을 따르는 것은 3분의 1을 감하되 남편이 죽고도 수신(守信)하는 자는 감하지 않으며, 속신(贖身)한 노비의 소생(所生)은 속공(屬公)합니다. 각 종파(宗

派)의 판사(判事) 이상 승인(僧人)은 15구, 대선사(大禪師)·대덕(大德)은 10구, 중덕(中德) 이하는 7구이며, 그 나머지 법손노비(法孫奴婢)[6]는 속공(屬公)하고 육손노비(肉孫奴婢)[7]는 4촌에 한(限)해 분급(分給)합니다. 직(職)이 없는 공사 천인(公私賤人)은 3구이고 그 나머지는 각각 본주(本主)에게 속(屬)합니다. 비자(婢子)는 액수에 구애치 않으며, 공신노비(功臣奴婢)·별사노비(別賜奴婢)도 정한 액수를 두지 않습니다."

상이 이를 읽어보고 말했다.

"내가 상량(商量)·확정(確定)한 지가 오래된다. 그러나 이 일은 심히 중대하니 감히 갑자기 결정할 수 없다. 또 사람들 가운데 직질(職秩)이 낮은데도 노비가 많은 자가 있으니, 만약 직(職)에만 얽매인다면 원망이 어찌 적겠느냐?"

한상경(韓尙敬)이 말했다.

"참외(參外)에서 서인(庶人)까지는 남구(男口-남자 노비의 수)를 40으로 한정하고 비자(婢子)는 계산하지 아니하며, 처(妻) 쪽 노비는 이 액수에 두지 아니하며, 또 한 가족 안에 부자 형제가 각각 그 나눈 것을 가진다면 어찌 그것이 적다고 혐의하겠습니까? 다만 속공(屬公)할 것이 얼마 없는 것[無幾]이 걱정일 뿐입니다."
무기

---

6 사원에 예속된 사사노비(寺社奴婢)의 일종으로, 승려(僧侶)가 승려에게 전해주는 노비(奴婢)다. 법손(法孫)은 불가(佛家)에서 후계 승려를 가리키는 말인데, 조선조에서는 억불 정책을 취해 법손에게 전(傳)하는 노비를 인정하지 않고 모두 속공(屬公)시켰다.

7 혈육(血肉)을 나눈 법손(法孫)에게 전(傳)해주는 노비다. 조선조에 들어와 법손노비를 속공(屬公)할 때, 육손노비는 4촌까지 전득(傳得)을 인정하고 그 나머지는 속공했다.

박신(朴信)이 말했다.

"이같이 한다면 공가(公家)에는 보탬이 없으니, 액수를 정하지 않는 것이 낫습니다."

상이 매우 옳게 여겨 일이 드디어 중지되고[寢] 시행되지 않았다.

○ 우부대언(右副代言) 조말생(趙末生)이 나와서 형조에서 올린바, 공처(公處)에 투속(投屬)한 노비를 사처(私處)에 다시 결급(決給)하자는 계본(啓本)을 아뢰니 상이 말했다.

"사처(私處) 노비가 본주(本主)를 배반하기를 꾀해 공가(公家)에 투속(投屬)하니, 그 폐단이 이미 오래됐기 때문에 내가 특별히 영을 내려 다만 명문(明文)만 있으면 모조리 사처에 돌려주게 했다. 요즈음 보니 사처의 소송하는 자는 힘을 다해 다퉈 변명하나 관리(官吏)는 즐겨 그 마음을 다하지 않으니, 나는 많은 공천(公賤)이 사실(私室)에 돌아갈까 두렵다."

형조판서 성발도(成發道)가 대답했다.

"결절(決絶)에 임해 감히 자세히 고찰하지 못했습니다."

상이 말했다.

"무릇 이러한 계본(啓本)을 내가 다 읽어보지 않는다고 하여 감히 소홀하게 하지 말라."

○ 대언(代言) 유사눌(柳思訥)이 아뢰었다.

"길주읍(吉州邑)은 큰 개천[大壑]에 가까이 있으니, 마땅히 옮겨야 합니다."

김승주(金承霔)가 아뢰어 말했다.

"신(臣)이 다섯 차례나 봉사(奉使)해 길주(吉州) 산천의 형상을 모조리 알고 있습니다. 지금의 읍(邑)은 큰 물[水]에는 가까이 있지 않고, 다만 곁에 하나의 개천이 있어 일찍이 도랑을 파고 버드나무를 심었습니다. 만약 다시 옮긴다면 돌로 제방(堤防)을 쌓고 읍성(邑城)을 쌓는 것이 거의 편하겠습니다."

상이 승주(承霔)에게 자세하게 물었다.

"물의 걱정이 없을지의 여부를 알겠느냐?"

대답했다.

"신이 실지로 알고 있습니다."

무진일(戊辰日-28일)에 상이 상왕(上王)을 모시고 광연루(廣延樓) 아래에서 술자리를 베풀었다. (그에 앞서) 효령대군(孝寧大君)과 유사눌(柳思訥)을 보내 상왕(上王)을 받들어 맞이했다. 여러 종친을 불러 격구(擊毬)를 했다.

기사일(己巳日-29일)에 장흥고사(長興庫使) 최사유(崔士柔) 등 6인을 의금부(義禁府)에 내렸으니, 궐내(闕內)에 쓰는 종이의 품질이 추악(麤惡)했는데도 미리 고(告)하지 않았기 때문이다.

경오일(庚午日-30일)에 공조판서 권충(權衷), 총제(摠制) 이징(李澄)을 보내 경사(京師)에 가게 했으니, 기린(麒麟)이 나타난 것을 하례하기 위함이다.

辛丑朔 免判承文院事邊處厚職 憲府論請奴婢誤決之罪也. 處厚
신축 삭 면 판승문원사 변처후 직 헌부 논청 노비 오결 지죄야 처후

性輕薄 娶李元桂之女 本洪魯棄妻也. 倚婦勢希望進用 而不勤職任
성 경박 취 이원계 지녀 본 홍로 기처 야 의 부세 희망 진용 이 불근 직임

人皆譏之.
인 개 기지

壬寅 司諫院疏請臺諫各一員扈從講武 不從.
임인 사간원 소청 대간 각 일원 호종 강무 부종

命刑曹都官 癸巳九月以後新呈相訟奴婢事 從正決絶 以十二月
명 형조 도관 계사 구월 이후 신정 상송 노비 사 종정 결절 이 십이월

晦日爲限畢決.
회일 위한 필결

命辨正都監決訟 限今月晦日. 傳旨曰: "訴良事雖誤決未呈 限日
명 변정도감 결송 한 금월 회일 전지왈 소량 사수 오결 미정 한일

不現 親著不及者 竝皆受理; 公處奴婢 無用心明辨者 因此有誤決
불현 친착 불급 자 병개 수리 공처노비 무용심 명변 자 인차 유 오결

未呈 亦皆受理."
미정 역개 수리

癸卯 講武于江原道 唯知申事李灌 左代言柳思訥從行 二品以上
계묘 강무 우 강원도 유 지신사 이관 좌대언 유사눌 종행 이품 이상

亦不過二十 侍衛及支應諸事 皆從簡約. 上曰: "毋令弊及農民." 發
역 불과 이십 시위 급 지응 제사 개종 간약 상왈 무령 폐급 농민 발

軍器監屬雜色軍丁 侍衛軍隊長隊副 京畿當領船軍 才人 禾尺 以充
군기감 속 잡색군 정 시위군 대장 대부 경기 당령 선군 재인 화척 이충

驅軍 凡五千名.
구군 범 오천 명

禮曹啓: "蒐狩所獲之禽 不卜日卽薦于宗廟 若値朔望日 則兼薦."
예조 계 수수 소획 지금 불 복일 즉 천우 종묘 약치 삭망 일 즉 겸천

從之.
종지

上王幸高陽等處放鷹.
상왕 행 고양 등처 방응

500

甲辰 遣內侍別監 祭梨浦之神.
갑진 견 내시별감 제 이포 지신

賜兵曹判書金承霑廐馬一匹 左代言柳思訥鷹一連.
사 병조판서 김승주 구마 일필 좌대언 유사눌 응 일련

馳薦禽獸于宗廟 仍命典祀官祭禽于四方之神.
치천 금수 우 종묘 잉 명 전사관 제 금 우 사방 지신

乙巳 收前司憲監察金斯汰職牒 杖八十 身充水軍. 坐爲辨正都監
을사 수 전 사헌 감찰 김사태 직첩 장 팔십 신 충 수군 좌 위 변정도감

判官誤決訴良事也.
판관 오결 소량 사 야

丙午 遣內侍別監 祭楊根城隍與龍門山之神.
병오 견 내시별감 제 양근 성황 여 용문산 지신

丁未 次橫川沙器所 命給從臣 軍士五日糧. 江原道都觀察使
정미 차 횡천 사기소 명급 종신 군사 오일 량 강원도 도관찰사

李安愚獻馬一匹 鷹三連 判原州牧事李承幹獻田犬.
이안우 헌 마 일필 응 삼련 판원주목사 이승간 헌 전견

戊申 收忠淸道水軍都萬戶玄仁亮告身 杖之. 初 鐵物興利人金祿
무신 수 충청도 수군 도만호 현인량 고신 장지 초 철물 흥리인 김록

等 敗船於忠淸道所斤梁 仁亮私用船中餘物故也.
등 패선 어 충청도 소근량 인량 사용 선중 여물 고야

己酉 上王還宮.
기유 상왕 환궁

駕至橫川禾洞 全羅道都觀察使金廷雋遣經歷李種華 獻馬一匹.
가 지 횡천 화동 전라도 도관찰사 김정준 견 경력 이종화 헌 마 일필

癸丑 還次橫川實美院. 上以馬蹶而墜 然不至有傷.
계축 환차 횡천 실미원 상 이 마 궐 이 추 연 부지 유상

放驅軍 以絶糧也.
방 구군 이 절량 야

甲寅 幸原州覺林寺 潛邸舊學之地也. 賜寺僧綵段紅絹各三匹
갑인 행 원주 각림사 잠저 구학 지 지 야 사 사승 채단 홍초 각 삼필

米豆幷一百石 加給田一百結 奴婢五十口 賜寺奴婢等米豆幷
미두 병 일백 석 가급 전 일백 결 노비 오십 구 사 사 노비 등 미두 병

三十石.
삼십 석

遣內侍別監 祭原州雉岳山之神 給從臣軍士三日糧.
견 내시별감 제 원주 치악산 지신 급 종신 군사 삼일 량

乙卯 海道都觀察使尹向遣經歷李安柔 獻鷹二連; 忠淸道
을묘 풍해도 도관찰사 윤향 견 경력 이안유 헌응 이련 충청도

都觀察使金汝知遣都事金自溫獻馬二匹.
도관찰사 김여지 견 도사 김자온 헌 마 이필

賜李安愚 李承幹表裏 又賜經歷沈道源裌衣一.
사 이안우　　이승간 표리　우사 경력 심도원　겹의 일

遣內侍別監 祭驪江之神.
견 내시별감　제 여강 지신

戊午 駕次廣州東亭 王世子詣行宮.
무오 가차 광주 동정　왕세자 예 행궁

賜京畿都觀察使吳陞表裏 又賜經歷辛頤裌衣一.
사 경기 도관찰사 오승 표리　우사 경력 신이 겹의 일

己未 還宮. 是行 上射鹿十一 獐三.
기미 환궁　시행 상사 녹 십일 장 삼

庚申 領議政府事河崙等欲進箋賀甘露 命止之. 甘露之降在六月
경신 영의정부사　　하륜 등 욕 진전 하 감로　명 지지　감로 지강 재 육월

其土之人不知其爲瑞 不報. 至是 永吉道都巡問使李原核實以報.
기토 지인 부지 기 위서　불보　지시 영길도　도순문사 이원 핵실 이보

上聞百官欲奉箋陳賀 召禮官傳旨曰: "當夏月旱暵之時 奔走禱賽
상 문 백관 욕 봉전 진하　소 예관 전지 왈　당 하월 한한 지 시　분주 도새

之不暇 雖降甘露 未足爲祥. 且予本不好祥瑞 況非聖人 安敢當之?
지 불가 수강 감로 미족 위상　차 여본 불호 상서 황 비 성인 안감 당지

且以近年之事言之 建文之末麟虞出; 今皇帝率百萬之衆 深入不毛
차 이 근년 지사 언지 건문 지말 추우 출　금 황제 솔 백만 지중 심입 불모

而麟乃見. 今甘露降於咸定之間 宜致一方之安 乃何有野人之警乎?
이 인 내현　금 감로 강어 함정 지간 의치 일방 지안 내 하유 야인 지경 호

宜速令中外勿賀." 崙令禮官復啓曰: "此稀世之事 禮不可廢." 上
의속 령 중외 물하　　륜 령 예관 부계 왈　차 희세 지사 예 불가 폐　상

固辭曰: "雨暘時若 百穀咸登 是爲瑞也. 甘露之降 古雖有之 未必
고사 왈　우양 시약 백곡 함등 시위 서야　감로 지강 고 수 유지 미필

有道之世也." 翼日 崙等率三品以上文武官 入殿庭請曰: "天錫嘉貺
유도 지세 야　익일 륜 등 솔 삼품 이상 문무관　입 전정 청왈　천 석 가황

殿下謙讓不居 德至盛也. 然臣等不勝賀情." 上不從 崙令贊謁稱賀
전하 겸양 불거 덕 지성 야　연 신등 불승 하정　상 부종 륜 령 찬알 칭하

而出.
이출

辛酉 賀千秋使金九德回自京師. 通事金乙玄齎方葛剌國獻麟奏本
신유 하천추사 김구덕 회자 경사　통사 김을현 재 방갈라국 헌인 주본

傳寫一通以進.
전사 일통 이진

戶曹參議黃子厚復命. 上以子厚所視泊船處爲可鑿① 金承霔
호조참의 황자후 복명　상 이 자후 소시 박선 처 위 가착①　김승주

以爲: "倭寇無時 宜謹烽燧 嚴斥候 泊船海門 以應緩急 不可
이위　왜구 무시 의근 봉수 엄 척후 박선 해문 이응 완급 불가

深入浦內 以礙觀望." 上曰: "倭寇之來有時 而無海中風浪 日夕
심입 포내 이애 관망 상왈 왜구 지래 유시 이무 해중 풍랑 일석

所慮." 柳思訥對曰: "鑿渠太近於海 則潮水浸淤; 鑿於陸地 則功役
소려 유사눌 대왈 착거 태근 어해 즉 조수 침어 착 어 육지 즉 공역

爲大." 上曰: "中原漕渠 自建康達于北京 若致意開之 何憂不成?"
위대 상왈 중원 조거 자 건강 달우 북경 약 치의 개지 하우 불성

文城府院君柳亮曰: "本國土理疏墳 難比中原." 上方慮漕船之敗 人
문성부원군 유량 왈 본국 토리 소분 난비 중원 상방려 조선 지패 인

多沒死 故不以爲然.
다 물사 고 불이 위연

　杖前護軍趙倫一百. 倫喪父未踰月 通奸妓妾 憲司請罪 上曰:
장전 호군 조륜 일백 륜 상부 미유월 통간 기첩 헌사 청죄 상왈

"功臣之子 犯罪蒙宥 以父功也. 倫雖功臣之子 丁父憂 恣行至此
공신 지자 범죄 몽유 이부공야 륜수 공신 지자 정부우 자행 지차

是自背其父 豈得蒙其父之蔭乎?" 命除收贖 依律論之. 倫 英茂之
시 자배 기부 기득 몽 기부 지음호 명제 수속 의율 논지 륜 영무 지

子也.
자 야

　壬戌 上詣仁德宮設享.
임술 상 예 인덕궁 설향

　憲司請李澄 李湛 李皎等罪 不允. 澄等將訴良奴婢 擅自劓刵 上
헌사 청 이징 이담 이교 등 죄 불윤 징 등 장 소 량 노비 천자 의이 상

以功臣之子原之.
이 공신 지자 원지

　對馬島豆地浦萬戶早田使人獻禮物. 兵衛三甫羅亦獻土宜 發還
대마도 두지포 만호 조전 사인 헌 예물 병위 삼보라 역 헌 토의 발환

被擄人口.
피로 인구

　甲子 復置果川縣監. 戶曹啓: "頃者以果川幷於衿川 自京城至
갑자 부치 과천현감 호조 계 경자 이 과천 병어 금천 자 경성 지

水原 使客迎送遙阻 請復果川 以衿川合於陽川爲衿陽縣; 金浦隷於
수원 사객 영송 요조 청복 과천 이 금천 합어 양천 위 금양현 김포 예어

富平." 從之. 判右軍都摠制府事金漢老農庄在果川 漢老囑近臣
부평 종지 판우군도총제부사 김한로 농장 재 과천 한로 촉 근신

請達而未得. 一日入參朝啓 遂自陳達 上笑而許之.
청달 이 미득 일일 입참 조계 수자 진달 상소 이 허지

　丙寅 宗貞茂使人來獻土物.
병인 종정무 사인 내헌 토물

　丁卯 視事于便殿. 刑曹以議政府六曹議定奴婢額數啓: "宗親
정묘 시사 우 편전 형조 이 의정부 육조 의정 노비 액수 계 종친

駙馬一品奴一百五十口 二品一百三十口 三品一百口 四品以下
부마 일품 노 일백 오십 구 이품 일백 삼십 구 삼품 일백 구 사품 이하

九十口. 文武官一品一百三十口 二品一百口 三品九十口 四品八十
구십 구 문무관 일품 일백 삼십 구 이품 일백 구 삼품 구십 구 사품 팔십

口 五六品六十口 七品以下三十口. 有職人子孫二十口 庶人子孫
구 오륙 품 육십 구 칠품 이하 삼십 구 유직 인 자손 이십 구 서인 자손

一十口 公私賤人受職者十口. 妻從夫職減三分之一 夫亡守信者
일십 구 공사천인 수직자 십구 처 종 부직 감 삼분지일 부망 수신 자

不減 贖身奴婢後所生屬公. 各宗判事以上僧人十五口 大禪師大德
불감 속신 노비 후 소생 속공 각종 판사 이상 승인 십오 구 대선사 대덕

十口 中德以下七口. 其餘法孫奴婢屬公 肉孫奴婢限四寸分給 無職
십구 중덕 이하 칠구 기여 법손 노비 속공 육손 노비 한 사촌 분급 무직

公私賤人三口 其餘各屬本主 婢子不拘數. 功臣奴婢別賜奴婢 不在
공사천인 삼구 기여 각 속 본주 비자 불구 수 공신 노비 별사 노비 부재

定數."
정수

上覽之曰: "予商確久之 然兹事甚大 不敢遽決. 且人有職秩卑 而
상 람지 왈 여 상확 구지 연 자사 심대 불감 거결 차 인유 직질 비 이

奴婢多者 怨豈少哉?" 韓尙敬曰: "自參外至庶人 限男口四十 婢則
노비 다자 원기 소재 한상경 왈 자 참외 지 서인 한 남구 사십 비 즉

不計 又不在此數. 且一家之內 父子兄弟 各有其分 何嫌其少? 只患
불계 우 부재 차수 차 일가 지내 부자 형제 각유 기분 하혐 기소 지환

其屬公者無幾耳." 朴信曰: "如此則無益於公家 不若不定額之爲愈
기 속공 자 무기 이 박신 왈 여차즉 무익 어 공가 불약 불 정액 지 위유

也." 上深然之 事遂寢不行.
야 상 심 연지 사 수 침 불행

右副代言趙末生進啓刑曹所上公處投屬奴婢 私處改決啓本 上
우부대언 조말생 진계 형조 소상 공처 투속 노비 사처 개결 계본 상

曰: "私處奴婢謀背本主 投屬公家 其弊已久 故予特令苟有明文 悉
왈 사처 노비 모배 본주 투속 공가 기폐 이구 고 여 특령 구유 명문 실

歸私處. 比見 私訟者竭力爭辨 官吏莫肯盡心 予恐公賤之多歸於
귀 사처 비견 사송 자 갈력 쟁변 관리 막긍 진심 여공 공천 지 다 귀어

私室也." 刑曹判書成發道對曰: "臨決敢不詳考." 上曰: "凡此啓本
사실 야 형조판서 성발도 대왈 임결 감불 상고 상왈 범 차 계본

予皆不覽 其毋敢忽."
여개 불람 기 무감 홀

代言柳思訥啓: "吉州邑近大壑 宜徙之." 金承霆啓曰: "臣五奉使
대언 유사눌 계 길주읍 근 대학 의 사지 김승주 계왈 신 오 봉사

悉知吉州山川之狀. 今邑不近大水 特傍有一壑 曾開渠種柳. 若復
실지 길주 산천 지상 금 읍 불근 대수 특 방 유 일학 증 개거 종류 약부

移石築堤 且築邑城庶便." 上細問承霑曰: "審無水患否?" 對曰: "臣
이석 축제 차축 읍성 서편   상 세문 승주 왈   심 무 수환 부   대왈   신

實知之."
실 지지

戊辰 上奉上王 置酒于廣延樓下. 遣孝寧大君及柳思訥 奉迎上王
무진 상봉 상왕 치주 우 광연루 하 견 효령대군 급 유사눌 봉영 상왕

召諸宗親擊毬.
소 제 종친 격구

己巳 下長興庫使崔士柔等六人于義禁府 以闕內所用紙品麤惡
기사 하 장흥고 사 최사유 등 육인 우 의금부   이 궐내 소용 지품 추악

而不預告也.
이 불 예고 야

庚午 遣工曹判書權衷 摠制李澄如京師. 賀麟見也.
경오 견 공조판서 권충 총제 이징 여 경사 하 인현 야

| 원문 읽기를 위한 도움말 |

① 上以子厚所視泊船處爲可鑿: 以~爲…의 구문이다.
   상 이 자후 소시 박선 처 위 가착   이   위

태종 14년 갑오년
10월

十月

신미일(辛未日-1일) 초하루에 변정도감 제조(提調) 유정현(柳廷顯)이 결송(決訟)할 사의(事宜)를 올렸다. 아뢰어 말했다.

"도감에서 결송하는 것을 9월 그믐날로 한정했으나, 아직 끝내지 못한 사건이 여전히[尚] 많습니다. 빌건대 무인년(戊寅年-1398년)의 변정도감의 예에 의거해서 각각 주장관(主掌官)에게 나눠 보내 판결을 끝내게 하소서."

이어 단목(單目-단자의 항목)을 올렸다.

'도감(都監)에서 날짜를 한정해 납장(納狀)한 것과 사헌부에서 보내온 오결(誤決) 사건, 형조에서 보내온 각사(各司)의 끝내지 못한 사건, 경기 관찰사가 보내온 오결(誤決) 사건을 아울러 1만 183건 가운데, 이미 결절(決絶)한 것이 2,605건, 수리(受理)하지 않은 것이 4,268건, 기한 내에 현신(現身)하지 않은 것이 1,309건, 친히 착명(着名)하기를 제때에 하지 못한 것이 1,029건, 형조(刑曹)와 도관(都官) 및 각 도 도회소(都會所)[1]에 이송(移送)한 것이 842건, 아직 결절(決絶)을 끝내지 않았는데 피고[隻]가 외방(外方)에 있는 것이 88건, 사헌부에 이송(移送)해 처(妻)·첩(妾)을 분간(分揀)하게 한 것이 12건,

---

1 조선조 초기에 노비(奴婢) 소송 사건을 처리하기 위해 각 도에 임시로 설치한 관아다. 태종 때 노비를 중분(中分)해 노비 소송 사건을 마무리 지을 때 설치했다. 세종 때 불교의 선교(禪敎) 본산(本山)을 도회소라고 한 것과는 성격이 다르다.

화명(花名-노비의 이름)을 바치지 않은 것이 1건, 양천(良賤)을 발명(發明)한 문안(文案)이 가지런하지 못한 것이 29건입니다.'

상이 말했다.

"유(柳) 참찬이 결송하는 데 근로(勤勞)했으니 그 아들을 벼슬시켜 그 공을 갚는 것[酬-報答]이 마땅하다. 그 아들이 몇이냐?"

유사눌(柳思訥)이 아뢰어 말했다.

"두 아들이 있었는데, 장자(長子) 의(顗)는 이미 죽었고[物故] 다음으로 장(暲)은 지금 직예문관(直藝文館)이 되었습니다."

○ 계사년(癸巳年-1413년) 9월 초1일 이후에 새로 정장(呈狀)한 것은, 경중(京中)에서는 금년 10월 초3일부터 시작해 초5일까지, 외방(外方)은 금년 10월 20일부터 시작해 22일까지 접장(接狀-접수)해 사건을 형조(刑曹)에 내릴 것을 명했다.

계유일(癸酉日-3일)에 상이 상왕(上王)을 받들고 풍양(豊壤)²에서 사냥하는 것을 구경했다. 다음날 산곡동(山谷洞)에서 사냥했는데, 상이 노루 1마리를 쏘았다.

갑술일(甲戌日-4일)에 내시별감(內侍別監)을 보내 해룡산(海龍山)³의 신(神)에게 제사를 지냈다.

---

2 지금의 경기도 남양주의 옛 지명이다.
3 경기도 동두천시의 불현동과 포천시 선단동의 경계에 위치한 산이다.

을해일(乙亥日-5일)에 상왕이 말에서 떨어졌으나 다치지는 않았다. 상이 상왕을 받들고 해룡산(海龍山) 서동(西洞)에 머물렀는데, 짐승이 오니 상왕이 이를 쏘고자 하다가 말이 엎어지는[蹶] 바람에 떨어진 것이었다.

병자일(丙子日-6일)에 나무에 서리가 꼈다[木稼].

○ 미실원(迷失院) 냇가에서 술자리를 베풀고 밤을 틈타서[乘夜] 환궁(還宮)했다.

○ 상당군(上黨君) 이애(李薆)가 졸(卒)했다. 애(薆)는 옛 이름이 백경(伯卿)이었는데, 경(卿) 자가 상왕(上王)의 휘(諱)⁴와 소리가 서로 비슷했기 때문에 저(佇)로 고쳤다가 저(佇) 자가 또 세자(世子)의 휘(諱)와 소리가 서로 비슷했기 때문에 애(薆)로 고쳤다. 청주(淸州) 사람으로 이거이(李居易)의 아들인데, 태조(太祖)의 맏딸 경신궁주(慶愼宮主)에게 장가들었다[尙]. 기개가 호매(豪邁)해서 정사좌명공신(定社佐命功臣)이 돼 권세가 눈부셨다[赫赫]. 갑신년(甲申年-1404년)에 아비의 죄 때문에 함주(咸州)에 귀양 갔다가 을유년(乙酉年-1405년)에 이천(利川)으로 양이(量移)⁵됐고, 임강(臨江)으로 옮겼다. 경인년(庚寅年-1410년)에 소환(召還)됐으나 아비의 상(喪)을 당해 진천(鎭川)에 있다가 병(病)으로 졸(卒)했는데, 나이가 52세였다. 상이 부음(訃音)

---

4 상왕은 정종(定宗)을 말하는데, 정종의 휘(諱-이름)는 경(曔)이다.
5 멀리 귀양 가 있는 죄인을 감형해 서울에 가까운 곳으로 적소(謫所-유배지)를 옮기는 일을 말한다.

을 듣고 몹시 애도하며 말했다.

"지난날에 거이(居易)의 연고로 간언(間言-이간질하는 말)이 없지 않았다. 그러나 그 마음에 다른 뜻이 없음을 다 알았으므로 복제(服制)를 끝마치기[服闋]를 기다려 소환(召還)하려고 생각했는데, 어찌 갑자기 이 지경에 이르렀는가?"

철조(輟朝)하기를 3일 동안 하고, 부의(賻儀)로 쌀과 콩 각각 50석과 종이 150권을 주고 시호(諡號)를 경숙(景肅)이라 내렸으며 대언(代言)을 보내 사제(賜祭)했다.

무인일(戊寅日-8일)에 최사유(崔士柔) 등의 구금[囚]을 풀어주었다.

○ (강원도) 횡천 현감(橫川縣監) 정면(鄭綿)이 파면됐다. 상이 횡천에 행차했을 때 횡천 현리(縣吏) 황상중(黃尙中)이 말을 잘 타고 활을 잘 쏜다는 말을 듣고 따르도록 명했는데, 상중(尙中)이 하직을 고(告)하지 않은 것에 노해 면(綿)이 그 어미를 가두었으니, 불공죄(不恭罪)에 연루돼 의금부(義禁府)에 내렸다가 드디어 파직됐다.

기묘일(己卯日-9일)에 변정도감 제조(辨正都監提調) 유정현(柳廷顯)에게 안마(鞍馬-안장 갖춘 말)를 내려주었다. 정현(廷顯)이 타던 말 3필이 연일(連日) 갑자기 죽어[暴死] 정현이 견여(肩輿)로 출사(出仕)하니, 상이 이를 듣고서 이러한 하사(下賜)가 있었다.

경진일(庚辰日-10일)에 풍해도 도관찰사 윤향(尹向)이 병으로 사직하니, 판해주목사(判海州牧使) 이발(李潑)로 하여금 대신하게 했다.

○ 변정도감(辨正都監)에 명해 기간을 정해[刻期] 신정(新呈-새롭게 신청한 것)한 노비 사건을 결절(決絶)하게 했다.

계사년(癸巳年-1413년) 9월 초1일 이후에 신정한 노비 사건이 모두 2,500건이었다. 하륜(河崙)이 말씀을 올렸다.

"신(臣)이 듣건대 도관(都官)에 신정한 것이 수천 건에 이른다고 하니, 도관(都官)의 6원(員)으로서는 비록 수년이 걸려도 능히 다 결절할 수 없을 것입니다. 이제 변정도감의 20방(房) 80인이 이미 사건을 맡아서 끝냈으니, 만약 이송(移送)해 나눠 결절하도록 한다면 가히 1개월에 끝낼 수 있을 것입니다. 신이 가만히 생각건대, 큰 싸움이 끝난 뒤에도 오히려 진멸(殄滅)되지 않은 여얼(餘孼)이 있다면 깨끗이 쓸어 없앴다[廓淸]고 할 수 없을 것입니다. 이제 여러 소송을 결절하기를 끝내는 날을 맞아, 이러한 송사를 남기고 다 결절하지 않는다면 그치게 했다[頓息]고 할 수 없을 것입니다."

상이 그것을 따랐고 드디어 이러한 명이 있었다. 변정도감에서 아뢰었다.

"소량(訴良)하는 사람들은 대다수 연고를 칭탁하고 미루면서 현신(現身)하지 않으니, 심히 부당(不當)합니다. 이제 결절을 끝내지 못한 20여 건은 이달 29일까지로 한해 문권(文券)을 가지런히 바치고 피고와 대질(對質)하게 하며, 기한된 날짜 안에 전과 같이 현신하지 않는 자는 청리(聽理)하지 말며, 본주(本主)도 기한된 날짜 안에 문권(文券)을 바치고 피고와 대변(對辨)하지 않는 자는 결급(決給)하기를 허락하지 마소서."

그것을 따르고 뜻을 내렸다.

"처(妻)·첩(妾)을 분간하는 일로 인해 미결(未決)된 노비 사건은, 일찍이 내린 교지(敎旨)에 의거해 이미 분간된 사건이면 명문(明文-명백히 규정된 법조문)에 따라서 결절하고, 분간되지 못한 사건의 소송한 노비는 일단은 또한 중분(中分)해 결절하라."

신사일(辛巳日-11일)에 상이 인덕궁(仁德宮)에 나아가 술자리를 베풀었다.

○ 변정도감(辨正都監)에 사(使)·부사(副使)·판관(判官)을 아울러 20원을 더 두었다.

○ 대언(代言)과 첨총제(僉摠制)가 모두 사반(私伴-개인 심부름꾼)을 3인씩 거느리도록 명했다. 김승주(金承霔)의 청을 따른 것이다.

○ 호패(號牌)를 바꾸어주었다.

한성부(漢城府)에서 아뢰었다.

"호패의 법은 인구(人口)의 귀천(貴賤)을 구별하려는 것인데, 간교한 무리가 감히 깎아내고 고치는 짓을 행해 진위(眞僞)가 혼동되고 있습니다. 청컨대 호패의 전면(前面)에 '한성부(漢城府)' 3자를 횡서(橫書)하고 아래에 화인(火印)을 찍으며 후면(後面)에 다만 화인(火印)을 찍고 성명(姓名)·연갑(年甲-나이)·신장(身長)·면모(面貌)를 적당한 데 따라서 모조리 쓰고 그 자획(字畫)을 새긴다면, 비록 깎아내고 고치고자 하더라도 할 수 없을 것입니다. 빌건대, 이러한 방식에 의하여 고쳐서 지급하소서."

그것을 따랐다. 뜻을 내려 말했다.

"새로 호패를 받는 자는 지금 규정한 법식에 의거해 화인(火印)을 찍어서 만들어주고, 전에 호패를 받아간 자는 오는 을미년(乙未年-1415년) 3월부터 시작해 고쳐 만들어 지급하되 그중 3월까지 기다리지 못하고 고쳐서 받기를 자원(自願)하는 자는 들어주라."

계미일(癸未日-13일)에 민계생(閔繼生)을 한성부 윤(漢城府尹), 정역(鄭易)을 충청도 도관찰사, 이지실(李之實)을 충청도 도절제사(忠淸道都節制使)로 삼았다.

갑신일(甲申日-14일) 밤에 천둥과 번개가 치고 바람이 불고 비가 왔다. (경기도) 용인(龍仁)의 금령역(金嶺驛) 북산(北山) 소나무에 벼락이 쳐서 잠자던 새들[宿鳥]이 많이 죽었다. 대언(代言) 서선(徐選)을 소격전(昭格殿)[6]에 보내 하원일(下元日-음력 10월 15일) 초제(醮祭)를

---

6 고려 때부터 소격전(昭格殿)으로 불렸으나 1466년(세조 12년)에 소격서(昭格署)로 개칭하고 규모를 축소시켰다. 1396년(태조 5년) 정월에 좌우도(左右道)의 정부(丁夫) 200인을 징발해 지금의 서울시 종로구 삼청동 자리에 소격전을 영조했다. 태종이 재초(齋醮)에 관심이 컸고, 당시 소격전의 제조(提調)를 지낸 김첨(金瞻)과 공부(孔俯)가 도교 재초에 조예가 깊고 열성이 있어 소격전은 비교적 활발하게 운영됐다.
연산군과 중종 2대에 걸친 시대에는 소격서의 혁파 문제를 둘러싸고 왕실과 유신(儒臣)들 사이에 극심한 대립이 벌어졌다. 연산군 때는 소격서가 일단 형식적으로나마 혁파됐으나, 위판도 보존되고 초제(醮祭)도 여전히 집행됐다. 그러나 연산군을 몰아내고 중종이 왕위에 오른 이후 혁파 문제가 본격화되어 끈질기게 논란이 계속됐다. 조광조(趙光祖)를 선두로 한 신진사류들이 강경하게 소격서의 혁파를 중종에게 요청했으나, 조종(祖宗-임금의 조상) 이래로 지켜 내려온 제도이므로 경솔하게 없앨 수 없다 하여 중종은 거부했다. 이에 신진사류들은 도교는 세상을 속이고 세상을 더럽히는 좌도(左道), 즉 이단이므로 소격서는 혁파되어야 하고, 하늘에 대한 제사는 천자만이 할 수 있는데 일개 제후

지냄으로써 푸닥거리를 했다[禳之].

○ 영의정부사(領議政府事) 하륜(河崙)이 글을 올렸다. 글은 곧 변정도감 판관(辨正都監判官) 하면(河沔)의 오결(誤決) 사건에 관한 것으로, (사람들이) 면(沔)이 하늘을 속이고 임금을 옭아 넣었다[欺天罔上]고 거세게 비방하는 내용을 담고 있었다. 애초에 면이 전 사직(司直) 변겸(卞謙)의 사환 노비(使喚奴婢)를 내자시(內資寺)에 소속시키도록 판결하자 겸(謙)이 면의 판결은 오결임을 가전신정(駕前申呈)[7]했는데, 승정원(承政院)에 머물러 둔 지 여러 날이 됐다. 상이 륜(崙)의 글을 읽어보고 생각하는 바가 있어[動念] 즉시 그 글을 승정원에 내리고 말했다.

"변겸의 소장(訴狀)을 어찌하여 질질 끌면서[淹滯] 유사(攸司-해당 부서)에 내리지 않았는가? 너희들이 사정(私情)을 끼고 있는 것 아니냐?"

인 조선 왕이 하는 것은 예에 어긋나므로 소격서를 없애야 한다고 주장했다. 이 같은 쌍방의 완강한 대립으로 인해 과거의 시행이 어렵게 되고 조광조 등이 밤중까지 물러가지 않고 집요하게 혁파를 요청하는 바람에, 중종은 1518년에 결국 뜻을 굽혀 소격서의 혁파에 동의하게 됐다. 소격서를 혁파하게 되자 정원(政院)에서는 충청도에 있는 태일전을 어떻게 할 것인가를 물었고, 중종은 본원인 소격서를 없앴으니 태일전 같은 지엽적인 것은 알아서 처리하라고 해 같이 혁파됐다. 그 이듬해인 1519년(중종 14년)에 조광조를 위시한 신진사류들은 참화를 당해 제거되는데, 소격서 혁파 문제와는 관련이 없었으나 일부에서는 무인년의 소격서 혁파와 기묘년의 사화를 직접 관련시켜 논하기도 한다.
기묘사화로 신진사류가 숙청된 뒤에 중종은 모후(母后)의 병중 간청이라 해 소격서를 부활시키고 초제와 기도를 행하게 했다. 이후에도 조정 신하들의 간언이 계속됐으나 효과가 없었다. 그렇지만 소격서에서 행해지는 양재기복의 과의적(科儀的)인 도교는 유교로 사상을 통제하는 조선에서 명맥을 유지하기가 힘들었으므로 임진왜란을 겪은 뒤 선조 때 아주 폐지됐다.

7 억울한 일이 있을 때 임금이 행차하는 길목을 지키고 있다가 어가(御駕) 앞에서 직접 억울한 사정을 호소하는 일을 말한다.

지신사(知申事) 이관(李灌) 등이 대답했다.

"방장(房掌-주무 관리)이 비록 끝마쳤다고 하지만 제조(提調)와 도청(都廳)은 미결(未決)했기 때문에, 그 상하 관청이 판결을 끝마치도록 기다린 뒤에 그들로 하여금 분간하게 하고자 한 것일 뿐입니다. 머물러 두고 지금까지 내려주지 않은 것은 다만 이 때문입니다."

상이 중관(中官)을 시켜 관(灌) 등을 서너 차례[數四] 힐책(詰責)하고 이어서 명해 말했다.

"영의정이 어찌 도감(都監)을 두려워해 직언(直言)하지 못하겠느냐?"

관 등이 말했다.

"신이 근래에 유정현(柳廷顯)을 보고서 겸(謙)의 사건을 물으니 대답하기를, '면의 판결이 옳다'고 했습니다. 신 등의 마음에도 겸의 소장은 잘못이라고 생각됩니다. 이로써 볼 때, 륜은 한갓[徒] 겸의 말만 들은 것이지 문적(文籍)을 고찰해서 글을 올린 것이 아님을 알 수 있습니다. 마땅히 유사(攸司)를 시켜 핵실(覈實)해야 할 것입니다."

상이 말했다.

"그렇다. 즉시 형조·사헌부·사간원에 명해 교좌(交坐)[8]하고서 3일 안에 결절(決絶)해 정죄(定罪)해서 아뢰도록 하라."

겸은 곧 륜의 첩자(妾子-첩의 자식) 장(長)의 양부(養父)다.

○ 경상도 보천(甫川-지금의 예천) 사람 김을수(金乙守)를 의금부에

8 　나라에서 중대한 사건을 심문할 때 형조(刑曹)·사헌부(司憲府)·사간원(司諫院)의 3성(省)이 합동으로 사건을 심의 조사하는 제도다. 이를 삼성교국(三省交鞫) 또는 삼성잡치(三省雜治)라고도 한다.

내려 과죄(科罪)⁹했다.

을수(乙守)가 대궐에 나아와 청옥석 대인(靑玉石大印)을 바치며 말했다.

"꿈에 한 중이 이르기를 '교상암굴(交床巖窟) 아래에 청옥인(靑玉印)이 있다. 네가 몰래 가져다가 조정(朝廷)에 바치면 반드시 큰 상을 얻으리라'라고 했습니다. 이달 초5일에 과연 보천(甫川)·단양(丹陽) 지역의 큰 산 석실(石室) 가운데에서 얻어가지고 왔습니다."

말이 심히 괴탄(怪誕-허황)해서 그 인적(印迹)을 살펴보니, 전문(篆文)이 아니고 자체(字體)도 이뤄지지 않았다. 곁에 예서(隸書)로 쓰기를 '천자(天子) 팔십구년(八十九年)'이라 하고 한 곁에 '오미지상(午未志上)'이라는 4자를 썼으며, 돌의 결[石理]이 무르고 부드러워[脆軟]
                         석리   취연
손톱으로 긁을 수 있었다[可刮].
         가괄

승정원에서 갖춰 아뢰니 상은 그것이 망령된 것임을 깨닫고 국문(鞫問)하라고 명했다. 을수가 공초(供招)해 말했다.

"일찍이 머리를 깎고[髡-削髮] 중이 됐으나, 지금은 무격(巫覡-무
              곤   삭발
당)의 술법을 생업으로 합니다. 집이 가난해 두터운 상(賞)을 얻고자 충주(忠州)의 돌을 갖고서 쪼아[斲-琢] 인(印)을 만들었는데, 전문(篆
                        착   탁
文)은 바로 저화(楮貨)의 전자(篆字)와 부적(符籍)의 글자 모양을 본 떴습니다. 거기에 '천자(天子) 팔십구년(八十九年)'이라고 이른 것은 상수(上壽-임금의 수명)가 8~90세에 이르고자 함이요, '오미지상(午未

---

9 판결을 내린다는 말이다.

志上)'이라는 것은 오년(午年)의 말(末)이나 미년(未年)의 초(初)에 진 상(進上)한다는 것입니다."

을수로 하여금 글자를 쓰게 하니, 인(印)의 곁에 쓴 것과 정확히 서로 같았다. 의금부에서 안율(按律)해, 참위(讖緯)를 거짓으로 꾸며 여러 사람을 유혹하는 데 전용(傳用)하는 자는 참(斬)한다는 율(律) 로 비정(比定)하니, 정부에 내려 실상을 헤아려 토의케[擬議] 했다. 하륜(河崙)·남재(南在) 등이 말했다.

"이 사람은 지극히 어리석으나 간궤(奸軌)한 무리가 아니고, 요언 (妖言)이나 요서(妖書)가 아니고 일이 서응(瑞應-상서로움의 응험)에 간 범(干犯)되니, 마땅히 서응(瑞應)을 거짓으로 꾸민 율(律)로써 비정(比 定)해야 할 것입니다."

그것을 따랐다.

을유일(乙酉日-15일)에 지돈녕부사(知敦寧府事-돈녕부 지사) 이백온 (李伯溫)과 총제(摠制) 유습(柳濕)을 보내 경사(京師)에 가게 했으니, 정조(正朝)를 하례(賀禮)하기 위함이었다. 호조참의 황자후(黃子厚)가 종마(種馬)를 관압(管押)해 역시 경사에 갔다[如京].

○ 변정도감(辨正都監)을 혁파했다.

사헌부에서 소를 올려 말했다.

'옛날부터 큰 도감(都監-위원회)을 설치하는 것은 해묵은[積年] 원 통한 송사(訟事)를 변별하기 위함이었지만, 종종 세력이 강한 무리 가 시비(是非)를 어지럽히므로 갑자기 혁파해 끝마치지 못하는 것은 그 유래가 오래됩니다. (그런데) 성조(盛朝-성대한 조정)에서 의정부의 계목(啓目)으로 변정도감을 설치해서 1만여 건이나 분변(分辨)해 결절(決絶)을 끝마쳤으니, 천재일우(千載一遇)의 성사(盛事)입니다. 이제 또 계사년(癸巳年) 9월 초1일 이후에 고장(告狀)한 2,500여 건을 도감에 이송(移送)해 일체 모두 변정(辨正)하게 했으나, 쟁송(爭訟)은 날로 줄고 문권(文券)은 많지 않으며, 그 사이에 수리받지 말아야 할 사건도 많습니다. 바라건대 도감을 혁파하고 도관(都官)에 환송(還送)하되 겸관(兼官)을 더 두어 날짜를 정해서[刻日] 결절을 끝마치도록
_{각일}
하고, 그 오결(誤決)하는 관리는 본부(本府)로 하여금 고찰(考察)하게 해 쟁송(爭訟)을 끊게 하소서.'

상이 말했다.

"겨울철인데 천둥 번개가 치는 것은 하늘이 재이(災異)를 보여주는 것이니, 깊이 두려워할 일이다."

드디어 그것을 따라서 변정도감을 혁파했다. 한상경(韓尙敬)·박신(朴信) 등이 아뢰어 말했다.

"계사년 9월 초1일 이후에 상송(相訟)한 노비는 변정도감으로 하여금 날짜를 정해 결절을 끝마치도록 한 뒤에 혁파하소서."

상이 말했다.

"내가 이미 헌부(憲府)의 청을 따랐는데 어찌 가벼이 바꿀 수 있겠는가?"

○ 명해서 계사년 9월 초1일 이후에 새로 정장(呈狀)한 고장(告狀)은 각사(各司)에 나눠 보내 11월 그믐날까지로 한정해 결절(決絶)을 끝마치도록 했다.

○ 변정도감에 뜻을 내려[下旨] 말했다.

"양천(良賤)과 공처노비(公處奴婢)의 상송(相訟)하는 문적(文籍)은 모두 불태워 없애지[燒毁-燒燬] 말라."

○ 변정도감에서 말씀을 올렸다.

"노비의 옛 문적(文籍)은 이미 불태워버렸는데, 이제 도감에서 결절할 때의 문안은 장차 어떻게 하겠습니까?"

상이 말했다.

"이미 옛 문적을 불태워버렸으니, 있다고 한들 무슨 보탬이 있겠느냐? 아울러 불태워버리는 것이 마땅하다."

병술일(丙戌日-16일)에 오결(誤決)이라고 망령되게 고(告)했다가 수군에 채워졌던 사람들을 놓아주라고 명했다.

정해일(丁亥日-17일)에 일본 소이전(小二殿)이 사신으로 보낸[使送] 객인(客人)과 종정무(宗貞茂)가 사신으로 보낸 객인이 와서 토산물을 바쳤다.

○ 후자(堠子)[10]를 설치했다.

호조에서 아뢰었다.

"본국(本國)의 경내에 도로(道路)의 식수(息數-거리)가 멀고 가까운

---

10 도로(道路)의 이수(里數)를 기록하기 위해 길가에 설치하는 흙으로 쌓은 단(壇)이다. 이정표다.

것이 같지 않아서 무릇 차견(差遣)하고 납공(納貢)하는 데 기한을 미리 정하기 어렵습니다. 청컨대 고제(古制)에 의해 자[尺]로써 10리(里)를 재어 소후(小堠)를 설치하고 30리(里)에 대후(大堠)를 설치해 1식(息)으로 삼으소서."

그것을 따랐다.

○ 출근하지 않으면 파직하는[闕仕罷職] 법을 세웠다. 애초에 사헌부에서 아뢰어 청하기를, 각사(各司)의 원리(員吏)가 출근하지 않는 것이 1일이면 종을 가두고, 3일이면 부과(付過)[11]하고, 5일이면 계문(啓聞)해 파직(罷職)하자고 했다. 이조(吏曹)와 여러 조(曹)에 내려 실상에 맞게 토의해[擬議] 아뢰도록 할 것을 명했다. 이조에서 말했다.

"『대명률(大明律)』에는 1일에 태(笞) 10대로 한 뒤 매 1일이 늘 때마다 1등의 죄를 더해 장(杖) 80대에 그치고 부과(付過)하며, 『육전(六典)』에는 1일이면 그 이름 아래에 권점(圈點)[12]하고 3일이면 종을 가두며 20일이면 계문(啓聞-보고)해 파직합니다. 헌부(憲府)의 법은 너무 무겁고 『육전』은 너무 가벼우며 『대명률』은 파직하는 조문이 없으니, 마땅히 상재(上裁-임금의 재량)를 기다립니다."

옥천군(玉川君) 유창(劉敞)과 김승주(金承霍) 등은 성헌(成憲-『육전』)을 준수(遵守)하는 것이 마땅하다고 하고 황희(黃喜)는 율문(律文-『대명률』)을 따르는 것이 마땅하다고 해, 의견이 오랫동안 결정되

---

11 관리가 허물을 저질렀을 때 그 과오(過誤)를 별지(別紙)에 써서 정안(政案-인사 자료)에 붙여두는 일을 말한다. 후일 도목정사(都目政事)할 때 자료를 삼기 위한 것이었다. 표부과명(標付過名)이라고도 한다.

12 이름 아래 점을 찍는 것을 말한다.

지 않았다. 의견을 내는 자의 다수가 『육전』을 따르기를 청하니 그것을 따르고, 또 이조에 뜻을 전해 말했다.

"대소관리(大小官吏)로서 주현(州縣)에서 경직(京職)에 제배(除拜)된 자가 향리(鄕里)에 머물러 있으면서 즉시 자리에 나아오지[就職] 않으니, 마땅히 표부과명(標付過名)해서 징계(懲戒)를 보이도록 하라."

○ 변겸(卞謙)에게 장(杖) 80대를 속(贖) 받으라고 명했다.

형조(刑曹)와 대간(臺諫)에서 변겸의 송사(訟事)를 파헤치니[覈] 실제로 망령되게 고(告)한 것이었으므로, 겸을 가두고서 아뢰었다.

"빌건대 일찍이 내린 교지(敎旨)에 의거해 장(杖) 100대에 몸을 수군(水軍)에 채워 넣고, 당시 사환(使喚)하던 노비는 속공(屬公)하소서."

상이 말했다.

"변정도감(辨正都監)에서 일을 끝마쳤기 때문에, 오결(誤決)이라고 망령되게 고(告)했다가 일찍이 수군(水軍)에 채워진 자들은 이미[業已] 석방해 돌려보냈다. 다만 장(杖) 80대를 속(贖) 받도록 하라."

무자일(戊子日-18일)에 혼례(婚禮)를 토의해 정했다.

상이 말했다.

"『사림광기(事林廣記)』[13]에 조선(朝鮮)의 혼인에서 남자가 여자 집에

---

13 송(宋)나라 진원정(陳元靚)의 책이다. 중국 고대로부터 내려오는 민간의 일상사를 정리한 백과사전으로, 천문(天文)·지리(地理)·문학(文學) 등으로 구분해 광범위하게 엮었다.

가는 일을 희롱하고 비웃는 대목이 있다. 우리나라의 의관문물(衣冠文物)이 한결같이 중국 제도를 준수하는데, 유독 혼례(婚禮)만은 구습(舊習)을 그대로 따르니[尙循] 심히 불편하다. 마땅히 고금(古今)을 참작해 제도를 정해야 하겠다."

황희(黃喜)가 아뢰어 말했다.

"만약 혼례(婚禮)를 정한다면 마땅히 먼저 여복(女服)을 고쳐야 합니다."

상이 말했다.

"먼저 혼인의 예법을 정해 풍속을 바로잡은 뒤에 여복(女服)을 고쳐도 늦지 않을 것이다."

○ 대호군(大護軍) 전흥(田興)과 중관(中官) 노희봉(盧希鳳)에게 명해 가서 (전라도) 진도(珍島) 목장을 살펴보게 했다. 애초에 전 총제(摠制) 홍유룡(洪有龍)과 병조참의 권만(權蔓) 등이 아뢰었다.

"진도는 목장을 만들 만합니다."

전년(前年)에 목책(木柵)을 설치하도록 명해 백성을 옮겨 거주하게 하고, 이어서 군수(郡守)로 하여금 우도 수군 도만호(右道水軍都萬戶)를 겸하게 했다. 상이 전라감사(全羅監司)의 보고를 바탕으로 내섬소윤(內贍少尹) 이위(李衛)에게 명해 가서 살펴보게 했다. 위(衛)가 지군사(知郡事-진도군 지사) 이각(李恪)과 함께 와서 말했다.

"섬의 풀이 모두 띠[茅]이므로 말이 먹지를 못해 파리했습니다."

김승주(金承霔)가 아뢰어 말했다.

"진도의 풍토가 비록 제주(濟州)와 같지 않겠지만, 반드시 각처 목장에 못지않을 것이니 가볍게 버릴 수 없습니다."

상이 말했다.

"김정준(金廷寯)·이각(李恪)·이위(李衛) 등이 모두 말하기를 '물과 풀이 모자라 목장의 땅으로 마땅하지 않다'라고 하니, 이 때문에 이를 버리고자 하는 것이다."

승주(承霔)가 굳게 청하니 상이 뜻을 정하지 못하다가, 드디어 흥(興)과 희봉(希鳳) 등을 보냈던 것이다. 흥 등이 복명(復命)한 것도 위 등의 말과 같았다.

경인일(庚寅日-20일)에 사헌 집의(司憲執義) 이당(李堂) 등이 소(疏)를 올려 영의정부사(領議政府事) 하륜(河崙)의 죄를 청했다. 소는 이러했다.

'재상(宰相)은 임금과 더불어 천위(天位)를 같이하고 천직(天職)을 다스려서 천공(天工)¹⁴을 대신하는 자이므로, 요(堯)·순(舜)의 도리가 아니면 왕전(王前)에 감히 진달(陳達)하지 못하고 시정(時政)의 득실(得失)과 생민(生民-백성)의 이해(利害)가 아니면 감히 정사(政事)를 베풀지 못하는 것입니다. 이러한 까닭에 그 마음을 바로 해서 위로 임금의 마음을 바르게 하고[格] 아래로 조정(朝廷)을 바르게 해[正] 백관(百官)과 더불어 만민(萬民)에까지 바르게 하니, 세도(世道)의 오르고 내리는 것과 음양(陰陽)의 고르고 어긋나는 것이 거기에 달려 있습니다. 거슬러 올라가면[泝而上之-溯而上之], 상(商-은나라)·주(周)의 이윤(伊尹)·부열(傅說)과 주공(周公)·소공(召公)이 빼어난 신

─────────────
14 하늘이 백성을 다스리는 일을 말한다.

하[聖臣]이며, 한(漢)·당(唐)의 소하(蕭何)·조참(曹參)과 왕규(王珪)·위징(魏徵)과 요숭(姚崇)·송경(宋景)이 훌륭한 신하[良臣]였습니다. 아래로 내려가서는 송조(宋朝)의 인재(人才)의 득실(得失)과 정치의 선악(善惡)을 경사(經史)를 상고하면 볼 수 있습니다.

전하께서 어질고 빼어난[仁聖] 자질로 정신을 가다듬고 다스리기를 도모하는데 지금 하륜은 임금의 덕을 도와 정치를 이룩하는 수상(首相)의 지위에 있으면서 자기 첩자(妾子)의 양부(養父) 변겸(卞謙)의 노비 송사(訟事)를 가지고 힘써 글을 올려 변정도감(辨正都監)이 오결(誤決)했다고 칭하고 천위(天威-임금의 위엄)를 감동시켜서, 이에 조그마한[蕞爾] 소인(小人) 변겸의 송사 때문에 형조·대간(臺諫)이 같이 토의해 고쳐 바로잡으라고 명하시기에 이르렀습니다. 그 고쳐서 바로잡음에 미쳐서, 변겸의 송사는 심히 적실(的實)하지 못하고 몽롱하게 청청(淸聽)[15]하셨습니다.

신 등이 가만히 생각건대, 륜(崙)의 마음이 그 시비(是非)를 알지 못하고서 이를 진달(陳達)했다면 이는 눈 밝지 못한 것[不明]이요, 그 실상과 다름[不實]을 알고도 고식적으로 또 이를 진달했다면 이는 공평하지 못한 것[不公]입니다. 전하께서 재상을 골라 (권한을) 위임(委任)한 뜻이 어찌 되겠으며, 남의 신하 된 자가 임금을 섬기고 도리를 행하는데 어찌 감히 자기 욕심으로 그 마음의 이르는 바를 쾌(快)하게 하겠으며, 임금을 높이고 백성을 비호(庇護)하는 뜻이 어찌 되겠습니까? 이는 단순히 자기 한 몸에 흠이 될 뿐 아니라 장차 지

---

15 임금이 신하의 말을 잘 듣는 것을 가리킨다.

극한 다스림에 누(累)를 끼치는 것입니다. 엎드려 바라건대 전하께서
는 그 직(職)을 파하고 외방에 안치(安置)함으로써 대신(大臣)들의 경
계로 삼아야 할 것입니다.'

대언사(代言司)에게 명해 장무 지평(掌務持平) 정연(鄭淵)에게 물
었다.

"영의정이 글을 올린 일은 비밀로 해 알기가 어려운데 너희들은
어디서 들었느냐?"

연(淵)이 말했다.

"원의(圓議)¹⁶의 일이므로 신은 감히 말할 수 없습니다."

신묘일(辛卯日·21일)에 이당(李堂) 등과 형조판서 성발도(成發道), 지
신사(知申事) 이관(李灌)을 의금부에 내렸다. 상이 편전(便殿)에 나아
가 육조 판서와 완산부원군(完山府院君) 이천우(李天祐)를 불러서 보
고[引見] 말했다.
　인견

"오늘 아침에는 내가 일을 보고 싶지 않으나 해야 할 말이 있는
데, 중관(中官)이 능히 다 전할 만한 말이 아니라서 경 등을 불러서
말하는 것이다. 어제 대원(臺員)이 하륜(河崙)의 죄를 청했는데, 내가
'어디서 들었는가'라고 물으니 '원의(圓議)의 일입니다'라고 대답하고
는 고집스럽게 말하지 않았다. 오늘 아침에 또 물으니 대답이 역시
같았다. 임금과 신하의 예(禮)가 과연 이와 같은가? 내가 묻는 까닭

16　대간(臺諫)이 비밀리에 풍헌(風憲)에 관계되는 일이나 탄핵에 관계되는 일 또는 배직(拜
　　職)한 사람의 서경(署景) 등을 의논하는 것을 말한다.

은 죄를 가하고자 하는 것이 아니라, (하륜이) 글을 올릴 때 이를 알고 있던 사람은 지신사 이관(李灌), 대언(代言) 유사눌(柳思訥)·조말생(趙末生) 등 세 사람뿐이었다. 내가 비밀리에 지시한 일을 밖에 누설해 대원(臺員)으로 하여금 소(疏)를 올리도록 한 것은 어찌해서인가? 대원(臺員)이 오히려 원의(圓議)라 해 숨기고 감히 말하지 않지만, 하물며 궁중(宮中)의 비밀(祕密)을 밖에 누설하는 것이 가하겠는가? 옛날 송(宋)나라 승상(丞相) 조보(趙普, 922~992년)[17]가 무고하게 남의 지붕을 부수자 어떤 사람이 태조(太祖)에게 참소(讒訴)했는데, 태조는 그 일을 묻지 않고 도리어 참소한 사람을 죄주었다. 이번에 영의정이 올린 글이 비록 변겸(卞謙)에게 사정(私情)을 두었다 해도, 그 마음이 어찌 나를 속이는 것이겠는가? 그 죄는 지붕을 부순 것에도 비교할 바가 못 된다. 경 등은 나의 말을 갖고서 대원(臺員)에게 물어도 좋다. 제경(諸卿)은 물러가서 대언 등과 더불어 집의(執義) 이당, 지평(持平) 안수산(安壽山)·정연(鄭淵)을 불러서 들은 곳을 묻도록 하라."

---

17 후주(後周) 때 조광윤(趙匡胤)의 막료가 돼 장서기(掌書記)를 맡았고, 진교병변(陳橋兵變)을 꾸며 개국을 도왔다. 송나라에 들어 우간의대부(右諫議大夫)와 추밀직학사(樞密直學士)에 올랐다. 건륭(建隆) 원년(960년) 이균(李筠)의 난을 속히 평정할 것을 건의해 상당(上黨)을 정벌하는 데 따라갔고, 병부시랑(兵部侍郎)과 추밀부사(樞密副使)를 역임했다. 이중진(李重進)의 난을 속히 평정할 것도 건의했다. 3년(962년) 추밀사(樞密使)와 검교태보(檢校太保)에 임명됐다. 건덕(乾德) 2년(964년) 범질(范質)을 대신해 재상이 됐다. 북송 초기 숙위(宿衛)나 절진병권(節鎭兵權)을 폐지하는 등과 같은 각종 중대한 정책의 제정에 참여했다. 또 문신으로 지주(知州)를 삼고 각 주(州)마다 전운사(轉運使)와 통판(通判)을 설치해 중앙 집권을 강화하면서 재정도 안정시키도록 했다. 먼저 남방을 안정시킨 뒤 북방 변경을 도모하는 정책을 건의하기도 했다. 태조 말년에는 점차 총애를 잃어 하양삼성절도사(河陽三城節度使)로 나갔다. 태종 때 두 차례 재상을 지냈다.

당(堂) 등이 또 말하지 않다가, 의금부에 내려 국문(鞫問)하라고 명하고 나서야 마침내 말했다.

"원의(圓議)할 때 말을 낸 자는 형조판서 성발도(成發道)였습니다."

즉시 발도(發道)를 옥(獄)에 내려 국문하니 이렇게 말했다.

"말을 흘린[漏言] 자는 이관입니다."
_{누언}

다시 관을 옥에 내리니, 관이 마침내 자복했다.

○ 사간원(司諫院)에서 연리(掾吏-소속 하급 관리)를 시켜 승정원 주서(承政院注書)에게 물어 말했다.

"근일(近日)에 대원(臺員)이 상소(上疏)한 것은 무슨 일인가?"

듣는 자들이 비웃었다[嗤之-哂之].
_{치지   신지}

○ 대언(代言) 조말생(趙末生)을 하륜(河崙)의 집에 보내 직무에 나오도록 일깨웠다[諭].
_유

임진일(壬辰日-22일)에 성발도(成發道)·이관(李灌)·이당(李堂) 등을 파직했다. 의금부에서 대원(臺員) 이당 등과 이관의 죄를 갖춰 아뢰니, 육조(六曹)와 대언(代言) 등에게 안율(按律)하게 했다. 당(堂) 등은 '제명(制命)을 받들고 추안(推案)해 사실을 심문하는 데 사실대로 보고하지 않는 것'에 비율(比律-법률에 준함)해서 장(杖) 80대에 도(徒) 2년이고, 관(灌)은 '근시관(近侍官)이 상사(常事)의 기밀(機密)을 누설하는 것'에 비율해 장(杖) 100대이며, 발도는 비율할 수 없었다.

상이 말했다.

"네 사람의 죄는 심히 마땅하지만[甚當], 발도(發道)는 공신(功臣)[18]

의 아들이니 마땅히 논해서는 안 될 것이다."

즉시 풀어주고 다만 파직했다. 상이 관은 오랫동안 좌우(左右)에 있었고 노모(老母)가 있다고 해서, 직첩(職牒)을 거두면 반드시 과전(科田)을 아울러 거둬야 하므로 다만 파직만 시켜 서용(敍用)하지 않게 했다. 당 등을 죄 줄 경우 반드시 간언을 거부했다[拒諫]는 이름을 남길 것이므로 역시 다만 파직하라고만 했다.

○ 장령(掌令) 하연(河演, 1376~1453년)[19]이 홀로 소(疏)를 올렸다. 그 대략은 이러했다.

'간신(諫臣)이 대신(大臣)의 잘못을 바로잡다가 도리어 그 죄를 받는다면 언로(言路)가 막히고 임금은 고립됩니다.'

육조와 대언들이 타일러 말했다.

---

18 성석린(成石璘)을 가리킨다.

19 1396년(태조 5년) 문과에 급제해 봉상시녹사를 거쳐 직예문춘추관수찬관(直藝文春秋館 修撰官)이 되고, 이어 집의·동부대언 등을 역임했다. 이때 태종은 그가 간관(諫官)으로서 의연한 자세로 일을 말하는 것을 보고 손을 잡고 치하했다 한다. 세종이 즉위하자 지신 사(知申事)가 돼 조심스럽게 처사함으로써 신임을 받았고, 예조참판·대사헌을 역임했다. 1423년(세종 5년)에는 대사헌으로서 조계종(曹溪宗) 등 불교 7종파를 선(禪)·교(敎) 양종 (兩宗) 36본산으로 통합하고, 혁파된 사원의 토지와 노비를 국고로 환수하고자 하여 채택 받았다. 1425년에 경상도관찰사가 됐고 예조참판을 거쳐 평안도관찰사가 됐다가 한때 천안에 유배됐다. 그러나 곧 유배에서 풀려 형조·병조의 참판을 거쳐 1431년에 대제학 이 되고, 그 뒤 대사헌·형조판서·좌참찬 등 고위관직을 역임했다. 1437년 의정부에 들어 가서는 판이조사로서 이조의 일을 맡아 공세법(貢稅法)을 마련했으며, 1442년에는 각 품 의 행수법(行守法)을 제정했다. 1445년에 좌찬성이 돼 70세로서 궤장(几杖)을 받았다. 이 어 우의정·좌의정을 거쳐 1449년에 영의정이 됐다. 영의정으로 있던 1451년(문종 1년)에 문종이 대자암(大慈庵)을 중수하려고 하자 이에 반대하고 치사(致仕)했다. 의정부에 들어 간 지 20여 년간 문안에 사알(私謁)을 들이지 않았고 법을 잘 지켜 승평수문(昇平守文)의 재상으로 일컬어졌다.

"상의 뜻은 들은 곳을 말하지 않은 때문이다."

연(演)이 말했다.

"신이 그 까닭을 알지 못해 아마 실수한 것 같습니다."

대언 등이 아뢰니 상이 말했다.

"그 소(疏)의 뜻을 보니 이는 진실로 알지 못했던 것이다. 소 안에 있는, 간신(諫臣)을 접견하는 일 같은 것은 내가 반드시 따르도록 하겠다."

그때 하연은 변정도감(辨正都監)에 출근하느라 전날의 원의(圓議)에는 참여하지 않았다.

○ 사간원 우사간 대부(右司諫大夫) 박수기(朴竪基) 등이 소를 올려 말했다.

'헌사(憲司)에서 하륜(河崙)의 죄를 청한 것은 중대한 일에 관계된 것이 아니고 말이 또 적중(的中)하지 못했으므로, 의금부(義禁府)에 내려서 국문(鞫問)하라고 명하신 것은 진실로 옳습니다. 그러나 대원(臺員)은 실로 전하(殿下)의 귀와 눈[耳目]이니, 만약 너그러이 용서하지 아니하고 안율(按律)해 죄를 부과하신다면[科罪] 신 등은 후일에 이러한 직임에 임명되는 자가 반드시 주저하고 망설여 말을 제대로 못 해서[囁嚅] 언로(言路)가 넓혀지지 못할까 두렵습니다. 엎드려 성재(聖裁)를 바랍니다.'

상이 이를 읽어보고 말했다.

"이 일은 나의 뜻에서 나온 것이 아니고, 육조(六曹)·대언사(代言司)에서 토의한 것이다."

간관(諫官)들이 "예, 예[唯唯]"하고 물러갔다.

○ 상이 이조판서 한상경(韓尙敬)을 불러 말했다.

"헌사(憲司)에서 하륜(河崙)을 죄주려 하며 말하기를 '첩자(妾子)의 양부(養父)를 위해 힘써[惓惓] 글을 올렸다'라고 했기에 내가 그 들은 곳[所從聞]을 물으니, 원의(圓議)를 핑계 대며 사실대로 고하지 않았다. 이는 반드시 나를 임금으로 부족(不足)하게 여겨 고하지 않은 것이다. (그래서) 죄책(罪責)을 가하려고 했지만 억지로[强] 스스로 너그러이 용서했다. 또 성발도(成發道)는 형조의 수장이 되어, 륜(崙)이 글을 올린 일을 듣고서 실로 부당(不當)하다고 여겼다면 즉시 나에게 고(告)하는 것이 마땅하지, 3성(三省-형조·사헌부·사간원)에 말해 번거롭게 소청(疏請)하게 만드는 것이 어찌 대신(大臣)의 도리이겠느냐?"

대답했다.

"상(上)의 가르침이 지극히 마땅합니다. 발도가 신에게 고하기를 '신이 이런 생각을 낼 수 없었던 것이 부끄럽다'라고 했습니다."

상이 말했다.

"내가 듣기로 륜은 변겸(卞謙)의 송사(訟事)의 옳고 그름을 알지 못했다가 형조와 대간(臺諫)에서 핵실(覈實)한 뒤에야 그 잘못을 알았다고 하는데, 그러한가?"

대답했다.

"륜은 아직도 의혹을 풀지 않고 있습니다."

상이 웃었다.

갑오일(甲午日-24일)에 공안부 윤(恭安府尹) 조비형(曹備衡), 형조좌랑(佐郎) 정용(鄭容)을 파직했다. 비형(備衡)이 경상도 병마절제사(兵馬節制使)로 있을 때 관하에 있던 성주(星州)의 향리(鄕吏)의 딸을 취(娶)해 첩(妾)으로 삼았고, 용(容)은 3성(三省)에서 변겸(卞謙)의 노비를 원의(圓議)할 때 홀로 따르지 않았기에 헌부(憲府)에서 청한 것이다.

○ 이수령(李守領)·박거선(朴居善)에게 장(杖) 60대를 칠 것을 명했다. 교서관(校書館)의 관원(官員)으로서 종묘제(宗廟祭)에 칠사(七祀)의 축문(祝文)을 빠뜨렸기 때문이다.

을미일(乙未日-25일)에 영의정부사(領議政府事) 하륜(河崙)이 글을 올려 사직(辭職)했으나, 상이 읽어보지도 않고 돌려주었다.

○ 예조에서 새롭게 만든 적전의(籍田儀)를 올렸다. 상이 말했다.

"예관(禮官)이 이를 정한 것은 대개 나로 하여금 이 일을 행하게 하려고 한 것이다. 하늘을 공경하고 백성에게 부지런하며[敬天勤民] 종묘(宗廟)를 받들고 귀신(鬼神)을 섬기는 도리에 있어서[其於] 지극하다고 할 것이니, 나는 굳게 그것을 행할 것이다."

그 참에 물었다.

"종묘에 친향(親饗)한 뒤에 어찌하여 임금과 신하가 동연(同宴)하는 절차가 없느냐?"

또 한(漢)나라 문제(文帝)가 선실(宣室)에서 수희(受釐)[20]한 일을 물

---

20 『한서(漢書)』「가의전(賈誼傳)」에 "상(上)이 바야흐로 막 선실(宣室)에 앉아 수희(受釐)하려 했다"라고 했고, 그 주(註)에 "희(釐)는 제사 지내고 남은 고기"라고 했다.

으니, 여러 신하 중에 대답하는 자가 아무도 없었다. 황희(黃喜)가 말했다.

"치재(致齋)²¹입니다."

상이 말했다.

"수희(受釐)라는 것은 제사를 끝마치고 음복(飮福)하는 것을 이름이지 (제사에 앞서 하는) 재계(齋戒)가 아니다. 『시전(詩傳)』에 말한 수희(受釐)하고 진계(陳戒)한다는 것이 또한 그 증거다."

○ 사헌 장령(司憲掌令) 하연(河演)이 궐에 나아와 직접 일을 아뢸 것[啓事]을 청하니, 상이 말했다.

"말할 바가 공사(公事)라면 공적인 자리에서 말하는 것이 마땅한데, 어찌 면대(面對)해 밀계(密啓)하겠다는 것이냐?"

연(演)이 소매에서 글을 꺼내 내어 바쳤다.

'하나, 노비의 공문(公文)과 호구(戶口)의 성적(成籍)을 일시에 아울러 행하는데, 호패(號牌)를 고친다면 소재관(所在官)이 소란하고 번거로울 것이니 청컨대 호패의 일을 늦추소서.

하나, 전하께서 자주 상왕(上王)을 받들고 초야(草野)에 유렵(遊獵)하심이 때로는 밤이 낮으로 이어지는데, 신자(臣子-신하)의 지극한 정의로서 함궐(銜橛)²²의 걱정을 이기지 못합니다. 바라건대 조금 절제

---

21 제사를 올리기 전에 재궁(齋宮)이나 향소(享所)에서 행하는 재계(齋戒)다. 산재(散齋)한 뒤에 하는 재계로서, 제관(祭官)이나 집사관(執事官)들은 모두 제소(祭所)에서 제향에 관한 일만 맡아보았다. 그 기간은 대체로 대사(大祀)는 3일, 중사(中祀)는 2일, 소사(小祀)는 1일이었다.

22 재갈을 물린다는 뜻으로, 신하가 입을 다물고 있다는 뜻이다.

534

하시어 성궁(聖躬-임금의 몸)을 보전하소서.'

상이 말했다.

"이미 두터운 뜻은 알겠으나 생각하는 바가 너무나도 좁을 뿐이구나. 어찌 이같이 하지 않는데도 (내가 너에게) 생각이 좁다[齷齪]고 하겠느냐?"
<small>악착</small>

그러고는 근신(近臣)들에게 일깨워 말했다.

"다만 이 말만 전해 스스로 생각해보게 하라."

병신일(丙申日-26일)에 하륜(河崙)이 궐에 나아와 사례하고, 드디어 상서사(尙瑞司)에 들어가 중관(中官) 최한(崔閑), 대언(代言) 유사눌(柳思訥)·조말생(趙末生) 등과 더불어 비밀리에 변겸(卞謙)의 사건과 비첩(婢妾) 등의 일을 말하고 마침내 물러갔다. 상이 대언(代言) 등에게 물었다.

"장희걸(張希傑)의 처(妻)의 일은 어찌 됐는가?"

희걸(希傑)은 륜(崙)의 첩의 사위다. 희걸의 아내는 곧 판사(判事) 최부(崔府)의 계집종[婢]이었는데, 변정도감(辨正都監)에 소량(訴良)한
<small>비</small>
자다.

○ 사역원(司譯院)에 명해 일본어를 익히게 했다.

왜객 통사(倭客通事) 윤인보(尹仁甫, ?~?)[23]가 말씀을 올렸다.

---

23 1414년(태종 14년) 왜관통사(倭官通事)를 지내고 1420년(세종 2년) 일본국회례사통사(日本國回禮使通事)를 거쳐 1424년 왜통사(倭通事)·호군(護軍) 등을 역임했다. 1430년 통신사통사(通信使通事)를 거쳐 1440년 통신부사상호군(通信副使上護軍)으로 일본에 다녀왔다.

"일본인들의 내조(來朝)가 끊이지 않는데도 일본어를 통역하는 자는 적으니, 바라건대 자제(子弟)들로 하여금 전습(傳習)하게 하소서."

그것을 따랐다.

○ 사천(私賤-사노비)이 취(娶)한 신량수군녀(身良水軍女)[24]의 소생(所生)을 모두 전농시(典農寺)에 소속시키도록 명했다.

○ 여러 대군(大君)이 부마(駙馬) 청평군(淸平君) 이백강(李伯剛)[25] 집에서 연회(宴會)했다. 백강(伯剛)이 아비의 상(喪)을 끝냈으므로, 여러 대군이 연회를 베풀어 위로한 것이다. 상이 명해 세자도 갔는데, 밤이 깊도록 세자가 기생 초궁장(楚宮粧)을 끼고 있다가 공주(公主)의 대청(大廳)으로 들어가 술을 마시고 즐기면서 공주에게 일러 말했다.

"충녕(忠寧)은 평범한 사람[常人]이 아니다."
상인

상이 이를 듣고 기뻐하지 않으며 말했다.

"세자는 여러 동생과 비할 바가 아니니, 성례(成禮)한 뒤에 바로 돌아왔어야 좋은데 어찌 방종하게 즐기는 것이 이와 같으냐?"

1450년(문종 즉위년) 상호군으로서, 대마도 상인들이 많이 오는 것을 엄하게 경계하도록 상소했다. 1455년(세조 1년) 좌익원종공신(佐翼原從功臣) 3등에 책록됐다.

24 신분(身分)은 양인(良人)이나 역(役)은 천역(賤役)인 수군(水軍)에 종사하는 사람의 딸을 가리킨다.

25 청주(淸州) 이씨로, 아버지는 영의정 이거이(李居易)이며 태조의 부마인 이저(李佇)의 동생이다. 태종이 즉위하기 전에 그의 맏딸 정순공주(貞順公主)와 결혼해 청평위(淸平尉)가 되었고, 태종이 즉위하자 숭정대부(崇政大夫) 청평군(淸平君)에 봉해졌다. 부마 중에서 청렴하고 근면하다고 일컬어졌으며, 슬하에 딸이 하나였는데 이계린(李季疄)에게 출가했다. 시호는 정절(靖節)이다.

辛未朔 辨正都監提調柳廷顯上決訟事宜. 啓曰: "都監決訟 限以
신미 삭 변정도감 제조 유정현 상 결송 사의 계왈 도감 결송 한이

九月晦日 然未畢之事尙多. 乞依戊寅年辨正都監例 各於主掌官
구월 회일 연 미필 지 사 상다 걸의 무인년 변정도감 예 각 어 주장관

分送畢決." 仍呈單目曰:
분송 필결 잉 정 단목 왈

'都監限日納狀及司憲府所送誤決事 刑曹所送各司未畢事 京畿
도감 한일 납장 급 사헌부 소송 오결 사 형조 소송 각사 미필 사 경기

觀察使所送誤決事 共一萬一百八十三道內 已決絶二千六百五道
관찰사 소송 오결 사 공 일만 일백 팔십 삼도 내 이 결절 이천 육백 오도

不受理四千二百六十八道 限內不現身一千三百九道 親著不及
불수리 사천 이백 육십 팔도 한내 불현신 일천 삼백 구도 친착 불급

一千二十九道 刑曹及都官各道都會所所移送八百四十二道 未畢
일천 이십 구도 형조 급 도관 각도 도회소 소이송 팔백 사십 이도 미필

決絶隻在外方八十八道 司憲府移送妻妾分揀十二道 花名不納一道
결절 척 재 외방 팔십 팔도 사헌부 이송 처첩 분간 십이도 화명 불납 일도

良賤發明文案不齊二十九道.'
양천 발명 문안 부제 이십 구도

上曰: "柳參贊勤勞決訟 宜官其子 以酬其功. 其子有幾?" 柳思訥
상왈 유 참찬 근로 결송 의 관 기자 이수 기공 기자 유기 유사눌

啓曰: "有二子. 長頔已物故 次曋今爲直藝文館."
계왈 유 이자 장 적 이 물고 차 장 금위 직예문관

癸巳九月初一日以後新呈 京中今十月初三日始 初五日至; 外方
계사 구월 초일일 이후 신정 경중 금 십월 초삼일 시 초오일 지 외방

今十月二十日始 二十二日至接狀事 下刑曹.
금 십월 이십일 시 이십 이일 지 접장 사 하 형조

癸酉 上奉上王 觀獵于豐壤 翼日田于山谷洞 上射獐一.
계유 상 봉 상왕 관렵 우 풍양 익일 전우 산곡동 상 사장 일

甲戌 遣內侍別監 祭海龍山神.
갑술 견 내시별감 제 해룡산 신

乙亥 上王墜馬不傷. 上奉上王 駐海龍山西洞 獸至 上王欲射之
을해 상왕 추마 불상 상 봉 상왕 주 해룡산 서동 수 지 상왕 욕 사지

馬蹶而墜.
마 궐 이 추

丙子 木稼.
병자 목가

設酌于迷失院川邊 乘夜還宮.
설작 우 미실원 천변 승야 환궁

上黨君李薆卒. 薆古名伯卿 卿字與上王諱聲相近 故改佇 佇字又
상당군 이애 졸 애 고명 백경 경자 여 상왕 휘성 상근 고개저 저자우

與世子諱聲相近 故改薆. 淸州人 居易之子 尙太祖長女慶愼宮主.
여 세자 휘성 상근 고개 애 청주 인 거이 지자 상 태조 장녀 경신궁주

氣槪豪邁 爲定社佐命功臣 權勢赫赫. 歲甲申 以父罪竄于咸州
기개 호매 위 정사 좌명공신 권세 혁혁 세 갑신 이 부죄 찬우 함주

乙酉量移利川 又移臨江 庚寅召還. 丁父憂 居鎭川 以病卒 年
을유 양이 이천 우 이 임강 경인 소환 정 부우 거 진천 이병 졸 연

五十二. 上聞訃 悼甚曰: "向以居易之故 不無間言 然極知其心
오십 이 상 문부 도심 왈 향 이 거이 지고 불무 간언 연 극지 기심

無他 擬俟服闋召還 何遽至此?" 輟朝三日 致賻米豆各五十石 紙
무타 의사 복결 소환 하거 지차 철조 삼일 치부 미두 각 오십 석 지

一百五十卷 贈諡景肅 遣代言賜祭.
일백 오십 권 증시 경숙 견 대언 사제

戊寅 釋崔士柔等囚.
무인 석 최사유 등 수

橫川縣監鄭綿免. 上之幸橫川也 聞橫川縣吏黃尙中善騎射 命使
횡천 현감 정면 면 상지행 횡천 야 문 횡천 현리 황상중 선 기사 명사

從行. 綿怒尙中不告辭 囚其母 坐不恭 下義禁府 遂罷職.
종행 면노 상중 불고 사 수 기모 좌 불공 하 의금부 수 파직

己卯 賜辨正都監提調柳廷顯鞍馬. 廷顯所騎馬三匹 連日暴死
기묘 사 변정도감 제조 유정현 안마 정현 소기 마 삼필 연일 폭사

廷顯以肩輿出仕 上聞之有是賜.
정현 이 견여 출사 상 문지 유 시사

庚辰 豐海道都觀察使尹向以病辭 以判海州牧使李潑代之.
경진 풍해도 도관찰사 윤향 이병 사 이 판해주목사 이발 대지

命辨正都監 刻期決絶新呈奴婢事. 癸巳九月初一日以後新呈 凡
명 변정도감 각기 결절 신정 노비 사 계사 구월 초일일 이후 신정 범

二千五百道. 河崙上言: "臣聞都官新呈至數千道 以都官六員 雖
이천 오백 도 하륜 상언 신문 도관 신정 지수 천도 이 도관 육원 수

數年而未能畢決矣. 今辨正都監二十房八十人 已臨事畢 若令移送
수년 이 미능 필결 의 금 변정도감 이십 방 팔십 인 이 임사 필 약령 이송

分決 則可一月而畢矣. 臣竊謂 大戰之後尙有餘孽之未殄 則不可
분결 즉가 일월 이 필의 신 절위 대전 지후 상유 여얼 지 미진 즉 불가

538

謂之廓清矣. 今當衆訟畢決之日 留此訟者不盡決絶 則不可謂之
頓息矣."

上從之 遂有是命. 辨正都監啓: "訴良人多般稱故 淹延不現 甚爲
不當. 今未畢決絶二十餘道 限今月二十九日文券 齊納對隻 限日內
如前不現者 不聽理 本主亦於限日內 不納文券 對隻者 不許決給."

從之. 下旨: "因妻妾分揀而未決奴婢事 依曾降敎旨 已分揀事則從
明文決絶; 未分揀事所訟奴婢 姑且中分決絶."

辛巳 上詣仁德宮設酌.

加置辨正都監 使 副使 判官共二十員.

命代言與僉摠制 皆率私伴三人 從金承霔之請也.

改給號牌. 漢城府啓: "號牌之法 欲辨人口貴賤 奸巧之徒敢行
削改 眞僞混淆. 請於號牌前面橫書漢城府三字 下著火印 後面只著
火印 姓名 年甲 身長 面貌隨宜悉書 而刻其字畫 則雖欲削改 不可
得矣. 乞依此式改給."

從之. 下旨曰: "新受號牌者 依今規式 火印成給. 在前號牌受出
者 來乙未年三月爲始 改成給 其中不待三月自願改受者 聽."

癸未 以閔繼生爲漢城府尹 鄭易忠淸道都觀察使 李之實忠淸道
都節制使.

甲申 夜 雷電風雨. 震龍仁金嶺驛北山松 宿鳥. 遣代言徐選于
昭格殿 因下元醮而禳之.

領議政府事河崙上書 書乃陳辨正都監判官河沔誤決之事 至詆沔
영의정부사 하륜 상서 서내진 변정도감 판관 하면 오결 지사 지저면

以謂欺天罔上. 初 沔以前司直卞謙使喚奴婢 決屬內資寺 謙以沔
이위 기천 망상 초 면이전 사직 변겸 사환노비 결속 내자시 겸이면

爲誤決 申呈駕前 留承政院有日矣. 上覽崙書動念 卽下其書承政院
위 오결 신정 가전 유 승정원 유일의 상람륜서 동념 즉하 기서 승정원

曰: "卞謙訴狀 何淹滯而不下攸司乎? 爾等無乃挾私乎?" 知申事
왈 변겸 소장 하엄체 이 불하 유사 호 이등 무내 협사 호 지신사

李灌等對曰: "房掌雖畢 提調 都廳未決 故待其上下廳畢決 然後
이관 등 대왈 방장 수필 제조 도청 미결 고대기 상하 청 필결 연후

欲使之分揀. 留而不下 以此耳." 上使中官詰責灌等數四 仍命
욕 사지 분간 유이 불하 이차 이 상사 중관 힐책 관등 수사 잉명

曰: "領議政豈畏都監而不發直言乎?" 灌等曰: "臣近日見柳廷顯
왈 영의정 기외 도감 이 불발 직언 호 관등왈 신 근일 견 유정현

問謙事 答曰: '沔之決是矣.' 臣等之心亦以爲謙之訴誤矣. 以此知
문 겸사 답왈 면지결 시의 신등 지심 역 이위 겸지소 오의 이차 지

崙徒聞謙言 不考文籍而上書也. 宜令攸司覈實." 上曰: "然. 卽命
륜 도문 겸언 불고 문적 이 상서 야 의령 유사 핵실 상왈 연 즉명

刑曹 司憲府 司諫院交坐 三日內決絶定罪以聞." 謙乃崙妾子長之
형조 사헌부 사간원 교좌 삼일 내 결절 정죄 이문 겸내륜 첩자 장지

養父也.
양부 야

下慶尙道甫川人金乙守于義禁府科罪. 乙守詣闕獻靑玉石大印曰:
하 경상도 보천 인 김을수 우 의금부 과죄 을수 예궐 헌 청옥석 대인 왈

"夢有一僧云: '交床巖窟下 有靑玉印. 汝密取奉獻於朝 必得重賞.'
몽유 일승 운 교상암굴 하 유 청옥 인 여 밀취 봉헌 어조 필득 중상

月初五日 果得於甫川丹陽之境大山石室中以來." 言甚怪誕 視其
월초 오일 과득 어 보천 단양 지경 대산 석실 중 이래 언심 괴탄 시기

印迹 則非篆文 不成字體. 旁有隷書云: '天子八十九年' 又一旁書:
인적 즉비 전문 불성 자체 방유 예서 운 천자 팔십구년 우 일방 서

'午未志上'四字. 石理脆軟 爪可刮. 承政院具聞 上覺其妄 命鞠之.
오미 지상 사자 석리 취연 조 가괄 승정원 구문 상각 기망 명 국지

乙守供云: "曾髡爲僧 今業覡術. 家貧思得厚賞 取忠州石 斲而爲印
을수 공운 증곤 위승 금업 격술 가빈 사득 후상 취 충주석 착이 위인

篆文乃模得楮貨篆字及符呪字樣. 其云天子八十九年者 欲上壽至
전문 내 모득 저화 전자 급 부주 자양 기운 천자 팔십 구년 자 욕 상수 지

八九十歲也; 午未志上者 以午年之末 未年之始而進上也." 使乙守
팔 구십 세야 오미 지상 자 이 오년 지말 미년 지시 이 진상 야 사 을수

書字 則與印旁所書正相類. 義禁府按律 比詐僞讖緯及傳用惑衆者
서자 즉 여 인방 소서 정 상류 의금부 안율 비 사위 참위 급 전용 혹중 자

斬 下政府擬議. 河崙 南在等曰: "此人至愚而非奸軌之徒 且非妖言

妖書 事干瑞應 宜比詐僞瑞應之律." 從之.

乙酉 遣知敦寧府事李伯溫 摠制柳濕如京師 賀正也. 戶曹參議

黃子厚管押種馬 亦如京.

罷辨正都監. 司憲府上疏曰:

'自古設大都監 欲辨積年冤訟. 間有豪勢之徒 擾亂是非 輒罷未畢

其來尙矣. 盛朝以議政府啓目 設辨正都監 分辨一萬餘道而畢決

千載一盛擧也. 今又以癸巳九月初一日以後告狀 二千五百餘道

移送都監 一皆辨正 然爭訟日淺 文券不多 且其間不受理之事居多.

願罷都監 還送都監 加置兼官 刻日畢決 其誤決官吏 令本府考察

以斷爭訟.'

上曰: "冬月雷電 天之示災 深可畏也." 遂從之 罷辨正都監.

韓尙敬 朴信等啓曰: "癸巳九月初一日以後相訟奴婢 令辨正都監

刻日畢決後罷之." 上曰: "予已從憲府之請 何可輕變乎?"

命癸巳九月初一日以後新呈告狀 分送各司 限十一月晦日畢決絶.

下旨辨正都監曰: "良賤及公處奴婢相訟文籍 勿竝燒毀."

辨正都監上言: "奴婢舊文已火之 今都監決絶時文案 將如何耶?"

上曰: "已火舊文 存之何益? 宜竝燒之."

丙戌 命放妄告誤決充水軍人.

丁亥 日本小二殿使送客人及宗貞茂使送客人來獻土物.

置堠子. 戶曹啓: "本國境內 道路息數 遲邇不同 凡差遣及納貢 限期 難以預定. 請依古制尺量 十里置小堠 三十里置大堠爲一息." 從之.

立闕仕罷職法. 初 司憲府啓請各司員吏不仕一日囚奴 三日付過 五日啓聞罷職 命下吏曹與諸曹 擬議以聞. 吏曹以大明律一一笞 一十 每一日加一等 罪止杖八十 付過; 六典稱一日圈其名下 三日 囚奴 二十日啓聞罷職. 憲府之法太重 六典太輕 大明律又無罷職 之文 宜候上裁. 玉川君劉敞及金承霆等以爲: "宜遵成憲." 黃喜 以爲: "宜從律文." 議久不決. 議者多請從六典 從之 且傳旨吏曹 曰: "大小官吏 自州縣除拜京職者 淹留鄉里 不卽就職 宜標付過名 以示懲戒."

命卞謙贖杖八十. 刑曹 臺諫覈卞謙之訟 實爲妄告 囚謙以聞 曰: "乞依曾降敎旨 杖一百身充水軍 時使喚奴婢屬公." 上曰: "辨正都監事畢 故以妄告誤決 曾充水軍者 業已放還矣. 只贖杖 八十."

戊子 議定婚禮. 上曰: "事林廣記有朝鮮婚姻男往女家之事 爲 戲笑之門. 我國衣冠文物 一遵華制 獨婚禮尙循舊習 甚爲未便 宜 參酌古今定制." 黃喜啓曰: "若定婚禮 則當先改女服." 上曰: "先定 婚禮 以正風俗 然後改女服 未爲晚也."

命大護軍田興及中官盧希鳳 往視珍島牧場. 初 前摠制洪有龍

兵曹參議權蔓等啓: "珍島可爲牧場." 前年命設木柵 徙民居之 仍以
병조참의 권만 등 계 진도 가위 목장 전년 명설 목책 사민 거지 잉이

郡守兼右道水軍都萬戶. 上因全羅監司之報 命內贍少尹李衛往察.
군수 겸 우도 수군 도만호 상인 전라감사 지보 명 내섬 소윤 이위 왕찰

衛與知郡事李恪偕來曰: "島草皆茅 馬不食而疲瘦." 金承霔啓曰:
위 여 지군사 이각 해래 왈 도초개모 마불식이 피수 김승주 계왈

"珍島風土 雖不如濟州 必不下各處牧場 不可輕棄." 上曰: "金廷雋
진도 풍토 수 불여 제주 필불하 각처 목장 불가 경기 상왈 김정준

李恪 李衛等皆曰: '水草不足 不宜牧馬之地.' 以是欲棄之." 承霔
이각 이위 등개왈 수초 부족 불의 목마 지지 이시 욕 기지 승주

固請 上意未決 遂遣興 希鳳等. 興等復命 亦如衛等之言.
고청 상의 미결 수견흥 희봉 등 흥등 복명 역여위등지언

庚寅 司憲執義李堂等上疏請領議政府事河崙罪. 疏曰:
경인 사헌 집의 이당 등 상소 청 영의정부사 하륜 죄 소왈

'宰相與人主 共天位 治天職 代天工者也. 非堯舜之道 不敢陳於
재상 여 인주 공 천위 치 천직 대 천공 자야 비 요순 지도 불감 진어

王前; 非時政得失 生民利害 則不敢施於政事. 是故 正其心 上以
왕전 비 시정 득실 생민 이해 즉 불감 시어 정사 시고 정 기심 상이

格君心 下以正朝廷與百官 以至於萬民正 而世道之升降 陰陽之
격 군심 하이 정 조정 여 백관 이지 어 만민 정 이 세도 지 승강 음양 지

和戾係焉. 泝而上之 則商周之伊傅 周召 聖臣也; 漢唐之蕭曹王
화려 계언 소 이 상지 즉 상주 지 이부 주소 성신 야 한당 지 소조 왕

魏姚宋 良臣也. 下至宋朝 人才之得失 政治之美惡 稽諸經史 可見
위요 송 양신 야 하지 송조 인재 지 득실 정치 지 미악 계저 경사 가견

矣. 殿下以仁聖之資 礪精圖治 今河崙位首相贊襄之地 以自己妾子
의 전하 이 인성 지자 여정 도치 금 하륜 위 수상 찬양 지지 이 자기 첩자

養父卞謙奴婢之訟 惓惓上書 稱辨正都監誤決 感動天威 乃以蕞爾
양부 변겸 노비 지송 권권 상서 칭 변정도감 오결 감동 천위 내이 최이

小人卞謙之訟 至命刑曹臺諫同議改正. 及其改正也 卞謙之訟 甚
소인 변겸 지송 지명 형조 대간 동의 개정 급기 개정 야 변겸 지송 심

不的實 朦朧淸聽. 臣等竊謂 崙之心將不知其是非而陳之 是不明
부 적실 몽롱 청청 신등 절위 륜지심 장 부지 기 시비 이 진지 시 불명

也 知其不實而姑且陳之 是不公也. 其於殿下擇相委任之意何如?
야 지기 불실 이 고차 진지 시 불공 야 기어 전하 택상 위임 지의 하여

人臣之得君行道 豈敢以己欲 快於其心之謂哉? 其於尊主庇民之意
인신 지 득군 행도 기감 이 기욕 쾌어 기심 지위 재 기어 존주 비민 지의

何如? 是非唯玷於一身 亦上累於至治. 伏望殿下 罷其職 安置關外
하여 시 비유 점어 일신 역상 누어 지치 복망 전하 파 기직 안치 관외

以爲大臣之戒.'
이위 대신 지계

命代言司 問掌務持平鄭淵曰: "領議政上書 事密難知. 爾等何從
_{명 대언사 문 장무 지평 정연 왈 영의정 상서 사밀 난지 이등 하종}

得聞?" 淵對以: "圓議之事 臣不敢言."
_{득문 연대이 원의지사 신불감언}

辛卯 下李堂等及刑曹判書成發道 知申事李灌于義禁府. 上御
_{신묘 하 이당 등 급 형조판서 성발도 지신사 이관 우 의금부 상어}

便殿 引見六曹判書及完山府院君李天祐曰: "今朝予不欲視事 然
_{편전 인견 육조판서 급 완산부원군 이천우 왈 금조 여 불욕 시사 연}

有所言 非中官小能盡傳 故引卿等言之. 昨臺員請河崙之罪 予問以
_{유 소언 비 중관 소능 진전 고 인경등 언지 작 대원 청 하륜 지죄 여문이}

聞諸何處 對以圓議之事 執而不言. 今朝又問 對亦如之. 君臣之禮
_{문저 하처 대이 원의지사 집이 불언 금조 우문 대역 여지 군신 지례}

果若是乎? 予之所以爲問 非欲加罪 當上書時知之者 知申事李灌
_{과 약시 호 여지 소이 위문 비욕 가죄 당 상서 시 지지 자 지신사 이관}

代言柳思訥 趙末生等三人耳. 以予密示之事 洩言於外 至使臺員
_{대언 유사눌 조말생 등 삼인 이 이여 밀시 지사 설언 어외 지사 대원}

上疏何哉? 臺員尙以圓議 匿不敢言 況宮中密事 其可外洩乎? 昔
_{상소 하재 대원 상이 원의 익 불감 언 황 궁중 밀사 기가 외설 호 석}

宋丞相趙普無故破人之屋 有人讒於太祖 太祖不問其事 反罪讒人.
_{송 승상 조보 무고 파 인지옥 유인 참어 태조 태조 불문 기사 반 죄 참인}

今領議政上書 雖私卞謙 其心豈欺我哉? 其罪非破屋之比也. 卿等
_{금 영의정 상서 수사 변겸 기심 기기 아재 기죄 비 파옥 지비야 경등}

以予之言 問諸臺員可也. 諸卿退與代言等 致執義李堂 持平安壽山
_{이 여지언 문저 대원 가야 제경 퇴여 대언 등 치집의 이당 지평 안수산}

鄭淵問所聞之處." 堂等又不告 命下義禁府鞫問 乃曰: "圓議時發言
_{정연 문 소문 지처 당등 우 불고 명하 의금부 국문 내왈 원의 시 발언}

者 刑曹判書成發道也." 卽下發道鞫問之 曰: "漏言者 李灌也." 又
_{자 형조판서 성발도 야 즉하 발도 국문 지왈 누언 자 이관 야 우}

下灌獄 灌乃服.
_{하 관옥 관 내복}

司諫院使掾吏問於承政院注書云: "近日臺員上疏何事耶?" 聞者
_{사간원 사 연리 문어 승정원주서 운 근일 대원 상소 하사 야 문자}

嗤之.
_{치지}

遣代言趙末生于河崙第 諭令就職.
_{견 대언 조말생 우 하륜 제 유령 취직}

壬辰 罷成發道 李灌 李堂等職. 義禁府具臺員李堂等及李灌之罪
_{임진 파 성발도 이관 이당 등직 의금부 구 대원 이당 등 급 이관 지죄}

以聞 令六曹及代言等按律. 堂等比律 若奉制推案問事 報上不以實
_{이문 영 육조 급 대언 등 안율 당등 비율 약 봉제 추안 문사 보상 불 이실}

者 杖八十 徒二年; 灌比律 若近侍官漏洩機密常事 杖一百 發道
자 장팔십 도이년 관비율 약근시관 누설 기밀 상사 장일백 발도

無可比律. 上曰: "四人之罪甚當 發道功臣之子 宜勿論." 卽釋之 只
무가 비율 상왈 사인 지죄심당 발도 공신 지자 의물론 즉석지 지

罷職. 上以灌久在左右 且有老母 收職牒則必竝收科田 只令罷職
파직 상이관 구재 좌우 차유 노모 수직첩 즉필병수 과전 지영 파직

不敍; 罪等則必有拒諫之名 亦令只罷其職.
불서 죄등 즉필유 거간 지명 역영지파 기직

掌令河演獨上疏 其略曰:
장령 하연 독 상소 기략 왈

'以諫臣正大臣之失 而反受其罪 則言路塞而人主孤立矣.'
이 간신 정 대신 지실 이반 수기죄 즉 언로색 이인주 고립 의

六曹與代言論之曰: "上意以不言所聞之處也." 演曰: "臣不知
육조 여 대언 유지왈 상의 이불언 소문 지처야 연왈 신 부지

其故 殆失之矣." 代言等以聞 上曰: "觀其疏意 是誠不知也. 若疏內
기고 태 실지의 대언 등 이문 상왈 관기 소의 시성 부지야 약소내

接見諫臣之事 予必從之." 時 演仕辨正都監 不與前日之議也.
접견 간신 지사 여필 종지 시 연사 변정도감 불여 전일 지의야

司諫院右司諫大夫朴竪基等上疏曰:
사간원 우사간대부 박수기 등 상소 왈

'憲司請崙之罪 匪係重事 言且不中 命下義禁府鞫問 誠是矣. 然
헌사 청 륜지죄 비계 중사 언차 부중 명하 의금부 국문 성 시의 연

臺員實殿下之耳目 若不寬宥 而按律科罪 臣等恐後之任是職者 必
대원 실 전하 지이목 약불 관유 이안율 과죄 신등 공후 지임 시직 자 필

浚巡囁嚅 言路不廣也. 伏望聖裁.'
준순 섭유 언로 불광 야 복망 성재

上覽之曰: "此事非出予意 六曹代言司議之也."
상 람지왈 차사 비출 여의 육조 대언사 의지 야

諫官唯唯而退.
간관 유유 이퇴

上召吏曹判書韓尙敬曰: "憲司罪崙曰: '爲妾子養父惓惓上書.' 予
상소 이조판서 한상경 왈 헌사 죄 륜왈 위첩자 양부 권권 상서 여

問其所從聞 托以圓議 不以實告 是必以予爲不足爲君而不告也.
문기 소종문 탁이 원의 불 이실 고 시필 이여위 부족 위군 이불고 야

欲加罪責 強自寬恕. 且發道爲刑曹之長 聞崙上書之事 實爲不當
욕가 죄책 강 자관서 차 발도 위 형조 지장 문륜 상서 지사 실위 부당

則宜卽告我 言諸三省 至煩疏請 豈大臣之道乎?" 對曰: "上敎至當.
즉의 즉고 아 언저 삼성 지번 소청 기 대신 지도호 대왈 상교 지당

發道告臣曰: '愧臣不能出此意也.'" 上曰: "予聞 崙不知卞謙之訟
발도 고신 왈 괴신 불능 출 차의 야 상왈 여문 륜 부지 변겸 지송

是非 而待刑曹臺諫覈實 然後知其是非也 然乎?" 對曰: "崙猶未
<small>시비 이대 형조 대간 핵실 연후 지기 시비 야 연호 대왈 륜유미</small>

解惑." 上笑之.
<small>해혹 상 소지</small>

甲午 罷恭安府尹曹備衡 刑曹佐郞鄭容職. 備衡爲慶尙道
<small>갑오 파 공안부 윤 조비형 형조좌랑 정용 직 비형 위 경상도</small>

兵馬節制使 娶所管星州鄕吏之女爲妾; 容於三省圓議卞謙奴婢時
<small>병마절제사 취 소관 성주 향리 지녀 위첩 용 어 삼성 원의 변겸 노비 시</small>

獨不順 故憲府請之也.
<small>독 불순 고 헌부 청지 야</small>

命李守領 朴居善杖六十. 以校書館官 於宗廟祭闕七祀祝文也.
<small>명 이수령 박거선 장 육십 이 교서관 관 어 종묘 제궐 칠사 축문 야</small>

乙未 領議政府事河崙上書辭職 上不覽而還之.
<small>을미 영의정부사 하륜 상서 사직 상 불람 이 환지</small>

禮曹上新修籍田儀. 上曰: "禮官所定 蓋欲予行此事也. 其於
<small>예조 상 신수 적전 의 상왈 예관 소정 개욕 여행 차사 야 기어</small>

敬天勤民 奉宗廟事鬼神之道 可謂至矣 予固行之." 因文: "親饗
<small>경천근민 봉 종묘 사 귀신 지도 가위 지의 여고 행지 인문 친향</small>

宗廟之後 何無君臣同宴之儀?" 又問漢文受釐宣室之事 群臣莫有
<small>종묘 지후 하무 군신 동연 지의 우문 한문 수희 선실 지사 군신 막유</small>

對者. 黃喜曰: "致齋也." 上曰: "受釐者 祭畢飮福之名 非齋戒也.
<small>대자 황희 왈 치재 야 상왈 수희 자 제필 음복 지명 비 재계 야</small>

詩傳所謂受釐陳戒 亦其證也."
<small>시전 소위 수희 진계 역 기증 야</small>

司憲掌令河演詣闕 請親啓事 上曰: "所言公 宜公言之 何用面對
<small>사헌장령 하연 예궐 청친 계사 상왈 소언 공 의 공언지 하용 면대</small>

密啓乎?" 演出出袖書以進. '其一 奴婢公文 戶口成籍一時幷行 而
<small>밀계 호 연출 출수서 이진 기일 노비 공문 호구 성적 일시 병행 이</small>

又改號牌 則所在搔擾 請緩號牌之事. 其一 殿下屢奉上王 遊于
<small>우개 호패 즉 소재 소요 청완 호패 지사 기일 전하 누봉 상왕 유우</small>

草野 或夜繼日 臣子至情 不勝銜橛之憂. 願小節之 以保聖躬.' 上
<small>초야 혹야 계일 신자 지정 불승 함궐 지우 원소 절지 이보 성궁 상</small>

曰: "已知厚意 然太狹耳. 豈可不如是而爲齷齪哉?" 且諭近臣曰:
<small>왈 이지 후의 연 태협 이 기가 불여시 이위 악착 재 차유 근신 왈</small>

"只傳此語 自可思之."
<small>지전 차어 자가 사지</small>

丙申 河崙詣闕謝 遂入尙瑞司 與中官崔閑 代言柳思訥 趙末生等
<small>병신 하륜 예궐 사 수입 상서사 여 중관 최한 대언 유사눌 조말생 등</small>

密言卞謙事及婢妾等事 乃退. 上問代言等曰: "張希傑妻事何如?"
<small>밀언 변겸 사 급 비첩 등사 내퇴 상문 대언 등왈 장희걸 처사 하여</small>

希傑 崙之妾壻也. 希傑之妻 乃判事崔府之婢 而訴良於辨正者也.
희걸 륜지 첩서 야 희걸 지처 내 판사 최부 지비 이 소량 어 변정 자야

命司譯院習日本語. 倭客通事尹仁甫上言: "日本人來朝不絶 譯語
명 사역원 습 일본어 왜객 통사 윤인보 상언 일본인 내조 부절 역어

者少 願令子弟傳習." 從之.
자소 원령 자제 전습 종지

命私賤娶身良水軍女所生 皆屬典農寺.
명 사천 취 신량수군녀 소생 개 속 전농시

諸大君宴於駙馬淸平君李伯剛第. 伯剛免父喪 諸大君設宴以慰
제 대군 연어 부마 청평군 이백강 제 백강 면 부상 제 대군 설연 이위

上命世子亦往. 及夜深 世子携妓楚宮粧 入就諸公主廳懽飲 謂諸
상 명 세자 역왕 급 야심 세자 휴기 초궁장 입취 저 공주 청 환음 위저

公主曰: "忠寧非常人也." 上聞之不喜曰: "世子非諸弟比 成禮而還
공주 왈 충녕 비 상인 야 상 문지 불희 왈 세자 비 제제 비 성례 이환

可也 何得縱樂如是哉?"
가야 하득 종락 여시 재

태종 14년 갑오년
11월

十一月

경자일(庚子日-1일) 초하루에 마음대로 선마(騙馬)하는 것을 금지
했다. 선(騙)이란 거세하는 것[割勢]이다. 병조의 청을 따른 것이다.

신축일(辛丑日-2일) 동지(冬至)가 되니, 상이 상왕(上王)을 모시고 광
연루(廣延樓) 아래에서 술자리를 베풀고 그 참에 여러 신하에게는 돈
화문(敦化門) 안에 잔치를 내려주었다. 잔치가 끝나자 여러 신하가
사은(謝恩)하고자 해 함께 전정(殿庭)으로 들어갔는데, 총제(摠制) 권
희달(權希達)이 술에 취해서[被酒] 각 조(曹) 참의(參議)들의 반서(班
序)가 매우 가까운 것을 돌아보고는 녹사(錄事)에게 소리쳐 예조(禮
曹)에 고(告)하게 했다. 박자청(朴子靑)이 듣고서 이를 금지시키니 희
달(希達)이 화를 내며 욕했고, 자청도 술김에[使酒] 언성(言聲)을 높
여[厲聲] 희달을 꾸짖고 그를 때리려 했다. 희달이 말을 공손하게 하
면서 무릎을 꿇고 사과하니 자청이 마침내 그쳤다. 구경하던 사람들
이 웃으며 말했다.

"자청의 광포(狂暴)함이 도리어 희달보다 심하다."

다음날 사간원(司諫院)에서 소(疏)를 올려 말했다.

'재상(宰相)은 임금의 고굉(股肱-팔다리)이요 조정(朝廷)의 의표(儀
表)이니, 매사에 신중히 하지 않을 수 없습니다. (그런데) 자청과 희달
이 전정(殿庭)에 반열(班列)해 서서 사사로이 서로 성을 내어, 처음에

는 고성으로 서로 다투다가 나중에는 부여잡고서 꾸짖고 욕했으니, 그들이 조정의 기강을 무서워함이 없이 법을 업신여기고 예를 허물 어뜨림[慢法毀禮]이 심했습니다. 청컨대 유사(攸司-담당 부서)에 내려 죄를 다스려서 조정을 바로잡아야 할 것입니다.'

상이 두 사람의 성질이 본래 광포(狂暴)해 죄를 줄 필요가 없다고 보고서, 다만 가노(家奴)를 각각 10명씩 의금부에 가두도록 명했다. 헌사(憲司)에서도 소청(疏請)했으나 들어주지 않았다[不聽].

○ 황희가 아뢰었다.

"중국에서는 제로(諸路)에서 표문(表文-중국에 바치는 외교 문서)을 받든 자가 회동관(會同館)[1]에 모였다가, 회동관에서 예부(禮部)에 이를 때와 예부에서 궐문(闕門)에 이를 때까지 모두 음악(音樂)을 연주합니다. 우리 조정(朝廷)에서도 전문(箋文)을 받들고 돈화문(敦化門)에 이르면 이에 음악을 연주하는데, 청컨대 중국의 제도에 의거해 예조(禮曹)에서 궐문(闕門)에 이를 때까지 음악을 연주하소서."

그것을 따랐다.

임인일(壬寅日-3일)에 판전사시사(判典祀寺事-전사시 판사) 목진공(睦進恭)과 주부(注簿) 김반(金泮)을 의금부에 가뒀다. 애초에 예조에서 전사시에 하체(下帖)[2]해 사사노비(寺社奴婢) 가운데 목공(木工)인 자

---

1 중국에서 외국의 사신(使臣)을 접대하기 위해 설치한 관청이다. 원(元)나라 때인 1272년에 설치됐는데, 명(明)나라 때는 우역(郵驛)의 일도 아울러 맡아보았다.

2 상사(上司)에서 하사(下司)에 체문(帖文)을 내려보내는 일을 말한다. 체문(帖文)은 상관(上官)이 지시(指示)하거나 유시(諭示)하는 글을 가리킨다.

를 보내도록 했는데, 반(泮)이 그 체문(帖文)을 예조에 돌려보내고 이를 비난했다. 헌부(憲府)에서 듣고 예조 영사(禮曹令史)에게 속(贖)을 받았다. 판서(判書) 황희(黃喜)가 하관(下官)이 능욕하고 업신여겼다고 아뢰었기 때문에 이들을 가둔 것인데, 5일 만에 풀어주었다.

○ 형조에서 결송(決訟)의 사의(事宜)를 올렸다.

'하나, 각사(各司)에 분송(分送)한 신정 고장(新呈告狀)[3] 가운데 피고가 맹인(盲人)이나 독녀(獨女)로서 외방(外方-지방)에 있는 자는 이송(移送)시키지 말 것.

하나, 각사(各司)의 행수(行首)가 상피(相避)하는 사건과 관원(官員)이 스스로 송사(訟事)에 대변(對辯)하는 사건 외에는 이송(移送)시키지 말 것.

하나, 이제 각사(各司)에서 오결(誤決)한 사건은 헌사(憲司)로 하여금 분간하도록 허락해서 오결한 자와 망령되게 고(告)한 자는 교지(教旨)에 의거해 논죄하고, 신문고(申聞鼓)를 쳐서 신정(申呈)하는 것을 금지할 것.'

그것을 따랐다.

계묘일(癸卯日-4일)에 군기감(軍器監) 부정(副正) 최해산(崔海山, 1380~1443년)[4], 판관(判官) 양회(梁淮), 직장(直長) 손군달(孫君達), 녹

---

3 새로 접수시킨 고소장(告訴狀)을 말한다.

4 최무선(崔茂宣)의 아들이다. 15세가 되어서야 글자를 해독할 수 있었으나, 아버지의 유고(遺稿)인 『화약수련법(火藥修鍊法)』의 비법을 전수 받았다. 1401년(태종 1년) 군기시(軍器寺)에 등용, 주부(主簿)를 거쳐 경기우도 병선군기점고별감(京畿右道兵船軍器點考別監)

사(錄事) 윤근(尹謹)을 파직했다. 애초에 해산(海山)에게 명해 중국의 경번갑(鏡幡甲)⁵(과 같은 것)을 감독해 만들어서 장차 각 도로 나눠 보내도록 했는데, 해산이 스스로 감독해 만들지 않았기 때문이다. 본감(本監)에서 일찍이 두두미갑(豆豆味甲) 8부(部)와 별철갑(別鐵甲) 3부를 월과(月課)로 했으나, 이를 중지하도록 명하고 쇄자갑(鎖子甲)⁶ 3부를 만들도록 명했다. 또 병조에 명했다.

"각 도의 월과(月課) 갑옷은 일찍이 보낸 견본[見樣]에 의거해 견고 하고 치밀(緻密)하게 만들도록 하라. 그중에 법식과 같이 하지 않는 자는 죄주겠다."

상이 말했다.

"가죽으로 갑(甲)을 꿴 것은 여러 해가 지나면 끊어지니, 다시 수 선하도록 하면 그 폐단이 끝이 없을 것이다. 또 녹비(鹿皮)를 재촉해 바치게 하는데 그 수도 적지 않다. 내가 생각건대, 철(鐵)로써 꿴다면 썩지 않고 단단할 것이니, 폐단도 따라서[隨] 없앨 수 있다."

이 됐다. 1409년 군기감승(軍器監丞)에 오르고, 그해 10월에는 화차를 만들어 왕이 참석 한 가운데 해온정(解慍亭)에서 발사 시험을 했다. 1424년(세종 6년) 12월에도 군기판사로 서 왕을 모시고 광연루(廣延樓)에 나아가 화포 발사 연습을 주관했다. 1425년 군기감사 를 지내고, 1431년 6월 좌군동지총제(左軍同知摠制)가 됐다. 그해 10월에는 그가 오랜 군 기감 근무로 옳지 못한 일이 많았다 하여 조정 신하들이 그의 체직(遞職)을 품신했지만, 세종의 두터운 신임으로 허락되지 않았고, 오히려 이듬해 공조우참판으로 승임됐다. 1개 월 후 판경성군사(判鏡城郡事)로 전보됐을 때도 세종은 그가 외직으로 나갈 경우 군기감 의 업무가 부실해진다 하여 중추원부사를 제수했다. 1433년 좌군절제사로 도원수 최윤 덕(崔潤德)과 함께 파저강(婆猪江) 토벌 작전에 참전했을 때도 군기(軍機)를 이행하지 않 은 관계로 사헌부의 탄핵을 받았지만, 세종은 "그가 20여 년 동안 오로지 화포를 맡았으 니 어찌 공이 없다고 하겠는가. 벼슬만 거두도록 하라"고 해 용서했다.

5 철판과 원형 쇠고리를 연결해 만든 갑옷이다.
6 철실로 작은 고리를 만들어 서로 꿴 갑옷이다.

상이 또 말했다.

"이제 동지(冬至)에 각 도에서 바치는 철갑(鐵甲)을 아직도 가죽을 사용해 짜고 꿰는 것은 실로 온당치 못하다. 이제부터 뒤로는 방물(方物)도 견본에 따라서[從-隨] 만들어 바치도록 하라."

갑진일(甲辰日-5일)에 강원도 도관찰사 이안우(李安愚)와 풍해도 도관찰사 이발(李潑)에게 모두 본도의 병마 도절제사(兵馬都節制使)를 겸하게 했다.

을사일(乙巳日-6일)에 편전(便殿)에 나아가 하륜(河崙)·남재(南在)·이숙번(李叔蕃)을 불러서 만나보았다. 상이 말했다.

"경진년(庚辰年-1400년)에 오용권(吳用權)이 회안(懷安)의 말을 갖고서 나의 죄를 헤아려[數] 태조(太祖)에게 고(告)하기를, '부왕(父王)과 형도 돌아보지 않고 난(亂)을 도모하기 때문에 거병(擧兵)해 토벌(討伐)해야 한다'라고 했다.[7] 그리고 얼마 후에 병사를 일으켰다. 근래이조에서 여러 차례 용권(用權)을 천거(薦擧)했는데, 이 같은 자를 실로 쓸 수 있겠느냐?"

모두 말했다.

---

7 『정종실록』 2년(1400년) 1월 28일 자 기록이다. "방간이 그 휘하 상장군(上將軍) 오용권을 시켜 아뢰었다. '정안공이 나를 해치고자 하므로, 내가 부득이 군사를 일으켜 공격합니다. 청하건대, 주상은 놀라지 마십시오.' 상이 크게 노하여, 도승지(都承旨) 이문화(李文和)를 시켜 방간에게 가서 타일러 말했다. '네가 난언(亂言)을 혹(惑)하여 듣고 동기(同氣)를 해치고자 꾀하니, 미치고 패악하기가 심하다. 네가 군사를 버리고 단기(單騎)로 대궐에 나오면 내가 장차 보전하겠다.'"

"용권(用權)이 회안대군과 군신(君臣)이 된다면 가합니다만, 그때에 전하의 공(功)이 사직(社稷)에 있었다는 것은 하늘과 사람이 모두 함께 아는 바입니다. 용권은 회안의 사사로운 분한(憤恨)을 따랐을 뿐 대의(大義)로써 중단시키려 노력한 것이 아니고, 따라서 패거리가 돼 난을 일으켰으니 그 죄악이 심합니다. 신 등은 지금까지[迄今] 알지 못했습니다."

상이 말했다.

"나의 마음도 그와 같을 뿐이다. 용권이 만약 옳다면 이래(李來)를 공신(功臣)으로 삼은 것은 잘못이다."

륜(崙)이 말했다.

"다만 서용(敍用)하지 않는 것이 좋겠습니다."

상이 말했다.

"그렇다."

정부에서 마침내 헌부(憲府)에 이문(移文)했다.

'전 전서(典書) 오용권(吳用權)은 지난 경진년에 역모(逆謀)에 참여해 부도(不道)한 말을 드러내놓고 말해 천륜(天倫)을 허물어뜨리고 사직(社稷)을 위태하게 하고자 꾀했으므로, 실로 대역(大逆)을 범했으니 마땅히 엄하게 징치(懲治)해 뒷사람을 경계해야 한다.'

이에 삼성(三省)에서 교좌(交坐)해 용권을 국문(鞫問)했다.

○ 박자청(朴子靑)·권희달(權希達)에게 명해 직(職)에 나아오게 하고 그 가노(家奴)들을 풀어주었다.

병오일(丙午日-7일)에 다시 진도군(珍島郡)을 육지(陸地)로 옮기고,

이어 목장(牧場)을 없앴다.

○ 호조에서 각사(各司)에 영사(令史)를 보내 공해전(公廨田)을 답험(踏驗-현장 점검)하는 것을 금지하도록 청하니, 그것을 따랐다.

무신일(戊申日-9일)에 이조 좌참의(左參議) 허조(許稠)를 평안도에 보내 산성(山城)을 깊이 살폈다[審察]. 상이 그에게 명해 말했다.

"하륜(河崙)이 일찍이 말하기를 '본국(本國) 사람들은 성(城)을 지키는 데 능하지 못하니, 만약 완급(緩急-긴급한 일)이 있을 때 오로지 평지(平地)의 성(城)으로 들어간다면 화통(火㷁)이나 화약(火藥)으로 쉽게 공격해 무너뜨리게 되니, 산의 험저(險阻-험난함)에 의지해 성보(城堡)를 쌓는 것만 같지 못합니다'라고 했다. 내가 민력(民力)을 쓰는 것을 무겁게 여겨 즉시 그대로 따르지 않았다. 돌이켜[反復] 깊이 생각하니, 이는 진실로 나라를 보호하는 좋은 방책이다. 그러나 무용(無用)한 곳에다 성(城)을 쌓는다면 민력(民力)을 헛되이 쓸[謾勞] 뿐이니, 네가 이에[其] 정밀하게 살펴보고 오라."

기유일(己酉日-10일)에 오용권(吳用權)을 서인(庶人)으로 폐하고 자원안치(自願安置)케 했다. 형조와 대간(臺諫)에서 소(疏)를 올려 용권(用權)의 죄를 청했는데, 대략 이러했다.

'신 등이 용권을 국문(鞫問)하니, 그 공초(供招)에 이르기를 "경진년 2월에 난역(亂逆)의 모의에 참여해 부도(不道)한 말을 늘어놓아서, 천륜(天倫)을 허물어뜨리고 사직(社稷)을 위태하게 하고자 도모한 것은 사실이다"라고 했습니다. 신 등이 『명률(明律-대명률)』을 상고하니, 십악(十惡)[8]을 범하면 수범(首犯)·종범(從犯)을 가리지 않고 모두 극형(極刑)에 처한다고 했습니다. 빌건대 용권의 죄를 율(律)에 의거해 밝게 바로잡아서[明正] 후래(後來)를 징계하소서.'

경술일(庚戌日-11일)에 형조(刑曹)와 대간(臺諫)에서 교장(交章)해 오용권(吳用權)의 죄를 청했다. 소(疏)는 이러했다.

'신 등이 듣건대, 하늘은 다움이 있는 자[有德]에게 명해 5복(五服)[9]으로 다섯 단계를 드러내고[五服五章], 하늘은 죄가 있는 자[有罪]를 쳐서 5형(五刑)[10]으로 다섯 단계를 쓴다[五刑五庸]고 했으니, 이것이 바로 명덕토죄(命德討罪)로 모두 다 하늘이 명한 바입니다. 순(舜)임금이 팔원팔개(八元八愷)[11]를 들어 올려[擧] 그들을 갖고서 천하(天下)를 다스리고 사흉(四凶)[12]을 제거해 천하가 모두 복종하게 된 것은, 그것이 천명(天命)을 따르고 인심(人心)에 부합한 때문입니다. 다움이 있는 이에게 명을 내리지 않고 죄가 있는 이를 치지 않는다

---

8 『대명률(大明律)』에 정한 열 가지의 큰 죄(罪)로, 곧 모반(謀反)·모대역(謀大逆)·모반(謀叛)·악역(惡逆)·부도(不道)·대불경(大不敬)·불효(不孝)·불목(不睦)·불의(不義)·내란(內亂)을 말하는데, 이 죄목들에 해당하면 사유(赦宥)에서 제외됐다.

9 천자(天子)·제후(諸侯)·경대부(卿大夫)·사(士)·서민(庶民)이 입는 다섯 가지 종류의 옷이다.

10 묵형(墨刑)·의형(劓刑)·월형(刖刑)·궁형(宮刑)·대벽(大辟)의 다섯 가지 종류의 형벌을 말한다.

11 8원(元)은 여덟 사람의 선(善)한 자인데, 고신씨(高辛氏)의 재자(才子)로서 백분(伯奮)·중감(仲堪)·숙헌(叔獻)·계중(季仲)·백호(伯虎)·중웅(仲熊)·숙표(叔豹)·계리(季貍)다. 8개(愷)는 여덟 사람의 화락(和樂)한 자인데, 고양씨(高陽氏)의 재자(才子)로서 창서(蒼舒)·퇴고(隤鼓)·도연(檮戭)·대림(大臨)·방강(尨降)·정견(庭堅)·중용(仲容)·숙달(叔達)이다.

12 순(舜)임금 때의 네 악인(惡人)인 공공(共工)·환도(驩兜)·삼묘(三苗)·곤(鯀)을 말한다.

면, 비록 요순(堯舜)이라 해도 능히 천하를 다스릴 수 없을 것입니다.

저 경진년에 회안(懷安)이 난(亂)을 꾸민 일[構亂之事]은 사람들의
눈과 귀에 똑똑히 남아 있어 (가릴래야) 가릴 수가 없습니다. 용권(用
權)이 그 휘하(麾下)에 있으면서 심복(心腹)이 된 지 오래됐습니다. 역
모(逆謀)에 참여해 듣고서 그 명령에 청종(聽從)해 몸소 태상전(太上
殿)에 나아가 크게 부도(不道)한 말을 늘어놓았는데[布揚], 하나같이
황당무계(荒唐無稽)하고 근거가 없는 일이었습니다.

옛날에 주공(周公)¹³이 섭정(攝政)할 때 삼숙(三叔)¹⁴이 유언비어를
퍼트렸습니다[流言]. 주공이 형제를 사랑하는 마음이 간절하지 않
은 바[不切]가 아니었으나 사은(私恩)으로써 천하의 공의(公義)를 폐
기할 수 없으므로 관숙(管叔)과 채숙(蔡叔)을 사형에 처했으니[致辟],
이는 빼어난 이[聖人]가 가볍고 무거움을 헤아려[權輕重] 마땅함을
얻은 것[得宜]으로서 만세(萬世)의 법입니다. (이 같은) 주공의 일로 보

---

13 이름은 단(旦)이고, 성은 희(姬)다. 숙단(叔旦)으로도 불린다. 서주(西周)를 세운 문왕(文
王)의 아들이자 무왕(武王)의 동생이다. 채읍(采邑)이 주(周)에 있었다. 무왕을 도와 주
(紂)를 쳐서 상(商)나라를 멸하고, 무왕의 아들 성왕(成王)을 도와 주나라 왕조의 기초를
확립했다. 무왕이 죽은 뒤 나이 어린 성왕이 제위에 오르자 섭정(攝政)이 됐다. 은족(殷
族)의 대표자 무경(武庚)과 녹부(祿夫), 자신의 형제들인 관숙(管叔)과 채숙(蔡叔) 등의 반
란을 진압한 다음 동방(東方)으로 원정해서 하남성 낙양(洛陽) 부근의 낙읍(洛邑, 성주(成
周))에 진(鎭)을 설치했다. 이후 은족을 회유하기 위해 은(殷)의 옛 땅에 주왕(紂王)의 이
복형 미자계(微子啓)를 봉해 송나라라 칭하고 아들 백금(伯禽)을 노(魯, 곡부(曲阜))나라에
봉하는 등, 주 왕실의 일족과 공신들을 중원(中原)의 요지에 배치해 다스리게 함으로써
주나라 초기에 대봉건제(大封建制)를 실시해 주나라 왕실의 기틀을 공고히 했다. 예악(禮
樂) 제도를 제정하고 제후(諸侯)를 봉하는 등 주나라를 강하게 만들었다. 죽은 뒤에 성
왕이 노나라에 천자의 예악(禮樂)을 하사해 그 다음에 보답했다. 저서에 『주례(周禮)』가
있다.
14 관숙(管叔)·채숙(蔡叔)·무경(武庚)을 가리킨다.

건대 회안이 삼숙(三叔)처럼 복주(伏誅)를 면하지 못한다고 하더라도 진실로 마땅한 것입니다. 그러나 전하께서는 너그럽고 어진 다움[寬仁之德]과 형제간에 우애하는 의리[友于之義]로써 일단은 그냥 두고서 논하지 않으시니, 신 등이 어찌 감히 다시 논청(論請)하겠습니까?

용권은 몸에 용서받지 못할 죄를 지고서 요행히 법의 그물[天網]을 빠져나와 지금까지[迨今-迄今] 15년이 되도록 머리를 보존할 수 있었습니다. 이제 신 등이 공동으로 조사해[同坐] 그 사람을 국문(鞫問)하자 자복(自服)하고, 감히 숨기거나 피하지[隱諱] 못했습니다. 신 등이 가만히 생각건대, 율(律)에서 비록 평인(平人)에게라도 그 무고(誣告)한 정상이 이미 드러나면 반드시 반좌(反坐)하는 법전(法典)이 있는데, 하물며 용권의 죄는 수많은 평인의 죄보다 갑절이나 되는 것이겠습니까? 이제 전하께서 용권을 폐해 서인(庶人)을 만들어 자원안치(自願安置)시켰으나, 신 등은 죄가 무겁고 벌이 가벼우면 상전(常典-일정한 도리)에 어그러짐이 있을까 몹시 두렵습니다. 바라건대 『명률(明律)』의 대역조(大逆條)에 의거해 밝게 바로잡아 시행하소서.'

답하지 않았다[不報].

○ 일본 대마도(對馬島) 화전포(花田浦) 천호(千戶) 표온시라(表溫時羅)가 와서 토산물을 바쳤다.

○ 병조판서 김승주(金承霔)가 짐승을 사냥해 잡아서 납제(臘祭)에 공상(供上)할 것을 청했다. 아뢰어 말했다.

"납향(臘享)[15]이 가까우니, 청컨대 군사를 보내 사냥 가게 하소서."

---

15 납일(臘日)에 한 해 동안 이룬 농사와 그 밖의 일들을 여러 신(神)에게 고하는 제사다. 납

상이 예문(禮文)을 들어 말했다.

"납(臘)이란 엽(獵-사냥)이다. 짐승을 사냥해 잡아서 제사(祭祀)에 이바지하기 때문에 이름을 납(臘)이라 한 것이다. 그러나 춘추 강무(春秋講武) 때 짐승을 종묘(宗廟)에 바치고 희생(犧牲)이 있으니, 어찌 반드시 짐승을 잡아서 변두(籩豆-제기)를 채우겠느냐?"

명하여 금후로는 종묘에 천신(薦新)하는 제물은 모름지기 그달의 절기(節氣)에 미쳐 바치도록 했다.

○ 헌부(憲府)에서 전 판상주목사(判尙州牧事-상주목 판사) 이유(李愉)가 여름철에 제방을 터뜨려서 물고기를 잡아 젓갈[醢]을 만들어서 싸고 꾸려[包苴-苞苴]¹⁶ 권귀(權貴-권세가)를 섬긴 죄를 청했다.
_해
_{포저   포저}

상이 말했다.

"유(愉)가 이와 같다면 진실로 논죄하는 것이 마땅하지만, 내가 털끝만 한 조그만 죄를 풍문(風聞)으로 들춰내기를 싫어한 지가 오래다. 헌부(憲府)에서는 이를 어디에서 알았느냐?"

○ 각 도의 선장(膳狀)¹⁷에 후지(厚紙-두터운 종이)를 쓰는 것을 금(禁)했다.

평제(臘平祭), 팔사(八蜡), 사(蜡)라고도 한다. 납일은 납향(臘享)을 지내는 날로서 동지(冬至) 후 셋째 술일(戌日)이었는데, 조선 태조(太祖) 이후부터 동지 후 셋째 미일(未日)로 정해 종묘(宗廟)와 사직(社稷)에서 대제(大祭)를 지냈다.

16 포저(苞苴)란 말이 곧 뇌물이다.

17 각 도에서 망전(望前)·망후(望後)에 진상(進上)할 때 월선(月膳)의 물목(物目)을 적은 종이다. 원래 사옹방(司饔房)의 내수(內竪)에게 바쳤으나, 세종(世宗) 원년에 승정원(承政院)에 바치도록 했다.

이조판서 한상경(韓尙敬)이 아뢰어 말했다.

"관교(官敎)의 용지(用紙)가 지나치게 두터우니 청컨대 박지(薄紙-얇은 종이)를 쓰소서."

상이 말했다.

"이는 여러 대에 걸쳐 지켜온[世守] 물건이니 마땅히 후지를 써야 겠지만, 각 도 선장에 후지를 쓰는 것은 실로 낭비가 되니 이제부터 상지(常紙) 반 폭(幅)을 쓰는 것이 마땅하다. 단지[第] 내가 인색하다 는 말을 들을까 두려운데, 그러나 내가 보는 것이 아니고 그저[特] 시인(寺人-각시의 사람)이 보는 것이라면 어찌 반드시 후지를 쓰겠 느냐?"

○ 오용권(吳用權)을 고성현(固城縣)에 안치(安置)했다. 상이 육조(六曹)와 대언(代言) 등에게 일러 말했다.

"용권(用權)이 비록 회안(懷安)에게 붙었으나[附], 그때 여러 공후(公侯)는 모두 사병(私兵)을 길렀으니 용권의 죄가 어찌 대역(大逆)에 이르겠느냐? 한(漢)나라 고조(高祖)가 정공(丁公)[18]을 베고 계포(季布)[19]에게 상(賞)을 내린 것은 실로 만세의 미담(美談)이다. 마땅히 목숨을 보존하고 폐(廢)해 서인(庶人)으로 만들어서 원방(遠方)에 안치(安置)하는 것이 좋겠다."

---

18 초(楚)나라 항우(項羽)의 부장(部將)이다. 계포(季布)의 모제(母弟)로서 싸움터에서 한(漢) 나라의 고조(高祖)를 살려주었으나, 항우가 멸망한 후 고조를 알현하자 고조는 그의 불 충(不忠)한 죄를 물어 도리어 참(斬)했다.

19 초(楚)나라 항우(項羽)의 부장(部將)이다. 한(漢)나라 고조(高祖)를 여러 번 싸움터에서 곤궁하게 만들었는데, 항우가 멸망한 뒤에 고조는 도리어 그 충성을 포상(褒賞)하고 벼 슬을 주었다.

신해일(辛亥日-12일)에 상이 인덕궁(仁德宮)에 나아가 술자리를 마련하고 격구(擊毬)를 하며 지극히 즐겼는데, 모두 일어나 춤을 추었고 세자와 종친들이 참여했다. 환궁(還宮)할 때 가전(駕前)에서 신정(申呈-호소)한 것이 60여 건이었는데, 모두 변정(辨正)해 이미 판결한 사건이었다. 육조(六曹)에 내려 분간(分揀)하라고 명했다. 상이 말했다.

"이제 육조(六曹)에 분송(分送)한 신정 고장(申呈告狀) 안에 변정도감(辨正都監)에서 문서(文書)를 태워버려서 빙고(憑考)할 길이 없는 사건은, 논죄를 없애고 모두 퇴장(退狀)하라. 이 같은 사건을 가전(駕前)이나 격고(擊鼓-신문고를 침)하여 신정하는 것은 모두 금지하도록 하라."

임자일(壬子日-13일)에 형조와 대간(臺諫)에서 오용권(吳用權)의 죄를 다시 청했다. 아뢰어 말했다.

"용권(用權)은 죄는 무거운데 벌은 가벼워 신 등이 소(疏)를 올려 굳게 청했으나 유윤(兪允)을 받지 못했습니다. 상교(上敎)가 어떠한지를 알지 못하겠습니다."

대언(代言) 한상덕(韓尙德)이 말했다.

"내지(內旨-임금의 사사로운 명령)가 있었는데, 용권의 죄를 다시 청하는 자가 있어도 아뢰지 말라고 하셨습니다."

형조 참의(參議) 권우(權遇), 사헌 장령(掌令) 하연(河演) 등이 다시 청해 말했다.

"용권의 죄는 심히 큰데 가벼운 형전(刑典)을 가하고, 신 등에게 하교(下敎)하시기를 '옛날 계포(季布)는 항우(項羽)를 위해 고조(高祖)를 해치고자 했으나 고조는 즉위해 그 죄를 용서하고 이를 등용하니, 후세에서 그 뛰어남[其賢]을 칭찬했다. 용권의 일은 계포에 지나지 않을 뿐이다'라고 하셨습니다. 신 등이 생각건대 유방(劉邦)과 항우(項羽)는 양립(兩立)해 군신(君臣)이 정해지지 않았기 때문에 사람들이 각각 그 주인을 섬겼으니 계포의 일은 마땅하나, 사직(社稷)을 위태롭도록 도모해 천륜(天倫)을 해치고자 한 일은 계포와는 다릅니다. 그러므로 신 등이 전일에 소(疏)를 올려 주공(周公)이 관숙(管叔)·채숙(蔡叔)을 복주(伏誅)한 일을 증거로 들었던 것입니다. 바라건대 전하께서는 이를 모범으로 삼아 전형(典刑)을 밝게 바로잡아야 할 것입니다."

유사눌(柳思訥)이 말했다.

"상께서 신 등에게 명해, 다시 들어와 아뢰지 말라고 하셨습니다."

연(演)이 말했다.

"하정(下情)이 상달(上達)될 수 없다면 될 일이겠습니까?"

오랫동안 서 있다가 해가 저물어서야 물러갔다, 이튿날 또 아뢰었다.

"신 등이 역적(逆賊) 용권을 국문(鞫問)하니 종묘(宗廟)·사직(社稷)을 위태롭도록 도모한 죄를 자복(自服)했습니다. 엎드려 바라건대 전하께서는 율에 의거해 죄를 부과함으로써 나라의 법을 바로잡으소서."

상이 말했다.

"경진년의 변란(變亂)에 참여한 자가 어찌 오로지 이 사람뿐이겠느냐?"

끝내 윤허하지 않았다. 대간과 형조에서 사직(辭職)했다.

"신 등이 모두 부재(不才)한 몸으로 성은(聖恩)을 외람되이 입어 [叨荷] 직책(職責)이 언관(言官)에 있으나, 그 직책에 어울리지 못해 [不稱] 전하의 사람을 알아보는 눈 밝음[知人之明]에 누(累)가 될까 마음으로 부끄럽습니다. 엎드려 바라건대, 다시 뛰어난 인재[賢才]를 골라 신 등의 직책을 대신하게 하소서."

상이 승정원에 뜻을 전해 말했다.

"세 번 간언해 들어주지 않으면 물러가는 것이 옛날의 법도였다. 이제 삼성(三省)에서 이미 사직서를 올렸으니, 경성(京城)에 머물지 못하게 하고 각각 향곡(鄕曲)에 돌아가게 하라."

승정원에서 삼성(三省)의 도리(都吏)를 보내 상지(上旨)를 전하니, 삼성에서 모두 황공하고 두려워했다. 하륜(河崙)이 아뢰어 말했다.

"상께서 오용권을 너그러이 용납하시니 어짊이 지극합니다. 그러나 법(法)을 맡은 신하들이 소를 올려 극형(極刑)을 청하는 것 또한 지나치다고는 할 수 없습니다."

육조 판서(六曹判書) 등도 청했다.

"형조(刑曹)와 헌부(憲府)와 간신(諫臣)은 하루라도 비우거나 폐할 수 없으니, 청컨대 도로 직에 나아오게 하소서."

그것을 따랐다.

계축일(癸丑日·14일)에 취각령(吹角令)을 거듭 엄하게 했다[申]. 상이 말했다.

"취각할 때 모이는 법령을 상호군(上護軍)·대호군(大護軍)부터 삼군 갑사(三軍甲士)·내금위(內禁衛)·별시위(別侍衛)·별패(別牌)·외패

(外牌)까지 아울러 모두 베껴서 시간 날 때마다[時常] 항상 습독(習
讀)하게 하라."

갑인일(甲寅日-15일)에 일본 일기주(一岐州) 상만호(上萬戶)가 사송
(使送)한 객인(客人)이 와서 토산물을 바쳤다.
○ 전 개성 유후사 부유후(開城留後司副留後) 우홍부(禹洪富, ?~
1414년)[20]가 졸(卒)했다.

을묘일(乙卯日-16일)에 비가 내렸다. 자시(子時) 초에 월식(月蝕)하니,
상이 백의(白衣) 차림으로 구식(救蝕)[21]했다. 상이 대언(代言) 등에게
일러 말했다.
"애초에 변정도감(辨正都監)을 설치했을 때는 간혹[容-或] 비난하
는 자가 있었는데, 이제 이미 판결(判決)을 끝냈으나 원망이 그치지

---

20 아버지는 단양백(丹陽伯) 우현보(禹玄寶)이다. 문음(門蔭)으로 입사해 1382년(우왕 8년)
  장복서령(掌服署令)으로 예부시(禮部試)에 급제했다. 1392년(공양왕 4년) 6월 전의감부령
  (典醫監副令) 재직 중에 이성계(李成桂) 일파의 구신(舊臣) 제거와 관련돼 관직을 삭탈당
  하고 원방에 유배하도록 결정됐다. 1392년(태조 1년) 7월 고려 구신에 대한 재논죄와 함
  께 직첩을 몰수당하고 결장(決杖) 후 원방에 유배됐다가 곧 방면됐으며, 1398년(태조
  7년) 윤5월 직첩(職牒)을 환급받았다. 1400년(정종 2년) 1월 회안군(懷安君) 방간의 처질
  판교서감사(判校書監事) 이래(李來)가 우홍부의 아버지 우현보에게 회안군이 정안군(靖安
  君)을 제거하려 한다고 하자, 이를 전해 듣고 정안군에게 고변했다. 이 공로로 이해 11월,
  특별히 개성유후사부유후(開城留後司副留後)에 서용됐다. 1412년(태종 12년) 이방간의 난
  에 대한 공로가 다시 논의돼 원종공신(原從功臣)에 추록되고 예안군(禮安君)에 봉군됐다.
  1413년 왕거을오미(王巨乙吾未) 사건에 관련돼 고신(告身)을 몰수당했으나, 이듬해 태종의
  특은으로 고신을 환급받은 뒤 죽었다.
21 일식(日食)이나 월식(月食)이 있을 때 임금이 각사(各司)의 당상관(堂上官)과 낭관(郎官)을
  거느리고 해나 달이 복원(復圓)할 때까지 기도드리는 일을 말한다.

않고 신정(申呈)하는 자가 많다. 지금 기후(氣候)가 순조롭지 못하니, 어찌 원기(怨氣)의 소치로 그렇지 않겠느냐? 또 쟁송(爭訟)이 어떻게 하면 그치겠느냐?"

대언(代言) 유사눌(柳思訥)·조말생(趙末生) 등이 대답했다.

"도관(都官)에서 오결(誤決)한 자가 있으면 헌사(憲司)에 호소하고, 헌사에서 만약 또 오결하면 바로 와서 격고(擊鼓)해 신정하게 하되, 수속(收贖)을 없애고 결벌(決罰)하며 아울러 송첩(訟牒)을 쓴 자도 범인과 죄주기를 같이한다면 거의 쟁송(爭訟)이 중지될 것입니다."

상이 그렇다고 여겼다.

○ 세자와 종친들에게 명해 청평군(淸平君) 이백강(李伯剛)에게 연회(宴會)해 위로하게 했으니, 백강(伯剛)이 아비의 상제(喪制)를 끝마쳤기 때문이다.

병진일(丙辰日-17일)에 부녀자(婦女子)는 입모(笠帽-갈모)를 드리우게 하고 부채[扇子]를 휴대하는 것을 금지하라고 명했다. 이에 앞서 부
　　　　　　　선자
녀자들이 입모의 전첨(前簷)[22]을 말아 올린 채 부채를 갖고서 얼굴을 가렸으므로[障面], 이때에 이르러 이를 드리워서 그 얼굴을 감싸서
　　　　 장면
가리도록[擁蔽] 명한 것이다.
　　　　 옹폐

○ 수참간(水站干)을 고쳐 수부(水夫)라고 했다.

과천(果川) 흑석(黑石)부터 충주(忠州) 금천(金遷)까지의 수참간들

22　앞에 드리워서 얼굴을 가리는 것이다.

이 고장(告狀)했다.

'모등(某等)은 본래 양인(良人)에 해당하나 물가[水邊]에 살기 때문에 수참간에 속해 배를 끌어[挽舟] 조운(漕運)하고 있는데, 후세에 양천(良賤)을 분변할 수 없는 자나 비첩(婢妾) 소생으로 사재감 수군(司宰監水軍)에 채워지는 자와 뒤섞여 자손의 벼슬길[仕路-宦路]이 막힐까 실로 두렵습니다. 바라건대 사재감에 속한 수군으로 하여금 수참(水站)의 역(役)을 대신시키고, 모등(某等)은 양역(良役)에 이속(移屬)시켜주소서.'

명해 말했다.

"사재감 수군과 구별해 수부(水夫)라고 부르는 것이 마땅하다."

무오일(戊午日-19일)에 대소인원(大小人員)의 자기비첩 소산(所産)의 경우 아비가 죽은 뒤에는 사재감 수군(司宰監水軍)에 속하게 하라고 명했다.

기미일(己未日-20일)에 금천군(錦川君) 박은(朴訔)과 도총제(都摠制) 박자청(朴子靑) 등이 글을 올렸다. 애초에 청성군(淸城君) 정탁(鄭擢)과 계성군(雞城君) 이래(李來) 등이 (자신들은) 평장사(平章事) 박송비(朴松庇, ?~1278년)[23]의 후손이라 칭하고, (이에) 영해부 호장(寧海府戶

---

23 1258년(고종 45년)에 장군으로서 대사성 유경(柳璥), 별장 김준(金俊-김인준(金仁俊)) 등과 함께 최의(崔竩)를 살해해서 최씨 무신정권을 타도하고 정권을 왕에게 돌렸는데, 그 공으로 대장군이 되고 뒤이어 위사공신(衛社功臣)이 됐다. 1259년에 박송비의 공으로 내향(內鄕)인 예주(禮州)를 덕원소도호부(德原小都護府)로 승격시키고 다시 예주목(禮州牧)으로

長) 황단유(黃丹儒)의 후손이라고 일컫는 박은(朴븝) 및 박자청(朴子靑) 등과 변정도감(辨正都監)에 노비를 소송했다. 탁(擢) 등은 구적(舊籍)을 바치지 못했고, 은(븝) 등은 비록 바치기는 했으나 역시 적실(的實)하지 못했는데, 도감(都監)에서는 다만 역사(役使)를 이미 오래 했다고 해 은 등에게 결급(決給)했다. 이에 탁 등이 말씀을 올렸다.

"법에 의거해 논한다면 모두 역사(役使)하는 것이 마땅하지 않으며, 다만 마땅히 속공(屬公)해야 합니다. 만약 한년(限年) 이전에 양쪽이 잇달아 소송한 것으로 논한다면 중분(中分)의 예(例)에 두는 것이 마땅하고, 온전히 한쪽에 주는 것은 마땅하지 않습니다."

상이 마침내 뜻을 내려 말했다.

"원고(元告) 박송비의 후손은 전계(傳係)한 명문(明文)이 없고 피고[隻] 황단유(黃丹儒)의 후손은 수교(受敎)한 한일(限日) 안에 문자(文字)를 바치지 않았는데, 도감(都監)에서 마침내 황단유의 후손에게 결급(決給)한 것은 실로 부당하다. 이 노비들을 일체 모두 속공(屬公)하도록 하라."

이때에 이르러 은(븝) 등이 글을 올려 힘써 노비의 근각(根脚)[24]을 변명하고, 또 탁(擢)과 래(來)가 천총(天聰-임금의 귀 밝음)을 기망하고 있다고 말했다. 상이 이를 읽어보고 대언(代言)에 명해 그 글을

승격시켰다. 1262년(원종 3년)에 공신당(功臣堂)을 다시 지을 때 벽에 도형됐으며, 그해 동지추밀원사 우산기상시(同知樞密院事右散騎常侍)가 됐다. 1263년에 수사공 태자소부 좌복야(守司空太子少傅左僕射)가 됐고 1278년(충렬왕 4년)에 참지정사(參知政事)에 이르러 별세했다.

24 일종의 신원 조사서다.

봉(封)해 궁중에 머물러 둔 채 내려주지 않고, 다만 양쪽에서 만들어 신정(申呈)한 단목(單目)을 대간(臺諫)과 형조(刑曹)에 내려 시비를 조사해 밝히게 했다. 대간과 형조에서 안핵(按覈)한 다음 말씀을 올렸다.

"황단유와 박송비 후손들의 노비 사건은 양쪽 모두 역사(役使)하는 것이 마땅치 못하니, 그대로 속공하는 것이 마땅합니다."

그것을 따랐다. 헌사(憲司)에서 변정도감 제조(提調) 여천군(驪川君) 민여익(閔汝翼)과 도청사(都廳使) 판전사시사(判典祀寺事) 목진공(睦進恭) 및 방장(房掌) 판군자감사(判軍資監事) 원숙(元肅) 등이 오결(誤決)한 죄를 청하니, 여익(汝翼)은 공신(功臣)이라 하여, 진공(進恭)은 원종공신(原從功臣)이라 하여 죄를 면했고 숙(肅)은 의금부에 내려져 장(杖) 80대를 속(贖) 받았다. 대간과 형조에서 교좌(交坐)해 황단유와 박송비의 후손들이 노비를 쟁송(爭訟)한 문적(文籍)을 모조리 불태워버렸다.[25]

○ 사헌부에서 소를 올려 진주목사(晉州牧使) 민약손(閔若孫)의 죄를 청했으니, 탐오(貪汚)하고 불법(不法)을 저질렀기 때문이다. 경상도 도관찰사도 말씀을 올려 (민약손의) 일 처리가 가혹해 백성이 소요(騷擾)한다고 했으나, 궁중에 머물러 두고 (유사에) 내리지 않았다.

○ 도안무사(都安撫使)를 여러 도(道)에 나눠 보냈다. 상이 말했다.

"감사와 수령(守令)이 사무가 번잡함으로 말미암아 그 제언(堤堰)을 쌓고 뽕나무를 심는 일에 있어[其於] 혹 마음을 다하지[專心] 않
기어   전심

을 수도 있다. 마땅히 농상(農桑)의 일에 밝은 자를 보내 오로지 농상을 권과(勸課)하도록 하라."

드디어 우희열(禹希烈, 1354~1420년)[26]을 경기(京畿)·충청도에, 이은(李殷)을 전라도·경상도에, 한옹(韓雍)을 풍해도·평안도에 보냈다. 예조에서 계문(啓聞)해 희열(希烈) 등을 권과농상사(勸課農桑使)로 칭할 것을 청하니 상이 말했다.

"감사가 이미 이러한 직임을 맡고 있으니, 도안무사(都安撫使)라고 칭하는 것이 마땅할 것이다."

호조판서 박신(朴信)이 말씀을 올렸다.

"도안무사(都安撫使)의 행차에 왕지(王旨)를 내려줘 경내에 들어가 선포(宣布)한다면, 모든 백성이 전하께서 백성을 근심해 도안무사를 파견한 뜻을 알 수 있을 것입니다."

그것을 따랐다. 사헌부에서 소(疏)를 올려 이를 만류했으나 재가를 얻지 못했다.

경신일(庚申日-21일)에 골간올적합(骨看兀狄哈) 등이 와서 토산물을

---

26 음서(蔭敍)로 관직에 나아갔다. 1408년(태종 8년)에 민무구(閔無咎) 사건에 관련돼 하옥되기도 했으나 곧 풀려났으며, 이듬해 3월에는 제언(堤堰) 수축을 통한 수리의 개발을 주장해 태종대의 수리 시설 확장 사업에 중심적인 역할을 했다. 1413년에는 충청도 도관찰사의 직임을 띠고서 조운(漕運)의 편의를 위해 시도된 태안반도 운하 개통 사업, 즉 축제(築堤) 사업을 주관했다. 그 이듬해에는 경기·충청 양도의 권과농상사(勸課農桑使)로 나가 제언수축과 식상(植桑)의 일을 권장했다. 1415년에 다시 충청도관찰사, 같은 해 말에 경기도관찰사에 이어 판광주목사(判廣州牧事)가 됐다. 1418년 판청주목사로 있을 때, 전국 각지에 제방과 관개 시설의 목록을 갖춰 매년 수치하게 하고 경차관을 보내어 감독하게 하자는 건의를 올려 이를 실현시켰다. 김제 벽골제(碧骨堤), 부평 수용제(水桶堤) 등의 수축에 큰 공을 세웠으며, 농업 전문가로서의 활약이 컸다.

바쳤다.

○ 각 도 별패(別牌)[27]의 액수(額數-정원수)를 정했다. 경기는 350명, 충청도는 700명, 전라도·영길도·강원도는 각각 450명씩이고 상주진주도(尙州晉州道)는 400명, 경주안동도(慶州安東道)는 400명, 풍해도·평안도는 각각 400명이었으니 아울러 4,000명이었다.

○ (일본) 구주도원수(九州都元帥) 우무위(右武衛) 원도진(源道鎭)이 사람을 시켜 예물(禮物)을 바치고 『대반야경(大般若經)』을 구했고, 축주(筑州) 등원만진(藤源滿眞)이 사람을 시켜 예물을 바치고 백은(白銀)을 구했다.

갑자일(甲子日-25일)에 각사(各司)의 종에게 명해 장빙(藏氷)[28]하게 함으로써 경기 백성[圻民]의 역(役)을 대신시켰다.
                              기민

○ 사헌부에서 박은(朴訔)·박자청(朴子靑)·정탁(鄭擢)·이래(李來) 등의 죄를 청했으니, 이유는 실상과 맞지 않는[不實] 소송 사건으로
                                                불실
두세 번 신문(申聞)했기 때문이다. 회답하지 않았다.

○ 뜻을 내려 경기의 6군(郡)에 새로 소속시킨 녹전(祿轉)을 충청도·전라도·경상도 3도(道)에 옮겨 속하게 했다.

을축일(乙丑日-26일)에 전 경승부 윤(敬承府尹) 윤규(尹珪, 1365~1414년)가 졸(卒)했다. 규(珪)는 (경기도) 파평(坡平) 사람으로, 판도판

---

27 조선 초기에, 병종(兵種) 가운데 중앙에 번(番)을 들러 올라오는 지방의 장정을 가리킨다.
28 얼음을 떼어내 빙고(氷庫)에 갈무리하는 것을 말한다.

서(版圖判書) 승례(承禮)의 아들이다.[29] 성품이 침착하고 조용했으며 [沈靜] 용모가 크고 건장했다[魁偉]. 홍무(洪武) 계해년에 병과(丙科)에 급제해 여러 관직을 거쳐 정언(正言)에 이르렀다. 이때부터 육조(六曹)·대간(臺諫)을 두루 거쳤으며, 예서(隸書)와 초서(草書)를 잘 썼으므로 항상 상서사(尙瑞司)의 직임을 띠었다. 상이 동년급제(同年及第)라고 해 두텁게 대우했으니, 일찍이 지신사(知申事) 황희(黃喜)에게 일러 말했다.

"규는 후설(喉舌-대언)을 맡길 만하다. 대언(代言)에 자리가 비게 되면 반드시 규로 채워 넣겠다."

기축년(己丑年-1409년)에 병조참의(兵曹參議)를 거쳐 우부대언(右副代言)에 임명됐고, 얼마 뒤에 계모(繼母)의 상(喪)을 당했다[丁當]. 복(服)을 마치고[服闋] 다시 좌부대언(左副代言)이 됐다가 이조참의(吏曹參議)로 옮겼다. 계사년(癸巳年-1413년)에 경승부 윤으로 승진했으나 병으로 졸(卒)하니, 나이 50세였다. 상이 중사(中使-환관)를 보내 조문(弔問)하고 제사(祭祀)를 내려주었으며, 치부(致賻)하고 곽(槨-덧널)을 내려주었다. 아들은 환(煥)·형(炯)·희(熺)다.

병인일(丙寅日-27일)에 수성(水星)이 금성(金星)을 범했다.

○ 박은(朴訔)·정탁(鄭擢) 등에게 직에 나아오라[就職]고 명했다.

정묘일(丁卯日-28일)에 각사(各司)에서 공사(公事)를 봉행(奉行)하는

---

29 윤규의 동생 윤번(尹璠-尹磻)이 바로 세조의 부인 정희왕후 윤씨의 아버지다.

데 오래 지체하는 자를 고찰하라고 명했다. 뜻을 내렸다.

"각사에서 공사(公事)를 행이(行移)하기를 그 일의 어렵고 쉬움에 따라 혹은 3일 안에, 혹은 10일 안에 봉행하게 하고, 제대로 봉행하지 못하는 원리(員吏)는 율(律)에 의거해 죄를 논하라. 그 사이에 어쩔 수 없어서 봉행하지 못 하는 일은 분간(分揀)해 아뢰도록 하라."

무진일(戊辰日·29일)에 광연루(廣延樓) 아래에 나아가 종친(宗親)들을 모아 격구(擊毬)를 했다.

庚子朔 禁擅自騸馬. 騸 割勢也. 從兵曹之請也.
경자 삭 금 천자 선마 선 할세 야 종 병조 지청 야

辛丑 冬至. 上奉上王置酒廣延樓下 仍賜群臣宴于敦化門內.
신축 동지 상봉 상왕 치주 광연루 하 잉사 군신 연 우 돈화문 내

宴罷 群臣欲謝恩 俱入殿庭 摠制權希達被酒 顧見諸曹參議班序
연파 군신 욕 사은 구입 전정 총제 권희달 피주 고견 제조 참의 반서

太近 呼錄事告禮曹. 朴子靑聞而禁之 希達怒辱之 子靑亦使酒
태근 호 녹사 고 예조 박자청 문이 금지 희달 노 욕지 자청 역 사주

厲聲罵希達欲歐之 希達遜辭跪謝 子靑乃止. 觀者笑曰: "子靑之狂
여성 매 희달 욕 구지 희달 손사 궤사 자청 내지 관자 소왈 자청 지 광

反過希達." 翼日 司諫院上疏曰:
반 과 희달 익일 사간원 상소 왈

'宰相 人主之股肱 朝廷之儀表 不可不愼重也. 子靑 希達班立
재상 인주 지 고굉 조정 지 의표 불가 불 신중 야 자청 희달 반립

殿庭 私相發憤 始則高聲相詰 終則扶執罵辱 其不畏朝綱 慢法毁禮
전정 사상 발분 시즉 고성 상힐 종즉 부집 매욕 기 불외 조강 만법 훼례

甚矣. 請下攸司治罪 以正朝廷.'
심의 청하 유사 치죄 이정 조정

上以二人性本狂暴 不足加罪 只命囚家奴各十名于義禁府. 憲司
상 이 이인 성 본 광포 부족 가죄 지명 수 가노 각 십명 우 의금부 헌사

亦疏請 不聽.
역 소청 불청

黃喜啓: "中國諸路奉表者 集于會同館 自館至禮部 自禮部至
황희 계 중국 제로 봉표 자 집우 회동관 자 관 지 예부 자 예부 지

闕門 時皆作樂. 我朝陪箋至敦化門 乃作樂 請依中國之制 自禮曹
궐문 시개 작악 아조 배전 지 돈화문 내 작악 청의 중국 지 제 자 예조

至闕作樂." 從之.
지 궐 작악 종지

壬寅 囚判典祀寺事睦進恭 注簿金泮于義禁府. 初 禮曹下帖于
임인 수 판 전사시 사 목진공 주부 김반 우 의금부 초 예조 하첩 우

典祀 令送寺奴婢之爲木工者 泮還其帖于禮曹詰之. 憲府聞之 贖
전사 영송 사노비 지위 목공 자 반환 기첩 우 예조 힐지 헌부 문지 속

禮曹令史. 判書黃喜啓以下官陵漫 故因之 五日而釋之.
_{예조 영사 판서 황희 계이 하관 능만 고 수지 오일 이 석지}

刑曹上決訟事宜: '一 各司分送新呈告狀內 盲人獨女隻在外方者
_{형조 상 결송 사의 일 각사 분송 신정 고장 내 맹인 독녀 척재 외방 자}

勿令移送. 一 各司行首相避及官員己身對訟事外 勿令移送. 一 今
_{물령 이송 일 각사 행수 상피 급 관원 기신 대 송사 외 물령 이송 일 금}

各司誤決事 許令憲司分揀 誤決及妄告者 依敎論罪 禁擊鼓新呈.'
_{각사 오결 사 허령 헌사 분간 오결 급 망고 자 의교 논죄 금 격고 신정}

從之.
_{종지}

癸卯 罷軍器副正崔海山 判官梁淮 直長孫君達 錄事尹謹職. 初
_{계묘 파 군기 부정 최해산 판관 양회 직장 손군달 녹사 윤근 직 초}

命海山監造中國鏡幡甲 將以分送各道 海山不自監造故也. 本監
_{명 해산 감조 중국 경번갑 장 이 분송 각도 해산 부자 감조 고야 본감}

曾以豆豆味甲八部 別鐵甲三部爲月課 命止之 命作鎖子甲三部.
_{증 이 두두미갑 팔부 별철갑 삼부 위 월과 명 지지 명작 쇄자갑 삼부}

且命兵曹曰: "各道月課甲 依贈送見樣 堅緻造作 其中不如法者
_{차 명 병조 왈 각도 월과 갑 의 증송 견양 견치 조작 기중 불여 법 자}

罪之." 上曰: "以皮貫甲經數年則斷絶 又令修補 其弊無窮. 且催納
_{죄지 상왈 이피 관갑 경 수년 즉 단절 우 영 수보 기폐 무궁 차 최납}

鹿皮 其數不少. 予思之 以鐵貫之則不朽而堅 弊隨除矣." 上又曰:
_{녹피 기수 불소 여 사지 이철 관지 즉 불후 이견 폐수제의 상 우왈}

"今冬至各道所進鐵甲 尙用皮編貫 實爲不當. 自後方物亦從見樣
_{금 동지 각도 소진 철갑 상용 피 편관 실위 부당 자후 방물 역 종 견양}

造進."
_{조진}

甲辰 以江原道都觀察使李安愚 豐海道都觀察使李潑皆兼本道
_{갑진 이 강원도 도관찰사 이안우 풍해도 도관찰사 이발 개 겸 본도}

兵馬都節制使.
_{병마도절제사}

乙巳 御便殿 引見河崙 南在 李叔蕃. 上曰: "庚辰年 吳用權以
_{을사 어 편전 인견 하륜 남재 이숙번 상왈 경진년 오용권 이}

懷安之言 數予罪告太祖曰: '不顧父王與兄而謀亂 故擧兵討之.'
_{회안 지 언 수 여죄 고 태조 왈 불고 부왕 여 형 이 모란 고 거병 토지}

俄而起兵. 近吏曹屢薦用權 若此人者 亦可用歟?" 僉曰: "用權於
_{아이 기병 근 이조 누천 용권 약차 인 자 역 가용 여 첨왈 용권 어}

懷安爲君臣則可矣. 當其時 殿下功在社稷 天人所共知 用權徇
_{회안 위 군신 즉 가의 당 기시 전하 공재 사직 천인 소공지 용권 순}

懷安私憤 不以大義救止 又從而黨亂 其惡甚矣. 臣等迄今未知." 上
_{회안 사분 불이 대의 구지 우 종이 당란 기악 심의 신등 흘금 미지 상}

日: "予之心亦若是耳. 用權若是則以李來爲功臣非也." 崙曰: "止
왈　　여지심 역약시 이　용권 약시 즉이 이래 위 공신 비야　륜왈　지

不敍用可也." 上曰: "然." 政府乃移文憲府曰: "前典書吳用權去
불 서용 가야　상왈　연　정부 내 이문 헌부 왈　전 전서 오용권 거

庚辰年 參與逆謀 揚說不道之言 欲毁天倫 謀危社稷 實爲大逆 宜
경진년 참여 역모 양설 부도지언 욕훼 천륜 모위 사직 실위 대역 의

痛懲戒後." 於是 三省交坐 鞫問用權.
통 징계 후　어시 삼성 교좌 국문 용권

命朴子靑 權希達就職 釋其家奴.
명 박자청 권희달 취직 석 기 가노

丙午 復移珍島郡于陸地 仍罷牧場.
병오 부이 진도군 우 육지 잉 파 목장

戶曹請禁各司遣令史踏驗公廨田 從之.
호조 청금 각사 견 영사 답험 공해전　종지

戊申 遣吏曹左參議許稠于平安道 審察山城. 上命之曰: "河崙
무신 견 이조 좌참의 허조 우 평안도 심찰 산성　상 명지 왈　하륜

嘗言: '本國之人 不能守城. 如有緩急 苟入平地之城 則火熥火藥
상언　본국 지인 불능 수성　여유 완급 구입 평지지성 즉 화통 화약

易以攻破 不若因山之險築城堡.' 予重用民力 不卽從之 反復深思
이이 공파 불약 인 산지험 축 성보　여 중용 민력 부즉 종지 반복 심사

此誠保國之長策. 然後城於無用之處 則護勞民力而已 爾其精察
차성 보국지 장책　연후 성 어 무용 지처 즉 만로 민력 이이 이기 정찰

以來."
이래

己酉 廢吳用權爲庶人① 自願安置. 刑曹 臺諫上疏 請用權之罪
기유 폐 오용권 위 서인　자원안치　형조 대간 상소 청 용권 지죄

略曰:
약왈

'臣等鞫問用權 其供招云: "庚辰二月 參謀亂逆 布揚不道之言
신등 국문 용권 기 공초 운　경진 이월 참모 난역 포양 부도지언

欲毁天倫 圖危社稷是實." 臣等考諸明律 其犯十惡 不分首從 皆置
욕훼 천륜 도위 사직 시실　신등 고저 명률 기범 십악 불분 수종 개치

極刑. 用權之罪 乞依律明正 以懲後來.'
극형　용권 지죄 걸 의율 명정 이징 후래

庚戌 刑曹 臺諫交章請吳用權之罪. 疏曰:
경술 형조 대간 교장 청 오용권 지죄　소왈

'臣等聞 天命有德 五服五章哉; 天討有罪 五刑五庸哉 蓋命德
신등 문 천명 유덕 오복오장 재　천토 유죄 오형오용 재 개 명덕

討罪 皆天之所命者也. 舜擧八元八愷而天下以治; 去四凶而天下
토죄 개 천지 소명 자야　순 거 팔원팔개 이 천하 이치 거 사흉 이 천하

咸服者 以其順天命而合人心也. 有德不命 有罪不討 雖堯舜不能
함복 자 이기 순 천명 이 합 인심 야 유덕 불명 유죄 불토 수 요순 불능

治天下矣. 歲在庚辰 懷安搆亂之事 昭昭在人耳目 不可掩也. 用權
치천하 의 세재 경진 회안 구란 지사 소소 재인 이목 불가 엄야 용권

在其麾下 爲腹心久矣. 與聞逆謀 聽從其命 躬詣太上殿 布揚
재기 휘하 위 복심 구의 여문 역모 청종 기명 궁예 태상전 포양

大不道之言 皆無稽不根之事也.
대부도 지언 개 무계 불근 지사 야

昔者周公攝政 三叔流言. 周公愛兄之心非不切 不可以私恩廢
석자 주공 섭정 삼숙 유언 주공 애형지심 비부절 불가 이 사은 폐

天下之公義 致辟管蔡 此聖人權輕重而得宜 爲萬世之法也. 以
천하 지 공의 치벽 관채 차 성인 권경중 이 득의 위 만세 지법 야 이

周公之事觀之 則雖懷安不免三叔之誅 固所宜也. 然以殿下寬仁之
주공 지사 관지 즉수 회안 불면 삼숙 지주 고 소의 야 연 이 전하 관인 지

德 友于之義 姑置不論 臣等何敢復有論請? 用權身負不赦之罪 幸
덕 우우 지의 고치 불론 신등 하감 부유 논청 용권 신부 불사 지죄 행

漏天網 迨今十有五年 得保首領. 今臣等同坐 鞫問其人 自服不敢
누 천망 태금 십유 오년 득보 수령 금 신등 동좌 국문 기인 자복 불감

隱諱. 臣等竊謂 在律雖於平人 其誣告之狀已著 必有反坐之典 況
은휘 신등 절위 재율 수어 평인 기 무고 지상 이저 필유 반좌 지전 황

用權之罪 倍於平人萬萬哉? 今殿下廢用權爲庶人 自願安置 臣等
용권 지죄 배어 평인 만만 재 금 전하 폐 용권 위 서인 자원안치 신등

竊恐罪重罰輕 有乖常典. 願依明律大逆條 明正施行.'
절공 죄중벌경 유괴 상전 원의 명률 대역 조 명정 시행

不報.
불보

日本對馬島花田浦千戶表溫時羅來獻土物.
일본 대마도 화전포 천호 표온시라 내헌 토물

兵曹判書金承霍請獵取禽獸 以供臘祭. 啓曰: "臘享近矣 請遣
병조판서 김승주 청 엽취 금수 이공 납제 계왈 납향 근의 청견

軍士出獵." 上擧禮文曰: "臘者 獵也. 獵取禽獸 以供祭祀 故名爲臘
군사 출렵 상거 예문 왈 납자 엽야 엽취 금수 이공 제사 고 명위 납

然春秋講武 獻禽于廟 且有犧牲 何必取禽以充籩豆?" 命今後宗廟
연 춘추 강무 헌금 우묘 차유 희생 하필 취금 이충 변두 명 금후 종묘

薦新之物 須及其月之節薦進.
천신 지물 수급 기월 지절 천진

憲府請前判尙州牧事李愉於夏月 決堤捕魚爲醢 包苴以事權貴之
헌부 청전 판상주목사 이유 어 하월 결제 포어 위해 포저 이사 권귀 지

罪 上曰: "愉若如此 固宜論之 予厭毛擧風聞久矣. 憲府何從而知
죄 상왈 유약 여차 고의 논지 여 염 모거 풍문 구의 헌부 하종 이지

乎?"
호

禁各道膳狀用厚紙. 吏曹判書韓尙敬啓曰: "官敎紙過厚 請用
금 각도 선장 용 후지　이조판서　한상경　계왈　관교 지 과후 청용

薄紙." 上曰: "此世守之物 當用厚紙. 唯各道膳狀用厚紙 實爲妄費
박지　상왈　차 세수 지 물 당용 후지　유 각도 선장 용 후지 실위 망비

自今宜用常紙半幅. 第恐以予爲吝 然非予所覽 特寺人之所視 何必
자금 의용 상지 반폭　제공 이여 위인 연 비여 소람 특 시인 지 소시 하필

用厚紙耶?"
용 후지 야

安置吳用權于固城縣. 上謂六曹及代言等曰: "用權雖附懷安 然
안치 오용권 우 고성현　상위 육조 급 대언 등 왈　용권 수 부 회안 연

其時諸公侯 皆畜私兵 用權之罪 豈至大逆乎? 漢高祖誅丁公而賞
기시 제 공후 개 축 사병 용권 지 죄 기지 대역 호　한고조 주 정공 이 상

季布 實萬世之美談. 宜存性命 廢爲庶人 安置遠方可也."
계포 실 만세 지 미담　의존 성명 폐위 서인 안치 원방 가야

辛亥 上詣仁德宮置酒 擊毬極歡 皆起舞 世子宗親與焉. 還宮時
신해　상 예 인덕궁 치주 격구 극환 개 기무 세자 종친 여언　환궁 시

駕前申呈者六十餘道 皆辨正已決事也. 命下六曹分揀. 上曰: "今
가전 신정 자 육십 여 도 개 변정 이결 사 야　명하 육조 분간　상왈　금

分送六曹申呈告狀內 辨正都監燒毀文書 憑考無門事 除論罪 竝皆
분송 육조 신정 고장 내 변정도감 소훼 문서 빙고 무문 사 제 논죄 병개

退狀. 且如此事 駕前及擊鼓 皆令禁之."
퇴장　차 여차 사 가전 급 격고 개령 금지

壬子 刑曹臺諫復請吳用權之罪. 啓曰: "用權罪重罰輕 臣等上疏
임자　형조 대간 부청 오용권 지 죄　계왈　용권 죄중 벌경 신등 상소

固請 未蒙兪允. 未知上敎何如?" 代言韓尙敬曰: "有內旨 如有復請
고청 미몽 유윤　미지 상교 하여　대언 한상경 왈　유 내지 여유 부청

用權之罪者勿啓." 刑曹參議權遇 司憲掌令河演等復請曰: "用權之
용권 지 죄 자 물계　형조참의 권우　사헌장령 하연 등 부청 왈　용권 지

罪甚大 加以輕典. 又敎臣等曰: '昔季布爲項羽 欲害高祖 高祖卽位
죄 심대 가이 경전　우교 신등 왈　석 계포 위 항우 욕해 고조 고조 즉위

赦其罪而用之 後世稱其賢. 用權之事不過季布耳.' 臣等以爲 劉項
사 기죄 이 용지 후세 칭 기현　용권 지 사 불과 계포 이　신등 이위 유항

兩立 君臣未定 故人各爲其主 季布之事宜矣 圖危社稷 欲害天倫
양립 군신 미정 고 인 각 위 기주 계포 지 사 의의 도위 사직 욕해 천륜

其事與季布異矣. 故臣等前日上疏 以周公誅管蔡之事爲證. 願殿下
기사 여 계포 이의　고 신등 전일 상소 이 주공 주 관채 지 사 위증　원 전하

以此爲法 明正典刑." 柳思訥曰: "上命臣等勿復入啓." 演曰: "下情
이차 위법 명정 전형　유사눌 왈　상 명 신등 물부 입계　연 왈　하정

不得上達可乎?" 久立 日暮乃退. 翼日又啓曰: "臣等鞫問逆賊用權
부득 상달 가호 구립 일모 내퇴 익일 우 계왈 신등 국문 역적 용권

自服圖危宗社之罪. 伏望殿下 依律科罪 以正邦憲." 上曰: "與於
자복 도위 종사 지죄 복망 전하 의율 과죄 이정 방헌 상왈 여어

庚辰之變者 豈獨此人乎?" 遂不允. 臺諫 刑曹辭職曰: "臣等俱以
경진 지변자 기독 차인 호 수 불윤 대간 형조 사직왈 신등 구이

不才 叨荷聖恩 職在言責 不稱其職 有愧於心 以累殿下知人之明.
부재 도하 성은 직재 언책 불칭 기직 유괴 어심 이누 전하 지인 지명

伏望更擇賢才 以代臣等之職." 上傳旨承政院曰: "三諫不聽則去
복망 갱택 현재 이대 신등 지직 상 전지 승정원 왈 삼간 불청 즉거

古之道也. 今三省旣以呈辭 毋留京城 各歸鄉曲." 承政院進三省
고지도 야 금 삼성 기 이 정사 무류 경성 각귀 향곡 승정원 진 삼성

都吏 傳上旨 三省皆惶懼. 河崙啓曰: "上之優容用權 仁則至矣. 然
도리 전 상지 삼성 개 황구 하륜 계왈 상지 우용 용권 인 즉 지의 연

執法之臣 疏請極刑 亦不爲過也." 六曹判書等亦請: "刑憲諫臣不可
집법 지신 소청 극형 역 불위 과야 육조판서 등 역청 형헌 간신 불가

一日曠廢 請還就職." 從之.
일일 광폐 청환 취직 종지

癸丑 申吹角令. 上曰: "吹角時聚會法令 自上大護軍 至三軍甲士
계축 신 취각령 상왈 취각 시 취회 법령 자상 대호군 지 삼군 갑사

內禁衛 別侍衛 別牌 外牌 竝皆傳寫 時常習讀."
내금위 별시위 별패 외패 병개 전사 시상 습독

甲寅 日本 一岐州上萬戶使送客人 來獻土物.
갑인 일본 일기주 상만호 사송 객인 내헌 토물

前開城留後司副留後禹洪富卒.
전 개성 유후사 부유후 우홍부 졸

乙卯 雨. 子初月蝕 上以白衣救蝕. 上謂代言等曰: "初 設
을묘 우 자초 월식 상 이 백의 구식 상위 대언 등왈 초 설

辨正都監也 容有非之者 今旣畢決 怨咨未已 申呈者多. 今者氣候
변정도감 야 용유 비지자 금기 필결 원자 미이 신정 자 다 금자 기후

不調 豈怨氣之致然歟? 且爭訟何由而止乎?" 代言柳思訥 趙末生
부조 기 원기 지치 연여 차 쟁송 하유 이 지호 대언 유사눌 조말생

等對曰: "都官如有誤決者 訴于憲司 憲司若又誤決 乃來擊鼓. 申
등 대왈 도관 여유 오결 자 소우 헌사 헌사 약우 오결 내래 격고 신

而不實者 除收贖決罪 幷罪書訟牒者 與犯人同 則庶止爭訟矣." 上
이 불실 자 제 수속 결죄 병죄 서 송첩 자 여 범인 동 즉서 지 쟁송 의 상

然之.
연지

命世子及宗親 宴慰淸平君李伯剛 以伯剛喪父終制也.
명 세자 급 종친 연위 청평군 이백강 이 백강 상부 종제 야

丙辰 命婦女垂笠帽 禁持扇子. 先是 婦女笠帽 卷其前簷 持扇子
以障面 至是命垂之 擁蔽其面.

改水站干爲水夫. 自果川 黑石至忠州 金遷 水站干等告狀曰:
'某等本係良人 以居於水邊 屬於水站干 挽舟漕運. 誠恐後世與
未辨良賤者及婢妾產 屬補司宰監水軍者混淆 有妨子孫仕路. 願
以屬司宰水軍 代水站役 將某等移屬良役.' 命曰: "宜與司宰水軍
區別 號爲水夫."

戊午 命大小人員自己婢妾所産 父沒後屬司宰水軍.

己未 錦川君朴訔 都摠制朴子青等上書. 初 淸城君鄭擢 雞城君
李來等稱平章事朴松庇裔孫與稱寧海府戶長黃丹儒裔孫者 朴訔
朴子青等訴訟奴婢于辨正都監. 擢等未納舊籍 訔等 雖納 亦未
的實. 都監但以役使已久 決給於訔等. 於是 擢等上言曰: "據法
論之則皆不當役使 只宜屬公. 若以限年已前兩邊連訟論 則宜在
中分之例 不宜全給一邊." 上乃下旨曰: "元告朴松庇裔孫 無傳係
明文; 隻黃丹儒裔孫 受敎限日內 文字不納 都監乃決給黃丹儒
裔孫 實爲不當. 將此奴婢 一皆屬公." 至是 訔等上書 力辨奴婢
根脚 且言擢來欺罔天聰. 上覽之 命代言封其書 留中不下 只
下兩造新呈單目于臺諫 刑曹 推明是非. 臺諫 刑曹覈按上言曰:
"黃丹儒 朴松庇裔孫等奴婢事 兩邊不宜役使 宜仍屬公." 從之.

憲司請辨正都監提調 驪川君閔汝翼 都廳使判典祀寺事睦進恭

房掌判軍資監事元肅等誤決之罪 汝翼以功臣 進恭以原從得免; 下
방장 판 군자감 사 원숙 등 오결 지 죄 여익 이 공신 진공 이 원종 득면 하

肅義禁府 贖杖八十. 臺諫 刑曹交坐 悉燒黃丹儒 朴松庇裔孫奴婢
숙 의금부 속장 팔십 대간 형조 교좌 실소 황단유 박송비 예손 노비

爭訟文籍.
쟁송 문적

司憲府疏請晉州牧使閔若孫罪 貪汚不法也. 慶尙道都觀察使亦
사헌부 소청 진주목사 민약손 죄 탐오 불법 야 경상도 도관찰사 역

上言 政苛民擾 留中不下.
상언 정가민요 유중 불하

分遣都安撫使于諸道. 上曰: "監司 守令因事務煩劇 其於築堤
분견 도안무사 우 제도 상왈 감사 수령 인사무 번극 기어 축제

植桑 或不專心. 宜遣明於農桑之務者 俾專勸課." 遂遣禹希烈于
식상 혹부 전심 의견 명어 농상 지무자 비전 권과 수건 우희열 우

京圻 忠淸道 李殷于全羅 慶尙道 韓雍于豐海 平安道. 禮曹啓請
경기 충청도 이은 우 전라 경상도 한옹 우 풍해 평안도 예조 계청

稱希烈等爲勸課農桑使 上曰: "監司已任此職 宜稱都安撫使."
칭 희열 등위 권과농상사 상왈 감사 이임 차직 의칭 도안무사

戶曹判書朴信上言: "都安撫使之行 授以王旨 入境宣布 則庶民皆
호조판서 박신 상언 도안무사 지행 수이 왕지 입경 선포 즉 서민 개

知殿下憂民遣使之意矣." 從之. 司憲府上疏 止之不得.
지 전하 우민 견사 지의 의 종지 사헌부 상소 지지 부득

庚申 骨看兀狄哈等來獻土物.
경신 골간올적합 등 내헌 토물

定各道別牌額數. 京圻三百五十 忠淸道七百 全羅 永吉 江原道各
정 각도 별패 액수 경기 삼백 오십 충청도 칠백 전라 영길 강원도 각

四百五十 尙州晉州道四百 慶州安東道 豐海平安道各四百 共四千.
사백 오십 상주 진주도 사백 경주 안동도 풍해 평안도 각 사백 공 사천

九州都元帥右武衛源道鎭使人獻禮物 求大般若經. 筑州
구주 도원수 우무위 원도진 사인 헌 예물 구 대반야경 축주

藤源滿眞使人獻禮物 求白銀.
등원만진 사인 헌 예물 구 백은

甲子 命各司奴藏氷 以代圻民之役也.
갑자 명 각사 노 장빙 이대 기민 지역 야

司憲府請朴訔 朴子靑 鄭擢 李來等罪 以不實之事 再三申聞也.
사헌부 청 박은 박자청 정탁 이래 등죄 이 불실 지사 재삼 신문 야

不報.
불보

下旨 新屬京畿六郡祿轉移 屬于忠淸 全羅 慶尙三道.
하지 신속 경기 육군 녹전 이 속우 충청 전라 경상 삼도

乙丑 前敬承府尹尹珪卒. 珪 坡平人 版圖判書承禮之子. 性沈靜
을축 전 경승부 윤 윤규 졸 규 파평인 판도판서 승례 지자 성 침정

容儀魁偉. 洪武癸亥中丙科 累官至正言. 自是遍歷六曹 臺諫. 以善
용의 괴위 홍무 계해 중 병과 누관 지 정언 자시 편력 육조 대간 이선

隷草 常帶尙瑞司職. 上以同年及第待之厚 嘗謂知申事黃喜曰: "珪
예초 상대 상서사 직 상이 동년 급제 대지 후 상위 지신사 황희 왈 규

可任喉舌. 代言若有闕 須以珪補之." 己丑 由兵曹參議 拜右副代言
가임 후설 대언 약 유궐 수 이규 보지 기축 유 병조참의 배 우부대언

俄丁繼母憂 服闋 復左副代言 再轉吏曹參議. 癸巳陞敬承府尹
아 정 계모 우 복결 부 좌부대언 재전 이조참의 계사 승 경승부 윤

以病卒 年五十. 上遣中使 弔祭致賻賜槨. 子 煥 炯 熺.
이병 졸 연 오십 상 견 중사 조제 치부 사곽 자 환 형 희

丙寅 水星犯金星.
병인 수성 범 금성

命朴訔 鄭擢等就職.
명 박은 정탁 등 취직

丁卯 命考各司奉行公事淹滯者. 下旨: "各司行移公事 以其事之
정묘 명고 각사 봉행 공사 엄체 자 하지 각사 행이 공사 이 기사 지

難易 或三日 或十日內奉行 不能奉行員吏 依律論罪 其間不得已
난이 혹 삼일 혹 십일 내 봉행 불능 봉행 원리 의율 논죄 기간 부득이

不及奉行之事 分揀以聞."
불급 봉행 지사 분간 이문

戊辰 御廣延樓下 會宗親擊毬.
무진 어 광연루 하 회 종친 격구

| 원문 읽기를 위한 도움말 |

① 廢吳用權爲庶人: 廢~爲…의 구문이다. '~를 폐해 …로 삼다'는 뜻이다.
　　폐 오 용 권 위 서인　폐 위

태종 14년 갑오년
12월

十二月

경오일(庚午日-1일) 초하루에 대군(大君)의 반인(伴人-수행원)의 수를 정했다. 상이 말했다.

"대군이 일찍이 말하기를 '반당(伴儻-반인)이라 칭하는 자가 50여 인이니, 바라건대 액수(額數)를 정하소서'라고 했기에 내가 20여 인으로 정했다. 오로지 이뿐 아니라 재상(宰相)부터 첨총제(僉摠制)까지 예전에[在前] 정한 액수(額數) 외에는 함부로 거느리지 말게 하라. 위반하는 자는 사헌부와 한성부(漢城府)에 규리(糾理)하게 하라."

○ 사치[侈靡]를 금했다.

궁중의 자리[席子]에는 일찍이 자줏빛 능단(綾緞)을 써서 가장자리의 네 모서리에 선을 둘렀는데, 비단으로 꾸몄다. 상이 그 사치스럽고 무익(無益)한 것을 싫어해 남빛 생초(生綃)로써 자줏빛 능단을 대신하게 하고 비단으로 꾸미는 것을 없애라고 명했다. 강무(講武) 때 장전(帳殿)의 행보석(行步席)¹에도 백문석(白紋席)을 쓰고, 진상 침석(進上寢席)에는 다만 네 가장자리에만 무늬를 넣게 했다. 또 궁내에서 신료(臣僚)들에게 연회(宴會)하는 과상(果床)에는 지화(紙花)를 사

---

1   임금이 신료(臣僚)를 맞이할 때 장전(帳殿)이나 전정(前庭) 안에 까는 좁고 긴 돗자리를 말한다.

용하고, 어람홀기(御覽笏記)²에는 홍릉의(紅綾衣)를 없애고 능화지(綾花紙)로 대신하라고 명했다. 대소 조회(大小朝會)에서 재내대군(在內大君)³과 부마제군(駙馬諸君)은 세자(世子)의 막차(幕次)에 나아갈 때 동성 부원군(同姓府院君)과 이성 부원군(異姓府院君)이 하나의 항렬(行列)에서 행례(行禮)하라고 명했다.

신미일(辛未日·2일)에 대간(臺諫)과 형조(刑曹)의 장무(掌務)와 변정도감 제조(提調) 유정현(柳廷顯), 전 형조판서 성발도(成發道) 등을 의금부 옥(獄)에 내렸다.

하륜(河崙)이 다시 글을 올려 대간과 형조에서 또한 변겸(卞謙)의 노비 사건을 오결(誤決)했다고 논하니, 상이 승정원을 시켜 사건의 본말(本末)을 고찰해 핵실(覈實)하게 했다[考覈]. 형방 대언(刑房代言) 조말생(趙末生)이 아뢰어 말했다.
"삼성(三省)의 판결이 과연 오결(誤決)이었습니다."
명하여 삼성의 장무(掌務)인 전 지평(持平) 정연(鄭淵), 헌납(獻納) 안도(安堵)와 형조좌랑(刑曹佐郎) 송명산(宋命山), 전 형조좌랑 정용(鄭容)과 변정도감 방장(房掌)인 판관(判官) 하면(河沔) 등을 불러 승정원으로 하여금 오결한 까닭을 묻게 하고 모두 의금부에 내렸다. 또

---

2 임금이 보는 의식(儀式)의 순서를 적은 글을 말한다.
3 임금의 피붙이로서 대군(大君)에 봉해진 자, 즉 임금의 적비(嫡妃)의 아들인 대군(大君)이
   나 임금의 친형제인 대군(大君)을 말한다.

변정 제조(辨正提調) 유정현·민여익(閔汝翼)과 도청사(都廳使) 제용감 정(濟用監正) 정초(鄭招)와 발도(發道)를 가두었다. 상이 정현은 병이 있다고 하여, 여익은 공신(功臣)이라 하여 다음날 풀어주었다.

임신일(壬申日-3일)에 심온(沈溫)을 형조판서, 이은(李垠)을 사헌부 대사헌, 이지강(李之剛)을 예문관 제학(藝文館提學), 민무회(閔無悔)를 공안부 윤(恭安府尹), 유사눌(柳思訥)을 지신사(知申事), 황자후(黃子厚)를 경기 도관찰사로 삼고, 삼성(三省)을 모두 바꿔 임명했다[改除]. 좌우도 수참(左右道水站) 전운 별감(轉運別監)을 고쳐 사(使)·부사(副使)·판관(判官)으로 해 그 전 자급(資級)에 따라 벼슬을 주었다[注授]. 좌도(左道)는 광진도 승(廣津渡丞)을 겸하게 하고 우도(右道)는 벽란도 승(碧瀾渡丞)을 겸하게 했다. 경상도 삼기현(三岐縣)과 가수현(嘉守縣)을 병합해 삼가현(三嘉縣)으로 하고, 풍해도 장연현(長淵縣)과 연풍현(連豐縣)을 장련현(長連縣)으로 하고, 경기 장단현(長湍縣)과 임진현(臨津縣)을 임단현(臨湍縣)으로 하고 다시 임강현(臨江縣)을 두었다.

계유일(癸酉日-4일)에 권영균(權永均)·임첨년(任添年)·이무창(李茂昌)·최득비(崔得霏) 등이 북경(北京)에서 돌아와 아뢰어 말했다.

"황제가 영균(永均)에게 유시(諭示)하기를 '여씨(呂氏)가 불의(不義)해 내사(內史) 김득(金得)과 공모해서 비상(砒礵)을 사 약에 타서[和藥] 먹이고, 다시 면다(麪茶)를 먹여 죽게 했다. 짐(朕)이 여씨(呂氏) 궁중(宮中)의 사람을 다 죽였다'라고 하고, 신 등을 54일 동안 머물러 두고 사연(賜宴)하기를 심히 두텁게 하니 대접하는 것이 조금도 변하지 않았습니다. 영균에게 은(銀) 3정(丁), 말 5필, 단자(段子) 10필, 채초(綵綃) 70필, 두라면(兜羅綿) 2부, 초(鈔) 50장, 양(羊) 32구(口)를 내려주었고, 나머지 사람에게도 각각 차등이 있게 내려주었습니다. 영균은 북경에서 120리 떨어진 천수산(天壽山)에서 현인비(顯仁妃-권영균의 누이 권씨)에게 제사 지냈습니다."

영균 등이 각각 양[羊口]·말[馬匹]·백은(白銀)·채단(綵段)을 바쳤다.

○ 군사(軍士)들이 총제(摠制) 이상의 사제(私第)에 출입하는 것을 금지했다.

병조에서 아뢰었다.

"내금위(內禁衛)·내시위(內侍衛)·별시위(別侍衛)·별패(別牌)·응양위(應揚衛) 중에서 총제 이상의 사제(私第)에 들고나는 것은, 실로 일찍이 교지(敎旨)를 내린 갑사(甲士)의 예(例)에 의거해 의금부에 이문(移文)해 논죄하소서."

그것을 따랐다.

갑술일(甲戌日-5일)에 명해 정초(鄭招)는 장(杖) 80대를 속(贖) 받고 고신(告身)을 거둬 수군(水軍)에 채워 넣으며, 하면(河沔)은 다만 장 80대를 속 받고, 유정현(柳廷顯)과 민여익(閔汝翼)은 논하지 말게 했다. 의금부에서 삼성(三省)과 변정도감의 관원(官員)이 변겸(卞謙)의 노비를 오결한 죄를 안문(按問)하고서 아뢰었던 까닭으로 이러한 명

이 있었는데, 정현(廷顯)은 관직을 근엄하게 지켰고[謹守] 여익(汝翼)
은 공신(功臣)이었기 때문이다. 형조참의 권우(權遇), 우사간(右司諫)
박수기(朴竪基), 형조정랑 신경원(申敬原)·이초(李椒), 좌랑 박융(朴
融)·송명산(宋命山), 헌납(獻納) 안도(安堵)는 변정도감에서 오결(誤
決)한 것을 정결(正決)이라고 했기 때문에 장 80대에 도(徒) 2년을 속
받았다. 형조판서 성발도(成發道), 우참의 윤림(尹臨)도 이 예(例)에
해당됐으나, 발도(發道)는 공신의 아들이라 하여 면하고 림(臨)은 먼
지방에 출사(出使)했다가 (중앙에) 불려와 임명된[徵拜] 지 오래되지
않았으므로 다만 장 80대를 속 받고 도년(徒年-징역형)을 감했다. 전
집의(執義) 이당(李堂), 전 지평(持平) 정연(鄭淵)·안수산(安壽山) 등
은 대신(大臣)의 죄를 무고해 청했으므로 장 100대에 유(流) 3,000리
(里)를 속 받았다. 면(沔)은 처음에 변겸이 옳은 것으로 이미 기초(起
草)해 입안(立案)했다가 도청(都廳)의 의견에 따라 중간에 바꿨기 때
문에[中變] 수군에 채워지는 것을 면했다.

을해일(乙亥日-6일)에 우희열(禹希烈)·이은(李殷)·한옹(韓雍) 등이
(사자로 떠나기 위해) 하직 인사를 올리자 왕지(王旨)를 내려주었다. 글
은 이러했다[若曰].
'농사는 나라의 근본이요, 정치에서 마땅히 먼저 해야 할 바다. 군
국(軍國)의 용도(用度)와 백성이 의뢰하는 바가 (둘 다) 실로 여기에
달려 있는 것이다. 『주례(周禮)』 「도인(稻人)」에서, 홍수(洪水)를 막기
위해 탕수(蕩水)에 도랑을 판 것은 수리(水利)를 일으켜 민생(民生)을
후하게 하려 한 때문이라고 했다. 내가 오로지 밤낮으로 민생을 걱

정하나, 매번 수재(水災)와 한재(旱災)를 당하니 더욱 척려(惕厲-하늘에 대한 두려움)를 더한다. 일찍이 제방(堤防) 사업을 조령(條令)에 명시해 중외(中外)에 선포(宣布)한 지 지금까지 여러 해이나, 감사와 수령이 문구(文具)로만 보고 힘써 행하려 하지 않으므로 성효(成効-실질적 성과)가 없으니 내가 심히 민망스럽다.

이제 신(臣) 전 인녕부 윤(仁寧府尹) 이은(李殷), 전 우군 동지총제(右軍同知摠制) 우희열(禹希烈), 전 도관찰사(都觀察使) 한옹(韓雍) 등을 보내 군현(郡縣)에 가서 돌아보고 그 땅의 마땅함[地宜]을 살펴서 물을 한곳에 모아두거나 물길을 파서 끌어내는 방법을 다할 것이며, 또 관개(灌漑)의 법을 시행해 가뭄이나 장마에 대비할 것이며, 이어서 수예(樹藝-곡식이나 채소를 심고 가꾸는 것)의 늦고 빠른 절기(節氣)를 가르쳐서 일을 간략히 하면서도 공효(功効)는 배가 되도록 힘쓸 것이니, 폐단을 물리치고 이익을 일으켜 길이 민업(民業)을 도와서 더욱 나라의 근본을 융성시켜 내가 백성을 중히 여기는 뜻에 부응(副應)해야 할 것이다. 만약 각 고을 수령(守令)이나 감독 원리(監督員吏)로서 마음을 쓰지 않는 자가 있거든 2품 이상은 신문(申聞)해 죄를 부과하고, 3품 이하는 율(律)에 비춰 바로 결단(決斷)하라.'

애초에 은(殷)이 글을 올려 제방(堤防)·관개(灌漑)·권과(勸課)·경운(耕耘)의 일을 진달하니, 우대언(右代言) 한상덕(韓尙德)이 아뢰어 말했다.

"은이 올린 글은 백성에게 이익이 있으니, 하교(下教)하시어 시행하는 것이 어떻겠습니까?"

상이 말했다.

"네가 영의정과 호조판서의 집에 가서 토의하라."

하륜(河崙)과 박신(朴信) 등이 대답했다.

"바야흐로 지금은 사경(四境-사방 경계)에 걱정이 없으니[無虞-無患], 농상(農桑)을 권과(勸課)해 백성으로 하여금 넉넉하고 번성하도록 할 그러한 때입니다. 이은·우희열·한옹 등은 모두 백성을 구원하는 데 뜻이 있는 자들이니, 마땅히 각 도에 나눠 보내 백성에게 농사짓는 법을 가르치도록 하소서."

상덕(尙德)이 아뢰니 상이 말했다.

"좋다."

마침내 이러한 명이 있었다. 상덕이 또 아뢰어 말했다.

"원조(元朝-원나라)의 『농상집요(農桑輯要)』[4]는 백성에게 유익하나, 다만 그 글이 어려워 사람마다 쉽게 깨달아 알지 못합니다. 바라건대 본국(本國)의 이어(俚語)로 번역해 향곡(鄕曲)의 소민(小民)들로 하여금 알지 못하는 것이 없게 하소서."

상이 그대로 따라 전 대제학(大提學) 이행(李行)과 검상관(檢詳官) 곽존중(郭存中)에게 명해 책을 만들어서 판각(板刻)해 반행(頒行)하게 했다.

○ 중군(中軍)에 부사정(副司正) 4명을 더 두고, 좌우군(左右軍)에 각각 3명씩을 더 두었다.

---

4 중국 원(元)나라 세조 때 대사농사(大司農司)에서 1273년 편찬해 1286년에 보급한 농서(農書)다. 우리나라에는 고려 때 처음 들어왔다.

병자일(丙子日-7일)에 왕세자(王世子)와 대군(大君)·부마(駙馬)가 광연루(廣延樓)에서 헌수(獻壽)하고 숙빈(淑嬪)과 여러 궁주(宮主)가 중궁(中宮-왕비)에게 헌수했으니, 세초(歲杪)[5]였기 때문이다. 상이 심히 즐거워하다가 마침 밤이 되니 세자로 하여금 중궁에 들어가 칭하(稱賀)하고 헌수하게[稱壽-獻壽] 했다.
칭수   헌수

무인일(戊寅日-9일)에 호조에서 서적전(西籍田)의 사의(事宜)를 아뢰었다.

"유후사(留後司)의 분전농시(分典農寺) 서적전(西籍田)은 다만 덕수현(德水縣)의 거주민(居住民)만으로는 쉽게 경작할 수 없으니, 청컨대 부근의 임단(臨湍)·송림(松林)·우봉(牛峯)·강화(江華) 등지에 흩어져 사는[散接] 혁거(革去)한 사사노비(寺社奴婢)를 아울러 100명 정속
산접
(定屬)시키고, 아울러 각 차비노비(差備奴婢) 10명을 올봄까지 적전(籍田) 근처에 이거(移居)시키는 것이 마땅합니다."

그것을 따랐다.

○ 판한성부사(判漢城府事-한성부 판사) 이지(李至, ?~1414년)[6]가 졸

---

5 음력 12월을 가리킨다. 납월(臘月)이라고도 한다. 초(杪)는 나뭇가지의 끝이라는 뜻으로, 음력 12월을 달리 부르는 말이다. 각 계절이나 한 해의 마지막 시기를 가리킨다. 세초(歲杪)는 1년 열두 달 가운데 가장 끝에 위치한 12월에 해당한다. 겨울 석 달 (10월·11월·12월) 가운데 맨 마지막 달인 12월은 곧 그해의 끝이라는 뜻에서 초동(杪冬), 한 해가 다 지나갔다는 뜻에서 도월(涂月)이라고도 한다.

6 고려 공민왕 때 과거에 급제하고 춘추관에 들어가 사관(史官)으로 복무했다. 1383년(우왕 9년) 좌사의대부(左司議大夫)에 올랐으며, 한학과 문장에 능해 성절사(聖節使)로 명나라에 다녀왔다. 1388년 상서원소윤(尙瑞院少尹)을 역임했고, 위화도회군에 참여해 밀직사에 오르고 이듬해 밀직제학에 제수됐으며 하정사(賀正使)로서 다시 명나라에 다녀왔다. 이어 강릉교주도도관찰사를 역임하고, 1392년 공양왕의 세자 이석(李奭)의 사부

(卒)하니, 3일 동안 철조(輟朝)하고 문간(文簡)이라 시호를 내려주었다.

기묘일(己卯日-10일)에 곡산군(谷山君) 연사종(延嗣宗, 1366~1434년)[7]의 문려(門閭)에 정표(旌表)하라고 명했다.

___

가 됐다. 조선 건국에 참여해 개국공신 3등에 책록되었다. 중추원부사·지중추원사를 역임하면서 척불론(斥佛論)을 내세워 유교의 이념 정착에 힘썼다. 1393년(태조 2년) 조선에 온 명나라 사신 황영기(黃永奇)를 따라 명나라에 갔다가 돌아왔다. 1396년 상의중추원사(商議中樞院事)로서 충청·전라·경상도 도찰리사(都察理使)가 되어 민정을 시찰했고, 1398년 경상도도관찰사가 되어 영농과 양병, 특히 빈민 구제에 힘썼다. 그 뒤 충청도 도관찰사, 예문관·춘추관 대학사를 거쳐 1401년(태종 1년) 사헌부 대사헌에 발탁, 시무책을 올렸다. 내용은 첫째 가묘법(家廟法)을 엄격히 하고, 둘째 행정을 공평히 하며, 셋째 감찰 기능을 강화하고, 넷째 서북면에 대한 진휼책 실시를 주장했다. 이어서 예문관대제학·서북면도순무사를 역임하고, 1405년 호조판서가 돼 경제시책으로서 공신전을 감축해 재정을 확보했고, 광흥창 양곡의 풍저창·군자감으로의 전용을 금지시켜 녹봉제의 토대를 정비했다. 1407년 형조판서가 되어서는 공신들의 횡포를 제거하고자 했으며, 그 뒤 예조판서·판한성부사를 지냈다. 직무에 충실했으며 성품이 강직했다 한다.

7 1388년(우왕 14년) 요동 정벌 때 우군도통수 이성계(李成桂)의 군진무(軍鎭撫)로 종군한 공으로 조선이 건국되자 개국원종공신에 책봉됐으며, 1393년(태조 2년) 회군공신 3등에 책록됐다. 1401년(태종 1년) 2차 왕자의 난 때 정안군파(靖安君派)에 가담했다. 정안군이 세제로 책봉되고 등극하는 과정에서 공로가 많은 사람을 포상할 때 좌명공신(佐命功臣) 4등에 책록됐다. 이해에 태종은 갑사(甲士-중앙시위군)와 의용자(毅勇者) 300인을 차출해 친위대를 구성하고 내갑사(內甲士)라 했는데, 이숙번(李叔蕃)·조연(趙涓)·한규(韓圭) 등과 더불어 내갑사의 통수권자가 됐다. 1402년 우군동지총제(右軍同知摠制)에 임명됐고, 1407년 판한성부사 겸 우군총제가 됐으며, 뒤에 상장군·호조전서 등을 역임했다. 이 무렵 곡산군(谷山君)에 봉해졌다. 1410년 동북면병마도절제사로 야인의 침입을 방어했으며, 이해에 길주도도안무찰리사가 돼 경원부(慶源府)와 경성(鏡城)을 수복하는 전과를 올렸다. 그러나 간룡성(干龍城) 싸움에서 패퇴해 사간원의 탄핵을 받고 함주(咸州)로 유배당했다. 그러나 공신에 대한 예우로서 고신(告身)은 빼앗기지 않고 추방만 당하는 특혜를 누렸다. 1411년 각 위(衛)에 절제사를 설치하는 군제 개혁이 있을 때 의흥시위사절제사에 보임됐다. 이해 12월 아버지의 상으로 퇴임됐고, 이듬해 기복해 동북면도순문사가 됐다. 이때 함주군 일대에 있는 4조왕(四祖王)과 비(妃) 능의 경내 영역을 확정하고 정비하는 일을 수행했다. 1413년 영흥부윤(永興府尹)을 겸직했다. 이듬해 노모의 구환을 위해 사직을 요청했으나 허가받지 못하다가, 왕으로부터 시연(侍宴)을 받고 휴가를 얻었다. 이

영길도 도순문사(永吉道都巡問使) 이원(李原)이 말했다.

'사종(嗣宗)이 아비가 죽던 날 영결(永決)에 참석하지 못했기 때문에 통도(慟悼)함을 이기지 못해 늘 눈물을 흘립니다. 그 어미가 늙고 병든 것을 가엾게 여겨서 벼슬을 사양하고 고향에 돌아가 항상 그 좌우에 있으면서 음식을 맛보고 약(藥)을 탕제(湯劑)하기를 아침저녁으로 조금도 게으르지 않으니, 가위 효자라고 하겠습니다. 빌건대 특별히 그 문려(門閭)에 정표(旌表)해 변방의 풍속[邊俗]을 권장하도록
변속
하소서.'

그것을 따랐다.

○ 풍해도 영강현(永康縣)에 다시 현감(縣監)을 두고, 해안(海安)을 장연(長淵)에 합하고, 연풍(連豊)은 옛날대로 풍천(豐川)에 붙였다.

호조에서 아뢰었다.

"영강(永康)은 사방으로 이웃 고을과 거리가 격조(隔阻)하니 청컨대 장연(長淵)에 예속시키지 마소서. 송화(松禾) 임내(任內)인 해안현(海安縣)이 장연의 경내에 넘어 들어와 1식(息) 정도이니, 이에 합하기를 청합니다. 연풍현(連豊縣)은 옛날 그대로 풍천(豐川)에 붙이소서."

와 같은 효행으로 이때 말미암아 정려를 받았다. 모친상을 치르고 1416년 등용돼 삼군도진무(三軍都鎭撫)가 되고, 이어 의정부참찬·중군총제(中軍摠制)를 역임했다. 1418년 사은사로 명나라에 갔다 오면서 의서(醫書)와 약재를 가져오기도 했다. 1419년(세종 1년) 훈신에 대한 예우로서 판중군도총제부사에 오르고, 1422년 곡산부원군(谷山府院君)에 훈봉되고 이어 수릉관(守陵官)이 됐다. 1426년 3월 김도련 회뢰사건(金道練賄賂事件)에 연루돼 인제에 유배됐다가, 공신의 은전을 입고 풀려나 직첩을 돌려받고 곡산부원군에 다시 봉해졌다.

그것을 따랐다.

○ 전라도 수군 도절제사(全羅道水軍都節制使)가 만호(萬戶)·천호(千戶)의 해유식(解由式)을 보고했다.

'금후로는 각 포(浦)의 만호·천호는 해유문자(解由文字)[8]에 병선(兵船)과 군기(軍器)의 수목(數目)을 갖춰 기록해서 절제사에게 보고해 영중(營中)의 회계(會計)와 모두 대조한 뒤에 병조에 이문(移文)하고, 병조에서 드디어 이조에 이문하는 것을 항식(恒式)으로 삼으소서.'

그것을 따랐다.

임오일(壬午日-13일)에 정경(鄭耕)을 전라도 병마 도절제사(全羅道兵馬都節制使), 구종지(具宗之, ?~1417년)[9]를 경기 도관찰사, 황자후(黃子厚)를 개성유후사 부유후(開城留後司副留後)로 삼았다.

○ 경사(京師)에서 암양[牝羊]을 역환(易換)하라고 명했다. 예조에 뜻을 내려 말했다.

---

8 관원들이 전직(轉職)할 때 재직 중의 회계·물품 출납에 대한 책임을 해제 받는 증명서다. 인수인계가 끝나고 호조나 병조에 보고해, 이상이 없으면 이조에 통지해 해유문자를 발급했다.

9 1399년(정종 1년) 형조의랑에 이어 1407년(태종 7년) 호조참의가 됐다. 이때 평소 친하게 지내던 민무질(閔無疾)이 왕족 간의 이간을 꾀했다 하여 하옥되면서 이와 관련돼 국문을 받았다. 그해에 1406년 이후 우리나라에 도망 온 중국 사람의 쇄환(刷還) 상황을 알리기 위해 명나라에 사신으로 갔으며, 돌아올 때 명 황제가 태종에게 하사하는 서적을 받아 왔다. 1416년(태종 16년) 호조참판이 됐는데, 아우 구종수(具宗秀)가 왕명을 어기고 여색으로 세자를 자기 집에 유인해 향응을 베풀 때 함께 참석해 갖은 방법으로 아첨하며 세 형제의 뒷날을 부탁한 사실이 발각돼 이듬해 아우 구종유(具宗猷)·구종수와 함께 대역 죄인으로 참수당했다.

"금후로는 매번 부경(赴京)하는 행차(行次)가 있거든 가포(價布)[10]를 주어 보내라."

계미일(癸未日-14일)에 가전(駕前)에서 신정(申呈)하는 것을 금지했다. 김승주(金承霔)에게 명해 말했다.

"하정(下情)이 상달(上達)되지 못하는 것을 위해 이미 신문고(申聞鼓)를 설치했다. 지금부터는 일절 가전신정(駕前申呈)을 금지하라."

갑신일(甲申日-15일)에 상이 인덕궁(仁德宮)에 나아가 (상왕에게) 헌수(獻壽)하고 지극히 즐겼다.

○ 골간올적합(骨看兀狄哈) 지휘(指揮)·천호(千戶) 등 4인과 올량합(兀良哈) 천호 4인 등이 와서 토산물을 바쳤다.

○ 남재(南在)와 이숙번(李叔蕃)을 상정도감(詳定都監) 제조(提調)로 삼았다. 애초에 하륜(河崙), 이직(李稷), 검교 판한성(檢校判漢城) 변계량(卞季良)이 제조(提調)였다. 이때에 이르러 상이 륜(崙) 등에게 명해 『명률(明律)』 역해(譯解)의 잘못된 곳을 고쳐서 바로잡도록 했는데, 륜은 일이 많고 직(稷)이 경사(京師)에 입조(入朝)해 돌아오지 않았기에 두 사람을 제조(提調)로 삼도록 계청(啓請)하니 그것을 따랐다.

병술일(丙戌日-17일)에 사헌 장령(司憲掌令) 강종덕(姜宗德)·정지당(鄭之唐) 등이 소(疏)를 올렸다. 소는 이러했다.

---

10 가격으로 쳐주는 포목(布木)을 말한다.

'창적(蒼赤-노비)의 이익은 심히 큽니다. 그래서 쟁송(爭訟)의 폐단이 지극히 번다한데, 진실로 대의로써 이를 중지시키지 않는다면 소송을 진정시킬 길이 없을 것입니다. 공경하게 생각건대, 전하께서 그 폐단을 훤히 아시고[灼知] 지난해 상송(相訟)을 모두 중분(中分)하도록 해서 그 사환(使喚)을 균등하게 한 뜻은 진실로 세상에 보기 드문 아름다운 법전이었습니다. 오히려 관리가 오결(誤決)한 것이나 원통하고 억울한 사정을 펴지 못함을 염려해서 신정(申呈)하는 것을 허락해 다[畢-悉] 핵실(覈實)하도록 했습니다만, 옛 문적(文籍)을 이미 불태워버린 것은 다시 고소할 길이 없고 다행히 불태워버리지 않은 것은 또한 기회를 엿볼 가능성이 있습니다. 소송하는 자의 마음이 같지 않고 청송(聽訟)하는 법이 하나가 아니기 때문에 대개 혐의가 있을 법도 한데, 하물며 신정(申呈)한 소송이 변정(辨正)할 때 거의 정상이 드러나서 복죄(伏罪)해 잘못을 알고 자수(自首)한 일이겠습니까? 그 가운데 혹은 차오(差誤)가 있는 것이 어찌 하나둘에 지나겠으며, 또 잉집노비(仍執奴婢)[11]·거집노비(據執奴婢)[12]를 중분(中分)하는데 그 가운데 하나둘의 차오(差誤)가 있는 것이 또한 어찌 흠이 되겠습니까? 만약 결단하지 않았다면 진실로 아마 쟁송에 끝이 없었을 것입니다. 엎드려 바라건대, 전하께서는 태조(太祖)께서 변정(辨正)한 모훈(謨訓)을 따라 대의(大義)로써 결단하시어, 갑오년(甲午年-1414년) 9월 이전에 결절(決絶)한 것은 그 가운데 이미 분간(分揀)한 것 외에

---

11 돌려주어야 할 노비를 돌려주지 않고 그대로 붙잡아 사역시키는 노비를 말한다.
12 거짓 문서(文書)를 꾸며 남의 것을 강제로 차지해 사역시키는 노비를 말한다.

는 모두 변동시키지 말고 공문(公文)을 준다면 거의 쟁송이 다시 일어나지 않아 천지(天地)의 조화(調和)가 순치(馴致)될 수 있을 것입니다.'

상이 그대로 따랐다. 다만 공처노비(公處奴婢)와 소량(訴良) 등의 일은 옛날대로 바른 도리를 좇아[從正] 따라서 결절하게 했다.
_{종정}

정해일(丁亥日-18일)에 상이 관포(冠袍)를 입고 조하(朝賀)를 받았다. 입춘(立春)이라 대조회(大朝會)를 하는 것이 이때부터 시작됐다.

무자일(戊子日-19일)에 권영균(權永均) 등을 (불러) 광연루(廣延樓) 아래에서 잔치해 위로했다.

○ 병조정랑(兵曹正郎) 권도(權蹈, 1387~1445년) 등이 명족(名簇)[13]을 바쳤으니, 친시(親試)에 합격한[中] 때문이다.
_중

경인일(庚寅日-21일)에 대소인(大小人-대소 관리)의 자기비첩 소생(所生)을 공역(供役)하는 법을 세웠다. 사재감(司宰監)에서 아뢰었다.

"대소인원(大小人員)의 자기비첩 소생이 거주하는 경외 관리(京外官吏)는 보증(保證)을 받고 문부(文簿)를 만들었다가, 그 소생의 아비가 죽은 뒤에 즉시 본감(本監)에 보고해서 추쇄(推刷)해 잡아다가 입역

---

13 과거에 급제한 사람들이 사은(謝恩)할 때 임금에게 바치는 족자(簇子)다. 여기에는 과거에 급제한 사람들의 이름이 죽 적혀 있다.

(立役)시키는 것을 길이 항식(恒式)으로 삼으소서."

○사간원에서 소(疏)를 올렸다. 소는 이러했다.

'지금 우리 성조(盛朝)에서는 모든 시행하는 바가 한결같이 옛것을 따릅니다. 매일 아침 청정(聽政)할 때 대신(大臣)들로 하여금 그 시비(是非)·득실(得失)을 진달(陳達)하도록 허락하니, 당우(唐虞-요순) 시대의 도유우불(都兪吁咈)[14]하던 기상(氣象)을 오늘날에 다시 봅니다. 그러나 대간(臺諫)으로 하여금 홀로 조계(朝啓)의 반열(班列)에 참여하지 못하게 하니, 신 등은 가만히 유감입니다. 무릇 대간을 둔 것은 본래 진언(進言) 때문이니, 풍문(風聞)으로 고알(告訐)[15]해도 반드시 죄를 받지 않는다는 것이 형전(刑典)에 실려 있습니다. 대소인원(大小人員)이 대간의 집에 왕래할 수 없다는 것도 일찍이 교지(敎旨)가 있었습니다. 또 지금은 조계의 반열에 참여할 수 없으니, 정치의 득실(得失)을 듣고 진언할 수 없습니다. 이것은 비록 그 관직을 설치했다 하더라도 그 귀를 막고 그 입을 막는 것과 같으니, 전하께서 대순(大舜-위대한 순임금)의 묻기를 좋아하고 선(善)을 즐기던 뜻을 체화하는 데 실로 혐의스러움이 있습니다. 하물며 대신(大臣)은 전하의 고굉(股肱)이요 대간(臺諫)은 전하의 이목(耳目)이니, 형세가 반드시 서로 따라야 할 것입니다. 엎드려 바라건대, 전하께서는 다시 대간으로 하여금 조계의 반열에 참여하게 함으로써 이목(耳目)의 부탁을 무겁게 여

---

14 도유(都兪)는 찬성의 감탄사이고, 우불(吁咈)은 반대·불찬성의 감탄사다. 임금이 여러 신하와 더불어 정치를 의논할 때 신하가 찬성도 하고 반대도 하는 사실을 말한다. 즉 임금이 신하와 더불어 정치를 토론·심의한다는 뜻이다.

15 남의 허물을 들춰내서 고하는 것이다.

기소서.'

상이 따르지 않고 말했다.

"이런 일은 눈 밝은 임금[明君]이라야 능히 따를 수 있는데, 나 같
은 이는 따를 수 없다."

신묘일(辛卯日·22일)에 비가 내렸다.

○ 원민생(元閔生)이 북경(北京)에서 돌아와 아뢰었다.

"신(臣)이 이미 여씨(呂氏)의 어미를 형벌했다고 주달(奏達)하니 황
제가 옳게 여겼습니다."

○ 성녕대군(誠寧大君) 종(種)이 대호군(大護軍) 성억(成抑)의 딸을
친영(親迎)했다. 종(種)이 막 궐문(闕門)을 나와 말을 타자 굴레 위의
모식(毛飾)이 말 앞에 떨어지니, 모두 놀라고 이상하게 여겼다. 명하
여 별안색 별감(別鞍色別監) 이도(李韜)·문태(文迨)·이대종(李大從)을
의금부(義禁府)에 가두고 별안색(別鞍色)[16]을 혁파해 공조(工曹)에 붙
였으며, 도(韜)를 파직하고 대종(大從)과 태(迨)에게는 태(笞) 50대를
때렸다.

○ 제색 장인(諸色匠人)[17]의 납세(納稅)하는 법을 늘렸다.

---

16 1385년(우왕 11년) 요동 공격을 위해 동원된 정벌군의 마필을 준비하기 위해 설치된 관
    부다. 이때 공조에 흡수됐다.
17 여러 분야에 종사하는 공장(工匠)들의 통칭이다. 천민 신분으로서 이미 삼국 시대 이전
    부터 존재하고 있었다. 고려 시대 이후에는 관속공장(官屬工匠)과 비관속공장(非官屬工匠)
    이 있었는데, 국가가 정한 일정한 기간 동안 징발돼 역(役)을 부담하고 나머지는 자유로
    이 물품을 생산·판매할 수 있었다.

호조에서 아뢰었다.

"제색 장인의 세는 저화(楮貨)를 매월 1장(張)씩 바치는 것이 예인데, 무릇 공작(工作)의 값을 몰래 미포(米布)로써 거두고 있습니다. 빌건대 이제부터 매월 4장씩 수납(收納)하게 해 저화의 통용을 더 일으켜야 할 것입니다."

그것을 따랐다.

임진일(壬辰日-23일)에 침장고(沈藏庫)[18]를 혁파하고 양전(兩殿-대전과 중궁전) 내주(內廚-주방)의 채소는 다방(茶房)[19]으로 하여금 공급하게 했다. 건원릉(健元陵)·문소전(文昭殿)·종묘(宗廟)·사직제(社稷祭)의 채소는 전사시(典祀寺)에서 공급하게 하고, 모든 연향(宴享)의 용도는 예빈시(禮賓寺)에서 공급하게 했다. 또 빙고(氷庫)를 혁파하고 내시원(內侍院)으로 하여금 이를 맡게 했다. 예조에서 아뢰었다.

"이제 침장고를 다방에 이속(移屬)했으니, 청컨대 침장고의 미포(米

---

18 조선 초기 궁중의 제사와 각 전(殿)에서 소요되는 채소의 재배와 공급을 관장하던 관청이다. 처음 설치한 연대는 알 수 없고, 이때인 태종 14년(1414년) 잠시 혁파돼 다방(茶房)에 이속(移屬)됐다가 2년 후에 다시 설치됐고, 세조 12년(1466년)에 이르러 사포서(司圃署)로 이름이 바뀌었다.

19 차와 술·소채·과일·약 등의 일을 주관하기 위해 설치되었던 관아다. 1405년(태종 5년) 다방도목(茶房都目)이 제정됐고, 1411년 새로 부임한 관리는 모두 다방에 속하게 했다. 이때인 1414년에는 대전(大殿) 및 왕비전(王妃殿)의 내주(內廚)에서 소요되는 소채와 공조(工曹)에서 다루는 침장고(沈藏庫)의 관리가 다방으로 이관됐다. 1447년(세종 29년) 사준원(司罇院)으로 승격됐다.

布)를 출납(出納)하는 예에 의거해 다방으로 하여금 청대(請臺)[20]해 출납(出納)하게 하고, 인신(印信)은 다방의 인(印)을 쓰고, 그 영사(令史)는 사선서(司膳署)에 속한 자 외에 권지직장(權知直長) 5인과 영사(令史) 5인을 다방에 소속시켜 일을 맡기고 부리되 거관(去官-임무를 끝냄)하기에 이를 때는 본서(本署)의 차년개월(差年箇月)[21]을 쓰소서."

그것을 따랐다.

○ 전 사헌부 대사헌 유관(柳觀)에게 약(藥)을 내려주니, 관(觀)이 전(箋)을 올려 사례했다[謝].
사

○ 사헌부에서 소(疏)를 올려 오용권(吳用權)의 죄를 청했다. 소는 이러했다.

'죄 중에 불충(不忠)보다 큰 것이 없고 율(律) 중에 난역(亂逆)보다 큰 것이 없습니다. 지금 용권(用權)이 실상을 털어놓은[服情] 글을 살
복정
펴보니 눈으로는 차마 볼 수 없는 것이었습니다[目所不忍見]. 신 등
목 소불인 견
이 가만히 생각건대, 난역의 신하는 몸이 죽거나 살거나에 관계없고 때가 옛날이든 지금이든 관계없이 모두 토죄(討罪)할 수 있습니다. 홀로 용권만이 요행히 전하의 살리기 좋아하는 어짊[好生之仁]을 입어
호생 지 인
15년이나 머리를 보존할 수 있었습니다. 그 망령되게 산 것이 이미 지극한데 이제 자원안치(自願安置)토록 하니, 그 천토(天討)의 상전(常

---

20 각 관아에서 섣달그믐께 사무를 그치고 창고(倉庫)를 봉해둘 때 사헌부(司憲府)의 관원을 불러 검사 받는 일을 가리킨다.

21 관리를 거관(去官)할 때 차임(差任)된 햇수에 따라 그 임기를 따지는 것을 차년(差年), 근무한 달수에 그 임기를 따라 따지는 것을 개월(箇月)이라 한다.

典)과 국가의 전장(典章)에 어찌 되겠습니까?'

상이 윤허하지 않고 말했다.

"이 일은 전등(前等-전직) 유사(攸司)에서 이미 소를 올려 청했으
니, 다시 그리하는 것은 마땅하지 않다."

계사일(癸巳日-24일)에 총제(摠制) 권희달(權希達)을 의금부에 가두
도록 명했으니, 순작(巡綽)을 빠트렸기 때문이다.

○ 진하사(進賀使) 이직(李稷) 등이 북경(北京)에서 돌아왔다. 직(稷)
이 이은(李垠)·권충(權衷)·이징(李澄)과 돌아오니 불러서 입내(入內)
해 술을 마셨고[觴之], (또) 5일이 지나서 유사눌(柳思訥)·서선(徐選)
을 직의 집에 보내 술과 고기를 내려주었다. 직이 돌아와서 종형(從
兄) 검교 판한성(檢校判漢城) 이일(李鎰)의 상(喪)을 듣고 바야흐로
그 복(服)을 입고 있었다.

○ 올량합(兀良哈) 지휘(指揮)·천호(千戶) 등이 와서 토산물을 바
쳤다.

○ 예조에서 내시(內侍)·다방(茶房)의 도(到-근무 일수 기호)를 주는
법을 아뢰었다.

"춘추 강무(春秋講武)에 수가(隨駕)하기를 1일 하면 3도(到)를 주
고, 기타 시위(侍衛)와 월령(月令)[22]·별좌(別坐)·각 차비(差備)에는 매
1일에 1도(到)를 주소서."

그것을 따랐다.

---

22 전의감(典醫監)·혜민서(惠民署)에 딸린 당번 의원(醫員)을 말한다. 월령의(月令醫)다.

갑오일(甲午日·25일)에 성씨(成氏)를 봉(封)해 경녕옹주(敬寧翁主)로 삼았으니, 성녕대군(誠寧大君) 종(種)의 아내였다.

○ 전라도 무풍현(茂豊縣)·주계현(朱溪縣) 두 현을 병합해 무주현(茂朱縣)으로 했다.

병신일(丙申日·27일)에 권희달(權希達)과 이도(李韜) 등을 풀어주었다.

○ 변정(辨正)할 때 오결(誤決)한 것을 격고(擊鼓)해 신정(申呈)하도록 허락했다. 뜻을 내려 말했다.

"경외(京外)에서 변정할 때 실제로 오결했으나 오결이 수리(受理)되지 않는 따위의 사건은 올 갑오년 12월 30일까지로 기한해 격고(擊鼓)해서 신정(申呈)하게 하고, 오는 을미년 정월 초1일부터 시작해 일절 금지하라. 문서(文書)를 불태워 없애버려서 빙고(憑考)할 길이 없는 사건이나 불실(不實)한 사건을 범람하게 신정(申呈)하는 자와 소장[所志]을 쓰는 사람은 아울러 전에 내린 교지(敎旨)에 의하여 죄를 논하라."

이때에 이르러 오결(誤決)이나, 오결인데 수리(受理)되지 않았다고 신정한 것이 아울러 129건이었다.

정유일(丁酉日·28일)에 상이 세자와 백관(百官)을 거느리고 문소전(文昭殿)에 친히 제사를 지냈다.

○ 상왕(上王)이 건원릉(健元陵)에 참배했다.

무술일(戊戌日-29일)에 광연루(廣延樓) 아래에 나아가 종친(宗親)들을 불러 격구(擊毬)를 했다.

○ 저화(楮貨)의 법을 거듭 밝혔다.

호조에서 아뢰었다.

"외방(外方)의 매매(買賣)에서는 오로지 미포(米布)를 쓰고 저화를 쓰지 않습니다. 금후로는 금은(金銀)과 마필(馬匹) 외에 그 나머지 매매하는 물가(物價)는 아울러 저화(楮貨)를 쓰게 해야 합니다. 관리로서 마음을 써서 고찰하지 않는 자는 논죄하고 능히 고(告)해 체포하게 하는 자는 상(賞)을 주되, 한결같이 임진년(壬辰年-1412년) 6월 25일에 정부에서 수교(受敎)한 것에 의거해 시행하소서."

그것을 따랐다.

기해일(己亥日-30일)에 올량합(兀良哈) 천호(千戶) 등 12인이 와서 토산물을 바쳤다.

○ 호피(虎皮)·녹비(鹿皮)를 육조 판서(六曹判書)와 대언(代言) 등에게 내려주었다.

○ 처음으로 제야(除夜)의 구나(驅儺)[23]를 시작했다.

상이 말했다.

"제야 전날에 구나(驅儺)하는 것, 이는 본조(本朝)의 옛 풍속이지만 옛 글에 비춰 어그러짐이 있다. 금후로는 제야일(除夜日) 초혼(初

---

23 악귀(惡鬼)를 쫓는 의식의 하나다. 방상씨(方相氏)가 처용무(處容舞)를 추면서 악귀로 분장한 사람을 내쫓는 의식이다. 대개 궁중(宮中)에서 세말(歲末)에 행했다.

昏)에 시작해 야반(夜半)에 이르러 그치게 하는 것을 길이 항식(恒式)으로 삼도록 하라."

이어서 중외(中外)로 하여금 두루 알게 했다.

庚午朔 定大君伴人之數. 上曰: "大君嘗言: '稱伴黨者五十餘人
경오 삭 정 대군 반인 지 수 상 왈 대군 상언 칭 반당 자 오십 여인

願定數.' 予定爲二十人. 非獨此也 自宰相至僉摠制 在前定數外
원 정수 여 정위 이십 인 비독 차야 자 재상 지 첨총제 재전 정수 외

毋得濫率 違者 司憲府 漢城府糾理."
무득 남솔 위자 사헌부 한성부 규리

禁侈靡. 宮中席子嘗用紫綾 緣邊四隅亦以綿飾. 上惡其侈而
금 치미 궁중 석자 상용 자릉 연변 사우 역 이면 식 상 오 기치 이

無益 命以藍絹代紫綾 除綿飾. 講武帳殿行步席 亦用白紋席 進上
무익 명이 남초 대 자릉 제 면식 강무 장전 행보석 역용 백문석 진상

寢席 只令四邊有紋. 且命內宴臣僚果床用紙花 御覽勿記 除紅綾衣
침석 지령 사변 유문 차 명 내연 신료 과상 용 지화 어람물기 제 홍릉 의

代以綾花紙. 命大小朝會 在內大君 付魔諸君 就世子幕次 同異性
대이 능화지 명 대소 조회 재내 대군 부마 제군 취 세자 막차 동 이성

府院君一行行禮.
부원군 일항 행례

辛未 下臺諫 刑曹掌務及辨正都監提調柳廷顯 前刑曹判書
신미 하 대간 형조 장무 급 변정도감 제조 유정현 전 형조판서

成發道等義禁府獄. 河崙復上書 論臺諫 刑曹亦誤決卞謙奴婢之
성발도 등 의금부 옥 하륜 부 상서 논 대간 형조 역 오결 변겸 노비 지

事 上令承政院考覈本末. 刑房代言趙末生啓曰: "三省之決 果誤."
사 상 령 승정원 고핵 본말 형방 대언 조말생 계왈 삼성 지 결 과오

命召三省掌務前持平鄭淵 獻納安堵 刑曹佐郎宋命山 前刑曹佐郎
명소 삼성 장무 전 지평 정연 헌납 안도 형조좌랑 송명산 전 형조좌랑

鄭容 辨正都監房掌判官河沔等 令承政院問誤決之由 皆下義禁府
정용 변정도감 방장 관관 하면 등 영 승정원 문 오결 지유 개 하 의금부

又囚辨正提調柳廷顯 閔汝翼 都廳使濟用監正鄭招及發道. 上以
우 수 변정 제조 유정현 민여익 도청사 제용감 정 정초 급 발도 상 이

廷顯有疾 汝翼功臣 翼日釋之.
정현 유질 여역 공신 익일 석지

壬申 以沈溫爲刑曹判書 李垠司憲府大司憲 李之剛藝文館提學
임신 이 심온 위 형조판서 이은 사헌부대사헌 이지강 예문관제학

閔無悔恭安府尹 柳思訥知申事 黃子厚京畿都觀察使. 三省皆改除.
민무회 공안부 윤 유사눌 지신사 황자후 경기 도관찰사 삼성 개 개제

改左右道水站轉運別監爲使 副使 判官 從其前資注授. 左道兼
개 좌우도 수참 전운 별감 위사 부사 판관 종기 전자 주수 좌도 겸

廣津渡丞 右道兼碧瀾渡丞. 倂慶尙道三歧 嘉守兩縣爲三嘉 豐海道
광진도 승 우도 겸 벽란도 승 병 경상도 삼기 가수 양현 위 삼가 풍해도

長淵 連豐兩縣爲長連 京畿長湍 臨津兩縣爲臨湍 復置臨江縣.
장연 연풍 양현 위 장련 경기 장단 임진 양현 위 임단 부치 임강현

癸酉 權永均 任添年 李茂昌 崔得霏等 回自北京 啓曰: "帝論
계유 권영균 임첨년 이무창 최득비 등 회자 북경 계왈 제유

永均曰: '呂氏不義 與內史金得 謀買砒礵 和藥飮之 再下麪茶 以致
영균 왈 여씨 불의 여 내사 김득 모매 비상 화약 음지 재하 면다 이치

死了. 朕盡殺呂氏宮中之人.' 留臣等五十四日 射宴優渥 待之不衰.
사료 짐 진살 여씨 궁중 지인 유 신등 오십 사일 사연 우악 대지 불쇠

賜永均銀三丁 馬五匹 段子十匹 綵絹七十匹 兜羅綿二部 鈔五十張
사 영균 은 삼정 마 오필 단자 십필 채초 칠십 필 두라면 이부 초 오십 장

羊三十二口 餘各有差. 永均祭顯仁妃于天壽山 在京北一百二十里."
양 삼십 이구 여각 유차 영균 제 현인비 우 천수산 재경 북 일백 이십 리

永均等各獻羊口 馬匹 白銀 綵段.
영균 등 각 헌 양구 마필 백은 채단

禁軍士進退摠制以上私第. 兵曹啓: "內禁衛 內侍衛 別侍衛
금 군사 진퇴 총제 이상 사제 병조 계 내금위 내시위 별시위

別牌 鷹揚衛等 於摠制以上私第進退者 亦依曾降敎旨甲士例 移文
별패 응양위 등 어 총제 이상 사제 진퇴 자 역 의 증강 교지 갑사 예 이문

義禁府論罪." 從之.
의금부 논죄 종지

甲戌 命鄭招贖杖八十 收告身充水軍; 河沔只杖贖八十; 柳廷顯
갑술 명 정초 속장 팔십 수 고신 충 수군 하면 지 장속 팔십 유정현

閔汝翼勿論. 義禁府按問三省及辨正官員誤決卞謙奴婢之罪以聞
민여익 물론 의금부 안문 삼성 급 변정 관원 오결 변겸 노비 지죄 이문

故有是命 以廷顯謹守官職 汝翼功臣也. 刑曹參議權遇 右司諫
고 유 시명 이 정현 근수 관직 여익 공신 야 형조참의 권우 우사간

朴堅基 刑曹正郎申敬原 李椒 佐郎朴融 宋命山 獻納安堵以
박수기 형조정랑 신경원 이초 좌랑 박융 송명산 헌납 안도 이

辨正都監誤決爲正決 贖杖八十 徒二年; 刑曹判書成發道 右參議
변정도감 오결 위 정결 속장 팔십 도 이년 형조판서 성발도 우참의

尹臨亦在此例. 發道以功臣之子免; 臨出仕退方 徵拜未久 只贖杖
윤림 역재 차례 발도 이 공신 지자 면 림 출사 하방 징배 미구 지 속장

八十 減徒年. 前執義李堂 前持平鄭淵 安壽山等誣請大臣之罪
팔십 감 도년 전 집의 이당 전 지평 정연 안수산 등 무청 대신 지죄

贖杖一百流三千里. 沔 初以卞謙爲是 已草立案 後從都廳之議而
속장 일백 유 삼천리　면 초이 변겸 위시 이초 입안 후종 도청 지의이

中變 故免充水軍.
중변 고면 충 수군

乙亥 禹希烈 李殷 韓雍等辭 授以王旨. 若曰:
을해 우희열 이은 한옹 등사 수이 왕지 약왈

'農爲有國之本 爲政之所當先也. 軍國之所需 民生之所賴 實
농위 유국 지본 위정 지 소당선 야　군국 지 소수 민생 지 소뢰 실

係於此. 周禮稻人 以防止水 以溝蕩水 所以興水利而厚民生也. 予
계어 차　주례 도인 이방 지수 이구 탕수 소이 흥 수리 이후 민생 야　여

惟夙夜致慮民生 每當水旱 尤增惕厲 嘗以堤防之事 著於條令 布之
유 숙야 치려 민생 매당 수한 우증 척려 상이 제방 지사 저어 조령 포지

中外 于玆有年. 監司守令視爲文具 莫肯力行 未有成效 予甚憫焉.
중외 우자 유년　감사 수령 시위 문구 막긍 역행 미유 성효 여심 민언

今遣臣前仁寧府尹李殷 前右軍同知摠制禹希烈 前都觀察使韓雍
금견 신전 인녕부윤 이은 전 우군 동지총제 우희열 전 도관찰사 한옹

等 往巡郡縣 相其地宜 以盡畜止導洩 且行灌漑之法 以爲旱乾水潦
등 왕순 군현 상기 지의 이진 축지 도설 차행 관개 지법 이위 한건 수료

之備. 仍諭樹藝早晚之節 務欲事約而功倍 弊祛而利興 永相民業
지비　잉유 수예 조만 지절 무욕 사약 이 공배 폐거 이 이흥 영상 민업

益隆邦本 以副予重民之意. 如有各官守令及監督員吏 不爲用心者
익륭 방본 이부 여 중민 지의　여유 각관 수령 급 감독 원리 불위 용심 자

二品以上申聞科罪; 三品以下照律直斷.'
이품 이상 신문 과죄　삼품 이하 조율 직단

初 殷上書 陳堤防 灌漑 勸課 耕耘之事. 右代言韓尙德啓曰: "殷
초 은 상서 진 제방 관개 권과 경운 지사 우대언 한상덕 계왈 은

之上書 有利於民 下教施行何如?" 上曰: "爾往領議政 戶曹判書
지 상서 유리 어민 하교 시행 하여　상왈 이왕 영의정 호조판서

之第議之." 河崙 朴信對曰: "方今四境無虞 勸課農桑 使民富庶
지제 의지　하륜 박신 대왈 방금 사경 무우 권과 농상 사민 부서

惟其時矣. 李殷 禹希烈 韓雍等 皆有志於救民者也. 宜分遣各道
유 기시 의　이은 우희열 한옹 등 개 유지 어 구민 자야　의 분견 각도

教民稼穡." 尙德以聞 上曰: "善." 乃有是命. 尙德又啓曰: "元朝
교민 가색　상덕 이문 상왈 선　내유 시명　상덕 우 계왈 원조

農桑輯要有益於民 但其文古雅 人人未易通曉. 願譯以本國俚語 令
농상집요 유익 어민 단 기문 고아 인인 미이 통효　원역 이 본국 이어 영

鄕曲小民無不知之." 上從之 命前大提學李行與檢詳官郭存中成書
향곡 소민 무불 지지　상 종지 명 전 대제학 이행 여 검상관 곽존중 성서

板行.
판행

加置中軍副司正四 左右軍各三.

丙子 王世子與大君 駙馬獻壽于廣延樓 淑嬪及諸宮主獻壽于
中宮 以歲抄也. 上懽甚至夜 令世子入中宮稱壽.

戊寅 戶曹啓西籍田事宜: "留後司分典農寺西籍田 但以德水縣
居民未易耕治 請以附近臨湍 松林 牛峰 江華等處散接 革寺奴婢
幷一百定屬 幷各差備奴婢十口 宜及來春 移居于籍田近處." 從之.

判漢城府事李至卒 輟朝三日 贈諡文簡.

己卯 命旌表谷山君延嗣宗之閭. 永吉道都巡問使李原言: '嗣宗
以父歿之日不及永訣 不勝慟悼 每垂涕泣. 憫其母老且病 乞身還鄉
常在左右 調膳湯藥 晨夕不息 可謂孝矣. 乞特令旌表閭門 以勸
邊俗." 從之.

豐海道永康縣復置縣監 合海安于長淵 連豐依舊屬豐川. 戶曹啓:
"永康四方隣官 相距阻隔 請勿隸長淵. 松禾任內海安縣 越入長淵
境內可一息 請合之. 連豐縣依舊舊屬豐川." 從之.

全羅道水軍都節制使報萬戶 千戶解由之式: "今後 各浦萬戶
千戶於解由文字 具錄兵船軍器數目 報于使 該準營中會計 然後
移文兵曹 兵曹遂移吏曹以爲式." 從之.

壬午 以鄭耕爲全羅道兵馬都節制使 具宗之京畿都觀察使
黃子厚開城留後司副留後.

命易換牝羊于京師. 下旨禮曹曰: "今後 每當赴京行次 就付

價布."
<small>가포</small>

癸未 禁駕前申呈. 命金承霑曰: "爲下情未達 已設申聞鼓. 今後
<small>계미 금 가전 신정 명 김승주 왈 위 하정 미달 이설 신문고 금후</small>

一禁駕前申呈."
<small>일금 가전신정</small>

甲申 上詣仁德宮 獻壽極歡.
<small>갑신 상 예 인덕궁 헌수 극환</small>

骨看兀狄哈指揮 千戶等四人及兀良哈千戶四人等 來獻土物.
<small>골간올적합 지휘 천호 등 사인 급 올량합 천호 사인 등 내헌 토물</small>

以南在 李叔蕃爲詳定都監提調. 初 河崙 李稷 檢校判漢城
<small>이 남재 이숙번 위 상정도감 제조 초 하륜 이직 검교 판한성</small>

卞季良爲提調. 至是 上命崙等 改正明律譯解誤處 崙以事重 且職
<small>변계량 위 제조 지시 상명 륜 등 개정 명률 역해 오처 륜 이 사중 차 직</small>

朝京未還 請啓二人爲提調 從之.
<small>조경 미환 청계 이인 위 제조 종지</small>

丙戌 司憲掌令姜宗德 鄭之唐等上疏. 疏曰:
<small>병술 사헌장령 강종덕 정지당 등 상소 소왈</small>

'蒼赤之利爲甚大; 爭訟之弊爲至煩 苟不以大義止之 訟無由
<small>창적 지 리 위 심대 쟁송 지 폐 위 지번 구 불이 대의 지지 송 무유</small>

定矣. 恭惟殿下灼知其弊 昔年相訟 皆使中分 其均使喚之意 眞
<small>정의 공유 전하 작지 기폐 석년 상송 개사 중분 기균 사환 지의 진</small>

稀世之令典也. 猶慮官吏之誤決 冤抑之未伸 許其申呈 畢使覈實
<small>희세 지 영전 야 유려 관리 지 오결 원억 지 미신 허기 신정 필사 핵실</small>

然舊文已燒者 無復有告訴之門; 幸而不燒者 亦有窺伺之望. 訟者
<small>연 구문 이소 자 무부 유 고소 지문 행이 불소 자 역유 규사 지망 송자</small>

之心不同; 聽訟之法不一 似有嫌矣 而況所申之訟 幾於辨正 著情
<small>지심 부동 청송 지법 불일 사 유혐 의 이황 소신 지송 기어 변정 저정</small>

伏罪 知非自首之事 其或有差誤者 豈過一二 且如仍執 據執之
<small>복죄 지비 자수 지사 기혹유 차오 자 기과 일이 차여 잉집 거집 지</small>

中分 其有一二之或差 亦何有虧? 若不是斷 誠恐爭訟無有紀極.
<small>중분 기유 일이 지혹차 역 하유 휴 약불 시단 성공 쟁송 무유 기극</small>

伏望殿下 率太祖辨正之謨 斷之以大義 甲午九月以前所決 其已
<small>복망 전하 솔 태조 변정 지모 단지 이 대의 갑오 구월 이전 소결 기이</small>

分揀外 皆使不動 以給公文 則庶乎爭訟無復起 而天地之和 可以
<small>분간 외 개사 부동 이급 공문 즉 서호 쟁송 무부기 이 천지 지화 가이</small>

馴致矣.
<small>순치 의</small>

上從之. 但公處奴婢及訴良等事 依舊從正決絶.
<small>상 종지 단 공처노비 급 소량 등사 의구 종정 결절</small>

丁亥 上服冠袍 受朝賀. 以立春爲大朝會 自此始也.
정해 상 복 관포 수 조하 이 입춘 위 대조회 자차 시야

戊子 宴慰權永均等於廣延樓下.
무자 연위 권영균 등 어 광연루 하

兵曹正郎權蹈等進名簇 以中親試也.
병조정랑 권도 등 진 명족 이중 친시 야

庚寅 立大小人自己婢妾所生供役法. 司宰監啓: "大小人員
경인 입 대소 인 자기비첩 소생 공역 법 사재감 계 대소인원

自己婢妾所生所居京外官吏 取保立簿 其所生父身歿後 卽報本監
자기비첩 소생 소거 경외 관리 취보 입부 기 소생 부 신몰 후 즉보 본감

推拿立役 永爲恒式."
추나 입역 영위 항식

司諫院上疏. 疏曰:
사간원 상소 소왈

'今我盛朝 凡所施爲 一遵古昔. 每朝聽政之時 許令大臣陳其
금아 성조 범 소시위 일준 고석 매조 청정 지시 허령 대신 진기

是非得失 唐虞都俞吁咈之氣象 復見於今日. 然使臺諫獨不與朝啓
시비 득실 당우 도유우불 지 기상 부견 어 금일 연사 대간 독 불여 조계

之列 臣等竊有憾焉. 夫臺諫之設 本以進言也 而風聞告訐 不必
지 열 신등 절 유감 언 부 대간 지설 본이 진언 야 이 풍문 고알 불필

受治 載諸刑典; 大小人員 毋得往來臺諫家 曾有敎旨. 且今不得
수치 재저 형전 대소인원 무득 왕래 대간 가 증유 교지 차금 부득

與於朝啓之列 政治之得失 無得聞而進言. 是則雖設其官 有似乎塞
여어 조계 지열 정치 지 득실 무득 문이 진언 시즉 수설 기관 유 사호 색

其耳 杜其口也. 其於殿下體大舜好問樂善之意 實有歉焉 而況大臣
기이 두 기구 야 기어 전하 체 대순 호문 요선 지의 실 유겸 언 이황 대신

殿下之股肱 臺諫殿下之耳目 勢必相隨 伏望殿下 復令臺諫得參
전하 지 고굉 대간 전하 지 이목 세 필 상수 복망 전하 부령 대간 득참

朝啓之列 以重耳目之寄.'
조계 지열 이중 이목 지기

上不從曰: "此事 明君而後能從 如予則①不能."
상 부종 왈 차사 명군 이후 능종 여여 즉 불능

辛卯 雨.
신묘 우

元閔生回自北京啓曰: "臣奏已刑 呂氏之母 帝然之."
원민생 회자 북경 계왈 신주 이형 여씨 지모 제 연지

誠寧大君 種親迎大護軍成抑之女. 種纔出闕門乘馬 勒上毛飾
성녕대군 종 친영 대호군 성억 지녀 종 재 출 궐문 승마 늑상 모식

墜于馬前 衆皆驚駭. 命因別鞍色別監李韜 文迪 李大從于義禁府革
추우 마전 중개 경해 명 인 별안색 별감 이도 문태 이대종 우 의금부 혁

614

別鞍色 屬工曹 罷韜職 笞大從 迿五十.
별안색 속 공조 파 도직 태 대종 태 오십

增諸色匠人納稅之法. 戶曹啓: "諸色匠人稅 楮貨每月納一張例
증 제색장인 납세 지법 호조 계 제색장인 세 저화 매월 납일장 예

也. 凡工作之價 潛以米布收之. 乞自今每月收納四張 以興楮貨之
야 범 공작 지가 잠 이미포 수지 걸 자금 매월 수납 사장 이흥 저화 지

用." 從之.
용 종지

壬辰 革沈藏庫 兩殿內廚蔬菜 令茶房供之; 健元陵 文昭殿 宗廟
임진 혁 침장고 양전 내주 소채 영 다방 공지 건원릉 문소전 종묘

社稷祭蔬菜 典祀寺供之; 凡宴享之用 禮賓寺供之. 又革氷庫 令
사직제 소채 전사시 공지 범 연향 지용 예빈시 공지 우 혁 빙고 영

內侍院掌之. 禮曹啓曰: "今者 沈藏庫移屬茶房 請依沈藏庫米布
내시원 장지 예조 계왈 금자 침장고 이속 다방 청의 침장고 미포

出納之例 令茶房請臺出納 印信則茶房之印 其令史屬司膳署
출납 지례 영 다방 청대 출납 인신 즉 다방 지인 기 영사 속 사선서

外 權知直長五人及令史五人 屬於茶房任使 至去官時 用本署
외 권지직장 오인 급 영사 오인 속어 다방 임사 지 거관 시 용 본서

差年箇月." 從之.
차년개월 종지

賜藥于前司憲府大司憲柳觀 觀進箋以謝.
사약 우 전 사헌부대사헌 유관 관 진전 이사

司憲府上疏 請吳用權之罪. 疏曰:
사헌부 상소 청 오용권 지죄 소왈

'罪莫大於不忠; 律莫大於亂逆 今觀用權服情之辭 目所不忍見.
죄 막대 어 불충 율 막대 어 난역 금관 용권 복정 지사 목 소불인 견

臣等竊謂 亂逆之臣 身無存歿 時無古今 皆得而討. 獨用權幸蒙
신등 절위 난역 지신 신무 존몰 시무 고금 개 득이 토 독 용권 행몽

殿下好生之仁 十有五年以保首領. 其妄生已極 今使自願安置 其於
전하 호생 지인 십유 오년 이보 수령 기 망생 이극 금사 자원안치 기어

天討之常 有國之典如何?'
천토 지상 유국 지전 여하

上不允曰: "此事前等攸司已疏請 不宜復爾."
상 불윤 왈 차사 전등 유사 이 소청 불의 부이

癸巳 命囚摠制權希達義禁府 以闕巡綽也.
계사 명수 총제 권희달 의금부 이궐 순작 야

進賀使李稷等回自北京. 稷與李垠 權衷 李澄還 召入內觴之 越
진하사 이직 등 회자 북경 직 여 이은 권충 이징환 소 입내 상지 월

五日 遣柳思訥 徐選于稷第 賜酒肉. 稷之回 聞從兄檢校判漢城
오일 견 유사눌 서선 우 직제 사주육 직지회 문 종형 검교 판한성

李鎰之喪 方持其服也.
이일 지상 방지 기복 야

兀良哈指揮 千戶等來獻土物.
올량합 지휘 천호 등 내헌 토물

禮曹啓內寺茶房給到之法: "春秋講武隨駕 一日給三到 其他侍衛
예조 계 내시 다방 급도 지법   춘추 강무 수가 일일 급 삼도 기타 시위

及月令別坐 各差備 每一日給一到." 從之.
급 월령 별좌 각 차비 매 일일 급 일도 종지

甲午 封成氏爲敬寧翁主② 誠寧大君種之妻也.
갑오 봉 성씨 위 경녕 옹주 성녕대군 종지처 야

併全羅道茂豊 朱溪兩縣爲茂朱縣.
병 전라도 무풍 주계 양현 위 무주현

丙申 釋權希達 李韜等.
병신 석 권희달 이도 등

許辨正誤決擊鼓申呈. 下旨曰: "京外辨正 實爲誤決 誤不受理
허 변정 오결 격고 신정 하지 왈 경외 변정 실위 오결 오 불 수리

等事. 今甲午年十二月三十日爲限 擊鼓申呈 來乙未年正月初一日
등사 금 갑오년 십이월 삼십일 위한 격고 신정 내 을미년 정월 초일일

始一禁. 文書燒毀 憑考無門事及不實事 泛濫申呈者與所志書寫人
시 일금 문서 소훼 빙고 무문 사 급 불실 사 범람 신정 자 여 소지 서사 인

竝依前降敎旨論罪." 於是 以誤 決誤不受理申呈者 共一百二十九.
병 의 전강 교지 논죄 어시 이오 결오 불 수리 신정 자 공 일백 이십 구

丁酉 上率世子 百官 親祭于文昭殿.
정유 상 솔 세자 백관 친제 우 문소전

上王拜健元陵.
상왕 배 건원릉

戊戌 御廣延樓下 召宗親擊毬.
무술 어 광연루 하 소 종친 격구

申楮貨法. 戶曹啓: "外方買賣 專用米布 不用楮貨. 今後金銀及
신 저화 법 호조 계 외방 매매 전용 미포 불용 저화 금후 금은 급

馬匹外 其餘買賣物價 竝用楮貨. 官吏不用心考察者論罪; 有能
마필 외 기여 매매 물가 병용 저화 관리 불 용심 고찰 자 논죄 유능

告捕者充賞 一依壬辰六月二十五日政府受敎施行." 從之.
고포 자 충상 일의 임진 육월 이십오 일 정부 수교 시행 종지

己亥 兀良哈千戶等十二人來獻土物.
기해 올량합 천호 등 십이 인 내헌 토물

賜虎鹿皮于六曹判書 代言等.
사 호 녹피 우 육조판서 대언 등

始以除夜驅儺. 上曰: "除夜前日驅儺 是本朝舊俗 有乖古文.
시 이 제야 구나 상 왈 제야 전일 구나 시 본조 구속 유괴 고문

今後除夜日初昏始行 至夜半而止 永爲式." 仍令中外周知.
금후 제야 일 초혼 시행 지 야반 이 지 영위 식 잉 령 중외 주지

| 원문 읽기를 위한 도움말 |

① 如予則: 如~則은 若~則과 마찬가지로 '~의 경우에는'이라는 뜻이다.
  여 여측 여 측 약 측
② 封成氏爲敬寧翁主: 封~爲…는 '~를 봉해 …로 삼다'는 뜻이다.
  봉 성씨 위 경녕옹주 봉 위

KI신서 9802

이한우의 태종실록 재위 14년

1판 1쇄 인쇄 2021년 8월 4일
1판 1쇄 발행 2021년 8월 11일

옮긴이 이한우
펴낸이 김영곤
펴낸곳 (주)북이십일 21세기북스
출판사업부문 이사 정지은
유니브스타본부장 장보라
인문기획팀 양으녕 최유진
디자인 표지 씨디자인 **본문** 제이알컴
유니브스타사업팀 엄재욱 이정인 나은경 이다솔 김경은
영업팀 김수현 최명열
제작팀 이영민 권경민

출판등록 2000년 5월 6일 제406-2003-061호
주소 (10881) 경기도 파주시 회동길 201 (문발동)
대표전화 031-955-2100 **팩스** 031-955-2151 **이메일** book21@book21.co.kr

(주)북이십일 경계를 허무는 콘텐츠 리더

21세기북스 채널에서 도서 정보와 다양한 영상자료, 이벤트를 만나세요!
페이스북 facebook.com/jiinpill21 포스트 post.naver.com/21c_editors
인스타그램 instagram.com/jiinpill21 홈페이지 www.book21.com
유튜브 youtube.com/book21pub

당신의 인생을 빛내줄 명강의! 〈유니브스타〉
유니브스타는 〈서가명강〉과 〈인생명강〉이 함께합니다.
유튜브, 네이버, 팟캐스트에서 '유니브스타'를 검색해보세요!

ⓒ 이한우, 2021

ISBN 978-89-509-9645-1 04900
     978-89-509-7105-2 (세트)